NUEVO TESTAMENTO

Traducido con breves introducciones
y comentarios

por

BENJAMIN MARTIN SANCHEZ
Profesor de Sagrada Escritura

9ª Edición

Ignorar las Escrituras es
ignorar a Cristo (S. Jerónimo)

APOSTOLADO MARIANO
Recaredo, 44
41003 - SEVILLA

CONFERENCIA
EPISCOPAL
ESPAÑOLA

JUAN JOSE ASENJO PELEGRINA, OBISPO AUXILIAR DE TOLEDO Y SECRETARIO GENERAL DE LA CONFERENCIA EPISCOPAL ESPAÑOLA,

CERTIFICO:

Que la CLXVII reunión de la Comisión Permanente de la Conferencia Episcopal Española, celebrada en Madrid, entre los días 3-5 de febrero de 1.999, acordó conceder a D. Benjamín Martín Sánchez, las licencias para la publicación del "NUEVO TESTAMENTO".

Para que conste, expido el presente, que firmo y sello en Madrid, a diecisiete de junio de mil novecientos noventa y nueve.

+ Juan J. Asenjo
Ob. aux. de Toledo

ISBN: 84-7770-444-7
D.L.: Gr. 1202-2000
Impreso en Azahara
Impreso en España

PRESENTACION

Aquí tienes en este libro el Nuevo Testamento completo, que he traducido directamente del original griego con brevísimas notas por tratarse de una edición, que pudiéramos llamar "popular", por cuanto mi amigo D. Andrés Codesal, Director del Apostolado Mariano de Sevilla, después de haberme editado EL NUEVO TESTAMENTO EXPLICADO con notas amplísimas, desea que la presente edición pueda divulgarse con menos coste, a fin de que pueda llegar fácilmente a manos de todos y se cumpla también el deseo del Papa Pío XII: "Ningún hogar sin los santos Evangelios".

Los libros del Nuevo Testamento que fueron escritos en el primer siglo después de Jesucristo, son 27. Entre estos "sobresalen los Evangelios, por ser el testimonio principal de la vida y doctrina de la Palabra hecha carne, nuestro Salvador" (DV. 18)

Lo más interesante para nosotros es saber que el Nuevo Testamento contiene las principales palabras de Jesús y de sus apóstoles, y debe ser también un consuelo para nosotros, el saber que Jesucristo, que es Dios, "vino a este mundo a salvar a los pecadores" (1 Tim. 1, 15), o según sus palabras, vino para los enfermos, no para los sanos, o sea, para los pecadores y no para los justos o que se creen tales (Mt. 9, 12s), siendo "bondadoso con los desgraciados y malos" (Lc. 6, 35).

El también nos reveló que "Dios es nuestro Padre, y si nos lo pone de modelo para el perdón y el amor que hemos de tener a nuestros enemigos, lo menos que podemos esperar de El es que practique eso mismo con nosotros perdonándonos nuestras ofensas con tal que nosotros también queramos perdonar" (Straubinger).

Jesús, además, se nos revela como Salvador y Redentor, dispuesto a limpiarnos de la suciedad de nuestros pecados y sanarnos, por lo que nuestro deber ha de ser leer y estudiar estos libros santos para comprender la belleza que encierran las palabras de Dios.

Respecto a los Evangelios hemos de tener presentes estas palabras:

"La Santa Madre Iglesia ha mantenido y mantiene con firmeza y máxima constancia que los cuatro Evangelios (según San Mateo, San Marcos, San Lucas y San Juan), cuya historicidad afirma sin dudar, narran fielmente lo que Jesús, el Hijo de Dios, viviendo entre los hombres, hizo y enseñó realmente hasta el día de la Ascensión."

También nos interesa saber que "toda la Sagrada Escritura está inspirada por Dios" (2 Tim. 3,15), y como palabra de Dios no contiene error alguno, y por lo mismo no es una simple literatura, desprovista de sobrenaturalidad, y como si todas las narraciones sobre los milagros fueran fábulas o mitos y sólo tuviéramos que atenernos al mensaje, como algunos se han atravido a decir; y por eso contra ellos recordaremos las palabras del Concilio Vaticano I:

"Si alguno dijere que no puede darse ningún milagro y que, por ende, todas las narraciones sobre ellos, aun las contenidas en la Sagrada Escritura, hay que relegarlas entre las fábulas o mitos, o que los milagros no pueden nunca ser conocidos con certeza y que con ellos no se prueba legítimamente el origen divino de la religión cristiana, sea anatema. (Dz. 1813)"

Y termino advirtiendo que para actualizar más el texto en bien de los estudiosos, destaco en letra cursiva las profecías del Antiguo Testamento y añado las citas correspondientes para que se vea que Cristo es el centro de la Biblia y de la Historia y cómo en El convergen totalmente dichas profecías, las que nos ponen de manifiesto que el Antiguo Testamento se nos patentiza en el Nuevo, que la Biblia es un libro divino y que Jesucristo es Dios.

Que este Nuevo Testamento conduzca a todos a un mayor conocimiento de Jesucristo, fuente y plenitud de la revelación divina. Este es mi deseo.

Benjamín MARTIN SANCHEZ
Zamora, 2 febrero 1991

EVANGELIO SEGUN SAN MATEO

VIDA DE SAN MATEO

San Mateo ejercía en Cafarnaúm el oficio de publicano o recaudador de contribuciones (Mt. 9, 9; 10, 3) y antes de ser llamado al apostolado se llamaba Leví (Mc. 2, 14; Lc. 5, 27). "Sentado en su despacho de aduanas, Jesús le dijo: Ven, sígueme" *(Mt. 9, 9) y él le siguió sin vacilar, y luego le dio un convite, y el Salvador justificó su conducta ante los fariseos y escribas (Lc. 5, 31-32).*

Lo más importante para nosotros es saber que fue uno de los doce apóstoles, que acompañaron a Jesús, y por tanto testigo ocular de lo que nos refiere en su libro. Este Evangelio de San Mateo ya fue conocido a finales del siglo I y en los comienzos del II en toda la Iglesia. (Véase mi "Introducción Especial al Nuevo Testamento" 5.ª edición).

San Jerónimo nos dice que fue escrito en arameo, cuyo original vio él. San Mateo lo escribió sobre el año 50 en que se celebró el Concilio de Jerusalén. Después de la Ascensión del Señor, dice San Ireneo y Clemente de Alejandría, que predicó en Etiopía o Abisinia donde fue martirizado. Sus restos se veneran hoy en la Catedral de Salerno (Italia), y su fiesta se celebra el 21 de septiembre.

¿Qué se propuso San Mateo en su Evangelio? *Se propuso demostrar que en Jesús se han cumplido los vaticinios de los profetas, y que El, por tanto, es el Mesías prometido y esperado por los judíos.*

De continuo trae citas del Antiguo Testamento, sobre todo de los profetas, y así al hablar de la concepción de Jesús en el seno de la Virgen María, recuerda la profecía de Isaías (7, 14): "Todo esto sucedió para que se cumpliera lo que el Señor había anunciado por el profeta" *(Mt. 1, 22-23), y luego dirá que Jesús nace en Belén conforme a la profecía de Miqueas (Mt. 2, 5-6), y en la entrada triunfal de Jesús en Jerusalén ve el cumplimiento de Zacarías (Mt. 21, 4-5), y a éstas siguen otras profecías sobre la Pasión.*

Partida de nacimiento de Jesucristo

1 1 Genealogía de Jesucristo, hijo de David, hijo de Abraham:
2 Abraham engendró a Isaac, Isaac a Jacob, Jacob a Judá y sus
hermanos; 3 Judá engendró a Fares y a Zara, de Tamar; Fares en-
gendró a Esrom, Esrom a Aram, 4 Aram a Aminadab, Aminadab a
Naasón, Naasón a Salmón, 5 Salmón a Booz, de Rahab; Booz en-
gendró a Obed, de Rut; Obed engendró a Jesé, 6 Jesé engendró al
rey David, David a Salomón, de la que fue mujer de Urías; 7 Salo-
món engendró a Roboam, Roboam a Abías, Abías a Asa, 8 Asa a
Josafat, Josafat a Joram, Joram a Ozías, 9 Ozías a Joatán, Joatán a
Acaz, Acaz a Ezequías, 10 Ezequías a Manasés, Manasés a Amón,
Amón a Josías, 11 Josías a Jeconías y a sus hermanos en la época de
la cautividad de Babilonia.

12 Después de la cautividad de Babilonia, Jeconías engendró a
Salatiel, Salatiel a Zorobabel, 13 Zorobabel a Abiud, Abiud a Elia-
cim, Eliacim a Azor, 14 Azor a Sadoc, Sadoc a Aquim, Aquim a
Eliud, 15 Eliud a Eleazar, Eleazar a Matán, Matán a Jacob 16 y Jacob
engendró a José, el esposo de María, de la cual nació Jesús, el
llamado Cristo.

17 Son pues, todas las generaciones: desde Abraham hasta Da-
vid, catorce; desde David hasta la cautividad de Babilonia, catorce
generaciones, y catorce desde la cautividad de Babilonia hasta
Cristo.

Proceso del nacimiento de Jesús

18 El nacimiento de Jesucristo fue de esta manera: Desposada
su madre María con José, antes de que conviviesen se halló que
había concebido del Espíritu Santo. 19 José, su marido, como era
justo y no quería denunciarla, resolvió despedirla en secreto.
20 Mientras andaba él con estos pensamientos, un ángel del Señor
se le apareció en sueños, y le dijo: José, hijo de David, no temas
recibir contigo a María tu mujer; puesto que lo concebido en ella
es del Espíritu Santo. 21 Dará a luz un hijo y le pondrás por nombre
JESUS; porque El salvará a su pueblo de sus pecados. 22 Todo esto
aconteció para que se cumpliera lo que dijo el Señor por el profeta:

23 *He aquí que la Virgen concebirá y dará a luz un hijo, y le
llamarán de nombre Emmanuel* (Is. 7, 14).

(que significa: "Dios con nosotros"). 24 Despertado José del sueño,
hizo lo que le mandó el ángel del Señor: tomó consigo a su mujer,
25 y no la conoció hasta que dio a luz un hijo, y le puso por nombre
Jesús.

1 *Genealogía de Jesucristo.* Esta es la partida de nacimiento de Jesucristo, El tuvo dos nacimientos: *Uno eterno* "nacido del Padre antes de todos los siglos", y *otro temporal*, nacido en el tiempo de María Virgen, pues por medio de ella quiso venir a la tierra y hacerse hombre. "María, de la cual nació Jesús". El es el Mesías, descendiente de David según la carne.

25 El "hasta que" equivale a "sin que él antes la conociese" (véase mi "Nuevo Testamento Explicado"). La maternidad de María fue virginal sin intervención de varón. La Virgen no tuvo más que un Hijo, Jesús.

Adoración de los magos

2 1 Nacido, pues, Jesús en Belén de Judá en tiempo del rey Hero
des, unos magos desde el Oriente se llegaron a Jerusalén,
diciendo: 2 ¿Dónde está el rey de los judíos que ha nacido? Porque
hemos visto su estrella en el Oriente y venimos a adorarle. 3 Al
oírlo se turbó el rey Herodes y toda Jerusalén, y, 4 congregando a
todos los pontífices y escribas del pueblo, les preguntó dónde ha-
bía de nacer el Mesías. 5 Ellos dijeron: En Belén de Judá, pues así
está escrito por el profeta:

6 *Tú, Belén, tierra de Judá, de ningún modo eres la más pe-*
queña entre las principales ciudades de Judá, porque de ti saldrá
el guía que apacentará a mi pueblo, Israel (Miq. 5, 2).

7 Entonces Herodes, llamando en secreto a los magos, se infor-
mó cuidadosamente de ellos acerca de la aparición de la estrella, y
enviándolos a Belén les dijo: 8 Id y preguntad diligentemente por el
niño, y, cuando le encontréis, avisadme, para que yo también vaya
a adorarle. 9 Ellos, después de que oyeron al rey, se pusieron en
camino, y he aquí que la estrella, que vieron en Oriente, marchaba
delante de ellos hasta que llegó y se puso encima de donde estaba
el niño. 10 Al ver la estrella se alegraron muchísimo. 11 Y llegando a
la casa, vieron al niño con María su Madre, y, postrándose, le
adoraron, y abriendo sus tesoros, le ofrecieron sus dones: oro, in-
cienso y mirra. 12 Avisados en sueños de no volver a Herodes, se
volvieron por otro camino a su tierra.

Huida a Egipto

[13] Luego que marcharon, un ángel del Señor se apareció en
sueños a José, y le dijo: Levántate, toma contigo al niño y a su
madre, huye a Egipto, y estate allí hasta que yo te diga, porque
Herodes va a buscar al niño para matarle. [14] Se levantó, tomó al
niño y a su madre de noche, [15] y marchó a Egipto, y estuvo allí
hasta la muerte de Herodes; para que se cumpliera lo que dijo el
Señor por el profeta: *"De Egipto llamé a mi hijo"* (Os. 11, 1).

Matanza de los niños inocentes

[16] Entonces Herodes, viendo que había sido burlado por los
magos, se encolerizó sobremanera, y mandó matar a todos los
niños que había en Belén y en sus términos de dos años para abajo
según el tiempo que había averiguado de los magos. [17] Entonces se
cumplió lo dicho por el profeta Jeremías:

[18] *Una voz se oyó en Ramá, llanto y lamento grande; Raquel,
que llora a sus hijos, y no quiere consolarse, porque ya no existen*
(Jer. 31, 15).

Regreso de la Sagrada Familia

[19] Muerto Herodes, un ángel del Señor se apareció en sueños a
José en Egipto, [20] y le dijo: Levántate, toma contigo al niño y a su
madre, y vete a tierra de Israel; porque han muerto los que querían
quitar la vida al niño. [21] Se levantó, tomó consigo al niño y a su
madre, y partió para la tierra de Israel. [22] Mas oyendo que Arquelao
reinaba en Judea, en lugar de su padre Herodes, temió llegarse allá;
pero avisado en sueños, [23] se retiró a la parte de Galilea, y habitó en
una ciudad llamada Nazaret; para que se cumpliera lo que estaba
dicho por los profetas, que sería llamado Nazareno.

[1] *Magos* eran sabios orientales. San Agustín y con él la tradición nos dicen que eran reyes, y por el número de dones se han señalado a tres con los nombres de Melchor, Gaspar y Baltasar, y le ofrecieron oro como a rey, incienso como a Dios y mirra como a hombre mortal.

La predicación de Juan Bautista. (Mc. 1, 2-8; Lc. 3, 3-18)

3 [1] Por aquellos días apareció Juan el Bautista predicando en el
desierto de Judea, [2] y decía: ¡Convertíos!, porque el reino de
los cielos está cerca. [3] Este es de quien habló el profeta Isaías
cuando dijo:

*"Voz que clama en el desierto: Preparad el camino del Señor;
haced rectos sus senderos"* (Is. 40, 3).
4 Juan usaba un vestido de pelo de camello y una faja ancha de
cuero alrededor de sus lomos; su comida eran langostas y miel
silvestre. 5 Acudían entonces a él Jerusalén, toda Judea y toda la
región del Jordán, 6 y eran bautizados por él en el río Jordan,
confesando sus pecados. 7 Mas viendo a muchos de los fariseos y
saduceos que se llegaban al bautismo, les dijo: ¡Raza de víboras!,
¿quién os enseñó a huir del castigo que se acerca? 8 Haced, pues,
frutos dignos de penitencia, 9 y no se os ocurra decir en vuestro
interior: Tenemos por padre a Abraham; porque yo os digo que
Dios puede de estas piedras sacar hijos de Abraham. 10 Que ya está
puesta el hacha a la raíz de los árboles, y todo árbol que no de fruto
será cortado y arrojado al fuego. 11 Yo os bautizo con agua para
penitencia; pero el que viene detrás de mí es más fuerte que yo,
cuyas sandalias no soy digno de llevar; él os bautizará con Espíritu
Santo y fuego; 12 en cuya mano está el bieldo, y limpiará su era, y
juntará su trigo en el granero; mas la paja la quemará en el fuego
inextinguible.

Bautismo de Jesús. (Mc. 1, 9-11; Lc. 3, 21-22; Jn. 1, 31-34)

13 Entonces vino Jesús desde Galilea al Jordán y se presentó a
Juan para ser bautizado por él. 14 Juan quiso impedirlo, diciendo:
Yo soy quien debe ser bautizado por ti, ¿y tú vienes a mí? 15 Jesús
le respondió: Deja ahora, porque así nos conviene cumplir toda
justicia. Entonces le dejó. 16 Bautizado que fue Jesús, al punto salió
del agua; y he aquí que se abrieron los cielos, y vio al Espíritu de
Dios bajando como una paloma y viniendo sobre El; 17 y se oyó
una voz de los cielos que decía: "Este es mi Hijo muy amado, en
quien tengo mis complacencias".

[2] *El reino de los cielos.* El reino que Cristo vino a predicar es un reinado o imperio en las almas y en el mundo, que tiene ahora su principio en la tierra y ha de tener su término en el cielo. El Conc. Vaticano II dice: "La Iglesia constituye en la tierra el germen y el principio de este reino" (LG. 5).

Ayuno y tentaciones de Jesús. (Mc. 1, 12-13; Lc. 4, 1-13)

4 1 Entonces Jesús fue llevado al desierto por el Espíritu para
ser tentado por el diablo. 2 Y después de un ayuno de cuarenta
días y cuarenta noches, tuvo hambre. 3 Acercándose el tentador le

dijo: Si eres Hijo de Dios, di que estas piedras se conviertan en
pan. 4 Mas El contestó: Escrito está: *"No de pan sólo vive el hom-
bre, sino de toda palabra que sale de la boca de Dios"* (Dt. 8, 3).
5 Entonces el diablo lo llevó a la ciudad santa y le puso sobre
el alero del templo 6 y le dijo: Si eres Hijo de Dios, arrójate abajo;
porque escrito está:

*"A tus ángeles te encomendó y en palmas te llevarán para
que no tropieces en alguna piedra con el pie"* (Sal. 90, 11).

7 Díjole Jesús: También está escrito: *"No tentarás al Señor tu
Dios"* (Dt. 6, 16). 8 De nuevo el diablo lo llevó a un monte muy
elevado, y mostrándole todos los reinos del mundo y su esplendor,
9 le dijo: Todo esto te daré si postrado me adorares. 10 Entonces le
respondió Jesús: Vete de ahí Satanás; porque escrito está: *"Al
Señor tu Dios adorarás y a El sólo servirás"* (Dt. 6, 13). 11 El
diablo le dejó entonces, y enseguida los ángeles llegaron y se
pusieron a servirle.

Jesús marchó a Galilea

12 Al oír que Juan había sido preso, se retiró a Galilea, 13 y,
dejando Nazaret fue y habitó en Cafarnaún, la cual está junto al
mar, en tierras de Zabulón y Neftalí; 14 para que se cumpliera lo
dicho por el profeta Isaías:

*"¡Tierra de Zabulón y tierra de Neftalí, 15 camino del mar,
al otro lado del Jordán, Galilea de los gentiles; 16 el pueblo
que yacía en tinieblas vio una gran luz, y para los que yacían
en región y sombra de muerte, la luz les brilló"* (Is. 8,
23-9, 1).

17 Desde entonces comenzó Jesús a predicar y decir: ¡Arre-
pentíos!, porque ha llegado ya el reino de los cielos.

Vocación de cuatro discípulos. (Mc. 1, 16-20; Lc. 5, 1-11)

18 Caminando junto al mar de Galilea vio a dos hermanos: a
Simón, el llamado Pedro, y a Andrés su hermano, que estaban
lanzando la red al mar, pues eran pescadores. 19 Y les dijo: Venid
en pos de mí, y os haré pescadores de hombres. 20 Ellos al punto,
dejadas las redes, le siguieron. 21 Pasando de allí adelante vio a
otros dos hermanos: a Santiago el del Zebedeo y a Juan su herma-
no en la barca con Zebedeo su padre preparando las redes, y los

llamó. 22 Ellos al instante, abandonando la barca y a su padre, le siguieron.

Jesús, maestro y taumaturgo. (Mc. 1,39; 3, 7-8; Lc. 6, 17-19)

23 Andaba Jesús recorriendo toda Galilea, enseñando en las sinagogas y predicando el Evangelio del reino, y sanando todas las enfermedades y toda dolencia entre el pueblo. 24 Llegó su fama por toda la Siria y le llevaron todos los que se hallaban mal, aquejados de diversas enfermedades y sufrimientos, endemoniados, lunáticos y paralíticos, y los sanó. 25 E íbale siguiendo una gran muchedumbre de gentes de Galilea, Decápolis, Jerusalén, Judea y Transjordania.

1 *Tentado por el diablo.* El Hijo de Dios al hacerse hombre, quiso asemejarse en todo a nosotros menos en el pecado (Heb. 2,18; 4,15) y quiso pasar por la humillación de la tentación para expiar nuestros pecados y servirnos de ejemplo.

Las bienaventuranzas. (Lc. 6, 20-26)

5 1 Viendo a la multitud, subió a un monte, y, luego se sentó, se
le llegaron los discípulos, 2 abrió su boca y se puso a enseñarles, diciendo:

3 ¡Bienaventurados los pobres en el espíritu; porque suyo es el reino de los cielos!

4 ¡Bienaventurados los que lloran; porque serán consolados!

5 ¡Bienaventurados los mansos, porque ellos poseerán la tierra!

6 ¡Bienaventurados los que tienen hambre y sed de justicia; porque ellos serán hartos!

7 ¡Bienaventurados los misericordiosos; porque de ellos se tendrá misericordia!

8 ¡Bienaventurados los limpios de corazón; porque ellos verán a Dios!

9 ¡Bienaventurados los que procuran la paz; porque ellos serán llamados hijos de Dios!

10 ¡Bienaventurados los perseguidos por causa de la justicia; porque suyo es el reino de los cielos!

11 ¡Bienaventurados seréis cuando os injuriasen y persiguieren
y dijeren con mentira cosa mala contra vosotros, por causa mía.
12 Alegraos y regocijaos; porque vuestra recompensa será grande en los cielos; pues igualmente persiguieron a los profetas que fueron antes que vosotros.

Vosotros sois la sal de la tierra

[13] Vosotros sois la sal de la tierra; si la sal se desvirtúa, ¿con
qué recobrará el sabor? Para nada vale ya, sino para que, arrojada
fuera, la pisen los hombres. [14] Vosotros sois la luz del mundo. No
puede esconderse una ciudad edificada sobre un monte; [15] ni en-
cienden una lámpara para ponerla debajo del celemín, sino en el
candelero, y alumbra a todos los que están en casa. [16] Así brille
vuestra luz ante los hombres, de modo que vean vuestras buenas
obras y alaben a vuestro Padre que está en los cielos.

Jesús perfecciona la ley antigua

[17] No penséis que vine para abolir la Ley o los Profetas; no
vine a abolirla, sino a perfeccionarla. [18] Porque en verdad os digo
que antes desaparecerán el cielo y la tierra, que una jota o una tilde
desaparezca de la Ley y quede sin cumplir. [19] Quien quebrantare el
más pequeño de estos mandamientos y enseñare así a los hombres,
será tenido por el más pequeño en el reino de los cielos; mas quien
los cumpliere y enseñare, será grande en el reino de los cielos.
[20] Porque os digo que si vuestra justicia no fuere mayor que la de
los escribas y fariseos, no entraréis en el reino de los cielos.

Declaración del quinto mandamiento

[21] Oistéis que fue dicho a los antiguos: *"No matarás"* (Ex. 20,
13); quien matare será reo de juicio. [22] Pero yo os digo que todo
aquel que se encoleriza contra su hermano, será reo de condena; y
el que dijere a su hermano "raca", será reo del sanedrín, y el que le
dijere "necio" será reo de la gehenna del fuego. [23] Si, pues, estuvie-
res presentando tu ofrenda sobre el altar y allí te acordares de que
tu hermano tiene algo contra ti, [24] deja allí tu ofrenda delante del
altar, y corre, primero reconcíliate con tu hermano, y entonces ven
y presenta tu ofrenda. [25] Ponte a buenas con tu contrario mientras
vas con él por el camino, no sea que te entregue al juez, y el juez al
aguacil, y te metan en la cárcel. [26] En verdad te digo que no saldrás
de allí hasta que no pagues el último céntimo.

Declaración del sexto mandamiento

[27] Oísteis que se dijo: *"No cometerás adulterio"* (Ex. 20, 14).
[28] Mas yo os digo que todo aquel que mira a una mujer para de-

searla, ya cometió adulterio con ella en su corazón. 29 Si tu ojo
derecho te escandaliza, sacátelo y arrójalo de ti; porque más te vale
que se pierda uno de tus miembros y no todo tu cuerpo sea lanzado
al infierno. 30 Si tu mano derecha te escandaliza, córtala y arrójala
de ti; porque más te vale que perezca uno de tus miembros y no
que todo tu cuerpo sea arrojado en la gehenna. 31 Se dijo: *Quien
repudiare a su mujer, déle documento de repudio* (Dt. 24, 1).
32 Mas yo os digo que todo aquel que repudia a su mujer, excepto
el caso de fornicación, la expone al adulterio, y el que se casa con
la repudiada comete adulterio.

Declaración del segundo mandamiento

33 También oísteis que se dijo a los antiguos: *No perjurarás,
sino cumplirás al Señor tus juramentos* (Ex. 20, 7). Mas yo os digo
que no juréis de ningún modo; 34 ni por el cielo, porque es trono de
Dios, 35 ni por la tierra, porque es escabel de sus pies; ni por Jerusa-
lén, porque es la ciudad del gran rey; 36 ni por tu cabeza jurarás,
porque ninguno de tus cabellos puedes volver blanco o negro.
37 Sea vuestro decir: Sí, sí; no, no; lo que pasa de esto, del malvado
proviene.

Declaración de la ley del talión. (Lc. 6, 29-30)

38 Oísteis que se dijo: *Ojo por ojo y diente por diente* (Ex. 21,
Mt. 5,38). 39 Mas yo os digo; no resistáis al mal; y si alguno te
abofetea en la mejilla derecha, vuélvele también la otra; 40 y al que
quisiere pleitear contigo y quitarte la túnica, déjale también el
manto; 41 y a quien te forzare servirle por espacio de una milla,
anda con él dos. 42 A quien te pidiere, dale, y a quien quiera de ti
tomar prestado, no le despidas.

El amor a los enemigos. (Lc. 6, 27-28; 31-36)

43 Oísteis que se dijo: *"Amarás a tu prójimo"* y odiarás a tu
enemigo (Lev. 19, 18), 44 mas yo os digo: amad a vuestros enemi-
gos y orad por los que os persiguen; 45 para que seáis hijos de
vuestro Padre que está en los cielos; el cual hace salir el sol sobre
malos y buenos, y llover sobre justos e injustos. 46 Porque si amáis
a los que os aman, ¿qué paga merecéis? ¿No hacen también lo
mismo los publicanos? 47 Y si saludáis a vuestros amigos solamen-

te, ¿qué hacéis de más? ¿No hacen también esto los gentiles?
48 Sed, pues, vosotros perfectos, como vuestro Padre celestial es
perfecto.

1 *Sermón de la montaña.* El exordio de este sermón son las ocho "Bienaventuranzas, que señalan el camino a seguir o condiciones que tenemos todos para entrar en el reino de los cielos, ofrecido como premio.

17 *Jesucristo no vino a destruir la ley antigua,* sino a perfeccionarla. Los mandamientos dados en el A.T. son los mismos que fueron perfeccionados por Jesús y elevados a un grado perfecto de amor a Dios y al prójimo.

30 *Gehenna* es nombre del infierno.

32 Aquí, "excepto el caso de fornicación" equivale a "fuera del caso de concubinato o unión ilegal". (Véase "N.T. explicado").

Rectitud de intención y modo de practicar la limosna

6 1 Guardaos de practicar vuestras buenas obras delante de los
hombres, para que os vean, porque, si no, no recibiréis recom-
pensa de vuestro Padre que está en los cielos.
2 Cuando, pues, hagas limosnas, no toques la trompeta delante
de ti, como los hipócritas hacen en las sinagogas y en las esquinas,
para que los hombres los alaben. En verdad os digo que ya recibie-
ron su paga. 3 Cuando tú hagas limosna, no sepa tu izquierda que
hace tu derecha, 4 de modo que quede tu limosna en secreto, y tu
Padre, que ve en lo secreto, te lo pagará.

Método de hacer oración. (Lc. 11, 2-4)

5 Cuando oréis, no seáis como los hipócritas, que gustan de
orar en las sinagogas y en las esquinas de las plazas en pie, para
ser vistos de los hombres; en verdad os digo que ya recibieron su
paga. 6 Mas tú cuando ores, entra en tu habitación, cierra la puerta,
y ora a tu Padre que está en lo escondido, y tu Padre, que ve lo
escondido, te lo pagará.
7 Cuando oréis, no seáis habladores como los gentiles; pues
creen que por mucho hablar han de ser oídos. 8 No os asemejéis,
pues, a ellos; porque sabe vuestro Padre de qué tenéis necesidad
antes de pedirlo vosotros. 9 Vosotros, pues habéis de orar así:
Padre nuestro, que estás en los cielos; santificado sea tu
nombre; 10 venga tu reino; hágase tu voluntad así en la tierra como
en el cielo.

11 Danos hoy nuestro pan supersustancial 12, y perdona nues-
tras deudas así como nosotros perdonamos a nuestros deudores,
13 y no nos pongas en tentación; mas líbranos del malo.
14 Porque si perdonáis a los hombres sus pecados, también os
perdonará vuestro Padre celestial; 15 y si no perdonáis a los hom-
bres, tampoco vuestro Padre os perdonará vuestros pecados.

El ayuno

16 Cuando ayunéis no pongáis triste el rostro como los hipócri-
tas; porque desfiguran sus rostros para que los hombres echen de
ver que ayunan. En verdad, en verdad os digo, que ya recibieron su
paga. 17 Tú, por el contrario, cuando ayunes, unge tu cabeza y láva-
te la cara, 18 para que no echen de ver los hombres que ayunas, sino
tu Padre, que está en lo escondido; y tu Padre que ve en lo escondi-
do, te lo pagará.

Las verdaderas riquezas

19 No amontonéis riquezas en la tierra, donde la polilla y he-
rrumbre las destruyen y donde los ladrones las desentierran y
roban; 20 sino atesorad para vosotros tesoros en el cielo, donde ni la
polilla y la herrumbre los destruyen, ni los ladrones las desentie-
rran y roban; 21 porque donde está tu tesoro, allí estará tu corazón.
22 La lámpara del cuerpo es el ojo. Si, pues, tu ojo estuviere
sano, todo tu cuerpo estará alumbrado; 23 mas si tu ojo estuviese
enfermo, todo tu cuerpo estará tenebroso. Si, pues, la luz que en ti
hay son tinieblas, ¡cuán grandes serán las tinieblas!
24 Nadie puede servir a dos señores: porque al uno odiará y al
otro amará, o al uno atenderá y al otro despreciará; no podéis
servir a Dios y a las riquezas.

Confianza en la divina providencia

25 Por esto os digo, que no os preocupéis por vuestra vida, qué
comeréis o qué beberéis; ni por vuestro cuerpo, con qué os vesti-
réis. ¿No vale vuestra vida más que el alimento, y vuestro cuerpo
más que el vestido? 26 Mirad las aves del cielo, no siembran ni
siegan ni juntan graneros, y vuestro Padre celestial las alimenta:
¿no valéis vosotros más que ellas? 27 ¿Quién de vosotros a fuerza
de cuidados puede alargar un codo a su estatura? 28 Y del vestido

¿por qué os preocupáis? Aprended de los lirios del campo, cómo
crecen: no trabajan ni hilan; 29 pero os digo que ni Salomón en toda
su gloria se vistió como uno de ellos. 30 Pues si la hierba del cam-
po, que hoy existe y mañana la arrojan al horno, Dios así la viste,
¿no hará mucho más con vosotros, hombres de poca fe?
31 No debéis, pues, preocuparos pensando ¿qué comeremos o
qué beberemos? o ¿con qué nos vestiremos?, 32 pues todas estas
cosas las ambicionan los gentiles; pero bien sabe vuestro Padre
celestial que tenéis necesidad de todas ellas. 33 Buscad primero el
reino de Dios y su justicia, y todo eso se os dará por añadidura.
34 No os preocupéis, pues, por el día de mañana, porque el día de
mañana traerá por sí mismo su preocupación; bástale a cada día su
trabajo.

[1] *Nuestras buenas obras* deben ser vistas por los hombres, para que les sirvan de ejemplo y alaben al Padre celestial (Mt. 5, 16), pero no para que busquemos las alabanzas propias, porque perderíamos la eterna recompensa.

El juicio temerario. (Lc. 6, 37-42)

7 1 No juzguéis para no ser juzgados; 2 porque con el juicio con
que juzgareis seréis juzgados, y con la medida con que midie-
réis, seréis medidos.
3 ¿Por qué ves la paja en el ojo de tu hermano, y no consideras
la viga que hay en el tuyo? 4 o ¿cómo dirás a tu hermano: deja que
te quite la paja de tu ojo, mientras hay una viga en el tuyo? 5 ¡Hipó-
crita!, quita primero la viga de tu ojo, y entonces verás bien para
quitar la paja del ojo de tu hermano.
6 No déis lo santo a los perros, y no echéis vuestras perlas a los
puercos, no sea que las pisoteen con sus pies y se vuelvan a destro-
zaros.

Eficacia de la oración. (Lc. 11, 9-13)

7 Pedid y se os dará; buscad y hallaréis; llamad y se os abrirá.
8 Porque todo el que pide, recibe, y el que busca, halla, y al que
llama, se le abrirá. 9 ¿Qué hombre hay entre vosotros, que, si le
pidiera su hijo pan, le dará una piedra? 10 O si le pide un pez, ¿le
dará una serpiente? 11 Si, pues, vosotros siendo malos, sabéis dar
cosas buenas a vuestros hijos, ¡cuánto más vuestro Padre, que está
en los cielos, dará bienes a los que le pidan!

La ley de la caridad. (Lc. 6, 43-46
12 Todo, pues, cuanto queráis que hagan con vosotros los hom-
bres, hacédselo también vosotros a ellos, porque ésta es la Ley y
los Profetas.

Los dos caminos
13 Entrad por la puerta estrecha, porque ancha es la puerta y
espacioso el camino que lleva a la perdición, y muchos son los que
entran por ella. 14 ¡Qué estrecha es la puerta y trabajoso el camino
que lleva a la vida, y pocos son los que lo encuentran!

Los falsos profetas
15 Guardaos de los falsos profetas, que vienen a vosotros vesti-
dos con piel de ovejas, mas por dentro son lobos rapaccs. 16 Por sus
frutos los conoceréis. ¿Acaso se recogen de los espinos racimos de
uvas, y de los abrojos, higos? 17 Así todo árbol bueno da frutos
buenos; mas todo árbol malo da frutos malos. 18 No puede un árbol
bueno producir frutos malos, ni un árbol malo dar frutos buenos.
19 Todo árbol que no da buen fruto es cortado, y arrojado al fuego.
20 así que por sus frutos los conoceréis.

Obras, no palabras
21 No todo el que me dice: Señor, Señor, entrará en el reino de
los cielos, sino el que hace la voluntad de mi Padre, que está en los
cielos. 22 Muchos me dirán en aquel día: “Señor, ¿no profetizamos
en tu nombre, y en tu nombre arrojamos demonios e hicimos mu-
chos milagros?” 23 Entonces les diré claramente: *“Jamás os cono-
cí; apartaos de mí los que hacéis la inquidad”* (Sal. 6, 9).

La casa sobre piedra (Lc. 6, 47-49)
24 Todo el que oye mis palabras y las cumple, se asemejará a
un varón prudente, el cual edificó su casa sobre piedra. 25 Cayó la
lluvia, y vinieron los ríos y soplaron los vientos y acometieron
contra la casa y no cayó, porque estaba fundada sobre piedra. 26 Y
todo el que oye estas mis palabras y no las cumple, se asemejará a
un varón necio, que edificó su casa sobre arena; 27 y cayó la lluvia,
vinieron los ríos, soplaron los vientos, acometieron la casa y cayó
siendo grande su ruina.

28 Cuando acabó Jesús estos discursos se quedaron las turbas
admiradas de su doctrina, 29 porque les enseñaba como quien tiene
autoridad y no como sus doctores.

Curación de un leproso. (Mc. 1, 40-45; Lc. 5, 12-16)

8 1 Cuando bajó del monte, le siguió una gran muchedumbre.
2 De pronto un leproso se le llegó, se postró ante El y le dijo:
¡Señor, si tú quieres, puedes limpiarme! 3 Tendiendo la mano le
tocó, diciendo: ¡Quiero; queda limpio! Y al punto quedó limpio de
la lepra. 4 Jesús le dijo: Mira, no lo digas a nadie; sino anda, muéstrate
al sacerdote y ofrécele el don que ordenó Moisés para que les
sirva de testimonio.

Curación del siervo del centurión. (Lc. 7, 1-10)

5 Cuando entró en Cafarnaúm se le acercó un centurión,
suplicándole: 6 ¡Señor, mi criado yace en casa paralítico, horriblemente
atormentado! 7 Jesús le dijo: Yo iré a curarle. 8 Mas el centurión
replicó: Señor, no soy digno de que cntres bajo mi techo, sino
dilo sólo de palabra y sanará mi criado. 9 Porque también yo soy
hombre bajo un mando, que tengo soldados a mis órdenes, y digo a
éste: Ve, y va; y a mi siervo: Haz esto, y lo hace. 10 Al oírlo Jesús,
se admiró y dijo a los que le seguían: En verdad os digo que en
ninguno de Israel encontré tanta fe. 11 Os digo, pues, que muchos
de Oriente y de Occidente llegarán y se sentarán con Abraham,
Isaac y Jacob en el reino de los cielos, 12 pero los naturales del
reino serán arrojados a las tinieblas de fuera; allí será el llanto y la
desesperación. 13 Y dijo Jesús al centurión: Anda, como creíste, se
te cumpla. Y sanó el criado en aquel momento.

Curación de otros muchos. (Mc. 1, 29-34; Lc. 4, 38-41)

14 Entró Jesús en casa de Pedro, y vio a la suegra de éste en
cama y con calentura; 15 la tomó de la mano, y la calentura la dejó,
y se levantó y se puso a servirle. 16 Caída ya la tarde, le trajeron
muchos endemoniados; y arrojó a los espíritus con sus palabras, y
curó a todos los enfermos; 17 de modo que se cumplió lo dicho por
el profetas Isaías, que dice: *"El tomó nuestras flaquezas, y nuestras
enfermedades llevó sobre sí"* (Is. 53, 5)

Exigencia de la vocación. (Lc. 9, 57-62)

18 Al verse Jesús rodeado de mucha gente, mandó hacer rumbo
a la otra orilla. 19 Entonces se le llegó un escriba y le dijo: Maestro,
te seguiré adonde quiera que vayas. 20 Jesús le dijo: Las raposas
tienen cuevas y las aves del cielo, nidos; mas el Hijo del hombre
no tiene dónde reclinar su cabeza. 21 Otro de los discípulos le dijo:
Déjame primero ir a enterrar a mi padre, 22 pero Jesús le respondió:
Sígueme, y deja a los muertos enterrar a sus muertos.

Jesús calma la tempestad. (Mc. 4, 35-41; Lc. 8, 22-25)

23 Cuando subió a la barca, le siguieron sus discípulos, 24 y de
pronto se alborotó grandemente el mar tanto que las olas cubrían la
barca; mas El estaba entre tanto durmiendo. 25 Y acercándose le
despertaron diciendo: ¡Señor, sálvanos que perecemos! 26 El les
dijo: ¿Por qué tenéis miedo, hombres de poca fe? Entonces se
levantó e increpó a los vientos y al mar, y sobrevino una gran
bonanza. Los hombres se maravillaron, 27 y decían: ¿Quién es éste,
que hasta los vientos y el mar le obedecen?

Los endemoniados de Gerasa. (Mc. 5, 1-20; Lc. 8, 26-39)

28 Luego que llegó a la otra orilla, a la región de los gerase-
nos, vinieron a su encuentro dos endemoniados que salían de los
sepulcros, furiosos en demasía, hasta el punto de no poder nadie
pasar por aquel camino. 29 Gritaron diciendo: ¿Qué tenemos que
ver contigo, Hijo de Dios? ¿Veniste aquí ahora para atomentarnos
antes de tiempo?

30 Lejos de ellos pacía una piara de puercos, 31 y los demonios
le rogaban diciendo: Si nos arrojas, envíanos a aquella piara de
puercos. 32 Díjoles: Andad. Salieron y se fueron a los puercos; y de
pronto se lanzó toda la piara por el precipicio abajo al mar,. y mu-
rieron en las aguas. 33 Los que los apacentaban huyeron, y, mar-
chando a la ciudad, publicaron todo, y también lo de los
endemoniados. 34 Entonces toda la ciudad salió al encuentro de
Jesús y cuando le vieron le rogaron que se retirase de sus confines.

4 *No lo digas a nadie.* Algunas veces Jesús mandaba callar sus milagros, mas no para que queden ocultos, pues sabía bien que habían de publicarse, sino para evitar el repentino alboroto de las turbas, y porque a veces por la pronta divulgación no podía entrar en las ciudades (Mc. 1, 45).

Curación de un paralítico. (Mc. 2, 1-12; Lc. 5, 17-26)
9 1 Subiendo a una barca, pasó al otro lado y llegó a su ciudad,
2 y he aquí que le presentaron a un paralítico tendido en una ca-
milla. Al ver Jesús la fe de aquellos hombres, dijo al paralítico:
Confía, hijo; perdonados te son tus pecados. 3 Entonces algunos de
los escribas dijeron dentro de sí: Este blasfema. 4 Mas viendo Jesús
sus pensamientos, dijo: ¿Por qué pensáis mal en vuestro interior?
¿Qué es más fácil, decir: 5 "Se te perdonan los pecados", o decir:
"Levántate y anda"? 6 Pues para que sepáis que el Hijo del hombre
tiene poder en la tierra para perdonar los pecados, dijo al paralíti-
co: ¡Levántate, echa a cuestas tu camilla y vete a tu casa! 7 Y se
levantó y se fue a su casa. 8 Al verlo las turbas quedaron poseídas
de temor y alabaron a Dios que dio tal poder a los hombres.

Vocación de Mateo. (Mc. 2, 13-22; Lc. 5, 27-39)
9 Partiendo Jesús de allí, vio un hombre sentado a la mesa de la
recaudación de las contribuciones, llamado Mateo, y le dijo: Sí-
gueme. Se levantó y le siguió. 10 Y ocurrió que, puesto a la mesa en
la casa de Mateo, muchos publicanos y pecadores estaban a la
mesa con Jesús y sus discípulos. 11 Al verlo, los fariseos dijeron a
sus discípulos: ¿por qué come vuestro Maestro con los publicanos
y pecadores? 12 Mas Jesús, al oírlo, dijo: No tienen necesidad de
médico los sanos, sino los enfermos. 13 Id, pues, y aprended qué
significa: *"Misericordia quiero y no sacrificio"* (Os. 6, 6); porque
no vine a llamar a los justos, sino a los pecadores.

El ayuno y la ley nueva. (Mc. 2, 18-22; Lc. 5, 33-39)
14 Entonces se llegaron a El los discípulos de Juan, diciendo:
¿Por qué nosotros y los discípulos de los fariseos ayunamos mu-
cho, y en cambio tus discípulos no ayunan? 15 Y Jesús les contestó:
¿Acaso pueden los amigos del esposo apenarse mientras con ellos
está el esposo? Mas vendrán días cuando les arrebaten el esposo, y
entonces ayunarán. 16 Nadie echa remiendo de paño nuevo sin zur-
cir en vestido viejo, porque el remiendo de aquél tira del vestido, y
se hace mayor rasgadura. 17 Ni echan vino nuevo en odres viejos, si
no, se rompen los odres, y el vino se derrama, y los odres se
pierden; sino que echan vino nuevo en odres nuevos, y el uno y los
otros se conservan.

La hemorroisa y la hija de Jairo.

[18] Cuando les estaba diciendo estas cosas, de pronto un jefe
llegó y se postró ante El, y le dijo: Mi hija acaba de morir; pero
ven, pon tu mano sobre ella, y vivirá [19]. Levantándose Jesús, le si-
guió y también sus discípulos.
[20] Entonces una mujer, que padecía flujo de sangre hacía doce
años, llegándose por detrás, tocó la borla de su manto, [21] porque
decía para sí: Con que solamente toque su manto, sanaré. [22] Más
Jesús se volvió, la vio y dijo: ¡Animo, hija, tu fe te ha sanado! Y
quedó sana la mujer desde aquel momento.
[23] Cuando Jesús llegó a la casa del jefe, y vio a los flautistas y
al gentío que estaba alborotando, [24] dijo: Marchaos, porque no mu-
rió la niña, sino duerme. Y se reían de El. [25] Mas, cuando fue
echada fuera la gente, entró, la tomó de la mano, y la niña se
levantó. [26] Corrió la fama del suceso por toda aquella comarca.

Curación de dos ciegos

[27] Al pasar Jesús de allí adelante, le siguieron dos ciegos gri-
tando y diciendo: ¡Compadécete de nosotros, Hijo de David!
[28] Cuando llegó a la casa se le acercaron los ciegos, y Jesús les
dijo: ¿Creéis que puedo hacer esto? Respondiéronle: ¡Sí, Señor!
[29] Entonces les tocó los ojos diciendo: Según vuestra fe, hágase en
vosotros. [30] Y se les abrieron los ojos. Y les encargó mucho Jesús:
¡Mirad, que nadie lo sepa! [31] Pero salieron y lo publicaron por toda
aquella comarca.

Curación de un mudo

[32] Cuando éstos salían, le trajeron un mudo endemoniado.
[33] Arrojado el demonio, habló el mudo. Y se admiraron las gentes,
y decían: ¡Jamás se vio cosa igual en Israel! [34] Los fariseos, por el
contrario, decían: Con el poder del príncipe de los demonios arroja
a los demonios.

Actividad misional

[35] Andaba Jesús por todas las ciudades y aldeas, enseñando en
las sinagogas, predicando la Buena Nueva del reino y curando toda
clase de enfermedades y dolencias. [36] Viendo a las muchedumbres,

se compadeció de ellas, porque estaban fatigadas y decaídas
"como ovejas que no tienen pastor" (Ez. 34, 5). 37 Entonces dijo a
sus discípulos: Las mies es mucha y pocos los trabajadores; 38 ro-
gad, por lo tanto, al dueño de la mies para que envíe trabajadores a
ella.

1 *Su ciudad.* A Cafarnaúm se llamó "patria de Jesús", porque era donde había fijado su residencia.

7 Los milagros de Jesús tienen la finalidad no sólo de remediar los males físicos, sino de probar que el es Dios y el Salvador de las almas, como aquí lo demuestra cuando cura al paralítico.

Nombres de los apóstoles y poderes recibidos. (Mc. 3, 16-19; Lc. 6, 14-16)

10 1 Jesús, llamando a sus discípulos, les dio poder de lanzar to-
dos los espíritus inmundos y de curar toda clase de enferme-
dades y dolencias. 2 Estos son los nombres de los apóstoles: el pri-
mero Simón, llamado Pedro, y su hermano Andrés; Santiago el de
Zebedeo, y su hermano Juan; 3 Felipe y Bartolomé; Tomás y Ma
teo el publicano; Santiago el de Alfeo y Tadeo; 4 Simón el Cana-
neo, y Judas el Iscariote, que fue el que le entregó.

Misión de los doce apóstoles

5 A estos doce envió Jesús, advirtiéndoles: Por tierras de los
gentiles no andéis, y no entréis en ciudad de samaritanos; 6 id más
bien a las ovejas perdidas de la casa de Israel. 7 Y de camino
predicad diciendo: "El reino de los cielos se acerca" 8 curad a los
enfermos, resucitad a los muertos, limpiad a los leprosos, arrojad a
los demonios; de balde recibísteis, dadlo de balde. 9 No poseais
oro, ni plata, ni cobre en vuestros cintos, 10 ni alforja para el cami-
no, ni dos túnicas, ni sandalias, ni cayado. Porque el trabajador es
acreedor de su sustento.

11 En la ciudad o aldea en que entréis, informaos de quién hay
en ella digno: y allí morad hasta que marchéis. 12 Al entrar en la
casa, saludadla con la paz, 13 y, si fuere la casa digna, venga la paz
de vuestro saludo sobre ella; mas, si no fuere digna, la paz de
vuestro saludo vuelva a vosotros. 14 Si alguno no os recibiere ni
escuchare vuestras palabras, salid de aquella casa o ciudad, y sacu-
díos el polvo de los pies. 15 En verdad os digo, que mejor lo pasará

la tierra de Sodoma y de Gomorra en el día del juicio que aquella
ciudad.

Predicción de persecuciones

16 Mirad que yo os envío como ovejas en medio de lobos; sed,
pues, prudentes como las serpientes, y sencillos como las palomas.
17 Guardaos de los hombres, porque os entregarán a los tribunales y
en sus sinagogas os azotarán, 18 y ante los gobernadores y los reyes
os conducirán por mi causa, para dar testimonio ante ellos y ante
las naciones.

19 Cuando os entreguen, no os preocupéis de cómo o qué ha-
béis de hablar, porque se os dará en aquella hora lo que habéis de
hablar; 20 porque no sois vosotros los que habléis, sino el Espíritu
de vuestro Padre el que hablará por vosotros. 21 El hermano entre-
gará al hermano a la muerte, y el padre al hijo, y se levantarán los
hijos contra los padres y los matarán. 22 Y seréis odiados de todos
por mi causa; mas el que persevere hasta el fin, se salvará. 23 Cuan-
do os persiguieren en una ciudad, huid a otra. En verdad os digo
que no acabaréis *(de predicar en)* las ciudades de Israel hasta que
venga el Hijo del hombre.

24 No es el discípulo más que el maestro, ni el siervo más que
su señor. 25 Bástele al discípulo ser como su maestro, y al siervo
como su señor. Si al señor de la casa llamaron Beelzebul, ¡cuánto
más a sus domésticos! 26 No los temáis, porque nada hay oculto
que no haya de revelarse; ni escondido, que no haya de
saberse. 27 Lo que os digo en la obscuridad, decidlo a la luz, y lo
que os digo a la luz, publicadlo sobre los terrados. 28 Y no temáis a
los que matan el cuerpo, y que no pueden matar el alma; sino
temed al que puede perder alma y cuerpo en la gehenna *(–fuego
del infierno).* 29 ¿No se venden dos pajarillos por un as *(–moneda
de cobre)?* Sin embargo ni uno solo de ellos caerá en tierra sin
disposición de vuestro Padre. 30 En cuanto a vosotros, todos los
cabellos de vuestra cabeza están contados. 31 No temáis, pues más
que muchos pajarillos valéis vosotros.

Exhortaciones y consuelos

32 A todo el que me confiese ante los hombres, le confesaré Yo
también delante de mi Padre, que está en los cielos; 33 mas a quien

me negare delante de los hombres, le negaré también Yo delante
de mi Padre que está en los cielos.
34 No penséis que vine para traer paz sobre la tierra; no vine
para traer paz, sino espada. 35 Porque he venido para separar "al
hombre *de su padre; a la hija, de su madre; a la nuera de su*
suegra, 36 *y enemigos del hombre serán los de su casa*" (Miq. 7, 6).
37 El que ama a su padre o a su madre más que a mí, no es digno de
mí. 38 Y el que no toma su cruz y me sigue, no es digno de mí.
39 Quien hallare su vida, la perderá; y el que la perdiere por mi
causa, la hallará.
40 Quien a vosotros recibe, a mí me recibe, y el que me recibe
a mí, recibe al que me envió. 41 Quien recibe a un profeta a título
de profeta, recibirá paga de profeta, y quien recibe a un justo, a
título de justo, paga de justo recibirá. 42 Y quien diere de beber a
uno de estos pequeños un vaso de agua fresca, solamente a título
de discípulo, en verdad os digo que no perderá su paga.

34 Jesús es el Príncipe de la paz (Is. 9,6), y con todo dice que vino a traer "espada", ¿por qué? Porque su doctrina era ocasión de divisiones y luchas entre los hombres; pero notemos que no es Cristo ni su doctrina la causa de las guerras, sino la malicia de los hombres que se resisten a abandonar sus vicios y no quieren acomodar su vida al Evangelio.

Jesús y Juan Bautista. (Lc. 7, 18-30)

11 1 Cuando acabó Jesús de instruir a sus doce discípulos, partió
de allí para enseñar y predicar en sus ciudades. 2 Y Juan, al
oír en la cárcel las obras de Cristo, le envió a decir por sus
discípulos: 3 ¿Eres tú el que ha de venir o esperamos a otro? 4 Jesús
les respondió: Id y contad a Juan lo que oís y veis: 5 *los ciegos ven*
y los cojos andan, los leprosos quedan limpios, los sordos oyen ,
los muertos resucitan y los pobres son evangelizados (Is. 35, 5-6;
61, 1); 6 y bienaventurado aquel que no se escandalize de mí.
7 Cuando ya se iban éstos, comenzó Jesús a hablar a las multitudes
de Juan: ¿Qué salísteis a contemplar en el desierto? ¿Una caña
agitada por el viento? 8 Pero ¿qué salísteis a ver? ¿A un hombre
vestido con ropas finas? Mirad que los que llevan ropas finas están
en los palacios de los reyes. 9 Pues ¿a qué salísteis? ¿A ver a un
profeta? Sí, os digo, y más que profeta. 10 Este es de quien está
escrito:

He aquí que Yo envío a mi mensajero delante de tu faz, el
cual irá preparándote el camino delante de ti (Mal. 3, 1)
11 En verdad os digo, que entre los nacidos de mujer no ha
surgido uno mayor que Juan el Bautista; sin embargo, el más pe-
queño en el reino de los cielos, es mayor que él. 12 Desde los días
de Juan el Bautista hasta ahora el reino de los cielos padece fuerza
y los esforzados lo arrebatan. 13 Porque todos los Profetas y la Ley
profetizaron hasta Juan; 14 y si queréis oírlo, él es Elías que había
de venir. 15 El que tenga oídos, que oiga.

Terquedad del pueblo. (Lc. 7, 31-35)

16 ¿Con quién compararé a esta generación? Semejante es a los
chiquillos que se sientan en las plazas y se cantan unos a otros:
17 "Tocamos la flauta y no bailásteis: lloramos y no os
lamentásteis". 18 Por que vino Juan, que ni comía ni bebía, y dicen:
"Tiene el demonio". 19 Vino el Hijo del hombre que come y bebe, y
dicen: "Mirad un hombre comilón y bebedor, amigo de publicanos
y de pecadores". Y quedó acreditada la Sabiduría por sus obras.

Amenaza a las ciudades infieles

20 Comenzó entonces a maldecir a las ciudades en que hizo la
mayor parte de sus milagros, porque no hicieron penitencia: 21 ¡Ay
de ti, Corozaín! ¡Ay de tí, Betsaida! Porque si en Tiro y Sidón se
hubieran hecho los milagros que se hicieron en vosotras, mucho ha
que en saco y en ceniza hubieran hecho penitencia. 22 Pero os digo
que a Tiro y a Sidón se les tratará con menos rigor que a vosotras
el día del juicio. 23 Y tú, Cafarnaúm, ¿crees que te levantarás hasta
el cielo? ¡En el abismo te hundirás! Porque si en Sodoma se hubie-
ran hechos los milagros que en ti se hicieron, en pie seguiría hasta
el día de hoy. 24 Por esto te digo que la tierra de Sodoma se tratará
mejor que a ti en el día del juicio.

Revelación del Padre y del Hijo. (Lc. 10, 21-22)

25 Por aquel tiempo dijo Jesús: Yo te alabo, Padre, Señor del
cielo y de la tierra, porque escondiste estas cosas a los sabios y
prudentes, y las revelaste a los pequeñuelos; 26 sí, Padre, porque así
te plugo. 27 Todo me ha sido dado por mi Padre, y nadie conoce

plenamente al Hijo sino el Padre, y al Padre nadie conoce plena-
mente sino el Hijo,y aquel a quien quiera el Hijo revelárselo.
28 Venid a Mí todos los que estáis cansados y sobrecargados, y
Yo os aliviaré. 29 Tomad mi yugo sobre vosotros, y aprended de
Mí, pues soy manso y humilde de corazón, y hallaréis descanso
para vuestras almas; 30 porque mi yugo es bueno y mi carga ligera.

9 *Más que profeta.* La superioridad de Juan mira sólo a los profetas del A.T. y no se compara a la dignidad de los apóstoles ni de San José ni mucho menos de la Virgen o de Jesús... Juan Bautista aventaja a los profetas, mientras ellos anuncian al Mesías que ha de venir, él lo anuncia como presente, señalándolo con el dedo: "Este es el Cordero de Dios...".

Los discípulos arrancan espigas en sábado (Mc. 2, 23-28; Lc. 6)

12 En cierta ocasión caminaba Jesús en sábado a través de los
sembrados; sus discípulos sintieron hambre, y comenzaron a
arrancar espigas y comérselas. 2 Mas al verlo, los fariseos le dije-
ron: Mira, tus discípulos hacen lo que no es lícito hacer en sábado.
3 Pero El les dijo: ¿No leísteis lo que hizo David cuando tuvo
hambre él y los suyos? 4 ¿Cómo entró en la casa de Dios, y comió
de los panes de la proposición, de los cuales no le estaba permitido
comer ni a él ni a los suyos, sino a sólo los sacerdotes? 5 ¿No
leísteis también en la Ley que en los sábados los sacerdotes en el
templo quebrantan el sábado y no pecan? 6 Mas Yo os digo que
hay aquí quien vale más que el templo. 7 Pero si entendiérais qué
quiere decir aquello de: *"Misericordia quiero y no sacrificio"* (Os.
6, 6), no condenaríais a los inocentes. 8 Porque el Hijo del hombre
es Señor del sábado.

Curación de la mano seca en sábado. (Mc. 3, 1-5; Lc. 6, 6-10)

9 Pasando de allí vino a la sinagoga de ellos. 10 Había allí un
hombre que tenía una mano seca y le preguntaron para acusarle:
¿Está permitido curar en sábado? 11 Mas El les dijo: ¿qué hombre
hay de vosotros que tenga una oveja, y si cayera ésta en sábado en
un pozo, no le echa mano y la saca? 12 Pues ¡cuánto más vale un
hombre que una oveja! De modo que está permitido hacer bien en
sábado. 13 Dijo entonces al hombre: Extiende tu mano. La extendió,
y se le volvió sana como la otra. 14 Pero salieron los fariseos y
tomaron la resolución de perderle.

Jesús curó a muchos. Anuncio de mansedumbre. (Mc. 3, 7-12; Lc. 6, 17-10)

15 Al saberlo Jesús, se alejó de allí. Muchos le siguieron y los
curó a todos, 16 y les mandó que no lo hicieran público; 17 para que
se cumpliera lo dicho por medio del profeta Isaías:

18 Mirad mi Hijo al que elegí; mi amado en el que se recrea
mi alma; pondrá mi espíritu sobre él, y anunciará el derecho a
los pueblos. 19 No disputará, ni gritará, ni oirá nadie en las
plazas su voz.

20 Una caña cascada no la quebrará; y la mecha que humee, no la apagará, hasta que haga triunfar el derecho.

21 Y en su nombre pondrán las naciones su esperanza (Is. 42, 1-4; 41, 9).

El ciego mudo. Calumnia de los fariseos. (Mc. 3, 22-27)

22 Entonces le fue presentado un endemoniado ciego y mudo, y
le sanó de modo que el mudo hablaba y veía. 23 Todas las gentes se
maravillaron y decían: No será éste el hijo de David? 24 Pero los
fariseos dijeron: Este no arroja los demonios sino con el poder de
Beelzebul, príncipe de los demonios. 25 Conociendo El sus pensamientos, les dijo: Todo reino en sí dividido, quedará desolado, y
toda ciudad o casa en sí dividida, no permanecerá en pie. 26 Si
Satanás arroja a Satanás contra sí mismo está dividido: ¿cómo,
pues, permanecerá su reino? 27 Si yo arrojo los demonios con poder
de Beelzebul, vuestros hijos ¿con qué poder los arrojan? Por eso
ellos mismos serán vuestros jueces. 28 Mas si con poder del espíritu
de Dios yo arrojo a los demonios; es cierto que llegó a vosotros el
reino de Dios. 29 ¿Cómo puede alguien entrar en la casa de un
hombre fuerte, y arrebatar sus cosas, si primero no ata al fuerte, y
entonces saqueará su casa? 30 El que no está conmigo, está contra
Mi; el que no recoge conmigo, desparrama.

El pecado contra el Espíritu Santo. (Mc. 3, 28-30)

31 Por eso os digo que todo pecado o blasfemia, se perdonará a
los hombres; mas la blasfemia contra el Espíritu no se perdonará.
32 Si alguno hablare contra el Hijo del hombre, será perdonado;
pero quien hablare contra el Espíritu Santo, no se le perdonará ni
en este mundo ni en el otro.

Las malas obras de los fariseos

[33] Decid que el árbol es bueno y bueno será su fruto, o decid
que el árbol es malo y malo será su fruto, porque el fruto se conoce
por el árbol. [34] ¡Raza de víboras! ¿Cómo podréis decir cosas bue-
nas, siendo malos? Porque de lo que está lleno el corazón habla la
boca. [35] El hombre bueno, del tesoro de su bondad saca el bien, y el
hombre malo, del tesoro de su malicia, saca el mal. [36] Y Yo os digo
que de toda palabra ociosa que hablen los hombres, darán cuenta
en el día del juicio. [37] Por tus palabras serás justificado, y por tus
palabras serás condenado.

El milagro de Jonás. (Lc. 11, 29-32)

[38] Entonces les dijeron algunos escribas y fariseos: Maestro,
queremos ver de ti un milagro. [39] Mas El les respondió: Una gene-
ración malvada y adúltera pide un milagro, y no se le dará otro que
el de Jonás el profeta. [40] Porque como estuvo Jonás en el vientre
del cetáceo tres días y tres noches, así estará el Hijo del hombre
dentro de la tierra tres días y tres noches.

[41] Los hombres de Nínive se levantarán en el juicio contra esta
generación, y la condenarán; porque ellos hicieron penitencia por
la predicación de Jonás, y quien está aquí es superior a Jonás. [42] La
reina de Oriente se alzará en el juicio contra esta generación y la
condenará; porque ella vino desde los confines del mundo a escu-
char la sabiduría de Salomón, y quien está aquí es más que Salo-
món.

La recaída

[43] Cuando el espíritu inmundo sale de un hombre, anda por
lugares áridos buscando morada, y no la encuentra. [44] Entonces
dice: A mi casa volveré de donde salí; y al llegar la encuentra des-
ocupada, barrida y adornada. [45] Marcha entonces, y toma consigo
otros siete espíritus peores que él, y entran y habitan allí, y acaba
aquel hombre peor que empezó. Así ocurrirá a esta generación
malvada.

La madre y parientes de Jesús. (Mc. 3, 31-35; Lc. 8, 19-21)

[46] Aun estaba hablando a las gentes, y he aquí que su madre y
sus hermanos estaban fuera y querían hablar con El. [47] Díjole uno:

Tu madre y tus hermanos están fuera y quieren hablarte. [48] Mas El
respondió al que se lo decía: ¿Quién es mi madre y quiénes son
mis hermanos? [49] Y extendiendo la mano sobre sus discípulos, dijo:
He aquí mi madre y mis hermanos. [50] Porque quien haga la volun-
tad de mi Padre, que está en los cielos, ese es mi hermano, mi
hermana y mi madre.

[32] *La blasfemia contra el Espíritu Santo* es atribuir a sabiendas al demonio las obras de Dios, o sea, los milagros que Jesús hacía y es resistir con obstinación a la luz del Espíritu Santo. No dice el Señor que *no podrá* serle perdonado, sino que *no se le perdonará*, porque no se arrepentirá.

[46] *Hermanos de Jesús* es una expresión que equivale a "primos o parientes" de Jesús, pues como demuestro en el "N.T. explicado", los cuatro que se llaman "hermanos de Jesús", eran hijos de Cleofás o Alfeo y de una María (Mt. 27, 56; 10, 3) pariente de la Virgen, y la Virgen no tuvo más que un hijo, el llamado Jesús (Lc. 2, 41).

Parábola del sembrador. (Mc. 4, 1-0; Lc. 8, 4-8)

13 [1] Aquel día salió Jesús de casa y se sentó junto al mar, [2] y se
le reunieron muchas gentes, de modo que tuvo que entrar en
una barca y sentarse, y toda la gente se colocó en la playa. [3] Les
habló entonces de muchas cosas en parábolas, diciéndoles: Mirad,
salió un sembrador a sembrar, [4] y, al sembrar, unas semillas caye-
ron junto al camino; vinieron las aves y se las comieron. [5] Otras ca-
yeron sobre pedregales, donde no tenían mucha tierra, y al punto
brotaron, por no tener profundidad la tierra; [6] más cuando salió el
sol, se abrasaron y, por no tener raíz, se secaron. [7] Otras cayeron
entre espinas; crecieron las espigas, y las ahogaron. [8] Pero otras
cayeron en tierra buena, y dieron fruto; la una, ciento; la otra,
sesenta; la otra, treinta. [9] Quien tenga oídos, que oiga.

Razón de las parábolas. (Mc. 4, 10-12; Lc. 8, 9-10)

[10] Se le acercaron después los discípulos y le dijeron: ¿Por qué
les hablas en parábolas? [11] Les contestó: Porque a vosotros ha sido
dado conocer los misterios del reino de los cielos, mas a aquellos
otros no les ha sido dado. [12] Porque al que tiene, se le dará y
sobreabundará; mas, al que no tiene, aun lo que tiene se le quitará.
[13] Por eso les hablo en parábolas; porque viendo no ven, y oyendo
no oyen ni entienden. [14] Se les cumple la profecía de Isaías que
dice:

Oiréis y no entenderéis, miraréis y no veréis. [15] Porque se
endureció el corazón en este pueblo, y son duros de oído, y sus
ojos los cierran para no ver y no oír con los oídos, y para no
entender en su corazón, para no convertirse y los sane yo (Is.
6, 9-10).
[16] Dichosos vuestros ojos, que ven, y vuestros oídos, que
oyen. [17] Porque en verdad os digo, que muchos profetas y jus-
tos desearon ver lo que contempláis, y no lo vieron, oír lo que
oís, y no lo oyeron.

Explicación de la parábola. (Mc. 4, 13-20; Lc. 8, 11-15)
[18] Vosotros, pues, escuchad la parábola del sembrador: [19] A
quien oye la palabra del reino y no la entiende, viene el maligno y
arrebata lo sembrado en su corazón: esto es lo sembrado junto al
camino. [20] Lo sembrado en pedregales es quien oye la palabra, y al
punto con alegría la recibe; [21] pero no tiene raíz en sí, sino que es
inconstante, y venida la tribulación o persecución por la palabra,
enseguida desfallece su fe. [22] Lo sembrado entre espinas es quien
oye la palabra; pero los cuidados del mundo y el engaño de la
riqueza ahogan la palabra y queda sin fruto. [23] Lo sembrado en
tierra buena es quien oye la palabra y la penetra, y da fruto, uno
ciento, otro sesenta, otro treinta.

Parábola de la cizaña
[24] Les propuso otra parábola: El reino de los cielos es semejan-
te a un hombre que sembró buena semilla en su campo. [25] Pero
mientras dormían los hombres, vino su enemigo, sembró cizaña
sobre el trigo y se fue. [26] Mas cuando creció la hierba, y granó el
fruto, entonces apareció también la cizaña. [27] Llegándose los cria-
dos del dueño, le dijeron: Señor, ¿no sembraste buena semilla en tu
campo? ¿De dónde, pues, tiene cizaña? [28] El les contestó: Un hom-
bre enemigo lo hizo. Dijéronle los criados: ¿Quieres que vayamos
y la recojamos? [29] Y les dijo: No, no sea que al recoger la cizaña,
saquéis de raíz juntamente con ella el trigo. [30] Dejadlos crecer jun-
tos hasta la siega; y al tiempo de la siega diré a los segadores:
"Recoged primero la cizaña y atadla en haces para quemarla, y el
trigo juntadlo en mi granero".

Parábola del grano de mostaza. (Mc. 4, 30-33; Lc. 13, 18-19)
31 Otra parábola les propuso: El reino de los cielos es semejante a un grano de mostaza que tomó un hombre y lo sembró en su
campo; 32 el cual es verdaderamente la más pequeña de las semillas, pero, cuando crece, es mayor que las hortalizas, y se hace un árbol, tanto que vienen las aves y anidan en sus ramas.

Parábola del fermento
33 Otra parábola les dijo: El reino de los cielos es semejante a la levadura que tomó una mujer, y la metió en tres medidas de harina hasta que todo fermentó.
34 De todas estas cosas habló Jesús en parábolas a las gentes, y
nada les solía hablar sino en parábolas, 35 de modo que se cumpliera lo dicho por el profeta:

Abriré en parábolas mi boca; publicaré las cosas ocultas desde la creación del mundo (Sal. 77,2).

Explica la parábola de la cizaña
36 Entonces, luego que despidió Jesús a las muchedumbres, se fue a casa, y se le acercaron sus discípulos diciéndole: Decláranos
la parábola de la cizaña del campo: 37 Respondió: El que siembra la
buena semilla es el Hijo del hombre, 38 el campo es el mundo; la buena semilla, los hijos del reino; la cizaña, los hijos del maligno;
39 el enemigo que siembra es el diablo; la siega es el fin del mundo,
y los segadores, los ángeles. 40 Como se recoge la cizaña y se la
quema al fuego, así será al fin del mundo. 41 Enviará el Hijo del hombre a sus ángeles, que recogerán de su reino a todos los escan-
dalosos y a todos los que cometen la iniquidad, 42 y los arrojarán en
el horno del fuego; allí será el llanto y el crujir de dientes. 43 Entonces los justos brillarán como el sol en el reino de su Padre. Quien tenga oídos, que oiga.

El tesoro escondido
44 El reino de los cielos es semejante a un tesoro escondido en el campo; un hombre lo encuentra y lo vuelve a esconder, y lleno de alegría, va y vende todo cuanto tiene, y compra aquel campo.

El mercader de perlas y la red

45 También es semejante el reino de los cielos a un mercader
que va en busca de ricas perlas. 46 Al encontrar una de mucho
precio, va y vende cuanto tiene y la compra.
47 Es también semejante el reino de los cielos a una red echada
al mar, y que recoge peces de todo género; 48 la cual, cuando está
llena, la sacan a la orilla, y sentándose, recogen los buenos en
cestos, y los malos los tiran. 49 Así será al fin del mundo: saldrán
los ángeles, y separarán a los malos de en medio de los justos, 50 y
los arrojarán al horno del fuego; allí será el llanto y el rechinar de
dientes.
51 ¿Habéis entendido todo esto? Respondiéronle: Sí. 52 Y El les
dijo: Por eso, todo escriba instruido en lo referente al reino de los
cielos, es semejante al dueño de la casa que saca de su tesoro lo
nuevo y lo viejo.

Jesús predica en Nazaret. (Mc. 6, 1-6; Lc. 4, 16-30)

53 Cuando acabó Jesús estas parábolas, se alejó de allí, 54 y
vino a su patria y les enseñaba en la sinagoga, de modo que se ma-
ravillaban todos y decían: ¿De dónde les viene a éste esa sabiduría
y los milagros? 55 ¿No es éste el hijo del carpintero? ¿No se llama
María su madre, y sus hermanos Santiago y José, Simón y Judas?
56 Y sus hermanas ¿no están todas entres nosotros? ¿De dónde,
pues, le viene todo esto? 57 Y se escandalizaban de El. Mas Jesús
les dijo: No hay profeta sin honra, sino en su pueblo y en su casa.
58 Y no hizo allí muchos milagros por la poca fe de ellos.

[3] *Parábola* significa "comparación" medio muy apropiado para instruir a la gente sencilla. A los judíos les hablaba en parábolas "para que viendo no vean, y escuchando no entiendan, no sea que se conviertan". La razón de esta expresión tan dura es porque los judíos *veían* sus milagros y *oían* las grandezas del Señor... y a veces tapaban los oídos, a las palabras del Señor para no convertirse, y por eso les dio un espíritu de adormecimiento. Ellos eran los culpables. "Al que cierra la ventana para que no le alumbre el sol, ¿quién tiene la culpa de que no le alumbre?"

Opinión de Herodes y martirio del Bautista. (Mc. 6, Lc. 9)

14 1 Por entonces oyó Herodes el Tetrarca hablar de Jesús, 2 y
dijo a sus servidores: Ese es Juan el Bautista; resucitó de
entre los muertos y por eso se obran en él milagros. 3 Porque Hero-

des prendió a Juan, le encadenó y le puso en la cárcel por causa de
Herodías, la mujer de su hermano Filipo. 4 Porque le decía Juan:
No te está permitido tenerla. 5 Quiso matarle, pero tuvo miedo a la
gente, porque lo tenían por profeta. 6 Mas cuando fue el cumplea-
ños de Herodes, danzó la hija de Herodías ante todos, y agradó a
Herodes tanto, 7 que con juramento le prometió darle lo que
pidiera. 8 Mas ella instigada por su madre: Dame, le dijo, aquí en
un plato la cabeza de Juan el Bautista. 9 El rey se contristó; mas por
el juramento y por los convidados, mandó se le diera, 10 y envió a
decapitar a Juan en la cárcel. 11 Llevaron la cabeza de éste en un
plato; se la dieron a la joven, y ésta la llevó a su madre. 12 Llegados
sus discípulos, tomaron el cadáver, y le sepultaron, y fueron y se lo
contaron a Jesús.

Primera multiplicación de los panes. (Mc. 6, Lc. 9, Jn. 6)

13 Al oírlo Jesús, se alejó de allí en una barca a un lugar desier-
to a solas. Cuando las gentes lo supieron, le siguieron a pie desde
las ciudades. 14 Al desembarcar vio un gran gentío, y se compade-
ció de ellos, y curó a todos sus enfermos. 15 Al caer de la tarde, se
llegaron los discípulos a decirle: El lugar es desierto y ya es tarde;
despide, pues, a la gente, para que vayan a las aldeas a comprarse
alimento. 16 Mas Jesús les dijo: No es menester que vayan, dadles
vosotros de comer. 17 Dijéronle: No tenemos aquí sino cinco panes
y dos peces. 18 El les dijo: traédmelos acá. 19 Mandó luego a las
gentes acomodarse en la hierba; tomó los cinco panes y los dos
peces; alzando los ojos al cielo, los bendijo, y partiendo los panes
los dio a los discípulos y los discípulos a las gentes. 20 Comieron
todos y se hartaron, y recogieron de los trozos que sobraron doce
cestos llenos. 21 Los que comieron eran como unos cinco mil hom-
bres, sin contar las mujeres y los niños.

Jesús camina sobre el mar y calma la tempestad. (Mc. 6, 45-52; Jn. 6, 16-21)

22 Inmediatamente obligó a los discípulos a entrar en una barca
y adelantársele a El a la otra orilla mientras despedía a las gentes.
23 Una vez despedidas éstas, subió al monte a orar a solas. Caída ya
la tarde. El estaba allí solo. 24 La barca se hallaba ya muchos esta-
dios lejos de tierra, azotada por las olas, porque era contrario el

viento. 25 A la cuarta vela de la noche fue a ellos caminando sobre
el mar. 26 Al verle los discípulos caminar sobre el mar, se turbaron
y dijeron: ¡Es un fantasma! Y de miedo, se pusieron a gritar. 27 Mas
enseguida les habló Jesús, y les dijo: ¡Animo! ¡Soy yo! ¡No te-
mais!

28 Pedro le respondió: ¡Señor, si eres tú, mándame ir a ti sobre
las aguas. 29 El dijo: ¡Ven! Saliendo de la barca Pedro, anduvo
sobre las aguas y fue hacia Jesús. 30 Mas al ver el fuerte viento, se
asustó, y como empezara a hundirse, gritó: ¡Señor sálvame! 31 Al
punto Jesús, tendiéndole la mano, le agarró, y le dijo:¡Hombre de
poca fe! ¿por qué dudaste? 32 Luego que subieron a la barca, se
calmó el viento. 33 Los que estaban en la barca se postraron ante El,
diciendo: ¡Verdaderamente eres el Hijo de Dios!

Curaciones de Jesús en Genesaret. (Mc. 6, 53-56)

34 Al acabar la travesía vinieron a la región de Genesaret.
35 Apenas le reconocieron los hombres de aquel lugar, enviaron
recado por toda aquella comarca, y le trajeron todos los que se
hallaban enfermos, 36 y le pedían les dejara tocar tan sólo las borlas
de su manto; y cuantos le tocaban quedaban sanos.

1 Este Herodes Antípas, era hijo de aquel Herodes que mató a los niños de Belén. *Tetrarca* indica que sólo tenía la cuarta parte del reino de su padre. El juramento que hizo fue injusto y contrario a la ley divina y no estaba obligado a cumplirlo...

20 La multiplicación de los panes es un verdadero milagro no una simple enseñanza de que debemos ser caritativos, como algunos se han atrevido a decir, porque comieron cinco mil hombres sin contar mujeres y niños, quedarán todos hartos, y de los trozos sobrantes se recogieron 12 cestos.

La tradición de los antiguos. (Mc. 7, 1-23)

15 1 Entonces se acercaron a Jesús desde Jerusalén fariseos y
escribas a decirle: 2 ¿Por qué tus discípulos quebrantan la tra-
dición de los ancianos? Porque no se lavan las manos cuando
comen. 3 Mas El respondió: ¿Por qué vosotros quebrantáis el man-
damiento de Dios por vuestra tradición? 4 Porque Dios dijo: *"Hon-
ra a tu padre y a tu madre"*, y *"quien maldijere a su padre o a su
madre, muera"* (Ex. 20, 12); 5 pero vosotros decís: Si alguno dijere
a su padre o a su madre: *"Ofrenda* hice a Dios de cuanto mío te

pudiera aprovechar", no tendrá que honrar a su padre y a su madre,
6 y anulasteis el mandamiento de Dios con vuestra tradición. 7 ¡Hi-
pócritas! Bien profetizó de vosotros Isaías cuando dijo:

8 Este pueblo me honra con los labios, mas su corazón está
lejos de mi; 9 en vano me dan culto, enseñando preceptos que
son mandamientos de hombres (Is. 29,13).

Lo que contamina al hombre

10 Y llamando a la multitud dijo: Oíd y entended: 11 No lo que
entra por la boca mancha al hombre, sino lo que sale de la boca:
eso es lo que mancha al hombre. 12 Se le acercaron después los
discípulos y le dijeron: ¿Sabes que los fariseos, al oír tus razones,
se escandalizaron? 13 Y El respondió: Toda planta que no plantó mi
Padre celestial, será arrancada de raíz. 14 Dejadlos; son ciegos que
guían a ciegos; si un ciego guía a otro ciego, ambos caerán en la
hoya.

15 Habló Pedro y le dijo: Explícanos esa parábola: 16 Y dijo
Jesús: ¿Todavía sois tambien vosotros torpes de entendimiento?
17 Aún no sabéis que todo lo que entra por la boca pasa al vientre y
se echa al estercolero? 18 Mas lo que sale de la boca, sale del cora-
zón, y eso es lo que mancha al hombre. 19 Porque del corazón salen
los malos pensamientos, los homicidios, los adulterios, las fornica-
ciones, los robos, los falsos testimonios, las blasfemias. 20 Eso es lo
que mancha al hombre; pero comer con las manos sin lavar, no
mancha al hombre.

La mujer cananea. (Mc. 7, 24-30)

21 Saliendo de allí Jesús, se retiró a la comarca de Tiro y de
Sidón. 22 Y he aquí que una mujer cananea, saliendo de aquellos
contornos, se puso a gritar: ¡Señor Hijo de David, ten compasión
de mí! ¡Mi hija está malamente atormentada por un demonio!
23 Mas El no le respondió palabra. Y llegándose sus discípulos, le
rogaban y decían: Despídela, porque viene gritando detrás de
nosotros. 24 El respondió: No fui enviado sino a las ovejas perdidas
de la casa de Israel. 25 Mas ella llegó y se postró ante El, diciendo:
¡Señor, socórreme! 26 Contestó El y dijo: No está bien el tomar el
pan de los hijos y echarlo a los perrillos. 27 Pero ella dijo: Si, señor:
porque también los perrillos comen de las migajas que caen de las

mesas de los señores. 28 Entonces Jesús le dijo: ¡Oh mujer, grande es tu fe! Hágase contigo como tu quieres. Y quedó sana su hija desde aquel momento.

Curación de muchos enfermos. (Mc. 7, 31-37)

29 Pasando de allí Jesús, vino junto al mar de Galilea, y subien-
do al monte se sentó allí. 30 Se le acercaron muchas gentes, trayen-
do consigo cojos, mancos, ciegos, sordomudos y otros muchos, y
los pusieron a sus pies, y los curó; 31 de modo que se admiraron las
gentes al ver a los mudos que hablaban; a los mancos, sanos; a los cojos que andaban, y a los ciegos que veían; y alabaron al Dios de Israel.

Segunda multiplicación de los panes. (Mc. 8, 1-10)

32 Entonces Jesús, llamando a sus discípulos, les dijo: Tengo compasión de la gente, porque ya tres días están conmigo, y no tienen qué comer; y despcdirlos ayunos no quiero, no sea que
desfallezcan en el camino. 33 Los discípulos le contestaron: ¿De dónde podemos sacar en un desierto tantos panes que harten a
tanta gente? 34 Jesús les dijo: ¿Cuántos panes tenéis? Dijéronle:
Siete y unos pececillos. 35 Y mandando a la multitud que se sentara
en el suelo, 36 tomó los siete panes y los peces, dio gracias, los partió y fue dándolos a los discípulos, y los discípulos a las gentes.
37 Comieron todos y se hartaron, y del sobrante de los trozos se re-
cogieron siete espuertas llenas. 38 Los que comieron eran cuatro mil
hombres, sin contar las mujeres y los niños. 39 Después que despi-
dió a las gentes, entró en la barca y fue a los confines de Magadán.

[2] *La tradición* de que aquí se habla era una tradición humana, opuesta a la tradición apostólica o cristiana, que es transmisión de la doctrina de Jesucristo ya oralmente o por escrito.

La señal de Jonás. (Mc. 8, 11-13)

16 1 Se le acercaron fariseos y saduceos para tentarle, y le pidie-
ron que les mostrase una señal del cielo. 2 Mas El les contes-
tó; Llegada la tarde decís; "Buen tiempo, porque se arrebola el cielo"; 3 y por la mañana; "Hay tormenta, porque se arrebola y se anubla el cielo". Sabéis juzgar del aspecto del cielo, ¿y de las

señales de los tiempos no podéis? [4] Esta generación malvada y
adúltera pide una señal, mas no se le dará otra sino la de Jonás. Y
dejándoles, se fue.

La levadura de los fariseos. (Mc. 8, 14-21)

[5] Cuando fueron los discípulos a la otra orilla, se les olvidó
llevar pan [6] Jesús les dijo: ¡Mirad y guardaos de la levadura de los
fariseos y saduceos! [7] Ellos pensaban dentro de sí; Es porque no
hemos traído pan. [8] Sabiéndolo Jesús, dijo: ¿Por qué pensáis dentro
de vosotros, desconfiados, que no tenéis pan? [9] ¿Aún no entendéis
ni os acordáis de los cinco panes para los cinco mil hombres, y
cuántos cestos recogísteis? [10] ¿Ni de los siete panes para los cuatro
mil y cuántas espuertas recogísteis? [11] ¿Cómo no pensáis que no
por los panes os dije: Guardaos de la levadura de los fariseos y
saduceos? [12] Entonces entendieron que no dijo que se guardaran de
la levadura del pan, sino de la doctrina de los fariseos y saduceos.

Promesa del Primado de Pedro. (Mc. 8, 27-30; Lc. 9, 13-21)

[13] Cuando fue Jesús a la tierra de Cesarea de Filipo, preguntó
a sus discípulos: ¿Quién dicen los hombres que es el Hijo del
hombre? [14] Ellos dijeron: Unos, que Juan el Bautista; otros, que
Elías; otros, que Jeremías o uno de los profetas. [15] Y el les dijo:
Mas vosotros, ¿quién decís que soy yo? [16] Tomando la palabra
Simón Pedro dijo: ¡Tú eres el Cristo, el Hijo de Dios vivo! [17] Res-
pondió Jesús y le dijo: ¡Bienaventurado Simón, hijo de Jonás,
porque no te lo reveló ni la carne ni la sangre, sino mi Padre, que
está en los cielos! [18] Y Yo te digo que tu eres Pedro, y sobre esta
piedra edificaré mi Iglesia, y las puertas del infierno no prevalece-
rán contra ella. [19] Yo te daré las llaves del reino de los cielos, y lo
que atares en la tierra, quedará atado en los cielos y lo que desata-
res sobre la tierra, desatado quedará en los cielos. [20] Entonces
mandó a sus discípulos que a nadie dijeran que El era el Mesías.

Primera predicción de la Pasión. (Mc. 8, 31-39; Lc. 9, 22-27)

[21] Desde entonces comenzó Jesús a manifestar a sus discípulos
que tenía que ir El a Jerusalén, padecer mucho de parte de los
ancianos, sumos sacerdotes y escribas, ser muerto y al tercer día
resucitar. [22] Pedro tomándole aparte, se puso a amonestarle dicien-

do: ¡Lejos de ti, Señor! que no te ocurra eso. [23] Mas volviéndose
Jesús, dijo a Pedro: ¡Retírate de mi, Satanás! ¡Eres tropiezo para
mi! porque no piensas las cosas de Dios, sino las de los hombres.

Condiciones para seguir a Jesús

[24] Entonces dijo Jesús a sus discípulos: Si alguno quiere venir
en pos de Mí, niéguese a sí mismo, tome su cruz y sígame. [25] Por-
que el que quiere salvar su alma, la perderá, y quien perdiere su
alma por mi causa, la hallará. [26] Porque ¿qué aprovecha al hombre
ganar todo el mundo, si pierde su alma *(–la vida eterna)*? ¿O qué
podrá dar el hombre a cambio de su alma? [27] Porque ha de venir el
Hijo del hombre en la gloria de su Padre con los ángeles, y enton-
ces dará a cada uno según sus obras. [28] En verdad os digo, que hay
algunos de los que aquí están que no verán la muerte hasta que
vean al Hijo del hombre venir en su reino.

[1] Los judíos para tentar a Jesús le pedían una señal del cielo, un milagro aparatoso. ¿Acaso no les bastaba para creer los enfermos sanados y los muertos resucitados? La señal de Jonás: es la resurrección de Jesús.

[18] *Tu eres Pedro y sobre esta piedra edificaré mi Iglesia.* Cristo fundó la Iglesia sobre Pedro, primer Papa, y sobre él se fundamenta, porque él con su autoridad da unidad y estabilidad a toda ella. Desde San Pedro a Juan Pablo II ha habido 264 Papas sin interrupción.. y *las puertas del infierno*, las herejías y persecuciones no prevalecerán contra ella.

Transfiguración del Señor. (Mc. 9, 1-12; Lc. 9, 28-36)

17 [1] Seis días después tomó Jesús consigo a Pedro, a Santiago y
a Juan, hermano de éste, y los llevó a un alto monte a solas.
[2] Y se transfiguró delante de ellos, y resplandeció su rostro como el
sol, y sus vestiduras se volvieron blancas como la luz. [3] De repente
se les aparecieron Moisés y Elías hablando con El. [4] Pedro dijo a
Jesús: ¡Señor!, buena cosa es estarnos aquí; si quieres, haré aquí
tres tiendas: una para ti, otra para Moisés, y otra para Elías. [5] Aún
estaba hablando cuando una nube luminosa los ocultó, y una voz
se oyó de la nube que decía: Este es mi Hijo amado, en el que me
complazco; escuchadle. [6] Al oírlo los discípulos, cayeron postrados
y cobraron mucho miedo. [7] Se acercó Jesús, y tocándoles, dijo:
Levantaos, y no temáis. [8] Alzando los ojos a nadie vieron sino a
Jesús solo.

La venida de Elías

9 Al bajar del monte, les mandó Jesús: A nadie digáis lo que
habéis visto hasta que el Hijo del hombre haya resucitado de entre
los muertos. 10 Preguntáronle entonces los discípulos: ¿por qué di-
cen los escribas que es menester que primero venga Elías? 11 El
respondió: Elías, sí, vendrá y restaurará todo; 12 pero os digo que
Elías ya vino, y no le conocieron, sino que hicieron con él cuanto
quisieron; así también el Hijo del hombre ha de padecer de parte
de ellos. 13 Entonces entendieron los discípulos que hablaba de
Juan el Bautista.

Curación de un muchacho endemoniado. (Mc. 9, 13-28; Lc. 9, 37-43)

14 Cuando llegaron a la multitud, se le acercó un hombre que
se arrodilló ante El 15 y decía: ¡Señor ten piedad de mi hijo, que
está lunático y padece mucho! porque muchas veces cae en el
fuego y muchas en el agua. 16 Le presenté a tus discípulos y no
pudieron curarle. 17 Respondió Jesús: ¡Raza incrédula y perversa!
¿hasta cuándo os habré de sufrir? ¡Traédmelo acá! 18 Jesús increpó
al demonio, que salió de él, y quedó curado el muchacho desde
aquel momento.

19 Después, llegándose los discípulos a Jesús a solas, le dije-
ron: ¿Por qué nosotros no pudimos lanzarle? 20 Díjoles: Por vuestra
poca fe; porque en verdad os digo que si tuvierais fe como un
grano de mostaza, diríais a esta montaña: "Pásate de aquí allá" y se
pasaría, y nada os sería imposible. 21 Mas esta raza de demonios no
sale sino con oración y ayuno.

Segunda predicción de la pasión. (Mc. 9, 29-31; Lc. 9, 44-45)

22 Cuando iban por Galilea, Jesús les dijo: El Hijo del hombre
va a ser entregado en manos de los hombres, 23 le matarán y al
tercer día resucitará. Y se entristecieron mucho.

El tributo del templo

24 Al llegar a Cafarnaúm, se acercaron a Pedro los que cobra-
ban las dos dracmas, y le dijeron: ¿Vuestro Maestro no paga los
dos dracmas? 25 Respondió: Sí. Cuando llegaron a casa, se anticipó
Jesús a decirle: ¿Que te parece Simón? Los reyes de la tierra, de

quiénes cobran tributo o censo?, ¿de sus hijos o de los extranjeros?
[26] Como dijera: de los extraños, Jesús le dijo: Luego los hijos son
libres. [27] Mas para que no crean que les damos mal ejemplo, vete al
mar, lanza un anzuelo, y el primer pez que prendas, agárralo, ábre-
le la boca, y encontrarás un estater: tómalo y dáselo a ellos por mí
y por tí.

[11] Cuando dijo Jesús "Elías ya vino", se refería a Juan Bautista. "Juan Bautista era Elías *en espíritu*, pero no en persona". Elías vendrá al fin de los tiempos (Ved mi "N. T. explicado").

El mayor en el reino de los cielos. (Mc. 9, 33-36;Lc. 9, 46-48)

18 [1] Por entonces se acercaron los discípulos a Jesús y le dije-
ron: ¿Quién, pues es el mayor en el reino de los cielos? [2] Lla-
mando Jesús a un niño, le puso en medio de ellos, y [3] dijo: En
verdad os digo, si no os volviereis e hiciereis como niños, no
entraréis en el reino de los cielos. [4] Quien se humillare como este
niño, ese será el mayor en el reino de los cielos. [5] Y quien recibiere
a un niño como éste en mi nombre, a mí me recibe.

Guardarse del escándalo. (Mc. 9, 46-47)

[6] El que escandalizare a uno de estos pequeños que creen en
mí, mas le valiera que le colgaran una piedra de molino al cuello y
le hundieran en lo profundo del mar. [7] ¡Ay del mundo por los
escándalos! Porque es inevitable que los haya; pero ¡ay del hombre
por quien viniere el escándalo! [8] Si tu mano o tu pie es ocasión de
escándalo, córtalo y arrójalo de tí. Más te vale entrar cojo o manco
en la vida que, teniendo las dos manos o los dos pies, ser arrojado
en la gehenna del fuego. [9] Y si tu ojo te escandaliza, sácatelo y
arrójalo fuera de tí; mas te vale entrar tuerto en la vida que tener
dos ojos y ser arrojado en la gehenna del fuego.

[10] Guardaos de despreciar a uno solo de estos pequeños, por-
que os digo que sus ángeles en los cielos ven continuamente la faz
de mi Padre celestial. [11] Porque el Hijo del hombre vino para salvar
lo que estaba perdido.

La oveja descarriada (valor de un alma). (Lc. 15, 4-7)

[12] ¿Qué os parece? Si tuviera un hombre cien ovejas y se le
descarriare una sola de ellas ¿no dejará las noventa y nueve en los
montes para ir a buscar la que se le descarrió? [13] Y si llega a

encontrarla, en verdad os digo que se alegra por ella más que por
las noventa y nueve no descarriadas. 14 De la misma manera, no
quiere vuestro Padre que está en el cielo que se pierda uno solo de
estos pequeños.

La corrección y el perdón fraterno

15 Si te ofendiere tu hermano, anda y repréndele a solas; si te
escuchare, ganaste a tu hermano; 16 mas si no te escuchare, toma
contigo a uno o dos, *"para que en boca de dos o tres testigos sea
firme toda cosa"* (Dt. 19, 15); 17 y si los desoyese, dilo a la iglesia;
mas si también a la iglesia desoyese, sera para tí como un gentil y
como un publicano. 18 En verdad os digo que cuanto atareis sobre
la tierra, atado quedará en el cielo y cuanto desatareis en la tierra,
desatado quedará en el cielo.

19 También en verdad os digo, que si dos de vosotros convinie-
reis sobre la tierra para pedir cualquier cosa, la obtendréis de mi
Padre que está en los cielos. 20 Porque donde están dos o tres reuni-
dos en mi nombre, allí estoy yo en medio de ellos.

21 Entonces se le acercó Pedro y le dijo: Señor, ¿cuántas veces
he de perdonar a mi hermano si peca contra mí? ¿Hasta siete
veces? 22 Díjole Jesús: No te digo hasta siete veces, sino hasta
setenta veces siete.

Parábola del siervo cruel

23 A propósito de esto: El reino de los cielos es semejante a un
rey que quiso arreglar cuentas con sus siervos. 24 Puesto a arreglar-
las, le trajeron uno que le era deudor de diez mil talentos. 25 Como
no tuviera con qué pagar, mandó el señor que fuera vendido él, su
mujer y sus hijos y todo cuanto tenía. 26 Entonces el siervo arroján-
dose a sus pies le dijo: ¡Señor, ten paciencia conmigo y te lo
pagaré todo! 27 Apiadado el señor del siervo aquel, le dejó ir y le
perdonó la deuda. 28 Pero aquel siervo, al salir, encontró a uno de
sus compañeros que le debía cien denarios; le agarró y le ahogaba,
diciendo: ¡Paga lo que debes! 29 El compañero arrojándose a sus
pies, le suplicó diciendo: ¡Ten paciencia conmigo, y te pagaré!
30 Pero el no quiso, sino que fue y le metió en la cárcel hasta que
pagara la deuda.

31 Al ver sus compañeros lo ocurrido, se apenaron mucho y
fueron a contárselo a su señor. 32 Entonces, llamándole su señor, le

dijo: ¡Siervo malvado! Te perdoné toda tu deuda apenas me lo suplicaste; [33] ¿no debías tú también compadecerte de tu compañero como yo me compadecí de ti? [34] Encolerizado su señor, le entregó a los verdugos hasta que pagase todo lo que debía. [35] Así también mi Padre celestial hará con vosotros si no perdonáis de corazón cada cual a su hermano.

[10] Los niños están puestos por Dios bajo la tutela de los ángeles custodios. Es doctrina católica que cada hombre tenemos un ángel de la Guarda.

[17] *Dilo a la Iglesia*, es decir, a la autoridad constituida en la Iglesia.

Jesús en Judea

19 [1] Cuando acabó Jesús estos discursos, partió de Galilea y fue a los confines de Judea, al otro lado del Jordán. [2] Le siguieron muchas gentes y realizó allí curaciones.

Indisolubilidad del matrimonio. (Mc. 10, 1-12)

[3] Se le acercaron unos fariseos para tentarle y le decían: ¿Es lícito a un hombre repudiar a su mujer por cualquier motivo? [4] El respondió: ¿No habéis leído que el Creador, desde el principio, *varón y mujer los hizo,* [5] y dijo: *"Por esto dejará el hombre a su padre y a su madre, y se juntará con su mujer y serán los dos una sola carne?"* (Gén. 1, 27; 2, 24). [6] De modo que ya no son dos sino una sola carne. Por consiguiente, lo que Dios unió, no lo separe el hombre.

[7] Dijéronle: Pues ¿por qué Moisés mandó *dar documento de divorcio y repudiarla* (Dt. 24, 1). [8] El les contestó: Porque Moisés por vuestra dureza de corazón, os permitía repudiar a vuestras mujeres; mas al principio no fue así. [9] Y Yo os digo, que quien repudiare a su mujer, excepto en caso de adulterio, y se casare con otra, comete adulterio; y el que se casa con la repudiada también comete adulterio.

Virginidad

[10] Los discípulos le dijeron: Si tal es la condición del hombre con la mujer, no conviene casarse. [11] Mas El les dijo: No todos entienden esto, sino aquellos a quienes ha sido dado. [12] Porque hay eunucos *(–inhábiles o impotentes para el matrimonio)*, que nacie-

ron así del vientre de su madre, y hay eunucos que fueron hechos
por los hombres, y hay eunucos que a sí mismo se hicieron tales
por el reino de los cielos. Quien pueda entender, que entienda.

Jesús bendice a los niños. (Mc. 10, 13-16; Lc. 18, 15-17)
13 Entonces le fueron presentados unos niños para que pusiera
sobre ellos las manos, y rogara por ellos; mas los discípulos los
reprendieron. 14 Jesús les dijo: Dejad a los niños, y no estorbéis que
vengan a mí, porque de ellos es el reino de los cielos. 15 Y después
que puso las manos sobre ellos, partió de allí.

El joven rico.– Camino de la perfección. (Mc. 19, 17-27; Lc. 18-
24)
16 Uno se le acercó y le dijo: ¡Maestro! ¿qué de bueno habré de
hacer para conseguir la vida eterna? 17 El le contestó: ¿Por qué me
preguntas sobre lo bueno? Uno solo es el bueno. Si quieres entrar
en la vida, guarda los mandamientos. 18 Díjoles él: ¿Cuáles? Jesús
respondió: *No matarás, no cometerás adulterio, no hurtarás, no*
levantarás falso testimonio, 19 *honra a tu padre y a tu padre, y*
amarás a tu prójimo como a tí mismo (Ex. 20, 12).
20 El joven le dijo: Todos esos guardé: ¿qué más me queda?
21 Jesús le contestó: Si quieres ser perfecto, anda, vende cuanto
tienes, y dalo a los pobres y tendrás un tesoro en los cielos, y ven y
sígueme. 22 Mas al oír el joven esta razón, se marchó triste, porque
poseía muchas riquezas.

Peligros de las riquezas. (Mc. 10, 23-31; Lc. 24-30)
23 Jesús dijo entonces a sus discípulos: En verdad os digo:
¡Qué difícilmente entrará un rico en el reino de los cielos! 24 Tam-
bién os digo que más fácil es que un camello entre por el ojo de
una aguja, que un rico entre en el reino de Dios. 25 Al oírlo, los
discípulos se asombraron grandemente, y dijeron: ¿Quién, pues,
podrá salvarse? 26 Mirándolos Jesús, les dijo: Para los hombres es
imposible; mas para Dios todo es posible.
27 Entonces díjole Pedro: Mira que nosotros dejamos todo y
te seguimos: ¿qué nos espera? 28 Jesús le dijo: En verdad os digo
que vosotros, los que me seguisteis, en la renovación de la vida,
cuando se siente el Hijo del hombre en el trono de su gloria, os

sentaréis también vosotros en doce tronos a juzgar a las doce tribus
de Israel. [29] Porque todo el que deje casa, hermanos o hermanas,
padre o madre, o mujer o hijos o tierras por mí, recibirá el ciento
por uno, y poseerá la vida eterna.
[30] Muchos primeros serán los últimos, y los últimos, primeros.

[4] Jesús habla claramente de la indisolubilidad del matrimonio, y condena el divorcio. "Excepto caso de adulterio" se refiere a unión ilegal o simple amancebamiento, caso en que no existe verdadero matrimonio...(Vease "N. T explicado").

Parábola de los obreros de la viña

20 [1] Porque el reino de los cielos es semejante a un padre de fa-
milia, que salió al rayar el día a contratar trabajadores para
su viña. [2] Conviniendo con ellos en un denario por día, los envió a
su viña. [3] Saliendo luego sobre la hora de tercia, vio a otros que es-
taban ociosos en la plaza, [4] y les dijo: Id también vosotros a mi
viña, y os daré lo que sea justo. [5] Y fueron. De nuevo salió a la
hora de sexta y a la de nona, e hizo lo mismo. [6] Aún salió a la
undécima, y encontró a otros que estaban parados, y les dijo: ¿Qué
estáis aquí todo el día ociosos? [7] Dijéronle: Porque nadie nos con-
trató. El les dijo: Id también vosotros a mi viña.
[8] Caída ya la tarde, dijo el señor de la viña a su encargado:
Llama a los trabajadores, y págales su salario, comenzando por los
últimos hasta los primeros. [9] Vinieron los de la hora undécima, y
recibieron un denario cada uno. [10] Cuando llegaron los primeros,
pensaron que recibirían más; y ellos recibieron también un denario
cada uno, [11] mas, al tomarlo, se pusieron a murmurar en contra del
dueño, [12] diciendo: Estos, los últimos, trabajaron una sola hora, y
los igualaste a nosotros que hemos sufrido el peso del día y del
calor. [13] Entonces él, respondiendo a uno de ellos les dijo: Amigo,
no hago injusticia contigo: ¿no conviniste conmigo en un denario?
[14] Pues toma lo tuyo y marcha. Yo quiero dar a este último lo que a
tí. [15] O es que yo no puedo hacer lo que quiera con lo mío? o es que
tienes envidia, porque yo soy bueno? [16] Así los últimos serán pri-
meros, y los primeros, últimos.

Tercera predicción de la Pasión. (Mc. 10, 32-34; Lc. 18, 31-34)

[17] Cuando Jesús iba a subir a Jerusalén, tomó consigo a los
doce aparte, y por el camino les dijo. [18] Mirad: subimos a Jerusa-
lén, y el Hijo del hombre será entregado a los sumos pontífices y

escribas y le condenarán a muerte, [19] le entregará a los gentiles para
que le escarnezcan, le azoten y le crucifiquen, pero al tercer día
resucitará.

Reprueba las ambiciones. (Mc. 10, 35-45)

[20] Entonces se acercó a El la madre de los hijos de Zebedeo
con sus hijos, adorándole en ademán de pedirle algo. [21] El le dijo:
¿Qué quieres? Ella le contestó: Manda que estos dos hijos míos se
sienten en tu reino, uno a tu derecha y otro a tu izquierda. [22] Res-
pondió Jesús: No sabéis que pedís. ¿Podéis beber el cáliz que yo
tengo que beber? Dijéronle: Podemos. [23] El les respondió: Beberéis
mi cáliz, pero sentarse a mi derecha o mi izquierda, no me toca a
mí otorgarlo, es para quienes esté dispuesto por mi Padre.

[24] Al oírlo los otros diez, se enfadaron contra los dos
hermanos. [25] Mas Jesús los llamó y les dijo: Sabéis que los jefes de
las naciones las oprimen con su imperio, y los grandes abusan de
su autoridad sobre ellas.[26] No ha de ser así entre vosotros, sino que
quien quisiere ser grande entre vosotros, sea vuestro servidor, [27] y
quien quisiere ser el primero entre vosotros, sea vuestro siervo,
[28] así como el Hijo del hombre no vino a ser servido, sino a servir y
a dar su vida en rescate por muchos.

Curación de dos ciegos. (Mc. 10, 46-52; Lc. 18, 35-43)

[29] Cuando salían de Jericó, le siguió mucha gente. [30] Y ocurrió
que dos ciegos que estaban sentados junto al camino, al oír que
Jesús pasaba, gritaron: ¡Señor, Hijo de David, ten compasión de
nosotros! [31] La multitud los reprendía para que callasen; pero ellos
gritaron más fuerte: ¡Señor, Hijo de David, ten compasión de
nosotros! [32] Parándose Jesús, los llamó y les dijo: ¿Qué queréis que
os haga? [33] Dijéronle: ¡Señor! que se abran nuestros ojos. [34] Com-
padecido Jesús les tocó los ojos, y al punto recobraron la vista y le
siguieron.

[2] *El denario* o premio que Dios da a todos es el cielo. Las diversas horas de llamada al trabajo son las diversas edades, a unos llama en la niñez, a otros en la juventud o en la vejez... El cielo es un don libérrimo de la voluntad de Dios. Dios es justo y también misericordioso, y reparte sus dones según le place dentro de la justicia. Nadie nos asegura que viviremos a la hora de nona o más tarde: "En la hora en que menos pensemos…". No difiereas, convertirte al Señor…

Entrada triunfal en Jerusalén. (Mc. 11, 1-10; Lc. 19, 29-40, Jn. 12, 12-19)

21 1 Cuando se acercaban a Jerusalén, y llegaron a Betfagé,
junto al monte de los Olivos, Jesús envió dos discípulos,
diciéndoles: 2 Id a la aldea que está enfrente de vosotros, y ensegui-
da hallaréis atada una borrica y con ella un pollino; desatadlos y
traédmelos. 3 Si alguno os dijere algo, diréis: El Señor los necesita;
y al punto los enviará. 4 Esto sucedió para que se cumpliera lo
dicho por el profeta:

5 *Decid a la hija de Sión: Mira que tu rey viene a tí manso y montado sobre un asno, sobre un pollino, hijo de animal de yugo (Zac. 9, 9)*

6 Fueron los discípulos e hicieron como les mandó Jesús: 7 lle-
varon la borrica y el pollino, y pusieron sobre ellos los mantos, y
montó encima, 8 una gran multitud de gente tendieron sus mantos
en el camino, otros cortaron ramas del árbol y alfombraron el
camino. 9 Las gentes que iban delante y las que le seguían, grita-
ban:

¡Hosanna al Hijo de David! ¡Bendito el que viene en nombre del Señor! ¡Hosanna en las alturas! (Sal. 118,25)

10 *Y al entrar El en Jerusalén, se alborotó toda la ciudad,*
diciendo: ¿Quién es éste? 11 *Y la muchedumbre decía: ¡Este es*
Jesús el profeta, el de Nazaret de Galilea!

Purificación del templo y curaciones. (Mc. 15, 15-19; Lc. 19, 39-48).

12 Entró Jesús en el templo, y arrojó a todos los que estaban
allí vendiendo y comprando, volcó las mesas de los cambistas, y
los puestos de los que vendían las palomas, 13 y les dijo: Está
escrito: *"Mi casa será llamada casa de oración"* (Is. 56, 7): pero
vosotros hacéis de ella una cueva de ladrones.

14 Luego se llegaron a El ciegos y tullidos en el templo, y los
curó. 15 Mas al ver los pontífices y los escribas los milagros que
hacía y a los niños gritando en el templo y diciendo: ¡Hosanna al
Hijo de David! se indignaron, 16 y le dijeron: ¿Oyes lo que éstos
dicen? Jesús les dijo: Sí. ¿No habéis leído aquello:

De boca de los párvulos y niños de pecho te proporcionaste alabanza? (Sal. 8, 3).

17 Dejándolos, salió fuera de la ciudad, a Betania, y pernoctó
allí.

Maldición de la higuera. (Mc. 11, 12, 14, 20-24)

18 Muy de mañana, cuando volvía a la ciudad, sintió hambre,
19 y viendo una higuera cerca del camino, se llegó a ella, y nada
halló sino hojas solamente, y dijo: ¡Nunca más nazca fruto de ti! Y
al punto se secó la higuera.
20 Al verlo los discípulos se admiraron y decían: ¡Cuán pronto
se secó la higuera! 21 Mas Jesús le dijo: En verdad os digo que, si
tuvierais fe y no dudarais, no sólo haréis lo de la higuera, sino que
si dijerais a este monte: "Alzate y arrójate al mar", así lo haría.
22 Cuando pidiereis en la oración con fe, lo conseguiréis.

Discusión sobre el poder de Jesús. (Mc. 11, 27-33; Lc. 20, 1-8)

23 Entrando en el templo, los pontífices y ancianos del pueblo
se le acercaron mientras estaba enseñando, y le dijeron: ¿Con qué
poder haces esto, y quién te ha dado tal poder? 24 Jesús le respondió
y dijo: Os preguntaré yo también una cosa, y si me contestáis, os
diré con qué poder hago esto. 25 El bautismo de Juan ¿de dónde
era? ¿del cielo o de los hombres? Pero ellos comenzaron a discu-
rrir entre sí: 26 Si dijéramos "del cielo", nos dirá: "Entonces, ¿por
qué no creísteis en él?" Mas si dijéramos "de los hombres", teme-
mos a la gente, porque todos tienen a Juan por profeta. 27 Y respon-
dieron a Jesús: No sabemos. Díjoles también El: Tampoco yo os
digo con qué potestad hago esto.

Parábola de los dos hijos

28 ¿Qué os parece? Un hombre tenía dos hijos. Fue y dijo al
mayor: Hijo, anda y trabaja hoy en la viña. 29 Y él respondió: Voy,
señor. Y no fue. 30t Fue después y dijo lo mismo al otro. Mas éste
contestó: No quiero. Pero después se arrepintió y fue. 31 ¿Cuál de
los dos hizo la voluntad de su padre? Dijeron: el último. Jesús les
dijo: En verdad os digo que los publicanos y las meretrices se os
adelantan a entrar en el reino de Dios. 32 Porque vino Juan a voso-
tros por el camino de justicia, y no creísteis en él; en cambio, los
publicanos y las meretrices creyeron en él; pero vosotros que le
visteis, ni os arrepentisteis creyendo en él.

Parábola de los renteros homicidas. (Mc. 12, 1-12; Lc. 20, 9-19)
33 Oíd otra parábola: Había un dueño de casa que plantó una
viña y la rodeó de una cerca, cavó en ella un lagar, y edificó una
torre, y la entregó a unos labradores, y se marchó. 34 Mas cuando se
acercó el tiempo de los frutos, envió sus criados a los labradores
para recibir su parte. 35 Agarrando entonces los labradores a los
criados de aquel, al uno hirieron, al otro mataron y al otro
apedrearon. 36 De nuevo envió otros criados más en número que los
primeros e hicieron con ellos lo mismo. 37 Por último les envió a su
hijo, pensando: ¡Respetarán a mi hijo! 38 Pero los labradores al ver
al hijo, se dijeron: Este es el heredero, andad, y matémosle y
tendremos su herencia. 39 Y, agarrándole le echaron fuera de la
viña, y le mataron. 40 Cuando, pues, venga el dueño de la viña ¿qué
hará con aquellos labradores? 41 Le respondieron: Hará perecer a
los malvados, y dará la viña a otros labradores que le paguen los
frutos a su tiempo. 42 Jesús les dijo: ¿No leísteis jamás las Escrituras:

"La piedra que rechazaron los constructores, esa vino a ser piedra angular; el Señor lo dispuso, y es cosa que nos maravilla (Sal. 118.22).

43 Por eso os digo que se os quitará el reino de Dios, y se dará
a un pueblo que rinda sus frutos. 44 Quien cayere sobre esta piedra,
será triturado; mas sobre quien cayere, le hará trizas. 45 Al oír los
pontífices y los fariseos sus parábolas, conocieron que las decía
por ellos, 46 y queriendo apoderarse de El, tuvieron miedo a las
gentes porque éstas le tenían por profeta.

[21] *Hosanna al Hijo de David* equivalía a ¡Viva el Mesías! pues como tal lo reconocían, y el agitar ramos y palmas era en señal de fiesta.

Parábola del banquete de bodas

22 1 Jesús de nuevo les habló en parábolas diciendo: 2 Es seme-
jante el reino de los cielos a un rey, que celebró las bodas de
su hijo, 3 y envió a sus siervos a llamar a los convidados a las
bodas, y no quisieron venir. 4 De nuevo envió a otros siervos, di-
ciéndoles: Decid a los convidados: Mirad, que mi banquete le ten-
go preparado; mis toros y animales cebados ya los tengo sacrifica-
dos, y todo a punto. Venid a las bodas. 5 Mas ellos, no atendieron,
marcharon el uno a su campo, el otro a sus negocios; 6 pero los

demás, apoderándose de los siervos, los afrentaron y los mataron.
7 El rey se encolerizó, y, enviando su ejército, acabó con aquellos
asesinos, y prendió fuego a su ciudad.

8 Después dijo a sus siervos: El banquete de las bodas está
preparado; pero los que estaban convidados, no eran dignos. 9 Id,
pues, a las salidas de los caminos, y a cuantos encontréis, convi-
dad-los a las bodas. 10 Salieron los siervos a los caminos, y reunie-
ron a todos cuantos encontraron, malos y buenos, y la sala de las
bodas se llenó de comensales. 11 Mas entrando el rey a visitar a los
comensales, vio allí a un hombre que no estaba vestido con la ropa
de boda, 12 y le dijo: Amigo ¿cómo entraste aquí sin la ropa de
boda? Mas él cerró su boca. 13 Entonces el rey dijo a los servidores:
Atad-le de pies y manos, y lanzadle a las tinieblas de afuera; allí
será el llanto y el rechinar de dientes. 14 Porque muchos son los
llamados y pocos los escogidos.

El pago del tributo al César.

15 Se retiraron entonces los fariseos, y resolvieron ver cómo le
cazarían en alguna palabra, 16 y le enviaron discípulos suyos con
herodianos, para decirle: Maestro, sabemos que eres sincero, y que
enseñas realmente el camino que lleva a Dios, y no te importa
nadie, porque no tienes acepción de personas; 17 dinos, pues, tu
parecer: ¿Es lícito pagar tributo al César, sí o no? 18 Mas Jesús
conociendo su malicia, dijo: ¿Por qué me tentáis, hipócritas?
19 ¡Mostradme la moneda del tributo! Ellos le presentaron un
denario. 20 Y El les preguntó: ¿De quién es esa imagen y la
inscripción? 21 Respondieron: Del César. Díjoles entonces: Pues
dad al César lo que es del César, y a Dios lo que es de Dios. 22 Al
oírle, se maravillaron, le dejaron y se fueron.

La resurrección de los muertos

23 Aquel día se llegaron a El unos saduceos, que niegan la
resurrección, y le preguntaron: 24 ¡Maestro! Moisés dijo: *"Si algu-
no muriere sin tener hijos, su hermano se casará con la mujer de
aquél, y dará descendencia para su hermano* (Dt. 25, 5-10). 25 Pues
había entre nosotros siete hermanos, y, casado el primero, murió, y
no habiendo tenido descendencia, dejó su mujer para su hermano;

[26] igualmente el segundo y el tercero, hasta los siete. [27] Después de todos, murió la mujer. [28] En la resurrección, pues ¿de cuál de los siete será la mujer? Porque todos la tuvieron. [29] Mas Jesús les respondió: Erráis por no entender las Escrituras ni el poder de Dios. [30] Porque en la resurrección, ni los hombres tomarán mujer; ni las mujeres, marido; sino que serán como ángeles de Dios en el cielo.

[31] Y acerca de la resurrección de los muertos ¿no habéis leído lo que Dios ha dicho? [32] *"Yo soy el Dios de Abraham, el Dios de Isaac y el Dios de Jacob"* (ex. 3, 6). Dios no es Dios de muertos, sino de vivos. [33] Al oírlo, las turbas se admiraron de sus enseñanzas.

Primer mandamiento de la Ley. (Mc. 12, 29-34

[34] Los fariseos, al oír que tapó la boca a los saduceos, vinieron a reunirse junto a El, [35] y uno de ellos, doctor en la ley, para tentarlo, le preguntó: [36] ¡Maestro! ¿Cuál es el mayor mandamiento dc la Ley? [37] El le dijo: *"Amarás al Señor, tu Dios, con todo tu corazón, con toda tu alma y con todo tu entendimiento"* (Dt. 6, 5). [38] Este es el mayor y primer mandamiento. [39] Semejante a éste es el segundo: *"Amarás a tu prójimo como a tí mismo"* (Lev. 19, 18). [40] De estos dos mandamientos pende toda la Ley y los Profetas.

La cuestión del origen del Mesías. (Mc. 12, 35-37; Lc. 20, 41-44)

[41] Estando reunidos los fariseos, les preguntó Jesús: [42] ¿Qué pensáis de Cristo? ¿de quién es hijo? Dijéronle: De David. [43] Díjoles: Pues ¿cómo David inspirado por el Espíritu, le llama "Señor", cuando dice:

[44] *"Dijo el Señor a mi Señor: Siéntate a mi derecha, mientras pongo a tus enemigos debajo de tus pies"* (Sal. 110, 1)

[45] Si, pues, David le llama Señor ¿cómo es hijo suyo? [46] Ninguno pudo responderle palabra, ni se atrevió nadie desde aquel día a interrogarle más.

[30-31] Jesús nos habla de la existencia del cielo, y de que nuestras almas son inmortales al decirnos que Dios no es Dios de muertos, sino de vivos, y por tanto Abraham, Isaac y Jacob siguen viviendo.

[44] *¿Qué pensáis de Cristo?* Con esta pregunta Jesús confunde a los intelectuales del pueblo judío, pues no supieron responderle: La respuesta es ésta: "Cristo es Dios y hombre; como hombre *es hijo de David*, pero en cuanto Dios, *es Señor*.

Escribas y fariseos puestos al desnudo. (Mc. 12, 38-40; Lc. 20,
45-47)

23 1 Entonces Jesús habló a la multitud y a sus discípulos, y les
dijo: 2 En la cátedra de Moisés se sentaron los escribas y
fariseos. 3 Praticad y guardad cuanto os digan; pero no los imitéis
en sus obras, porque ellos dicen y no hacen. 4 Lían cargas pesadas e
insoportables, y las ponen sobre las espaldas de los hombres; pero
ellos ni aun con un dedo quieren moverlas. 5 Todas sus obras las
hacen para que los hombres las vean; llevan más anchas las filacte-
rias, y más largas las borlas del manto; 6 gustan del primer puesto
en los convites, y de la primera silla en las sinagogas, 7 de los
saludos en las plazas, y de que los hombres los llamen "Rabbí".
8 Vosotros no os llaméis "Rabbí", porque uno sólo es vuestro
Maestro, y todos vosotros sois hermanos. 9 Ni llaméis padre vues-
tro a ninguno de la tierra, porque uno sólo es vuestro Padre: el que
está en los cielos. 10 Ni os llaméis doctores, porque uno sólo es
vuestro Doctor, el Mesías. 11 El mayor de vosotros sea vuestro
servidor. 12 Quien se ensalzare, será humillado, y quien se humilla-
re, será ensalzado.

¡Ay de los fariseos!

13 ¡Ay de vosotros, escribas y fariseos hipócritas, que cerráis
el reino de los cielos a los hombres, y ni entráis vosotros, ni dejáis
entrar a los que querían entrar! 14 ¡Ay de vosotros, escribas y fari-
seos hipócritas, que devoráis las casas de las viudas con el pretexto
de largas oraciones! Por eso recibiréis mayor condenación.

15 ¡Ay de vosotros, escribas y fariseos, que recorréis el mar y
la tierra para hacer un prosélito y, cuando llega a serlo, le hacéis
hijo de la gehenna, doble que vosotros! 16 ¡Ay de vosotros, guías
ciegos, que decís: Quien jure por el templo, eso no es nada; pero
quien jure por el oro del templo, queda obligado! 17 ¡Necios y cie-
gos! ¿Qué vale más el oro o el templo, que hace sagrado el oro?
18 "quien jure por el altar, eso no es nada; pero quien jure por la
ofrenda que está puesta en el altar, queda obligado". 19 ¡Ciegos!
¿Qué es más, la ofrenda o el altar que hace sagrada la ofrenda?
20 Quien, pues, jura por el altar, jura por él y por todo lo que está
sobre él; 21 y el que jura por el templo, jura por él y por todo lo que
habita; 22 y el que jura por el cielo, jura por el trono de Dios y por
el que está sentado en él.

23 ¡Ay de vosotros, escribas y fariseos hipócritas, que pagáis
diezmos de la menta, del anís y del comino, y descuidáis lo más
importante de la Ley: la justicia, la misericordia y la fidelidad!
Necesario es hacer esto y no dejar de hacer aquello. 24 ¡Guías cie-
gos, que coláis la bebida para quitar el mosquito, y os tragáis el
camello!

25 ¡Ay de vosotros, escribas y fariseos hipócritas, que limpiáis
lo de fuera del vaso y del plato, y por dentro estáis llenos de
rapiñas y codicias! 26 ¡Fariseo ciego, limpia primero por dentro el
vaso y el plato, para que quede limpio también su exterior!

27 ¡Ay de vosotros, escribas y fariseos hipócritas, que sois
como los sepulcros blanqueados, que por fuera aparecen hermosos,
y por dentro están llenos de huesos de muertos y de podredumbre!
28 Así también vosotros por de fuera parecéis justos ante los hom-
bres, más por dentro estáis llenos de hipocresía e iniquidad!

29 ¡Ay de vosotros, escribas y fariseos hipócritas, que edificáis
sepulcros a los profetas, y adornáis los mausoleos de los justos! 30 y
decís: “Si hubiéramos vivido en los tiempos de nuestros padres, no
hubiéramos tomado parte con ellos en la muerte de los profetas”.
31 Así atestiguáis de vosotros mismos que sois hijos de los que
asesinaron a los profetas. 32 ¡Colmad también vosotros la medida
de vuestros padres! 33 Serpientes, raza de víboras! ¿Cómo escapa-
réis de la condenación del infierno?

34 Por eso, mirad: yo os voy a enviar profetas y sabios y escri-
bas, de ellos a unos mataréis y crucificaréis, y a otros azotaréis en
vuestras sinagogas y los perseguiréis de ciudad en ciudad, 35 hasta
que caiga sobre vosotros la sangre inocente derramada sobre la
tierra, desde la sangre del inocente Abel hasta la sangre de Zaca-
rías, el hijo de Baraquías, al que asesinasteis entre el templo y el
altar. 36 En verdad os digo, que todo esto vendrá sobre esta genera-
ción.

Queja amarga de Jesús

37 ¡Jerusalén, Jerusalén!, que matas a los profetas y apedreas a
los que te son enviados. ¡Cuántas veces quise reunir a tus hijos
como la gallina a sus polluelos bajo las alas y no quisiste! Mirad;
vuestra casa os quedará desierta. 38 en verdad os digo, que desde
ahora no me veréis hasta que digáis: *“Bendito el que viene en
nombre del Señor”* (Sal. 118, 26).

La ruina del templo. Señales precursoras. (Mc. 13, 1-13; Lc. 21,
5-19)

24 1 Salió Jesús del templo, y mientras iba caminando se le
acercaron sus discípulos para mostrarle las construcciones
del templo. 2 Mas El les respondió: ¿No veis todo eso? En verdad
os digo, que no quedará aquí piedra sobre piedra que no sea
derribada. 3 Cuando luego estaba sentado en el monte de los Oli-
vos, se le acercaron los discípulos a solas, y le dijeron: Dinos
¿cuándo será eso, y cuál la señal de tu venida y del fin del mundo?
4 Jesús les respondió: ¡Mirad, que nadie os engañe! 5 Porque mu-
chos vendrán en mi nombre, y dirán: "Yo soy el Mesías", y a
muchos engañarán. 6 Oiréis hablar de guerras y de rumores de gue-
rras. ¡Cuidado! ¡no os asustéis! Porque es necesario que todo eso
ocurra; pero aun no es el fin. 7 Se levantarán unas naciones contra
otras, y unos reinos contra otros, y habrá hambre, pestes y terremo-
tos en diversos lugares; 8 pero todo esto es el comienzo de los dolo-
res.

Persecuciones por causa del Evangelio

9 Después os entregarán al tormento y os matarán, y seréis
odiados de todos los pueblos por causa mía. 10 Entonces se escan-
dalizarán muchos, y se traicionarán mutuamente, y mutuamente se
odiarán. 11 Surgirán muchos falsos profetas y engañarán a muchos;
12 y, por haberse multiplicado la iniquidad, se enfriará la caridad de
la mayor parte. 13 Mas el que perseverare hasta el fin, ese se
salvará. 14 Y se predicará este Evangelio del reino en todo el mundo
para que sirva de testimonio a todas las naciones, y entonces llega-
rá el fin.

La ruina de Jerusalén (Mc. 13, 14-25; Lc. 21, 20-26)

15 Cuando, pues, veáis *la abominación de la desolación*, anun-
ciada por el profeta Daniel (9, 26; 12, 11), estar en el lugar santo
(entiéndalo quien lea), 16 entonces quienes estén en Judea huyan a
los montes; 17 quien esté en el terrado, no baje a recoger las cosas
de la casa; 18 quien esté en el campo, no vuelva atrás en busca del
manto.

19 ¡Ay de las que estén encinta y de las que crien en aquellos
días! 20 Rogad para que no suceda vuestra huida en invierno ni en

sábado. 21 Porque habrá entonces una calamidad tan grande, cual
no hubo desde el principio del mundo hasta ahora ni la habrá. 22 Y
si no fueran acortados aquellos días no se salvaría nadie; mas por
los elegidos serán acortados.

23 Si alguno entonces os dijera: "El Cristo está aquí o allí", no
lo creáis; 24 porque surgirán falsos cristos y falsos profetas, y harán
grandes portentos y prodigios, hasta el punto de engañar, si posible
fuera, aun a los elegidos. 25 ¡Mirad que os lo he predicho! 26 Si,
pues, os dijeran que está en el desierto, no salgáis; si en un escon-
dite, no lo creáis, 27 porque así como el relámpago sale de Oriente y
brilla hasta Occidente, así será la venida del Hijo del hombre.
28 Donde quiera que estuviere el cadáver, allí se juntarán los bui-
tres.

La venida del Hijo del hombre. (Mc. 13, 26-31; Lc. 21, 33)

29 Enseguida, después de la calamidad de aquellos días, el sol
se oscurecerá, la luna no dará su resplandor, las estrellas caerán del
cielo, y el orden de los cielos se alterará. 30 Y entonces aparecerá la
señal del Hijo del hombre en el cielo; *y se golpearán el pecho*
todas las tribus de la tierra y verán al Hijo del hombre venir sobre
las nubes del cielo con gran poder y majestad; 31 *y enviará a sus*
ángeles con resonante trompeta, y reunirán a sus elegidos de los
cuatro vientos, desde el uno al otro extremo del cielo (Dn. 7, 13;
Zc. 12, 10; Is. 27, 13).

32 De la higuera aprended la semejanza. Cuando ya su rama
está tierna y brotan las hojas, sabéis que el verano está cerca. 33
también vosotros, cuando veáis todo esto, sabed que está cerca, en
puertas. 34 En verdad os digo, que no pasará esta generación antes
que ocurra esto. 35 El cielo y la tierra pasarán, pero mis palabras no
pasarán.

Incertidumbre del juicio. (Mc. 13, 22)

36 Mas en cuando al día aquél y la hora, nadie los sabe, ni los
ángeles del cielo, sino sólo mi Padre. 37 Como en los tiempos de
Noé así será la venida del Hijo del hombre. 38 Porque igual que en
los días anteriores del diluvio las gentes seguían comiendo y be-
biendo, tomando mujer los hombres y casándose las mujeres, hasta
el día en que entró Noé en el arca, 39 y no se dieron cuenta hasta

que vino el diluvio y se los llevó a todos, así será también la
venida del Hijo del hombre. [40] Entonces estarán dos en el campo:
uno será tomado y el otro dejado. [41] Estarán dos mujeres moliendo
en un molino: una será tomada y otra dejada. [42] Vigilad, pues, por-
que no sabéis en qué día vuestro Señor vendrá.

Estad preparados. (Mc. 13, 33; Lc. 21, 34-36)

[43] Comprended bien esto, que si el dueño de la casa supiera a
que hora de la noche había de llegar el ladrón, estaría en vela y no
dejaría que fuera minada su casa. [44] Por eso vosotros estad también
preparados, porque a la hora en que no penséis, llegará el Hijo del
hombre. [45] ¿Quién es, pues, el siervo fiel y prudente, a quien puso
el señor al frente de su servidumbre, para darles provisiones a su
tiempo? [46] Dichoso el siervo aquel cuando al llegar su señor lo
encuentre portándose así. [47] En verdad, os digo, que lo pondrá al
frente de toda su hacienda. [48] Pero si el mal siervo dijera para sus
adentros: "Mi señor tarda", [49] y se pusiera a golpear a sus compañe-
ros y a comer y a beber hasta embriagarse, [50] llegará el señor de
aquel siervo en el día que menos le espere, y a la hora en que
menos piense, [51] y le arrojará de su puesto, y le dará el mismo
castigo que a los hipócritas. Allí serán los lamentos y el rechinar
de dientes.

[3] La destrucción de la ciudad y del templo son dos hechos en forma entrelazada. La destrucción del templo tuvo lugar el año 70 y es figura de lo que sucederá al fin del mundo. El día de su venida es un secreto aún oculto que Jesús no quiso revelar. Por eso nos dice: *Estad preparados*.

Parábola de las diez vírgenes

25 [1] Entonces el reino de los cielos será semejante a diez vírge-
nes que tomaron sus lámparas y salieron al encuentro del
esposo. [2] Cinco de ellas eran necias y cinco eran prudentes; [3] las
necias, al tomar sus lámparas, no tomaron consigo aceite; [4] en cam-
bio, las prudentes tomaron aceite en las vasijas juntamente con sus
lámparas. [5] Como el esposo tardara, se adormilaron todas y se
durmieron. [6] Mas a media noche se dio la voz de "¡Ya está ahí el
esposo; salid a su encuentro!".

[7] Entonces se despertaron todas aquellas vírgenes y prepararon
sus lámparas. [8] Las necias dijeron a las prudentes; Dadnos de vues-
tro aceite, porque nuestras lámparas se apagan. [9] Pero las prudentes

respondieron: A lo mejor no va a haber bastante para vosotras y
nosotras; más vale que vayáis a los que lo venden y os lo compréis.
10 Mientras fueron a comprarlo, llegó el esposo, las que estaban
preparadas, entraron con él a las bodas y se cerró la puerta. 11 Ulti-
mamente llegaron las otras vírgenes diciendo: ¡Señor, señor
ábrenos! 12 Pero él les contestó: En verdad os digo, que no os
conozco. 13 Vigilad, pues, porque no sabéis el día ni la hora.

Parábola de los talentos. (Lc. 19, 12-27).

14 *(El reino de los cielos)* se puede comparar a un hombre que
al hacer un viaje, llamó a sus siervos, y les entregó su hacienda,
15 y al uno le dio cinco talentos, al otro dos, y a otro uno, según la
capacidad de cada cual, y se fue. 16 Enseguida el que recibió cinco
talentos negoció con ellos, y ganó otros cinco. 17 Igualmente el de
los dos, ganó otros dos, 18 pero el que recibió uno sólo fue y cavó
en la tierra, y escondió el dinero de su señor.

19 Después de mucho tiempo viene el señor de aquellos siervos
y les llamó a cuentas. 20 Llegando el que recibió los cinco talentos,
presentó otros cinco diciendo: Señor, cinco talentos me entregaste;
mira otros cinco gané. 21 Díjole su señor: ¡Bien, siervo bueno y
fiel!; en lo poco fuiste fiel, sobre mucho te pondré; entra al festín
de tu señor. 22 Llegó también el que recibió los dos talentos, y dijo:
Señor, dos talentos me entregaste; mira, otros dos gané. 23 Díjole su
señor: ¡Bien, siervo bueno y fiel!, en lo poco fuiste fiel, sobre
mucho te pondré; entra al festín de tu señor.

24 Luego se acercó el que había recibido un sólo talento, y dijo:
Señor, sabía que eres hombre duro, que siegas donde no sembraste,
y que recoges donde no esparciste; 25 tuve miedo y fui y escondí tu
talento en la tierra; ahí tienes lo tuyo. 26 Su señor le respondió:
¡Siervo malo y perezoso! sabías que cosecho donde no sembré, y
recojo donde no esparcí. 27 Pues ya debías haber dado mi dinero a
los banqueros, para que, cuando yo viniera, recibiera lo mío con
sus réditos.

28 Quitadle, pues, el talento, y dádselo al que tiene los diez,
29 porque al que tiene, se le dará y tendrá de sobra; pero al que no
tiene, aun lo que tiene se le quitará. 30 Y al siervo inútil, arrojadlo a
las tinieblas de afuera. Allí serán los lamentos y el rechinar de
dientes.

El juicio final

31 Cuando venga el Hijo del hombre en su gloria y con todos
sus ángeles, entonces se sentará sobre su trono de gloria. 32 Todas
las naciones serán congregadas en su presencia, y separará a unos
de los otros, como el pastor separa las ovejas de los cabritos, 33 y
pondrá las ovejas a su derecha y los cabritos a su izquierda. 34 En-
tonces dirá el rey a los de su derecha: ¡Venid, benditos de mi
padre, tomad posesión del reino preparado para vosotros desde la
creación del mundo! 35 Porque tuve hambre y me disteis de comer;
tuve sed, y me disteis de beber; forastero fui, y me disteis posada;
36 desnudo, y me vestisteis; enfermo y me visitasteis; estuve en la
cárcel y vinisteis a verme.

37 Entonces le responderán los justos: ¿Cuándo te vimos ham-
briento y te alimentamos; sediento y te dimos de beber? 38 ¿Cuándo
te vimos forastero y te hospedamos; o desnudo y te vestimos?
39 ¿Cuándo te vimos en la cárcel o enfermo y fuimos a verte? 40 Y
les dirá el rey: En verdad os digo, que cuando lo hicisteis con uno,
el más pequeño de estos mis hermanos a mi me lo hicisteis.

41 Entonces dirá también a los de la izquierda: ¡Apartaos de
mi, malditos, al fuego eterno, preparado para el diablo y sus
ángeles! 42 Porque tuve hambre y no me disteis de comer; tuve sed,
y no me disteis de beber; 43 forastero fui, y no me hospedásteis;
estuve desnudo y no me vestisteis; enfermo y en la cárcel y no me
visitasteis. 44 Entonces ellos le responderán: ¡Señor! ¿Cuándo te vi-
mos hambriento o sediento, o forastero, desnudo, enfermo o en la
cárcel y no te asistimos? 45 El les responderá: En verdad os digo
que cuando no lo hicisteis con uno de éstos más pequeños, tampo-
co conmigo lo hicisteis. 46 E irán éstos al suplicio eterno, y los
justos a la vida eterna.

35 *Tuve hambre y me disteis de comer.* Jesús dijo: Lo que hacéis a uno de estos, a Mi me lo hacéis". En los enfermos, en los que sufren debemos ver a Jesús...

46 *Suplicio eterno*, significa la eternidad de las penas del infierno.

PASION Y MUERTE DE JESUCRISTO

Consejo secreto del Sanedrín. (Mc. 14, 1-2; Lc. 22, 1-2)

26 1 Cuando acabó Jesús todos estos discursos, dijo a sus
discípulos: 2 Ya sabéis que dentro de dos días es la Pascua, y

el Hijo del hombre será entregado para que lo crucifiquen. 3 Se reu-
nieron entonces los pontífices y los ancianos del pueblo en el
palacio del pontífice, llamado Caifás, 4 y tuvieron consejo para
apoderarse con engaño de Jesús y matarle; 5 pero decían: En la
fiesta, no; para que no haya alboroto en el pueblo.

Unción de Jesús en Betania. (Mc. 14, 3-9; Jn, 12, 1-8)

6 Estando Jesús en Betania en casa de Simón el leproso, 7 se
llegó a El una mujer llevando un vaso de alabastro con perfume de
mucho precio, y lo derramó sobre su cabeza, mientras estaba pues-
to a la mesa. 8 Los discípulos que lo vieron, lo llevaron a mal, y
comenzaron a decir: ¿Para qué este gasto inútil? 9 Porque se pudo
vender en mucho y darlo a los pobres. 10 Pero conociéndolo Jesús,
les dijo: ¿Por qué molestáis a esta mujer? 11 Hizo una buena obra
conmigo, porque pobres siempre los tendréis con vosotros; pero a
mi no siempre me tendréis, 12 pues, al derramar ella este perfume
sobre mi cuerpo, para mi sepultura lo hizo. 13 En verdad os digo:
Donde quiera que fuere predicado este Evangelio, en todo el mun-
do, se hablará de lo que ésta ha hecho para memoria suya.

La traición de Judas. (Mc. 14, 10-11; Lc. 22, 306)

14 Entonces, uno de los doce, llamado Judas Iscariote, fue a los
pontífices 15 y les dijo: ¿Qué me dáis y os lo entrego? Y ellos le
asignaron treinta monedas de plata. 16 Desde ese momento andaba
buscando ocasión para entregarle.

Celebración de la Pascua legal. (Mc. 14, 12-16; Lc. 22, 7013; Jn, 13, 18-20)

17 En el primer día de los ácimos, se acercaron los discípulos a
Jesús diciéndole: ¿Dónde quieres que te preparemos la comida de
la Pascua? 18 El dijo: Id a la ciudad a casa de fulano, y decidle: El
Maestro dice: Mi tiempo está cerca; en tu casa celebraré la Pascua
con mis discípulos. 19 Hicieron los discípulos lo que les mandó
Jesús, y prepararon la Pascua.

Jesús descubre al traidor. (Mc. 14, 17-21; Lc. 22, 21-23; Jn, 13, 21-30)

20 Llegada la tarde, se puso a la mesa con los doce. 21 Mientras
comían les dijo: En verdad os digo, que uno de vosotros me

entregará. 22 Muy entristecidos comenzaron a decirle uno por uno:
¿Soy yo, Señor? 23 Respondió: El que mete conmigo la mano en el
plato, ese me entregará. 24 El Hijo del hombre se va, según está
escrito de El; pero ¡ay del hombre por quien el Hijo del hombre
será entregado! ¡Más le valiera no haber nacido! 25 Judas, que le
entregaba, tomó la palabra y dijo: ¿Soy yo acaso, Maestro? Y El
respondió: Tú lo has dicho.

Institución de la Eucaristía. (Mc. 14, 22-25; Lc. 22, 19-20; 1 Cor 11, 23-26)

26 Cuando estaban comiendo tomó Jesús el pan, lo bendijo, lo
partió y se lo dio a sus discípulos, diciendo: Tomad y comed:
ESTO ES MI CUERPO. 27 Tomando después un cáliz, dio gracias
y se lo dio diciendo: Bebed todos de él, 28 porque ESTA ES MI
SANGRE del testamento, que será derramada por muchos para
remisión de los pecados. 29 Os digo que ya no beberé más de este
fruto de la vid hasta el día aquel en que lo beba con vosotros de
nuevo en el reino de mi Padre.

Jesús predice la negación de Pedro. (Mc. 14, Lc. 22)

30 Después de entonar los salmos salieron hacia el monte de los
Olivos. 31 Entonces Jesús les dijo: Todos vosotros me abandonaréis
en esta noche, porque escrito está: *"Heriré al pastor y se dispersarán las ovejas del rebaño"* (Zac. 13, 7), 32 más, después que resucite,
iré delante de vosotros a Galilea. 33 Dijo Pedro: Si todos te
abandonan, yo jamás te abandonaré. 34 Jesús le respondió: En ver-
dad de digo que esta misma noche, antes que el gallo cante, me
negarás tres veces. 35 Díjole Pedro: Aunque fuera necesario morir
yo contigo, no te negaré. E igualmente dijeron todos los discípulos.

La agonía y la oración del huerto. (Mc. 14, 32-42; Lc. 22, 40-46)

36 Entonces Jesús llegó con ellos al lugar llamado Getsemaní, y
dijo a los discípulos: Sentaos aquí mientras voy a orar. 37 Y toman-
do consigo a Pedro y los dos hijos del Zebedeo, comenzó a entris-
tecerse y a angustiarse. 38 Entonces les dijo: ¡Muy triste está mi
alma, hasta la muerte! Quedaos aquí y velad conmigo. 39 Y adelan-
tándose un poco, se postró con el rostro en tierra orando y dicien-
do: ¡Padre mío! si es posible, pase de mí este cáliz; mas no sea

como yo quiero, sino como tu quieres. 40 Fue luego a los discípu-
los, y los encontró dormidos, y dijo a Pedro: ¿Así que no habéis
podido velar una hora conmigo? 41 Velad y orad, para que no cai-
gáis en la tentación, porque el espíritu está pronto, pero la carne es
débil.

42 De nuevo, por segunda vez, se fue a orar diciendo: ¡Padre
mío, si esto no puede ser que pase sin que lo beba, hágase tu
voluntad! 43 Y volviendo otra vez, los encontró dormidos, porque
tenían los ojos muy pesados. 44 Dejándolos, de nuevo se volvió a
orar por tercera vez, diciendo las mismas palabras. 45 Va entonces a
sus discípulos y les dice: ¡Seguid durmiendo, descansad! Ved que
llegó la hora y el Hijo del hombre es entregado en manos de los
pecadores. 46 Levantaos: Vamos. Ved que ha llegado el que me
entrega.

47 Aún estaba hablando, cuando Judas, uno de los doce, llegó y
con él mucha gente con espadas y palos de parte de los pontífices y
los ancianos del pueblo. 48 El que le iba a entregar les dio esta
señal: Al que yo besare, ese es; prendedle. 49 Enseguida, llegándose
a Jesús, le dijo: ¡Salve, Maestro! y le besó. 50 Más Jesús le dijo:
¡Amigo! ¿A qué vienes? Entonces, acercándose, echaron mano a
Jesús, y se apoderaron de El. 51 Pero uno de los que estaban con
Jesús, extendiendo la mano, desenvainó la espada y, dando un
golpe al siervo del pontífice, le cortó una oreja. 52 Entonces Jesús le
dijo: ¡Vuelve tu espada a su lugar! porque todos los que empuñan
la espada,a espada morirán. 53 ¿O crees que no puedo invocar a mi
Padre, y me dará al punto más de doce legiones de ángeles? 54 Pero
¿cómo se cumplirían las Escrituras de que así debe ocurrir?

55 Al mismo tiempo dijo Jesús a la turba: ¡Cómo contra un
ladrón salísteis con espadas y palos a prenderme! Todos los días
me sentaba en el templo a enseñar y no me prendísteis. 56 Mas todo
esto ha ocurrido para que se cumplan las Escrituras de los profetas.
Entonces todos los discípulos le abandonaron y huyeron.

Jesús ante el Sanedrín. (Mc. 14, 53-65; Lc. 22, 54-65; Jn. 18, 12-24)

57 Los que apresaron a Jesús, le condujeron a casa de Caifás el
sumo sacerdote, donde los escribas y los ancianos estaban
reunidos. 58 Pedro le siguió de lejos hasta el atrio de la casa del

pontífice, y entrando dentro, se sentó con los criados para ver el
fin. 59 Los príncipes de los sacerdotes y todo el Sanedrín buscaban
un falso testimonio contra Jesús para condenarle a muerte, 60 y no
le encontraban, aunque se presentaron muchos falsos testigos.
Mas, por último, se presentaron dos, 61 que dijeron: Este dijo “Pue-
do echar abajo el templo de Dios y en tres días edificarlo”.

62 Levantándose entonces el Pontífice, le dijo: ¿Nada respon-
des? ¿Oyes lo que atestiguan estos contra ti? 63 Mas Jesús callaba,
y el pontífice le dijo: ¡Te conjunro, por Dios vivo, que nos digas si
tu eres el Cristo, Hijo de Dios! 64 Jesús le dijo. Tú lo has dicho.
Además os digo que ya veréis al Hijo del hombre sentado a la
diestra del Poder, y viniendo sobre las nubes del cielo. 65 Entonces
el pontífice rasgó sus vestiduras, y dijo: Blasfemó, ¿qué necesidad
tenemos de testigos? Ahora mismo oísteis la blasfemia. 66 ¿Qué os
parece? Contestaron: Reo es de muerte. 67 Entonces le escupieron
en el rostro y le golpearon, otros le abofetearon, 68 diciendo: ¡Adi-
vínanos, Cristo! ¿Quién es el que te dio!

Negación de Pedro. (Mc. 14, Lc. 22, Jn 12,)

69 Pedro, entre tanto, estaba fuera sentado en el atrio, y acer-
cándose a él una criada, le dijo: ¡También tu estabas con Jesús el
galileo! 70 Pero él lo negó delante de todos, diciendo: ¡No se que
dices! 71 Y cuando iba hacia la puerta para salir, le vio otra, y dijo a
los de allí: Ese estaba con Jesús el nazareno. 72 De nuevo negó con
juramento: ¡No conozco a ese hombre! 73 Poco después, se acerca-
ron a él los que allí estaban y le dijeron: ¡Verdaderamente también
tú eres de ellos, porque tu misma habla te descubre! 74 Entonces se
puso a maldecir y a jurar: ¡Yo no conozco a ese hombre! y al punto
el gallo cantó. 75 Se acordó entonces Pedro de la palabra de Jesús,
que le había dicho: “Antes que el gallo cante, me negarás tres
veces; y saliendo fuera, lloró amargamente.

Jesús conducido ante Pilato. (Mc. 15, Lc. 22, Jn. 18)

27 1 Llegada la mañana, tuvieron consejo los pontífices y los
ancianos del pueblo contra Jesús para darle muerte. 2 Y atado
le llevaron y entregaron a Pilato, el gobernador.

Fin de Judas.

3 Al ver entonces Judas, el que le entregó, que había sido con-
denado, arrepentido, devolvió las treinta monedas de plata a los
pontífices y ancianos, 4 diciendo: Pequé al entregar sangre inocen-
te. Mas ellos le dijeron: ¿Qué nos importa? ¡Tú verás! 5 Judas arro-
jando las monedas en el templo, se retiró y, marchándose de allí, se
ahorcó. 6 Los pontífices tomaron las monedas, y dijeron: No pode-
mos echarlas en el tesoro del templo, porque es precio de sangre.

7 Después tuvieron consejo, y compraron con ellas el campo
del Alfarero para sepultura de los extranjeros. 8 Por lo que aquel
campo se llamó "campo de Sangre" hasta el día de hoy. 9 Entonces
se cumplió lo dicho por el profeta Jeremías: *"Tomaron las treinta*
monedas de plata, precio en que fue tasado, al que pusieron precio
los hijos de Israel, 10 *y las dieron por el campo del Alfarero, según*
me lo ordenó el Señor" (Zac. 11, 12-13; Jer. 32, 9 ss. 18, 2).

Primer interrogatorio de Pilato. (Mc. 15, 1-5; Lc. 23, 1-5; Jn. 18, 28-28)

11 Jesús compareció ante el gobernador, y le pregunto éste:
¿Eres tú el rey de los judíos? 12 Y Jesús respondió: Tú lo dices. Y
mientras estaban acusándole los pontífices y los ancianos, no res-
pondió cosa alguna. 13 Entonces Pilato le dijo: ¿No oyes cuanto
atestiguan contra ti? 14 Pero el no respondía a nada, hasta el punto
de admirarse mucho el gobernador.

Comparación con Barrabás. (Mc. 15, 1-5; Lc. 23, 16-25; 18, 39-40)

15 Por la fiesta solía el gobernador conceder al pueblo la liber-
tad de un preso, el que el pueblo quisiera. 16 Tenía entonces a un
famoso, llamado Barrabás. 17 Estando, pues, reunidos, les dijo Pila-
to. ¿Quién queréis que os suelte? ¿A Barrabás o a Jesús, el llamado
Cristo? 18 Porque sabía que por envidia le habían entregado.

19 Estando sentado en el tribunal, le envió recado su mujer,
diciendo: No tengas que ver nada con ese justo, porque he sufrido
mucho en sueños por causa de él. 20 Pero los pontífices y los ancia-
nos persuadieron a las turbas a que pidieran a Barrabás y matasen a
Jesús.

21 El gobernador les preguntó: ¿A quién queréis que os suelte?

Ellos dijeron: ¡A Barrabás! 22 Díjoles Pilato:¿Qué haré, pues, con
Jesús al que llaman Cristo? Contestaron todos: ¡Sea crucificado!
23 Dijo el gobernador: ¿Pues qué mal ha hecho? Pero ellos más
fuerte gritaban y decían: ¡Sea crucificado!

Pilato se lava las manos

24 Viendo Pilato que nada conseguía, sino que se movía mayor
clamor, pidió agua y se lavó las manos delante del pueblo, dicien-
do: ¡Inocente soy de la sangre de este justo! vosotros veréis. 25 Res-
pondiendo todo el pueblo, dijo: ¡Su sangre caiga sobre nosotros y
sobre nuestros hijos! 26 Entonces les soltó a Barrabás, y, haciendo
azotar a Jesús, se lo entregó para que lo crucificaran.

Coronación de espinas. (Mc. 15, 15-20; Jn. 19, 1-3)

27 Entonces los soldados del gobernador llevaron consigo a
Jesús al pretorio, y reunieron en torno a él a toda la cohorte. 28 Le
desnudaron y le pusieron un manto de púrpura; 29 y, tejiendo una
corona de espinas, se la pusieron sobre la cabeza, y una caña en su
derecha, y arrodillándose delante, se mofaban de el diciendo; ¡Sal-
ve, rey de los judíos! 30 Y escupiéndole, tomaban la caña y le gol-
peaban en la cabeza. 31 Después que se burlaron de El, le desnuda-
ron el manto, le vistieron con sus ropas y le llevaron a crucificar.

La crucifixión de Jesús. (Mc. 15, 21-32; Lc. 23, 26-43; Jn. 19, 16-24)

32 Al salir, hallaron a un hombre de Cirene, de nombre Simón;
a éste requisaron para que llevara la cruz. 33 Llegados a un lugar
llamado Gólgota, es decir, lugar "de la Calavera", 34 le dieron a
beber vino mezclado con hiel, y, habiéndolo gustado, no quiso
beber. 35 Los que le crucificaron, *se repartieron sus vestiduras,*
echando suertes (Sal. 22, 19) y, 36 sentados, se quedaron allí a
custodiarle. 37 Sobre su cabeza pusieron escrita su causa: ESTE ES
JESUS, EL REY DE LOS JUDIOS. 38 Al mismo tiempo crucifica-
ron con El a dos ladrones: uno a la derecha, y otro a la izquierda.
(Is. 53, 12).

39 Los que por allí pasaban, le insultaban moviendo la cabeza,
40 y decían: ¡Tú que destruías el templo, y en tres días le edifica-
bas! ¡Sálvate a ti mismo! ¡Si eres Hijo de Dios, baja de la cruz!

[41] Igualmente los pontífices, también se burlaban con los escribas y
ancianos, [42] y decían: ¡A otros salvó y a sí mismo no pudo salvarse!
¡Si es el Rey de Israel, baje ahora de la cruz, y creeremos en El!
[43] Tenía puesta en Dios su confianza, ¡líbrele ahora Dios, si es que
le quiere, ya que decía "Soy Hijo de Dios"! [44] Igualmente los ladro-
nes crucificados con El, le ultrajaban.

Muerte de Jesús. (Mc. 15, 33-41; Lc. 23, 44-49; Jn. 19, 28-30)
[45] Desde la hora de sexta vino una obscuridad sobre toda la
tierra hasta la hora de nona. [46] Y sobre la hora de nona gritó Jesús
con una gran voz: *¡Elí, Elí, lama sabactaní!*, esto es, ¡Dios mío,
Dios mío!, ¿por qué me has desamparado? [47] Algunos de los que
allí estaban, al oírlo, decían: A Elías, llama éste. [48] Y enseguida,
corriendo uno de ellos, tomó una esponja, la empapó en vinagre, y
poniéndola en un caña, quería darle de beber. [49] Mas los otros dije-
ron: ¡Deja que veamos si viene Elías a salvarle! [50] Jesús, gritando
de nuevo con gran voz, expiró.

El duelo por Jesús
[51] Al punto el velo del templo se rasgó de arriba abajo en dos,
y la tierra tembló, las piedras se partieron [52] y los cuerpos de los
santos que estaban muertos resucitaron, [53] y saliendo de los sepul-
cros, después de la resurrección de El, entraron en la ciudad santa,
y se aparecieron a muchos.
[54] El centurión, y los que con él estaban guardando a Jesús, al
ver el terremoto y las cosas que ocurrieron, temieron mucho y
decían: ¡Verdaderamente, este era el Hijo de Dios! [55] Había tam-
bién allí muchas mujeres mirando desde lejos, las cuales siguieron
a Jesús desde Galilea sirviéndole, [56] entre las cuales estaban María
Magdalena, María la madre de Santiago y José, y la madre de los
hijos de Zebedeo.

Sepultura de Jesús (Mc. 15, 42-47; Lc. 23, 40-56; Jn. 19, 32-42).
[57] Al caer la tarde vino un hombre rico de Arimatea, llamado
José, el cual era también discípulo de Jesús. [58] Este fue a Pilato y le
pidió el cuerpo de Jesús. Entonces Pilato mandó que se le
entregara. [59] Tomando el cuerpo José, lo envolvió en una sábana
limpia, [60] y le puso en su propio sepulcro, que era nuevo y había

hecho cavar en la roca; después corrió una piedra grande a la
puerta del sepulcro, y se fue. 61 Estaban allí María Magdalena y la
otra María sentadas delante del sepulcro.

La guardia del sepulcro

62 Al día siguiente, que era sábado, se juntaron los pontífices y
los fariseos ante Pilato, 63 y le dijeron: Señor, recordamos que
aquel impostor dijo cuando aún vivía: "Después de tres días
resucitaré". 64 Manda, pues, que esté asegurado el sepulcro hasta el
tercer día; no sea que vengan los discípulos, le roben , y digan al
pueblo: "Resucitó de entre los muertos", y el último engaño sea
peor que el primero. 65t Díjoles Pilato: Tenéis una guardia; id y
aseguradlo como sabéis. 66 Ellos fueron, y aseguraron el sepulcro,
sellando la piedra y poniendo la guardia.

En los cap. 26 y 27 se nos refiere la Pasión de Jesucristo. El profetizó que le tocaría sufrir mucho, y así se cumplió. Este es misterio profundo y consolador del grande amor de Dios a los hombres (Ved. "N.T.E.").

[6] *No está aquí, ha resucitado*. Es evidente que Cristo murió y luego se mostró vivo como lo demuestran las diversas apariciones. La resurrección de Cristo es el mayor de los milagros, el dogma fundamental del cristianismo. Cristo resucitó y nosotros también resucitaremos...

La resurrección de Jesús. (Mc. 16, 1-8; Lc. 24, 1-11, Jn. 20, 1-8)

28 1 Pasado el sábado, ya al amanecer del primer día de la se-
mana, fueron María Magdalena y la otra María a ver el
sepulcro. 2 De repente sobrevino un gran terremoto, pues un ángel
del Señor bajó del cielo, y llegó y descorrió la piedra y se sentó
encima de ella. 3 Era su aspecto como un relámpago, y su vestidu-
ra, blanca como la nieve. 4 Los guardas temblaron de miedo ante
él, y quedaron como muertos.

5 El ángel habló a las mujeres y les dijo: Vosotras no temáis,
pues se que buscáis a Jesús, el que fue crucificado, 6 no está aquí,
porque ha resucitado según dijo; venid y ved el sitio donde yacía.
7 Ahora, id aprisa y decid a sus discípulos: "Ha resucitado de entre
los muertos", y sabed que va antes que vosotros a Galilea; allí le
veréis. Ya os lo he dicho.

8 Alejándose enseguida del sepulcro con miedo y con gran
alegría, corriendo a dar la noticia a los discípulos. 9 De pronto

Jesús salió a su encuentro, y les dijo: ¡Salve! Llegándose a ellas,
asieron sus pies, y le adoraron. 10 Jesús les dijo entonces: No te-
máis; andad y avisad a mis hermanos que vayan a Galilea, y allí
me verán.

Los guardias sobornados

11 Mientras iban ellas, algunos de la guardia fueron a la ciudad,
y refirieron a los pontífices todo lo sucedido. 12 Reunidos con los
ancianos, acordaron en consejo dar bastante dinero a los soldados,
13 y decirles: Decid: "Sus discípulos fueron de noche y le robaron
mientras nosotros dormíamos". 14 Y si llegare esto a oídos del go-
bernador, nosotros le convenceremos y os libraremos de cuidado.
15 Ellos tomaron el dinero, e hicieron como les dijeron, y se corrió
esta voz entre los judíos hasta el día de hoy.

La aparición de Jesús en Galilea (Mc. 16, 15-18).

16 Los once discípulos fueron a Galilea, al monte donde les
ordenó Jesús, 17 y al verle, le adoraron, pero algunos dudaron.
18 Y acercándose Jesús, les habló y dijo: Se me ha dado todo
poder en el cielo y en la tierra.

19 Id, pues, y enseñad a todas las gentes; bautizadlas en el
nombre del Padre y del Hijo y del Espíritu Santo; 20t enseñándo-
las a guardar todo cuanto os he mandado; y sabed que estoy con
vosotros todos los días hasta el fin del mundo.

EVANGELIO SEGUN SAN MARCOS

VIDA DE SAN MARCOS

Según el testimonio de Papías, *Obispo de Hierápolis, en Frigia, sobre el año 130, sabemos que "Marcos fue intérprete de Pedro y escribió cuidadosamente cuanto recordaba, sin hacerlo por orden lo que Cristo dijo e hizo pues no había oído ni seguido al Señor..."*

San Ireneo repite así, a fines del siglo II, este concepto diciendo: "Después de la muerte de éstos (Pedro y Pablo) Marcos, discípulo e intérprete de Pedro, nos transmitió también él por escrito lo que Pedro había predicado".

El historiador Eusebio *dice que San Marcos fue evangelizador de Egipto, y murió en Alejandría, cuya Iglesia gobernaba. Su santo cuerpo se venera en la capital de Venecia, de cuya ciudad es patrono.*

San Pedro llama a Marcos su hijo *(1 Ped. 5, 13), lo que parece indicar que fue bautizado por el mismo San Pedro. En cuanto al nombre, unas veces es llamado* Juan *(Hech. 13, 5-13); otras, por sobrenombre Marcos: Juan* Marcos *(Hech. 12, 12-25), y otras sencillamente* Marcos *(Col. 4, 10;...).*

El Evangelio de San Marcos, que, según la tradición cristiana, fue escrito en Roma, es el más corto de los Evangelios, y el que narra los hechos de un modo más concreto y plástico, o sea, con más realismo y mayor número de detalles.

San Agustín dijo: "Marcos es un compendio del Evangelio de Mateo", y por esta frase mal entendida, algunos han querido sostener la prioridad de Marcos sobre Mateo, y de ahí ciertas teorías apriorísticas y afirmaciones gratuitas... (Véase mi "Manual. Introducción al Nuevo Testamento". *Quinta edición).*

El fin de este Evangelio es histórico y a su vez dogmático, ya que intenta instruir a sus lectores demostrando con amplitud de milagros que Jesucristo es Dios, y así dice en el primer versículo: "Principio del Evangelio de Jesucristo, Hijo de Dios".

Predicación de Juan el Bautista. (Mt. 3, 1-12; Lc. 3, 1-18)

1 1 Comienzo del Evangelio de Jesucristo, Hijo de Dios. 2 Según
está escrito en el profeta Isaías:

He aquí que envío mi mensajero delante de ti, que preparará tu camino (Mal 3, 1).

3 *Voz del que grita en el desierto: Preparad el camino del
Señor; enderezad sus sendas* (Is. 40, 3).

4 Apareció Juan el Bautista en el desierto, predicando el bau-
tismo de penitencia para remisión de los pecados. 5 Acudían a él
todos los de Judea y los de Jerusalén, y se hacían bautizar por él en
el Río Jordán, confesando sus pecados.

6 Estaba Juan con un vestido de pelos de camello y un cinturón
de cuero alrededor de sus lomos, y comía langostas y miel
silvestre. 7 Predicaba y decía: Viene después de mí el que es más
poderoso que yo, de quien no soy digno ni aun de bajarme a
desatar la correa de sus sandalias. 8 Yo os bautizo con agua; pero
El os bautizará con el Espíritu Santo.

El bautismo de Jesús. (Mt. 43, 13-17; Lc. 3, 21-22)

9 Por aquellos días vino Jesús de Nazaret, de Galilea, y fue
bautizado por Juan en el Jordán. 10 Al momento de salir del agua
vio rasgarse los cielos, y al Espíritu Santo que, como una paloma,
descendía sobre El, 11 y se oyó una voz de los cielos: ¡Tú eres mi
Hijo amado; en ti me complazco!

El retiro de Jesús. (Mt. 4, 1-11; Lc. 4, 1-13)

12 Luego el Espíritu le impulsó al desierto. 13 Y estuvo en él
cuarenta días, siendo tentado por Satanás, y moraba entre las fie-
ras, y los ángeles le servían.

Su predicación. (Mc. 4, 12-17; Lc. 4, 13-15)

14 Después de haber sido Juan encarcelado, fue Jesús a Galilea
predicando el Evangelio de Dios 15 con estas palabras: Cumplido
es el tiempo, y el reino de Dios está cerca; arrepentíos y creed en el
Evangelio.

Vocación de los primeros discípulos. (Mt. 4, 18-22; Lc. 5,1-11)

16 Pasando junto al mar de Galilea, vio a Simón y a Andrés, el

hermano de Simón, que estaban echando las redes en el mar, pues
eran pescadores. [17] Y Jesús les dijo: Venid conmigo y os haré pes-
cadores de hombres. [18] Al punto dejaron las redes y le
siguieron. [19] Pasando un poco más allá vio a Santiago, el de Zebe-
deo, y a su hermano Juan, también dentro de la barca, arreglando
las redes. [20] Al punto los llamó; dejaron a su padre Zebedeo en la
barca con los jornaleros, y se fueron en pos de El.

Curación de un endemoniado en Cafarnaúm. (Lc. 4, 31-37)

[21] Entraron en Cafarnaúm, y luego, el día de sábado entró en la
sinagoga, y se puso a enseñar. [22] Se maravillaban de sus enseñan-
zas, porque les enseñaba como quien tiene autoridad y no como los
escribas.

[23] Al punto se presentó en la sinagoga de ellos un hombre
poseído de un espíritu inmundo, y de repente gritó: [24] ¿Qué tene-
mos que ver contigo, Jesús de Nazaret? ¿Viniste a perdernos? ¡Te
conozco quién eres; el Santo de Dios! [25] Le mandó Jesús: ¡Cierra
tu boca y sal de él!. [26] Y retorciéndole el espíritu inmundo y gritan-
do con gran voz, salió de él. [27] Todos se llenaron de estupor, tanto
que disputaban entre sí, y decían: ¿Qué es esto? ¡Una doctrina
nueva con tan gran poder, que manda a los espíritus inmundos y le
obedecen! [28] Su fama se divulgó prontamente por todas partes has-
ta los confines de Galilea.

Otras varias curaciones. (Mt. 8, 14-17; Lc. 4, 38-41)

[29] Apenas salió de la sinagoga, fueron a casa de Simón y de
Andrés con Santiago y Juan. [30] Estaba en cama con fiebre la suegra
de Simón, y se lo dijeron inmediatamente a Jesús. [31] Y llegándose
la hizo levantar con tomarla de la mano, y se le quitó la fiebre, y se
puso a servirles.

[32] Llegada la tarde, luego que se puso el sol, le llevaron todos
los enfermos y endemoniados, [33] y toda la ciudad se congregó a la
puerta. [34] Curó a muchos enfermos de diversas enfermedades, y
lanzó a muchos demonios, y a éstos no les dejaba hablar, porque
sabían quien era.

Jesús predica por toda Galilea. (Mt. 4, 23; Lc. 4, 42-44)

[35] Por la mañana, mucho antes de amanecer, se levantó, salió y

fue a un lugar solitario, y allí se puso a orar. [36] Fue tras de El
Simón con los suyos; [37] y hallado le dijeron: ¡Todos andan
buscándote! [38] El les respondió: ¡Vamos a otras partes, a las aldeas,
vecinas, para predicar allí también, pues para esto salí! [39] Y anduvo
predicando en las sinagogas por toda Galilea, y lanzando demo-
nios.

Curación de un leproso. (Mt. 8, 2-4; Lc. 5, 12-16)
[40] Vino a El un leproso y le suplicó de rodillas: ¡Si quieres,
puedes limpiarme! [41] Jesús, compadecido, alargó la mano, le tocó,
y dijo: ¡Quiero! ¡Queda limpio!. [42] Y al instante se le quitó la lepra
y quedó limpio. [43] Advirtiéndole gravemente, le despidió, [44] dicien-
do: ¡Mira; no digas nada a nadie, sino anda, preséntate al sacerdo-
te, y ofrece por tu limpieza lo que mandó Moisés, para que les
sirva de testimonio! [45] Pero él marchó y comenzó a publicar a vo-
ces lo ocurrido, hasta el punto de no poder ya Jesús entrar públicamente en ciudad alguna, sino que andaba fuera del poblado, y
acudían a El de todas partes.

[15] *Arrepentíos y creed el Evangelio.* Esta expresión sintetiza todo el mensaje de Jesús (Ved. Mt. 3, 2). Jesús predicaba el Evangelio del reino, que exigía arrepentimiento de los pecados y creer en la Buena Nueva de que Dios es Padre.

Jesús cura a un paralítico. (Mt.. 9, 1-18; Lc. 5, 17-26)
2 [1] Después de algunos días, entró de nuevo en Cafarnaúm, y al
saberse que estaba en casa, [2] acudieron en seguida muchos has-
ta el punto de no caber ni junto a la puerta, y El les
hablaba. [3] Vinieron unos trayéndole un paralítico llevado entre
cuatro, [4] y, no pudiendo presentárselo por la mucha gente, levanta-
ron el techo por donde El estaba, y hecha una abertura, descolga-
ron el lecho donde yacía el paralítico. [5] Al ver Jesús la fe de ellos,
dijo al paralítico: ¡Hijo, perdonados te son tus pecados! [6] Algunos
de los escribas que estaban allí sentados, comenzaron a discurrir
para sí: [7] ¿Cómo habla éste así? ¡Blasfema! ¿Quién puede perdonar
los pecados, sino sólo Dios? [8] Conociendo inmediatamente Jesús
con su espíritu lo que discurrían dentro de sí, les dice: ¿Por qué
pensáis así en vuestros corazones? [9] ¿Qué es más fácil? ¿Decir al
paralítico: "Perdonados son tus pecados", o decir: "Levántate, y

anda"? 10 Pues para que veáis que el Hijo del hombre tiene poder
en la tierra para perdonar pecados, 11 –dice al paralítico:– ¡Levántate, toma tu lecho y vete a tu casa! 12 El se levantó, y al punto,
tomando su lecho, se marchó a la vista de todos, de modo que
todos se quedaron admirados y glorificaban a Dios diciendo: ¡Jamás vimos cosa igual!

Vocación de Leví (–Mateo). (Mt. 9, 9-17; Lc. 5, 27-32)

13 Salió otra vez junto al mar, y toda la gente acudía a El, y les
adoctrinaba. 14 Al pasar vio a Leví, el de Alfeo, sentado en la oficina de la recaudación de tributos, y le dijo: ¡Sígueme! El se levantó
y le siguió. 15 Ocurrió que estando a la mesa en la casa de éste,
muchos publicanos y pecadores estaban recostados con Jesús y sus
discípulos, pues eran muchos y le seguían.

16 Los escribas del partido de los fariseos, al verle comiendo
con los pecadores y publicanos, decían a sus discípulos: ¿Por qué
come y bebe con los pecadores y publicanos? 17 Como lo oyera
Jesús, les dijo: No tienen necesidad de médico los sanos, sino los
enfermos; no vine a llamar a los justos, sino a los pecadores.

El ayuno y la ley nueva. (Mt. 9, 14-17; Lc. 5, 33-39)

18 Coincidió que ayunaban los discípulos de Juan y los fariseos, y vienen y le dicen: ¿Por qué los discípulos de Juan y los de
los fariseos ayunan, y en cambio tus discípulos no ayunan? 19 Jesús
les dijo: ¿Acaso pueden ayunar los compañeros del esposo, mientras el esposo está con ellos? Mientras tienen el esposo consigo, no
pueden ayunar. 20 Pero días vendrán, cuando les quiten al esposo, y
entonces ayunarán.

21 Nadie cose un remiendo de paño sin zurcir en un vestido
viejo, porque, de lo contrario, el remiendo tira de él: lo nuevo de lo
viejo, y la rotura se haría mayor.

22 Ni tampoco echa nadie el vino nuevo en odres viejos, porque, de otro modo, el vino romperá los odres, y se pierde el vino y
los odres, sino que se ha de poner el vino nuevo en odres nuevos.

Controversia sobre el sábado. (Mt. 12, 1-8; Lc. 6, 1-5)

23 Caminando Jesús un día de sábado a través de un campo de
mieses, sus discípulos, según caminaban, iban arrancando

espigas. [24] Entonces los fariseos le dijeron: Mira, ¿por qué hacen en sábado lo que no es lícito? [25] El les contestó: ¿Jamás leísteis lo que hizo David cuando tuvo necesidad y sintió hambre él y los suyos? [26] ¿Cómo entró en la casa de Dios, donde el sacerdote Abiatar, y comió de los panes de la proposición, de los que no pueden comer sino los sacerdotes, y dio también a los que con él iban? [27] Y añadió: El sábado se hizo por el hombre y no el hombre por el sábado. [28] De modo que el Hijo del hombre es dueño también del sábado.

[14] *Leví* es el futuro apóstol y Evangelista Mateo. Tenía dos nombres.
[28] *El Hijo del hombre*, u hombre por excelencia es Cristo, el Mesías.

Curación de una mano seca en sábado. (Mt. 12, Lc. 6)

3 [1] De nuevo entró en la sinagoga donde había un hombre que tenía una mano seca, [2] y le acechaban todos, a ver si le curaría en sábado, para acusarle. [3] Entonces dijo al hombre que tenía la mano seca: Ponte de pie en medio. [4] Y a ellos dice: ¿Se puede en sábado hacer bien, o se debe hacer mal? ¿Salvar una vida o perderla? Mas ellos callaban. [5] Mirándolos en torno con ira, apenado por la dureza de sus corazones, dijo al hombre: ¡Extiende la mano! La extendió, y la mano se le curó. [6] Salieron en seguida los fariseos con los herodianos, y tomaron resolución contra El para perderle.

Las multitudes acuden a Jesús. (Mt. 4, 24-25; Lc. 6, 17-19)

[7] Jesús con sus discípulos se alejó hacia el mar y una gran muchedumbre de Galilea le siguió. También de Judea, [8] de Jerusalén, de Idumea, de Transjordania y de los confines de Tiro y de Sidón, una gran muchedumbre, que al oír las cosas que hacía, acudía a El.

[9] Entonces dijo a sus discípulos que le dispusieran una barca, por causa de las turbas, para que no le atropellaran. [10] Porque había curado a muchos, hasta el punto que se lanzaban sobre El para tocarle cuantos tenían dolencias. [11] También los espíritus inmundos, cuando le veían se postraban ante El, y gritaban: ¡Tú eres el Hijo de Dios! [12] Pero El les imperaba con insistencia que no le dieran a conocer.

Elección de los doce apóstoles. (Mt. 5, 1; 10, 1-14; Lc. 6, 12-16)
13 Subió luego al monte, y llamó a los que El quiso, y vinieron
a El. 14 Designó a doce para que estuvieran con El y para enviarlos
a predicar, 15 y les dio poder de lanzar a los demonios. 16 Los doce
elegidos por El fueron estos: Simón, a quien puso por nombre
Pedro; 17 Santiago el de Zebedeo y Juan, el hermano de Santiago, a
quienes dio el nombre de "Boanerges", esto es, "hijos del trueno";
18 Andrés, Felipe, Bartolomé, Mateo, Tomás, Santiago el de Alfeo,
Tadeo, Simón el Cananeo, 19 y Judas Iscariote, el que le entregó.

Diversos juicios sobre Jesús. (Mt. 12, 24-30)
20 Al volver a casa, se juntó de nuevo la muchedumbre, de
suerte que no podían ellos ni comer. 21 Los suyos, que lo oyeron,
salieron para apoderarse de El, porque decían: ¡Ha perdido el
juicio! 22 A su vez los escribas que bajaron de Jerusalén, decían:
¡Tiene a Beelzebul, y por el príncipe de los demonios lanza a los
demonios!
23 Entonces les llamó a sí y se puso a decirles en parábolas:
¿Cómo puede Satanás lanzar a Satanás? 24 Si un reino está dividido
entre sí mismo, no puede sostenerse. 25 Si una casa entre sí misma
está dividida, no puede estar en pie. 26 Si Satanás se levanta contra
sí mismo y está dividido, no puede sostenerse, y llegó su
fin. 27 Además, nadie puede entrar en la casa del valiente y arreba-
tarle sus cosas, si primero no ata al valiente, y entonces saqueará la
casa.

El pecado contra el Espíritu Santo. (Mt. 12, 31-32)
28 En verdad os digo que se perdonarán a los hombres todos
los pecados y cuantas blasfemias dijeren; 29 Mas quien blasfemare
contra el Espíritu Santo no tendrá perdón jamás y reo es de eterno
pecado. 30 Porque ellos decían: ¡Tiene un espíritu inmundo!

La verdadera familia de Jesús. (Mt. 12, 46-59; Lc. 8, 19-21)
31 Llegaron su madre y sus hermanos y desde fuera le enviaron
recado, llamándole. Estaba sentado en torno suyo la
gente, 32 cuando le dicen: ¡Mira, tu madre y tus hermanos te buscan
fuera! 33 El les respondió: ¿Quiénes son mi madre y mis
hermanos? 34 Miró luego en derredor a los que estaban sentados en

torno suyo, y dijo: ¡He aquí a mi madre y mis hermanos! 35 Quien
hiciere la voluntad de Dios, él es mi hermano, mi hermana y mi
madre.

Parábola del sembrador. (Mt. 13, 1-23; Lc. 8, 4-15)

4 1 Otra vez se puso a enseñar junto al mar, y acudió a El tantísi-
ma gente, que tuvo que entrar en una barca, y sentarse en ella
dentro del mar, mientras todo el gentío estaba en tierra junto a la
orilla. 2 Estuvo enseñándoles muchas cosas en parábolas, y les de-
cía en su enseñanza: 3 ¡Atended! Salió un sembrador a sembrar; 4 y
ocurrió, al sembrar, que una semilla cayó junto al camino, y fueron
los pájaros y se la comieron. 5 Otra cayó en el pedregal, donde no
tenía mucha tierra, y enseguida brotó, por no tener
profundidad; 6 mas, cuando salió el sol, se abrasó, y, como no tenía
raíz, se secó. 7 Otra parte cayó entre espinas; crecieron éstas y no
dio fruto. 8 Otra cayó en tierra buena, y empezó a dar fruto brotan-
do y creciendo, y produjo a treinta y a sesenta y a ciento. 9 Luego
dijo: ¡Quien tenga oídos para oír, que oiga!

Razón de las parábolas. (Mt. 13, 10-12)

10 Cuando se encontró a solas, le preguntaron los que le rodea-
ban junto con los doce, acerca de las parábolas, 11 y les dijo: A
vosotros queda confiado el secreto del reino de Dios; mas a los de
fuera todo se les dice en parábolas, 12 para que

Mirando, miren y no vean; oyendo, oigan, y no entiendan;
no sea que se conviertan y se les perdone (Is. 6, 9)

Explicación de la parábola

13 Y les dijo: ¿No sabéis esta parábola? Y ¿cómo entenderéis
todas las demás parábolas? 14 El sembrador siembra la
palabra. 15 Los de junto al camino son aquellos donde se siembra la
palabra, y, apenas la oyen, llega Satanás, y arrebata la palabra
sembrada en ellos.

16 Los sembrados en pedregal son aquellos que, al oír la pala-
bra, la reciben enseguida con gozo; 17 mas no tienen raíz en sí, sino
que son tornadizos y, apenas sobreviene una tribulación o persecu-
ción por causa de la palabra, enseguida se escandalizan.

18 Otros son los sembrados entre espinas; estos son los que
oyen la palabra; 19 pero los cuidados del mundo, el engaño de las
riquezas y las demás ambiciones al sobrevenir, ahogan la palabra y
queda sin fruto.
20 Y los sembrados en tierra buena son los que oyen la palabra,
la reciben y dan fruto a treinta, a sesenta y a ciento.

La luz sobre el candelero. (Lc. 9, 16-18)
21 Decíales también: ¿Acaso se trae la luz para ponerla debajo
del celemín o debajo de la cama? ¿No será para ponerla sobre el
candelero? 22 Porque nada hay oculto que no haya de ser manifies-
to; ni nada secreto que no sea sacado a la luz. 23 ¡Si alguno tiene
oídos para oír, oiga!
24 Decíales además: ¡Prestad atención a lo que oís! Con la
medida con que medís, se os medirá, y se os sobreaña-
dirá. 25 Porque al que tiene se le dará, y al que no tiene, aun lo que
tiene, se le quitará.

La semilla que crece por sí sola
26 También decía: El reino de Dios es lo mismo que si un
hombre echara la semilla en la tierra, 27 y después ya duerma o esté
despierto, de noche o de día, la semilla brota y crece, sin saber él
cómo. 28 La tierra, por sí misma, da fruto: primero hierba, luego la
espiga, después trigo grueso en la espiga. 29 Y cuando el fruto está
a punto, enseguida mete la hoz porque ha llegado el tiempo de la
siega.

El grano de mostaza. (Mt. 13, 31-32)
30 Y prosiguió diciendo: ¿Con qué compararemos el reino de
Dios o con qué parábola lo expondremos? 31 Es como el grano de
mostaza que, cuando se siembra en tierra, es la más pequeña de
todas las semillas de la tierra; 32 pero, después que se siembra,
crece y se hace más grande que todas las hortalizas, y echa ramas
tan grandes, que a la sombra de ellas los pájaros pueden anidar.
33 En muchas parábolas como éstas les presentaba su doctrina, se-
gún podían escuchar, 34 y sin parábolas no les hablaba; mas a solas
a sus discípulos les explicaba todo.

Jesús calma la tempestad. (Mt. 8, 18, 23-27; Lc. 8, 22-5)
35 En aquel día, llegada la tarde, les dijo: Pasemos al otro lado.
36 Despidieron entonces a las gentes, y le llevaron consigo tal como
estaba en la barca, otras barcas fueron dándole compañía. 37 De
pronto se levantó un torbellino de viento, y las olas saltaban a la
barca hasta casi llenarla.

38 Estaba El en la popa, durmiendo sobre un cabezal; les des-
pertaron y le dijeron: ¡Maestro! ¿No te importa que perezcamos?
39 Levantándose, increpó el viento, y dijo al mar: ¡Calla! ¡Enmude-
ce! Se calmó el viento y se hizo una gran bonanza. 40 Luego les
dijo: ¿Por qué sois tan miedosos? ¿Cómo no tenéis fe? 41 Y sobre-
cogidos de gran temor, se decían unos a otros: ¿Quién es éste, que
hasta el viento y el mar le obedecen?

[12] *No sea que se conviertan* (Véase Mt. 13).

El endemoniado de Gerasa. (Mt. 8, 28-34; Lc. 8, 26-39)
5 1 Llegaron al otro lado del mar, a la tierra de los gerasenos.
2 Apenas salió de la barca, le salió al encuentro desde los se-
pulcros un hombre poseído de un espíritu inmundo, 3 que tenía su
morada en los sepulcros, y ni aun con cadenas podía nadie
sujetarle, 4 pues muchas veces, después de haberle atado con grillos
y cadenas, rompió las cadenas y destrozó los grillos: nadie podía
domarle. 5 Toda la noche y el día los pasaba en los sepulcros, y en
los montes, gritando y golpeándose contra las peñas. 6 Al ver de
lejos a Jesús, corrió, se postró ante El, y a voz en grito le dijo.
7 ¿Qué quieres Tú de mí, Jesús, Hijo del Altísimo? ¡Te conjuro por
Dios que no me atormentes! 8 Porque El estaba diciéndole: ¡Sal,
espíritu inmundo, de ese hombre!

9 Luego le preguntó: ¿Cómo te llamas? El poseso le dijo: "Le-
gión" me llamo, porque somos muchos. 10 Se puso a rogarle con
insistencia que no los arrojara fuera de la comarca. 11 Había allí
junto al monte una piara grande de puercos paciendo, 12 y le supli-
caron: ¡Echanos a los puercos! ¡Que entremos en ellos! 13 Se lo
permitió, y, saliendo los espíritus inmundos, entraron en los puer-
cos, y se lanzó la piara por el precipicio abajo al mar, en número
de dos mil, y se ahogaron en el mar.

14 Los porqueros, huyeron y lo contaron por la ciudad y por los cam-
pos, y vino la gente a ver lo que había sucedido. 15 Llegáronse

a Jesús y contemplaban al endemoniado sentado, vestido y con
juicio, el que había tenido la legión, y se atemorizaron.
16 Los que lo habían visto, les narraron cómo fue lo ocurrido al
endemoniado, y a los puercos. 17 Entonces se pusieron a suplicarle
que se marchara fuera de sus territorios, 18 y, al entrar Jesús en la
barca, el antes endemoniado le suplicaba le permitiese irse con El,
19 y no se lo permitió, sino que le dijo: Vete a tu casa con los tuyos,
y díles cuanto ha hecho contigo el Señor y cómo ha tenido miseri-
cordia de ti. 20 Se fue y comenzó a publicar por la Decápoli cuanto
hizo con él, y todos se admiraban.

La hemorroisa y la hija de Jairo. (Mt. 9, 18-26; Lc. 8, 40-56)
21 Habiendo pasado Jesús en la barca de nuevo a la otra orilla,
se le congregó una gran muchedumbre. El estaba junto al mar,
22 cuando uno de los jefes de la sinagoga, de nombre Jairo, al verlo,
cayó a sus pies, 23 y muchísimo le rogaba diciendo: ¡Mi hija se
halla en las últimas! ¡Ven a poner tus manos sobre ella para que
sane y viva! 24 Se fue con él, y le seguía una gran muchedumbre
que le oprimía.
25 Entonces una mujer, que padecía flujo de sangre, desde ha-
cía doce años, 26 y había sufrido mucho por numerosos médicos, y
gastado toda su hacienda y nada había mejorado, sino más bien
venido a peor; 27 habiendo oído lo que se decía de Jesús, se llegó
entre la turba por detrás y le tocó el vestido, 28 porque decía: ¡Si
tocare siquiera su vestido, sanaría! 29 Al instante se secó la fuente
de su sangre, y conoció en su cuerpo que estaba sana de la dolen-
cia.
30 Jesús en el acto, al conocer en sí mismo que una virtud había
salido de El, se volvió entre la gente y dijo: ¿Quién ha tocado mis
vestidos? 31 Dijéronle sus discípulos: Ves la turba que te oprime, y
preguntas: ¿Quién me ha tocado? 32 Miró entonces en derredor para
ver a la que lo había hecho. 33 Mas la mujer, asustada y temblorosa,
conociendo lo que le había ocurrido, se llegó y postrada ante El, le
dijo toda la verdad. 34 Mas El le dijo: ¡Hija! tu fe te ha sanado, vete
en paz y queda curada de tu dolencia.
35 Aún estaba hablando, cuando llegan de casa del jefe de la
sinagoga, diciendo: Tu hija murió. ¿Para qué molestas ya al
Maestro? 36 Mas Jesús que escuchó lo que hablaban, dice al jefe de

la sinagoga: ¡No temas, ten sólo fe! 37 No permitió que nadie le
acompañara sino Pedro, Santiago y Juan, el hermano de Santiago.
38 Llegados a casa del jefe de la sinagoga, contempló el griterío y a
los que estaban llorando mucho y plañendo; 39 y, al entrar, les dice:
¿Por qué gritáis y lloráis? La niña no murió, sino que está
durmiendo. 40 Se rieron de El; pero El echando a todos fuera, tomó
consigo al padre y a la madre de la niña y a los que con El estaban,
y entró donde yacía la niña. 41 Tomó luego la mano de la niña y le
dijo: *"¡Talitha kum!*, que quiere decir: ¡Niña, levántate! 42 Inme-
diatamente se puso en pie la niña, y echó a andar, pues tenía doce
años. Quedaron todos fuera de sí por el gran estupor. 43 Les enco-
mendó mucho que nadie supiera aquello, y dijo que dieran de
comer a la niña.

Jesús en Nazaret. (Mt. 13, 53-58; Lc. 4, 16-30)

6 1 Salió de allí y fue a su patria, siguiéndole sus discípulos.
2 Cuando fue sábado, se puso a enseñar en la sinagoga, y mu-
chos que le oían, se admiraban y decían: ¿De dónde le vino a éste
todo eso? ¿Qué sabiduría es esa que le han comunicado y esos
milagros hechos por sus manos? 3 ¿No es éste el carpintero, el hijo
de María, y el hermano de Santiago, de José, de Judas y de Simón?
¿No están aquí con nosotros sus hermanos? Y se escandalizaban
de El.

4 Jesús les dijo: No hay profeta sin honra, sino en su patria,
entre sus parientes y en su propia casa. 5 Y no pudo hacer allí
ningún milagro, sino sólo sanó a unos pocos enfermos, imponién-
doles las manos. 6 Y quedó admirado de su incredulidad. Después
recorrió las aldeas del contorno, enseñando.

Misión de los apóstoles. (Mt. 10, 1-15; Lc. 9, 1-6)

7 Entonces, llamando a los doce, comenzó a enviarlos de dos
en dos, dándoles poder sobre los espíritus inmundos, 8 y mandán-
doles que no tomaran cosa alguna para el camino, sino sólo un
bastón; ni pan, ni alforja, ni dinero en la faja, 9 sino calzados con
sandalias y que no vistieran dos túnicas. 10 Decíales también: Don-
de quiera que entréis en una casa, morad en ella hasta que salgáis
de ella. 11 Si en un lugar no os reciben, ni os escuchan, al salir de
allí, sacudid el polvo de la planta de vuestros pies en testimonio

contra ellos. 12 Partieron, pues, y predicaron penitencia, 13 lanzaron
a muchos demonios, y a muchos enfermos los ungían con óleo y
los curaban.

Juicio de Herodes sobre Jesús y muerte del Bautista. (Mt. 14, 1-
12; Lc. 3, 19-20; 9, 7-9)

14 Oyó hablar de El el rey Herodes, porque andaba su nombre
en boca de todos, y decía: ¡Juan el Bautista ha resucitado de entre
los muertos, y por eso se realizan milagros por él! 15 Mas otros
decían: Es Elías. Y otros: ¡Es un profeta como uno de los demás
profetas! 16 Cuando lo oyó Herodes, decía: Es Juan, a quien yo
decapité, que ha resucitado.

17 Porque, en efecto, Herodes mandó poner preso a Juan y le
cargó de cadenas en la cárcel, por causa de Herodías, la mujer de
su hermano Filipo, con la cual se había casado. 18 Pues decía Juan a
Herodes: ¡No te es lícito tener a la mujer de tu hermano! 19 Hero-
días, por su parte, le cobró odio; quería matarle y no podía, 20 por-
que Herodes respetaba a Juan, sabiendo que era hombre justo y
santo; y le protegía, y cuando le oía, quedaba perplejo sobremane-
ra, y, sin embargo, gustaba de oírle.

21 Llegado un día favorable, cuando Herodes, por su cumplea-
ños, dio un banquete a los grandes de la corte, a los jefes militares
y a los principales de Galilea, 22 entró la hija de Herodías, y como
bailase hizo gracia a Herodes y a los comensales. El rey dijo a la
muchacha: ¡Pídeme lo que quieras que te lo daré! 23 Y le juró: ¡Te
daré lo que pidieras, aunque sea la mitad de mi reino! 24 Salió ella y
dijo a su madre: ¿Qué pediré? Ella dijo: ¡La cabeza de Juan el
Bautista! 25 Entrando en seguida corriendo a donde estaba el rey, le
dijo: Quiero que inmediatamente me des sobre un plato la cabeza
de Juan el Bautista. 26 El rey se puso muy triste, pero por el jura-
mento y los comensales no quiso dejar de cumplírselo, 27 y envió al
verdugo ordenándole traer la cabeza de Juan. 28 Aquél fue, le deca-
pitó en la cárcel y trajo la cabeza en un plato, y la dio a la mucha-
cha y ésta a su madre.

29 Luego que lo supieron sus discípulos, fueron, tomaron el
cadáver y lo pusieron en un sepulcro.

Primera multiplicación de los panes. (Mt. 14, 13-23; Lc. 9, 10-
17; Jn. 6, 1-15)
30 Entre tanto volvieron los apóstoles a reunirse con Jesús, y le
dieron cuenta de todo cuanto habían hecho y enseñado. 31 Entonces
les dijo: Venid vosotros aparte a un lugar desierto y reposad un
poco. Pues eran tantos los que iban y venían, que ni para comer
tenían tiempo. 32 Se fueron en la barca a un lugar desierto y
apartado. 33 Vieron que se iban y muchos los reconocieron, y acu-
dieron allí, a pie, de todas las ciudades y se les adelantaron.
34 Al desembarcar, vio una gran muchedumbre y se compade-
ció de ellos porque estaban *"como ovejas sin pastor"* (Ez. 34, 5), y
les estuvo predicando largo tiempo. 35 Era ya muy tarde cuando se
llegaron a El los discípulos a decirle: El lugar está despoblado y es
muy tarde, 36 despídelos, para que vayan a las granjas y aldeas del
contorno a comprarse qué comer. 37 Pero El respondió: ¡Dadles
vosotros de comer! Y le dijeron: ¿Iremos a comprar doscientos
denarios de pan y les daremos de comer 38 El les contestó: ¿Cuán-
tos panes tenéis? ¡Id a verlo! Miraron y dijeron: Cinco panes y dos
peces.
39 Les mandó luego que se acomodaran todos por grupos de
comensales, sobre la hierba verde. 40 Se acomodaron, pues, en gru-
pos de ciento y de cincuenta. 41 Tomó entonces los cinco panes y
los dos peces, y alzando los ojos al cielo, bendijo y partió los panes
y fue dándolos a los discípulos para que éstos los sirvieran; tam-
bién los dos peces repartió entre todos. 42 Comieron todos y se
hartaron, 43 y recogieron luego doce cestos llenos de trozos de los
panes y de los peces. 44 Eran los que comieron de los panes cinco
mil hombres.

Jesús camina sobre el mar. (Mt. 14, 24-33; Jn. 6, 16-21)
45 Inmediatamente obligó a sus discípulos a entrar en la barca y
hacer rumbo al otro lado, hacia Betsaida, mientras El despedía a la
gente. 46 Luego que quedó libre de ella, se fue al monte a orar.
47 Caída la tarde, estaba la barca en medio del mar y El sólo en
tierra. 48 Viendo el trabajo que les costaba avanzar, porque el viento
les era contrario, a eso de la cuarta vela de la noche, va a ellos
caminando sobre el mar, e iba a pasar de largo. 49 Mas al verle
caminando sobre el mar, creyendo que era un fantasma, y gritaron,

50 porque todos le vieron y se asustaron. Pero enseguida les habló y
les dijo: ¡Tened ánimo! ¡Yo soy! ¡No temáis! 51 Subió con ellos a
la barca y se calmó el viento; pero ellos se asombraron
sobremanera, 52 pues no había entendido lo de los panes, porque
estaba embotado su entendimiento.

Curación de enfermos en Genesaret. (Mt. 14, 34-36)

53 Navegando hacia tierra, llegaron a Genesaret, y atracaron.
54 Cuando salieron de la barca, enseguida le conocieron; 55 recorrie-
ron toda aquella comarca y comenzaron a traerle en camillas a los
enfermos a donde oían que El estaba. 56 Dondequiera que entraba,
en aldeas, en ciudades o en granjas, colocaban a los enfermos en la
plaza, y le suplicaban que les permitiera aunque no fuera más que
tocar las borlas de su manto, y cuantos le tocaban, quedaban sanos.

La tradición y costumbres de los fariseos. (Mt. 15, 1-9).

7 1 Se acercaron a El los fariseos y algunos de los escribas que
vinieron de Jerusalén, 2 y al ver que algunos de sus discípulos
comían con manos profanas, esto es, sin lavar (3 porque los fari-
seos y todos los judíos, si no se lavan antes cuidadosamente las
manos, no comen, guardando en esto la tradición de los antiguos,
4 y, al venir de la plaza, si primero no se rocían con agua, no
comen, y otras muchas cosas que guardan por tradición: lavados de
copas, de jarros y de calderos), 5 le preguntaron, pues, los fariseos
y los escribas: ¿Por qué no se portan tus discípulos, según la tradi-
ción de los ancianos, sino que comen con manos profanas? 6 El les
dijo: ¡Bien profetizó Isaías de vosotros, hipócritas! según está es-
crito:

*Este pueblo me honra con los labios, mas su corazón está
lejos de mí;* 7 *en vano me dan culto, predicando doctrinas que
son preceptos de hombres* (Is. 29, 13).

8 Dejando el mandamiento de Dios, os aferráis a la tradición de
los hombres, 9 y les decía:¡Bien despreciáis el mandamiento de
Dios para guardar en cambio vuestra tradición! 10 Porque Moisés
dijo: *Honra a tu padre y a tu madre, y el que maldiga a su padre o
a su madre, que muera* (Ex. 20, 12; 21, 17). 11 Pero vosotros decís:
"Si dijere un hombre a su padre o a su madre: *Korbán* esto es,
«Ofrenda, lo que pudieras esperar de mí»; 12 ya no le permitís hacer

nada por su padre o por su madre, 13 y abolís el mandamiento de Dios con vuestra tradición que se os ha transmitido, y, como ésta, hacéis otras muchas cosas.

Parábolas sobre la pureza del corazón. (Mt. 15, 10-20)

14 Llamando de muevo a la multitud, les decía: ¡Oídme todos y entended! 15 Nada hay fuera del hombre que, al entrar en él, pueda profanarle, sino lo que sale del hombre, eso es lo que profana al hombre. 16 Quien tenga oídos para oír, que oiga.

17 Cuando entró en casa, dejada la multitud, le preguntaron los discípulos sobre la parábola. 18 El les contestó: ¿Tampoco vosotros tenéis entendimiento? ¿No comprendéis que nada de lo que de fuera entra en el hombre puede mancharle, 19 porque no va a su corazón, sino al vientre y sale para el estercolero? (así declaraba puros todos los alimentos).

20 Luego dijo: Lo que sale del hombre, eso es lo que mancha al hombre. 21 Porque de dentro del corazón de los hombres, salen los malos pensamientos, fornicaciones, robos, asesinatos, 22 adulterios, ambiciones, maldades, dolo, intemperancia, envidia, blasfemia, soberbia, indiscreción; 23 todas estas cosas malas salen de dentro y manchan al hombre.

La mujer cananea. (Mt. 15, 21-28)

24 Partiendo de allí, se marchó a los confines de Tiro y de Sidón. Entró en una casa, y quiso que nadie lo supiera; mas no pudo permanecer oculto, 25 porque, luego, habiendo oído hablar de El una mujer, cuya hija tenía un espíritu inmundo, vino y se postró a sus pies. 26 La mujer era gentil, sirofenicia de origen; pedíale que lanzara el demonio fuera de su hija.

27 Jesús le dijo: Deja que primero se sacien los hijos, porque no está bien tomar el pan de los hijos y echarlo a los perrillos. Mas ella respondió: 28 ¡Sí Señor!; pero también los perrillos debajo de la mesa comen de las migajas de los hijos. 29 Díjole El: Por lo que has dicho ¡anda! que ya ha salido el demonio de tu hija. 30 Fue a su casa y encontró a la niña acostada en la cama y que el demonio se había marchado.

Curación de un sordomudo.

31 Otra vez, saliendo de los confines de Tiro, fue por Sidón al
mar de Galilea por en medio de la Decápolis. 32 Le llevaron un
sordo y tartamudo, y le rogaron que pusiera sobre él la mano.
33 Tomándole a solas, aparte de la gente, le metió los dedos en los
oídos; escupiendo, le tocó la lengua, 34 y alzando la vista al cielo,
lanzó un gemido y dijo: *¡Effeta!*, esto es ¡Abrete!
35 Al punto se le abrieron los oídos, se le soltó la atadura de la
lengua y hablaba ya correctamente. 36 Les encargó que a nadie le
dijeran; pero cuanto más se lo encargó, tanto más ellos lo
publicaron, 37 y las gentes se admiraban grandemente, y decían:
¡Todo lo hizo bien!, hizo oír a los sordos, y hablar a los mudos.

Segunda multiplicación de los panes. (Mt. 15, 32-38)

8 1 Por aquellos días otra vez, habiendo una gran muchedumbre,
y no temiendo qué comer, llamó a sus discípulos, y les dijo:
2 Me da compasión de la gente, porque hace ya tres días que están
conmigo y no tienen qué comer, 3 y, si los despido ayunos para sus
casas, desfallecerán en el camino, y algunos han venido de lejos.
4 Sus discípulos le respondieron: ¿Cómo se podría aquí, en un
desierto, saciarlos de pan? 5 El les preguntó: ¿Cuántos panes te-
néis? Dijéronle: Siete. 6 Mandó entonces a las gentes que se senta-
sen en el suelo, y, tomando los siete panes, dio gracias, los partió y
fue dándoselos a sus discípulos para que los sirvieran, y los sirvie-
ron a la gente.
7 Tenían también unos pocos pececillos; los bendijo, y dijo que
los sirvieran también. 8 Comieron y se hartaron, y recogieron de las
sobras siete cestos de trozos. 9 Eran como unos cuatro mil. 10 Y los
despidió. Enseguida, entrando en la barca con sus discípulos, fue
hacia la parte de Dalmanuta.

Los fariseos piden un milagro. (Mt. 15, 39-16, 4)

11 Entonces salieron los fariseos y comenzaron a disputar con
El, pidiéndole un milagro del cielo, para probarle. 12 Y lanzando un
hondo suspiro, dijo: ¿Por qué pide un milagro esta generación? En
verdad os digo que no se le dará. 13 Dejándolos, se embarcó de
nuevo y pasó al otro lado.

La levadura de los fariseos. (Mt. 16, 5-12)
14 Se olvidaron de tomar panes, y no tenían sino un solo pan
consigo en la barca. 15 Entonces los advirtió, diciendo: ¡Mirad!
¡Guardaos de la levadura de los fariseos y de la levadura de
Herodes! 16 Ellos comentaban entre sí que era por no tener panes.
17 Sabiéndolo Jesús, les dijo: ¿Por qué estáis pensando que no te-
néis panes? ¿Aún no entendéis ni comprendéis? ¿Tenéis vuestro
corazón embotado? 18 *¿Teniendo ojos, no veis, y teniendo oídos, no
oís?* (Is. 6, 9). 19 ¿No recordáis, cuando partí los cinco panes para
los cinco mil, cuántos cestos de trozos recogisteis? Dijéronle:
Doce. 20 Y cuando los siete panes para los cuatro mil, ¿cuántos
cestos llenos de trozos recogisteis? Y les respondieron: Siete. 21 Y
les dijo: ¿No comprendéis todavía?

El ciego de Betsaida
22 Fueron luego a Betasida y le trajeron un ciego, rogándole
que le tocara. 23 Tomando al ciego de la mano, le sacó fuera de la
aldea; le puso saliva en los ojos, y poniendo sobre él las manos, le
preguntó: ¿Ves algo? 24 Miró y dijo: Veo a los hombres, me pare-
cen árboles, que andan. 25 Le puso otra vez las manos sobre los
ojos. Miró, y había recobrado la vista, y veía ya claramente todo.
26 Luego lo envió a su casa diciéndole: No entres ni en la aldea.

Confesión de Pedro. (Mt. 16, 13-20; Lc. 9, 18-21)
27 Jesús se marchó con sus discípulos hacia las aldeas de Cesa-
rea de Filipo, y en el camino les preguntó: ¿Quién dicen los hom-
bres que soy yo? 28 Ellos le dijeron: Unos, que Juan el Bautista;
otros, que Elías, y otros: Uno de los profetas. 29 Entonces les pre-
guntó a ellos: Mas vosotros, ¿quién decís que soy yo? Respondien-
do Pedro, le dijo: ¡Tú eres el Cristo! 30 Y les mandó que a nadie
dijeran esto de El.

Primer anuncio de la Pasión. (Mt. 16, 21-23; Lc. 9, 22)
31 Comenzó entonces a enseñarles que era necesario que el
Hijo del hombre padeciera mucho, que fuera despreciado por los
ancianos, los pontífices, y los escribas, que fuera muerto y que
después de tres días resucitaría. 32 Y con toda claridad les hablaba
de esto. Pedro, tomándolo entonces aparte, comenzó a reprenderle;

33 pero El volviéndose y mirando a sus discípulos, increpó a Pedro
y le dijo: ¡Vete de Mí, Satanás, pues no piensas como Dios, sino
como los hombres!

Necesidad de la abnegación. (Mt. 16, 24-28; Lc. 9, 25-27).

34 Llamando a las gentes con sus discípulos, les dijo: Si alguno
quiere venir en pos de mí, niéguese a sí mismo, tome su cruz y me
siga. 35 Porque quien quisiera salvar su vida, la perderá, mas quien
perdiere su vida por mí y por el Evangelio, la salvará. 36 En efecto,
¿de qué vale al hombre ganar el mundo entero, si pierde su alma?
37 ¿Qué puede dar el hombre a cambio de su alma? 38 Porque quien
se avergonzare de mí y de mis palabras delante de esta generación
adúltera y pecadora, también el Hijo del hombre se avergonzará de
él cuando venga en la gloria de su Padre con los santos ángeles.

[15] La "levadura de Herodes" es la mala vida que se transmite a otros como una enfermedad contagiosa.

La transfiguración. (Mt. 17, 1-13; Lc. 9, 28-36)

9 1 Entonces les dijo: En verdad os digo: Hay algunos de los que
están aquí que no gustarán la muerte hasta que vean venir en
poder el reino de Dios.

2 Seis días después tomó Jesús a Pedro, a Santiago y a Juan
consigo, y los condujo a un elevado monte, a solas, y entonces se
transfiguró en presencia de ellos, 3 volviéndose sus vestidos relu-
cientes y muy blancos, como ningún lavandero de la tierra podría
así blanquearlos. 4 Se les apareció Elías con Moisés, que estuvieron
hablando con Jesús.

5 Tomando Pedro la palabra, dijo a Jesús: ¡Rabbí! Bueno es
que nos estemos aquí y hagamos tres tiendas: una para ti, otra para
Moisés y otra para Elías. 6 Pues no sabía lo que decía, porque
estaban asustados. 7 Vino luego una nube, que los cubría con su
sombra, y una voz salió de la nube: "¡Este es mi Hijo amado,
escuchadle!". 8 De repente, mirando en torno suyo, a nadie vieron,
sino sólo a Jesús con ellos.

Elías y Juan el Bautista. (Mt. 17, 10-13)

9 Mientras bajaban del monte, les encargó Jesús que a nadie
refirieran lo que habían visto hasta que el Hijo del hombre hubiera

resucitado de entre los muertos. 10 Y conservaron la palabra que les
había dicho, preguntándose qué podría significar eso de "resucitar
de entre los muertos" 11 Y se pusieron a preguntarle: ¿Por qué
dicen los escribas que primero debe venir Elías? 12 El les dijo:
Ciertamente, Elías vendrá primero y restaurará todo; pero ¿cómo
está escrito del Hijo del hombre que padecerá mucho y será
despreciado? 13 Mas yo os digo que Elías ya vino e hicieron con él
cuanto quisieron, como está escrito de él.

Curación de un epiléptico. (Mt. 17, 14-20; Lc. 9, 37-43)

14 Al volver a donde estaban los discípulos, los vio rodeados
de una gran multitud, y a los escribas disputando con ellos. 15 En
seguida, toda la gente, al verle, se admiraron y corrieron a
saludarle. 16 Les preguntó: ¿Por qué disputáis con ellos? 17 Uno de
la multitud le respondió: ¡Maestro! Te he traído a mi hijo que tiene
un espíritu mudo, 18 y cuando se apodera de él, le derriba en tierra,
le hace echar espumarajos, rechina los dientes y se queda tieso.
Dije a tus discípulos que le lanzaran y no pudieron.

19 Entonces El les respondió y dijo: ¡O generación incrédula!
¿Hasta cuándo habré de estar con vosotros? ¿Hasta cuándo habré
de sufriros? ¡Traédmelo! 20 Se lo llevaron, y apenas, lo vio, el espí-
ritu le retorció, y, cayendo en tierra, se revolcaba echando
espumarajos. 21 Preguntó a su padre: ¿Cuánto tiempo hace que le
viene ocurriendo esto? Dijo: Desde niño, 22 y muchas veces le arro-
ja al fuego y al agua para perderlo; mas, si algo puedes, apiádate
de nosotros y remédianos. 23 Jesús le dijo: ¡Si puedes! ¡Todo es
posible para el que cree! 24 Al momento clamando el padre del
niño, dijo: ¡Creo! ¡Ayúdame en mi incredulidad!

25 Al ver Jesús que acudía la gente corriendo, increpó al espíri-
tu inmundo y le dijo: ¡Espíritu sordo y mudo! ¡Yo te lo mando! sal
de él y no vuelvas jamás a entrar en él. 26 Gritando y retorciéndole
mucho, salió y quedó el muchacho como muerto, tanto que mu-
chos dijeron: ¡Ha muerto! 27 Mas Jesús tomándole de la mano, le
alzó y el muchacho se mantuvo en pie. 28 Cuando entró después en
casa, sus discípulos a solas le preguntaron: ¿Por qué nosotros no
pudimos lanzarle? 29 Les contestó esta clase de demonios con nada
puede salir sino con la oración (y el ayuno).

Jesús predice por segunda vez su Pasión. (Mt. 17, 21-23; Lc. 9, 44-45)

30 Saliendo de allí fueron caminando por Galilea, y quería que
no se supiese.
31 Porque iba adoctrinando a sus discípulos y les
decía: El Hijo del hombre será entregado en manos de los hombres, le matarán y después de tres días muerto, resucitará.
32 Mas
ellos no entendían el dicho, y temían preguntarle.

Disputa entre los discípulos. (Mt. 18, 1-5; Lc. 9, 46-48)

33 Vinieron a Cafarnaúm, y cuando estuvieron en casa, les
preguntó: ¿De qué ibáis hablando por el camino?
34 Pero ellos callaron, porque entre ellos habían ido hablando de quién sería el
mayor.
35 se sentó, llamó a los doce y les dijo: Si alguno quiere ser
el primero, habrá de ser el último y el criado de todos.
36 Tomando
luego a un niño le puso en medio de ellos, y abrazándole, les dijo:
37 Quien recibe a uno de estos niños en mi nombre, a mí me recibe,
y quien a mí me recibe, recibe al que me envió.

Un exorcista que no es discípulo. (Lc. 9, 49-40)

38 Juan dijo a Jesús: ¡Maestro! Vimos a uno que lanzaba demonios en tu nombre, uno que no anda con nosotros, y se lo
prohibimos.
39 Jesús les dijo: No se lo prohibáis, porque nadie hay
que haga un milagro en mi nombre y pueda enseguida hablar mal
de mí,
40 porque quien no está contra nosotros, está con nosotros.
41 Quien os diere de beber un vaso de agua por razón de que sois
de Cristo, en verdad os digo que no perderá su recompensa.

El escándalo. (Mt. 18, 6-9)

42 Quien escandalizare a uno de estos que creen en mí, más le
valiera que le ataran una piedra de molino grande al cuello, y le
arrojaran al mar.
43 Si tu mano te escandaliza, córtatela. Más te vale
entrar manco en la vida, que, teniendo las dos manos ir a la gehenna, al fuego inextinguible, (
44 donde ni el gusano muere ni el fuego
se apaga).
45 Si tu pie te escandaliza, córtatelo. Mas te vale entrar
cojo en la vida, que teniendo los dos pies, ser arrojado a la gehenna, (
46 donde ni el gusano muere ni el fuego se apaga).

47 Si tu ojo te escandaliza, sácatelo. Más te vale entrar tuerto
en el reino de Dios, que con ambos ojos ser arrojado en la

gehenna, 48 donde *su gusano no muere, ni el fuego se apaga* (Is. 66,
24). 49 Porque todos serán salados con el fuego.
50 Buena es la sal, pero si la sal se vuelve sosa, ¿con qué la
sazonaréis? Tened sal en vosotros, y estad en paz unos con otros.

Matrimonio y divorcio. (Mt. 19, 1-2)

10 1 Partiendo de allí fue a los confines de Judea y al otro lado
del Jordán y de nuevo acudieron las muchedumbres a El 2 y,
como de costumbre, se puso a enseñarles.
3 Vinieron los fariseos, y, para probarle, le preguntan si es
lícito al marido repudiar a su mujer. 4 El les respondió: ¿Qué os
mandó Moisés? Ellos dijeron: Moisés permitió escribir el acta de
divorcio para despedirla. 5 Jesús les dijo: Por vuestra dureza de
corazón os dio Moisés esta ley; 6 pero desde el principio de la
creación *"los hizo Dios varón y hembra,* 7 *por esto dejará el hom-
bre a su padre y a su madre, y se juntará con su mujer* 8 *y serán los
dos una sola carne"* (Gén. 2, 24), de modo que ya no son dos, sino
una sola carne. 9 Pues lo que Dios juntó, no lo separe el hombre...
10 De vuelta a casa, los discípulos le preguntaron de nuevo
acerca de esto, 11 y les dijo: Quien repudiare a su mujer, y se casare
con otra, comete adulterio contra aquella; 12 y si la que repudió a su
marido, se casa con otro, comete adulterio.

Jesús y los niños. (Mt. 19, 13-15; Lc. 18, 15-17)

13 Le trajeron unos niños para que los tocara; pero los discípu-
los los reprendían. 14 Al verlo Jesús, se molestó y les dijo: Dejad
que los niños vengan a mí y no se lo estorbéis, porque de ellos es
el reino de Dios. 15 En verdad os digo que quien no recibiere el
reino de Dios como un niño, no entrará en él. 16 Y los abrazó y
bendijo, poniendo las manos sobre ellos.

El peligro de las riquezas. (Mt. 19, 16-26; Lc. 18, 18-27)

17 Cuando salió El de camino, vino uno corriendo, se le arrodi-
lló y le preguntó: ¡Maestro bueno! ¿Qué haré para alcanzar la vida
eterna? 18 Jesús le dijo: ¿Por qué me llamas bueno? Nadie es bue-
no, sino sólo Dios. 19 Ya sabes los mandamientos: "No matarás, no
cometerás adulterio, no robarás, no dirás falso testimonio, honra a
tu padre y a tu madre". 20 Díjole: ¡Maestro! Todo eso lo he guarda-

do desde mi juventud. 21 Entonces le miró con amor, y le dijo: Una
cosa te falta: anda, vende cuanto tienes y dalo a los pobres, y
tendrás un tesoro en el cielo, y ven, sígueme, llevando la cruz;
22 pero aquél se entristeció por lo que le dijo, y se marchó apenado,
porque tenía muchos bienes.
23 Entonces Jesús, mirando entorno suyo, dijo a sus discípulos:
¡Cuán difícilmente entrarán en el reino de Dios los que tienen
riquezas! 24 Los discípulos se asombraron de sus palabras. 25 Mas
Jesús les dijo de nuevo: Hijos míos, ¡cuán difícil es entrar en el
reino de Dios! Más fácil es que un camello pase por el ojo de una
aguja, que un rico entre en el reino de Dios! 26 Pero ellos aún más
se aterraron diciendo entre sí: ¿Quién podrá entonces salvarse?
27 Fijando en ellos su mirada, dijo Jesús: Para los hombres es im-
posible, mas no para Dios, porque a Dios todo le es posible.

Recompensa de los que siguen a Jesús. (Mt. 19, 27-30; Lc. 18, 28-30)

28 Entonces Pedro comenzó a decirle: ¡Mira! Nosotros hemos
dejado todo, y te seguimos. 29 Respondió Jesús: En verdad os digo
que nadie hay que haya dejado casa, hermanos, o hermanas, padre
o madre, hijos o tierra por mí y por el Evangelio, 30 que no reciba el
ciento por uno aquí en este mundo en casas, hermanos, hermanas,
madre e hijos y campos, aunque con tribulaciones, y en el mundo
venidero la vida eterna. 31 Pues muchos primeros serán los últimos,
y los últimos, los primeros.

Tercera predicción de la Pasión. (Mt. 20, 17-19; Lc. 18, 31-34)

32 Iban de camino, subiendo a Jerusalén y Jesús se les adelan-
taba y se admiraban, siguiéndole con miedo. Tomando de nuevo
consigo a los doce, comenzó a decirles lo que luego le había de
acontecer. 33 ¡Mirad! Subimos a Jerusalén y el Hijo del hombre
será entregado a los pontífices y a los escribas; le condenarán a
muerte y le entregarán a los gentiles, 34 se mofarán de El, le escupi-
rán, le azotarán y le matarán; pero a los tres días resucitará.

La ambición de Santiago y Juan. (Mt. 20, 20-28).

35 Se le acercaron Santiago y Juan, hijos de Zebedeo, a decir-
le: ¡Maestro: Queremos que nos hagas lo que te vamos a pedir.

36 El les dijo: ¿Qué queréis que os haga? 37 Ellos le dijeron: Concé-
denos sentarnos uno a tu derecha y otro a tu izquierda en tu gloria.
38 Pero Jesús les dijo: ¡No sabéis lo que pedís! ¿Podéis beber el
cáliz que yo voy a beber o ser bautizados con el bautismo que yo
voy a recibir? 39 Dijéronle: Podemos. Mas Jesús les dijo: El cáliz
que Yo he de beber, lo beberéis y el bautismo que Yo he de recibir,
lo recibiréis, 40 pero el sentarse a mi derecha o a mi izquierda, no
me toca a mí darlo, sino que es para aquellos para quienes está des-
tinado.

41 Cuando lo oyeron los otros diez, comenzaron a disgustarse
con Santiago y Juan; 42 pero Jesús los llamó a sí, y les dijo: Sabéis
que aquellos a los que vemos mandando en las naciones, las tienen
sometidas bajo su imperio, y sus magnates ejercen poder sobre
ellas. 43 No ha de ser así entre vosotros, 44 sino quien quisiera ser
mayor entre vosotros, ha de ser vuestro servidor, y quien, quisiera
entre vosotros ser el primero, ha de ser siervo de todos, 45 pues
tampoco el Hijo del hombre ha venido a ser servido, sino a servir y
a dar su vida en redención por muchos.

El ciego de Jericó. (Mt. 20, 29-34; Lc. 18, 25-43)

46 Llegaron a Jericó, y al salir de Jericó Jesús con sus discípu-
los y numeroso gentío, el hijo de Timeo, Bartimeo, ciego mendigo,
estaba sentado junto al camino. 47 Al oír que era Jesús de Nazaret,
comenzó a gritar y a decir: ¡Hijo de David, ten piedad de mí!
48 Muchos le increpaban para que se callara; pero él gritaba mucho
más fuerte: ¡Hijo de David, ten piedad de mí! 49 Jesús se detuvo y
dijo: ¡Llamadle! Llamaron al ciego y le dijeron: ¡Ten ánimo, le-
vántate, que te llama! 50 El arrojó su manto, dio un brinco y fue a
Jesús. 51 Y Jesús le preguntó: ¿Qué quieres que te haga? El ciego le
dijo: ¡Maestro! ¡Que vea! 52 Jesús le dijo: Anda, tu fe te ha curado.
Inmediatamente vio y fue siguiéndole por el camino.

Entrada triunfal en Jerusalén. (Mt. 21, 1-11; 14-17; Lc. 19, 20-
40; Jn. 12, 12-19)

11 1 Al acercarse a Jerusalén, al pie de Betfagé y Betania, junto
al monte de los Olivos, envió a dos de sus discípulos, 2 y les
dijo: Id a la aldea que está enfrente de vosotros, y, apenas, entréis

en ella, hallaréis atado un borriquillo sobre el cual nadie ha monta-
do todavía; desatadle y traedle. [3] Y si alguno os dijera: ¿Por qué
hacéis eso? Decid: El Señor lo necesita, y enseguida os lo devolve-
rá aquí.

[4] Ellos fueron y hallaron el borriquillo atado fuera a una puerta
en la calle, y lo desataron. [5] Algunos de los que allí estaban les
decían: ¿Por qué desatáis al borriquillo? [6] Ellos respondieron como
les había dicho Jesús, y los dejaron. [7] Llevaron al borriquillo a
Jesús y echándole encima sus vestidos, montó en él. [8] Muchos al-
fombraron el camino con sus mantos y otros con ramas que corta-
ban de los campos, [9] y delante y detrás de El iban gritando:

¡Hosanna! ¡Bendito el que viene en nombre del Señor!
[10] *Bendito el reino que llega de nuestro padre David. ¡Hosan-
na en las alturas!* (Sal 118, 25-26).

[11] Entró en Jerusalén, en el templo, y después de observarlo
todo, siendo ya tarde, salió para Betania con los doce.

Maldición de la higuera. (Mt. 21, 18-19)

[12] Al día siguiente, cuando salieron de Betania, sintió hambre,
[13] y, al ver de lejos una higuera, que tenía hojas, fue allá por ver si
encontraba algo en ella; pero llegado a ella no halló nada sino
hojas, porque no era tiempo de higos. [14] Dijo entonces: ¡Qué jamás
coma nadie fruto de ti! Y lo oyeron los discípulos.

Expulsa a los mercaderes del templo. (Mt. 21, 12-13; Lc. 19, 45-48).

[15] Llegaron a Jerusalén, y al entrar en el templo, se puso a
arrojar de él a los que allí vendían y compraban; volcó las mesas
de los cambistas y los puestos de los que vendían palomas, [16] y no
permitía que nadie pasara objeto alguno por el templo. [17] Y les
enseñaba diciéndoles: ¿No está escrito: *"Mi casa será casa de
oración para todas las gentes?"* Y vosotros la habéis convertido
en *cueva de ladrones* (Is. 56, 7; Jer. 7, 11).

[18] Esto lo oyeron los pontífices y los escribas, y andaban bus-
cando cómo prenderle, pues le temían, porque todo el pueblo se
quedaba admirado de su doctrina. [19] Cuando llegó la tarde, salió de
la ciudad.

Eficacia de la fe y de la oración. (Mt. 21, 20-22).
[20] Por la mañana, al pasar junto a la higuera, vieron que se
había secado de raíz, [21] y acordándose Pedro, le dijo: ¡Rabbí!
¡Mira! la higuera que maldijiste, se ha secado. [22] Jesús le respon-
dió: ¡Tened fe en Dios! [23] En verdad os digo que quien dijere a este
monte: arráncate y échate al mar, sin dudar en su corazón y cre-
yendo que se hará lo que dice, lo obtendrá. [24] Por eso os digo: creed
que recibiréis y lograréis cuanto pidiereis en la oración.
[25] Y, cuando estéis orando, si tenéis algo contra alguno, perdo-
nadlo, para que también vuestro Padre, que está en los cielos, os
perdone vuestros pecados. ([26] Porque si vosotros no perdonáis,
tampoco vuestro Padre, que está en los cielos, perdonará vuestros
pecados).

Con qué poder obra Jesús. (Mt. 21, 23-27; Lc. 20, 1-8).
[27] Llegaron de nuevo a Jerusalén, y cuando estaba paseándose
por el templo, se acercaron a El los pontífices, los escribas y los
ancianos, [28] y le dijeron: ¿Con qué poder haces esto? ¿Quién te
dio ese poder para hacerlo? [29] Jesús les dijo: Os haré yo también
una pregunta y si respondéis a ella, os diré con qué poder hago
esto. [30] El bautismo de Juan ¿era del cielo o de los hombres?
Respondedme.
[31] Pensaron entonces para sus adentros: Si dijéramos "Era cosa
del cielo", nos dirá: ¿Por qué no creisteis en él? [32] Y si decimos que
es de los hombres, es de temer a las gentes, porque todos tenían a
Juan como verdadero profeta. [33] Respondiendo, pues, dijeron a Je-
sús: No sabemos. Entonces Jesús les dijo: Tampoco yo os digo con
qué poder hago esto.

Parábola de los viñadores. (Mt. 21, 33-46; Lc. 20, 9-19)
12 [1] Comenzó a hablarles en parábolas: Un hombre plantó una
viña y la cercó; cavó un lagar, edificó una torre, la arrendó a
unos labradores y se ausentó. [2] A su tiempo envió un siervo a los
viñadores, para cobrarles la parte de los frutos de la viña; [3] pero
ellos agarrándole, le azotaron y le despidieron con las manos
vacías. [4] De nuevo les envió otro siervo y le hirieron en la cabeza y
le ultrajaron. [5] Todavía mandó a otro, al cual mataron, y también a
otros muchos, de los cuales a unos los azotaron y a otros los

mataron. 6 Le quedaba uno, su hijo muy amado. Se lo envió el
último, pensando: ¡Respetarán a mi hijo! 7 Mas aquellos labradores
se dijeron unos a otros: Este es el heredero, andad, matémosle y
será nuestra la heredad. 8 Agarrándole, le mataron y le arrojaron
fuera de la viña. 9 ¿Qué hará el dueño de la viña? Vendrá y acabará
con los labradores y dará la viña a otros. 10 Pues ¿no habéis leído
esta Escritura?

La piedra que rechazaron los constructores, esa vino a ser piedra angular.
11 *Esto ha sido obra del Señor, admirable a nuestros ojos.*
(Sal 118, 22).

12 Intentaron entonces apoderarse de El; pero temieron a la
gente, pues entendieron bien que por ellos dijo la parábola, y de-
jándole, se fueron.

El tributo de César. (Mt. 22, 15-22; Lc. 20, 20-26)

13 Enviaron después a unos de los fariseos y herodianos, para
que le sorprendieran en alguna palabra. 14 Llegan y le dicen:
¡Maestro! Sabemos que eres veraz, que no te importa nada de
nadie, pues no tienes acepción de personas, sino que con verdad
enseñas los caminos del Señor. ¿Es lícito pagar tributo al César o
no? ¿Le pagaremos o no le pagaremos? 15 Mas El, conociendo su
hipocresía, les dijo: ¿Por qué me tentáis? Traedme un denario para
que lo vea. 16 Se lo llevaron y les dijo: ¿De quién es esta figura y la
inscripción? Dijéronle: Del César. 17 Jesús les dijo: Dad al César lo
que es del César, y a Dios lo que es de Dios. Quedaron admirados
de El.

Los saduceos y la resurrección. (Mt. 22, 23-33; Lc. 20, 27-40).

18 Se le acercaron también algunos saduceos, que niegan la
resurrección, y le preguntaron: 19 ¡Maestro! Moisés nos dejó escrito
que *"si el hermano de uno muere y deja mujer sin hijos, tome su hermano la mujer para dar descendencia a su hermano"* (Dt. 25, 5).

20 Eran siete hermanos. El primero tomó mujer y murió sin
dejar descendencia. 21 El segundo tomó a la misma y murió sin

dejar sucesión, e igualmente el tercero, [22] y ninguno de los siete
dejó descendencia. Después de todos murió también la mujer. [23] En
la resurrección, al resucitar, ¿de quién de ellos será mujer? Porque
los siete la tuvieron por mujer.
[24] Jesús les contestó: En verdad os digo que andáis muy equi-
vocados, por no entender las Escrituras ni el poder de Dios. [25] Por-
que, cuando resuciten de entre los muertos, ni los hombres se
casarán ni las mujeres serán dadas en matrimonio, sino que serán
como ángeles en los cielos.
[26] Mas sobre la resurrección de los muertos, ¿no habéis leído
en el libro de Moisés, en el pasaje de la zarza, cómo le habló, Dios,
diciendo: *Yo soy el Dios de Abraham, el Dios de Isaac y el Dios de
Jacob?* (Ex. 3,6). [27] El no es Dios de muertos, sino de vivos.
Muy errados andáis.

El mandamiento principal. (Mt. 22, 34-40)
[28] Se le acercó uno de los escribas que los oyó disputar, y,
cuando vio lo bien que les respondió, le preguntó: ¿Cuál es el
primero de todos los mandamientos? [29] Respondió Jesús: El prime-
ro es: *Oye Israel; el Señor nuestro Dios es el único Señor,* [30] *y
amarás al Señor tu Dios con todo tu corazón, con toda tu alma,
con todo tu entendimiento y con todas tus fuerzas.* [31] El segundo es
éste: *Amarás a tu prójimo como a ti mismo* (Dt. 6, 4-5; Lev. 19,
18). No hay mandamiento mayor que éstos.
[32] Entonces el escriba le dijo: ¡Bien maestro! Con razón dijiste:
"El es único y no hay otro sino El", [33] y que amarlo con todo el
corazón, con toda inteligencia y con todas las fuerzas, y amar al
prójimo como a sí mismo, *vale más que todos los holocaustos y
sacrificios* (1 Sam. 15, 22). [34] Al ver Jesús cuán sabiamente había
respondido, dijo: No estás lejos del reino de Dios. Ninguno se
atrevió ya más a preguntarle.

Cristo Hijo y Señor de David. (Mt. 22, 41; 23, 7; Lc. 20, 41-47)
[35] Tomando entonces Jesús la palabra, decía enseñando en el
templo: ¿Cómo dicen los escribas que el Cristo es el hijo de
David? [36] David mismo dijo, inspirado por el Espíritu Santo:

Dijo el Señor a mi Señor: Siéntate a mi derecha, hasta que ponga Yo a tus enemigos debajo de tus pies. (Sal. 110, 1).

37 El mismo David le llama “Señor”, ¿cómo puede ser hijo
suyo? La turba numerosa le oía con agrado
38 El les decía en sus enseñanzas: Guardaos de los escribas que
gustan de andar con largos hábitos, y de ser saludados en las
plazas, 39 de ocupar las primeras sillas en las sinagogas, y de los
primeros puestos en los convites, 40 mientras devoráis las haciendas
de las viudas fingiendo hacer largos rezos. Estos han de recibir
mayor castigo.

La ofrenda de la viuda (Lc. 21, 1-4).

41 Estando sentado frente al arca de las limosnas, contemplaba
cómo echaba dinero la gente en ella. 42 Muchos ricos echaban mu-
cho; pero una pobre viuda echó dos monedillas, que hacen un
cuarto de as. 43 Llamó entonces a sus discípulos y les dijo: En
verdad os digo que esta pobre viuda echó más que todos los otros
que echaban en el arca, 44 porque todos echaron de lo que les sobra-
ba, mas ésta en su pobreza echó cuanto tenía para vivir.

Magnificencia y ruina del templo. (Mt. 14, 103; Lc. 21, 5-7).

13 1 Cuando El salía del templo, uno de sus discípulos le dijo:
¡Maestro! Mira qué piedras y qué edificios. 2 Jesús le respon-
dió: ¿Ves esas grandes construcciones? Pues no quedará piedra
sobre piedra sin destruir.
3 Sentado luego en el monte de los Olivos, enfrente del templo,
le preguntaron a solas Pedro, Santiago, Juan y Andrés. 4 Dinos:
¿Cuándo sucederá esto, y cuál la señal de que todas estas cosas van
a cumplirse? 5 Jesús comenzó a decirles: ¡Mirad que nadie os
engañe! 6 Muchos vendrán en mi nombre diciendo: “Yo soy”, y a
muchos engañarán.
7 Cuando oyereis hablar de guerras y de rumores de guerras,
no tembléis, porque es necesario que ocurran, pero aún no será el
fin, 8 porque se alzará pueblo contra pueblo y reino contra reino.
Habrá terremotos por diversos lugares y habrá hambre. Este es el
comienzo de los dolores.

Persecuciones a causa del Evangelio. (Mt. 24, 4-12; Lc. 21, 8-19)

9 ¡Mirad por vosotros mismos! porque os entregarán a los tri-
bunales del Sanedrín y seréis azotados en las sinagogas, y compa-

receréis ante los gobernadores y reyes por causa mía, para dar testimonio ante ellos. 10 Es necesario que antes haya sido predicado el Evangelio a todas las naciones.

11 Cuando os lleven para entregaros, no os preocupéis por lo que habéis de decir, pues diréis en aquel momento lo que os será inspirado, porque no seréis vosotros los que hablaréis, sino el Espíritu Santo. 12 Entregará el hermano al hermano a la muerte, y el padre al hijo, y los hijos se alzarán contra los padres y los matarán, 13 y seréis odiados por todos por causa mía; mas el que perseverare hasta el fin, ese se salvará.

La ruina de Jerusalén. (Mt. 24, 15-31; Lc. 21, 20-27)

14 Cuando viereis "la abominación de la desolación" instalada donde no debe estar –entiéndalo bien quien lea–, entonces los que se hallen en Judea, huyan a los montes; 15 quien esté en el terrado, no baje ni entre en casa para tomar cosa alguna de ella, 16 y quien esté en el campo no se vuelva atrás para recoger su manto. 17 ¡Ay de las que esten encinta y de las que estén criando en aquellos días! 18 Orad para que no sea en invierno. 19 Porque la tribulación de aquellos días será tal como no la hubo desde el principio del mundo, cuando Dios le creó, hasta ahora, ni la habrá. 20 Y si el Señor, no acortase aquellos días, nadie se salvaría; pero por amor a los elegidos, que El eligió, los acortará.

Señales de la venida de Cristo

21 Entonces, si alguien os dice: ¡Mira, aquí el Cristo o mirale allí! no le creáis, 22 porque se levantarán falsos cristos y falsos profetas, y harán milagros y prodigios para engañar, si posible fuera, a los elegidos. 23 Vosotros estad alerta y ved que todo os lo he predicho.

24 Pero en aquellos días, después de aquella tribulación, el sol se oscurecerá, la luna no alumbrará, 25 las estrellas se caerán del cielo, y las fuerzas que hay en los cielos temblarán. 26 Entonces verán venir al Hijo del hombre entre nubes con gran poder y majestad. 27 Y entonces enviará a los ángeles y reunirán a sus elegidos desde los cuatro vientos, desde el extremo de la tierra hasta el extremo del cielo.

Parábola de la higuera. (Mt. 24, 32-35; Lc. 21, 28-33)

[28] Aprended de la higuera la comparación: Cuando sus ramas
se ponen ya tiernas y brotan las hojas, conocéis que está cerca el
verano; [29] así también vosotros, cuando veáis que suceden estas
cosas, sabed que está cerca, a las puertas.

[30] Os aseguro que no pasará esta generación sin que todo esto
suceda. [31] El cielo y la tierra pasarán, pero mis palabras no pasarán.

Incertidumbre del fin. Velad y orad. (Mt. 24, 36-51; Lc. 21, 34-36)

[32] En cuando al día aquel o la hora, nadie lo sabe, ni los ánge-
les del cielo, ni el Hijo, sino el Padre. [33] Estad sobre aviso y velad,
porque no sabéis cuando será el tiempo, [34] como cuando un hombre
que se fue de viaje y dejó su casa y entregó la hacienda a sus
siervos; a cada uno su quehacer y al portero encomendó que
velase. [35] Velad, pues, porque no sabéis cuando vendrá el dueño de
la casa, si a la tarde o a la media noche o al canto del gallo o de
mañana; [36] no sea que llegue de repente y os halle durmiendo. [37] Lo
que digo a vosotros, a todos se lo digo: Velad.

[32] *Ni el Hijo*. Por ser Jesucristo igual al Padre, uno con El (Jn. 10, 30) y por conocer todo lo que conoce el Padre (Mt. 11, 27), lo sabe pero no como enviado de Dios, para comunicarlo a los hombres, y por eso exhorta a la vigilancia...

PASION Y MUERTE DEL SEÑOR

Conspiración del sanedrín. (Mt. 25, 1-5; Lc. 22, 1-2)

14 [1] Dos días después eran la Pascua y los ázimos, y andaban
los pontífices y los escribas buscando la manera de apode-
rarse de El con engaño y matarle. [2] Mas se decían: En la fiesta, no;
no sea que haya alboroto en el pueblo.

La unción de Jesús en Betania. (Mt. 26, 6-13; Jn. 12, 1-8)

[3] Estando El en Betania, en casa de Simón el leproso, y puesto
a la mesa, vino una mujer con un vaso de alabastro, lleno de
perfume de nardo auténtico de gran precio, y quebrando el vaso, le
derramó el perfume sobre la cabeza. [4] Había algunos que lo lleva-
ron a mal, y decían entre sí: ¿A qué viene el derroche del perfume?

5 ¿Porqué no se pudo vender en más de trescientos denarios y dár-
selo a los pobres? Y se enfurecían contra ella; 6 pero Jesús dijo:
Dejadla, ¿por qué la molestáis? Una buena obra ha hecho conmigo,
7 porque a los pobres los tenéis siempre con vosotros, y podéis
hacerles bien cuando queráis; pero a mi no me tenéis siempre.
8 Ella ha hecho lo que pudo; se adelantó a ungir mi cuerpo para la
sepultura.
9 Os aseguro que dondequiera que se predique el Evangelio, en
todo el mundo, se narrará también lo que ésta ha hecho, para
recuerdo suyo.

Judas traiciona a Jesús. (Mt. 26, 14-16; Lc. 22, 3-6).
10 Entonces Judas Iscariote, uno de los doce, fue a los pontífi-
ces con el fin de entregarlo a ellos. 11 Al oírle, se alegraron y
prometieron que le darían dinero. Y andaba buscando ocasión fa-
vorable para entregarlo.

Preparación para la cena pascual. (Mt. 26, 17-20; Lc. 22, 7-18)
12 El primer día de los ázimos, cuando se sacrificaba la Pascua
(–el cordero pascual–), sus discípulos le dijeron: ¿Dónde quieres
que vayamos a preparar para que comas la Pascua? 13 Entonces
envió a dos de sus discípulos y les dijo: Id a la ciudad y os saldrá al
encuentro un hombre llevando un cántaro de agua; seguidle, 14 y
donde entrare, decid al dueño de la casa: El Maestro dice: ¿Dónde
está mi aposento en que pueda comer la Pascua con mis
discípulos?, 15 y él os mostrará una sala grande, en el piso de arriba,
amueblada y dispuesta. Preparad allí para nosotros. 16 Marcharon
los discípulos; fueron a la ciudad, hallándolo todo como les dijo y
prepararon la Pascua.

Revelación del traidor. (Mt. 26, 21-28; Lc. 22, 21-23; Jn. 13, 18-20).
17 Llegada la tarde, fue con los doce, y estando puestos a la
mesa y comiendo, Jesús dijo: 18 En verdad os digo que uno de
vosotros me entregará, uno que come conmigo. 19 Comenzaron a
entristecerse y a decirle uno por uno: ¿Seré yo? 20 El les dijo: Uno
de los doce, que moja conmigo en el plato, 21 pues el Hijo del
Hombres se va, según está escrito de El; pero ¡ay de ese hombre

por quien el Hijo del hombre va a ser entregado! ¡Más le valiera no
haber nacido!

Institución de la Eucaristía. (Mt. 26, 26-29; Lc. 22, 19-20; 1 Cor.
11, 23-26)

[22] Mientras ellos comían, tomó pan, lo bendijo, lo partió, se lo
dio y dijo: Tomad: ESTO ES MI CUERPO. [23] Tomando luego el
cáliz, dio gracias, se lo entregó y bebieron todos de él, [24] y les dijo:
Esto es mi sangre, la de la alianza, que va a ser derramada por
muchos. [25] En verdad os digo que ya no beberé del fruto de la vid
hasta el día aquel en que lo beba nuevo en el reino de Dios.

Jesús sale para Getsemaní. Tristes predicciones. (Mt. 26, 30-35;
Lc. 22, 31-39)

[26] Después de recitar los salmos, salieron para el monte de los
Olivos. [27] Jesús les dijo: Todos os escandalizaréis, porque escrito
está: *Heriré al pastor y se dispersarán las ovejas* (Zac. 13,7)
[28] pero después que resucite, irá delante de vosotros a Galilea.
[29] Mas Pedro le dijo: ¡Aunque todos se escandalizaren, yo no! [30] Y
le dijo Jesús: En verdad te digo que hoy, esta misma noche, antes
que el gallo cante dos veces, tu me negarás tres. [31] Pero él con más
firmeza decía: Aunque tuviera que morir contigo, jamás te negaré.
Lo mismo dijeron también todos.

La agonía y oración del huerto. (Mt. 26, 33-46; Lc. 22, 40-46).

[32] Llegaron al huerto, que llaman Getsemaní, y dijo a sus discí-
pulos: ¡Quedaos aquí, mientras hago oración! [33] Tomó consigo a
Pedro, a Santiago y a Juan y comenzó a sentir terror y angustia, [34] y
les dijo: Muy triste está mi alma hasta la muerte. Quedaos aquí y
velad. [35] Adelantándose un poco, se postró en tierra y se puso a
orar para que si era posible pasase de El aquella hora, [36] y decía:
¡Abba! ¡Padre, todo te es posible! ¡Aparta de mi este cáliz! Pero no
se haga lo que yo quiero, sino lo que tú quieres. [37] Vino y los halló
durmiendo, y dijo a Pedro: Simón, ¿duermes? ¿No pudiste velar
una hora? [38] Velad y orad para que no caigáis en tentación. El
espíritu está pronto, pero la carne es débil.

[39] De nuevo se alejó y oró diciendo lo mismo. [40] Otra vez vol-
vió y los encontró dormidos, porque tenían los ojos muy cargados

y no supieron qué responderle. 41 Volvió por tercera vez, y les dijo:
¿Todavía dormís y descansáis? ¡Basta ya! ¡Llegó la hora! El Hijo
del hombre va a ser entregado en manos de los pecadores. 42 ¡Le-
vantaos! ¡Vamos! Ya está aquí el que me entrega.

Prisión de Jesús. (Mt. 26, 47-56; Lc. 22, 470-53; Jn. 18, 2-12).

43 No había acabado de hablar, cuando se presentó Judas, uno
de los doce, y con él gente armada con espadas y palos, enviada
por los pontífices, los escribas y los ancianos. 44 El traidor les había
dado una señal: Al que yo bese, ese es; agarradle y conducidle bien
seguro. 45 Apenas llegó, se le acerca y dice: ¡Rabbí! y le besó;
46 ellos entonces le echaron mano y le prendieron; 47 pero uno de
los presentes tirando de la espada, dio un golpe al siervo del pontí-
fice, y le cortó una oreja. 48 Habló Jesús y les dijo: ¡Como contra
un ladrón salísteis con espadas y palos a prenderme! 49 Todos los
días estuve entre vosotros enseñando en el templo y no me pren-
dísteis pero habían de cumplirse las Escrituras. 50 Entonces le aban-
donaron, y huyeron todos.

51 Mas cierto joven, le siguió, cubierto con una sábana sobre el
cuerpo desnudo y le prendieron; 52 pero soltó la sábana y escapó
desnudo.

Jesús ante Caifás. (Mt. 26, 57-68; Lc. 22, 54-65; Jn. 18, 14)

53 Condujeron a Jesús a casa del pontífice, y se reunieron allí
todos los príncipes de los sacerdotes, los ancianos y los escribas.
54 Pedro le siguió de lejos hasta dentro del patio del pontífice, y
estaba sentado con los criados y calentándose al fuego. 55 Los prín-
cipes de los sacerdotes y todo el sanedrín andaban buscando un
testimonio contra Jesús para darle muerte y no lo hallaban, 56 por-
que muchos atestiguaban en falso contra El, pero los testimonios
no concordaban.

57 Algunos se levantaron y atestiguaron en falso contra El,
diciendo: 58 Nosotros le hemos oído decir: Yo destruiré este templo
hecho por mano de hombre, y en el espacio de tres días levantaré
otro no hecho por mano de hombre. 59 Ni aún así estaba concorde
el testimonio. 60 Levantándose el pontífice en el medio, interrogó a
Jesús diciéndole: ¿No respondes a lo que estos testifican contra ti?
61 Mas El callaba y nada respondió. De nuevo el pontífice le pre-

guntó y le dijo: ¿Eres Tú el Cristo, el Hijo de Dios bendito? 62 Je-
sús respondió: ¡Yo soy!, y veréis al Hijo del hombre sentado a la
diestra del Poder y venir sobre las nubes del cielo, 63 entonces el
pontífice, rasgando sus vestidos, dijo: ¿Qué necesidad tenemos de
testigos? 64 Acabáis de oír la blasfemia, ¿qué os parece? Todos le
condenaron diciendo que era reo de muerte. 65 Y comenzaron algu-
nos a escupirle y a taparle el rostro, abofetearle y decirle ¡Adivina!
Y los sirvientes le daban bofetadas.

Las negaciones de Pedro. (Mt. 26, 69-75; Lc. 22, 55-62; Jn. 18, 15-27)

66 Mientras estaba Pedro abajo en el patio, llegó una de las
criadas del pontífice, 67 y, al ver a Pedro que estaba calentándose,
se le quedó mirando y le dijo: ¡También tú estabas con el Nazare-
no, con Jesús! 68 Pero él lo negó diciendo: ¡No se, ni entiendo qué
dices! Salió fuera, al vestíbulo, y cantó el gallo. 69 Al verle la cria-
da, vuelve a decir a los que allí estaban: ¡Este es de ellos! 70 Otra
vez él lo negó. Poco después, los que allí estaban, se pusieron a
decir a Pedro: Verdaderamente que eres de ellos, porque también
eres galileo. 71 Entonces él comenzó a maldecir y perjurar: ¡No
conozco a ese hombre de que me habláis! 72 Y al instante cantó el
gallo por segunda vez. Entonces se acordó Pedro de lo que le dijo
Jesús: "Antes de que el gallo cante dos veces, tres veces me habrás
negado tú", y rompió a llorar.

[14] *Comer la Pascua*, quiere decir comer el cordero pascual prescrito por la Ley de Moisés.

Jesús ante Pilato. (Mt. 27, 1-26; Lc. 22, 66-23; Jn. 18, 28-40)

15 1 En seguida, de madrugada, habiendo celebrado consejo los
pontífices con los ancianos, y el sanedrín entero, ataron a
Jesús y le llevaron y entregaron a Pilato. 2 Pilato le preguntó: ¿Eres
tú el Rey de los judíos? Jesús le respondió: Tú lo dices. 3 Como los
pontífices le acusaran entonces de muchas cosas, 4 Pilato le interro-
gó de nuevo: ¿No respondes nada? Mira de cuantas cosas te acusan
los pontífices. 5 Pero Jesús no respondió palabra, tanto que Pilato
se admiró.

Jesús condenado a muerte.

6 En cada fiesta daba libertad a uno de los presos, el que pe-
dían. 7 Había entonces uno, llamado Barrabás, preso con los suble-
vados que en un motín habían hecho un homicidio. 8 El pueblo que
acababa de subir, comenzó a pedirle lo que él solía concederles.
9 Mas Pilato les dijo: ¿Queréis que os deje libre al Rey de los
judíos? 10 Pues sabía que los pontífices le habían entregado por
envidia. 11 Pero los pontífices azuzaron al pueblo para conseguir
que soltasen más bien a Barrabás.

12 Pilato les habló de nuevo y les dijo: ¿Qué haré, pues, con el
que llaman Rey de los judíos? 13 Ellos gritaron otra vez:
¡Crucifícale! 14 Pilato les dijo: Pues ¿qué mal ha hecho? Y ellos
gritaron todavía más fuerte: ¡Crucifícale! 15 Entonces Pilato, que-
riendo dar satisfacción a la turba, les dejó libre a Barrabás, y entre-
gó a Jesús, después de azotarle, para que fuera crucificado.

La coronación de espinas. (Mt. 27, 26-30; Jn. 19, 1-3)

16 Los soldados le condujeron dentro del palacio, o sea, al pre-
torio, y llamando a toda la cohorte, 17 le vistieron un manto de
púrpura y le pusieron una corona que tejieron de espinas, 18 y co-
menzaron a saludarle: ¡Salve Rey de los judíos! 19 Y le golpeaban
además la cabeza con una caña, le escupían y le hacían reverencia
doblando las rodillas. 20 Después que se mofaron de El, le desnuda-
ron el manto de púrpura, y le vistieron con sus ropas y le sacaron
para crucificarle.

La crucifixión de Jesús. (Mt. 27, 31-56; Lc. 22, 26-40; Jn. 19, 16-30)

21 Después requisaron a uno que pasaba por allí, que venía del
campo, Simón de Cirene, padre de Alejandro y de Rufo, para que
le llevase la cruz. 22 Le condujeron al lugar llamado Gólgota, que
significa "Lugar de la Calavera", 23 y le dieron a beber vino con
mirra, pero no lo tomó. 24 Luego lo crucificaron y *se repartieron
sus vestidos echando suerte sobre ellos* (Sal. 22. 19) para ver qué
se llevaría cada uno. 25 Era la hora de tercia cuando le crucificaron.
26 La inscripción de su causa estaba escrita así: "El Rey de los
judíos". 27 Con EL crucificaron a dos ladrones, uno a su derecha y

otro a su izquierda, 28 y se cumplió la Escritura que dice: *"Fue
contado entre malechores"* (Is. 53, 12)

Burlas contra Jesús

29 Los que pasaban le maldecían moviendo sus cabezas y di-
ciendo: ¡Bah, el que destruía el templo y en tres días lo edificaba!
30 ¡Sálvate a tí mismo y baja de la cruz! 31 De igual modo los
pontífices, burlándose entre sí y también los escribas, decían: Ha
salvado a otros y no puede salvarse a sí mismo. 32 ¡El Cristo, el
Rey de Israel!, baje ahora de la cruz para que veamos y creamos.
También los crucificados con El le injuriaban.

33 Llegada la hora de sexta, quedó en tinieblas toda la tierra
hasta la hora de nona. 34 Y a la hora de nona gritó Jesús con gran
voz: *Eloi, Eloi, ¿lama sabachtaní?* Que quiere decir: *Dios mío,
Dios mío, ¿por qué me has abandonado?* (Sal. 22,2). 35 Algunos
de los que allí estaban, decían: ¡Mira! ¡Llama a Elías! 36 Corrió
entonces uno: empapó una esponja en vinagre, la puso en una caña
y fue a darle de beber, mientras decía: Vamos a ver si viene Elías a
bajarlo.

Muerte de Jesús

37 Entonces Jesús, dando una gran voz, expiró, 38 y el velo del
templo se rasgó en dos partes de arriba abajo. 39 Cuando vió el
centurión, que estaba allí frente a El, cómo había expirado, excla-
mó: ¡Verdaderamente este hombre era Hijo de Dios! 40 Estaban
también unas mujeres presenciándolo desde lejos, entre ellas María
Magdalena, María, la madre de Santiago el Menor y de José, y
Salomé, 41 las cuales, cuando estaba en Galilea, le acompañaban y
le servían, y otras muchas que subieron con El a Jerusalén.

Sepultura de Jesús. (Mt. 27, 57-61; Lc. 23, 50-56; Jn. 19, 38-42)

42 Luego, caída ya la tarde, como era la Parasceve *(–día de la
preparación)*, esto es, el día antes del sábado, 43 vino José de Ari-
matea, insigne consejero, que también estaba esperando el reino de
Dios, y se atrevió a ir a Pilato, y le pidió el cuerpo de Jesús.
44 Pilato se admiró de que ya hubiera muerto, y, llamando al
centurión, le preguntó si había ya muerto. 45 Al saberlo por el cen-
turión, dio el cuerpo a José. 46 Este compró una sábana, le bajó, le

envolvió en la sábana, y le puso en un sepulcro que estaba cavado
en piedra, y arrimó una losa a la puerta del sepulcro. 47 María Mag-
dalena y María la de José, estuvieron viendo donde era sepultado.

La resurrección. (Mt. 28, 1-10; Lc. 24, 1-11; Jn. 20, 1-18)

16 1 Después que pasó el sábado, María Magdalena, María la de
Santiago, y Salomé compraron perfumes para ir a ungirle.
2 Y muy temprano en el primer día de la semana, llegaron al sepul-
cro, al salir el sol. 3 Iban diciendo unas a otras: ¿Quién nos desco-
rrerá la losa de la puerta del sepulcro? 4 Y al levantar los ojos,
vieron que estaba descorrida la losa, que era muy grande.
5 Luego entrando en el sepulcro, vieron a un joven sentado a la
derecha vestido con una túnica blanca, y se asustaron. 6 Mas él les
dijo: ¡No os asustéis! Buscáis a Jesús nazareno, el que fue crucifi-
cado; resucitó, no está aquí. Ved el lugar donde le pusieron. 7 Pero
id y decid a sus discípulos y a Pedro: Va delante de vosotros a
Galilea; allí lo veréis como os dijo. 8 Salieron huyendo del sepul-
cro, porque se apoderó de ellas el temor y el estupor; y a nadie
dijeron nada, porque tenían miedo.

Aparición de Jesús a la Magdalena. (Jn. 20, 11-18)

9 Resucitado, pues, temprano, el primer día de la semana, se
apareció primero a María Magdalena, de la que había lanzado siete
demonios. 10 Esta fue y lo dijo a los que habían vivido con El, que
estabn afligidos y llorando. 11 Y ellos, al oír que vivía y que ella lo
había visto, creyeron.

Jesús se aparece a los discípulos de Emaús. (Lc. 24, 12-31)

12 Después se les apareció disfrazado en el camino a dos de
ellos, cuando iban a la aldea, 13 y estos volvieron y lo dijeron a los
demás; pero ni a ellos les creyeron.

Aparición a los once y misión confiada

14 Por fin se apareció a los once, cuando estaban en la cena, y
los reprendió por su incredulidad y dureza de corazón, porque a los
que le habían visto resucitado no les habían dado crédito.
15 Luego les dijo: Id por todo el mundo y predicad el Evange-
lio a toda criatura. 16 Quien creyere y fuere bautizado, se salvará;

mas quien no creyere, se condenará. [17] A los que creyeren, les acompañarán estos milagros: en mi nombre lanzarán los demonios; hablarán lenguas nuevas; [18] tomarán en las manos serpientes, y si bebieren veneno mortal, no les dañará; sobre los enfermos pondrán las manos, y éstos sanarán.

Fin del Evangelio. Ascensión del Señor

[19] Y el Señor Jesús, después de haberles hablado, subió al cielo y se sentó a la diestra de Dios. [20] Ellos se fueron a predicar por todas partes, cooperando el Señor con ellos, y confirmando su palabra con los milagros que le acompañaban.

[11] "Creyeron". Esta es la versión del griego. Las Biblias, en general, ponen "no lo creyerón". Esta negación, creo será debida, atendiendo al contesto, porque en el V, 13 se dice: "*tampoco* los creyeron", pero en el original está en sentido afirmativo.

EVANGELIO SEGUN SAN LUCAS

Vida de San Lucas

San Lucas es el autor del tercer Evangelio, que lleva su nombre, y a él también se le atribuyen los Hechos de los Apóstoles. Era un gentil, médico de profesión (Col. 4 , 14). Los testimonios de San Jerónimo, el historiador Eusebio y el prólogo antimarcionista también dicen que era médico, natural de Antioquia en Siria, ciudad donde empezaron a incrementarse los fieles y seguidores de la Buena Nueva y donde recibieron por primera vez el nombre de "cristianos".

Era conocedor de la lengua griega, como lo indican sus escritos, seguidor del apóstol Pablo y compañero en sus viajes (Hech. 24, 23), y en Roma (Hech. 27-28; Col. 4, 14).

San Pablo hace mención varias veces de él en sus epístolas, y siempre con palabras que revelan el cariño paternal que le profesaban, y así lo llama en su carta a los Colosenses: "Lucas, el médico amado" (4, 14).

San Lucas no conoció al Señor y para escribir su Evangelio se informó detalladamente de los que habían sido testigos oculares y ministros de su palabra, como dice en su prólogo, valiéndose también de San Pablo, y es muy probable que recibiera informes de la Santísima Virgen, especialmente sobre la infancia del Señor, pues es el único que nos la refiere con detalles.

Su Evangelio lo escribió sobre los años 62 ó 63, y al igual que San Mateo, demuestra el cumplimiento de las profecías, realizadas en Cristo, Salvador del mundo. A este evangelista se le ha llamado el "Evangelista de la misericordia" por ser el único que nos trae las parábolas del hijo pródigo, del Buen Samaritano, etc.

A San Lucas se le ha considerado también como literato y cultivador de la pintura, es decir, como hombre de ciencia y de letras al mismo tiempo que artista. San Paulino, obispo de Nola dijo que "al igual que San Andrés apóstol y San Nazario fue mártir San Lucas".

Prólogo

1 1 Puesto que muchos han intentado componer una narración
ordenada de los hechos cumplidos entre nosotros, 2 según nos
los transmitieron los que desde el principio fueron testigos de vista
y ministros de la palabra, 3 me ha parecido también a mí, después
de haberme informado de todo con exactitud, desde sus comien-
zos, escribírtelos por su orden, ilustre Teófilo, 4 para que conozcas
la firmeza de la doctrina en que de viva voz fuiste enseñado.

Anunciación del nacimiento del Bautista

5 Hubo en tiempo de Herodes, rey de Judea, un sacerdote,
llamado Zacarías del turno de Abías, casado con una mujer, des-
cendiente de Aarón, que se llamaba Isabel. 6 Ambos eran justos a
los ojos de Dios, pues guardaban de manera irreprensible todos los
mandamientos y preceptos del Señor. 7 Y no tenían hijos, porque
Isabel era estéril, y ambos ya avanzados de edad.

8 Estando una vez de oficio en su turno en el servicio de Dios,
9 y, según uso del sacerdocio, le tocó en suerte entrar a incensar en
el templo del Señor, 10 y toda la muchedumbre del pueblo quedaba
fuera orando mientras el tiempo de incensar. 11 Se le apareció en-
tonces un ángel del Señor, de pie, a la derecha del altar del
incienso. 12 Zacarías, al verle, se turbó y se sobrecogió de temor.
13 Mas el ángel le dijo: ¡No temas, Zacarías!, pues tu oración ha
sido escuchada, y tu mujer Isabel te dará un hijo, al cual pondrás
por nombre Juan. 14 Será para ti gozo y alegría, y muchos se goza-
rán por su nacimiento. 15 Porque será grande delante del Señor; no
beberá vino ni bebida alguna fermentada, y será lleno del Espíritu
Santo ya desde el seno de su madre, 16 y a muchos de los hijos de
Israel convertirá al Señor su Dios, 17 y caminará delante de El con
el espíritu y el poder de Elías, para convertir los corazones de los
padres hacia los hijos, y reducir los rebeldes a la prudencia de los
justos, y preparar al Señor un pueblo bien dispuesto.

18 Zacarías dijo al ángel: ¿Cómo podré cerciorarme de esto?
Porque yo soy viejo y mi mujer es de edad avanzada. 19 El ángel le
respondió: Yo soy Gabriel, el que está en la presencia de Dios, y
fui enviado para hablarte y darte esta buena noticia. 20 ¡Mira! Que-
darás mudo, sin poder hablar hasta el día en que sucedan estas

cosas, porque no creíste en mis palabras, que se cumplirán a su
tiempo.
[21] El pueblo estaba esperando a Zacarías, y se admiraba de que
tardara tanto en el templo. [22] Cuando, por fin, salió, no podía ha-
blarles, por lo que entendieron que había tenido alguna visión en el
templo. El estuvo dándoselo a entender por señas, y siguió mudo.
[23] Luego que se cumplieron los días de su ministerio, marchó a
su casa. [24] Después de esos días concibió Isabel, su mujer, y se
ocultó durante cinco meses, diciendo: [25] Porque así me hizo el Se-
ñor merced en los días en que determinó borrar mi afrenta ante los
hombres.

Anunciación del nacimiento de Jesús.

[26] En el sexto mes fue enviado por Dios el ángel Gabriel a una
ciudad de Galilea, llamada Nazaret, [27] a una virgen desposada con
un varón, de nombre José, de la casa de David; la virgen se llama-
ba María. [28] Entrando el ángel donde ella estaba, dijo: ¡Salve, llena
de gracia, el Señor es contigo! [29] Ella se turbó por estas palabras, y
pensaba qué podría significar este saludo. [30] El ángel le dijo: No
temas María, porque has hallado gracia delante de Dios, [31] y vas a
concebir en tu seno y darás a luz un hijo, al que pondrás por
nombre Jesús. [32] Este será grande y será llamado Hijo del Altísimo;
el Señor Dios le dará el trono de David, su padre, [33] y reinará en la
casa de Jacob para siempre, y su reinado no tendrá fin.
[34] Entonces dijo María al ángel: ¿Cómo será esto, pues no
conozco varón? [35] El ángel le respondió y dijo: El Espíritu Santo
vendrá sobre ti, y el poder del Altísimo te cubrirá con su sombra;
por lo cual, lo que nacerá de ti santo, se llamará Hijo de Dios. [36] Y
has de saber que Isabel, tu parienta, también ha concebido un hijo
en su vejez, y ya está en el sexto mes la que llamaban estéril,
[37] porque para Dios nada hay imposible. [38] Dijo entonces María:
¡He aquí la esclava del Señor, hágase en mí según tú palabra! Y el
ángel se retiró de ella.

Visitación de María a Isabel. El Magnificat.

[39] Por aquellos días María se puso en camino y marchó con
prisa a la montaña, a una ciudad de Judá. [40] Y entró en casa de

Zacarías y saludó a Isabel. 41 Cuando Isabel oyó el saludo de Ma-
ría, le brincó el hijo en su seno e Isabel se llenó del Espíritu Santo,
42 y prorrumpió en alta voz diciendo: ¡Bendita tu entre las mujeres,
y bendito el fruto de tu vientre! 43 ¿De dónde a mí que la Madre de
mi Señor venga a visitarme? 44 Pues apenas llegó la voz de tu sa-
ludo a mis oídos, brincó de gozo el hijo en mi seno. 45 ¡Dichosa la
que creyó que tendría cumplimiento lo que se le dijo de parte del
Señor! 46 Dijo entonces María:

Mi alma alaba al Señor, 47 Y salta de gozo mi espíritu en Dios,
mi Salvador; 48 porque puso los ojos en la pequeñez de su sierva.
Por eso desde ahora me llamarán bienaventurada todas las genera-
ciones.

49 Porque en mí obró grandezas el Poderoso, cuyo nombre es
Santo.

50 Su misericordia se extiende de generación en generación
sobre todos los que le temen. 51 Hizo grandes cosas con su brazo, y
dispersó a los soberbios de engreídos pensamientos.

52 Derribó a los príncipes de sus tronos y ensalzó a los
humildes; 53 a los hambrientos los colmó de bienes, y a los ricos
despachó vacíos.

54 Acogió a Israel, su hijo, y tuvo de él misericordia, 55 según
prometió a nuestros padres, a Abraham y a toda su descendencia
por siempre.

56 Y María permaneció con ella como unos tres meses, y luego
se volvió a su casa.

Nacimiento del Precursor

57 A Isabel se le cumplió el tiempo de su alumbramiento, y dio
a luz un hijo. 58 Llegó a oídos de sus vecinos y parientes la gran
misericordia que el Señor le hizo y se regocijaron con ella. 59 Al día
octavo fueron a circuncidar al niño, y querían que se llamara Zaca-
rías, como su padre. 60 Mas se interpuso su madre y dijo: ¡No; que
ha de llamarse Juan! 61 Dijéronle: No hay ninguno de tu familia que
tenga ese nombre.

62 Por señas preguntaron al padre como quería que se llamara.
63 Pidió este una tablilla, y escribió diciendo: "Juan es su nombre".
Y se admiraron todos. 64 Al mismo tiempo quedó abierta su boca y
suelta su lengua, y se puso a hablar bendiciendo a Dios. 65 El temor

sobrecogió a todos los vecinos y en la montaña de Judea se comen-
taban estos sucesos. 66 Todos los que los oían, guardábanlos en su
interior, y decían: ¿Qué será este niño? Porque la mano del Señor
está con él.
67 Zacarías, su padre, fue lleno del Espíritu Santo, y profetizó
diciendo:

El Benedictus

68 ¡Bendito El Señor, Dios de Israel! porque ha visitado y redi-
mido a su pueblo, 69 al suscitarnos un poderoso Salvador en la
familia de David, su siervo, 70 como lo había anunciado desde anti-
guo por boca de sus santos profetas. 71 para librarnos de nuestros
enemigos y de las manos de todos los que nos odian, 72 para hacer
misericordia con nuestros padres, y cumplir su santa alianza, 73 se-
gún el juramento que juró a nuestro padre Abraham, de
concedernos 74 que libres de nuestros enemigos, le sirvamos sin
temor 75 en santidad y justicia en su presencia todos los días de
nuestra vida.
76 Y tú, niño, serás llamado profeta del Altísimo, porque irás
delante del Señor para preparar sus caminos, 77 para enseñar a su
pueblo la ciencia de la salvación con el perdón de sus pecados,
78 gracias a las entrañas de misericordia de nuestro Dios, por las
que nos visitará la luz que nace de lo alto, 79 para alumbrar a los
que yacen en tinieblas y en sombras de muerte, para enderezar
nuestros pasos por el camino de la paz.
80 El niño crecía y se fortalecía en espíritu, y moró en los
desiertos hasta el día de su presentación en Israel.

[34] *¿Cómo será esto...?* Estas palabras indican que la Virgen tenía hecho voto perpetuo de virginidad, y San José, sabedor de este voto, se casó con ella y fue custodio de su virginidad. La esencia del matrimonio no está en la unión de los cuerpos, sino de las voluntades. La Virgen concibió por obra del Espíritu Santo, sin intervención de varón (Mt. 1, 30) y, permaneció virgen perpetuamente (Véase mi "N.T.E." y mi libro *"Vida de San José"*).

Nacimiento de Jesús en Belén

2 1 Por aquellos días salió un decreto de César Augusto para que
se empadronase todo el mundo. 2 Este primer censo se hizo
cuando Quirino era gobernador de Siria. 3 Todos iban a inscribirse
cada cual a su ciudad. 4 Subió también José desde Galilea, de la

ciudad de Nazaret, hacia Judea, a la ciudad de David, que se llama
Belén, por ser él de la casa y de la familia de David, [5] para inscri-
birse en el censo juntamente con María, su esposa, que se hallaba
encinta. [6] Estando allí, se le cumplió el tiempo de su
alumbramiento, [7] y dio a luz a su Hijo primogénito, y le envolvió
en pañales y le acostó en un pesebre porque no había lugar para
ellos en la posada.

Los pastores ante el pesebre

[8] En aquel contorno estaban unos pastores acampados al raso,
velando de noche por turno su rebaño, [9] cuando se les apareció un
ángel del Señor y la gloria del Señor los envolvió con su luz, por lo
que se asustaron grandemente. [10] Mas el ángel les dijo: ¡No temáis!
porque os anuncio una gran alegría, que será para todo el pueblo:
[11] Hoy os ha nacido en la ciudad de David un Salvador, que es
Cristo, el Señor. [12] Y esta es la señal: Hallaréis un niño envuelto en
pañales y acostado en un pesebre. [13] De repente apareció con el
ángel una muchedumbre del ejército celestial que alababa a Dios
diciendo:

[14] ¡Gloria a Dios en las alturas, y en la tierra paz entre los
hombres de buena voluntad!

[15] Cuando los ángeles partieron de ellos para volver al cielo,
los pastores se decían unos a otros: ¡Vayamos a Belén a ver esto
que ha ocurrido y que nos ha manifestado el Señor! [16] Fueron pre-
surosos y encontraron a María y a José, y al niño acostado en el
pesebre. [17] Al verlo, dieron a conocer lo que se le había dicho de
aquel niño. [18] Todos los que lo oyeron, se admiraron de lo que les
narraban los pastores. [19] María, por su parte, guardaba y ponderaba
todas estas cosas en su corazón. [20] Los pastores se volvieron glori-
ficando a Dios por todo lo que oyeron y vieron conforme se les
había dicho.

Circuncisión y presentación de Jesús

[21] Luego que se cumplieron los ocho días, fue el niño circunci-
dado, le pusieron por nombre Jesús, el mismo que le fue dado por
el ángel antes de que fuera concebido.

[22] Cuando se cumplieron los días de la purificación de ellos,
según la Ley de Moisés, lo llevaron a Jerusalén para presentarle al

Señor, 23 como está escrito en la Ley: *Todo varón que nazca el*
primero, será consagrado al Señor (Ex. 13,2) 24 y para ofrecer un
sacrificio, según lo dicho también en la Ley del Señor: *Un par de*
tórtolas o dos pichones (Lev. 12, 8).

La profecía de Simeón

25 Había en Jerusalén un hombre llamado Simeón, hombre jus-
to y piadoso, que estaba esperando el consuelo de Israel, y en él
moraba el Espíritu Santo. 26 El mismo Espíritu Santo le había reve-
lado que no moriría sin ver antes al Ungido del Señor. 27 Fue al
templo, movido por el Espíritu, y cuando los padres llevaron al
niño para cumplir con El las prescripciones de la Ley, 28 él lo tomó
en sus brazos y alabó a Dios diciendo:

29 ¡Ahora ya puedes, Señor, dejar ir a tu siervo en paz, según tu
palabra, 30 porque mis ojos han visto tu salvación, 31 que preparaste
a la faz de todos los pueblos.

32 Luz para revelarse a los gentiles, y gloria de tu pueblo, Is-
rael.

33 El padre y la madre del niño estaban admirados por lo que se
decía de El. 34 Simeón los bendijo y dijo a María su madre: Puesto
ha sido éste para caída y para resurrección de muchos en Israel y
para ser una señal de contradicción, 35 y una espada atravesará tu
alma para que sean descubiertos los pensamientos de muchos cora-
zones.

La profetisa Ana

36 Estaba también Ana, una profetisa, hija de Fanuel, de la
tribu de Aser; ésta era de edad muy avanzada, que había vivido
siete años con su marido desde su virginidad, 37 y permaneció viu-
da hasta los ochenta y cuatro años, la cual no se apartaba del
templo, sirviendo a Dios de día y de noche con ayunos y oraciones.
38 Llegada en aquel momento, se puso a alabar a Dios y hablar de
El a todos los que esperaban la redención de Jerusalén.

39 Cuando cumplieron todo lo ordenado por la Ley del Señor,
se volvieron para Galilea, a su ciudad de Nazaret. 40 El niño crecía
y se fortalecía lleno de sabiduría y la gracia de Dios estaba con El.

El niño Jesús en el templo

41 Iban sus padres todos los años a Jerusalén para la fiesta de la
Pascua. 42 Cuando tuvo doce años, subieron según la costumbre de
la fiesta. 43 Una vez terminados los días, al regresar ellos, se quedó
el niño Jesús en Jerusalén sin que lo notaran sus padres. 44 Creyen-
do que iría entre la caravana, anduvieron camino de un día, y al
buscarle luego entre los parientes y conocidos, 45 y no encontrarle,
volvieron a Jerusalén en busca de El.

46 Al tercer día lo hallaron en el templo, sentado en medio de
los doctores, oyéndolos y preguntándoles. 47 Cuantos le oían, se
maravillaban de su inteligencia y de sus respuestas. 48 Al verle,
quedaron atónitos, y su madre le dijo: ¡Hijo! ¿Por qué has hecho
así con nosotros? Mira, tu padre y yo llenos de pena, andábamos
buscándote. 49 El les respondió: ¿Por qué me buscábais? No sabíais
que yo debía estar en las cosas de mi Padre? 50 Ellos no entendie-
ron lo que les dijo. 51 Bajó luego con ellos, fue a Nazaret y les
estuvo sujeto. Su madre guardaba todas estas cosas en su corazón.
52 Jesús iba creciendo en sabiduría, en estatura y en gracia ante
Dios y ante los hombres.

52 *Crecía en sabiduría* en el sentido de que cada día manifestaba al exterior más y más la sabiduría y santidad que poseía.

La predicación de Juan el Bautista

3 1 En el año quince del imperio de Tiberio César, siendo Poncio
Pilato gobernador de Judea, Herodes tetrarca de Galilea, su
hermano Filipo tetrarca de Iturea y Traconítide, y Lisanias tetrarca
de Abilene; 2 en el pontificado de Anás y Caifás, a Juan, hijo de
Zacarías, estando en el desierto, le fue dirigida la palabra de Dios,
3 y recorrió toda la ribera del Jordán predicando el bautismo de pe-
nitencia para remisión de los pecados, 4 como está escrito en el
libro de las profecías de Isaías:

*Voz del que clama en el desierto: ¡Preparad el camino del
Señor! haced derechas sus sendas;* 5 *todo barranco ha de re-
llenarse, y todo monte y collado ha de rebajarse; los caminos
tortuosos han de hacerse rectos, y los caminos ásperos han de
suavizarse.* 6 *Y verán todos los hombres la salvación de Dios*
(Is. 40, 3-5).

[7] Decía, pues, a las multitudes, que acudían a él para bautizar-
se: ¡Raza de víboras! ¿Quién os ha dicho que podréis huir de la ira
que se os viene encima? [8] Dad frutos dignos de penitencia, y no
andéis diciendo para vosotros: Tenemos por padre a Abraham,
porque os aseguro que Dios puede hacer que de estas piedras naz-
can hijos a Abraham. [9] Ya el hacha está aplicada a la raíz de los
árboles: todo árbol que no de buen fruto, será cortado y echado al
fuego.

[10] Las gentes le preguntaban: ¿Qué hemos de hacer? [11] Les res-
pondió y dijo: El que tenga dos túnicas, de una al que no tiene, y el
que tenga qué comer que haga lo mismo. [12] También vinieron pu-
blicanos a bautizarse y le dijeron: ¡Maestro! ¿qué hemos de hacer?
[13] Y les contestó: No exijáis nada fuera de lo que está tasado.

[14] Los soldados también le preguntaron: ¿Qué hemos de hacer
nosotros? El les dijo: A nadie hagáis extorsión, ni denunciéis falsa-
mente y contentaos con vuestra paga.

Humildad del Bautista

[15] Como el pueblo estuviese en expectación, y todos discurrie-
ran en su interior, acerca de Juan, sobre si sería el Mesías, [16] dijo
Juan a todos: Yo os bautizo con agua; pero viene uno que es más
poderoso que yo, al que no soy digno, ni de desatar la correa de sus
sandalias; El os bautizará con Espíritu Santo y fuego. [17] En su
mano está el bieldo para limpiar la era y juntar el trigo en su
granero; pero la paja la quemará con fuego que no se apaga.

[18] Con éstas y otras muchas exhortaciones anunciaba al pueblo
el Evangelio. [19] Pero Herodes, el tetrarca, como Juan le reprendiera
por lo de Herodías, la mujer de su hermano, y por todas las malda-
des que había hecho, [20] a todas ellas añadió ésta: la de encerrar a
Juan en la cárcel.

Bautismo de Jesús. (Mt. 3, 13-17; Mc. 1, 8-11)

[21] En el tiempo en que todo el pueblo se bautizaba, también fue
bautizado Jesús, y estando orando, se abrió el cielo, [22] y bajó el
Espíritu Santo, en figura corporal, como una paloma, sobre el, y se
oyó una voz desde el cielo: ¡Tú eres mi Hijo amado; en ti me
complazco!

Genealogía de Jesús. (Mt. 1, 1-17)

[23] Jesús, cuando comenzó *(su vida pública)*, tenía unos treinta
años, y era hijo, según se creía, de José, hijo de Helí, [24] de Matat,
de Leví, de Melqui, de Janai, de José; [25] de Matatías, de Amós, de
Naún, de Esli, de Nagai, [26] de Maat, de Matatías, de Semein, de
Josec, de Joda, [27] de Joanán, de Resa, de Zorobabel, de Salatiel, de
Neri, [28] de Melqui, de Addi, de Cosam, del Elmadam, de Er, [29] de
Jesús, de Eliezer, de Jorim, de Matat, de Leví, [30] de Simeón, de
Judá, de José, de Jonam, de Eliaquim, [31] de Melea, de Mena, de
Matata, de Natam, de David, [32] de Jesé (-Isai), de Obed, de Booz,
de Sala, de Naasón, [33] de Aminadad, de Admín, de Arni de Esrom,
de Fares, de Judá, [34] de Jacob, de Isaac, de Abraham, de Tare, de
Nacor, [35] de Seruc, dc Ragau, de Falec, de Eber, de Sala, [36] de
Cainán de Arfaxad de Sem, de Noé, de Lamec, [37] de Matusalá, de
Enoc, de Jaret, de Maleleel, de Cainán, [38] de Enós, de Set, de Adán,
de Dios.

[23] En Mateo el padre de José es Jacob, y en Lucas es Helí. Esto se explica por la ley del levirato (Dt. 25, 5-10) (Ved mi "N.T.E.)

El ayuno y las tentaciones. (Mt. 4, 1-11; Mc. 1, 12-13)

4 [1] Jesús, lleno del Espíritu Santo, se volvió del Jordán, y fue
conducido por el Espíritu al desierto. [2] Allí estuvo cuarenta días
y fue tentado por el diablo. No comió nada en aquellos días, y al
final de ellos tuvo hambre. [3] Entonces el diablo le dijo: Si eres Hijo
de Dios, di a esta piedra que se convierta en pan. [4] Jesús le respon-
dió: Escrito está: *No sólo de pan vive el hombre* (Dt. 8, 3).

[5] Después le llevó a una altura y desde allí le mostró en un
instante todos los reinos del mundo, [6] y le dijo: Te daré el poder y
la gloria de todos ellos, porque a mí se me ha entregado, y se la
doy a quien quiero, [7] si, pues, te postras delante de mí todo será
tuyo. [8] Jesús respondió y le dijo: Escrito está: *Adorarás al Señor, tu
Dios, y a El sólo serviras*. (Dt. 6, 13).

[9] Luego le condujo a Jerusalén, lo puso sobre el pináculo del
templo y le dijo: Si eres Hijo de Dios, arrójate de aquí abajo,
[10] porque escrito está: *A sus ángeles mandará que te guarden,* [11] *y
te tomarán en las manos para que tu pie no tropiece en una piedra*
(Sal. 91, 11-12).

12 Jesús respondió: Dicho está: *No tentarás al Señor, tu Dios*
(Dt. 6, 16-13). 13 Después que acabó todo género de tentaciones, el
diablo se apartó de El hasta su tiempo.

Jesús en Galilea. Predica en Nazaret. (Mt. 4, 12-17; 13, 53-58; Mc. 1, 14, 6, 1-6)

14 Jesús se volvió a Galilea, impulsado por el Espíritu, y corrió
su fama por toda la comarca. 15 Enseñaba en las sinagogas y era
alabado por todos.

16 Llegó también a Nazaret, donde se había criado; entró, se-
gún costumbre, en día de sábado en la sinagoga, y se levantó a
hacer la lectura. 17 Le entregaron el libro del profeta Isaías, y al
desarrollar el libro halló el pasaje donde está escrito:

> *18 El Espíritu del Señor sobre mi, porque me ungió, me*
> *envió a dar la Buena Nueva a los pobres, a predicar a los*
> *cautivos la libertad, y la recuperación de la vista a los ciegos,*
> *a poner en libertad a los oprimidos, 19 a pregonar el año de*
> *gracia del Señor* (Is. 61, 1-2; 58, 6).

20 Enrolló después el libro, se lo dio al ministro y se sentó. Los
ojos de todos en la sinagoga estaban fijos en El. 21 Comenzó a
decirles: Hoy se ha cumplido esta escritura que acabáis de oír.
22 Todos reconocían esta verdad y quedaron admirados de las pala-
bras llenas de gracia que salían de su boca y decían: ¿No es éste el
hijo de José? 23 El les dijo: a buen seguro que me diréis aquel
refrán: "Médico, cúrate a ti mismo". Cuanto hemos oído que hicis-
te en Cafarnaúm, hazlo también aquí, en tu pueblo. 24 Y dijo: En
verdad os digo que ningún profeta es bien recibido en su patria.
25 También os digo que muchas viudas había en tiempos de Elías
en Israel, cuando el cielo quedó cerrado (a la lluvia) durante tres
años y seis meses, y hubo una gran hambre en toda la tierra, 26 y a
ninguna de ellas fue enviado Elías, sino a Sarepta de Sidón, a una
mujer viuda. 27 Y había muchos leprosos en Israel en tiempo del
profeta Eliseo, y ninguno de ellos fue limpio de la lepra, sino
Naaman, el sirio.

28 Al oír esto, se llenaron todos de cólera, allí en la sinagoga,
29 se levantaron y lo arrojaron fuera de la ciudad, llevándole hasta

la cima del monte sobre la cual estaba edificaba la ciudad, para
despeñarlo; 30 pero El pasó por medio de ellos y se fue.

Curación de un endemoniado en Cafarnaúm. (Mc. 1, 21-28)

31 Bajó a Cafarnaúm, ciudad de Galilea, y les enseñaba los días
de sábado, 32 y se admiraban de sus enseñanzas, porque su palabra
estaba llena de autoridad. 33 Había en la sinagoga un hombre que
tenía el espíritu de un demonio inmundo, y gritó con muy fuerte
voz: 34 ¡Ea! ¿qué tenemos que ver contigo Jesús de Nazaret? ¿Has
venido a perdernos? Ya se quién eres Tú, el Santo de Dios. 35 Jesús
le increpó diciendo: ¡Cállate y sal de él! El demonio arrojó allí al
poseso en medio, y salió de él sin hacerle daño. 36 Todos se llena-
ron de estupor y se decían unos a otros: ¿Qué es esto, que manda
con imperio y fuerza a los espíritus inmundos y salen? 37 Y su fama
se extendió por todos los lugares de la comarca.

Otras nuevas curaciones. (Mt. 8, 14-17; Mc. 1, 29-34)

38 Salió de la sinagoga y entró en casa de Simón. Estaba la
suegra de Simón con gran fiebre y le suplicaron por ella. 39 El se le
acercó, increpó a la fiebre y ésta la dejó. Se levantó ella al instante
y se puso a servirles.

40 Al ponerse el sol, todos cuantos tenían enfermos de diversas
enfermedades los llevaban a El, y poniendo las manos sobre cada
uno de ellos, los curaba. 41 Los demonios también salían de muchos
gritando y diciendo: ¡Tú eres el Hijo de Dios! Y El los reprendía y
no los dejaba hablar, porque sabían que El era el Cristo.

42 Cuando se hizo de día, salió y fue a lugar desierto. Las
muchedumbres que le buscaban, le encontraron y le retenían para
que no se fuese de junto a ellos. 43 Mas El les dijo: Es necesario
que también anuncie a otras ciudades el reino de Dios, porque para
esto fui enviado. 44 Y anduvo predicando por las sinagogas de Ju-
dea.

La pesca milagrosa. (Mt. 4, 18-222; Mc. 1, 16-20).

5 1 Estando Jesús de pie junto al lago de Genesaret, la muche-
dumbre se agolpaba para oír la palabra de Dios, 2 y viendo dos
barcas atracadas a la orilla, (los pescadores habían saltado de ellas
y estaban lavando las redes), 3 subió a una de ellas, la que era de

Simón Pedro, y le rogó que la apartara un poco de la tierra, y luego
sentado, desde la barca enseñaba a las muchedumbres.
4 Cuando acabó de hablar, dijo a Simón: Navega mar adentro
y echad las redes para la pesca. 5 Díjole Simón: ¡Maestro! Toda la
noche estuvimos trabajando y no pescamos nada; pero, porque tú
lo dices, echaré las redes. 6 Lo hicieron así, y capturaron tan gran
cantidad de peces que se rompían las redes. 7 Entonces hicieron
señas a los que estaban cerca en la otra barca para que vinieran a
ayudarles. Vinieron y llenaron las dos barcas hasta casi hundirse.
8 Al ver esto Simón Pedro cayó a los pies de Jesús, diciendo:
Señor, ¡Apártate de mi, que soy un hombre pecador! 9 Pues el
asombro se había apoderado de él y de todos sus compañeros, por
la pesca que había hecho, 10 e igualmente de Santiago y Juan, hijos
de Zebedeo, que estaban en compañía de Simón. Entonces dijo
Jesús a Simón: No temas; desde ahora serás pescador de hombres.
11 Llevaron las barcas a tierra, y dejándolo todo, le siguieron.

Curación de un leproso. (Mt. 8, 2-4; Mc. 1, 40-45)

12 Hallándose El en una de aquellas ciudades, se presentó un
hombre lleno de lepra, el cual al ver a Jesús, puesto de rodillas le
suplicó diciendo: Señor, si tú quieres puedes curarme. 13 Extendió
su mano, lo tocó y dijo: “Quiero, queda limpio”. Y al instante la
lepra desapareció de él. 14 Le encargó que a nadie se lo dijera, sino:
“Ve a presentarte al sacerdote, y ofrece por tu limpieza la ofrenda
que mandó Moisés, para que les sirva de testimonio. 15 Y su fama
se extendió más y más, y acudían muchas gentes a escucharle y a
que las curara de sus enfermedades; 16 pero El se retiraba a lugares
solitarios y allí oraba.

Curación de un paralítico. (Mt. 9, 1-8); Mc. 2, 1-12)

17 Un día mientras Jesús enseñaba había allí sentados unos
fariseos y maestros de la Ley que habían venido de todas las aldeas
de Galilea, de Judea y de Jerusalén, y el poder del Señor estaba en
El para curar.
18 Y he aquí que unos hombres traían en una camilla a un
hombre que estaba paralítico e intentaban introducirlo y ponerlo
delante de El. 19 Mas no hallando por donde meterlo por causa de la
multitud, subieron a la terraza, y por el techo le bajaron con la

camilla, allí en medio, delante de Jesús, [20] quien al ver su fe, dijo:
¡Hombre, perdonados te son tus pecados!
[21] Los escribas y fariseos comenzaron entonces a pensar:
¿Quién es éste que dice blasfemias? ¿Quién puede perdonar los
pecados, sino sólo Dios? [22] mas conociendo Jesús sus pensamien-
tos, les respondió: ¿Qué estáis pensando dentro de vosotros?
[23] ¿Qué es más fácil, decir: Perdonados te son tus pecados, o decir:
Levántate y anda? [24] Pues para que sepáis que el Hijo del Hombre
tiene poder en la tierra para perdonar pecados –dijo al paralítico–:
A ti te digo: ¡Levántate, toma tu camilla y ve a tu casa! [25] Al punto
se levantó a la vista de todos, tomó su camilla y se fue a su casa
alabando a Dios, [26] y quedaron todos sobrecogidos de asombro y
glorificaban a Dios y llenos de temor decían: ¡Hemos visto hoy
cosas increíbles.

Vocación de Leví (–Mateo). (Mt. 9, 9-13; Mc. 2, 13-17)
[27] Después de esto salió y se fijo en un publicano, llamado
Leví, sentado en su oficina de tributos, y le dijo: ¡Sígueme! [28] y él
dejándolo todo, se levantó y le siguió. [29] Leví le ofreció un gran
banquete en su casa, y había un buen número de publicanos y otras
personas que estaban a la mesa con ellos. [30] Los fariseos y los
escribas murmuraban contra los discípulos de Jesús, y decián:
¿Porque comeis y bebeis con los publicanos y con los pecadores?
[31] Respondió Jesús y les dijó: No necesitan de médico los sanos,
sino los enfermos; [32] yo no he venido para exhortar a penitencia a
los justos, sino a los pecadores.

El ayuno y la ley nueva. (Mt. 9, 14-17; Mc. 2, 18-22)
[33] Entonces le dijeron: Los discípulos de Juan ayunan a menu-
do y hacen oraciones e igualmente los de los fariseos; pero los
tuyos comen y beben. [34] Mas Jesús les dijo: ¿Podréis hacer ayunar
a los amigos del esposo, mientras el esposo está con ellos? [35] Tiem-
po vendrá, cuando le quiten el esposo, y entonces ayunarán. [36] Y
les dijo una parábola: Nadie corta un pedazo de un manto nuevo
para echarlo en otro viejo, porque, de lo contrario, romperá el
manto nuevo, y al manto viejo no le cae bien el remiendo cortado
del nuevo.
[37] Nadie tampoco echa vino nuevo en odres viejos, pues ha-

ciéndolo así el vino nuevo reventaría los odres y se derramaría y se
perderían los odres; [38] sino que el vino nuevo ha de echarse en
odres nuevos, [39] y nadie que bebe el vino viejo, quiere el nuevo,
porque dice: El viejo es mejor.

Disputas sobre el sábado. (Mt. 12, 1-14; Mc. 2, 23-3, 6).

6 [1] Un sábado que caminaba Jesús por entre los sembrados, se
pusieron sus discípulos a arrancar y a comer espigas desgra-
nándolas con las manos. [2] Pero algunos de los fariseos dijeron:
¿Por qué hacéis lo que no se puede hacer en sábado? [3] Jesús les
respondió: ¿No leísteis lo que hizo David cuando tuvieron hambre
él y sus compañeros? [4] ¿Cómo entró en la casa de Dios, y, tomando
los panes de la proposición, de los que no pueden comer sino los
sacerdotes, comió y dio a sus compañeros? [5] Y añadió: El Hijo del
hombre es Dueño del sábado.

[6] Otro sábado entró Jesús en la sinagoga y se puso a enseñar, y
había allí un hombre cuya mano derecha estaba seca. [7] Le acecha
ban los escribas y los fariseos, para ver si curaría en sábado y así
tener motivo de acusación contra El; [8] pero Jesús, que conocía sus
pensamientos, dijo al hombre que tenía la mano seca: ¡Levántate y
ponte en medio! Se levantó y se puso en pie. [9] Entonces Jesús les
dijo: Os pregunto: ¿Se puede en sábado hacer el bien o hacer el
mal? ¿Salvar una vida o perderla? [10] Y mirando en derredor a todos
ellos, dijo al hombre: ¡Extiende tu mano!, y él lo hizo y su mano
quedó restablecida. [11] Pero ellos se llenaron de furor y andaban
discutiendo unos con otros qué harían con Jesús.

Elección de los apóstoles. (Mt. 10, 1-4; Mc. 3, 13-19)

[12] Por aquellos días salió al monte a orar, y pasó la noche
orando a Dios. [13] Cuando se hizo de día llamó a sus discípulos y
escogió de entre ellos a doce, a los que llamó apóstoles: Simón, a
quien puso también el nombre de [14] Pedro, y Andrés, su hermano;
Santiago y Juan, Felipe y Bartolomé, [15] Mateo y Tomás, Santiago
de Alfeo y Simón llamado el Celador, [16] Judas de Santiago y Judas
Iscariote, que fue el traidor, [17] y bajando con ellos se detuvo en un
lugar llano, donde estaba un grupo numeroso de sus discípulos y
gran muchedumbre del pueblo de toda Judea, de Jerusalén, y de la
costa de Tiro y de Sidón, [18] que vinieron a oírle y a que los curase

de sus enfermedades, también los atormentados de espíritus in-
mundos eran curados. 19 Toda la gente quería tocarle, porque de El
salía virtud y curaba a todos.

Las bienaventuranzas. (Mt. 5, 3-12)

20 Entonces alzando los ojos sobre sus discípulos, decía: –Bie-
naventurados los pobres, porque vuestro es el reino de Dios.
21 –Bienaventurados los que ahora estáis hambrientos, porque
os hartaréis. –Bienaventurados los que ahora lloráis, porque reiréis.
22 –Bienaventurados seréis cuando os odiaren los hombres y
cuando os rechazasen y os insultasen y os desecharen vuestro nom-
bre como pernicioso por causa del Hijo del hombre.
23 Alegraos y regocijaos entonces, porque grande será en el
cielo vuestra recompensa. Lo mismo hicieron sus padres con los
profetas.

Las maldiciones

24 Por el contrario, ¡ay de vosotros los ricos!,
porque recibísteis vuestro consuelo!
25 ¡Ay de vosotros los que ahora estáis hartos,
porque padeceréis hambre!
¡Ay de los que ahora reís, porque gemiréis y lloraréis!
26 ¡Ay cuando digan bien de vosotros todos los hombres! por-
que lo mismo hicieron sus padres con los falsos profetas.

Hay que amar a nuestros enemigos. (Mt. 5, 38-48)

27 Pero Yo os digo a vosotros, los que me oís: Amad a vuestros
enemigos, haced bien a los que os odian; 28 bendecid a los que os
maldicen; orad por los que os calumnian. 29 Al que te golpee en una
mejilla, preséntale la otra; al que te arrabatare el manto, no le
niegues la túnica. 30 Da a todo el que te pidiere, y al que te quitare
lo tuyo, no se lo reclames.
31 Según queréis que hagan los hombres con vosotros, haced
así con ellos. 32 Si amáis a los que os aman, ¿qué mérito tenéis con
ello? También los pecadores aman a los que los aman a ellos.
33 Porque si hacéis bien a los que os hacen bien, ¿qué mérito te-
néis? También los pecadores hacen lo mismo. 34 Si dáis prestado a
aquellos de los que esperáis recibir, ¿qué mérito podéis tener?

También los pecadores prestan a los pecadores para cobrarles lo
prestado.
[35] Vosotros amad a vuestros enemigos; haced bien y dad pres-
tado sin esperar nada. Así tendréis abundante recompensa y seréis
hijos del Altísimo, porque también El es bondadoso con los desa-
gradecidos y los malos. [36] Sed misericordiosos como es misericor-
dioso vuestro Padre.

El juicio temerario

[37] No juzguéis y no seréis juzgados; no condenéis y no seréis
condenados. Perdonad y seréis perdonados; [38] dad y se os dará; una
medida buena y apretada, bien llena y rebosante se os volcará en
vuestro seno, porque con la medida con que midiéreis, se os medi-
rá.

Contra la hipocresía. (Mt. 7, 1-6)

[39] Les dijo también una parábola: ¿Acaso puede un ciego guiar
a otro ciego? ¿No caerán los dos en algún hoyo? [40] no hay discípu-
lo superior a su maestro; el discípulo será perfecto si es como su
maestro. [41] ¿Por qué reparas en la pajuela que hay en el ojo de tu
hermano, y no consideras la viga que tienes en el tuyo? [42] ¿Cómo
puedes decir a tu hermano: Hermano, déjame que te quite esa
pajuela de tu ojo, tú que no ves la viga en el tuyo? ¡Hipócrita!
Echa fuera primero de tu ojo la viga, y entonces verás bien para
sacar la pajuela del de tu hermano.

Los falsos profetas. (Mt. 7, 15-20)

[43] Porque no hay árbol bueno que de fruto malo, ni tampoco
árbol malo que de fruto bueno, [44] pues cada árbol se conoce por el
fruto que da. No se recogen higos de los espinos, ni se vendimian
uvas de las zarzas. [45] El hombre bueno, del rico tesoro de su cora-
zón saca lo bueno, y el hombre malo de su tesoro de maldad saca
lo malo. De la abundancia del corazón habla su lengua. [46] ¿Para
qué me llamáis: ¡Señor, Señor!, sino hacéis lo que os digo?

La casa sobre piedra. (Mt. 7,24-29)

[47] Yo os diré a quien se parece todo el que viene a mi y oye
mis palabras y las pone en práctica. [48] Es semejante a un hombre

que se puso a edificar una casa, cavó y ahondó y puso los cimien-
tos sobre piedra. Cuando vino la crecida, se desbordó el río por
donde estaba aquella casa; pero no pudo derribarla, porque estaba
bien edificada.
49 Mas el que las oye y no las pone en práctica, es semejante a
un hombre que edificó una casa sobre tierra, sin cimientos; se
precipitó el río sobre ella, y al punto se vino abajo, y fue grande la
ruina de aquella casa.

Jesús sana al siervo del centurión. (Mt. 8, 5-13)

7 1 Después que terminó de decir todas estas enseñanzas al pue-
blo, entró en Cafarnaúm. 2 Un centurión tenía un siervo enfer-
mo, y a punto de morir, al que estimaba mucho, 3 y como hubiese
oído hablar de Jesús, le envió unos ancianos de los judíos a pedirle
que viniera a sanar a su siervo. 4 Se presentaron éstos a Jesús y le
rogaban insistentemente, diciendo: Bien se merece que se lo
concedas, 5 porque quiere bien a nuestra gente, y él fue el que nos
edificó la sinagoga.
6 Entonces Jesús se fue con ellos. No estaba ya lejos de la casa,
cuando el centurión envió a unos amigos para decirle: ¡Señor, no te
molestes! porque yo no soy digno de que entres bajo mi techo,
7 por eso no me atreví a ir a ti en persona. Dilo de palabra y sanará
mi criado. 8 Porque también yo, que soy un subordinado, tengo
soldados a mi mando, y digo a éste: “Anda”, y va; y al otro:
“Ven”, y viene; a mi siervo: “Haz esto”, y lo hace.
9 Jesús, al oír estas palabras, se admiró y vuelto a la gente que
le seguía, dijo: Yo os digo que jamás hallé en Israel fe tan grande.
10 Cuando volvieron a la casa los enviados, encontraron sano al
siervo.

La resurrección del joven de Naín

11 Después se encaminó a una ciudad llamada Naín, y le acom-
pañaban sus discípulos y mucha gente. 12 Al llegar a la puerta de la
ciudad, vieron que llevaban a enterrar a un muerto, hijo único de
su madre, que era viuda, y mucha gente de la ciudad iba con ella.
13 El Señor al verla, tuvo compasión de ella y le dijo: ¡No llores!
Luego se llegó, tocó el féretro; se pararon los que lo llevaban, y
dijo: ¡Joven, a ti hablo: Levántate!. 15 El muerto se incorporó y se
puso a hablar y Jesús se lo entregó a su madre.

16 Todos quedaron sobrecogidos de temor, y glorificaban a
Dios diciendo: Un gran profeta ha aparecido entre nosotros y Dios
ha visitado a su pueblo. 17 Corrió luego la fama de este hecho por
toda la Judea y por todas las comarcas de alrededor.

Jesús y el Bautista. (Mt. 11, 2-6)

18 De todas estas cosas le dieron cuenta a Juan sus discípulos.
Entonces Juan llamó a dos de ellos, 19 y los envió al Señor para
decirle: ¿Eres tú el que ha de venir o esperamos a otro? 20 Llegado
a El estos hombres le dijeron: Juan el Bautista nos envía a que te
preguntemos si eres tú el que ha de venir o debemos esperar a otro.
21 En aquella misma hora Jesús curó a muchos de sus enfermeda-
des y plagas y de malos espíritus, y dio la vista a muchos ciegos.
22 Entonces les respondió y dijo: Id y comunicad a Juan lo que
visteis y oísteis; los ciegos ven, los cojos andan, los leprosos que-
dan limpios, los sordos oyen, los muertos resucitan, los pobres son
evangelizados, 23 y bienaventurado quien no se escandaliza de mí.

El más grande de los profetas. (Mt. 11, 7-15)

24 Después que se fueron los mensajeros de Juan, comenzó
Jesús a decir de él a las gentes: ¿Qué salísteis a ver en el desierto?
¿Acaso una caña sacudida por el viento? 25 Pero ¿qué salísteis a
ver? ¿A un hombre lujosamente vestido? Los de elegante vestidu-
ra, y que viven en la opulencia, están en los palacios. 26 Mas ¿qué
salísteis a ver? ¿A un profeta? Si, os digo, y más que profeta.
27 Este es de quien está escrito:

> *He aquí que yo envío a mi mensajero delante de mi*
> *que irá por delante de ti preparándote el camino* (Mal. 3, 1)

28 Porque os digo que entre los nacidos de mujer no hay nin-
gún profeta mayor que Juan; pero el más pequeño en el reino de
Dios, es mayor que él.

Actitud de los publicanos y pecadores. (Mt. 11, 16-19)

29 Todo el pueblo que escuchó *(a Juan)*, y aun los publicanos
reconocieron la justicia de Dios, recibiendo el bautismo de Juan;
30 pero los fariseos y los doctores de la Ley frustraron los designios
de Dios para con ellos, al no dejarse bautizar por Juan.

31 ¿Con quién compararé a los hombres de esta generación? ¿A
qué serán semejantes? 32 Semejantes a los chiquillos que, sentados
en la plaza, cantan unos a otros aquello de:

"Os tocamos la flauta y no bailásteis;
os cantamos un cantar triste, y no llorásteis"

33 Porque vino Juan el Bautista que no come pan ni bebe vino,
y decís: ¡Está endemoniado! 34 Ha venido el Hijo del hombre que
come y bebe, y decís: ¡Mira qué comilón y bebedor, amigo de
publicanos y pecadores! 35 Mas la Sabiduría quedó acreditada por
todos sus hijos.

Conversión de una pecadora pública

36 Uno de los fariseos le rogó que fuera a comer con él, y
entrando en la casa del fariseo, se puso a la mesa. 37 Y he aquí que
una mujer de la ciudad, que era pecadora, cuando supo que Jesús
estaba a la mesa del fariseo, llevó un vaso de alabastro con
perfume, 38 y, puesta detrás de El, a los pies, llorando, con sus
lágrimas le bañaba los pies, se los enjugaba con sus cabellos, se los
llenaba de besos y se los ungía con el perfume.

39 Al ver esto el fariseo que le había convidado, decía para sí:
Si éste fuera profeta, ya sabría quién y de qué condición es la
mujer que le está tocando: que es una pecadora. 40 Entonces Jesús,
tomando la palabra, le dijo: ¡Simón! Tengo una cosa que decirte. Y
él: ¡Dila, Maestro! 41 Y dijo: Un prestamista tenía dos deudores; el
uno le debía quinientos denarios; el otro cincuenta. 42 Como no
pudieran pagarle, se los perdonó a los dos. ¿Quién de ellos le
amará mas? 43 Simón respondió: Supongo que aquel a quien más
perdonó. Y El le dijo: ¡Bien juzgaste!.

44 Vuelto a la mujer, dijo a Simón: ¿Ves a esta mujer? Entré en
tu casa, y no me diste agua para los pies; pero ésta con sus lágri-
mas bañó mis pies y con sus cabellos los enjugó. 45 No me diste el
beso; pero ésta desde que entré no ha cesado de besar mis pies.
46 Tu no ungiste con óleo mi cabeza; ella ha ungido mis pies con
perfume. 47 Por lo cual te digo que se le perdonan sus muchos
pecados, porque amó mucho. A quien poco se le perdona, poco
ama.

48 Después dijo a ella: Perdonados quedan tus pecados. 49 En-
tonces los comensales comenzaron a decir dentro de sí: ¿Quién es

éste, que hasta perdona los pecados? 50 Dijo luego a la mujer: Tu fe
te ha salvado; vete en paz.

El servicio de unas mujeres

8 1 Después El continuó su camino por ciudades y aldeas, predi-
cando y anunciando el Evangelio del reino de Dios, y con El
iban los doce 2 y algunas mujeres que habían sido curadas de malos
espíritus y de enfermedades: María, la llamada Magdalena, de la
cual habían salido siete demonios; 3 Juana, mujer de Cuzá el admi-
nistrador de Herodes; Susana y otras mujeres, las cuales los aten-
dían con sus bienes.

Parábola del sembrador. (Mt. 13, 1-19; Mc. 4, 1-9).

4 Habiéndose reunido mucha gente y acudiendo además a El
de todas las ciudades, dijo en parábola: 5 Salió un sembrador a
sembrar su simiente. Y, al sembrar, una parte cayó junto al camino
y fue pisada y la comieron las aves del cielo. 6 Otra cayó en la
piedra, y nacida, se secó, por no tener humedad. 7 Otra cayó en
medio de espinas, y al crecer con ella las espinas, la ahogaron. 8 Y
otra cayó en tierra buena, brotó y dio fruto centuplicado. Diciendo
esto, clamó: ¡Quien tenga oídos para oír, que oiga!

Explicación de la parábola

9 Después sus discípulos le preguntaron qué significaba esta
parábola. 10 Les dijo: A vosotros ha sido dado conocer los misterios
del reino de Dios; mas a los otros sólo en parábolas, para que,
mirando, no vean; y, oyendo, no entiendan. 11 Este es el significado
de la parábola: La simiente es la palabra de Dios. 12 Los de junto al
camino, son los que la oyen; mas luego viene el diablo y les roba
del corazón la palabra para que no crean y se salven.

13 Los de sobre la piedra son los que, al oírla, reciben con
alegría la palabra, pero carecen de raíz; creen por un tiempo, y a la
hora de la tentación, apostatan. 14 la que cayó entre las espigas son
los que la oyeron; pero como andan en cuidados, en riquezas y
placeres de la vida, se ahogan y no llegan a madurar. 15 Mas la que
cayó en buena tierra, son los que oyen y guardan la palabra en su
generoso y buen corazón y dan fruto por la perseverancia.

La luz sobre el candelero

16 Nadie que enciende una luz, la tapa con una vasija o la pone
bajo la cama, sino en el candelero, para los que entren, vean la luz.
17 No hay cosa escondida que no haya de manifestarse, ni cosa
secreta que no haya de saberse y ponerse en claro. 18 ¡Mirad bien lo
que os digo! Al que tiene se le dará más, y al que no tiene, aún
aquello que parece tener, se le quitará.

Los parientes de Jesús. (Mt. 12, 46-50; Mc. 9, 31-35)

19 Vinieron a verle su madre y sus hermanos, y no podían
llegar hasta El por causa de la multitud. 20 Le avisaron: Tu madre y
tus hermanos están fuera y quieren verte. 21 Mas El respondió: Mi
madre y mis hermanos son los que oyen la palabra de Dios y la
ponen en práctica.

La tempestad calmada. (Mt. 8, 23-27; Mc. 4, 35-30).

22 En uno de aquellos días entró El con sus discípulos en una
barca, y les dijo: Vamos a pasar a la otra orilla del lago. Y
partieron. 23 Mientras iban navegando, se quedó dormido. Cayó en-
tonces un torbellino de viento sobre el lago; las aguas los iban
cubriendo y estaban en peligro. Llegándose a El le despiertan
diciendo: 24 ¡Maestro, Maestro, que perecemos! Pero El se levantó,
increpó al viento y al oleaje del agua que se calmaron y hubo
bonanza. 25 Entonces les dijo: ¿Dónde está vuestra fe? Se llenaron
de temor y de admiración, y se decían unos a otros: ¿Quién es éste,
que manda a los vientos y al agua y le obedecen?

El endemoniado de Gerasa. (Mt. 8, 28-34; Mc. 5, 1-20)

26 Arribaron a la región de los gerasenos, que está en la orilla
opuesta a Galilea. 27 Al saltar a tierra, vino de la ciudad a su en-
cuentro un hombre poseído de los demonios, que no se cubría con
vestido hacía ya mucho tiempo, ni se guarecía en casa, sino en los
sepulcros. 28 Al ver a Jesús, alzó el grito, se postró ante El y dijo en
alta voz. ¿Qué tenemos que ver yo y Tu, Jesús, Hijo de Dios
Altísimo? Te pido que no me atormentes. 29 Y era porque estaba
mandando al espíritu inmundo que saliera del hombre. Muchas
veces se había apoderado de él, y le ataban asegurado con cadenas
y grillos; pero rompía las ataduras y escapaba llevado por el demo-
nio, al despoblado.

30 Jesús le preguntó: ¿Cómo te llamas? Y el dijo: "Legión",
porque eran muchos los demonios que habían entrado en él, 31 y le
rogaban que no los mandara volver al abismo.

32 Había por allí una numerosa piara de puercos pastando en el
monte, y le rogaron que les permitiera entrar en ellos, y se lo
permitió. 33 Saliendo, pues, del hombre los demonios, entraron en
los puercos y se lanzó la piara por el precipicio abajo al lago, y se
ahogaron. 34 Los porqueros que vieron lo ocurrido, huyeron y lo
publicaron por la ciudad y por los campos. 35 salió la gente a ver lo
que había ocurrido; llegaron adonde estaba Jesús, y hallaron al
hombre del que habían salido los demonios, sentado a los pies de
Jesús, vestido y con juicio, y se llenaron de miedo. 36 Los que lo
habían visto les contaron cómo quedó libre el endemoniado, 37 y
toda la gente del territorio de los gerasenos, le rogó que se alejase
de allí, porque estaban poseídos de gran temor. El subiendo en la
barca, se volvió.

38 Entonces el hombre del que habían salido los demonios, le
pidió ir con El; pero le despachó diciéndole: 39 Vuélvete a tu casa,
y cuenta todo cuanto hizo Dios contigo. Y se fue por toda la ciudad
publicando todo cuanto Jesús había hecho con él.

La hija de Jairo y la hemorroisa. (Mt. 9, 18-26; Mc. 5, 21-43)

40 Al volver Jesús, le recibió la multitud, pues todos estaban
esperándole. 41 Entonces llegó un hombre, llamado Jairo, que era
jefe de la sinagoga, y cayendo a los pies de Jesús, se puso a rogarle
que fuera a su casa, 42 porque tenía una hija única de unos doce
años que estaba muriéndose. Al ir para allá, las gentes le
apretujaban. 43 Y una mujer que padecía flujo de sangre desde ha-
cía doce años y había gastado en médicos toda su hacienda, sin que
ninguno la hubiera podido curar, 44 se llegó por detrás, le tocó el
borde del manto, y al punto se le cortó el flujo de sangre.

45 Jesús dijo: ¿Quién es el que me ha tocado? Como todos lo
negaban, Pedro le dijo: ¡Maestro! Es la multitud que te empuja y
oprime. 46 Mas Jesús dijo: "Alguien me ha tocado, porque yo he
sentido salir virtud de mí". 47 La mujer, cuando vio que no podía
pasar oculta, temblando se acercó y postrada ante El, declaró de-
lante de toda la gente el motivo de haberle tocado, y cómo había
quedado sana al instante. 48 El le dijo: Hija, tu fe te ha salvado,
marcha en paz.

49 Cuando El aún estaba hablando, llegó uno de la casa del jefe
de la sinagoga a decirle: Murió tu hija, no molestes más al
Maestro. 50 Pero Jesús que lo oyó, le dijo: ¡No temas, con tal que
creas sanará! 51 Llegó, pues, a la casa y no permitió entrar consigo
a nadie, sino a Pedro, a Juan y Santiago, y también al padre y a la
madre de la niña.
52 Todos la lloraban y se lamentaban, mas El dijo: 53 No lloréis,
porque no ha muerto, sino que está dormida. Se reían de El, porque
sabían que había muerto. 54 Mas El, tomándola de la mano, clamó
diciendo: Niña, levántate. 55 Y le volvió el espíritu y al punto se
levantó y Jesús mandó que le dieran de comer. 56 Sus padres queda-
ron atónitos, y Jesús les encargó que no dijeran a nadie lo sucedi-
do.

Misión de los apóstoles. (Mt. 9, 35-38; 10, 1-5; Mc. 6, 7-13)

9 1 Habiendo convocado a los doce, les dio poder y autoridad
sobre todos los demonios y para curar enfermedades. 2 Luego
los envió a predicar el reino de Dios y a curar a los enfermos. 3 Y
les dijo: No toméis nada para el camino, ni bastón, ni bolsa, ni pan,
ni dinero, ni tengáis dos túnicas. 4 En la casa en que entréis, morad
en ella hasta que de allí partáis. 5 Donde no os recibieran bien, salid
de aquella ciudad y sacudid el polvo de vuestros pies en testimonio
contra ellos. 6 Salieron y anduvieron por las aldeas, anunciando el
Evangelio y curando en todas partes.

Temor de Herodes. (Mt. 14, 1-22; Mc. 6, 14-16)

7 Herodes, el tetrarca, oyó todo lo que había sucedido y se
llenó de dudas porque decían algunos que Juan había resucitado de
entre los muertos; 8 otros, que Elías había aparecido; y otros, que
uno de los antiguos profetas había resucitado. 9 Y Herodes decía: A
Juan yo le corté la cabeza. ¿Quién es, pues, éste de quien oigo tales
cosas? Y quería verle.
10 Cuando volvieron los apóstoles, le contaron a Jesús cuanto
habían hecho. El los tomó consigo y se retiró a un lugar apartado
de una ciudad llamada Betsaida. 11 Mas al saberlo las multitudes le
siguieron. El los recibió y les hablaba del reino de Dios y curó a
todos los que tenían necesidad de curación.

Primera multiplicación de los panes. (Mt. 14, 13, 23; Mc. 6, 30-34; Jn. 6, 1-5)

[12] Comenzaba a declinar el día y se acercaron a El los doce
para decirle: Despide a la gente para que vaya a las aldeas y a las
granjas del contorno donde puedan recogerse y encontrar qué co-
mer, porque estamos en despoblado. [13] el les dijo: Dadles vosotros
de comer. Respondieron: No tenemos más que cinco panes y dos
peces, a no ser que quieras que vayamos nosotros a comprar ali-
mentos para todo el pueblo. [14] Porque eran unos cinco mil hom-
bres. Entonces dijo a sus discípulos: acomodadlos en grupos como
de cincuenta. [15] Así lo hicieron y acomodaron a todos.

[16] Tomando Jesús los cinco panes y los dos peces, alzó la vista
al cielo, los bendijo, los partió y se los dio a sus discípulos para
que los sirviesen a la multitud. [17] Todos comieron y se hartaron y
recogieron luego de lo que les sobró: doce cestos de trozos.

Confesión de Pedro. (Mt. 16, 13-28; Mc. 8, 27-39)

[18] Estaba una vez orando El sólo, y estaban con El sus discípu-
los. Y les preguntó: ¿Quién dicen las gentes que soy yo? [19] Le
respondieron diciendo: Juan Bautista; otros, que uno de los anti-
guos profetas que ha resucitado. [20] El les dijo: Pero vosotros,
¿quién decís que soy yo? Respondió Pedro: El Ungido de Dios.
[21] El les encargó mucho que no lo dijeran a nadie, [22] y añadió: Es
necesario que el Hijo del hombre padezca mucho, que sea reproba-
do por los ancianos, los pontífices y los escribas, que sea muerto y
luego resucite al tercer día.

El camino de la cruz

[23] Después dijo a todos: Si alguno quiere venir en pos de mí,
niéguese a sí mismo, tome cada día su cruz y sígame. [24] Porque el
que quiera salvar su vida, la perderá: mas el que perdiera su vida
por causa mía, la salvará. [25] Porque ¿de qué le vale al hombre ganar
el mundo entero, si se pierde o condena a sí mismo?

[26] Quien se avergonzare de Mi y de mi doctrina, de él se aver-
gonzará el Hijo del hombre cuando venga en su gloria y en la del
Padre y de los santos ángeles. [27] En verdad os digo que algunos de
los que están aquí no gustarán la muerte sin haber visto antes el
reino de Dios.

La transfiguración. (Mt. 17, 1-13; Mc. 9, 1-12)

28 Pasados como unos ocho días después de estos discursos, tomó consigo a Pedro, a Juan y Santiago y subió a un monte a orar. 29 Mientras estaba orando, se transformó el aspecto de su rostro y su vestidura se volvió resplandeciente. 30 De repente fueron vistos dos varones hablando con El, Moisés y Elías. 31 que, aparecidos con resplandor de gloria, hablaban del fin que había de tener en Jerusalén.

32 Pedro y sus compañeros estaban rendidos de sueño. Al despertar vieron su gloria y a los dos varones que estaban junto a El. 33 Al retirarse éstos de Jesús, le dijo Pedro: ¡Maestro! bueno es quedarnos aquí; hagamos tres tiendas una para ti, otra para Moisés y otra para Elías –sin saber lo que hablaba–. 34 Mientras él decía esto, vino una nube y los cubrió con su sombra. Tuvieron miedo cuando los rodeó la nube. 35 Y de la nube salió una voz que decía: ¡Este es mi Hijo elegido, escuchadle! 36 Al oírse la voz estaba Jesús sólo. Ellos callaron, y por entonces a nadie dijeron nada de lo que habían visto.

El niño epiléptico. (Mt. 17, 14-20; Mc. 9, 13-24)

37 Al día siguiente, al bajar del monte, salió a su encuentro mucho gentío, 38 y, de pronto, un hombre, salido de entre la muchedumbre, clamó diciendo: ¡Maestro! Te ruego que te fijes en mi hijo, porque es el único que tengo 39 y se apodera de él un espíritu, y de repente se pone a gritar y le retuerce echando espumarajos, y a duras penas se aparta de él, dejándomele muy maltratado. 40 He rogado a tus discípulos que le lanzaran y no pudieron.

41 Entonces respondió Jesús y dijo: ¡O gente incrédula y pervertida! ¿Hasta cuándo habré de estar con vosotros y sufriros? Trae acá a tu hijo. 42 Aún no había éste llegado, cuando le derribó en tierra el demonio y le retorció. Pero Jesús increpó al espíritu inmundo, curó al niño y se lo devolvió a su padre. 43 Todos quedaron asombrados de la grandeza de Dios.

Predicción de la Pasión. (Mt. 17, 21-22; Mc. 29-31)

44 Como todos se admiraban de cuanto El hacía, dijo a sus discípulos: ¡Poned mucha atención en lo que voy a deciros! El Hijo del hombre va a ser entregado en manos de los hombres.

45 Pero ellos no entendieron este lenguaje, y estaba oculto para
ellos de manera que no lo percibieron, y temieron preguntarle so-
bre ello.

El mayor entre los discípulos. (Mt. 18, 1-5; Mc. 9, 32-40)

46 Les vino luego el pensamiento de quién de ellos sería el
mayor, 47 más Jesús, conociendo lo que pensaban en su interior,
tomó a un niño, lo puso junto a sí, 48 y les dijo: Quien en mi
nombre recibiere a este niño, a mí me recibe, y quien a mí me
recibe, recibe al que me envió, y quien sea el más pequeño entre
vosotros, ese es el mayor.

49 Entonces dijo Juan: ¡Maestro! Hemos visto a uno que en tu
nombre lanzaba demonios y se lo impedimos, porque no es de los
que andan con nosotros. 50 Jesús le contestó: No se lo impidáis,
porque quien no está contra vosotros, con vosotros está.

Camino de Jerusalén y mala acogida de los samaritanos

51 Estando para cumplirse los días de su ascensión, se puso en
camino para Jerusalén, 52 y envió a unos mensajeros delante de El.
Fueron estos y entraron en una aldea de samaritanos para preparar-
le hospedaje. 53 Mas no lo recibieron, porque iba camino de Jerusa-
lén.

54 Al saberlo los discípulos Santiago y Juan, le dijeron: Señor
¿quieres que mandemos bajar fuego del cielo y los consuma? 55 Je-
sús se volvió y les reprendió, 56 y se fueron hacia otra aldea.

Diversas clases de discípulos. (Mt. 8, 18-22)

57 Cuando iban por el camino, uno le dijo: Te seguiré a donde
quiera que vayas. 58 Jesús le respondió: Las raposas tiene guaridas,
y las aves del cielo nidos; pero el Hijo del hombre no tiene donde
reclinar la cabeza. 59 Dijo a otro: ¡Sígueme! Ese le respondió: Se-
ñor, permíteme ir primero a enterrar a mi padre. 60 Díjole: Deja a
los muertos enterrar a sus muertos; tú, anda y predica el reino de
Dios. 61 Otro le dijo: Yo te seguiré, Señor; pero déjame antes ir a
despedirme de los de mi casa. 62 Entonces le dijo Jesús: Nadie que
ponga la mano en el arado y vuelva la vista atrás, es apto para el
reino de Dios.

Misión de los setenta y dos discípulos

10 1 Después de esto, el Señor designó a otros setenta y dos, y
de dos en dos los envió por delante de El a toda ciudad y
lugar por donde iba a pasar. 2 Y les dijo: La mies es mucha y los
trabajadores son pocos. Rogad, pues, al Dueño de las mies, que
envíe trabajadores a su mies. 3 Id: os envío como corderos en me-
dio de lobos. 4 No llevéis bolsa, ni alforja, ni calzado, ni saludéis a
nadie por el camino. 5 En la casa en que entréis, decid primero: Paz
a esta casa. 6 Y si allí hubiera un hijo digno de la paz, resposará
sobre él vuestra paz, y si no, volverá a vosotros.

7 Permaneced en la misma casa, y comed y bebed lo que os
den, porque el trabajador es digno de su salario. No andéis mudan-
do de casa. 8 En cualquier ciudad donde entréis y os reciban, co-
med lo que os pongan, 9 curad a los enfermos que haya en ella, y
decidles: Ha llegado a vosotros el reino de Dios. 10 Pero en toda
ciudad donde entréis y no os quisieran recibir, salid por su calles y
decid: 11 Hasta el polvo que se nos pegó a los pies de vuestra
ciudad, lo sacudimos contra vosotros. Pero sabedlo: Ha llegado a
vosotros el reino de Dios. 12 Yo os digo que mejor lo pasará Sodo-
ma en aquél día que esa ciudad.

Amenaza a las ciudades impenitentes. (Mt. 11, 22-24)

13 ¡Ay, de ti Corozaín! ¡Ay de ti, Betsaida! Porque si en Tiro y
Sidón se hubieran hecho los milagros que se han hecho en voso-
tros, tiempo ha que hubieran hecho penitencia en saco y en ceniza.
14 Pero mejor le irá a Tiro y a Sidón en el juicio que a vosotras. 15 Y
tú, Cafarnaúm, ¿piensas ser exaltada hasta el cielo? ¡En el abismo
te hundirás!

16 Quien a vosotros oye, a mí me oye; quien os rechaza, a mí
me rechaza; mas quien me rechaza a mí, rechaza al que me envió.

El regreso de los setenta y dos

17 Volvieron después los setenta y dos con alegría, diciendo:
¡Señor, hasta los demonios se nos someten en tu nombre! 18 Mas El
les dijo: Estaba viendo a Satanás caer como un rayo del cielo.
19 Mirad, Yo os he dado poder para pisar por encima de serpientes
y escorpiones y sobre todo poder del enemigo, y nada podrá
dañaros. 20 Pero no os alegréis de que los espíritus os obedezcan,
alegraos de que vuestros nombres están escritos en el cielo.

Revelación del Padre a los pequeños. (Mt. 11, 25-30)

21 En aquella hora lleno de gozo Jesús en el Espíritu Santo,
dijo: Yo te alabo, oh Padre, Señor del cielo y de la tierra, porque
has tenido ocultas estas cosas a los sabios y entendidos, y las
manifestaste a los pequeños. Sí, Padre, porque así fue tu voluntad.
22 Todo lo he recibido de mi Padre, y nadie conoce quien es el
Hijo, sino el Padre, y quien es el Padre, sino el Hijo y aquel a
Quien quisiera el Hijo revelárselo.

23 Vuelto luego a sus discípulos, les dijo a solas: ¡Dichosos los
ojos que ven lo que vosotros véis! 24 Os aseguro que muchos profe-
tas y reyes desearon ver lo que vosotros véis, y no lo vieron; oír lo
que oís, y no lo oyeron.

El mayor mandamiento. (Mt. 22, 34-40; Mc. 12, 28)

25 Entonces se levantó un doctor de la Ley y para tentarle, le
dijo: ¡Maestro! ¿Qué he de hacer para alcanzar la vida eterna. 26 El
le dijo: ¿Qué está escrito en la Ley. ¿Qué lees tú? 27 Y él le contes-
tó diciendo: *Amarás al Señor, tu Dios, con todo tu corazón con
toda tu alma, con todas tus fuerzas, y con toda tu mente, y al
prójimo como a ti mismo* (Dt. 6, 5; Lev. 19, 18). 28 Y le dijo:
Justamente respondiste; haz eso y vivirás. 29 Pero él, queriendo jus-
tificarse, dijo a Jesús: ¿Y quién es mi prójimo?

Parábola del buen samaritano.

30 Jesús continuó diciendo: Bajaba un hombre de Jerusalén a
Jericó, y vino a caer en manos de unos ladrones, los cuales, des-
pués de despojarle y herirle, se fueron dejándole medio muerto.
31 Bajaba casualmente por el mismo camino un sacerdote; vio al
hombre y pasó de largo. 32 Igualmente un levita pasó por aquel
sitio, le vio y pasó de largo; 33 pero un samaritano que iba de viaje,
llegó a donde estaba, y al verle, se movió a compasión, 34 se acer-
có, le vendó las heridas después de echar en ellas aceite y vino; le
montó en su propia caballería, lo condujo a una posada y cuidó de
él.

35 Al día siguiente, sacando dos denarios, se los dio al posade-
ro y le dijo: Cuida de él, y si gastares algo más, yo te lo pagaré a
mi vuelta. 36 ¿Cuál de estos tres te parece que se portó como próji-
mo con el que cayó en manos de los ladrones? 37 Respondió: El que
tuvo misericordia de él. Y Jesús le dijo: Vete, y haz tú lo mismo.

Marta y María

38 Mientras iban de camino, entró en una aldea, y una mujer,
llamada Marta, lo recibió en su casa. 39 Tenía una hermana, llama-
da María, la cual sentada a los pies del Señor, escuchaba su
palabra. 40 Marta, en cambio, estaba muy afanosa con los muchos
quehaceres del servicio; se acercó y dijo: ¡Señor! ¿No te importa
nada ver que mi hermana me deja sola para el servicio? Dile que
me ayude. 41 El Señor le respondió: ¡Marta, Marta! tú te preocupas
y te turbas por muchas cosas, 42 mas una sola es necesaria. María
escogió la mejor parte que no le será quitada.

4 *No saludéis a nadie por el camino.* Quiere decir que los discípulos no pierdan tiempo en vanas conversaciones. Los orientales son muy ceremoniosos, y para ellos saludar equivale a detenerse.

El Padrenuestro. (Mt. 6, 9-13)

11 1 Estando un día Jesús en un lugar haciendo oración, luego
que acabó, le dijo uno de sus discípulos: Señor, enséñanos a
orar, como también Juan enseñó a sus discípulos. 2 El les dijo:
Cuando oréis, decid así: "Padre, santificado sea tu nombre; venga
tu reino; 3 danos cada día el pan nuestro sobresustancial; 4 y perdó-
nanos nuestros pecados, pues también nosotros perdonamos a to-
dos nuestros deudores, y no nos pongas en tentación".

Parábola del amigo importuno

5 También les dijo: Si uno de vosotros tuviere un amigo y
fuere a él a media noche diciéndole: ¡Amigo! préstame tres panes,
6 pues ha llegado de viaje un amigo mio y no tengo que ofrecerle;
7 aunque él mismo desde dentro respondiera: ¡No me molestes!
porque ya la puerta está cerrada, y mis hijos están como yo en
cama; ¡no puedo levantarme a dártelos!, 8 os aseguro que, si no se
levanta a dárselos por ser su amigo, al menos se levantará por su
importunidad y le dará cuanto necesita

9 Pues yo os digo: Pedid y se os dará; buscad y hallaréis;
llamad y os abrirán. 10 Porque todo el que pide, recibe; y el que
busca, halla, y al que llama, han de abrirle. 11 ¿Qué padre, entre
vosotros, si su hijo le pide pan, le dará una piedra o si le pide un
pez, ¿le dará una culebra? 12 O si le pide un huevo, ¿le dará un
escorpión? 13 Pues, si vosotros, aunque malos sabéis dar cosas

buenas a vuestros hijos, ¡cuánto mas vuestro Padre que está en el
cielo dará el Espíritu Santo a los que se lo pidan!

Blasfemias de los fariseos. (Mt. 12, 43-45)

14 Estaba una vez Jesús lanzando un demonio, (de uno) que era
mudo, y cuando salió el demonio, el mudo habló, y se admiraron
las gentes. 15 Pero algunos de ellos dijeron: Expulsa a los demonios
en nombre de Beelzebul, príncipe de los demonios. 16 Otros, para
probarle, le exigían una señal del cielo. 17 Mas El conociendo sus
pensamientos, les dijo: Todo reino que esté dividido contra sí mis-
mo se arruinará, y caerá una casa contra otra. 18 Por tanto, si Sata-
nás está dividido, ¿cómo se sostendrá su reino? Porque estáis di-
ciendo que yo lanzo los demonios por virtud de Beelzebul.
19 Ahora bien, si yo lanzo los demonios en nombre de Beelze-
bul, ¿en nombre de quién los lanzan vuestros hijos? Por eso, ellos
mismos habrán de juzgaros. 20 Pero, si yo lanzo los demonios con
el poder de Dios, es que ya ha llegado a vosotros el reino de Dios.
21 Cuando un hombre fuerte, armado, guarda su palacio, segu-
ros están sus bienes. 22 Pero, si otro más fuerte que él, viene y le
vence, le quita todas sus armas en que confiaba, y repartirá sus
despojos. 23 Quien no está conmigo, está contra mí, y quien conmi-
go no recoge, desparrama.
24 Cuando el espíritu inmundo sale de un hombre, recorre luga-
res áridos buscando morada, y, al no encontrarla, dice: Me volveré
a la casa de donde salí. 25 Llega y la encuentra barrida y bien
arreglada. 26 Entonces va y se junta con otros siete espíritus peores
que él; viene y habitan allí, y el final de aquel hombre viene a ser
peor que el principio.

Elogio de la Madre de Jesús

27 Cuando estaba diciendo estas cosas, alzó la voz una mujer
de entre la multitud y dijo: ¡Dichoso el seno que te llevó y los
pechos que mamaste! 28 Pero El dijo: ¡Más bien dichosos los que
oyen la palabra de Dios y la cumplen!

La señal de Jonás. (Mt. 12, 38-42)

29 Cuando acudían en tropel las gentes, se puso a decirles:
¡Esta es una malvada generación! Pide una señal, y no se le dará

sino la señal de Jonás. 30 Porque así como Jonás fue una señal para
los ninivitas, también el Hijo del hombre será una señal para esta
generación.
31 La reina del Mediodía se alzará en el juicio en contra de los
hombres de esta generación, y hará que los condenen, porque ella
vino desde los confines del mundo para escuchar la sabiduría de
Salomón; y aquí hay uno que es más que Salomón.
32 Los ninivitas se levantarán en el juicio contra esta genera-
ción y la condenarán, porque ellos hicieron penitencia por la predi-
cación de Jonás, y aquí hay uno que es más que Jonás.

La lámpara de la sabiduría.

33 Nadie que enciende una luz, la pone en lo escondido o bajo
el celemín, sino sobre el candelero, para alumbrar a los que entran.
34 La lámpara de tu cuerpo es tu ojo. Cuando tu ojo está claro, todo
tu cuerpo tiene luz; pero si tu ojo está enfermo, tu cuerpo estará en
tinieblas. 35 Vigila para que la luz que hay en ti, no se oscurezca.
36 Por consiguiente, si tu cuerpo entero está lleno de luz, sin
tener parte alguna oscura, todo él estará lleno de luz, como cuando
la lámpara te ilumina con su resplandor.

Contra los fariseos

37 Mientras El hablaba, le convidó un fariseo a comer en su
casa. Fue allá y se puso a la mesa. 38 Se admiró el fariseo al ver que
no se había lavado antes de comer. 39 Entonces el Señor le dijo:
Vosotros los fariseos andáis siempre limpiando la parte de afuera
de la copa y del plato, mientras que vuestro interior está lleno de
rapiña y de maldad. 40 ¡Insensatos! ¿No ha hecho lo de dentro el
mismo que hizo lo de fuera? 41 Por tanto, dad limosna de lo que
poseéis y todo lo tendréis limpio.
42 Pero, ¡ay de vosotros, fariseos! que dáis el diezmo de la
menta, de la ruda y de todas las hierbas del huerto, y descuidáis la
justicia y el amor de Dios. Era necesario practicar esto, sin omitir
aquello.
43 ¡Ay de vosotros los fariseos, que os gusta sentaros en los
primeros puestos de la sinagoga y que os saluden por las plazas!
44 ¡Ay de vosotros, fariseos, porque sois como sepulcros disi-
mulados, por encima de los cuales pasa la gente sin saberlo!

Contra los escribas

45 Entonces uno de los doctores de la Ley le interrumpió, diciendo: ¡Maestro! nos estás injuriando a nosotros con eso que dices. 46 Mas Jesús le dijo: ¡Ay también de vosotros doctores de la Ley, porque imponéis a los hombres cargas insoportables, sin que arriméis vosotros a ellas ni uno de vuestros dedos! 47 ¡Ay de vosotros, que levantáis mausoleos a los profetas que vuestros padres asesinaron! 48 Luego sois testigos y cómplices en las malas obras de vuestros padres, porque ellos los asesinaron y vosotros les fabricáis sepulcros.

49 Por eso la Sabiduría de Dios también ha dicho: "Yo les enviaré profetas y apóstoles, 50 de los cuales matarán a unos y perseguirán a otros; pero habrá de ser reclamada a esta generación la sangre de todos los profetas derramada desde la creación del mundo, 51 desde la sangre de Abel hasta la sangre de Zacarías, asesinado entre el altar y el Santuario. Sí, os aseguro: será reclamada a esta generación. 52 ¡Ay de vosotros, doctores de la Ley, que os habéis apoderado de las llaves de la ciencia, y ni entráis vosotros, y a los que iban a entrar se lo impedísteis!

53 Al salir Jesús de allí, comenzaron los escribas y fariseos a acosarle fuertemente y a ponerle infinidad de cuestiones, 54 tendiéndole asechanzas para sorprenderle en algún dicho de su boca.

51 Este Zacarías es el sumo sacerdote asesinado por Joas (2 Crón. 24, 20-22), era hijo de Joyada. En Mt. 23, 25 se dice "hijo de *Baraquía*" y se introdujo en este texto por error del copista (S. Jer.)

Contra la hipocresía

12 1 Entre tanto, aglomerándose la gente a millares hasta el punto de atropellarse unos a otros, comenzó El a decir a sus discípulos: ¡Guardaos de la levadura de los fariseos, que es la hipocresía! 2 Nada hay oculto que no haya de descubrirse, y nada secreto que no haya de saberse. 3 Por lo cual, todo cuanto digáis en las tinieblas, será oído en plena luz, y lo que digáis al oído en un rincón de la casa, lo pregonarán desde los terrados.

Valor para profesar la fe

4 Os lo digo a vosotros, amigos míos. No temáis a los que matan el cuerpo, pero después no pueden hacer más. 5 Yo os diré a

quien habéis de temer. Temed al que después de mataros, tiene
poder para lanzaros a la gehena. Sí, os lo digo: temed a éste. [6] ¿No
venden cinco pájaros por dos ases? Pues ni de uno sólo de ellos se
olvida Dios. [7] Mas aún, hasta los cabellos de vuestra cabeza están
todos contados. ¡No temáis! Vosotros valéis más que muchos
pájaros. [8] Yo os lo digo: A todo aquel que me confesare ante los
hombres, también el Hijo del hombre le confesará delante de los
ángeles de Dios; [9] mas quien me negare delante de los hombres,
será negado ante los ángeles de Dios.

El pecado contra el Espíritu Santo

[10] A todo el que dijere una palabra contra el Hijo del hombre,
le será perdonada; pero a quien blasfemare contra el Espíritu San-
to, no se le perdonará. [11] Cuando os conduzcan ante las sinagogas,
las autoridades y poderes públicos, no os preocupéis del modo o
razones de vuestra defensa, ni de lo que habéis de decir, [12] porque
el Espíritu Santo os mostrará en aquel momento lo que habéis de
decir.

La avaricia y el rico insensato

[13] Uno de la multitud le dijo: ¡Maestro! Di a mi hermano que
parta conmigo la herencia. [14] El le respondió: ¡Hombre! ¿Quién me
ha nombrado a mi juez o particionero vuestro? [15] Luego les dijo:
¡Mirad! guardaos de toda avaricia, porque aunque uno tenga mu-
cho, no está la vida en las riquezas.

[16] Entonces les dijo una parábola: Había un hombre rico, a
quien le dieron gran cosecha sus tierras, [17] y discurría y decía para
sí: ¿qué haré porque no tengo donde almacenar mi cosecha? [18] Y
dijo: Voy a hacer esto: derribaré mis graneros, levantaré otros
mayores, juntaré en ellos toda la cosecha y mis bienes, [19] y diré a
mi alma: Alma, ya tienes almacenados bienes para muchos años:
descansa, come, bebe y pásalo bien. [20] Pero Dios le dijo: ¡Necio!
Esta misma noche te pedirán el alma, y ¿para quién serán las cosas
que preparaste? [21] ¡Así acontece al que junta tesoros para sí y no se
hace rico ante Dios.

Confianza en la Providencia. (Mt. 6, 25-34)

[22] Después dijo a sus discípulos: Por eso os digo: No andéis

preocupados por vuestra vida, pensado qué comeréis ni con qué
cubriréis vuestro cuerpo. 23 Porque la vida vale más que el alimen-
to, y el cuerpo más que el vestido. 24 ¡Mirad los cuervos! Ni siem-
bran, ni siegan, ni tienen graneros, ni despensa, y Dios los alimen-
ta, ¿cuánto más valéis vosotros que las aves?, 25 ¿quién de vosotros
por mucho que se afane, podrá añadir un codo a su estatura?
26 Pues, si no podéis ni siquiera lo mínimo, ¿por qué os preocupáis
de lo demás?

27 ¡Mirad los lirios cómo crecen! No trabajan, ni hilan; pero os
aseguro que ni Salomón en todo su esplendor se vistió como uno
de ellos. 28 Pues si Dios viste así a la hierba, que hoy está en el
campo y la echan al horno, ¿cuánto más a vosotros, hombres de
poca fe! 29 Tampoco vosotros os inquietéis por lo que habéis de
comer o beber, 30 porque todas estas cosas las buscan las gentes del
mundo, y vuestro Padre sabe que tenéis necesidad de ellas. 31 Bus-
cad, pues, primero su reino, y todo lo demás se os dará por
añadidura. 32 No temas, pequeño rebaño, porque se ha complacido
vuestro Padre el daros el reino.

Dar limosna

33 Vended lo que tenéis y dadlo en limosna. Haced bolsas que
no se gastan con el tiempo, un tesoro inagotable en el cielo, adonde
no alcanzan los ladrones, ni la polilla lo destruye, 34 porque donde
está vuestro tesoro, allí estará puesto vuestro corazón.

Estad alerta

35 Tened los lomos ceñidos y encendidas las lámparas, 36 como
hombre que esperan el regreso de su señor del banquete de bodas,
para que, al llegar él y llamar, puedan abrirle al instante. 37 ¡Dicho-
sos los siervos a quienes el señor, al volver, los halle velando! En
verdad os digo, él se ceñirá, los hará poner a la mesa y se pondrá a
servirles. 38 Y aunque venga a la segunda o tercera vigilia de la
noche, si los hallare así, ¡dichosos ellos! 39 Sabed también esto, que
si el amo de casa supiere a qué hora había de venir el ladrón, no
dejaría que le escalaran la casa. 40 Vosotros, pues, estad preparados,
porque, a la hora en que menos lo penséis, vendrá el Hijo del
hombre.

41 Pedro le dijo: ¡Señor! Esa parábola ¿la dices para nosotros

sólo o para todos? 42 El Señor respondió: ¿Quién será el mayordo-
mo fiel y prudente, al que pueda poner el amo al frente de su
servidumbre, para que le de la ración de trigo a su debido tiempo?
43 ¡Dichoso el siervo a quien su señor, al llegar le hallare portándo-
se así! 44 Os aseguro que lo pondrá al frente de toda su hacienda.
45 Pero si dijere el siervo para sí: Mi señor tarda en venir, y se
pusiere a golpear a los criados y a las criadas, a comer, a beber y a
embriagarse, 46 llegará su señor en el día que menos lo espera y a la
hora que menos piense, le castigará duramente y le pondrá con los
infieles.

47 El siervo que sabe cuál es la voluntad de su señor, y no se
comporta y obra como él quería, recibirá muchos azotes; 48 mas el
que no la conoció, si hizo alguna cosa que merecía azotes, recibirá
menos. A quien mucho se le dio, mucho se le exigirá, y a quien
mucho se le ha confiado, mucho más se le ha de pedir.

El fuego de Jesús

49 Fuego vine a echar en la tierra, y ¿qué he de querer sino que
se encienda? 50 Un bautismo he de recibir y ¡qué de angustias pa-
dezco hasta que se cumpla! 51 ¿Pensáis que vine a poner paz en la
tierra? Os digo que no, sino división. 52 Porque, desde ahora, cinco
que viven en una casa estarán divididos, tres contra dos, y dos
contra tres; 53 el padre contra el hijo y el hijo contra el padre; la
madre contra la hija, y la hija contra la madre; la suegra contra la
nuera y la nuera contra la suegra.

Las señales del tiempo

54 Dijo también a la muchedumbre: Cuando véis una nube que
se levanta por el poniente, en seguida decís: ¡Va a llover! y así
sucede. 55 Y cuando sentís que sopla el viento sur, decís: ¡Va a
hacer calor! Y así es. 56 ¡Hipócritas! Sabéis apreciar el aspecto de
la tierra y del cielo, pues ¿cómo no apreciáis el tiempo presente?
57 Por qué no juzgáis por vosotros mismos rectamente? 58 Cuando
vayas con tu contrario en busca del magistrado, procura librarte de
él en el camino, no sea que te lleve a rastras hasta el juez que el
juez te entregue al alguacil y el alguacil te meta en la cárcel. 59 Te
digo que no saldrás de allí hasta que pagues el último céntimo.

Todos necesitamos arrepentirnos

13 1 Por este mismo tiempo se presentaron unos a traerle la no-
ticia de los galileos, cuya sangre mezcló Pilato con la de las
víctimas de sus sacrificios, 2 y, en respuesta les dijo: ¿Creéis que
esos galileos eran más pecadores que todos los otros galileos, por
haber sufrido estas cosas? 3 No, os lo aseguro; mas si vosotros no
hiciéreis penitencia, todos pereceréis igualmente. 4 Y aquellos die-
ciocho hombres sobre los cuales cayó la torre de Siloé y los mató,
¿creéis que eran más culpables que todos los habitantes de
Jerusalén? 5 No, os lo aseguro, mas si vosotros no os arrepentís,
todos pereceréis igualmente.

La higuera estéril

6 Dijo luego esta parábola: Un hombre tenía una higuera plan-
tada en su viña, y vino en busca de fruto y no lo halló. 7 Dijo
entonces al que le trabajaba la viña: Tres años hace que vengo a
buscar fruto en esta higuera, y no lo encuentro. ¡Córtala! ¿Para qué
va a estar ocupando inútilmente la tierra? 8 El respondió: Déjala,
señor, también por este año, que yo la cavaré y le echaré estiércol; 9
y quizá de fruto; y si no, ya la cortarás el año que viene.

Curación de una mujer encorvada.

10 Un día de sábado estaba El enseñando en una de las
sinagogas, 11 y había allí una mujer que tenía un espíritu de enfer-
medad hacía dieciocho años, y estaba encorvada sin poder en abso-
luto enderezarse. 12 Al verla Jesús la llamó y le dijo: ¡Mujer! ¡que-
da libre de tu enfermedad! 13 Y puso sobre ella las manos; se ende-
rezó al punto la mujer y se puso a hablar a Dios.

14 El jefe de la sinagoga, llevando a mal que Jesús hubiera
curado en sábado, se puso a decir al pueblo: Seis días hay en la
semana para trabajar en ellos; venid y curaos en esos días, pero no
en sábado. 15 El Señor le respondió y dijo: ¡Hipócritas! Cualquiera
de vosotros en sábado ¿no desata su buey o su asno de junto al
pesebre y los lleva a beber? 16 Y a ésta que es una hija de Abraham,
a la que Satanás ha tenido atada dieciocho años, ¿no se la debía
desatar de tal ligadura en día de sábado?

17 Cuando dijo esto, se quedaron avergonzados todos sus con-
tradictores, mientras la gente se alegraba de las cosas admirables
que hacía.

El grano de mostaza y la levadura. (Mt. 13, 31-34; Mc. 4, 30-34)
18 Dijo después: ¿A qué es semejante el reino de Dios y a qué
lo compararé? 19 Es semejante a un grano de mostaza, que tomó un
hombre y lo sembró en su huerto y creció y se hizo un árbol y *las
aves del cielo habitaron en sus ramas* (Dan. 4,18).
20 Dijo también: ¿Con qué compararé el reino de Dios? 21 Es
semejante a la levadura que tomó una mujer y la metió en tres
medidas de harina hasta que fermentó toda la masa.

El número de los que se salvan. *(Reprobación de los judíos y vocación de los gentiles)*
22 En su camino hacia Jerusalén iba enseñando por las ciuda-
des y aldeas. 23 Uno le preguntó: ¡Señor! ¿Serán pocos los que se
salven? El le dijo: 24 Esforzaos para entrar por la puerta estrecha,
porque os digo que muchos querrán entrar y no podrán.
25 Después que se levante el dueño de la casa y cierre la puerta,
entonces os pondréis, los que estéis fuera, a llamar a la puerta
diciendo: ¡Señor, ábrenos! Y os responderá: ¡No se de donde sois!
26 Entonces empezaréis a decir: Hemos comido y bebido juntos, y
has enseñado en nuestras plazas. 27 Y dirá: ¡Os repito que no se de
dónde sois! ¡Apartáos de mí todos los obradores del mal! 28 Allí
será el llanto y el rechinar de dientes, cuando veáis a Abraham, a
Isaac y a todos los profetas en el reino de Dios, mientras vosotros
sois arrojados fuera. 29 Vendrán también gentes del oriente y del
occidente, del setentrión y del mediodía, y se pondrán a la mesa en
el reino de Dios. 30 Y sabed que hay últimos que serán primeros y
hay primeros que serán últimos.

La astucia de Herodes
31 En aquel momento se llegaron algunos fariseos a decirle:
¡Sal y vete de aquí; porque Herodes quiere matarte! 32 Díjoles: Id y
decid a ese zorro: "Yo expulso demonios y obro curaciones hoy y
mañana, y pasado terminaré. 33 Pues debo hoy, mañana y pasado
caminar; porque no se puede admitir que un profeta muera fuera de
Jerusalén.

Amenazas contra Jerusalén
34 ¡Jerusalén, Jerusalén, que matas a los profetas y apedreas a
los que te son enviados! ¡Cuántas veces quise juntar a tus hijos

como la gallina a sus polluelos bajo las alas, y no quisiste! 35 Sabed
que vuestra casa quedará desierta. Os digo que no me veréis más
hasta que digáis: ¡Bendito el que viene en nombre del Señor!

Curación de un hombre hidrópico en sábado

14 Como El hubiese entrado en casa de uno de los jefes de los
fariseos en sábado a comer, ellos estaban acechándole. 2 Y
he aquí que había delante de El un hombre hidrópico. 3 Y dirigién-
dose Jesús a los doctores de la Ley y a los fariseos, les dijo: ¿Se
puede en sábado curar o no? 4 Ellos callaron. Entonces Jesús tomó
de la mano al hidrópico, le sanó y le despidió. 5 Luego les dijo:
¿Quién de vosotros, si se le cae un hijo o un buey en un pozo, no
lo saca al instante en día de sábado? 6 No pudieron responder a
esto.

Quien se ensalza, será humillado

7 Luego les propuso una parábola a los convidados, al observar
cómo escogían los primeros puestos, diciéndoles. 8 Cuando seas
invitado a un convite de bodas, no te coloques en el primer puesto,
no sea que haya otro convidado de mayor estima que tú, 9 y venga
quien os convidó al otro y a ti, y tenga que decirte: "Deja el sitio a
éste", y entonces tengas que ir tú avergonzado a ocupar el último
puesto. 10 Mejor sería que cuando estés convidado, vayas y te pon-
gas en el último lugar, para que, al venir el que te convidó, te diga:
¡Amigo, sube más arriba! Así quedarás muy honrado ante los de-
más convidados. 11 Porque todo el que se ensalza, será humillado, y
quien se humilla, será ensalzado.

Sobre la elección de los invitados

12 También dijo al que le había convidado: Cuando des una
comida o una cena, no convides a tus amigos, ni a tus hermanos, ni
a tus parientes, ni a tus vecinos ricos, porque quizá te conviden
ellos a su vez y recibas tu recompensa. 13 Antes bien, cuando des
un banquete, convida a los pobres, a los tullidos, a los cojos y
ciegos, 14 y serás feliz, porque ellos no podrán pagártelo, sino que
se te pagará en la resurrección de los justos.

Parábola de los invitados descorteses. (Mt. 22, 2-14)
15 Al oír estas palabras uno de los invitados, le dijo: ¡Dichoso
quien pueda comer en el reino de Dios! 16 El respondió: Un hombre
dio una gran cena, a la cual tenía invitados a muchos, 17 y envió a
su siervo a la hora de la cena, a decir a los convidados: ¡Venid, que
ya está todo a punto! 18 Mas todos a una comenzaron a excusarse.
El primero le dijo: He comprado un campo y tengo necesidad de ir
a verlo, te ruego que me disculpes. 19 Otro dijo: Compré cinco
pares de bueyes y voy a probarlos, te ruego que me disculpes.
20 Otro dijo: Me he cásado, y por tanto no puedo ir.
21 Volvió el siervo a su casa y se lo contó a su señor. Entonces
éste se irritó y dijo a su siervo: ¡Sal en seguida por las plazas y
calles de la ciudad y tráeme aquí a los pobres, lisiados, cojos y
ciegos. 22 El siervo vino a decirle: Señor, está hecho lo que man-
daste, y aún queda sitio. 23 Entonces el señor dijo al siervo: Sal a
los caminos y a los cercados y fuerza a todos a entrar hasta que se
me llene la casa, 24 porque os digo que ninguno de los otros convi-
dados probará mi cena.

Condiciones para seguir a Cristo
25 Cuando iban con El muchas gentes, se volvió y les dijo: 26 Si
alguno viene a mí, pero "quiere más que a mí" a su padre, a su
madre, a su mujer, a sus hijos, a sus hermanos y hermanas, y aún a
su propia vida, no puede ser mi discípulo. 27 Quien no carga con su
cruz y viene en pos de mí, no puede ser mi discípulo.
28 Porque ¿quién de vosotros que quiera edificar una torre, no
se sienta primero a echar cuentas de lo que le costará para ver si
podrá acabarla? 29 Para que no le ocurra que, después de haber
echado los cimientos, al no poder acabarla, se le burlen todos los
que lo vean, 30 diciendo: "Este hombre se puso a edificar, y no
pudo terminar" 31 O ¿qué rey que vaya a hacer guerra a otro rey, no
se pone primero a considerar si con diez mil hombres podrá hacer
frente al que viene a él con cien mil? 32 Y si no puede, cuando aún
está lejos, le envía una embajada para pedirle la paz.
33 Así, pues, cualquiera de vosotros, que no renuncia a todo lo
que posee, no puede ser mi discípulo. 34 Buena es la sal; pero si la
sal se corrompe, ¿con qué se sazona? 35 Ya no sirve ni para la tierra
ni para el estercolero; la arrojan fuera. ¡Quien tenga oídos para oír,
que oiga!

Parábola de la oveja perdida. (Mt. 18, 12-14; Jn. 19, 1-8)
15 1 Se acercaban a El todos los publicanos y los pecadores para
oírle. 2 Y los fariseos y los escribas murmuraban diciendo:
Este recibe a los pecadores y come con ellos. 3 Entonces les dijo
esta parábola:
4 ¿Quién de vosotros que tenga cien ovejas y pierde una de
ellas, no deja las noventa y nueve en el desierto y va tras la perdida
hasta que la encuentre? 5 Y, al encontrarla, se la echa sobre los
hombros gozoso, 6 y al llegar a casa, llama a los amigos y vecinos,
y les dice: ¡Alegráos conmigo, porque hallé la oveja que se me
perdió! 7 Así os digo que habrá en el cielo más alegría por un
pecador que se arrepiente, que por noventa y nueve justos que no
tienen necesidad de arrepentimiento.

La dracma perdida
8 O ¿qué mujer que tenga diez dracmas, si se le pierde una, no
enciende una luz y barre y busca con todo cuidado hasta
encontrarla? 9 Y, al encontrarla, llama a las amigas y vecinas y les
dice: ¡Alegráos conmigo, porque hallé la dracma que perdí¡ 10 Así
os digo, que la misma alegría tendrán los ángeles de Dios por un
pecador que se arrepiente.

El hijo pródigo
11 Dijo además: Un hombre tenía dos hijos. 12 Y el más joven
de ellos dijo al padre: ¡Padre, dame la parte correspondiente de la
hacienda! Y él repartió entre ellos sus bienes. 13 No muchos días
después, el más joven juntó todo lo suyo, partió para lejanas tierras
y allí disipó toda su fortuna, viviendo perdidamente. 14 Después
que consumió todos sus bienes, vino una muy fuerte hambre sobre
aquella tierra, y comenzó a padecer necesidad.
15 Entonces fue y se puso al servicio de uno de los naturales de
aquel país, el cual lo envió a su campo a apacentar puercos. 16 Y
ansiaba llenar su estómago con las algarrobas que comían los puer-
cos; pero nadie se las daba. 17 Vuelto en sí, se dijo: ¡Cuántos jorna-
leros de mi padre tienen pan de sobra, mientras que yo me muero
aquí de hambre! 18 Me levantaré: iré a mi padre y le diré: ¡Padre,
pequé contra el cielo y contra ti! 19 Yo no merezco ser llamado hijo
tuyo; trátame como a uno de tus jornaleros.

20 Luego se levantó, y fue a su padre. Todavía estaba lejos,
cuando el padre le vio venir, el cual enternecido, corrió hacia él y
le echó los brazos al cuello y le colmó de besos. 21 Entonces le dijo
el hijo: ¡Padre, pequé contra el cielo y contra ti; ya no merezco ser
llamado hijo tuyo! 22 Pero el padre ordenó a sus criados: ¡Pronto!
¡Sacad el mejor vestido y ponérselo! Y traed un anillo para su
mano y calzado para sus pies. 23 Además traed el ternero cebado,
matadlo y comamos y alegrémonos, 24 porque este mi hijo estaba
muerto y volvió a la vida, estaba perdido y fue hallado. Y comen-
zaron a celebrar la fiesta.

25 Sucedió que el hijo mayor estaba en el campo, y al volver,
cuando se acercaba a la casa, oyó música y danzas. 26 Y llamando a
uno de los criados, le preguntó qué era aquello. 27 El le contestó: Es
que ha vuelto tu hermano, y tu padre, por haberlo recobrado sano,
ha mandado matar el ternero cebado. 28 Se enfadó y no quería en-
trar. Salió el padre a llamarlo, 29 pero él respondió a su padre:
¡Mira si llevo años sirviéndote, y jamás dejé sin cumplir una orden
tuya, y a mi jamás me diste un cabrito para hacer una fiesta con
mis amigos! 30 En cambio, cuando este hijo tuyo, que se comió toda
su fortuna con malas mujeres, ha venido, mataste para él el ternero
cebado.

31 El padre le contestó: Hijo, tú siempre estás conmigo y todo
lo mio es tuyo; 32 pero debíamos hacer fiesta y regocijarnos, porque
este tu hermano estaba muerto y ha vuelto a la vida, se había
perdido y ha sido hallado.

[11] La parábola del hijo pródigo es una de las más bellas que brotaron del corazón misericordioso del Señor. Se ha llamado "la perla de las parábolas".

Parábola del administrador infiel

16 1 Dijo también a sus discípulos: Había un hombre rico que
tenía un administrador, el cual fue acusado de que le malgas-
taba los bienes. 2 Entonces le llamó y le dijo: ¿Qué es esto que me
dicen de ti? Dame cuenta de tu administración, porque no puedes
administrar por más tiempo.

3 El administrador dijo entonces para sí: ¿Qué voy a hacer yo,
puesto que mi señor me quita la administración? Cavar no puedo;
el mendigar me da vergüenza. 4 Ya se lo que he de hacer para que,

cuando cese en la administración, me reciban los demás en sus
casas. 5 Y llamando a cada uno de los deudores de su amo, dijo al
primero: ¿Cuánto debes a mi amo? 6 El le respondió: Cien cántaros
de aceite. Díjole: Toma tu nota: sientáte enseguida y escribe
cincuenta. 7 Luego dijo al otro: ¿Cuánto debes tú? Respondió: Cien
fanegas de trigo. Entonces le dijo: Aquí tienes tu nota, escribe
ochenta. 8 El amo alabó al mal administrador por haber obrado
sagazmente, pues los hijos del mundo son más listos que los hijos
de la luz en sus negocios con la gente de su alrededor. 9 Por lo cual
yo os digo: ganaros amigos con las riquezas injustas, para que
cuando se os hayan acabado, os reciban en las moradas eternas.
10 El que es fiel en lo poco, es también fiel en lo mucho, y el
injusto en lo poco, también es injusto en lo mucho. 11 Si, pues, en la
riqueza injusta, no fuísteis fieles, ¿quién os confiará la verdadera?
12 Y si en lo ajeno no habéis sido fieles, ¿quién os dará lo vuestro?
13 Ningún criado puede servir a dos amos: porque o tendrá
odio al uno y amará al otro, o se irá con uno y despreciará al otro.
No podéis servir a Dios y a las riquezas.

Reprensión a los fariseos

14 Los fariseos, que eran avaros, estaban oyendo todo esto y se
burlaban de el. 15 Entonces les dijo: Vosotros sois los que os pro-
clamáis justos a los ojos de los hombres; pero Dios conoce vuestro
corazón. Lo que ante los hombres es honorable, es cosa desprecia-
ble a los ojos de Dios. 16 La Ley y los Profetas llegan hasta Juan;
desde ese momento se está anunciando el reino de Dios, y para
entrar en él hay que esforzarse. 17 Más fácil es que el cielo y la
tierra desaparezcan, que se borre una sola tilde de la Ley.
18 Quien repudia a su mujer y se casa con otra, comete adulte-
rio, y el que se casa con una repudiada por el marido, comete
adulterio.

El rico epulón y el pobre Lázaro

19 Había un hombre rico, que gastaba vestidos de púrpura y de
fino lienzo y banqueteaba todos los días espléndidamente. 20 Un
pobre, llamado Lázaro, estaba tendido a su puerta, cubierto de
llagas, 21 y deseaba saciarse con lo que caía de la mesa del rico. Y
hasta los perros venían a lamerle las llagas.

22 Sucedió que murió el pobre y los ángeles lo llevaron al seno
de Abraham; murió el rico y fue sepultado. 23 En el infierno, en
medio de los tormentos, levantó los ojos y vio de lejos a Abraham
y a Lázaro en su seno. 24 Y exclamó: ¡Padre Abraham, ten compa-
sión de mi y manda a Lázaro que moje la punta de su dedo en
agua, y me refresque la lengua, porque sufro mucho en estas lla-
mas!

25 Abraham le contestó: ¡Hijo! Acuérdate de que ya recibiste
tus bienes en vida, en cambio Lázaro recibió males, y ahora él está
aquí consolado y tú eres atormentado. 26 Además, entre nosotros y
vosotros se abre un gran abismo, de modo que los que quieran, no
pueden cruzar desde aquí a vosotros, ni pasar nadie de ahí a noso-
tros.

27 Respondió: Te ruego entonces, padre, que le mandes a la
casa de mi padre, 28 porque tengo cinco hermanos, para que les
diga la verdad y no vengan también ellos a este lugar de tormento.
29 Abraham le contestó: Ya tienen a Moisés y a los profetas; que
los escuchen. 30 Pero él respondió: No, padre Abraham; si, en cam-
bio, fuese a ellos uno de entre los muertos, se arrepentirán. 31 El le
dijo: Si no escuchan a Moisés ni a los profetas, no harán caso ni
aunque un muerto resucite.

El escándalo

17 1 Dijo a sus discípulos: No se puede evitar que ocurran es-
cándalos; pero ¡ay de aquél que los de! 2 Más le valiera que
le atasen una piedra de molino al cuello y le arrojaran al mar, antes
que escandalizar a uno de estos pequeños. 3 ¡Mirad por vosotros!

Perdón ilimitado de las ofensas

Si pecare tu hermano, corrígele; y, si se arrepintiere, perdóna-
le. 4 Si siete veces al día te ofendiere tu hermano y siete veces se
volviere a decirte: "Me arrepiento", tú le perdonarás.

Poder de la fe. (Mt. 21, 22; Mc. 11, 23)

5 Los apóstoles dijeron al Señor: ¡Auméntanos la fe! 6 Y el
Señor dijo: Si tuviérais una fe como del tamaño del grano de
mostaza, diríais a ese sicómoro: "Arráncate de raíz y plántate en el
mar", y os obedecería.

Siervos inútiles ante el Señor

7 ¿Quién de vosotros que tenga un siervo labrador o pastor, le
dice al volver él del campo: "Pasa y ponte a la mesa", 8 y no le dirá
más bien: prepárame la cena y cíñete para servirme, mientras como
y bebo, y después come y bebe tú? 9 Habrá de dar las gracias a su
siervo, porque hizo lo que le tenía mandado? 10 Igualmente voso-
tros, después de hacer todo lo que os está mandado, decid: Somos
unos siervos inútiles, no hicimos más que lo que debíamos hacer.

Los diez leprosos

11 Mientras caminaba hacia Jerusalén, tuvo que pasar entre
Samaría y Galilea. 12 Al entrar en una aldea, le salieron al encuen-
tro diez hombres leprosos, 13 que se pararon desde lejos, y levan-
tando la voz, decían: ¡Maestro, Jesús! ¡ten compasión de nosotros!
14 Al verlos, les dijo: Id y presentaos a los sacerdotes. Y mientras
iban, quedaron curados. 15 Uno de ellos, al ver que había sanado, se
volvió alabando a Dios en alta voz, 16 y se postró a sus pies dándo-
les gracias. Este era un samaritano.

17 Entonces Jesús le dijo: ¿No quedaron limpios los diez?
¿Dónde están los otros nueve? 18 ¿No ha habido quien se volviera a
dar gloria a Dios, sino este extranjero? 19 Luego le dijo: Levántate
y vete, tu fe te ha salvado.

Las dos venidas del Mesías

20 Preguntado por los fariseos cuando llegaría el reino de Dios,
respondió: No viene el reino de Dios con gran aparato; 21 ni dirán:
¡Está aquí! o ¡está allí!, porque el reino de Dios ya está en medio
de vosotros. 22 Dijo después a sus discípulos: Tiempos vendrán en
que desearéis ver uno sólo de los días del Hijo del hombre y no lo
veréis. 23 Cuando os dijeren: ¡Está allí, o está aquí! no vayáis ni
corráis tras de él. 24 Porque lo mismo que el relámpago brilla desde
una parte del cielo hasta la otra, así se mostrará en su día el Hijo
del hombre. 25 Mas primero es necesario que padezca mucho y sea
rechazado por esta generación.

26 Lo mismo que ocurrió en los días de Noé, ocurrirá en los
días del Hijo del hombre: 27 comían, bebían, se casaban y daban en
matrimonio a sus hijos, hasta el día en que entró Noé en el arca, y
vino el diluvio y acabó con todos. 28 Y lo mismo que sucedió en

tiempo de Lot: comían y bebían, compraban y vendían, plantaban
y edificaban, 29 y el día que salió Lot de Sodoma, llovió del cielo
fuego y azufre que consumió a todos; 30 así sucederá el día en que
aparezca el Hijo del hombre.

31 En aquel día, quien esté en la terraza y tenga sus cosas
dentro de casa, no baje a recogerlas; igualmente quien esté en el
campo, no se vuelva por lo que dejó atrás. 32 Acordáos de la mujer
de Lot. 33 Quien quiera guardar su vida, la perderá, y quien la
perdiere, la conservará. 34 Yo os digo: en aquella misma noche
habrá dos en un mismo lecho: uno será tomado y el otro dejado.
35 Habrá dos moliendo juntas: una será tomada y la otra dejada.
(36 Estarán dos en el campo: uno será tomado y el otro dejado).
37 Entonces le preguntaron: ¿Dónde, Señor? Respondió: "Donde
esté el cadáver, allí se reunirán los buitres".

El juez inicuo

18 1 Les propuso esta parábola para decirles que es necesario
orar en todo tiempo y no desfallecer. 2 Había en una ciudad
un juez, que no tenía temor de Dios ni respeto a los hombres. 3 Y
había en la misma ciudad una viuda que iba continuamente a él y
le decía: ¡Hazme justicia contra mi adversario! 4 Pero él no quiso
durante mucho tiempo; mas después se dijo: Aunque no temo a
Dios ni respeto a los hombres, 5 sin embargo, por lo que me cansa
esta viuda, he de hacerle justicia, para que no acabe con tanto
venir, pegándome en la cara.

6 Dijo luego el Señor: Fijaos en lo que dice el juez injusto. 7 Y
Dios ¿no habrá de hacer justicia a sus elegidos que claman a El día
y noche, y les hará esperar? 8 Os digo que les hará prontamente
justicia. Mas cuando venga el Hijo del hombre, ¿hallará fe sobre la
tierra?

El fariseo y el publicano

9 A unos que presumían de ser justos y despreciaban a los
demás, les dijo también esta parábola: 10 Dos hombres subieron al
templo para hacer oración: uno era fariseo y el otro publicano. 11 El
fariseo, puesto en pie, oraba para sí de esta manera: ¡Oh Dios! Te
doy gracias porque no soy como los demás hombres: ladrones,
injustos, adúlteros, ni tampoco como ese publicano. 12 Ayuno dos
veces por semana; pago el diezmo de todo lo que poseo.

13 El publicano, por su parte, puesto allá lejos, ni siquiera se
atrevía a levantar los ojos al cielo, si no que se golpeaba el pecho,
y decía: ¡Oh Dios! ¡Ten piedad de mi, pecador! 14 Os digo que éste
bajó justificado a su casa, y no el otro, porque todo el que se
ensalza, será humillado, y el que se humilla, será ensalzado.

Jesús bendice a los niños. (Mt. 19, 13-15; Mc. 10, 13-16)

15 Le presentaban también niños para que les impusiera las
manos. Al verlos los discípulos les regañaban. 16 Pero Jesús llamó a
sí a los niños, y dijo: Dejad que los niños vengan a mí y no se lo
impidáis porque de ellos es el reino de Dios. 17 En verdad os digo
que, quien no recibiere como un niño el reino de Dios, no entrará
en él.

El joven rico. (Mt. 19, 16-20; Mc. 10, 17-27)

18 Un magistrado le preguntó: Maestro bueno, ¿qué debo hacer
para alcanzar la vida eterna? 19 Jesús le respondió: ¿Porqué me
llamas bueno? Nadie es bueno, sino sólo Dios. 20 Ya sabes los
mandamientos: *No cometerás adulterio, no matarás, no robarás,
no dirás falsos testimonios, honra a tu padre y a tu madre* (Ex. 20,
12-16). 21 El le dijo: Todo esto lo guardé desde mi juventud. 22 Al
oírlo Jesús, le dijo: Aún te queda una cosa: Vende cuanto tienes, y
repártelo entre los pobres, y tendrás un tesoro en el cielo; y ven y
sígueme. 23 Al oír estas palabras, se puso muy triste, porque era
muy rico. 24 Mirándolo, entonces, Jesús dijo: ¡Cuán difícil es que
los que poseen riquezas entren en el reino de Dios! 25 Porque más
fácil es que un camello entre por el ojo de una aguja, que un rico
entre en el reino de Dios. 26 Dijéronle entonces los que le oyeron:
¿Y quién podrá salvarse? 27 El contestó: Lo imposible para los
hombres, es posible para Dios.

El premio de los apóstoles. (Mt. 19, 27-30; Mc. 10, 28-31)

28 Entonces Pedro le dijo: ¡Mira! Nosotros hemos dejado lo
nuestro y te hemos seguido. 29 El les respondió: En verdad os digo
que no hay nadie que por el reino de Dios haya dejado casa, mujer,
hermanos, padres o hijos, 30 que no reciba multiplicado en este
mundo, y además en el siglo futuro la vida eterna.

Jesús predice de nuevo su Pasión. (Mt. 20, 17-19; Mc. 10, 32-34)
31 Tomando consigo a los doce, les dijo: Ved que subimos a
Jerusalén, y se cumplirá en el Hijo del hombre todo lo que está
escrito por los profetas: 32 será entregado a los gentiles, escarneci-
do, injuriado y escupido; 33 le azotarán, le matarán y al tercer día
resucitará. 34 Pero ellos no entendieron nada de esto, pues les eran
cosas ininteligibles y no comprendieron de qué les hablaba.

El ciego de Jericó. (Mt. 20, 29-34; Mc. 10, 46-52)
35 Al acercarse El a Jericó, un ciego estaba sentado junto al
camino pidiendo limosna, 36 y al oír la multitud que pasaba, pre-
guntó qué era aquello. 37 Le dijeron: Es Jesús el Nazareno, que
pasa. 38 Entonces gritó: ¡Jesús hijo de David, ten compasión de mí!
39 Los que iban delante, le regañaban para que callara; pero él
gritaba mucho más fuerte: ¡Hijo de David, ten compasión de mí!
40 Jesús se detuvo y mandó que se lo trajeran. Cuando éste se
acercó, le preguntó Jesús: 41 ¿Qué quieres que te haga? Dijo: ¡Se-
ñor, que vea! 42 Y Jesús le dijo: ¡Ve, tu fe te ha salvado! 43 Al punto
recobró la vista y fue acompañándole y glorificando a Dios; y todo
el pueblo, al verlo, alababa a Dios.

24 Los que ponen su corazón en las riquezas y se metalizan, difícilmente se salvan, porque el cielo se compra con el desprendimiento.

Conversión de Zaqueo

19 1 Entró en Jericó, e iba andando por la ciudad, 2 cuando un
hombre, llamado Zaqueo, jefe de publicanos y rico, 3 quería
ver a Jesús y como era, y, no pudiendo por causa de la gente,
porque él era pequeño de estatura, 4 corrió delante y se subió a un
sicómoro para verle, porque había de pasar por allí. 5 Al llegar a
aquel sitio, levantó Jesús los ojos y le dijo: Zaqueo, baja ensegui-
da! porque hoy he de hospedarme en tu casa. 6 Bajó enseguida y le
hospedó gozoso. 7 Todos, al verlo, se pusieron a murmurar y a
decir: Entró a hospedarse en casa de un pecador. 8 Mas Zaqueo se
levantó y dijo al Señor: ¡Mira, Señor! Voy a dar la mitad de mis
bienes a los pobres, y si en algo defraudé a alguno, se lo devolveré
cuadruplicado. 9 Jesús le dijo: Hoy ha entrado la salvación en esta
casa, pues también éste es hijo de Abraham. 10 El Hijo del hombre
ha venido a buscar y salvar lo que estaba perdido.

Parábola de las diez minas o libras de plata. (Mt. 25, 14-30)

[11] Mientras ellos le escuchaban, dijo además una parábola, por-
que estaba cerca de Jerusalén, y creían ellos que inmediatamente
había de aparecer el reino de Dios. [12] Dijo, pues: Un noble persona-
je marchó a lejanas tierras para recibir la investidura de un reino y
volver después. [13] Llamó antes a diez siervos suyos, les entregó
diez minas de plata, y les dijo: Negociad mientras vuelvo. [14] Sus
ciudadanos no le querían, y enviaron detrás de él una legión, di-
ciendo: "No queremos que éste reine sobre nosotros".

[15] Luego que volvió de recibir la investidura del reino, mandó
llamar a aquellos siervos, a los que había dado el dinero, para ver
qué había ganado cada uno. [16] Se presentó el primero y dijo: ¡Se-
ñor, tu mina ha producido diez minas! [17] Y le dijo: Muy bien,
siervo bueno, ya que has sido fiel en lo poco, te hago gobernador
de diez ciudades. [18] Vino el segundo y dijo: Tu mina, señor, ha
producido cinco minas. [19] Dijo también a éste: Y tu recibe el go-
bierno de cinco ciudades.

[20] Luego vino el otro y dijo: ¡Señor! aquí está tu mina, que he
tenido guardada en un pañuelo, [21] pues te tenía miedo, porque eres
hombre duro; recoges lo que no pusiste y siegas lo que no
sembraste. [22] El le contestó: con tus mismas palabras he de conde-
narte, mal siervo. ¿Sabías que soy un hombre duro, que recojo lo
que no puse y siego lo que no sembré? [23] Y ¿por qué no entregaste
mi dinero en un banco? Al volver lo hubiera retirado con réditos.

[24] Entonces dijo a los presentes: Quitadle la mina y dársela al
que tiene diez. [25] Dijéronle: ¡Señor, ya tiene diez minas! [26] Os digo
que a todo el que tiene, se le dará; pero al que no tiene, aún aquello
que tiene se le quitará. [27] Por lo que hace a esos enemigos míos que
no querían que yo reinara sobre ellos, traedlos aquí y degolladlos
en mi presencia.

Entrada triunfal en Jerusalén. (Mt. 21, 1-9; Mc. 11, 1-10; Jn. 12, 12-19)

[28] Dicho esto, siguió adelante subiendo a Jerusalén. [29] cuando
estuvo cerca de Betfagé y de Betania, junto al monte llamado de
los Olivos, envió a dos de sus discípulos, [30] diciendo: Id a la aldea
de enfrente, en la que, al entrar, hallaréis atado un borriquillo,
sobre el cual nadie ha montado todavía; desatadlo y traedlo. [31] Y si

alguno os preguntara, ¿por qué lo desatáis? le diréis así: El Señor
lo necesita. [32] fueron los enviados y hallaron todo como les dijo.
[33] Estando desatando el borriquillo, les dijeron sus dueños: ¿por
qué desatáis el borriquillo? [34] Y ellos dijeron: Porque el Señor lo
necesita.

[35] Lo llevaron a Jesús; echaron encima del borriquillo sus man-
tos e hicieron que Jesús montara sobre él. [36] Mientras El caminaba,
tendían sus vestidos sobre el camino. [37] Cuando ya estaba cerca de
la bajada del monte de los Olivos, comenzaron toda la muchedum-
bre de los discípulos, llenos de alegría, a alabar a Dios con grandes
voces por todos los milagros que habían visto, diciendo:

[38] *¡Bendito el que viene, el Rey, en nombre del Señor!*
¡Paz en el cielo y gloria en las alturas! (Sal. 118, 26)

[39] Algunos de los fariseos, que estaban entre la multitud, le
dijeron: ¡Maestro, reprende a tus discípulos! [40] El respondió: Yo os
digo que, si estos callan, gritarían las piedras.

Jesús llora sobre Jerusalén

[41] Cuando se acercó, al ver la ciudad, lloró por ella, [42] y dijo:
¡Oh, si tú conocieras en el día de hoy lo que había de darte la paz!
Pero ahora está escondido a tus ojos. [43] Porque vendrán días sobre
ti en que tus enemigos te cercarán con trincheras, [44] y te estrecha-
rán y apretarán por todas partes, y te derribarán por tierra a ti y a
tus hijos dentro de ti, y no dejarán en tí piedra sobre piedra, porque
no has conocido el tiempo en que has sido visitada.

Purificación del templo. (Mt. 21, 12-13; Mc. 11, 15-19).

[45] Luego entró en el templo y comenzó a echar fuera a los
vendedores, [46] diciéndoles: Escrito está: *Mi casa será de oración.*
(Is. 56, 7; Jer. 7, 11), pero vosotros hicísteis de ella una cueva de
ladrones.

[47] Todos los días enseñaba en el templo, y los pontífices y los
escribas y también los príncipes del pueblo andaban buscando oca-
sión para matarle; [48] pero no sabían cómo hacerlo, porque todo el
pueblo estaba pendiente de El escuchándole.

Jesús confunde a sus adversarios. (Mt. 21, 23-27; Mc. 11, 27-33)
20 1 Un día, mientras estaba El en el templo enseñando al pue-
blo el Evangelio, se presentaron los pontífices y los escribas
con los ancianos, 2 y le preguntaron: Dinos ¿con qué poder haces
esto y quién te dio tal poder? 3 El les respondió: También yo os
haré una pregunta: Decidme: 4 El bautismo de Juan, ¿venía del
cielo o de los hombres? 5 Mas ellos anduvieron discurriendo para
sí. Si dijéramos "del cielo", nos dirá ¿Por qué no creísteis en él?
6 Y si dijéramos "de los hombres", todo el pueblo nos apedreará,
porque está convencido de que Juan era un profeta. 7 Respondie-
ron, pues, no saber de donde era. 8 Entonces Jesús les dijo: Tampo-
co yo os digo con qué poder hago esto.

Parábola de los renteros homicidas. (Mt. 21, 33-46; Mc. 12, 1-2)
9 Luego comenzó a decir al pueblo esta parábola: Un hombre
plantó una viña; la dio en renta a unos labradores y se ausentó por
mucho tiempo. 10 A su debido tiempo envió un siervo a los labra-
dores para que le entregaran la renta de la viña; pero los labrado-
res, después de azotarle, le despidieron de vacío. 11 Envió todavía
otro siervo; mas ellos a éste, después de azotarle y ultrajarle, le
despidieron también de vacío. 12 Aún volvió a enviar a un tercero:
pero ellos también a éste lo hirieron y echaron fuera.
13 Entonces dijo el dueño de la viña: ¿Qué haré? ¡Les enviaré
mi hijo muy amado! Quizá a éste le respetarán. 14 Pero, al verle los
labradores, dijéronse unos a otros. ¡Este es el heredero! Matémos-
le, para que la herencia sea nuestra. 15 Lo arrojaron fuera de la viña
y lo mataron. ¿Qué hará con ellos el dueño de la viña? 16 Irá y
acabará con ellos y dará la viña a otros. Al oírlo, dijeron: ¡Jamás
suceda así! 17 Pero Jesús poniendo la vista en ellos, les dijo: ¿Qué
significa entonces lo que está escrito?:

La piedra que rechazaron los que edificaban, esa vino a ser piedra angular. (Sal. 118, 22)

18 Todo el que cayere sobre esta piedra, se estrellará; mas so-
bre quien ella cayere, sera aplastado. 19 Quisieron los escribas y los
pontífices echarle mano en aquel momento; pero tuvieron miedo
del pueblo, porque se dieron cuenta que contra ellos dijo esta pará-
bola.

El tributo de César. (Mt. 22, 15-32; Mc. 12, 13-17)

20 Luego se pusieron a acecharle y le enviaron espías que aparentaban de buenos, para ver cómo le sorprendían en alguna palabra y entregarlo al poder y jurisdicción del gobernador.
21 Le hicieron esta pregunta: ¡Maestro! sabemos que hablas y enseñas con rectitud y no haces distinción de personas, sino que enseñas con verdad los caminos de Dios.
22 ¿Nos es lícito pagar tributo al César, sí o no?
23 Conociendo Jesús su astucia, les dijo:
24 Mostradme un denario. ¿De quién es el busto y la leyenda? Dijeron: Del César.
25 Y el les dijo: Dad, pues, al César lo que es del César y a Dios lo que es de Dios.
26 Así que no pudieron sorprenderle en palabra alguna delante del pueblo, y admirados de su respuesta, callaron.

La resurrección de los muertos. (Mt. 22, 23-33; Mc. 12, 18-27)

27 Luego se acercaron algunos de los saduceos, que niegan la resurrección y le preguntaron:
28 ¡Maestro! Moisés nos prescribió: *"Si el hermano de uno muere, y dejare mujer sin hijos, la tome por esposa su hermano para dar descendencia al hermano"* (Dt. 25, 5-6).
29 Eran, pues, siete hermanos. El primero tomó mujer y murió sin hijos.
30 Tomaron luego la misma el segundo.
31 Y el tercero, hasta los siete, e igualmente no dejaron hijos y murieron.
32 Por último murió también la mujer.
33 Ahora bien, esta mujer en la resurrección, ¿de quién de ellos será la esposa? Porque los siete la tuvieron por mujer.

34 Jesús le contestó: Los hijos de este mundo toman mujer, y las mujeres son dadas en matrimonio;
35 mas los que sean dignos de alcanzar la otra vida y la resurrección de entre los muertos, ni ellos ni ellas se casarán;
36 porque no pueden ya morir, pues serán semejantes a los ángeles e hijos de Dios, siendo hijos de la resurrección.

37 Que han de resucitar los muertos, ya lo indicó Moisés en el pasaje de la zarza, cuando llama al Señor, Dios de Abraham, Dios de Isaac y Dios de Jacob,
38 pues El no es Dios de muertos, sino de vivos, porque para El todos viven.

39 Algunos de los escribas dijeron: ¡Maestro, has dicho bien!
40 Y no se atrevieron a hacerle más preguntas.

Jesús demuestra su divinidad por los salmos. (Mt. 22, 41-46;
Mc. 12, 15-40)
41 Pero El les preguntó: ¿Cómo dicen que el Cristo es hijo de
David? 42 Porque el mismo David dice en el libro de los salmos:

Dijo el Señor a mi Señor, siéntate a mi derecha 43 *hasta que*
ponga a tus enemigos por escabel de tus pies. (Sal. 110,1).

44 Si David lo llama Señor, ¿cómo puede ser hijo suyo?

Soberbia de los escribas y fariseos
45 En presencia de todo el pueblo, dijo a sus discípulos:
46 Guardaos de los escribas, que se complacen en andar vestidos de
largas túnicas y quieren los saludos en las plazas y ocupar el pri-
mer puesto en las sinagogas y en los banquetes, 47 que devoran los
bienes de las viudas, simulando que hacen largas oraciones. Ellos
serán más duramente condenados.

La ofrenda de la viuda. (Mc. 12, 41-44)
21 1 Alzando los ojos vio a ricos que echaban sus ofrendas en el
arca del templo. 2 Y vio también a una pobre viuda que echó
allí dos leptos *(–monedillas de cobre)*, 3 y dijo: En verdad os digo
que esta pobre viuda echó más que todos, 4 porque todos los demás
han echado, como ofrenda para Dios, de lo que les sobraba; pero
ésta de su pobreza ha echado todo lo que tenía para vivir.

La destrucción del templo. (Mt. 24, 1-3; Mc. 13, 1-4)
5 Estando algunos hablando del templo, que estaba adornado
con hermosas piedras y exvotos, dijo: 6 De esto que véis, días ven-
drán en los que no quedará piedra sobre piedra que no sea
derribada. 7 Ellos le preguntaron: ¡Maestro! ¿Cuándo será esto y
cuál la señal de que está para suceder? 8 El contestó: ¡Mirad que no
os engañen! Porque vendrán muchos en mi nombre y dirán: ¡Yo
soy! ¡Ya llegó el tiempo! No vayáis en pos de ellos. 9 Cuando
oyéreis hablar de guerras y de revoluciones, no os asustéis. Estas
cosas deben ocurrir primero; pero no vendrá enseguida el fin.
10 Después les dijo: Se alzará nación contra nación, y reino
contra reino, 11 y habrá terremotos, y en diversas regiones hambres
y pestes, prodigios aterradores y grandes señales en el cielo.

Persecuciones por causa del Evangelio. (Mt. 10, 17-22)
12 Antes de todo esto pondrán en vosotros las manos, os perse-
guirán, os entregarán a las sinagogas y a las cárceles; os llevarán
ante los reyes y los gobernadores por causa mía; 13 mas esto os
servirá de ocasión para dar testimonio. 14 Por consiguiente resolved
en vuestro corazón el no pensar cómo habréis de hablar para vues-
tra defensa, 15 porque yo os daré elocuencia y sabiduría a las que no
podrán resistir ni responder ninguno de vuestros adversarios.
16 Seréis entregados hasta por vuestros padres, hermanos, pa-
rientes, y amigos y darán muerte a muchos de vosotros, 17 y seréis
odiados de todos a causa de mi nombre; 18 pero ni un cabello de
vuestra cabeza se perderá. 19 Con la paciencia salvaréis vuestras
almas.

Señales de la ruina de Jerusalén. (Mt. 24, 15-22; Mc. 13, 14-20)
20 Cuando veáis a Jerusalén cercada de ejércitos, conoceréis
que llegó su desolación. 21 Entonces los que estén en Judea, huyan
a los montes; los vecinos de Jerusalén salgan de ella; los que estén
en el campo, no entren en ella; 22 porque estos serán días de castigo
para que se cumpla todo lo que está escrito. 23 ¡Ay de las que estén
encinta y criando en aquellos días! ¡Gran calamidad vendrá sobre
la tierra e ira grande contra este pueblo! 24 Caerán a filo de espada
y serán llevados cautivos entre todas las naciones, y Jerusalén será
hollada por los gentiles hasta que se cumplan los tiempos de las
naciones.

La venida del Hijo del hombre. (Mt. 24, 33-31; Mc. 13, 21-27)
25 Y habrá señales en el sol, en la luna y en las estrellas, y en la
tierra angustia de las naciones, aterradas por el ruido y la agitación
del mar, 26 quedándose sin alientos los hombres por el miedo y la
espera de lo que ha de acontecer sobre la tierra, pues los astros del
cielo se conmoverán. 27 Y entonces verán venir al Hijo del hombre
en una nube con gran poder y majestad. 28 Cuando comiencen a
suceder estas cosas, animaos y levantad vuestras cabezas, porque
llega la hora de vuestra redención.

Parábola de la higuera. Velad y orad. (Mt. 24, 32-44; Mc. 13, 32-33)

[29] Además les dijo una parábola: ¡Ved la higuera y todos los
árboles! [30] Cuando véis que ya brotan, conocéis que ya está cerca el
verano, [31] así también vosotros, cuando veáis que suceden estas
cosas, sabed que se aproxima el reino de Dios. [32] En verdad os digo
que no pasará esta generación sin que todas estas cosas se
cumplan. [33] El cielo y la tierra pasarán, pero mis palabras no pasarán.

[34] Mirad por vosotros mismos, no sea que vuestros corazones
se emboten con la glotonería, la embriaguez y las preocupaciones
de la vida, y caiga sobre vosotros de improviso aquel día [35] como
un lazo, pues vendrá sobre los habitantes de toda la tierra. [36] Velad
y orad en todo tiempo para que podáis escapar de todas estas cosas
que han de suceder y comparecer seguros ante el Hijo del hombre.

[37] Durante el día enseñaba en el templo; pero la noche la pasaba en el monte llamado de los Olivos. [38] Todo el pueblo madrugaba
por El y acudía al templo para escucharle.

PASION Y MUERTE DE JESUCRISTO

Pacto de Judas con el Sanedrín. (Mt. 26, 1-5; 14-16; Mc. 2, 10)

22 [1] Estaba próxima la fiesta de los ácimos, llamada la Pascua.
[2] Andaban los pontífices y los escribas buscando cómo le
matarían, pero temían al pueblo. [3] Entró Satanás en Judas el llamado Iscariote, que era del número de los doce, [4] y se fue a hablar con
los pontífices y los oficiales de la guardia sobre cómo podría
entregárselo. [5] Ellos se alegraron y acordaron darle dinero. [6] El
aceptó y andaba buscando ocasión a propósito para entregárselo a
espaldas de la gente.

La última cena. (Mt. 26, 17-19; Mc. 14, 12-16)

[7] Llegó el día de los ácimos, en que se debía sacrificar la
pascua *(–el cordero pascual)*, [8] y Jesús envió a Pedro y a Juan,
diciéndoles: Id y preparadnos la pascua para que la comamos.
[9] Ellos le dijeron: ¿Dónde quieres que la preparemos? [10] El les respondió: ¡Mirad! Al entrar en la ciudad, os encontraréis con un
hombre que lleva un cántaro de agua; seguidle hasta la casa en que

entre, [11] y diréis al amo de la casa: El Maestro te pregunta: ¿Dónde
está el aposento en que comeré con mis discípulos la pascua? [12] Y
él os mostrará una sala en el piso de arriba, grande y arreglada;
preparad allí. [13] Fueron y hallaron todo como El les había dicho, y
prepararon la pascua.

Institución de la Eucaristía. (Mt. 26, 20-25; Mc. 14, 17-21; Jn.
13, 18-30; 1 Cor 11, 23-26)

[14] Cuando llegó la hora, se puso a la mesa con sus apóstoles,
[15] y les dijo: Mucho he deseado comer esta pascua con vosotros
antes de padecer. [16] Porque os digo que no volveré a comerla hasta
que tenga su cumplimiento en el reino de Dios. [17] Tomó entonces
un cáliz, dio gracias y dijo: Tomadlo y repartidlo entre vosotros,
[18] porque os digo que desde ahora no beberé más del producto de
la vid hasta que me llegue el reino de Dios.

[19] Tomó luego pan, dio gracias, lo partió y se lo dio diciendo:
ESTO ES MI CUERPO, que por vosotros es entregado. Haced esto
en memoria mía. [20] Igualmente el cáliz, después de haber cenado,
diciendo: Este cáliz es la nueva alianza en mi sangre, que se derra-
ma por vosotros.

[21] Sin embargo, ved: la mano del que me entrega está con la
mía sobre la mesa. [22] Porque el Hijo del hombre se va según lo que
está decretado; pero ¡ay del hombre aquel que le entrega! [23] Co-
menzaron entonces a preguntarse unos a otros quién de ellos sería
el que esto habría de hacer.

Cuestión de la primacía. (Mt. 18, 1-4; Mc. 10, 42-45)

[24] También tuvieron entre ellos un altercado sobre cual de
ellos era considerado como el mayor; [25] pero El les dijo: Los reyes
de las naciones imperan sobre ellas, y los que ejercen autoridad
sobre ellas, se hacen llamar bienhechores. [26] No así vosotros, sino
que el mayor de vosotros sea como el menor, y el que manda, como
el que sirve. [27] Porque ¿quién es mas, el que está a la mesa o el
que sirve? ¿No es verdad que el que está a la mesa? Pues yo estoy
entre vosotros como un sirviente. [28] Vosotros sois los que habéis
perseverado conmigo en mis pruebas. [29] Y Yo os confiero mi
reino, como mi Padre me lo confirió a Mi, [30] para que comáis y
bebáis a mi mesa en mi reino y os sentéis en tronos a juzgar a las
doce tribus de Israel.

Jesús predice la negación de Pedro. (Mt. 26, 31-33; Mc. 14, 27-31; Jn. 13, 36-38)

31 Simón, Simón mira que Satanás os ha buscado para zaran-
dearos como el trigo; 32 pero Yo he rogado por ti a fin de que no
desfallezca tu fe. Y tú, una vez convertido, confirma a tus
hermanos. 33 Pero le respondió: Señor yo estoy pronto para ir conti-
go a la prisión y a la muerte. 34 Mas El le dijo: Te digo Pedro, que
no cantará hoy el gallo sin que tres veces hayas negado haberme
conocido.

Jesús anuncia su próximo fin

35 Luego les dijo: Cuando os envié sin bolsa, ni alforjas, ni
sandalias, ¿carecísteis de algo? Ellos le contestaron: Nada. 36 Y
añadió: Mas ahora, quien tenga bolsa, tómela, y lo mismo el que
tenga alforja, y el que no tenga, venda su manto y cómprese una
espada. 37 Porque Yo os digo que también ha de cumplirse aquello
que está escrito acerca de mí: *Fue contado entre malhechores* (Is.
53, 12), y ya lo mío toca a su fin. 38 Dijeron ellos: ¡Mira, Señor,
aquí hay dos espadas! El les dijo: Es suficiente.

La oración de Getsemaní. (Mt. 26, 36-46; Mc. 14, 32-42)

39 Salió y marchó, según costumbre, hacia el monte de los
Olivos, y sus discípulos le acompañaron. 40 Llegado allí les dijo:
Orad para que no entréis en tentación. 41 Se alejó de ellos como un
tiro de piedra, se arrodilló y se puso a orar, 42 diciendo: ¡Padre, si
quieres, aparta de mí este cáliz, pero no se haga mi voluntad, sino
la tuya! 43 Se le apareció un ángel del cielo, confortándole. 44 Y
entrando en agonía, oraba sin cesar, y su sudor era como de gotas
de sangre que caían hasta la tierra. 45 Se levantó de la oración, fue a
sus discípulos y los halló durmiendo a causa de la tristeza. 46 Y les
dijo: ¿Por qué dormís? Levantáos y orad, para no entrar en tenta-
ción.

El beso de Judas. (Mt. 26, 45-46; Mc. 14, 43-49; Jn. 18, 15-27)

47 Estaba todavía hablando, cuando se presentó un tropel de
gente al mando del llamado Judas, uno de los doce, y se acercó a
Jesús y le besó. 48 Jesús le dijo: ¡Judas! ¿Con un beso entregas al
Hijo del hombre? 49 Los que estaban con El, al ver lo que iba a

suceder, dijeron: ¡Señor! ¿Les damos con la espada? 50 Y uno de
ellos hirió al siervo del pontífice y le cortó la oreja derecha. 51 Jesús
respondió y dijo: ¡Dejad! ¡Basta ya! y tocando la oreja, lo curó.
52 Después dijo Jesús a los pontífices, oficiales del templo y
ancianos que habían venido contra El: ¿Cómo contra un ladrón
salísteis con espadas y palos? 53 Todos los días estuve Yo con vos-
otros en el templo y no extendisteis las manos contra mí. Pero esta
es vuestra hora y el poder de las tinieblas.

Las negaciones de Pedro. (Mt. 26, 57-75; Mc. 14, 53-72; Jn. 18, 15-27)

54 Entonces le prendieron y llevándole, le introdujeron en casa
del pontífice. Pedro le seguía de lejos. 55 En medio del patio encen-
dieron fuego y se sentaron alrededor, y también Pedro se sentó
entre ellos. 56 Al verle una criada sentado a la lumbre, se le quedó
mirando y dijo: ¡También éste estaba con El! 57 El lo negó, dicien-
do: ¡Mujer, no le conozco! 58 Poco después, otro que le vio, dijo:
¡Tú también eres de ellos! Mas Pedro dijo: ¡Hombre, no lo soy!
59 Pasada como una hora, aseguraba otro fuertemente: En verdad,
que éste estaba con El, porque también es galileo.
60 Pedro dijo entonces: ¡Hombre, no se lo que dices! Y ense-
guida, mientras él hablaba, cantó un gallo, 61 y vuelto el Señor miró
a Pedro, y Pedro se acordó de la palabra del Señor, según lo había
dicho: "Antes que el gallo cante, hoy me negarás tres veces". 62 Y
saliendo fuera, lloró amargamente.

Ultrajes a Jesús. (Mt. 26, 67-68; Mc. 14, 65)

63 Los que le tenían preso, estuvieron burlándose de El y
golpeándole; 64 le tapaban además el rostro, y le preguntaban: ¡Adi-
vina! ¿quién es el que te pegó? 65 Y decían también muchos insul-
tos contra El.

Jesús ante el Sanedrín. (Mt. 27, 1; Mc. 15, 1)

66 Cuando se hizo de día, se reunió el consejo de los ancianos
del pueblo, los pontífices y los escribas y le llevaron ante el sane-
drín, y le dijeron: Si tu eres el Cristo, dínoslo. 67 El les respondió:
Si os dijere que sí, no me creeréis; 68 y, si yo os preguntare, no me
responderéis *(ni me soltaréis)*. 69 Pero desde ahora el Hijo del hom-

bre estará sentado a la diestra del poder de Dios. [70] Y todos le
preguntaron: ¿Luego tú eres el Hijo de Dios? Les respondió: Voso-
tros lo estáis diciendo: Yo soy. [71] Entonces dijeron: ¿Qué necesidad
tenemos de testigos? Nosotros mismos lo hemos oído de su boca.

[19] *Haced esto en memoria mía.* Con estas palabras dio Jesús a los apóstoles la potestad de consagrar su cuerpo y su sangre.

Jesús acusado ante Pilato. (Mt. 27, 2-14; Mc. 15, 1-5; Jn. 18, 28-38)

23 [1] Entonces, levantándose toda la asamblea, lo llevaron ante
Pilato, [2] y comenzaron a acusarle, diciendo: Hemos hallado a
éste perturbando a nuestra nación y prohibiendo pagar tributo al
César y dice ser El el Cristo Rey.
[3] Pilato le preguntó: ¿Eres tú el Rey de los judíos? El respon-
dió y dijo: Tú lo dices. [4] Pilato dijo a los pontífices y a las turbas:
No encuentro culpa alguna en este hombre; [5] pero ellos insistían
con fuerza, diciendo: Alborota al pueblo enseñando por toda Ju-
dea, desde Galilea hasta aquí.

Jesús enviado a Herodes

[6] Pilato, al oír estas palabras, preguntó si ese hombre era
galileo, [7] y al saber que era de la jurisdicción de Herodes, lo remi-
tió a Herodes, que se encontraba también en Jerusalén por aquellos
días. [8] Herodes, al ver a Jesús, se alegró mucho, pues desde largo
tiempo estaba deseando verle, por lo que se oía de El y esperaba
verle hacer algún milagro. [9] Le preguntó sobre bastantes cosas,
pero El no le respondió nada. [10] Los pontífices y los escribas le
estaban acusando insistentemente. [11] Herodes le despreció con to-
dos sus soldados, y burlándose de El le vistió con una vestidura
blanca y lo remitió a Pilato. [12] En aquel día se hicieron amigos
Herodes y Pilato, porque antes estaban enemistados.

De nuevo ante Pilato

[13] Pilato convocó a los pontífices, a los magistrados y al
pueblo, [14] y les dijo: Me habéis traído a este hombre como que
estaba sublevando al pueblo, y ved que yo le interrogué en presen-
cia vuestra y no encuentro en El culpa alguna en las cosas de que

le acusáis. 15 Ni tampoco Herodes, porque nos lo devolvió. Sabed,
pues, que no ha cometido cosa alguna digna de muerte. 16 Mandaré
que le azoten y luego le soltaré.

Jesús y Barrabás. (Mt. 27, 15-26; Mc. 15, 6-15; Jn. 18, 39-40)

17 Por la fiesta tenía que dejarles libre un preso. 18 Pero la mu-
chedumbre gritaba a una y decía: ¡Quita a ése de en medio y
suéltanos a Barrabás! 19 Este había sido encarcelado por una suble-
vación ocurrida en la ciudad y por un homicidio. 20 Pilato, que
quería dejar libre a Jesús, volvió a hablarles. 21 Pero ellos gritaron:
¡Crucifícale! ¡Crucifícale! 22 Por tercera vez les dijo: ¿Qué mal ha
hecho éste? No encuentro en El causa alguna de muerte. Lo pon-
dré, pues, en libertad, después de castigarlo. 23 pero ellos siguieron
pidiendo a grandes voces que le crucificara, y sus voces crecían
cada vez más. 24 Entonces Pilato determinó que se hiciese según su
petición, 25 y dejó libre al que por una sublevación y una muerte
estaba en la cárcel, al que ellos pedían, y entregó a Jesús a la
voluntad de ellos.

Vía crucis o camino del Gólgota. (Mt. 27, 31-32; Mc. 15, 29-31; Jn. 19, 16-17)

26 Cuando le conducían, echaron mano de un tal Simón de
Cirene, que venía del campo, y lo cargaron con la cruz para que la
llevara detrás de Jesús. 27 Lo acompañaban una gran muchedumbre
del pueblo y también mujeres, las cuales iban llorando y lamentán-
dose por El. 28 Jesús vuelto a ellas, les dijo: ¡Hijas de Jerusalén, no
lloréis por mí! llorad más bien por vosotras y por vuestros hijos.
29 Porque días llegarán en que se dirá: Dichosas las estériles y los
senos que no dieron hijos y los pechos que no criaron. 30 Entonces
dirán a los montes: *"Caed sobre nosotros y a las colinas: Sepul-
tadnos*. (Os. 10, 8), 31 porque si en el leño verde se hace eso, ¿qué
será en el seco? 32 Llevaban también otros dos malhechores para
ejecutarlos con El.

La crucifixión. (Mt. 27, 33-34; Mc. 15, 23-32; Jn. 19, 16-24)

33 Cuando llegaron al lugar llamado Calvario, allí lo crucifica-
ron a El y a los malhechores: uno a la derecha y el otro a la
izquierda. 34 Y Jesús decía: Padre, perdónalos, porque no saben lo

que hacen. *Después de dividir sus vestidos, echaron suertes sobre ellos*. (Sal. 22,19). [35] Y el pueblo estaba allí mirándolo, mientras los magistrados se mofaban de El y decían: ¡A otros salvó; sálvese a sí mismo, si es el Cristo de Dios, el Elegido! [36] Los soldados también se burlaban y se acercaban para ofrecerle vinagre, [37] y decían: Si tú eres el Rey de los judíos, sálvate a ti mismo.

[38] Había una inscripción sobre El en letras griegas, romanas y hebreas: "Este es el Rey de los judíos".

Los dos ladrones. (Mt. 27, 45-46; Mc. 15, 33-41; Jn. 19, 28-30)

[39] Uno de los malhechores crucificados, lo insultaba y le decía: ¿No eres tú el Cristo? Sálvate a ti y a nosotros. [40] El otro le respondió y decía reprendiéndole: ¿Ni siquiera tú temes a Dios ya que estás en el mismo suplicio? [41] Nosotros estamos con razón, pues recibimos el pago digno de lo que hicimos; pero Este no hizo nada malo. [42] Y añadió: Jesús, acuérdate de mí cuando estés en tu reino. [43] Y le respondió: En verdad te digo: hoy estarás conmigo en el paraíso.

Muerte de Jesús.

[44] Sobre la hora de sexta se quedó en tinieblas toda la tierra hasta la hora de nona; [45] se eclipsó el sol y el velo del templo se rasgó por la mitad. [46] Entonces Jesús clamó con gran voz: ¡Padre, en tus manos entrego mi espíritu! Dicho esto, expiró.

[47] Al ver lo sucedido el centurión, glorificó a Dios y dijo: Verdaderamente este hombre era justo. [48] Todas las gentes que habían concurrido a aquel espectáculo, al ver lo sucedido, se volvieron dándose golpes de pecho.

[49] Y todos los conocidos de El y las mujeres que le habían acompañado desde Galilea, estaban a distancia contemplando estas cosas.

Sepultura de Jesús. (Mt. 27, 57-61; Mc. 15, 42-47; Jn. 19, 38-42)

[50] Un varón, llamado José, que era miembro del Sanedrín, hombre bueno y justo, [51] (que no había aprobado la resolución y proceder de los otros, natural de Arimatea, ciudad de Judea y que esperaba el reino de Dios), [52] fue a Pilato y le pidió el cuerpo de Jesús. [53] Después de bajarlo, lo envolvió en una sábana y lo puso

en un sepulcro cavado en la roca, en el que nadie había sido aún
sepultado. 54 Era el día de la Parasceve (*–Preparación*), y comen-
zaba ya el sábado. 55 Las mujeres que habían venido con El desde
Galilea, acompañaron (*a José*) y observaron el sepulcro y cómo
fue colocado su cuerpo. 56 Y se volvieron a preparar aromas y
mirra. Y el sábado descansaron según la Ley preceptuada.

34 *Padre, perdónalos...* Con estas palabras nos enseña Jesús a vengarnos de nuestros enemigos con la oración, la caridad y el perdón.

RESURRECCION Y ASCENSION DEL SEÑOR

Primeras noticias de la resurrección. (Mt. 28, 1-8; Mc. 16, 1-18; Jn. 20, 1-10)

24 1 El primer día de la semana, al despuntar el alba, volvieron
al sepulcro llevando los perfumes que habían preparado;
2 pero hallaron la piedra descorrida del sepulcro, 3 y al entrar, no
encontraron el cuerpo del Señor Jesús. 4 Cuando estaban perplejas
por esto, se les presentaron dos varones con vestiduras
resplandecientes. 5 Al asustarse ellas y bajar la vista al suelo, les
dijeron: ¿Por qué buscáis entre los muertos al que está vivo? 6 No
está aquí; resucitó. Acordaos de lo que os anunció estando todavía
en Galilea, 7 cuando dijo: Conviene que el Hijo del hombre sea
entregado en manos de los pecadores, que sea crucificado y resuci-
te al tercer día. 8 Entonces se acordaron de sus palabras, 9 y vol-
viendo del sepulcro, dieron cuenta de todo esto a los once y a todos
los demás. 10 Eran María Magdalena, Juana y María de Santiago, y
también las otras que estaban con ellas dijeron esto a los apóstoles.
11 Pero a ellos les parecieron aquellos dichos como un delirio y no
las creyeron.

12 Pedro se levantó y fue corriendo al sepulcro; se asomó y vio
solamente las vendas, y se volvió a casa admirado de lo sucedido.

En el camino de Emaús. (Mc. 16, 12-13)

13 En aquel mismo día, dos de ellos iban de camino a una
aldea, llamada Emaús, distante de Jerusalén sesenta estadios, 14 y
hablaban entre ellos de todas las cosas que habían sucedido.
15 Mientras hablaban y discutían, Jesús mismo se les acercó, y se

puso a caminar con ellos, [16] pero sus ojos estaban deslumbrados de
modo que no le reconocieron. [17] Y les dijo: ¿Qué conversación es
esta que lleváis entre vosotros en el camino? Ellos se detuvieron
con tristeza en el semblante.

[18] Uno de ellos, llamado Cleofás, le respondió: ¿Eres tú el
único peregrino, que estando en Jerusalén, no sabes lo que en ella
ha ocurrido estos días? [19] El les dijo: ¿Qué cosas? Ellos le respon-
dieron: Lo de Jesús Nazareno, que fue un profeta poderoso en
obras y palabras ante Dios y ante el pueblo; [20] cómo le entregaron
nuestros pontífices y gobernantes para que le condenaran a muerte
y le crucificaran. [21] Nosotros esperábamos que El fuera el que li-
bertara a Israel; pero, con todo, ya es el tercer día desde que suce-
dieron estas cosas. [22] Es más, algunas mujeres de los nuestros, nos
han desconcertado, cuando fueron muy de mañana al sepulcro, [23] y,
al no hallar Su cuerpo, vinieron diciendo haber visto además una
aparición de ángeles, los que dicen que El está vivo. [24] También
fueron algunos de los nuestros al sepulcro y le hallaron como
dijeron las mujeres, pero a El no le vieron.

[25] Entonces El les dijo: ¡Oh torpes de entendimiento y tardos
de corazón para creer todo lo que han dicho los profetas! [26] ¿No era
necesario que el Cristo padeciera así para entrar en su gloria?
[27] Comenzando luego por Moisés y siguiendo por todos los profe-
tas, les fue interpretando lo que en todas las Escrituras había acerca
de El.

[28] Llegaron por fin a la aldea adonde iban, y El aparentó ir más
lejos; [29] pero le hicieron fuerza diciéndole: ¡Quédate con nosotros,
porque ya es tarde y ha declinado el día! Y entró para quedarse con
ellos. [30] Y estando con ellos a la mesa, tomó el pan, lo bendijo, lo
partió y se lo dio. [31] Entonces se les abrieron los ojos y le recono-
cieron; mas El desapareció de su vista. [32] Y se dijeron el uno al
otro: ¿No sentíamos como encenderse el corazón dentro de noso-
tros mientras nos hablaba por el camino y nos explicaba las
Escrituras? [33] En aquel mismo instante se levantaron y se volvieron
a Jerusalén y encontraron reunidos a los once y a los demás, [34] los
cuales dijeron: Realmente ha resucitado el Señor y se ha aparecido
a Simón. [35] Ellos refirieron lo que les había pasado en el camino, y
como le conocieron en el partir el pan.

Aparición a los once apóstoles. (Mc. 16, 14; Jn. 20, 19-23)
[36] Estaban hablando de estas cosas cuando El mismo se pre-
sentó en medio de ellos, y les dijo: ¡La paz sea con vosotros! [37] Se
asustaron y llenos de miedo, creían estar viendo un espíritu. [38] Mas
El les dijo: ¿por qué os turbáis y se levantan dudas en vuestros
corazones? [39] ¡Mirad mis manos y mis pies! Soy yo mismo. Palpad
y ved que un espíritu no tiene carne y huesos, como véis que yo
tengo. [40] Al decir esto, les mostró las manos y pies. [41] Como aún
desconfiaran, de pura alegría, y se quedaran admirados, les dijo:
¿Tenéis aquí algo de comer? [42] Ellos le dieron un trozo de pez
asado. [43] Lo tomó y comió delante de todos.

Palabras de despedida. (Hech. 1, 4-8)
[44] Después les dijo: Esto es lo que os decía cuando todavía
estaba con vosotros: Que era necesario que se cumpliera todo lo
que está escrito acerca de Mi en la Ley de Moisés, en los Profetas
y en los Salmos. [45] Entonces les abrió la inteligencia para que com-
prendieran las Escrituras, [46] y les dijo: Así estaba escrito que el
Cristo tenía que padecer y resucitar de entre los muertos al tercer
día, [47] y que en su nombre se predicaría el arrepentimiento y el
perdón de los pecados a todas las naciones, comenzando por
Jerusalén. [48] Vosotros habréis de dar testimonio de todo esto. [49] Y
sabed que yo os voy a enviar la Promesa de mi Padre; pero perma-
neced en la ciudad hasta que seáis revestidos del poder de lo alto
(Hech. 1, 4-8).

Ascensión de Jesús al cielo. (Mc. 16, 19-20; Hech. 1, 9-12)
[50] Después los sacó fuera hasta frente a Betania, y, levantando
sus manos, les bendijo. [51] Mientras los bendecía, se separó de ellos
y fue elevado hacia el cielo. [52] Ellos le adoraron y se volvieron con
gran alegría a Jerusalén. [53] Y estaban continuamente en el templo
alabando y bendiciendo a Dios.

[1] *El primer día de la semana*, es el domingo, "día del Señor". En el A.T. el día de fiesta era el sábado. Ahora en el N.T. es el domingo "día del Señor", porque en domingo resucitó El.

EVANGELIO SEGUN SAN JUAN

Vida de San Juan Evangelista

San Juan era natural de Betsaida de Galilea, hermano de Santiago el Mayor, ambos pescadores (Lc. 5, 1-11), como su padre el Zebedeo, y por su ardiente celo fueron llamados Boanerges, hijos del trueno (Mc. 3, 17). El Bautista le mostró a Juan el Salvador, como el Cordero de Dios que quita los pecados del mundo, e inmediatamente se fue en pos de el (Jn. 1, 35-40).

San Juan fue el discípulo predilecto del Señor (Jn. 13, 23), al que la tradición ha llamado el discípulo virgen, y (con su hermano Santiago y Simón Pedro) fue testigo de la resurrección de la hija de Jairo (Mc. 5, 37), de la Transfiguración del Señor y de la agonía de Getsemaní (Mt. 26, 37). El presenció también la muerte de Jesús y a él le encomendó su Madre desde la cruz. (Jn. 19, 26; 20, 2; 21, 7-20).

La antigua tradición de la Iglesia, desde el siglo II, nos dice claramente que San Juan es uno de los doce apóstoles del Señor y escribió el 4.º Evangelio (y además las tres cartas que llevan su nombre y el Apocalipsis).

San Juan predicó el Evangelio en Palestina primeramente y más tarde en el Asia Menor cuyas iglesias gobernó. Eusebio, el historiador y Tertuliano nos dicen que sufrió el martirio en Roma durante la persecución de Domiciano, pero saliendo ileso por especial providencia de Dios, lo desterró a la isla de Patmos (Apoc. 1, 9) de donde volvió a Efeso, donde escribió su Evangelio a fines del siglo I, según el testimonio de San Ireneo, y allí murió según Tertuliano y San Jerónimo.

Prólogo: Encarnación del Verbo

1 [1] Al principio era el Verbo, y el Verbo estaba con Dios, y el
VERBO ERA DIOS. [2] El estaba al principio con Dios.
[3] Todas las cosas fueron hechas por El y sin El nada se hizo de
cuanto existe. [4] En El estaba la Vida, y la Vida era la luz de los
hombres. [5] La luz brilla en las tinieblas, y las tinieblas no la recibieron.

6 Hubo un hombre, enviado de Dios, llamado Juan. 7 Este vino
como testigo para dar testimonio de la luz, para que todos creyeran
por él.

8 No era él la luz, sino para dar testimonio de la luz.

9 El Verbo era la luz verdadera que, viniendo a este mundo,
alumbra a todo hombre. 10 En el mundo estaba, y el mundo fue
hecho por El; pero el mundo no le conoció.

11 El vino a los suyos, y los suyos no le recibieron; 12 pero a
todos los que le recibieron, les dio poder de llegar a ser hijos de
Dios: a los que creen en su nombre. 13 Estos no han nacido de la
sangre, ni del deseo de la carne, ni de voluntad de varón, sino de
Dios.

14 Y EL VERBO SE HIZO CARNE, y puso su morada en
medio de nosotros, y vimos su gloria, gloria como del Unigénito
del Padre, lleno de gracia y de verdad.

Testimonio de Juan el Bautista

15 Juan da testimonio de El, y ha clamado diciendo: De Este
dije yo: El que viene después de mí, se me ha adelantado, porque
El existía antes que yo. 16 Pues de su plenitud hemos recibido todos
gracia tras gracia. 17 Porque la Ley fue dada por Moisés, la gracia y
la verdad vinieron por Jesucristo. 18 A Dios nadie le ha visto jamás;
el Dios, Hijo único, que está en el seno del Padre, ese es quien lo
ha dado a conocer.

Testimonio de Juan ante los sacerdotes y levitas

19 Y éste es el testimonio de Juan, cuando enviaron a él los
judíos desde Jerusalén sacerdotes y levitas a preguntarle: ¿Tú
quién eres? 20 El confesó y no negó; confesó: Yo no soy el Cristo.
21 Entonces ¿qué? ¿Eres tú Elías? Dijo: No lo soy. ¿Eres tú el
profeta? Respondió: No. 22 Entonces le dijeron: Pues ¿quién eres?
para que demos respuesta a los que nos enviaron. ¿Qué dices de ti
mismo? 23 El dijo: *Yo soy la voz del que clama en el desierto:
"Enderezad el camino del Señor"*, como dijo el profeta Isaías (40,
3).

24 Había también enviados de los fariseos, 25 y le preguntaron:
¿Por qué, pues, bautizas si tú no eres el Cristo, ni Elías, ni el
profeta? 26 Juan les respondió: Yo bautizo con agua; pero en medio

de vosotros hay uno a quien no conocéis, 27 el que viene después de
mí y al que yo no soy digno de desatar la correa de sus sandalias.
28 Esto ocurrió en Betania, al otro lado del Jordán donde estaba
Juan bautizando.

Testimonio de Juan ante sus discípulos

29 Al día siguiente vio a Jesús venir hacia él, y dijo: He aquí el
Cordero de Dios, que quita el pecado del mundo. 30 Este es Aquel
de quien yo dije: "Después de mí, viene uno que ha sido antepues-
to a mí, porque El existía antes que yo". 31 Yo no lo conocía; mas,
para que fuera manifestado a Israel, vine yo bautizando con agua.
32 Y Juan dio testimonio, diciendo: He visto al Espíritu que descen-
día del cielo como una paloma y posó sobre El. 33 Ahora bien, yo
no le conocía; mas el que me envió a bautizar con agua me dijo:
Aquel sobre quien vieres descender el Espíritu y posarse sobre El,
ese es el que bautiza con Espíritu Santo. 34 Y yo lo he visto y doy
testimonio de que éste es el Hijo de Dios.

Llamamiento de los primeros discípulos

35 Al día siguiente, de nuevo estaba Juan con dos de sus
discípulos. 36 Y fijando la vista en Jesús que pasaba, dijo: ¡He aquí
el Cordero de Dios! 37 Los dos discípulos, al oírlo hablar así, si-
guieron a Jesús. 38 Vuelto Jesús, al ver que le seguían, les dijo:
¿Qué buscáis? Ellos le respondieron: ¡Rabi! (que significa ¡Maes-
tro!): ¿dónde moras? 39 El les dijo: Venid y lo veréis. Fueron, pues,
y vieron donde moraba, y con El permanecieron aquel día. Era
como la hora décima. 40 Uno de los dos que oyeron la palabra de
Juan y le siguieron, era Andrés, el hermano de Simón Pedro. 41 El
encontró luego a su hermano Simón, y le dijo: Hemos encontrado
al Mesías (que quiere decir: "Cristo"). 42 Le condujo a Jesús, quien
poniendo en él los ojos, dijo: Tu eres Simón, el hijo de Juan, tú te
llamarás Kefas (que quiere decir: Pedro).

43 Al día siguiente determino salir para Galilea, y encontró a
Felipe, y Jesús le dijo: "Sígueme". 44 Era Felipe de Betsaida, de la
ciudad de Andrés y Pedro. 45 Encontró Felipe a Natanael y le dijo:
Aquel de quien escribió Moisés en la Ley y los Profetas, lo hemos
encontrado, a Jesús, hijo de José, el de Nazaret. 46 Y Natanael le
dijo: ¿De Nazaret puede salir algo bueno? Felipe le contestó: Ven

y verás. 47 Jesús vio a Natanael, que se le acercaba y dijo de él: He aquí un verdadero israelita, en el cual no hay engaño. 48 Díjole Natanael: ¿De dónde me conoces? Jesús le respondió: Antes que Felipe te llamara, cuando estabas debajo de la higuera, te vi. 49 Natanael le respondió: ¡Rabi! ¡Tú eres el Hijo de Dios, el Rey de Israel! 50 Jesús le respondió: Porque te dije que te vi debajo de la higuera, ¿crees? Mayores cosas verás. 51 Y añadió: En verdad, en verdad os digo: veréis el cielo abierto y a los ángeles de Dios subiendo y bajando sobre el Hijo del hombre.

1 *Al principio* (como en Gén. 1, 1; al principio de la creación cuando no existía nada, sino sólo Dios) *era* (existía) *el Verbo* (=la Palabra del Padre), *y el Verbo era Dios... y el VeBo se hizo carne* (v. 14).

Al crear, pues, Dios al mundo, el Verbo ya existía. El Verbo o Palabra substancial del Padre era Dios y eterno como El. Jesucristo es el Verbo o Palabra eterna del Padre.

14 *La Encarnación* es el misterio del Hijo de Dios hecho hombre. El Verbo que nace eternamente del Padre se dignó nacer en el tiempo, como hombre, de la Virgen María.

45 *Natanael Bar-Tolmai*. Tenemos que Natanael era *hijo de Tolme*, y de ahí que unas veces se le llame Natanael y otras Bartolomé, pues es el mismo. (*Bar*=hijo).

Las bodas de Caná

2 1 Al tercer día se celebró una boda en Caná de Galilea, y la Madre de Jesús estaba allí. 2 Jesús también fue invitado a la boda con sus discípulos. 3 Y, acabándose el vino, dijo la Madre de Jesús a éste: No tienen vino. 4 Jesús le dijo: ¡Mujer! ¿qué nos va a mí y a ti? Aún no ha llegado mi hora. 5 Dijo su Madre a los sirvientes: Haced lo que El os diga.

6 Había allí seis tinajas para las purificaciones de los judíos, con capacidad cada una de dos a tres metretas *(–unos 36 litros)*. 7 Jesús les dijo: Llenad las tinajas de agua. Y las llenaron hasta arriba. 8 Entonces les mandó: "Sacad ahora y llevad al maestresala". Y ellos se lo llevaron. 9 Apenas gustó el maestresala el agua convertida en vino, como no sabía de donde era (pero lo sabían los criados que habían sacado el agua) llamó al esposo, 10 y le dijo: Todos sirven primero el vino bueno, y después, cuando han bebido bien, el menos bueno; pero tu has guardado el mejor vino hasta ahora. 11 Este es el primero de los milagros que hizo Jesús en Caná de Galilea, y manifestó su gloria, y sus discípulos creyeron en El.

Va a Cafarnaúm y luego a Jerusalén

12 Después de esto, bajó El a Cafarnaúm con su Madre, sus
hermanos y sus discípulos y allí permanecieron no muchos días.
13 La Pascua de los judíos estaba próxima y Jesús subió a
Jerusalén. 14 Y halló en el templo a los que vendían bueyes, ovejas
y palomas, y a los cambistas sentados. 15 Y, haciendo un azote de
cuerdas, arrojó a todos del templo, también a las ovejas y a los
bueyes y derramó las monedas y volcó las mesas de los cambistas.
16 y a los que vendían las palomas, dijo: Quitad eso de aquí; no
hagáis de la casa de mi Padre casa de comercio.
17 Entonces se acordaron sus discípulos de que está escrito:
"El celo de tu casa me devora" (Sal. 69, 10). 18 Los judíos le
dijeron: ¿Qué señal nos muestras para obrar así? 19 Jesús les res-
pondió: Destruid este templo y en tres días lo levantaré. 20 Replica-
ron entonces los judíos: Cuarenta y seis años se han empleado en
edificar este templo, y ¿tú en tres días lo levantarás? 21 Mas El
hablaba del templo de su cuerpo. 22 Y cuando resucitó de entre los
muertos, sus discípulos se acordaron de que había dicho esto, y
creyeron en la Escritura y a la palabra dicha por Jesús.
23 Mientras El estuvo en Jerusalén, durante la fiesta de la Pas-
cua, muchos creyeron en su nombre al ver los milagros que hacía;
24 pero Jesús no se fiaba de ellos, porque los conocía a todos, 25 y
no necesitaba de que nadie le diera testimonio acerca del hombre,
por cuanto El por si mismo conoce lo que hay en el hombre.

5 *Haced lo que el os diga.* María ejerce el oficio de mediadora entre Jesús y los sirvientes. Ella es nuestra Mediadora ante el Mediador Jesús.

Visita de Nicodemo. Necesidad del bautismo

3 1 Había un hombre, llamado Nicodemo, fariseo y principal en-
tre los judíos, 2 el cual fue de noche a ver a Jesús y le dijo:
Rabbí, sabemos que has venido de parte de Dios, como Maestro,
porque nadie puede hacer los milagros que Tú haces, si no estuvie-
se Dios con él.
3 Jesús le respondió: En verdad te digo: quien no naciere de
arriba, no puede ver el reino de Dios. 4 Nicodemo le dijo: ¿Cómo
puede un hombre nacer, siendo viejo? ¿Acaso puede entrar en el
seno de su madre por segunda vez y volver a nacer? 5 Jesús le

contestó: En verdad, en verdad te digo: quien no naciere del agua y
del Espíritu, no puede entrar en el reino de los cielos. 6 Lo nacido
de la carne, es carne; y lo nacido del Espíritu, es espíritu.
7 No te admires de que te haya dicho: "Es necesario nacer de
arriba". 8 el viento sopla donde quiere. Tú oyes el ruido, pero no
sabes de donde viene y adónde va. Así es todo el que ha nacido del
Espíritu.
9 Nicodemo le preguntó: ¿Cómo puede hacerse esto? 10 Jesús
le respondió: ¿Tú eres maestro en Israel y no lo sabes? 11 Verdade-
ramente te digo que hablamos lo que sabemos, y damos testimonio
de lo que hemos visto, y vosotros no recibís nuestro testimonio.
12 Si cuando os digo las cosas de la tierra, no creéis, ¿cómo creeréis
si os hablase de cosas celestiales? 13 Nadie ha subido al cielo, sino
Aquel que descendió del cielo, el Hijo del hombre.

El gran amor de Dios a los hombres

14 Como Moisés levantó la serpiente en el desierto, así es ne-
cesario que el Hijo del hombre sea levantado. 15 Para que todo el
que crea en El tenga vida eterna. 16 Porque tanto amó Dios al mun-
do, que le dio a su Hijo Unigénito, para que todo aquel que crea en
El no se pierda, sino que tenga la vida eterna; 17 pues Dios no envió
a su Hijo al mundo para condenar al mundo, sino para que el
mundo sea salvo por El. 18 El que cree en El, no se condena; el que
no cree, ya está condenado, porque no ha creído en el nombre del
Unigénito Hijo de Dios.
19 Y ésta es la condenación: que la luz ha venido al mundo, y
los hombres han amado más las tinieblas que la luz, porque sus
obras eran malas. 20 Porque todo el que hace el mal, odia la luz, y
no se acerca a la luz para que sus obras no sean reprobadas. 21 Pero
el que obra la verdad, viene a la luz, para que se vean sus obras,
pues en Dios han sido hechas.

Nuevo testimonio de Juan Bautista

22 Después de esto fue Jesús con sus discípulos al territorio de
Judea, y allí estuvo viviendo con ellos y bautizando. 23 Juan tam-
bién estaba bautizando en Ainón, cerca de Salim, donde había
muchas aguas, y se presentaban las gentes para bautizarse; 24 pues
Juan aún no había sido puesto en la cárcel.

[25] Entonces algunos discípulos de Juan tuvieron una disputa
con un judío a propósito de la purificación. [26] Y fueron a Juan y le
dijeron: Rabbí, el que estaba contigo al otro lado del Jordán, del
cual tú has dado testimonio, está bautizando y todos van a El.
[27] Respondió Juan: No puede el hombre recibir nada, si no le fuera
dado del cielo. [28] Vosotros mismos me sois testigos de que dije:
"No soy yo el Cristo, sino que he sido enviado delante de El". [29] el
que tiene la esposa es el esposo; mas el amigo del esposo, que la
acompaña y la oye, mucho se goza con la voz del esposo. Pues esta
alegría mía ya se ha cumplido. [30] Es necesario que El crezca y yo
disminuya.

[31] El que viene de lo alto está por encima de todos; el que
viene de la tierra, de la tierra es y de la tierra habla. el que viene
del cielo, sobre todo está. [32] Lo que ha visto y oído, de eso da
testimonio, ¡y nadie admite su testimonio! [33] Quien recibe su testi-
monio da fe de que Dios es veraz. [34] Aquel a quien Dios ha enviado
habla palabra de Dios; pues Dios no le dio con medida el Espíritu.
[35] El padre ama al Hijo y todas las cosas ha puesto en sus manos.
[36] Quien cree en el Hijo, tiene la vida eterna; quien no quiere creer
al Hijo, no verá la vida, sino que la ira de Dios permanecerá sobre
él.

[5] *Quien no naciere del agua...* Este texto se refiere en general a niños y adultos, y por eso la Iglesia manda que "los niños deben ser bautizados lo más pronto posible". El texto que se refiere a los adultos es el de Mc. 16, 16.

Jesús y la mujer samaritana

4 [1] Cuando supo el Señor que los fariseos habían oído que Jesús
hacía más discípulos y bautizaba más que Juan, [2] (y eso que
Jesús mismo no bautizaba, sino sus discípulos), [3] abandonó la Ju-
dea y marchó de nuevo a Galilea. [4] Le era forzoso pasar por
Samaría. [5] Llegó, pues, a una ciudad de Samaría, llamada Sicar,
junto a la heredad que dio Jacob a su hijo José. [6] Allí se encuentra
el pozo de Jacob. Jesús pues, cansado del camino, fue así a sentar-
se junto al pozo. Era como la hora de sexta.

[7] Llegó una mujer de Samaría a sacar agua. Jesús le dijo:
Dame de beber. [8] Entretanto sus discípulos se habían ido a la ciu-
dad a comprar alimentos. [9] la mujer samaritana le contestó: ¿Cómo

tú, siendo judío, me pides de beber a mí, que soy mujer samarita-
na? (Porque no se tratan los judíos y los samaritanos).
10 Jesús le respondió: "Si supieras el don de Dios y quien es el
que te dice: Dame de beber, le pedirías tú y El te daría agua viva".
11 La mujer le dijo: Señor, si no tienes con qué sacarla y el pozo es
hondo, ¿de dónde tienes el agua viva? 12 ¿Eres tú más que nuestro
padre Jacob, que nos dio el pozo y de él bebieron él, sus hijos y sus
ganados? 13 Jesús le respondió: Todo el que bebe de este agua,
volverá a tener sed; 14 mas quien bebiere del agua que yo le daré,
no tendrá sed jamás, sino que el agua que yo le daré se hará en él
una fuente que brote hasta la vida eterna.
15 La mujer le dijo: Señor, dame de esa agua para que no tenga
sed jamás ni venga aquí a sacar agua. 16 Jesús le dijo: Anda, llama a
tu marido y vuelve acá. 17 Respondió la mujer: No tengo marido.
Jesús le dijo: Bien has dicho. No tengo marido, 18 porque cinco
maridos tuviste, y ahora, el que tienes no es tu marido; en eso has
dicho verdad. 19 Díjole la mujer: Señor, veo que tú eres un profeta.
20 Nuestros padres en este monte adoraron, y vosotros decís que en
Jerusalén esta el lugar donde se ha de adorar.
21 Jesús le respondió: Créeme, mujer, que llega la hora, cuan-
do ni en este monte ni en Jerusalén adoraréis al Padre. 22 Vosotros
adoráis lo que no sabéis; nosotros adoramos lo que sabemos, por-
que la salvación viene de los judíos. 23 Pero viene la hora, y ya ha
llegado, cuando los verdaderos adoradores adorarán al Padre en
espíritu y en verdad, porque el Padre busca quienes así le adoren.
24 Dios es espíritu y los que le adoran, en espíritu y en verdad
deben adorarle. 25 La mujer le respondió: Se que está para llegar el
Mesías (el llamado Cristo); cuando El venga nos instruirá en todo.
26 Jesús le dijo: Soy yo, el que habla contigo.

La samaritana regresa a Sicar y anuncia a Cristo

27 En aquel momento llegaron sus discípulos, y se admiraron
de que con una mujer estuviese hablando, mas ninguno dijo: ¿Qué
preguntas? o ¿qué hablas con ella? 28 Entonces la mujer dejó su
cántaro y fue a la ciudad y dijo a la gente: 29 Venid a ver a un
hombre que me ha dicho todo lo que he hecho. ¿No será el Cristo?
30 Salieron de la ciudad y fueron a El.

El manjar espiritual

31 Entretando los discípulos le rogaban y decían: ¡Rabbí!
come. 32 Pero El les dijo: Yo tengo un manjar para comer que
vosotros no sabéis. 33 Los discípulos se decían entre sí: ¿Acaso
alguien le trajo de comer? 34 Jesús les dijo: Mi alimento es hacer la
voluntad del que me envió y dar cumplimiento a su obra. 35 ¿No
decís vosotros: "Dentro de cuatro meses viene la siega" Pues bien,
yo os digo: Alzad vuestros ojos y contemplad los campos, que ya
están maduros para la siega. 36 El que siega, recibe su recompensa y
recoge el fruto para la vida eterna, para que el que siembra se
regocije al mismo tiempo que el que siega. 37 Pues en esto es verda-
dero el dicho de que: "Uno es el que siembra y otro el que recoge".
38 Yo os envio a segar aquello que vosotros no habéis trabajado;
otros han trabajado y vosotros en su trabajo habéis entrado.

Muchos samaritanos creyeron en Jesús

39 Muchos de los samaritanos de aquella ciudad creyeron en El
por la palabra de la mujer que aseguraba: "Me dijo todo lo que
hice". 40 Cuando se llegaron a El los samaritanos, le rogaron que se
quedara con ellos, y se quedó allí dos días. 41 Y fueron muchos los
que creyeron por lo que el les dijo, 42 y decían a la mujer: Ya no
creemos por lo que nos dijiste, porque nosotros mismos hemos
oído y visto que éste es verdaderamente el Salvador del mundo.

Jesús regresa a Galilea

43 Después de los dos días salió de allí para Galilea. 44 Porque
Jesús mismo atestiguó que ningún profeta es estimado en su patria.
45 Cuando llegó a Galilea, fue recibido por los galileos que habían
visto todo cuanto había hecho en Jerusalén durante la fiesta, ya que
también ellos habían ido a la fiesta.

Curación del hijo de un cortesano

46 Fue, pues, otra vez a Caná de Galilea, donde había converti-
do el agua en vino. Había allí un funcionario de la corte, cuyo hijo
estaba enfermo en Cafarnaúm. 47 Este, al oír que Jesús llegaba de
Judea a Galilea, se fue a su encuentro y le rogaba que bajara y
sanara a su hijo, porque estaba ya para morir. 48 Jesús le dijo: Si no
véis milagros y prodigios, no creéis. 49 El cortesano le suplicó:

Señor, baja antes que muera mi hijo. 50 Jesús le dijo: Anda, tu hijo
vive. Creyó el hombre lo que le dijo Jesús y se puso en marcha.
51 Ya iba bajando, cuando los siervos le salieron al encuentro,
y le anunciaron: Tu hijo vive. 52 Les preguntó la hora en que se
encontró mejor, y le dijeron: Ayer, a la hora séptima le dejó la
fiebre. 53 Entonces conoció el padre que aquella era la hora en que
le dijo Jesús: "Tu hijo vive", y creyó él y toda su casa. 54 Este fue el
segundo milagro que realizó Jesús al volver de Judea a Galilea.

10 *Si conocieras el don de Dios...* el don de la gracia, que apaga la sed de los placeres terrenos... El agua viva es símbolo de los bienes de salvación, sobre todo el don del Espíritu Santo...

Curación del paralítico de la piscina.

5 1 Después de esto era (la) fiesta de los judíos, y Jesús subió a
Jerusalén. 2 Hay en Jerusalén, junto a la puerta de las Ovejas,
una piscina, llamada en hebreo Bethesda, que tiene cinco pórticos.
3 En estos yacía una multitud de enfermos: ciegos, cojos, tullidos,
que esperaban el movimiento del agua. 4 Porque un ángel del Señor
bajaba a la piscina de tiempo en tiempo y revolvía el agua, y el
primero que entraba después de revuelta el agua, quedaba sano de
cualquier enfermedad que tuviese.
5 Había allí un hombre que llevaba treinta y ocho años
enfermo. 6 Jesús, al verle tendido, y saber que llevaba mucho tiem-
po, le dijo: ¿Quieres sanar? 7 El enfermo le respondió: Señor, no
tengo hombre que, al ser revuelta el agua, me lance a la piscina;
mientras yo voy, otro entra antes que yo. 8 Díjole Jesús: Levántate,
toma tu camilla y anda. 9 Y al punto quedó sano aquel hombre;
tomó su camilla y echó a andar.

Discusión sobre el sábado

Era sábado aquel día. 10 Comenzaron los judíos a decir al que
había sanado: Es sábado y no te es lícito llevar la camilla. 11 El les
respondió: Aquel que me sanó me dijo: Toma tu camilla y anda.
12 Ellos le preguntaron: ¿Quién es el hombre que te dijo: Tómala y
anda? 13 Pero el que había sido curado no sabía quien era, porque
Jesús desapareció entre la turba que había en aquel lugar. 14 Des-
pués de esto, le encontró Jesús en el templo, y le dijo: Mira, has
sido curado; no peques ya más para que no te suceda cosa peor.

15 El hombre fue a decir a los judíos que Jesús es el que le curó.
16 Y por esto comenzaron los judíos a perseguir a Jesús, porque
hacía tales cosas en sábado.

Jesús se declara igual al Padre

17 Mas Jesús les respondió: Mi Padre siempre está obrando, y
por eso también yo obro. 18 Por esto, aún más, los judíos trataban
de matarle, porque no sólo quebrantaba el sábado, sino que decía
que Dios era su Padre, haciéndose igual a Dios.

19 Jesús continuó diciéndoles: En verdad, en verdad os digo:
No puede el Hijo hacer por sí nada, sino lo que viere al Padre
hacer, porque lo que éste hace, esto también el Hijo lo hace
igualmente. 20 Porque el Padre ama al Hijo y le muestra todo lo que
hace, y mayores obras que éstas le mostrará, de suerte que vosotros
quedéis maravillados. 21 Porque como el Padre resucita a los muer-
tos y les da vida, así también el Hijo da vida a los que quiere.

22 Y el Padre no juzga a nadie, sino que ha dado todo el poder
de juzgar al Hijo, 23 para que todos honren al Hijo como honran al
Padre. Quien no honra al Hijo, no honra al Padre que le envió.
24 Verdaderamente os digo que quien oye mi palabra y cree en el
que me envió, tiene la vida eterna y no viene a juicio, sino que ha
pasado ya de la muerte a la vida.

25 En verdad, en verdad os digo que tiempo vendrá, y es ahora,
cuando los muertos oirán la voz del Hijo de Dios, y los que la
oigan, vivirán, 26 porque como el Padre tiene vida en sí mismo, así
también al Hijo dio tener vida en sí mismo. 27 Y le dio el poder de
juzgar, porque El es el Hijo del hombre.

28 No os admiréis de esto, porque viene tiempo en que todos
los que están en los sepulcros, oirán su voz, 29 y saldrán, los que
hicieron el bien, para resurrección de vida, y los que hicieron el
mal para la resurrección de condenación. 30 Por mí mismo Yo no
puedo hacer nada; según oigo, juzgo, y mi juicio es justo, porque
no busco mi voluntad, sino la voluntad del que me envió.

Testimonio del Padre en favor de Jesús

31 Si yo doy testimonio de mí mismo, mi testimonio no es
verdadero. 32 Pero otro es el que da testimonio de mí, y se que es
verdadero el testimonio que de mí da. 33 Vosotros habéis enviado a

preguntar a Juan, y él ha dado testimonio de la verdad; 34 mas yo no tomo testimonio de hombre alguno, sino que digo esto para que vosotros os salvéis. 35 El era lámpara que ardía y lucía, mas vosotros habéis querido regocijaros un momento con su luz.

36 El testimonio que yo tengo es mayor que el de Juan, porque las obras que el Padre me ha concedido llevar a cabo, las obras que yo hago, esas dan testimonio de que el Padre me ha enviado, 37 y el Padre que me envió, da testimonio de mí. Jamás habéis oído su voz, ni visto su figura, 38 ni tampoco tenéis su palabra morando en vosotros, por no haber creído en Aquel que El envió. 39 Examinad bien las Escrituras, ya que vosotros creéis tener en ellas la vida eterna, pues ellas son las que dan testimonio de Mí, 40 y no queréis venir a Mí para tener vida.

Incredulidad obstinada

41 Yo no admito gloria de parte de los hombres; 42 pero os conozco y se que no tenéis el amor de Dios en vosotros. 43 Yo he venido en nombre de mi Padre y no me recibís; si otro viniera en su propio nombre, a ese recibiriáis. 44 ¿Cómo podéis vosotros creer, si admitís alabanza unos de otros y no buscáis la gloria que viene de sólo Dios? 45 No penséis que Yo os acusaré ante el Padre; el que os acusará será Moisés en quien vosotros tenéis puesta la esperanza. 46 Porque si creyéseis en Moisés, creeríais en Mí, porque de Mí escribió él. 47 Si en sus Escrituras no creéis ¿cómo creeréis en mis palabras?

39 *Examinad bien las Escrituras...* Con esto recomienda el Señor mismo la lectura de los Libros Santos... La Biblia trata de Jesucristo. Su Vida fue escrita siglos antes por los profetas... Jesucristo es la figura central de la Biblia. Todas las profecías convergen en Jesucristo...

Primera multiplicación de los panes. (Mt. 14, 13-23; Mc. 6, 30-46; Lc. 9, 10-17)

6 1 Después de esto Jesús marchó al otro lado del mar de Galilea o de Tiberiades, 2 y le seguía gran muchedumbre, porque veían los milagros que hacía con los enfermos. 3 Entonces Jesús subió al monte, y allí se sentó con sus discípulos. 4 Estaba cerca la Pascua, la fiesta de los judíos. 5 Alzando, pues, Jesús los ojos y viendo que una gran muchedumbre venía hacia El, dijo a Felipe: ¿Dónde com-

praríamos panes para que comieran éstos? 6 Esto dijo para probarle,
porque El ya sabía lo que iba a hacer.

7 Felipe le respondió: Doscientos denarios de pan no les basta-
ría para que cada uno recibiera un poco. 8 Uno de sus discípulos,
Andrés el hermano de Simón Pedro, le dijo: 9 Hay aquí un mucha-
cho que tiene cinco panes de cebada y dos peces; pero ¿qué es esto
para tanta gente? 10 Mas Jesús dijo: Haced que los hombres se
sienten. Había mucha hierba en aquel lugar. Se acomodaron, pues,
los hombres en número como de cinco mil.

11 Entonces tomó Jesús los panes, y habiendo dado gracias,
repartió a los que estaban sentados, así como de los peces, cuanto
querían. 12 Cuando ya se hartaron, dijo a sus discípulos: Recoged
los trozos que sobraron para que nada se pierda. 13 Los recogieron y
llenaron doce cestos de trozos que habían sobrado a los que comie-
ron de los cinco panes de cebada.

14 Los hombres que vieron el milagro que hizo Jesús, decían:
Este es verdaderamente el profcta que había de venir al mundo.
15 Entendiendo, pues, Jesús que iban a venir a El para llevárselo a
la fuerza y proclamarlo rey, se volvió de nuevo al monte El sólo.

Jesús anda sobre las aguas. (Mt. 14, 24-33; Mc. 6, 47-52)

16 Cuando llegó la tarde, bajaron sus discípulos al mar, 17 y,
entrando en una barca, emprendieron la marcha hacia el otro lado
del mar, hacia Cafarnaúm. Y ya se había hecho de noche y Jesús
aún no había ido a ellos. 18 El mar se alborotó por un grande viento
que soplaba. 19 Después de navegar como unos veinticinco o treinta
estadios, vieron a Jesús caminando sobre el mar y que se aproxi-
maba a la barca, y se asustaron. 20 Mas El les dijo: Soy yo, no
tengáis miedo. 21 Ellos quisieron recibirle en la barca, pero ensegui-
da se encontró la barca en la tierra a la que iban.

Promesa de la Eucaristía

22 Al día siguiente, la gente que se quedó al otro lado del mar,
notó que no había allí más que una sola barca, y que Jesús no había
entrado con sus discípulos en ella, sino que los discípulos habían
marchado solos. 23 Pero llegaron otras barcas desde Tiberiades, cer-
ca del lugar donde comieron el pan con la acción de gracias del
Señor.

24 Cuando la multitud vio que Jesús no estaba allí, ni sus discí-
pulos, subieron a las barcas y fueron a Cafarnaúm en busca de
Jesús, 25 habiéndole hallado al otro lado del mar, le dijeron: Rabbí,
¿cuándo has llegado aquí?

26 Jesús le respondió: En verdad, en verdad os digo: me bus-
cáis, no porque visteis milagros, sino porque comistéis el pan y os
hartásteis. 27 Trabajad no por el manjar que perece, sino por el
manjar que perdura para la vida eterna y que os dará el Hijo del
hombre, porque a Este marcó con su sello el Padre, Dios.

28 Ellos le dijeron: ¿Qué haremos para hacer las obras de
Dios? 29 Jesús les respondió y dijo: La obra de Dios es que creáis
en el que El envió. 30 Entonces le dijeron: ¿qué milagro haces tú
para que veamos y creamos en ti? ¿qué obra haces? 31 Nuestros
padres comieron el maná del desierto, como está escrito: *"Pan del
cielo les dio a comer"* (Ex. 16, 13ss; Sab. 16, 20). 32 Jesús les dijo:
En verdad, en verdad os digo: no os ha dado Moisés el pan del
cielo, sino mi Padre es el que os da el verdadero pan del cielo,
33 porque el pan de Dios es Aquel que desciende del cielo y da vida
al mundo. 34 Ellos le dijeron: Señor, danos siempre este pan.

Jesús es el verdadero pan de vida

35 Jesús les respondió: Yo Soy el pan de vida; quien viene a
Mí, no tendrá más hambre, y el que cree en mí no tendrá sed
jamás. 36 Pero Yo os digo que me habéis visto y sin embargo no
creéis. 37 Todo lo que me da el Padre vendrá a Mí, y al que venga a
Mí, no le arrojaré fuera, 38 porque he bajado del cielo no para hacer
mi voluntad, sino la voluntad del que me envió. 39 Ahora bien, la
voluntad del que me envió, es que no pierda Yo nada de cuanto me
ha dado, sino que lo resucite en el último día. 40 Porque ésta es la
voluntad de mi Padre: que todo el que ve al Hijo y cree en El,
tenga vida eterna, y yo le resucitaré en el último día.

41 Entonces los judíos se pusieron a murmurar de El, porque
dijo: "Yo soy el pan que bajó del cielo", 42 y decían: ¿No es éste
Jesús el hijo de José, del que nosotros conocemos el padre y la
madre? ¿Cómo, pues, dice ahora: Yo he bajado del cielo? 43 Jesús
les respondió: No murmuréis unos con otros. 44 Nadie puede venir
a Mí, si el Padre que me envió no le trajere, y Yo le resucitaré en el
último día. 45 Está escrito en los profetas: *"Y serán todos enseña-*

dos por Dios (Is. 54, 13; Jer. 31, 33-34). Todo el que oye y apren-
de la enseñanza del Padre viene a Mí. 46 No es que nadie haya visto
al Padre, pues, sólo el que procede de Dios ha visto al Padre. 47 en
verdad os digo: el que cree tiene vida eterna.

El pan eucarístico

48 Yo soy el pan de vida. 49 Vuestros padres comieron en el
desierto el maná y murieron. 50 Este es el pan bajado del cielo para
que quien lo coma, no muera. 51 Yo soy el pan vivo, el que bajó del
cielo. Quien coma de este pan vivirá para siempre y el pan que Yo
daré es mi carne para la vida del mundo. 52 Comenzaron los judíos
a disputar unos con otros, diciendo: ¿Cómo puede éste darnos a
comer su carne?

53 Entonces Jesús les dijo: En verdad, en verdad os digo: Si no
comiereis la carne del Hijo del hombre y no bebiéreis su sangre, no
tendréis vida en vosotros. 54 El que come mi carne y bebe mi san-
gre, tiene vida eterna, y Yo le resucitaré en el último día, 55 porque
mi carne es verdadera comida y mi sangre verdadera bebida.

56 El que come mi carne y bebe mi sangre, en mí mora y Yo en
él. 57 Así como me envió el Padre viviente y Yo vivo por el Padre,
también aquel que me coma, vivirá por Mí. 58 Este es el pan que
bajó del cielo, no como aquel que comieron vuestros padres y
murieron; el que come de este pan vivirá para siempre. 59 Esto dijo
en Cafarnaúm enseñando en la sinagoga.

Efecto de este sermón y la confesión de Pedro

60 Muchos de sus discípulos, al oírlo dijeron: ¡Dura es esta
doctrina! y ¿quién aguanta a oírla? 61 Pero Jesús, conociendo inte-
riormente que murmuraban de esto sus discípulos, les dijo: ¿Esto
os escandaliza? 62 ¿Y si viérais al Hijo del hombre subir adonde
antes estaba? 63 El espíritu es el que vivifica, la carne de nada
aprovecha; las palabras que Yo os he hablado son espíritu y vida.
64 Pero hay algunos de vosotros que no creen (porque sabía Jesús
desde el principio quiénes eran los que no creían, y quién era el
que le había de entregar). 65 Y decía: Por esto os tengo dicho que
nadie puede venir a Mí, si no le hubiese sido dado por el Padre.

66 Desde entonces muchos de sus discípulos se volvieron atrás,
y ya no andaban con El.

67 Luego dijo Jesús a los doce: ¿Acaso también vosotros que-
réis marcharos? 68 Simón Pedro le respondió: Señor, ¿a quién ire-
mos? Tu tienes palabras de vida eterna. 69 Y nosotros hemos creído
y sabido que tú eres el Santo de Dios. 70 Jesús les dijo: ¿No fui Yo
acaso quien os elegí a vosotros los doce, y entre vosotros hay un
diablo? 71 Esto lo decía por Judas, hijo de Simón Iscariote, porque
había de entregarle siendo uno de los doce.

27 y 35 La multiplicación de los panes tiene por objeto preparar el corazón de los discípulos y de la gente para la promesa eucarística. "Me buscáis, les dice, porque habéis comido los panes y os habéis saciado, buscad otro pan que permanece hasta la vida eterna. *Yo soy el pan vivo bajado del cielo, el pan que yo daré es misma carne...* Esta fue la promesa que hizo Jesús de dar su carne en comida de un modo sacramental, pero real, y la cumplió al instituir la Eucaristía (Mt. 26, 26).

Jesús va a la fiesta de los Tabernáculos

7 1 Después de esto andaba Jesús por Galilea, pues no quería
andar por Judea, porque los judíos intentaban matarle. 2 La fies-
ta judía de los Tabernáculos estaba próxima. 3 Sus hermanos le di-
jeron: Sal de aquí y vete a Judea, para que también tus discípulos
vean las obras que haces. 4 Porque nadie hace cosas escondidas
cuando pretende darse a conocer en público. Si tales cosas haces
muéstrate al mundo. 5 Pues ni sus mismos hermanos creían en El.
6 Jesús les dijo: Mi tiempo no ha llegado todavía para Mí; mas para
vosotros siempre está a punto. 7 el mundo no puede odiaros, en
cambio, me odia a Mí, porque Yo doy testimonio de que sus obras
son malas. 8 Vosotros subid a la fiesta; Yo aún no subo a esta
fiesta, porque mi ocasión no ha llegado todavía. 9 Después de de-
cirles esto, se quedó en Galilea.

10 Pero luego que subieron sus hermanos a la fiesta, entonces
también El subió, no públicamente, sino como a escondidas. 11 Los
judíos durante la fiesta le buscaban y decían: ¿Dónde está Aquel?
12 Y corrían muchos rumores acerca de El en el pueblo. Los unos
decían: Es bueno. Mas otros decían: No, que engaña al pueblo.
13 Sin embargo, nadie hablaba de El con libertad por miedo a los
judíos.

Jesús se manifiesta durante la fiesta

14 Pero ya mediada la fiesta subió Jesús al templo y se puso a
enseñar. 15 Los judíos se admiraban y decían: ¿Cómo éste sabe de
letras, si no ha estudiado? 16 Jesús les respondió: Mi doctrina no es
mía, sino del que me envió. 17 Si alguno quisiere hacer la voluntad
de Aquél, sabrá si mi doctrina es de Dios o si Yo hablo por mí
mismo. 18 Quien habla de sí mismo, busca su propia gloria; mas
quien busca la gloria del que me envió, ése es veraz y no hay en él
injusticia. 19 ¿No os ha dado Moisés la Ley? Y ninguno de voso-
tros cumple la Ley. Entonces, ¿por qué me queréis matar?
20 Respondió la turba: Tienes un demonio. ¿Quién te quiere matar?.

21 Jesús les contestó y dijo: Una obra hice y todos os admi-
ráis. 22 Pues bien, Moisés os dio la circuncisión (si bien no era de
Moisés, sino de los patriarcas), y la practicáis en día de sábado.
23 Si un hombre es circuncidado en sábado para que no se quebran-
te la Ley de Moisés, ¿por qué os encolerizáis conmigo, por haber
sanado del todo a un hombre en sábado? 24 No juzguéis por las
apariencias, sino juzgad justamente.

Jesús revela su origen divino

25 Entonces algunos hombres de Jerusalén decían: ¿No es éste
al que quieren matar? 26 Mira con qué libertad habla y nada le
dicen: ¿No habrán verdaderamente entendido los príncipes que El
es el Cristo? 27 Pero Este sabemos de dónde es; mas cuando el
Cristo venga, nadie sabrá de dónde es.

28 Entonces Jesús, enseñando en el templo, levantó la voz y
dijo: vosotros no sólo me conocéis, sino también sabéis de dónde
soy, y Yo no he venido de Mí mismo; mas es veraz el que me
envió, al cual vosotros no conocéis. 29 Yo le conozco, porque de El
procedo y El me envió. 30 Querían entonces prenderle, mas ninguno
le echó mano, porque aún no había llegado su hora. 31 Muchos de
entre la gente creyeron en El, y decían: El Cristo, cuando venga,
¿hará mas milagros que Este ha hecho?

En vano intentan prenderle

32 Los fariseos oyeron por lo bajo que la gente estaba diciendo
estas cosas de El, y los fariseos y pontífices enviaron alguaciles
para que le prendieran. 33 Entonces dijo Jesús: Aún estaré un poco

de tiempo con vosotros, y luego iré al que me envió. 34 Me busca-
réis y no me hallaréis, y a donde Yo estoy, no podréis venir. 35 Los
judíos se decían unos a otros: ¿A dónde habrá de ir éste, que
nosotros no lo hallaremos? ¿Acaso a la dispersión entre los griegos
y a predicar a éstos? 36 ¿Qué es eso que dijo: "Me buscaréis y no
me hallaréis, y, donde estoy yo, vosotros no podéis venir"?

Promesa del agua viva

37 En el último día, el más solemne de la fiesta, puesto en pie
Jesús clamó diciendo: Si alguno tiene sed, venga a Mí y beba.
38 Quien cree en Mí, como dice la Escritura, ríos de agua viva
manarán de su seno. 39 Esto dijo del Espíritu que habían de recibir
los que en El creyeran, pues aún no se había dado el Espíritu,
porque Jesús todavía no había sido glorificado.
40 Algunos de entre la gente que oyeron estas palabras, decían:
Este verdaderamente es el profeta. 41 Otros decían: Este es el Cris-
to; pero otros replicaban: ¿Acaso de Galilea ha de venir el Cristo?
42 ¿No dice la Escritura que de la descendencia de David y de
Belén, la aldea de donde era David, viene el Cristo? 43 De esa
manera se produjo división entre la gente a causa de El. 44 Algunos
de ellos querían prenderle, pero ninguno le echó la mano.

Testimonio de los alguaciles y de Nicodemo

45 Volvieron, pues, los alguaciles ante los pontífices y fariseos
y éstos le dijeron: ¿Por qué no lo trajisteis? 46 Respondieron los
alguaciles: Jamás hombre alguno habló como éste. 47 Los fariseos
les contestaron: También vosotros habéis sido engañados? 48 ¿Aca-
so alguno de los príncipes o de los fariseos creyó en El? 49 Pero esa
gente que no conoce la Ley, son unos malditos.
50 Mas Nicodemo, el que fue anteriormente a El y que era uno
de ellos, les dijo: ¿Acaso nuestra Ley condena a nadie sin antes
oírle y saber qué hace? 52 Le replicaron: ¿También tú eres de Gali-
lea? Averigua y verás que de Galilea no ha salido ningún profeta.
53 Luego cada uno se marchó a su casa.

8 *Yo aún no subo*, es decir, no voy de un modo solemne con las caravanas, mas después fue, de un modo incógnito.

La mujer adúltera

8 [1] Entonces Jesús se fue al monte de los Olivos. [2] Por la mañana se presentó de nuevo en el templo y todo el pueblo acudió a El, y sentándose les enseñaba. [3] Los escribas y los fariseos le trajeron una mujer que había sido sorprendida en adulterio, y poniéndola en medio, [4] le dijeron: Maestro, esta mujer ha sido sorprendida en fragante adulterio. [5] En la Ley, Moisés mandó apedrear a éstas, y tú ¿qué dices? Decían esto tentándole para tener de qué acusarle. [6] Pero Jesús inclinándose, se puso a escribir con el dedo en tierra. [7] Mas como continuaran preguntándole, se enderezó y les dijo: El que esté sin pecado de vosotros, lance contra ella la primera piedra.

[8] De nuevo se inclinó y siguió escribiendo en tierra, [9] mas ellos que le oyeron, fueron saliendo uno a uno comenzando por los más ancianos hasta los últimos y dejándole sólo a Jesús y a la mujer que estaba en medio. [10] Entonces Jesús levantándose, les dijo: Mujer ¿dónde están? ¿ninguno te condenó? [11] Dijo ella: Ninguno, Señor. Entonces Jesús le dijo: Tampoco Yo te condeno; vete y no vuelvas a pecar.

Jesús luz del mundo

[12] Jesús les habló de nuevo, diciendo: Yo soy la luz del mundo. El que me sigue no anda en tinieblas, sino que tendrá la luz de la vida. [13] Los fariseos le dijeron entonces: Tú das testimonio sobre ti mismo; tu testimonio no es verdadero. [14] Replicó Jesús: Aunque Yo de testimonio sobre mí mismo, mi testimonio es verdadero, porque se de dónde vine y a dónde voy; pero vosotros no sabéis de dónde vengo ni a donde voy. [15] Vosotros juzgáis según la carne. Yo no juzgo a nadie. [16] Y si Yo juzgo, mi juicio es verdadero; porque no estoy sólo, sino Yo y mi Padre que me envió. [17] Y en vuestra Ley está escrito, que el testimonio de dos hombres es verdadero. [18] Yo soy el que doy testimonio sobre mí mismo, y también da testimonio de mí el Padre que me envió.

[19] Ellos le dijeron: ¿Dónde está tu Padre? Respondió Jesús: Ni me conocéis a Mí ni a mi Padre; si me conocieseis a Mí, conoceríais también a mi Padre. [20] Estas cosas habló junto al arca de las ofrendas, enseñando en el templo y nadie le prendió, porque aún no había llegado su hora.

Incredulidad de los judíos.–Jesús, Hijo de Dios

21 De nuevo les dijo: Yo me voy y me buscaréis, y en vuestro
pecado moriréis. Adonde Yo voy, vosotros no podéis venir. 22 En-
tonces los judíos dijeron: ¿Irá a matarse, pues dice: "Donde Yo
voy, vosotros no podéis venir"? 23 Y siguió diciéndoles: Vosotros
sois de aquí abajo; yo soy de allá arriba. Vosotros sois de este
mundo: Yo no soy de este mundo. 24 Os he dicho que moriréis en
vuestros pecados, porque si no creéis que Yo soy, moriréis en
vuestros pecados.

25 Entonces le dijeron: ¿Quién eres tú? Jesús les contestó: Lo
que os estoy diciendo desde el principio. 26 Mucho tengo que ha-
blar y juzgar de vosotros; mas el que me envió es verdadero, y Yo
hablo al mundo lo que a El le oí. 27 No entendieron que les hablaba
del Padre. 28 Dijo, pues, Jesús: Cuando pongáis en alto al Hijo del
hombre, entonces entenderéis que Yo soy, y que de mí mismo no
hago nada, sino que, según me enseñó el Padre, eso hablo. 29 Y el
que me envió está conmigo. El no me dejó solo, porque Yo hago
siempre lo que le agrada. 30 Al decir esto, muchos creyeron en El.

Los verdaderos hijos de Dios

31 Entonces Jesús dijo a los judíos que habían creído en El: Si
permanecéis en mi palabra, verdaderamente seréis mis discípulos,
32 y conoceréis la verdad y la verdad os hará libres. 33 Ellos le
respondieron: Somos descendencia de Abraham y de nadie fuimos
jamás esclavos, ¿cómo tú dices: Vendréis a ser libres? 34 Jesús les
contestó: Verdaderamente os aseguro que todo el que comete el
pecado es esclavo del pecado. 35 Ahora bien, el esclavo no perma-
nece en la casa para siempre; el hijo permanece para siempre. 36 Si,
pues el Hijo os hace libres, seréis realmente libres. 37 Se que sois
descendencia de Abraham; pero queréis matarme, porque mi doc-
trina no cabe en vosotros. 38 Yo hablo lo que he visto junto a mi
Padre, y vosotros también hacéis lo que oísteis de vuestro padre.

39 Ellos le respondieron: Nuestro padre es Abraham, Jesús le
contestó: Si fuérais hijos de Abraham, haríais las obras de
Abraham. 40 Pero ahora queréis matarme a Mi, hombre que os ha
hablado la verdad que oí de Dios; ¡esto no lo hizo Abraham!
41 Vosotros hacéis las obras de vuestro padre. Dijéronle: Nosotros
no somos nacidos de fornicación; tenemos un sólo Padre, que es
Dios.

42 Jesús les respondió: Si Dios fuera vuestro padre, me ama-
ríais a Mí, porque Yo salí y vengo de Dios, pues no he venido de
Mí mismo, sino que El me envió. 43 ¿Por qué no comprendéis mi
lenguaje? Porque no aguantáis oír mi palabra. 44 Vosotros sois hijos
del diablo, y queréis cumplir los deseos de vuestro padre. El fue
homicida desde el principio y no permaneció en la verdad, porque
en él no hay verdad. Cuando habla la mentira, habla de lo propio,
porque él es mentiroso y padre de la mentira. 45 Y a Mí porque os
digo la verdad, no me creéis. 46 ¿Quién de vosotros me puede con-
vencer de pecado? Si os digo la verdad, ¿por qué no me creéis?
47 El que es de Dios, oye las palabras de Dios. Por eso voso-
tros no las queréis escuchar, porque no sois de Dios.

Jesús es mayor que Abraham

48 A lo dicho le replicaron los judíos: ¿No decimos bien noso-
tros que tú eres un samaritano y un endemoniado? 49 Respondió
Jesús: Yo no estoy endemoniado, sino que honro a mi Padre y
vosotros me deshonráis. 50 Mas Yo no busco mi gloria, hay quien la
busca y juzgará. 51 En verdad, en verdad os digo: quien guardare mi
palabra no gustará jamás la muerte. 52 Los judíos le dijeron: "Ahora
conocemos que estás endemoniado. Abraham murió y también los
profetas, y tú dices: quien guardare mi palabra no gustará jamás la
muerte". 53 ¿Eres Tú acaso más grande que nuestro padre Abraham,
el cual murió? Y también los profetas murieron; ¿quién te haces a
Ti mismo? 54 Replicó Jesús: Si Yo me glorificare a mí mismo, mi
gloria nada sería; mi Padre es quien me glorifica, del cual decís: Es
nuestro Dios, 55 y no le conocistéis; mas Yo le conozco, y si dijere
que no le conozco, sería igual que vosotros: mentiroso; pero le
conozco y guardo su palabra. 56 Abraham, vuestro padre, saltó de
gozo por ver mi día, lo vio y se alegró.
57 Los judíos le contestaron: ¿Aún no tienes cincuenta años y
has visto a Abraham? 58 Jesús les dijo: En verdad os digo que antes
que Abraham existiera, Yo soy. 59 Entonces tomaron piedras para
tirárselas; pero Jesús se escondió y salió del templo.

[58] Notemos que Abrahám vivió unos 2.000 años antes de Jesucristo, y al decir El: *"Antes que Abraham YO SOY"*, demostró que era Dios, pues por razón de su divinidad o como Dios que es, es anterior a Abraham y al mundo creado por El, y por razón de su naturaleza humana o como hombre es posterior a ellos. (Tengamos presente que Jesucristo es Dios y hombre a la vez, es decir, una sola Persona divina con dos naturalezas divina y humana.

Curación de un ciego de nacimiento

9 1 Al pasar, vio a un hombre ciego de nacimiento. 2 Sus discí-
pulos le preguntaron: Rabbí, ¿quién pecó, él o sus padres para
que naciese ciego? 3 Jesús respondió: No pecó éste ni sus padres,
sino para que se manifiesten las obras de Dios en él. 4 Es necesario
que hagamos las obras del que me envió mientras es de día; llega-
da la noche, ya nadie puede trabajar. 5 Mientras en el mundo estoy,
soy luz de mundo.

6 Dicho esto, escupió en tierra e hizo barro con la saliva, luego
aplicó el barro a los ojos del ciego, 7 y le dijo: Vete, lávate en la
piscina de Siloé (que significa *enviado*). Fue, pues, y se lavó y
volvió con vista. 8 Entonces los vecinos y los que antes le habían
visto –pues era un mendigo–, dijeron: ¿No es éste el que se sentaba
a pedir? 9 Unos decían: Este es. Otros decían: No, sino uno que se
le parece. El decía: soy yo. 10 Entonces le preguntaron: ¿Cómo se te
han abierto los ojos? 11 Respondió él: El hombre, que llaman Jesús,
hizo barro, me untó los ojos, y me dijo: Anda a Siloé y lávate; fui,
me lavé y vi. 12 Y le preguntaron: ¿Dónde está Aquél? Contestó:
No se.

Discusión sobre el valor del milagro

13 Llevaron ante los fariseos al que había sido ciego. 14 Era
sábado el día en que Jesús hizo el barro y le abrió los ojos. 15 De
nuevo le preguntaron los fariseos cómo había recobrado la vista. El
les dijo: Me puso barro sobre los ojos y me lavé y veo. 16 Algunos
de los fariseos dijeron: No es de Dios este hombre, porque no
guarda el sábado. Otros decían: ¿Cómo puede un hombre pecador
hacer tales milagros? Y estaban divididos.

17 Otra vez preguntaron al ciego: ¿Qué dices tú del que te
abrió los ojos? Y dijo: Que es un profeta. 18 No querían creer los
judíos que hubiera sido ciego y recobrado la vista, hasta tanto que
llamaron a sus padres, 19 y les interrogaron: ¿Es éste vuestro hijo el
que vosotros decís que nació ciego? ¿Cómo, pues, ve ahora? 20 Sus
padres respondieron: Sabemos que éste es nuestro hijo y que nació
ciego; 21 mas cómo ve ahora, no lo sabemos; o quién le abrió los
ojos, nosotros no lo sabemos. Preguntadle, años tiene; él dará ra-
zón de sí. 22 dijeron esto sus padres, porque temían a los judíos ya
que estos habían determinado ya que si alguno le confesara como

Mesías, fuera expulsado de la sinagoga. 23 Por esto sus padres dije-
ron: Años tiene, preguntadle a él mismo.
24 Por segunda vez volvieron a llamar al que había sido ciego,
y le dijeron: Da gloria a Dios. Nosotros sabemos que este hombre
es pecador. 25 Respondió él: Si es pecador, no lo se; sólo se que,
siendo ciego, ahora veo. 26 De nuevo le preguntaron: ¿Qué te hizo?
¿Cómo te abrió los ojos? 27 Les contestó: Os lo dije ya y no escu-
chásteis, ¿para qué otra vez lo queréis oír? ¿Acaso también voso-
tros queréis haceros sus discípulos? 28 Entonces le injuriaron y le
dijeron: Tú se discípulo suyo; pero nosotros somos discípulos de
Moisés. 29 Nosotros sabemos que Dios habló a Moisés; mas éste no
sabemos de dónde es. 30 Respondióles el hombre: Eso es lo maravi-
lloso; que vosotros no sabéis de dónde es y abrió mis ojos. 31 Sabe-
mos que Dios no oye a los pecadores, pero si alguno es piadoso y
hace su voluntad, a ese escucha. 32 Jamás se oyó que nadie abriera
los ojos de un ciego de nacimiento. 33 Si El no fuera de Dios, no
podría hacer nada. 34 Le respondieron: Todo tú naciste en pecado y
¿nos vas a enseñar a nosotros? Y le arrojaron fuera.

Confesión del ciego

35 Jesús oyó que le habían arrojado, y encontrándole, le dijo:
¿Tú crees en el Hijo del hombre? 36 Respondió: ¿Y quién es, Señor,
para que yo crea en El? 37 Jesús le dijo: Le has visto y es el que está
hablando contigo. 38 Y él dijo: ¡Creo Señor! Y le adoró. 39 Jesús
dijo: Para un juicio vine a este mundo; para que los que no ven,
vean, y los que ven, queden ciegos. 40 Oyeron esto algunos de los
fariseos que estaban junto a El, y le dijeron: ¿También nosotros
somos ciegos? 41 Jesús les dijo: Si fuerais ciegos, no tendríais peca-
do; mas ahora que decís: “Vemos”, vuestro pecado persiste.

Jesús, el Buen Pastor

10 1 En verdad, en verdad os digo: El que no entra por la puerta
en el aprisco de las ovejas, sino que salta por otra parte, es
un ladrón y un salteador; 2 mas el que entra por la puerta es pastor
de las ovejas. 3 A éste le abre el guarda de la puerta y las ovejas
oyen su voz, y a sus propias ovejas llama por su nombre, y las saca
afuera. 4 Después que saca fuera a todas las suyas, marcha delante
de ellas y las ovejas le siguen, porque conocen su voz. 5 Mas al ex-

traño no le seguirán, sino que huirán de él, porque no conocen la
voz de los extraños. [6] Esta comparación les puso Jesús; pero ellos
no entendieron qué era lo que les decía.

Jesús es la puerta del redil

[7] Jesús les dijo de nuevo: En verdad os digo: yo soy la puerta
de las ovejas. [8] Todos cuantos vinieron antes de mí son ladrones y
salteadores; pero no los escucharon las ovejas. [9] Yo soy la puerta;
si alguno entrare por Mí, se salvará, y entrará y saldrá y hallará
pasto. [10] El ladrón no viene sino para robar, matar y perder. Yo
vine para que tengan vida y la tengan abundante.

El buen pastor da su vida por las ovejas

[11] Yo soy el Buen Pastor. El buen pastor da su vida por las
ovejas. [12] El mercenario y que no es pastor y dueño de las ovejas,
ve venir al lobo, abandona las ovejas y huye, y el lobo las arrebata
y las dispersa, [13] porque es mercenario y no le importan las ovejas.
[14] Yo soy el buen pastor y conozco a las mías y las mías me
conocen, [15] como el Padre me conoce a Mi y yo conozco al Padre,
y doy mi vida por las ovejas.

Habrá un rebaño y un sólo Pastor

[16] Tengo otras ovejas que no son de este aprisco, y es necesa-
rio que Yo las guíe; ellas oirán mi voz, y se hará un sólo rebaño y
un sólo pastor. [17] Por eso el Padre me ama, porque Yo doy mi vida
para volver a tomarla. [18] Nadie me la puede quitar, sino que Yo
mismo la doy. Tengo poder de darla y poder para recobrarla. Este
mandamiento recibí de mi Padre.

[19] Otra vez se dividieron los judíos a causa de estas palabras.
[20] Muchos decían: Está endemoniado y loco, ¿por qué le
escucháis? [21] Otros decían: Esas cosas no son de un endemoniado,
¿acaso un demonio puede abrir los ojos a los ciegos?

Jesús, uno con el Padre

[22] Se celebraba entonces la fiesta de la Dedicación en Jerusa-
lén. Era invierno, [23] y Jesús se paseaba en el templo por el pórtico
de Salomón. [24] Lo rodearon los judíos y le preguntaron: ¿Hasta
cuándo vas a tener nuestros espíritus en suspenso? Si tú eres el

Cristo dínoslo claramente. [25] Jesús les respondió: Os lo he dicho y
no lo creéis. Las obras que Yo hago en nombre de mi Padre, dan
testimonio de Mí; [26] pero vosotros no creéis, porque no sois de mis
ovejas. [27] Mis ovejas oyen mi voz y Yo las conozco y me siguen.
[28] Y Yo les daré vida eterna y no perecerán jamás, y nadie las
arrebatará de mi mano. [29] Lo que mi Padre me dio es más que todas
las cosas, y nadie puede arrebatar nada de la mano de mi Padre.
[30] Yo y el Padre somos uno.

Los judíos quieren apedrearle

[31] Los judíos cogieron otra vez piedras para apedrearle. [32] Je-
sús les respondió: Muchas obras buenas os mostré de parte de mi
Padre, ¿por cuál de estas obras me apedreáis? [33] Los judíos le res-
pondieron: Por ninguna obra buena te apedreamos, sino por la
blasfemia, porque tú, siendo hombre, te haces Dios. [34] Jesús les
contestó: ¿No está escrito en vuestra Ley: *Yo dije sois dioses*(Sal.
82, 6). [35] Si llamó dioses a aquellos a los que se refería esa palabra
de Dios, y no puede fallar la Escritura, [36] ¿cómo de Aquel a quien
el Padre consagró y envió al mundo, decís: Tú blasfemas, porque
dije: Yo soy el Hijo de Dios? [37] sino hago las obras de mi Padre, no
me creáis; [38] mas si las hago, aunque a Mí no me creáis, creed a las
obras, para que sepáis y conozcáis que el Padre está en Mí y Yo en
el Padre. [39] Quisieron por esto prenderle de nuevo, y se les escapó
de las manos.

[40] Se fue de nuevo al otro lado del Jordán, al lugar donde
estuvo Juan primeramente bautizando, y se quedó allí. [41] Y muchos
vinieron a El y decían: Juan no hizo ningún milagro, pero todo lo
que dijo de éste era verdad. [42] Y allí muchos creyeron en El.

[10] Jesús es la Vida misma, y ha venido para dárnosla, y abundante, especialmente la vida de la gracia.

Betania, patria de Lázaro

11 [1] Había un enfermo, Lázaro de Betania, de la aldea de María
y Marta su hermana. [2] María era aquella que ungió al Señor
con perfume y le enjugó los pies con sus cabellos. Su hermano
Lázaro estaba, pues, enfermo. [3] Las hermanas le enviaron a decir:
Señor, mira: el que amas está enfermo. [4] Al oírlo Jesús dijo: Esta

enfermedad no es de muerte, sino para gloria de Dios: para que sea
glorificado el Hijo de Dios por ella.
5 Jesús amaba a Marta, a su hermana y a Lázaro, 6 mas después
de haber oído que estaba enfermo, aún se quedó dos días más en el
lugar donde estaba. 7 Pasados estos, dijo a sus discípulos: Vamos a
Judea otra vez. 8 Los discípulos le dijeron: Rabbí, los judíos que-
rían apedrearte, ¿y otra vez vuelves allá? 9 Respondió Jesús: ¿No
son doce las horas del día? Quien anda de día, no tropieza, porque
ve con la luz de este mundo; 10 mas, quien anda de noche, tropieza,
porque no tiene luz. 11 Después de decir esto añadió: Lázaro, nues-
tro amigo, está dormido; pero voy a despertarle. 12 Dijéronle los
judíos: Señor, si duerme, sanará. 13 Jesús había hablado de su muer-
te, mas ellos creyeron que les hablaba de sueño. 14 Entonces les
dijo Jesús claramente: Lázaro murió, 15 y me alegro por vosotros el
no haber estado allí, para que creáis; pero vayamos a su casa.
16 Tomás, el llamado Dídimo, dijo entonces: vayamos también nos-
otros a morir con El.

Conversación con Marta y María

17 Cuando llegó Jesús oyó que llevaba ya cuatro días en el
sepulcro. 18 Betania está cerca de Jerusalén, como unos quince
estadios. 19 Muchos de los judíos habían ido a casa de Marta y
María para consolarlas por el hermano. 20 Marta, pues, cuando oyó:
"Jesús viene", le salió al encuentro, en tanto que María se quedó en
casa.

21 Marta, pues, dijo a Jesús: Señor, si hubieras estado aquí, no
hubiera muerto mi hermano. 22 Pero se que lo que pidieres a Dios,
te lo concederá. 23 Díjoles Jesús: Tu hermano resucitará. 24 Marta
repuso: Se que resucitará en la resurrección, en el último día. 25 Je-
sús le dijo: Yo soy la resurrección y la vida; quien cree en Mí,
aunque muriere, vivirá 26 y ninguno que viva y crea en Mí, morirá
para siempre. ¿Crees esto? 27 Ella le dijo: Sí, Señor; yo creo que tú
eres el Cristo, el Hijo de Dios, el que había de venir al mundo.

28 Dicho esto, fue y llamó a María su hermana, a escondidas,
diciéndole: El Maestro está ahí y te llama. 29 Ella, apenas lo oyó, se
levantó enseguida y fue hacia El. 30 Jesús aún no había llegado a la
aldea, sino que estaba todavía en el lugar donde le encontró Marta.
31 Los judíos que estaban con María en la casa, consolándola, al

ver que se levantó de prisa y salió, la siguieron pensando: Va al
sepulcro para llorar allí. [32] María, cuando llegó donde estaba Jesús,
al verle, cayó a sus pies, diciéndole: Señor, si hubieras estado aquí,
no hubiera muerto mi hermano.

Resurrección de Lázaro

[33] Jesús, al verla llorar y a los judíos que venían con ella,
llorando, se conmovió profundamente en su espíritu y se turbó, [34] y
dijo: ¿Dónde lo habéis puesto? Le respondieron: Señor, ven y lo
verás. [35] Jesús lloró. [36] Y los judíos dijeron: ¡Ved cómo le amaba!
[37] Pero algunos de ellos dijeron: ¿No pudo éste, que abrió los ojos
del ciego, hacer que no muriera?

[38] Jesús de nuevo conmovido profundamente en su espíritu,
fue al sepulcro. Era una cueva sobre la que había una piedra
puesta. [39] Jesús dijo: Quitad la piedra. Marta, la hermana del muer-
to dijo: Señor, ya huele, porque está de cuatro días. [40] Jesús le dijo:
¿No te dije que, si creyeres, verías la gloria de Dios? [41] Quitaron,
pues, la piedra. Jesús alzó sus ojos a lo alto y dijo: Padre, te doy
gracias porque me escuchaste. [42] Yo sabía que siempre me escu-
chas; mas por la gente que me rodea, lo dije, para que crean que tú
me enviaste. [43] Y, dicho esto, gritó con gran voz: ¡Lázaro, sal
fuera! [44] Y salió el muerto, atado de pies y manos con vendas, y su
rostro rodeado de un lienzo. Díjoles Jesús: Desatadle y dejadle
marchar.

El Sanedrín decreta la muerte de Jesús

[45] Muchos judíos que habían ido a casa de María y vieron lo
que hizo, creyeron en El; [46] pero algunos de ellos fueron a los
fariseos y les dijeron lo que hizo Jesús. [47] Entonces los pontífices y
fariseos reunieron el Sanedrín y dijeron: ¿Qué hacemos que este
hombre hace muchos milagros? [48] Si le dejamos así, todos creerán
en El; y vendrán los romanos y nos destruirán nuestro lugar santo y
también nuestro pueblo. [49] Pero uno de ellos, Caifás, que era el
pontífice en aquel año, les dijo: Vosotros no sabéis nada, [50] ni dis-
currís que os conviene que un sólo hombre muera por el pueblo y
no que toda la nación perezca. [51] Esto no lo dijo por sí mismo, sino
que, como era el pontífice en aquel año, profetizó que Jesús había
de morir por la nación. [52] y no sólo por la nación, sino para juntar

en uno a los hijos de Dios que estaban dispersos. 53 Desde aquel día
resolvieron matarle.

54 Por esto Jesús ya no andaba en público entre los judíos, sino
que fue de allí a la región vecina del desierto, a una ciudad llamada
Efraim, y allí moraba con sus discípulos. 55 Estaba próxima la Pas-
cua de los judíos y subieron a Jerusalén muchos del contorno,
antes de la fiesta, para purificarse.

56 Anduvieron buscando a Jesús, y en el templo se pregunta-
ban unos a otros: ¿Qué os parece? ¿No vendrá a la fiesta? 57 Los
pontífices y fariseos habían dado órdenes para que todo el que
supiere donde estaba, lo delatase, a fin de que le prendiesen.

[1] Jesús resucitó a muchos, y en los Evangelios se nos hace mención de tres: de la hija de Jairo, del hijo de la viuda de Naín, y de Lázaro en el pueblo de Betania... y son una gran prueba de su divinidad.

La unción en Betania. (Mt. 26, 6-13; Mc. 14, 3-9)

12 1 Jesús, seis días antes de la Pascua, vino a Betania donde
estaba Lázaro, al que resucitó de entre los muertos. 2 Le die-
ron allí una cena: Marta servía y Lázaro era uno de los que estaban
a la mesa con El. 3 Entonces María, tomó una libra de perfume de
nardo legítimo de mucho precio y ungió los pies de Jesús enjugán-
dolos con sus cabellos; la casa se llenó del olor del perfume. 4 Ju-
das el Iscariote, uno de sus discípulos, el que había de entregarle,
dijo: 5 ¿Por qué este perfume no se vendió en trescientos denarios y
se dio a los pobres? 6 Dijo esto, no porque le importaran los pobres,
sino porque era ladrón; y, como tenía la bolsa, llevaba lo que en
ella echaban. 7 Mas Jesús dijo: Déjala, que para el día de mi sepul-
tura lo guardaba, 8 pues pobres siempre los tendréis con vosotros;
pero a Mí no me tenéis siempre.

9 La muchedumbre de los judíos supo que El estaba allí, y
fueron no sólo por Jesús, sino por ver a Lázaro, al que Jesús
resucitó de entre los muertos. 10 Los pontífices resolvieron matar
también a Lázaro, 11 porque por causa de él muchos judíos se aleja-
ban y creían en Jesús.

Entrada triunfal en Jerusalén. (Mt. 21, 1-9; Mc. 11, 1-10; Lc. 19, 29-40)

12 Al día siguiente, la muchedumbre que fue a la fiesta, cuando

oyeron: "Jesús va a Jerusalén", 13 tomaron ramas de palmeras y
saliendo a su encuentro, clamaban: *¡Hosanna! ¡Bendito el que
viene en nombre del Señor, el Rey de Israel* (Sal. 118, 25).
14 Y Jesús hallando un borriquillo, montó sobre él, como está
escrito:

> 15 *No temas, hija de Sión: Mira, tu rey viene montado en un asnillo* (Zac 9, 9).

16 Esto no lo entendieron sus discípulos al principio, pero
cuando fue glorificado Jesús, entonces se acordaron de que esto
había sido escrito de El y que esto era lo que le habían hecho. 17 la
gente, pues, que estaba con El cuando llamó a Lázaro del sepulcro
y le resucitó de entre los muertos, daba testimonio de ello. 18 Y por
eso salió a su encuentro la gente, porque oyeron que había hecho
este milagro. 19 Entonces los fariseos se dijeron unos a otros: Bien
véis que no adelantamos nada. Mirad como todo el mundo se va
tras El.

Unos paganos desean ver a Jesús

20 Entre los que habían subido a adorar en la fiesta, había unos
griegos. 21 Estos se llegaron a Felipe, el que era de Betsaida de
Galilea, y le rogaban diciendo: Señor, queremos ver a Jesús. 22 Fue
Felipe y se lo dijo a Andrés. Después fueron Andrés y Felipe y se
lo dijeron a Jesús.
23 Jesús le respondió: Ha llegado la hora de que el Hijo del
hombre sea glorificado. 24 En verdad os digo: Si el grano de trigo
que cae en tierra no muriere, queda él sólo; mas, si muriere, dará
mucho fruto. 25 El que ama su alma, la pierde; y el que desprecia su
alma en este mundo, la guardará para la vida eterna. 26 Quien me
sirviere, sígame y allí donde estoy Yo estará también mi servidor;
si alguno me sirviere, mi Padre le honrará.

Testimonio del Padre

27 Ahora mi alma está turbada, y ¿qué diré? ¡Padre, líbrame de
esta hora! Mas para esto llegué a esta hora. 28 Padre, glorifica tu
nombre. Entonces vino una voz del cielo: "Lo glorifiqué y de
nuevo lo glorificaré". 29 La gente que estaba allí y lo oyó, decía que
había sido un trueno. Otros decían: Un ángel le ha hablado. 30 Res-

pondió Jesús: No ha sido esta voz por Mi, sino por vosotros. 31
Ahora es el juicio de este mundo; ahora el príncipe de este mundo
será arrojado fuera; 32 y Yo, si fuere levantado sobre la tierra, lo
atraeré todo hacia Mí. 33 Decía esto para indicar de qué muerte
iba a morir.

Desconcierto en la muchedumbre

34 El pueblo le respondió: Nosotros sabemos por la Ley que el
Cristo permanecerá para siempre, ¿cómo dices tú que es necesario
sea levantado en alto el Hijo del hombre? ¿Quién es este Hijo del
hombre? 35 Jesús les dijo: Por poco tiempo aún estará la luz entre
vosotros. Caminad mientras tenéis luz, para que las tinieblas no se
apoderen de vosotros, pues el que camina en tinieblas, no sabe por
dónde va. 36 Mientras tenéis luz, creed en la luz, para ser hijos de la
luz. Jesús les dijo esto, luego alejándose, se escondió de ellos.

Anuncio de la incredulidad

37 A pesar de haber hecho tan grandes milagros en presencia
de ellos, no creían en El, 38 para que se cumpliera la palabra del
profeta Isaías, que dijo: *Señor, ¿quién ha creído a nuestra predica-
ción? Y el poder del Señor ¿a quién fue manifestado?* (Is. 53, 1).
39 Por esto no podían creer, porque también dijo Isaías:
40 *El ha cegado sus ojos y endurecido el corazón, para que
no vean con sus ojos ni entiendan con su corazón y se convier-
tan y los sane Yo* (Is. 6, 9-10).
41 Esto dijo Isaías cuando vio su gloria y habló de El. 42 Sin
embargo aún muchos entre sus jefes creyeron en El: pero por causa
de los fariseos no le confesaban, por miedo de ser expulsados de la
sinagoga, 43 porque amaron la gloria de los hombres más que la de
Dios.

Jesús legado divino

44 Jesús clamó diciendo: Quien cree en Mí, no cree en Mí, sino
en Aquél que me envió; 45 y quien me ve a Mí, ve al que me envió.
46 Yo he venido como luz del mundo, para que ninguno que crea en
Mí, quede en tinieblas. 47 Y quien oyere mis palabras y no las
guardare Yo no le juzgo; porque no he venido para juzgar al mun-
do, sino para salvarlo. 48 Quien me rechaza y no recibe mi palabra,

tiene quien le juzgue; la palabra que Yo he hablado, esa será la que
lo condenará en el último día. [49] Porque Yo no he hablado por Mí
mismo, sino que el Padre que me envió, ése me mandó lo que
había de decir y hablar. [50] Y se que su mandamiento es la vida
eterna. Por consiguiente, lo que os hablo, lo hablo como el Padre
me lo ha dicho.

Lavatorio de los pies

13 [1] Antes de la fiesta de la Pascua, sabiendo Jesús que había
llegado su hora de pasar de este mundo al Padre, como ama-
ba a los suyos que estaban en el mundo, los amó hasta el extremo.
[2] Y mientras cenaban, cuando ya el diablo había inspirado a Judas
Iscariote, hijo de Simón, el entregarle; [3] sabiendo que el Padre todo
lo puso en sus manos, y que de Dios salió y a Dios volvía, [4] se
levantó de la mesa, dejó sus vestidos, y tomando un lienzo se lo
ciñó. [5] Luego echó agua en la jofaina y se puso a lavar los pies a
sus discípulos y a secárselos con el lienzo con que estaba ceñido.
[6] Llegando a Simón Pedro, éste le dijo: ¡Señor! ¿tú me lavas
los pies? [7] Jesús le respondió: Lo que Yo hago tú no lo sabes ahora,
pero lo sabrás después. [8] Díjole Pedro: ¡No me lavarás los pies
jamás! Jesús le respondió: Si no te lavo, no tienes parte conmigo.
[9] Simón Pedro le dice: ¡Señor, no sólo los pies, sino también las
manos y la cabeza! [10] Jesús le dijo: El que está lavado, no tiene
necesidad de lavarse sino los pies, porque está limpio todo él;
vosotros limpios estáis, pero no todos. [11] Porque conocía al que le
iba a entregar, por eso dijo: "No todos estáis limpios".

Necesidad de la humildad

[12] Después que les lavó los pies y recogió sus vestidos, puesto
de nuevo a la mesa, les dijo: ¿Entendéis lo que he hecho con
vosotros? [13] Vosotros me llamáis Maestro y Señor, y decís bien,
porque lo soy. [14] si, pues, Yo, el Señor y Maestro, lavé vuestros
pies, también vosotros debéis lavaros los pies unos a otros. [15] Por-
que ejemplo os dí para que, así como Yo hice con vosotros,
también vosotros hagáis.
[16] En verdad os digo que no es el siervo más que su señor, ni
el enviado más que el que le envía. [17] Si estas cosas sabéis, dicho-
sos seréis si las practicáreis. [18] No lo digo de todos vosotros, pues

se a quienes escogí, sino para que se cumpliera la Escritura:
"Quien come mi pan, levantó contra Mí su calcañar" (Sal. 41,10).
19 Desde ahora os lo digo, antes que suceda, a fin de que cuando
haya sucedido, creáis que Yo Soy. 20 En verdad, en verdad os digo:
quien recibe al que os enviare, a Mí me recibe, y quien me recibe a
Mí, recibe al que me envió.

Revelación del traidor. (Mt. 26, 21-25; Mc. 14, 18-21; Lc. 22, 21-23)

21 Dicho esto, Jesús se turbó en su espíritu y declaro abierta-
mente: En verdad, en verdad os digo: Uno de vosotros me
entregará. 22 Los discípulos se miraban unos a otros sin saber por
quién lo decía. 23 Uno de los discípulos, aquél a quien Jesús amaba,
estaba puesto a la mesa dando con la cabeza en el pecho de Jesús.
24 Simón Pedro le hizo una señal con la cabeza, diciéndole: Pre-
gunta quién es del que habla. 25 Y él, reclinándose sobre el pecho
de Jesús, le dijo: Señor ¿quién es? 26 Jesús le respondió: Es aquel a
quien Yo le daré el bocado que voy a mojar. Y mojando el bocado,
se lo dio a Judas, el de Simón Iscariote. 27 Y tras el bocado entró en
él Satanás. Entonces le dijo Jesús: Lo que has de hacer hazlo
pronto. 28 Mas ninguno de los que estaban a la mesa supo a qué
propósito le dijo esto. 29 Algunos pensaron que, como Judas tenía
la bolsa, Jesús le decía: Compra lo que necesitamos para la fiesta o
que diese algo a los pobres. 30 El apenas tomó el bocado, salió
enseguida. Era ya de noche.

Comienza la despedida. El mandamiento nuevo

31 Después que salió, Jesús dijo: Ahora ha sido glorificado el
Hijo del hombre, y Dios glorificado en El. 32 Si Dios ha sido glori-
ficado en El, también Dios le glorificará en Sí mismo, y en seguida
le glorificará.

33 Hijitos míos, poco tiempo estaré ya con vosotros. Me busca-
réis, y como dije a los judíos, también lo digo ahora a vosotros:
Adonde Yo voy, vosotros no podéis venir.

34 Os doy un mandamiento nuevo: que os améis unos a otros,
y de tal manera os améis los unos a los otros como Yo os he
amado. 35 En esto conocerán todos que sois discípulos míos, si os
tuviéreis amor unos a otros.

Anuncia la negación de Pedro. (Mt. 26, 31-35; Mc. 14, 27-31;
Lc. 22, 31-38)

36 Simón Pedro le preguntó: Señor, ¿adónde vas? Jesús le con-
testó: A donde Yo voy, tú no puedes seguirme ahora; pero me
seguirás después. 37 Pedro le dijo: Señor ¿porqué no puedo seguirte
ahora? Yo daré mi vida por ti. 38 Respondió Jesús: ¿Tú vida darás
por Mí? En verdad, en verdad te digo: No cantará el gallo, sin que
tú me hayas negado tres veces.

Jesús, camino para el Padre

14 1 No se turbe vuestro corazón: creed en Dios, creed también
en Mí. 2 En la casa de mi Padre hay muchas moradas; y si
no, os lo hubiera dicho, porque voy a preparar lugar para vosotros.
3 Y, cuando vaya, y os prepare lugar, de nuevo vendré y os tomaré
conmigo, para que, donde estoy Yo estéis también vosotros. 4 Y a
donde Yo voy, ya sabéis el camino.

5 Tomás le dijo: Señor, no sabemos adónde vas, ¿cómo vamos
a conocer el camino? 6 Jesús le respondió: Yo soy el camino, la
verdad y la vida; nadie va al Padre, sino por Mí. 7 Si me hubiéreis
conocido a Mí, también habríais conocido a mi Padre. Ya desde
ahora lo conocéis y lo estáis viendo.

8 Díjole Felipe: Señor, muéstranos al Padre y nos basta. 9 Jesús
le dijo: ¿Tanto tiempo llevo con vosotros y no me has conocido,
Felipe? El que me ha visto a Mí, ha visto al Padre ¿Cómo tú dices:
"Muéstranos al Padre?" 10 ¿No crees que Yo estoy en el Padre, y el
Padre en Mí? Las palabras que Yo os digo, no las hablo de por mí
mismo, sino que el Padre que mora en Mí, es quien hace las obras.
11 Creedme: Yo estoy en el Padre y el Padre en Mí. Al menos
creedlo por las obras mismas.

12 En verdad, en verdad os digo que, quien cree en Mí, hará él
también las obras que Yo hago, y mayores que éstas las hará,
porque Yo voy al Padre. 13 Y cualquier cosa que pidiéreis en mi
nombre, la haré, para que sea glorificado el Padre en el Hijo. 14 Y si
pidiéreis algo en mí nombre Yo lo haré.

Promesa del Espíritu Santo

15 Si me amáis, guardaréis mis mandamientos. 16 Y yo rogaré
al Padre y os dará otro Intercesor, para que esté siempre con

vosotros. 17 el Espíritu de Verdad, que el mundo no puede recibir,
porque no lo ve ni lo conoce; mas vosotros lo conocéis, porque
permanece junto a vosotros y en vosotros estará. 18 No os dejaré
huérfanos; volveré a vosotros. 19 Todavía un poco, y el mundo ya
no me verá; pero vosotros me veréis, porque Yo vivo y vosotros
viviréis. 20 En aquel día conoceréis que Yo estoy en mi Padre y
vosotros en Mí y yo en vosotros. 21 Quien recibe mis mandamien-
tos y los guarda, ese es el que me ama, y el que me ama, será
amado de mi Padre y Yo también le amaré y me manifestaré a él.

22 Díjole Judas, no el Iscariote: Señor, ¿cómo es eso que te vas
a manifestar a nosotros y no al mundo? 23 Jesús le respondió: Si
alguno me ama, guardará mi palabra, y mi Padre lo amará y ven-
dremos a él y en él haremos morada. 24 El que no me ama, no
guardará mis palabras, y la palabra que oís, no es mía, sino de mi
Padre que me envió.

La paz de Cristo

25 Esto os he hablado estando con vosotros; 26 pero el Interce-
sor, el Espíritu Santo que enviará el Padre en mi nombre, ese os
enseñará todo y os recordará todo lo que Yo os he dicho.

27 Os dejo la paz; mi paz os doy; no como el mundo la da, yo
os la doy. No se turbe vuestro corazón, ni tiemble. 28 Oísteis que
Yo os dije: "Me voy y vuelvo a vosotros". Si me amárais, os
alegraríais de que voy al Padre, porque el Padre es mayor que Yo.
29 Y ahora os lo he dicho antes de que suceda, para que, cuando
suceda, creáis. 30 Yo no hablaré mucho con vosotros, porque viene
el príncipe del mundo, y en Mí no tiene nada. 31 pero el mundo
tiene que saber que Yo amo al Padre, y como me mandó el Padre,
así obro. Levantáos, vamos de aquí.

28 *El Padre es mayor que yo*. El Padre no es mayor que el Hijo en poder, eternidad y grandeza, y se dice que es "menor que el Padre", entiéndase por razón de su naturaleza humana o como hombre, pero como Dios que es, es igual al Padre (Véase Jn. 10, 30).

30 *Satanás* es llamado "príncipe de este mundo" o sea, de la malicia o príncipe de los amantes de este mundo, del mundo de los impíos y malos.

15 1 Yo soy la vid verdadera, y mi Padre es el viñador. 2 Todo
sarmiento que estando en Mí, no de fruto, lo cortará; pero el
que de fruto, lo podará para que de mas fruto. 3 Vosotros estáis ya
limpios por la palabra que Yo os he hablado.
4 Permaneced en Mí y Yo en vosotros. Como el sarmiento no
puede por si mismo llevar el fruto, sino permanece en la vid, así
tampoco vosotros si no permanecéis en Mí.
5 Yo soy la vid, vosotros los sarmientos. Quien permanezca en
Mí y Yo en él, ese dará mucho fruto, porque sin Mí no podéis
hacer nada. 6 Quien no permaneciere en Mí es arrojado fuera como
el sarmiento y se seca; después los recogen y echan al fuego y
arden. 7 Si permanecéis en Mí y mis palabras permanecen en voso-
tros, pedid lo que queráis y os será concedido. 8 En esto es glorifi-
cado mi Padre: en que déis mucho fruto y seáis mis discípulos.

Perseverad en mi amor

9 Como mi Padre me amó, así Yo os he amado; permaneced
en mi amor. 10 Si guardáreis mis mandamientos, permaneceréis en
mi amor, lo mismo que Yo guardo los mandamientos de mi Padre
y permanezco en su amor. 11 Esto os he dicho para que mi alegría
esté en vosotros y vuestra alegría sea cumplida.
12 Este es mi mandamiento: que os améis unos a otros como
Yo os he amado. 13 Nadie puede tener amor más grande que dar la
vida por sus amigos. 14 Vosotros sois mis amigos, si hacéis esto
que os mando. 15 Ya no os llamo siervos, porque el siervo no sabe
lo que hace su señor, sino que os llamo amigos, porque todo cuan-
to oí a mi Padre, os lo di a conocer.
16 No me habéis elegido vosotros a Mí, sino que Yo os elegí y
os puse para que vayáis y déis fruto y vuestro fruto perdure, para
que cuanto pidiéreis al Padre en mi nombre, os lo de. 17 Esto os
mando: que os améis unos a otros.

El odio del mundo

18 Si el mundo os odia, sabed que a Mí me ha odiado antes que
a vosotros. 19 Si del mundo fuérais, el mundo amaría lo suyo; mas,
porque no sois del mundo, sino que Yo os elegí y separé del
mundo, por eso el mundo os odia.

[20] Acordáos de la palabra que os dije: “No es el siervo más
que su señor” Si a Mí me persiguieron, también a vosotros os
perseguirán; si han guardado mi palabra, también guardarán la
vuestra. [21] Pero todo esto harán contra vosotros por causa de mi
nombre, porque no conocen al que me envió. [22] Si Yo no hubiera
venido y no les hubiera hablado, no tendrían pecado; mas ahora no
tienen disculpa de su pecado.

[23] Quien a Mí me odia, también odia a mi Padre. [24] Si no hu-
biera hecho en medio de ellos las obras que ninguno otro hizo, no
tendrían pecado; pero las han visto y me han odiado a Mí y a mi
Padre. [25] Pero es para que se cumpliera lo que en su Ley está
escrito: *Me odiaron sin motivo* (Sal. 35, 19; 69, 5).

[26] Cuando venga el Intercesor, que Yo os enviaré del Padre, el
Espíritu de verdad que del Padre procede. El dará testimonio de
Mí; [27] y también vosotros daréis testimonio, porque desde el princi-
pio estáis conmigo.

[5] *Sin Mi no podéis hacer nada.* Sin Cristo, sin su gracia no podemos hacer nada en orden a la salvación.

Motivo de la persecución

16 [1] Os he dicho esto para que no os escandalicéis. [2] Os arroja-
rán de las sinagogas, y aún vendrá tiempo en que todo el que
os quite la vida creerá que presta un servicio a Dios. [3] Y harán esto
con vosotros porque no conocieron al Padre ni a Mí. [4] Pero os lo he
dicho para que, cuando llegue el tiempo, os acordéis de que Yo os
lo había dicho. No os lo dije desde el principio, porque estaba con
vosotros.

La promesa del Espíritu Santo

[5] Mas ahora voy al que me envió, y ninguno de vosotros me
pregunta: ¿A dónde vas? [6] Sin embargo, porque os he dicho esto,
se os ha llenado de pena el corazón. [7] Pero os digo la verdad: Os
conviene que Yo me vaya, porque, si no me voy, el Intercesor no
vendrá a vosotros, y si me voy, os lo enviaré. [8] Y cuando El venga,
convencerá al mundo de pecado, de justicia y de juicio. [9] De peca-
do, porque no han creído en Mí; [10] de justicia, porque voy al Padre
y ya no me veréis, [11] de juicio, porque el príncipe de este mundo ya

está juzgado. 12 Aún tengo mucho que deciros, pero no podéis so-
portarlo ahora.
13 Cuando venga Aquél, el Espíritu de Verdad, El os conducirá
a toda la verdad, porque El no hablará por Sí mismo, sino que ha-
blará cuanto oyere y os anunciará lo que está por venir. 14 El me
glorificará, porque de lo mío tomará y os lo anunciará. 15 Todo
cuanto tiene el Padre es mío, por esto dije que tomará de lo mío y
os lo dará a conocer.

Me volveréis a ver

16 Un poco de tiempo y ya no me veréis; y de nuevo un poco y
me volveréis a ver, porque me voy al Padre. 17 Entonces algunos de
sus discípulos se dijeron unos a otros: ¿qué es eso que nos dice: Un
poco y ya no me veréis; y de nuevo un poco y me veréis, y que
"voy al Padre"? 18 Decían, pues: ¿Qué es eso que dice "un poco"?
No sabemos de que habla. 19 Jesús conoció que querían preguntar-
le, y les dijo: Os preguntáis entre vosotros qué significa lo que os
dije: "Un poco y ya no me veréis, y de nuevo un poco y me
veréis".

A la tristeza seguirá la alegría

20 En verdad, en verdad os digo que vosotros lloraréis y os
lamentaréis pero el mundo se alegrará. Vosotros os entristeceréis,
pero vuestra tristeza se cambiará en alegría. 21 La mujer, cuando va
a dar a luz, tiene tristeza, porque llegó su hora; pero una vez
nacido el hijo, ya no se acuerda de sus dolores, por la alegría de
que ha nacido un hombre al mundo.
22 También vosotros ahora tenéis tristeza; mas de nuevo os
veré y se alegrará vuestro corazón, y vuestra alegría nadie os la
podrá quitar. 23 En aquel día ya no tendréis que preguntarme cosa
alguna. En verdad os digo que, cuanto pidiereis al Padre en mi
nombre, os lo concederá. 24 Hasta ahora no pedisteis nada en mi
nombre. Pedid y recibiréis, para que vuestra alegría sea completa.

Palabras de promesa y de consuelo

25 Os he dicho estas cosas en parábolas. Se acerca la hora,
cuando ya no os hablaré en parábolas, sino que os instruiré clara-
mente sobre el Padre. 26 en aquel día pediréis en mi nombre, y no

os digo que Yo rogaré al Padre por vosotros, 27 pues el mismo
Padre os ama, porque vosotros me habéis amado y creído que Yo
salí de Dios. 28 Salí del Padre y he venido al mundo; de nuevo dejo
el mundo y me voy al Padre.

29 Sus discípulos le dijeron: Ahora hablas con claridad y no
por parábolas alguna. 30 Ahora vemos que sabes todo y no tienes
necesidad de que nadie te pregunte; por eso creemos que de Dios
saliste. 31 Jesús respondió: ¿Ahora creéis? 32 Mirad que viene tiem-
po y, ha llegado ya, en que os dispersaréis cada uno por su lado y
me dejaréis solo; mas no estoy solo, porque el Padre está conmigo.

33 Estas cosas os he dicho para que tengáis paz en Mí. En el
mundo padeceréis tribulaciones; pero tened ánimo. Yo he vencido
al mundo.

Oración sacerdotal de Jesús

17 1 Esto habló Jesus, y después, levantando los ojos al cielo,
dijo: Padre, ha llegado la hora: glorifica a tu Hijo para que el
Hijo te glorifique, 2 según, el poder que le diste sobre todos los
hombres, para que a todos los que le diste les dé El la vida eterna. 3
Esta es la vida eterna: que te conozcan a Ti, único, Dios verdadero,
y a Jesucristo, enviado tuyo. 4 Yo te he glorificado a Ti sobre la
tierra, acabando la obra que me encomendaste hacer; 5 y ahora Tú,
Padre, glorificame a Mí con la gloria que tuve junto a Ti antes que
el mundo existiese.

Jesús ora por sus discípulos

6 He manifestado tú Nombre a los hombres que de este mundo
me han dado. Tuyos eran y me los diste y han guardado tu palabra.
7 Ahora han conocido que todo cuanto me has dado viene de Ti,
8 porque las palabras que me diste, se las he comunicado y ellos las
recibieron, y conocieron verdaderamente que de Ti sali, y creyeron
que Tú me enviaste.

9 Yo ruego por ellos, no ruego por el mundo, sino por los que
me has dado, que tuyos son, 10 y todo lo mío es tuyo y lo tuyo mío,
y en ellos he sido glorificado. 11 Yo ya no estoy en el mundo, pero
ellos quedan en el mundo, mientras que Yo voy a Ti. Padre santo,
guarda en tu Nombre a los que me has dado, para que sean, uno
como somos nosotros. 12 Cuando estaba con ellos, Yo conservaba

en tu Nombre a estos que me has dado y los guardé, y ninguno de
ellos se perdió, sino el hijo de la perdición, para que la Escritura se
cumpliera. 13 Más ahora a Ti voy, y digo esto estando en el mundo
para que tengan completo mi gozo en sí mismos.
14 Yo les he dado tu palabra y el mundo los odió, porque no
son del mundo, como tampoco Yo soy del mundo. 15 No ruego para
que los saques del mundo, sino para que los preserves del Maligno.
16 Ellos no son del mundo, como tampoco Yo soy del mundo.
17 Santificalos en la verdad, pues tu palabra es verdad. 18 Como Tú
me enviaste al mundo, así también Yo los he enviado a ellos al
mundo, 19 y por ellos me santifico Yo mismo, para que ellos sean
santificados en la verdad.

Jesús ruega por todos los fieles

20 No ruego solamente por estos, sino también por los que han
de creer en Mí por su palabra, 21 para que todos sean uno, como Tú
Padre, en Mí y Yo en Ti, a fin de que también ellos estén en
nosotros, y así el mundo crea que Tu me enviaste.
22 Yo les he dado la gloria que me diste, para que sean uno,
como nosotros somos uno; 23 Yo en ellos y Tú en Mí, para que sean
perfectamente uno, y el mundo conozca que Tú me enviaste, y los
amaste como a Mí me has amado.
24 Padre, aquellos que Tú me diste quiero que donde estoy Yo,
estén ellos también conmigo, para que vean mi gloria, la que Tú
me diste, porque me amaste antes de la creación del mundo.
25 ¡Padre justo! Si el mundo no te conoció, Yo te conocí y éstos
conocieron que Tú me enviaste. 26 Y les dí y daré a concocer tu
Nombre, para que el amor con que me amaste, esté en ellos y Yo
en ellos.

La prisión de Jesús. (Mt. 26, 36-56; Mc. 14, 32-62; Lc. 22, 39-53)

18 1 Dicho esto, salió Jesús con sus discípulos al otro lado del
torrente Cedrón, donde había un huerto, en el cual entraron
El y sus discípulos. 2 Judas, el que le iba a entregar, sabía el lugar,
porque muchas veces se había reunido allí Jesús con sus
discípulos. 3 Judas, pues, tomando la guardia romana y alguaciles
de los pontífices y de los fariseos, llegó allí con linternas, antor-

chas y armas. [4] Jesús, pues, sabiendo todo lo que sobre El venía,
salió y les dijo: ¿A quién buscáis? [5] Le respondieron: A Jesús Na-
zareno. El les dijo: "Yo soy". Estaba también Judas, el que le
entregaba, con ellos. [6] Apenas, pues les dijo: "Yo soy", se echaron
para atrás y cayeron en tierra.

[7] De nuevo les preguntó: ¿A quién buscáis? Dijeron: "A Jesús
de Nazaret". [8] Respondió Jesús: Ya os dije que soy Yo. Si, pues,
me buscáis a Mí, dejad que se vayan estos. [9] Para que se cumpliera
lo que dijo: "No perdí ninguno de los que me has dado".

[10] Simón Pedro, que tenía una espada, la desenvainó, dio un
golpe al siervo del pontífice y le cortó la oreja derecha. Malco era
el nombre del siervo. [11] Dijo Jesús a Pedro: Pon la espada en la
vaina; el cáliz que me ha dado mi Padre ¿no lo beberé?

Jesús ante Anás y Caifás

[12] Entonces la guardia romana, el tribuno y los alguaciles de
los judíos prendieron a Jesús, le ataron, [13] y le llevaron primera-
mente a Anás, porque era suegro de Caifás, el cual era pontífice en
aquel año. [14] Caifás era el que había dado a los judíos este consejo:
"Conviene que un sólo hombre muera por el pueblo". [15] A Jesús le
iban siguiendo Simón Pedro y otro discípulo. Aquél discípulo era
conocido del pontífice, y entró con Jesús en el atrio del pontífice;
[16] mas Pedro quedó fuera, a la puerta. Salió, pues, aquel otro discí-
pulo, conocido del pontífice, y habló a la portera e hizo entrar a
Pedro.

Primera negación de Pedro. (Mt. 26, 58-70; Mc. 14, 54-68; Lc. 22, 55-57)

[17] La portera dijo a Pedro: ¿No eres tú también de los discípu-
los de ese hombre? El respondió: No soy. [18] Estaban allí calentán-
dose los siervos y los alguaciles, que habían hecho una hoguera,
pues hacía frío.

Jesús es interrogado por el pontífice

[19] El pontífice preguntó a Jesús acerca de sus discípulos y de
su doctrina. [20] Jesús le respondió: Yo públicamente he hablado al
mundo, yo siempre enseñé en la sinagoga y en el templo, donde
todos los judíos se reúnen y nada he dicho en secreto. [21] ¿Por qué

me preguntas a Mí? Pregunta a los que me oyeron, qué les he
hablado. Ellos saben lo que he dicho.
22 Al decir esto, uno de los alguaciles, que estaba presente, dio
una bofetada a Jesús, diciendo: ¿Así respondes al pontífice? 23 Je-
sús le contestó: Si hablé mal, demuéstralo; pero, si bien, ¿por qué
me hieres? 24 Luego Anás, lo envió atado a Caifás, el pontífice.

Segunda negación de Pedro. (Mt. 26, 71-75; Mc. 14, 69-72; Lc. 22, 58-62)

25 Simón Pedro seguía allí calentándose, y le dijeron: ¿No eres
tú también de sus discípulos? El negó y dijo: No soy. 26 Uno de los
criados del pontífice, pariente de aquél a quien Pedro había cortado
la oreja, le dijo: ¿No te vi yo en el huerto con El? 27 Pero lo negó
otra vez, y al punto el gallo cantó.

Jesús ante Pilato. (Mt. 27, 11; Mc. 15, 2; Lc. 23, 3)

28 Entonces condujeron a Jesús de casa de Caifás al pretorio:
era muy de mañana, y ellos no entraron en el pretorio para no
contaminarse y poder comer la Pascua. 29 Salió, pues, Pilato fuera
adonde ellos, y dijo: ¿Qué acusación traéis contra este hombre?
30 Respondieron y le dijeron: Si no fuera un malhechor, no te lo
hubiéramos entregado. 31 Pilato les dijo: Tomadle vosotros y juzga-
dle según vuestra ley. Le dijeron entonces los judíos: No nos es
permitido quitar la vida a nadie; 32 para que se cumpla el dicho de
Jesús, significando de qué muerte había de morir.
33 Pilato entró otra vez en el pretorio, llamó a Jesús y le dijo:
¿Eres Tú el Rey de los judíos? 34 Jesús respondió: Dices tú eso por
ti mismo o te lo dijeron otros de Mí? 35 Contestó Pilato: ¿Acaso soy
yo judío? Los de tu raza y los pontífices te han entregado a mí.
¿Qué has hecho? 36 Jesús respondió: Mi reino no es de este mundo,
si de este mundo fuera mi reino, mis servidores habrían luchado
para que no fuera entregado a los judíos; pero mi reino no es de
aquí.
37 Entonces le dijo Pilato: ¿Luego Tú eres Rey? Contestó
Jesús: Tú lo dices; soy Rey. Yo para esto he nacido y para esto he
venido al mundo; para dar testimonio de la verdad; todo el que es
de verdad, escucha mi voz. 38 Pilato le dijo: ¿Qué es la verdad? Y,

dicho esto, otra vez salió a donde los judíos y les dijo: Yo ningún
crimen encuentro en El.

Jesús y Barrabás. (Mt. 27, 15-30; Mc. 15, 16-17; Lc. 23, 17-25)

39 Es costumbre vuestra que en la Pascua se ponga en libertad
a un preso; ¿queréis que os deje libre al Rey de los judíos? 40 Ellos
gritaron de nuevo: No a El, sino a Barrabás. Barrabás era un la-
drón.

6 Al decir Jesús "Yo soy" ("Yo soy" es el nombre de Dios: *Ehyeh*, en hebreo, al que nosotros llamamos en tercera persona; *Yahvé:* "el que es"), cayeron todos en tierra. Es una prueba de que Jesús se ofreció libremente a la muerte, y quiso así salvarnos.

Jesús azotado y coronado de espinas

19 1 Entonces Pilato tomó a Jesús y le hizo azotar. 2 Y los solda-
dos, tejiendo una corona de espinas, se la pusieron en la ca-
beza, le vistieron con un manto de púrpura, 3 y acercándose a El le
decían: ¡Salve, Rey de los judíos! y le daban bofetadas. 4 Salió otra
vez fuera Pilato y les dijo: Os lo saco fuera para que sepáis que
ningún crimen encuentro en El. 5 Salió, pues, Jesús fuera llevando
la corona de espinas y el manto de púrpura, y les dijo: ¡He aquí al
hombre! 6 cuando, pues, le vieron los pontífices y los alguaciles,
gritaron: ¡Crucifícale! Pilato les dijo: Tomadlo vosotros y crucifi-
cadlo, porque yo no encuentro en El crimen. 7 Los judíos le respon-
dieron: Nosotros tenemos una Ley y según la Ley debe morir,
porque se hizo Hijo de Dios.

Pilato interroga de nuevo a Jesús

8 Al oír Pilato estas palabras, cobra más miedo, 9 y entrando
otra vez en el pretorio, dijo a Jesús: ¿De dónde eres Tú. Mas Jesús
no le dio respuesta alguna. 10 Entonces Pilato le dijo: ¿A mi no me
hablas? ¿No sabes que tengo potestad para dejarte libre y potestad
para crucificarte? 11 Respondió Jesús: No tendrías potestad alguna
sobre Mí, si no te hubiera sido dada de lo alto; por eso, el que me
entregó a ti, tiene mayor pecado.

La condenación

12 Desde entonces Pilato buscaba cómo dejarlo libre; pero los
judíos gritaron: Si sueltas a éste, no eres amigo del César. Todo el

que se declara rey se opone al César. 13 Cuando Pilato oyó estas
palabras, sacó fuera a Jesús y se sentó en el tribunal, en el lugar
llamado *Litóstrotos*, en hebreo *Gabbata*. 14 Era la Parasceve *(=pre-
paración)* de la Pascua, y la hora alrededor de la sexta. Y dijo a los
judíos: ¡He aquí a vuestro Rey! 15 Pero ellos gritaron: ¡Muera, mue-
ra! ¡Crucifícalo! Pilato les dijo: ¿A vuestro rey voy a crucificar?
Los pontífices respondieron: No tenemos más rey que al César.
16 Entonces se lo entregó para que fuera crucificado.

Camino del Calvario. La Crucifixión. (Mt. 27, 24-50; Mc. 15, 15-37; Lc. 23, 25-46)

17 Se hicieron pues cargo de Jesús, 18 y El, llevando su cruz,
salió para el lugar llamado Calvario, que en hebreo se dice
Gólgota, 18 donde le crucificaron, y con El a otros dos: uno a cada
lado, quedando Jesús en medio.

19 Pilato escribió también un letrero y lo puso sobre la cruz.
Estaba escrito: "Jesús, el Nazareno, el Rey de los judíos". 20 Este
título lo leyeron muchos de los judíos, porque estaba cerca de la
ciudad el lugar donde fue crucificado Jesús; y estaba escrito en
hebreo, en latín y en griego. 21 Los pontífices de los judíos dijeron
a Pilato: No escribas: "El Rey de los judíos" sino que El dijo: "Soy
Rey de los judíos". 22 Pilato respondió: Lo que he escrito, escrito
queda.

23 Los soldados, luego que crucificaron a Jesús, tomaron sus
vestidos e hicieron cuatro partes, una para cada soldado, y además
la túnica. Era la túnica sin costura, tejida en una pieza desde arriba.
24 Entonces se dijeron unos a otros: "No la rasguemos, sino eche-
mos suerte sobre ella, para ver a quien toca". Para que se cumplie-
ra la Escritura que dice: *"Se repartieron mis vestidos, y sobre mi
túnica echaron suerte"* (Sal. 22, 19). Y los soldados eso hicieron.

María al pie de la cruz

25 Estaban junto a la cruz de Jesús su Madre y la hermana de
su Madre, María la de Cleofás y María Magdalena. 26 Jesús, pues,
viendo a su Madre y junto a Ella al discípulo a quien amaba, dijo a
la Madre: ¡Mujer, he ahí a tu Hijo! 27 Luego dijo al discípulo: ¡He
ahí a tu madre! Y desde aquella hora la recibió el discípulo consi-
go.

Muerte de Jesús.

28 Después, sabiendo Jesús que ya todo estaba acabado, para
que se cumpliera la Escritura, dijo: *"Tengo sed"* (Sal. 69, 22).
29 Había allí un vaso lleno de vinagre. Entonces pusieron en un
hisopo una esponja empapada en vinagre, y se la acercaron a la
boca. 30 Cuando Jesús gustó el vinagre, dijo: *(La Escritura)* está
cumplida" (Sal. 69, 22). E inclinando la cabeza, entregó el espíritu.

La lanzada

31 Los judíos (como era la Preparación, para que no quedaran
en la Cruz los cuerpos el sábado, porque era un día grande el de
aquel sábado) pidieron a Pilato que les quebraran las piernas y los
quitaran. 32 Vinieron, pues, los soldados y quebraron las piernas al
primero, y también al otro que había sido crucificado con él;
33 mas, cuando llegaron a Jesús, como le vieron ya muerto, no le
quebraron las piernas, 34 sino que uno de los soldados con la lanza
le hirió en el costado, y salió al punto sangre y agua. 35 Y el que lo
ha visto ha dado testimonio, y su testimonio es veraz, y él sabe que
dice verdad, para que vosotros también creáis. 36 Porque esto ocu-
rrió para que se cumpliera la Escritura: *"No quebrantaréis ni uno
de sus huesos"* (Ex. 12, 46). 37 Y también otra Escritura dice: *"Mi-
rarán al que traspasaron"* (Zac. 12, 10).

La sepultura. (Mt. 27, 57-60; Mc. 15, 42-46; Lc. 23, 45-50)

38 Después de esto, José de Arimatea, que era discípulo de
Jesús, rogó a Pilato, pero a escondidas, por miedo a los judíos,
llevarse el cuerpo de Jesús y Pilato se lo permitió. Vino, pues, y se
llevó el cuerpo. 39 Vino también Nicodemo, el que fuera a El de
noche al principio, trayendo una mezcla de mirra y de áloe como
de unas cien libras. 40 Tomaron, pues, el cuerpo de Jesús y lo faja-
ron con vendas y con perfumes, según la costumbre que tiene los
judíos de amortajar. 41 En el lugar donde fue crucificado había un
huerto, y en el huerto un sepulcro nuevo, en el cual no habían
puesto a nadie todavía; 42 allí por causa de la Preparación de los
judíos, por estar cerca el sepulcro, pusieron a Jesús.

La resurrección. (Mt. 28, 1-8; Mc. 16, 1-8; Lc. 24, 1-12)

20 1 El día primero de la semana, María Magdalena vino muy
de mañana, cuando aún estaba oscuro, al sepulcro, y vio la
piedra quitada del sepulcro. 2 corrió a buscar a Simón Pedro y al
otro discípulo, a quien amaba Jesús, y les dijo: Han llevado del se-
pulcro al Señor y no sabemos dónde le han puesto. 3 Salió Pedro y
el otro discípulo y fueron al sepulcro. 4 Echaron a correr los dos
juntos, y el otro discípulo corrió delante más aprisa que Pedro, y
llegó primero al sepulcro, 5 y asomándose vió allí por el suelo los
lienzos; mas no entró. 6 Llegó también Simón Pedro detrás de él
y entró en el sepulcro, y vió los lienzos allí caídos, 7 y el sudario
que estuvo sobre su cabeza, no caído junto a los lienzos, sino
envuelto en lugar aparte.

8 Entonces entró también el otro discípulo, el que llegó prime-
ro al sepulcro y vio y creyó, 9 porque aún no habían entendido la
Escritura según la cual había de resucitar de entre los muertos.
10 Luego los discípulos se volvieron a casa.

Jesús se aparece a la Magdalena. (Lc. 24, 10)

11 María se había quedado junto al sepulcro, fuera, llorando.
Según lloraba, se asomó al sepulcro, 12 y vio a dos ángeles vestidos
de blanco, sentados, uno a la cabecera y el otro a los pies del lugar
donde estuvo puesto el cuerpo de Jesús. 13 Y le dijeron: Mujer, ¿por
qué lloras? Ella le dijo: ¡Se han llevado a mi Señor y no se donde
le han puesto! 14 Dicho esto, se volvió hacia atrás y vio a Jesús que
estaba allí, pero no sabía que era Jesús. 15 Jesús le dijo: Mujer, ¿por
qué lloras? ¿A quién buscas? Ella, pensando que era el hortelano,
le dijo: Señor, si tú le llevaste, dime dónde le pusiste y yo me lo
llevaré. 16 Jesús le dijo: ¡María! Ella volviéndose, dijo en hebreo:
¡Rabboni! (que significa "Maestro"). 17 Jesús le dijo: No me toques
más porque todavía no he subido al Padre, ve a mis hermanos y
diles: Subo a mi Padre y a vuestro Padre: a mi Dios y a vuestro
Dios. 18 María Magdalena fue a anunciar a los discípulos: "He visto
al Señor" y lo que El le había dicho.

Aparición en el Cenáculo. (Mc. 16, 14; Lc. 24, 36-45)

19 A la tarde de aquel día primero de la semana, y estando, por
miedo a los judíos, cerradas las puertas donde estaban los discípu-

los, se presentó Jesús en medio y les dijo: "La paz sea con
vosotros". 20 Y dicho esto, les mostró las manos y el costado. Los
discípulos se alegraron al ver al Señor. 21 Díjoles de nuevo: "La paz
sea con vosotros: Como mi Padre me envió, así Yo os envio". 22 Y,
dicho esto, sopló sobre ellos, y les dijo: "Recibid el Espíritu Santo,
23 a quienes perdonáreis los pecados, les quedan perdonados, y a
quienes se los retuviéreis, les serán retenidos".

Incredulidad de Tomás

24 Tomás, uno de los doce, llamado Dídimo, no estaba con
ellos, cuando llegó Jesús. 25 Y los otros discípulos le dijeron: ¡He-
mos visto al Señor! Mas él les dijo: Si no veo en sus manos la
señal de los clavos y meto mi dedo en el agujero de los clavos y mi
mano en su costado, no creeré.

Segunda aparición

26 Ocho días después se encontraban nuevamente los discípu-
los dentro y Tomás con ellos. Llegó Jesús, cerradas las puertas, y
se puso en medio de ellos y dijo: ¡La paz sea con vosotros! 27 Des-
pués dijo a Tomás: Trae tu dedo aquí y mira mis manos. Trae tu
mano y métela en mi costado, y no seas incrédulo, sino creyente.
28 Respondióle Tomás: ¡Señor mío y Dios mío! 29 Jesús le respon-
dió: Porque me has visto has creído. Bienaventurados los que cre-
yeron sin haber visto.

Primer epílogo del Evangelio de San Juan

30 Otros muchos milagros hizo Jesús en presencia de sus discí-
pulos, que no están escritos en este libro. 31 Mas estos se han escri-
to para que creáis que Jesús es el Cristo, el Hijo de Dios, y, creyen-
do, tengáis vida eterna en su nombre.

23 *A quienes perdonéis los pecados...* Con estas palabras queda instituido el tribunal y sacramento de la penitencia, y los apóstoles y sus sucesores los sacerdotes con potestad de perdonar los pecados, y los penitentes con obligación de manifestar o confesar personalmente sus pecados.

Aparición en Tiberiades. La pesca milagrosa

21 1 Después se apareció otra vez Jesús a los discípulos a la
orilla del mar de Tiberiades, y se apareció así: 2 Estaban jun-
tos Simón Pedro y Tomás llamado Dídimo; Natanael, el de Caná
de Galilea, los hijos de Zebedeo, y otros dos discípulos. 3 Simón
Pedro les dijo: Yo me voy a pescar. Ellos le dijeron: Vamos noso-
tros también contigo. Salieron y subieron a la barca, pero aquella
noche no pescaron nada. 4 Al amanecer, estaba Jesús junto a la
orilla; pero los discípulos no conocieron que era Jesús. 5 Jesús les
dijo: Muchachos, ¿tenéis algo que comer? Ellos respondieron: No.
6 Entonces les dijo: Echad la red hacia la derecha de la barca y ha-
llaréis. La echaron y ya no podían arrastrarla por la cantidad de
peces.

7 El discípulo a quien Jesús amaba, dijo entonces a Pedro: ¡Es
el Señor! Cuando Simón Pedro oyó: ¡Es el Señor! se puso la túnica
exterior, pues estaba desnudo, y se arrojó al mar, 8 mientras los
otros discípulos llegaron con la barca, (pues no estaban lejos de la
orilla, sino como a unos doscientos codos), arrastrando la red con
los peces.

9 Al bajar a tierra vieron unas brasas puestas y encina un pez,
y pan. 10 Jesús les dijo: Traed ahora de los peces que habéis
pescado. 11 Subió Simón Pedro y arrastró a tierra la red llena de
153 peces grandes, y siendo tantos, no se rompió la red. 12 Jesús les
dijo: Venid y comed. Y ninguno de los discípulos se atrevió a
preguntarle. ¿Tú quién eres?, porque veían que era el Señor. 13 Je-
sús se acercó, tomó el pan y se lo dio, y de la misma manera el
pez. 14 Esta fue la tercera vez que Jesús se apareció a los discípulos,
resucitado de entre los muertos.

El Primado de Pedro

15 Luego que comieron dijo Jesús a Simón Pedro: Simón, hijo
de Juan, ¿me amas más que éstos? el le respondió: Sí, señor, tu
sabes que te amo. El le dijo: ¡Apacienta mis corderos! 16 De nuevo,
por segunda vez, le dijo: Simón, hijo de Juan, ¿me amas? Díjole:
Sí, Señor, tú sabes que te amo. Jesús le dijo: ¡Apacienta mis
ovejas! 17 Por tercera vez le dijo: Simón, hijo de Juan, ¿me amas?
Pedro se entristeció porque le preguntó por tercera vez ¿me amas?
Y le dijo: Señor, tú lo sabes todo, tú sabes que te amo. Jesús le
dijo: ¡Apacienta mis ovejas!

[18] En verdad, en verdad, te digo: Cuando eras joven, te ceñías
tú mismo y andabas por donde querías; mas cuando seas viejo,
extenderás tus manos, y otro te ceñirá y te llevará a donde no
quieres. [19] Dijo esto indicando con qué muerte había de glorificar a
Dios. Y, dicho esto, le dijo: Sígueme.

El discípulo amado y su fiel testimonio

[20] Al volverse Pedro, vio que seguía detrás el discípulo a quien
amaba Jesús el que se recostó en la Cena sobre su pecho, y le había
preguntado: "Señor, ¿quién es el que te ha de entregar?" [21] Al verle
Pedro, dijo a Jesús: ¡Señor! y éste ¿qué? [22] Jesús le dijo: Si quiero
que él quede hasta que yo venga, ¿a tí qué? Tu sígueme. [23] Así se
propagó entre los hermanos el rumor de que aquel discípulo no
había de morir; mas no le dijo Jesús: "No has de morir", sino: "Si
quiero que él permanezca hasta que Yo venga, ¿a ti qué?

Segundo epílogo del Evangelio de San Juan

[24] Este es el discípulo que da testimonio de estas cosas, y las
ha escrito, y sabemos que su testimonio es verdadero.

[25] Otras muchas cosas hizo también Jesús, las cuales, si se
escribieran una por una, creo que ni el mismo mundo podría comprender los libros que se escribieran.

[1] Las diversas apariciones de Jesús demuestran el hecho real de la resurrección de Jesucristo.

15 y 16 *Apacienta mis corderos*, apacienta mis ovejas. Con estas palabras confirió Cristo a Pedro el primado de jurisdicción. Las "ovejas" y los "corderos" representan todo el rebaño o Iglesia de Cristo....

[25] Notemos que en el original no se lee "en todo el mundo" como algunos traducen (y sobra la palabra "todo"). En el original "el mundo" es nominativo, y debe entenderse en sentido espiritual, esto es, el mundo no comprende o soporta la espiritualidad auténtica que viene de la palabra de Dios.

HECHOS DE LOS APOSTOLES

INTRODUCCION

En este libro se nos narra lo que fue la vida y el apostolado de la Iglesia en los años que siguieron a la muerte y resurrección de Jesucristo, y el papel que en esos años desempeñaron los príncipes de los apóstoles Pedro y Pablo. La parte más extensa se dedica a los viajes, trabajos y triunfos admirables de este apóstol de las gentes, hasta su primer cautiverio en Roma.

Con los "Hechos de los Apóstoles" entramos en la segunda fase del Nuevo Testamento. La acción "visible" del divino Redentor sobre la tierra termina con su ascensión al cielo.

Jesucristo continúa ahora su ministerio en el mundo por medio de la Iglesia, la que desea también que hacia el cielo dirijamos nuestros pensamientos.

No hay duda que el autor humano de este libro es San Lucas, el mismo que escribió el tercer Evangelio, y dedicado al mismo Teófilo.

Los "Hechos de los Apóstoles" es sin duda una continuación de este Evangelio, pues basta leer su último capítulo y seguir luego leyendo el 1.º de los "Hechos" para comprobarlo.

El libro fue escrito en griego, probablemente en Roma, sobre el año 63, poco antes de la muerte de San Pablo y también antes de la destrucción de Jerusalén (a. 70 d. C), o sea, cuando la vida y el culto de Israel continuaban normalmente.

El fin de este libro no fue otro, sin duda alguna, que escribir la historia de la difusión del cristianismo por todo el orbe bajo el influjo de la dirección del Espíritu Santo, que se desbordó bajando con plenitud sobre los apóstoles conforme al anuncio del profeta Joel.

Prólogo

1 1 En el primer libro, oh Teófilo, he hablado de todas las cosas
que Jesús comenzó a hacer y enseñar, 2 hasta el día en que fue
arrebatado a lo alto, después de haber instruido por el Espíritu

Santo a los apóstoles a los que había escogido, [3] a quienes también se les apareció vivo después de su pasión con muchas pruebas evidentes, siendo visto de ellos por espacio de cuarenta días a los que habló del reino de Dios.

Ultimas instrucciones

[4] Y estando juntos, les mandó que no se apartasen de Jerusalén, sino que esperasen la promesa del Padre, la cual dijo, oísteis
de mí, [5] porque Juan, a la verdad, bautizó con agua, mas vosotros
seréis bautizados con el Espíritu Santo, pasados no muchos días.
[6] Los que se habían reunido le preguntaron, diciendo: "Señor, ¿es
este el tiempo en que vas a restablecer el reino para Israel?" [7] El les
respondió: "No os corresponde a vosotros conocer los tiempos y
los momentos que el Padre, ha fijado con su propia autoridad;
[8] pero recibiréis la fuerza del Espíritu Santo, que vendrá sobre
vosotros y seréis mis testigos en Jerusalén, en toda Judea y Samaria y hasta el extremo de la tierra".

La Ascensión

[9] Dichas estas cosas, a la vista de ellos fue elevado, y una nube
lo ocultó a sus ojos, [10] y mientras tenían fijas sus miradas en El,
que se iba al cielo, dos varones con vestidos blancos se les
presentaron, [11] y les dijeron: Varones de Galilea, ¿qué estáis mirando al cielo? Este Jesús que de en medio de vosotros os ha sido arrebatado al cielo, vendrá de la misma manera que le habéis visto ir al cielo.

En el cenáculo de Jerusalén

[12] Entonces, se volvieron a Jerusalén desde el monte llamado
de los Olivos, que está cerca de Jerusalén, distante de allí camino
de un sábado, [13] y luego que entraron, subieron al cenáculo, donde
permanecían Pedro y Juan, Santiago y Andrés, Felipe y Tomás,
Bartolomé y Mateo, Santiago de Alfeo, Simón Zelotes y Judas de
Santiago. [14] Todos estos perseveraban unánimes en oración con algunas mujeres, y María la Madre de Jesús y sus hermanos.

Elección de Matías

[15] En aquellos días se levantó Pedro en medio de los hermanos

(que era el número de los reunidos como de ciento veinte), y dijo:
[16] Hermanos, conviene que se cumpla la Escritura que predijo el
Espíritu Santo por boca de David, acerca de Judas, que fue guía de
los que prendieron a Jesús, [17] que era contado con nosotros y tenía
parte en este ministerio.

[18] Este, pues, adquirió un campo con el salario de la iniquidad,
y estando colgado, reventó por medio y todas sus entrañas se
derramaron, [19] y fue notorio a todos los habitantes de Jerusalén, de
tal manera que aquel campo fue llamado en su lengua *Hacéldama,*
esto es, "campo de sangre", [20] pues está escrito en el libro de los
salmos: *"Su morada quede desierta, y no haya quien habite en
ella"* (Sal. 69,26).

[21] Conviene, pues, que de entre los varones que nos acompa-
ñan todo el tiempo que el Señor Jesús entró y salió con nosotros,
[22] comenzando desde el bautismo de Juan hasta el día en que nos
fue arrebatado a lo alto, se haga uno de ellos testigo con nosotros
de su resurrección, [23] y fueron presentados dos: José el llamado
Barsaba, por sobrenombre Justo, y a Matías. [24] Y orando dijeron:
Tú, Señor, que conoces los corazones de todos, muestra a quien de
estos dos has elegido, [25] para ocupar el puesto de este ministerio y
apostolado, del cual fue apartado Judas para irse a su lugar [26] y les
echaron suertes y cayó la suerte sobre Matías, por lo que fue agre-
gado a los once apóstoles.

[1] *En el primer libro.* Se refiere al tercer Evangelio, compuesto por el mismo San Lucas (Lc. 1, 1-3). Los Hechos son como continuación del capítulo 24 de su Evangelio.

Pentecostés. Venida del Espíritu Santo

2 [1] Al cumplirse el día de Pentecostés, cuando estaban todos jun-
tos en el mismo lugar, [2] de repente sobrevino del cielo un ruido
como el de un viento fuerte que corría, el cual llenó toda la casa
donde estaban sentados. [3] Y se les aparecieron unas lenguas repar-
tidas como de fuego, que se posaron sobre cada uno de ellos.
[4] Entonces todos fueron llenos del Espíritu Santo, y comenzaron a
hablar en lenguas extrañas, según el Espíritu les concedía expresar-
se.

[5] Residían entonces en Jerusalén judíos, varones piadosos de
todas las naciones, que hay bajo el cielo, [6] y al producirse este

ruido se juntaron muchas gentes y quedaron confundidos porque les oían hablar cada uno en su propia lengua. [7] Estando todos atónitos y admirados, decían: ¿Pero no son galileos todos esos que hablan? [8] ¿Cómo es, pues, que nosotros les oímos cada uno en nuestra lengua en que hemos nacido? [9] Partos, medos, elamitas y los que habitan en Mesopotamia, Judea, Capadocia, el Ponto y en Asia, [10] Frigia y Panfilia, en Egipto y las partes de Libia que están junto a Cirene, y los peregrinos romanos, [11] judíos y prosélitos, cretenses y árabes les oímos hablar en nuestras lenguas las grandezas de Dios. [12] Estando, pues, todos fuera de sí y perplejos, unos a otros se decían: ¿Qué significa esto? [13] Otros, en cambio, burlándose decían: Están llenos de mosto.

Discurso de Pedro

[14] Entonces Pedro poniéndose en pie con los once, les habló en alta voz diciendo: "Judíos y todos los que habitáis en Jerusalén, esto os sea notorio, prestad atención a mis palabras, [15] Porque éstos no están bebidos como vosotros suponéis, pues no es más que la hora tercia del día. [16] Mas esto es lo que fue dicho por el profeta Joel:

> [17] *"Y sucederá en los últimos días –dice Dios– que derramaré mi Espíritu sobre toda carne, y profetizarán vuestros hijos y vuestras hijas, y soñarán sueños. [18] También sobre mis siervos y siervas derramaré mi Espíritu en aquellos días y profetizarán, [19] y haré prodigios arriba en el cielo y señales abajo en la tierra, sangre y fuego y vapor de humo; [20] el sol se convertirá en tinieblas y la luna en sangre, antes que llegue el día del Señor, el grande y manifiesto, [21] y sucederá que todo el que invocase al Señor, será salvo"* (Joel. 2, 28-32).

[22] Varones de Israel, escuchad estas palabras: Jesús de Nazaret, hombre acreditado por Dios entre vosotros con milagros, prodigios y señales, que Dios hizo por El en medio de vosotros, como vosotros mismos sabéis; [23] a Este, entregado según el plan determinado y la presciencia de Dios, por manos de malvados lo hicísteis morir, crucificándolo, [24] al cual Dios resucitó rompiendo las ataduras de la muerte, puesto que era imposible que El fuese dominado por ella. [25] Porque David dice de El:

"Yo tenía al Señor siempre delante de mis ojos, porque está
a mi diestra para que no vacile. 26 *Por esto mi corazón se*
regocijó y se gozó mi lengua, y hasta mi carne reposará en
esperanza, 27 *porque no abandonarás mi alma en el "infierno"*
ni permitirás que tu Santo vea la corrupción. 28 *Me hiciste co-*
nocer los caminos de la vida, me colmarás de gozo con tu ros-
tro". (Sal. 16, 8-11).

29 Hermanos, seame permitido deciros con libertad del patriar-
ca David, que murió y fue sepultado, y su sepulcro se conserva
entre nosotros hasta el día de hoy, 30 pero siendo profeta y sabiendo
que Dios le había prometido con juramento que un descendiente
suyo se sentaría sobre su Trono, 31 habló proféticamente de la resu-
rrección de Cristo, que no sería abandonado en el "sepulcro", ni su
carne vería la corrupción.

32 A este Jesús lo resucitó Dios, de lo cual todos nosotros
somos testigos. 33 Elevado, pues, a la diestra de Dios y habiendo
recibido del Padre la promesa del Espíritu Santo, derramó a Este a
quien vosotros vísteis y oísteis. 34 Porque David no subió a los
cielos, y él dice:

"Dijo el Señor a mi Señor: Siéntate a mi derecha 35 *hasta que*
ponga a mis enemigos por escabel de tus pies". (Sal. 110, 1).

36 Sepa, pues, con toda certeza la casa de Israel que a este
Jesús, a quien vosotros crucificásteis, Dios, le ha hecho Señor y
Mesías.

Efectos del discurso de Pedro

37 Al oír esto se compungieron de corazón y dijeron a Pedro y
a los demás apóstoles: Varones hermanos, ¿qué hemos de hacer?
38 Pedro les dijo: Arrepentíos y cada uno de vosotros sea bautizado
en el nombre de Jesucristo para remisión de vuestros pecados, y
recibiréis el don del Espíritu Santo, 39 porque la promesa es para
vosotros, para vuestros hijos, para todos los que están lejos y cuan-
tos llamare a sí el Señor Dios nuestro.

40 Y con otras muchas palabras daba testimonio y les exhorta-
ba diciendo: Salvaos de esta generación perversa. 41 Aquellos,
pues, que recibieron su palabra fueron bautizados e incorporados
(a la Iglesia) en aquel día cerca de tres mil almas.

Vida de los primeros cristianos

42 Y perseveraban en la doctrina de los apóstoles, en la comu-
nión, en la fracción del pan y en la oración, 43 y el temor vino sobre
todos, pues eran muchos los prodigios y señales realizados por los
apóstoles en Jerusalén. El temor era ciertamente grande sobre to-
dos.
44 Todos los creyentes vivían unidos y tenían todas las cosas en
común, 45 y vendían sus posesiones y bienes y los repartían entre
todos según las necesidades de cada uno. 46 Todos los días perseve-
raban unánimemente en el templo, partían el pan en las casas y
comían juntos con alegría y sencillez de corazón, 47 alabando a
Dios y teniendo a su favor todo el pueblo, y el Señor iba añadiendo
cada día (a su Iglesia) a los que habían de ser salvos.

4 *La fiesta de Pentecostés* era una de las tres principales que celebraban los judíos, y en aquella fiesta diez días después de la Ascensión del Señor tuvo lugar la Pentecostés cristiana o venida del Esp. Santo sobre los Apóstoles.

32 *Dios lo resucitó.* Notemos que Jesús es Dios y hombre, y se dice que lo resucitó, refiriéndose a su naturaleza humana, y como hombre que es, por eso se dice que es inferior al Padre (Véase Jn. 14, 28).

38 *En el nombre de Jesucristo*, quiere decir, conforme al bautismo instituido por El, y por eso se debe bautizar en el nombre de la Trinidad (Mt. 28, 20).

3

1 Pedro y Juan subían al templo a la hora de la oración, la de
nona. 2 Entonces un hombre cojo desde el vientre de su madre
era transportado; al cual ponían todos los días a la puerta del
templo llamada la Hermosa para pedir limosna a los que entraban
en él. 3 Este al ver a Pedro y a Juan que iban a entrar en el templo,
les suplicaba le diesen limosna. 4 Mas Pedro con Juan fijando la
vista en él, dijo: Míranos. 5 Y cuando él estaba atento a ellos, espe-
rando recibir algo, 6 Pedro le dijo: No tengo oro ni plata; mas lo
que tengo te doy: En el nombre de Jesucristo el Nazareno, anda.
7 Y tomándole de la mano derecha lo levantó, y al instante se le
consolidaron los pies y los tobillos, 8 y dando un salto se puso en
pie y comenzó a andar, y con ellos entró en el templo andando,
saltando y alabando a Dios, 9 y todo el pueblo le vio andar y alabar
a Dios, 10 y reconocieron que él era el mismo que, sentado, pedía
limosna en la puerta Hermosa del templo, y se llenaron de espanto
por lo sucedido.

Pedro habla al pueblo

11 Mientras él estaba agarrado a Pedro y a Juan, todo el pueblo
asombrado vino corriendo a ellos, al pórtico llamado de Salomón.
12 Al ver esto Pedro, habló así al pueblo: Varones israelitas, ¿por
qué os maravilláis de esto o por qué nos miráis como si con nues-
tro poder o piedad hubiéramos hecho andar a éste? 13 El Dios de
Abraham, de Isaac y de Jacob, el Dios de nuestros padres ha glori-
ficado a su siervo Jesús, a quien vosotros entregásteis y negásteis
delante de Pilato, cuando éste juzgaba que debía ponerle en
libertad. 14 Mas vosotros negásteis al Santo y Justo y pedísteis que
se os hiciere gracia de un homicida, 15 y matásteis al Autor de la
vida, al que Dios ha resucitado de entre los muertos, de lo que
nosotros somos testigos.

16 Por la fe en su nombre, a éste a quien véis y conoceis, ha
sido consolidado, y la fe que de El viene, es la que le ha dado esta
completa salud en presencia de todos vosotros.

Pedro les exhorta a creer en Jesucristo

17 Ahora bien, hermanos, se que por ignorancia habéis hecho
esto, al igual que vuestros jefes. 18 Mas Dios ha dado así cumpli-
miento a lo que tenía antes anunciado por boca de todos los profe-
tas, que su Cristo había de padecer. 19 Arrepentíos, pues, y conver-
tíos, para que sean borrados vuestros pecados, 20 a fin de que ven-
gan los tiempos del refrigerio de parte del Señor y envíe a Jesucris-
to, el que os fue antes anunciado, 21 al que era necesario que el
cielo recibiese hasta los tiempos de la restauración de todas las
cosas, de las que habló Dios desde antiguo por boca de sus santos
profetas.

22 Porque Moisés, en efecto, dijo: *El Señor Dios vuestro os
suscitará un profeta de entre vuestros hermanos, como a mí, a El
debéis de escuchar en todas cuantas cosas os hablase,* 23 *y toda
persona que no escuche al tal profeta será exterminada del pue-
blo*. (Dt. 18, 15-19).

24 Y todos los profetas desde Samuel y los que le siguieron,
cuantos hablaron han anunciado también estos días. 25 Vosotros
sois los hijos de los profetas y de la alianza que Dios estableció
con todos vuestros padres, diciendo a Abraham: "*Y en tu descen-
dencia serán benditas todas las naciones de la tierra*. (Gén. 22,
18).

26 Para vosotros Dios ha resucitado primeramente a su Hijo al
que os envió para que os bendiga a fin de apartaros a cada uno de
vuestras maldades.

Primera persecución de la Iglesia

4 1 Estando ellos hablando al pueblo, se les presentaron los sacer
dotes con el magistrado del templo y los saduceos, 2 y llevando
a mal de que enseñasen al pueblo y de que anunciaran en la perso-
na de Jesús la resurrección de los muertos, 3 les echaron mano y los
pusieron bajo custodia hasta el día siguiente porque era ya tarde.
4 Muchos, sin embargo, de los que habían oído la palabra creyeron,
y el número de los varones fue como de cinco mil.

Pedro y Juan ante el Sanedrín

5 Y en la mañana siguiente se congregaron en Jerusalén los
principales de ellos, los ancianos y los escribas, 6 y Anás, el sumo
sacerdote, y Caifás, Juan y Alejandro y todos los que eran del
linaje sacerdotal, 7 y poniéndoles en medio les preguntaron: ¿Con
qué poder o en qué nombre hacéis esto vosotros? 8 Entonces Pedro,
lleno del Espíritu Santo, les dijo:

"Príncipes del pueblo y ancianos de Israel, 9 puesto que hoy
somos interrogados acerca del bien hecho a un hombre enfermo,
por quien haya sido curado éste, 10 sea notorio a todos vosotros y a
todo el pueblo de Israel que en el nombre de Jesucristo el de
Nazaret, a quien vosotros crucificásteis, al que Dios resucitó de
entre los muertos, por El, éste se presenta sano ante vosotros.

11 *Esta es la piedra reprobada por vosotros los constructores,*
la cual ha venido a ser cabeza del ángulo (Sal. 118, 22), 12 y no
hay salvación en otro alguno, porque no hay otro nombre bajo el
cielo, dado a los hombres, por medio del cual podamos ser salvos.

Les amenazan y ponen en libertad

13 Viendo entonces la fortaleza de Pedro y Juan, y sabiendo
que eran hombres sin letras e ignorantes, se admiraron y conocie-
ron que habían estado con Jesús. 14 Viendo además junto a ellos al
hombre que había sido curado, nada tenían que oponer. 15 Y man-
dándoles que salieran fuera del Sanedrín, deliberaban entre sí,
16 diciendo: ¿Qué haremos con estos hombres? porque en verdad es

notorio el milagro realizado por ellos, manifiesto a todos los habitantes de Jerusalén y no podemos negarlo. [17] Pero a fin de que no se divulgue más entre el pueblo, amenacémosles para que ya no enseñen más a nadie en este nombre, [18] y llamándolos, les ordenaron que de ninguna manera hablasen ni enseñansen en el nombre de Jesús.

[19] Pedro y Juan, sin embargo, respondiendo les dijeron: "Juzgad si es justo delante de Dios obedecer antes a vosotros que a Dios, [20] porque no podemos menos de hablar las cosas que hemos visto y oído. [21] Mas ellos amenazándoles los despacharon, no hallando como castigarlos, por temor al pueblo; porque todos glorificaban a Dios por lo sucedido, [22] pues el hombre en quien se había hecho el milagro de curación era de más de cuarenta años.

Súplica a los fieles

[23] Después, puestos en libertad, fueron a los suyos y les anunciaron todo lo que los príncipes de los sacerdotes y los ancianos habían dicho; [24] y al oírlos, levantaron unánimes la voz a Dios diciendo: *"Señor, tú eres el Dios que hiciste el cielo y la tierra, el mar y todo lo que hay en ellos"* (Ex. 20, 11), [25] el que en el Espíritu Santo por boca de nuestro padre David, dijiste:

> *¿Por qué se han alborotado las naciones y los pueblos maquinaron cosas vanas? [26] Los reyes de la tierra se han juntado y los príncipes se confabularon contra el Señor y su Ungido"* (Sal. 2, 1-2).

[27] Porque en verdad se juntaron en esta ciudad contra tu Hijo Jesús, a quien ungiste: Herodes y Poncio Pilato con los gentiles y los pueblos de Israel [28] para hacer lo que tu mano y tu consejo habían antes decretado que sucediera.

[29] Ahora, pues, Señor mira a sus amenazas y da a tus siervos predicar tu palabra con toda libertad, [30] extendiendo tu mano para que hagas curaciones, milagros y prodigios por el nombre de tu santo Hijo Jesús. [31] Después de haber orado, tembló el lugar donde estaban reunidos y fueron todos llenos del Espíritu Santo y hablaban la palabra de Dios con valentía.

Vida en común de los primeros cristianos

[32] La muchedumbre de los que habían creído tenía un corazón

y una sola alma, y ninguno decía que era suya cosa alguna de las
que poseía, sino que todas las cosas les eran comunes. [33] Y los
apóstoles daban testimonio con gran fortaleza de la resurrección
del Señor Jesús, y una gracia abundante era sobre todos ellos,
[34] porque no había pobre alguno entre ellos, pues todos los que
poseían campos o casas, vendiéndolos, llevaban el precio de las
cosas vendidas [35] y lo ponían a los pies de los apóstoles y era
distribuido a cada uno según su necesidad.

[36] Entonces José, a quien los apóstoles le pusieron por sobre-
nombre Bernabé, que es interpretado "hijo de consolación", levita
y natural de Chipre, [37] como poseyese un campo, lo vendió y trajo
el precio poniéndolo a los pies de los apóstoles.

Ananías y Safira

5 [1] Pero un hombre llamado Ananías con su mujer Safira vendió
una posesión [2] y retuvo parte del precio, de acuerdo con su mu-
jer, y trayendo la otra parte la puso a los pies de los apóstoles. [3] En-
tonces Pedro dijo: Ananías, ¿por qué se ha apoderado Satanás de tu
corazón para que mintieses al Espíritu Santo, reteniendo parte del
valor del campo? [4] ¿Acaso reteniéndolo, no eras dueño para que-
darte con él, y vendido no estaba a tu disposición? ¿Por qué tra-
maste tal cosa en tu corazón? No has mentido a hombres sino a
Dios. [5] Al oír Ananías estas palabras, cayó y expiró. Y sobrevino
un gran temor sobre todos los que lo oyeron.

[6] Luego los jóvenes levantándose lo amortajaron y sacándolo
fuera lo enterraron. [7] Y sucedió después de un intervalo, como de
tres horas, entró su mujer sin saber lo sucedido. [8] Pedro entonces le
dijo: Dime ¿es verdad que vendísteis en tanto el campo? Y ella
respondió: sí, en tanto. [9] Luego Pedro a ella: ¿Por qué os habéis
concertado para tentar al Espíritu del Señor? He aquí a la puerta
los pies de los que sepultaron a tu marido, y te llevarán a ti. [10] Al
momento cayó a los pies de él y expiró, y entrando los jóvenes la
hallaron muerta y llevándola, la enterraron junto a su marido. [11] Y
un gran temor se apoderó de toda la Iglesia y de todos los que
oyeron estos acontecimientos.

Milagros de los apóstoles

[12] Entonces eran muchos los milagros y prodigios realizados

por manos de los apóstoles en el pueblo; y estaban todos reunidos
en el pórtico de Salomón. 13 De los demás ninguno se atrevía a
juntarse con ellos; mas el pueblo los alababa grandemente. 14 Los
que creían en el Señor se iban aumentando más y más, muchos
hombres y mujeres, 15 de tal manera que sacaban los enfermos a las
plazas y los ponían en lechos y camillas para que al pasar Pedro, al
menos su sombra cubriese alguno de ellos. 16 De las ciudades veci-
nas de Jerusalén concurrían también mucha gente trayendo enfer-
mos y atormentados de espíritus inmundos, los cuales eran todos
curados.

Nueva persecución

17 Se levantó entonces el príncipe de los sacerdotes y los que
con él estaban –que eran de la secta de los fariseos– llenos de
envidia, 18 echaron mano a los apóstoles y los pusieron en la cárcel
pública. 19 Mas el ángel del Señor abrió por la noche las puertas de
la cárcel y sacándolos dijo: 20 Id y presentaos en el templo, hablad
al pueblo todas estas palabras de vida. 21 Luego que oyeron esto,
entraron en el templo antes del amanecer y enseñaban. Entretanto
presentándose el príncipe de los sacerdotes y los que con él esta-
ban, convocaron al Sanedrín y a todos los ancianos de los hijos de
Israel y enviaron a la cárcel para que se los trajesen; 22 mas los
criados enviados no los hallaron en la prisión y volviéndose dieron
noticias, 23 diciendo: Ciertamente hemos hallado cerrada la cárcel
con toda seguridad, y los guardas que estaban delante de las puer-
tas, mas cuando abrimos a nadie vimos dentro.

24 Luego que oyeron tales palabras el jefe del templo y los
sacerdotes, quedaron perplejos acerca de lo que podría ser aquello.
25 Presentándose después, uno, les comunicó: Mirad, los hombres a
quienes metísteis en la cárcel están en el templo enseñando al
pueblo. 26 Entonces fue el jefe con los criados y los trajeron, pero
sin violencia por temor a que el pueblo los apedrease.

Los apóstoles ante el sanedrín

27 Luego que los trajeron, los presentaron ante el Sanedrín y el
príncipe de los sacerdotes los interrogó, 28 diciendo: os hemos man-
dado terminantemente que no enseñáseis en este nombre, y he aquí
que habéis llenado a Jerusalén con vuestra doctrina y ¿queréis traer
la sangre de este hombre sobre nosotros?

Respuesta de Pedro

29 Respondiendo Pedro y los apóstoles: Es necesario obedecer
a Dios antes que a los hombres. 30 El Dios de nuestros padres
resucitó a Jesús, a quien vosotros dísteis muerte colgándolo en un
madero. 31 A Este Dios lo ha ensalzado a su derecha como Príncipe
y Salvador, para dar a Israel arrepentimiento y remisión de los
pecados. 32 Y nosotros somos testigos de estas cosas, como también
el Espíritu Santo, el cual ha dado Dios a los que le obedecen.

33 Ellos, al oírlos, se enfurecían y deliberaban como matarlos.

Palabras de Gamaliel

34 Entonces en el Sanedrín se levantó un fariseo, doctor de la
ley, venerado de todo el pueblo, que mandó sacar por unos mo-
mentos a aquellos hombres; 35 y les dijo: "Varones israelitas, consi-
derad bien lo que vais a hacer con estos hombres, 36 porque antes
de estos días se levantó Teudas diciendo que él era alguien, al que
se agregaron como un número de cuatrocientos hombres, el cual
fue matado y todos cuantos creían en él fueron dispersos y reduci-
dos a nada.

37 Después de éste, se levantó Judas el Galileo en los días del
empadronamiento y arrastró tras sí al pueblo. También pereció y se
dispersaron todos sus seguidores. 38 Ahora, pues, os digo: soltad a
estos hombres, dejadlos; porque si esta idea u obra es de hombres,
se desvanecerá; 39 pero si es de Dios no podréis disolverlos, y quizá
os halléis guerreando contra Dios. Y convinieron en estar con él.

40 Luego llamando a los apóstoles, los azotaron intimándoles
que no hablasen en el nombre de Jesús y los soltaron. 41 Ellos,
pues, salieron gozosos de la presencia del Sanedrín, por haber sido
hallados dignos de padecer afrenta por el nombre de Jesús, 42 no
cesando todos los días de enseñar y anunciar a Cristo Jesús en el
templo y en las casas.

3-5 Aquí aparece clara una prueba de la divinidad del Espíritu Santo, porque "mentir al Espíritu Santo es mentir a Dios" (Véase 1 Cor. 2, 10-11) y es una Persona divina, porque El habla y da testimonio que son propiedades personales (Jn. 16, 13; 15, 16).

Elección de siete diáconos

6 1 En aquellos días, creciendo el número de los discípulos, tuvo
lugar una murmuración de los helenistas contra los hebreos
porque eran desatendidas sus viudas en el ministerio cotidiano.

2 Por lo cual los doce convocaron la multitud de los discípulos y dijeron: No es justo que nosotros abandonemos la Palabra de Dios para servir a las mesas, 3 buscad, pues, hermanos, a siete varones de entre vosotros de buena reputación, llenos del Espíritu y de sabiduría, a los cuales encomendemos esta obra.

4 Nosotros, pues, nos dedicaremos a la oración y al ministerio de la Palabra. 5 Esta proposición agradó a toda la multitud, y eligieron a Esteban; varón lleno de fe y del Espíritu Santo, y a Felipe, a Prócoro, a Nicanor, a Timón, a Pármenas y a Nicolás, prosélito de Antioquia, 6 a los cuales presentaron ante los apóstoles, y habiendo hecho oración les impusieron las manos.

7 La palabra de Dios crecía y el número de los discípulos se multiplicaba de un modo extraordinario en Jerusalén. También una gran multitud de sacerdotes abrazaron la fe.

San Esteban

8 Esteban, que estaba lleno de gracia y de poder, hacía prodigios y grandes milagros en el pueblo. 9 Entonces se levantaron algunos de la Sinagoga, llamada de los Libertinos, de los Cirineos, de los Alejandrinos y de los de Cilicia y Asia, que disputaron con Esteban, 10 mas no podían resistir a la sabiduría y espíritu con que hablaba. 11 Luego sobornaron a unos hombres que dijesen haberle oído decir palabras blasfemas contra Moisés y contra Dios. 12 También alborotaron al pueblo, a los ancianos y a los escribas, y echándose sobre él, lo arrebataron y lo trajeron al Sanedrín, 13 y presentaron testigos falsos que decían: Este hombre no cesa de hablar palabras contra este lugar santo y contra la Ley. 14 Pues le hemos oído decir que Jesús de Nazaret destruirá este lugar y cambiará las costumbres que nos dio Moisés. 15 Entonces todos los que estaban sentados en el Sanedrín fijando los ojos en él, vieron su rostro como el rostro de un ángel.

Discurso de San Esteban ante el Sanedrín

7 1 Luego dijo el príncipe de los sacerdotes, ¿son así estas cosas como estos dicen? 2 Y él respondió:

Varones, hermanos y padres, oíd: El Dios de la gloria se apareció a nuestro padre Abraham, estando en Mesopotamia, antes que habitase en Jarán [3] y le dijo: *Sal de tu tierra y de tu parentela y ven a la tierra que yo te mostraré* (Gén. 12, 1): [4] Entonces saliendo de la tierra de los caldeos, habitó en Jarán, y de allí, después de morir su padre, Dios lo trasladó a esta tierra en la que ahora habitáis vosotros, [5] y no le dio en ella heredad alguna, ni siquiera un pie de tierra; mas le prometió dársela en posesión a él y a su descendencia después de él, no teniendo aún hijos.

[6] Y Dios le habló así: Que su descendencia habitaría en tierra extraña y la esclavizarían y la maltratarían por espacio de cuatrocientos años, [7] y a *la nación a la cual servirán, yo la juzgaré, dice el Señor, y depués de esto saldrán* (Gén. 13, 13-14) *y me adorarán en este lugar*. (Ex. 3, 12).

[8] También le dio la alianza de la circuncisión, y así engendró a Isaac y le circuncidó el día octavo; e Isaac a Jacob, y Jacob a los doce patriarcas; [9] mas los patriarcas movidos por envidia, vendieron a José para Egipto, pero Dios estaba con él, [10] y le libró de todas sus tribulaciones, y le dio gracia y sabiduría ante el faraón, rey de Egipto y lo puso por gobernador sobre Egipto y sobre toda su casa.

[11] Vino entonces el hambre sobre toda la tierra de Egipto y de Canam y una gran tribulación y nuestros padres no hallaban alimentos, [12] y como oyese Jacob que había trigo en Egipto, envió primeramente a nuestros padres, [13] y en la segunda vez José se dio a conocer a sus hermanos; así conoció el faraón el linaje de José.

[14] Luego envió José a llamar a Jacob, su padre, y a toda su parentela, que se componía de setenta y cinco personas. [15] Y Jacob bajó a Egipto donde murió él y nuestros padres, [16] y fueron trasladados a Siquem y colocados en el sepulcro que había comprado Abraham a precio de plata de los hijos de Hemor en Siquem.

[17] Mientras se acercaba el tiempo de la promesa de Dios que había hecho a Abraham, el pueblo creció y se multiplicó en Egipto, [18] hasta que *surgió otro rey sobre Egipto que no conoció a José* (Ex. 1, 8). [19] Este engañando a nuestro linaje, maltrató a nuestros padres, obligándoles a exponer a sus hijos para que no viviesen.

[20] En aquel tiempo nació Moisés, que fue agradable a Dios, el cual fue criado durante tres meses en casa de su padre. [21] Luego siendo expuesto al peligro, lo recogió la hija del faraón y lo crió para sí como a un hijo, [22] y Moisés fue instruido en toda la sabidu-

ría de los egipcios y era poderoso en sus palabras y obras. 23 Cuan-
do cumplió los cuarenta años, tuvo deseo de visitar a sus herma-
nos, los hijos de Israel, 24 y viendo a uno tratado injustamente, lo
defendió y vengó al injuriado matando al egipcio. 25 Pensaba que
sus hermanos comprenderían que Dios les iba a salvar por su
mano, mas ellos no lo entendieron.

26 Al día siguiente vio a unos que reñían y procuró de ponerlos
en paz, diciendo: Hombres, sois hermanos, ¿por qué os hacéis
daño unos a otros? 27 Pero el que injuriaba a su prójimo, lo rechazó
diciendo: *¿quién te ha constituido príncipe y juez sobre nosotros?*
28 *¿Acaso quieres matarme como mataste ayer al egipcio?* (Ex. 2,
14). 29 Ante esta palabra Moisés huyó y vivió como extranjero en
tierra de Madián, donde engendró dos hijos.

30 Cumplidos cuarenta años se le apareció un ángel en el de-
sierto del monte Sinaí, en la llama de una zarza que ardía. 31 Enton-
ces Moisés mirando, se maravilló de la visión, y acercándose para
considerarla, le fue dirigida la voz del Señor: 32 *Yo soy el Dios de
tus padres, el Dios de Abraham, de Isaac y de Jacob* (Ex. 3, 6).
Mas Moisés, lleno de temor no se atrevía a mirar. 33 Y el Señor le
dijo: *Desata el calzado de tus pies, porque el lugar en que estás es
tierra santa.* 34 *He visto bien la aflición de mi pueblo en Egipto y
he oído sus gemidos y he descendido para librarlos. Ahora, pues,
ven y te enviaré a Egipto* (Ex. 3, 5-10).

35 A este Moisés a quien negaron diciendo: "¿Quién te ha
constituido príncipe y juez?", a éste lo envió Dios como príncipe y
libertador por mano del ángel que se le apareció en la zarza. 36 El
los sacó haciendo prodigios y milagros en tierra de Egipto, en el
mar Rojo y en el desierto por espacio de cuarenta años. 37 Este es
aquel Moisés que dijo a los hijos de Israel: *"Dios os suscitará un
profeta de entre vuestros hermanos como a mí"*. 38 Este es aquel
que estuvo en medio de la asamblea congregada en el desierto con
el ángel que le hablaba en el monte Sinaí y con nuestros padres, el
cuál recibió palabras de vida para dárnoslas. 39 A él no quisieron
obedecer nuestros padres sino que lo rechazaron y con sus corazo-
nes se volvieron a Egipto, 40 diciendo a Arón: *Haznos dioses que
vayan delante de nosotros, porque ese Moisés, que nos sacó de
Egipto no sabemos qué ha sido de él.* (Ex. 32, 1).

41 Y en aquellos días se hicieron una figura de becerro, y ofre-

cieron un sacrificio al ídolo y se regocijaron con las obras de sus
manos. 42 Entonces Dios se apartó de ellos y los entregó al culto del
ejército del cielo, según está escrito en el libro de los profetas:

> *¿Acaso me ofrecísteis víctimas y sacrificios durante cua-*
> *renta años en el desierto, casa de Israel? 43 Más bien llevásteis*
> *con vosotros el tabernáculo de Moloc y el astro del dios Re-*
> *fán, las imágenes para adorarlas. Por eso os trasportaré más*
> *allá de Babilonia.* (Amós. 5, 25-27).

44 Nuestros padres tenían en el desierto el tabernáculo del testi-
monio, como ordenó Aquél que habló con Moisés para que lo hi-
ciese según el modelo que había visto. 45 Nuestros padres lo reci-
bieron y lo introdujeron con Josué cuando tomaron posesión de las
naciones que Dios expulsó delante de nuestros padres hasta los
días de David, 46 el cual halló gracia ante Dios y suplicó el hallar
una habitación para el Dios de Jacob; 47 pero fue Salomón el que
edificó una casa, 48 sin embargo el Altísimo no habita en templos
hechos por mano de hombres, como dice el profeta

> 49 *El cielo es mi trono y la tierra escabel de mis pies, qué*
> *casa me edificaré, dice el Señor, o cuál es el lugar de mi*
> *descanso. 50 ¿Acaso no es mi mano la que hizo todas estas*
> *cosas?* (Is. 66, 1-2)

51 Duros de cerviz e incircuncisos de corazón y de oídos, voso-
tros siempre habéis resistido al Espíritu Santo. Vosotros sois como
vuestros padres. 52 A cuál de los profetas no persiguieron vuestros
padres. Ellos dieron muerte a los que anunciaban la venida del
Justo, a quien 53 vosotros habéis entregado y dado muerte, vosotros
que recibísteis la ley por disposición de los ángeles y no la guar-
dásteis.

Esteban, primer mártir de Cristo

54 Ellos, al oír esto, se enfurecieron en sus corazones y crujían
los dientes contra él, 55 mas lleno del Espíritu Santo y fijando los
ojos en el cielo vio la gloria de Dios y al Mesías que estaba a la
derecha de Dios, 56 y exclamó: Estoy viendo los cielos abiertos y al
Hijo del hombre que está a la derecha de Dios.

57 Ellos dando grandes voces, se taparon los oídos, y se arroja-

ron unánimes sobre él, [58] y sacándolo fuera de la ciudad le apedrea-
ban, y los testigos depositaron sus vestidos a los pies de un joven
llamado Saulo, [59] y mientras le apedreaban, Esteban oraba dicien-
do: Señor Jesús, recibe mi espíritu. [60] Y puesto de rodillas gritó con
gran voz: Señor, no les imputes este pecado. Dicho esto se durmió.

[2] *Discurso de San Esteban.* Es una síntesis luminosa doctrinal de la Historia de Israel, verdadero compendio de la Historia Sagrada. Igualmente la tenemos en los salmos: 78 y 105-108, y en Nehemías 9, 6 ss.

Persecución en Jerusalén

8 [1] Saulo fue consentidor de la muerte de Esteban. Y en aquel día
empezó una gran persecución contra la Iglesia de Jerusalén,
por lo que todos, a excepción de los apóstoles, se dispersaron por
las regiones de Judea y Samaría.
[2] Unos hombres piadosos dieron sepultura a Esteban e hicieron
un gran duelo sobre él. [3] Saulo entonces devastaba la Iglesia, en-
trando por las casas y llevando por fuerza a hombres y mujeres los
hacía encarcelar.

Felipe predica a los samaritanos

[4] Los que se habían dispersado iban de un lugar a otro anun-
ciando el Evangelio. [5] Entonces Felipe bajando a la ciudad de Sa-
maría les predicó a Cristo, [6] y las multitudes atendían unánimes a
sus palabras, porque oían y veían los milagros que hacía [7] porque
de muchos posesos salían los espíritus inmundos, dando grandes
gritos y muchos paralíticos y cojos eran curados. [8] Por lo que hubo
una gran alegría en aquella ciudad.

Simón Mago

[9] Pero un hombre llamado Simón, que desde atrás, ejercitaba
la magia, tenía engañada a la gente de Samaría, diciéndoles que él
era un gran personaje. [10] A él le seguían todos desde el menor hasta
el mayor, diciendo: Este es la gran virtud de Dios, [11] y le prestaban
atención por el mucho tiempo que los tenía embaucados con sus
artes mágicas. [12] Mas cuando creyeron a Felipe que les anunciaba
el Evangelio del reino de Dios y el nombre de Jesucristo, hombres
y mujeres se bautizaron. [13] Entonces creyó también el mismo Si-
món, y, bautizado, se adhirió a Felipe, quedando asombrado al ver
los milagros y las grandes maravillas que hacía.

Los samaritanos reciben el Espíritu Santo

14 Los apóstoles que estaban entonces en Jerusalén, al oír que Samaría había recibido la palabra de Dios, les enviaron a Pedro y a Juan, 15 los cuales descendieron y oraron sobre ellos para que recibieran el Espíritu Santo, 16 porque no había descendido aún sobre ninguno de ellos, y sólo habían sido bautizados en el nombre del Señor Jesús. 17 Entonces les impusieron las manos y recibieron el Espíritu Santo.

18 Al ver Simón que por la imposición de las manos de los apóstoles se daba el Espíritu Santo, les ofreció dinero, 19 diciendo "Dadme también a mi ese poder, que a quien yo imponga las manos reciba el Espíritu Santo". 20 Pero Pedro le dijo: Perezca tu dinero contigo, pues has creído que con dinero podía comprarse el don de Dios. 21 No puedes tener parte ni cabida en este ministerio, porque tu corazón no es justo a los ojos de Dios. 22 Por tanto haz penitencia y ruega al Señor que te sea perdonado este desvarío de tu corazón. 23 Porque te veo lleno de maldad y envuelto en lazos de iniquidad.

24 Simón respondió diciendo: "Rogad vosotros por mi al Señor para que nada me sobrevenga de lo que habéis dicho". 25 Ellos, después de haber dado testimonio y predicado la palabra del Señor, volvieron a Jerusalén evangelizando muchas aldeas de los samaritanos.

Felipe bautiza al eunuco etíope

26 Después un ángel del Señor habló a Felipe diciendo: Levántate y marcha hacia el Sur, por el camino que desciende de Jerusalén a Gaza, 27 el cual es desierto, y levantándose, se fue, y he aquí que un hombre etíope, eunuco, ministro de Candace, reina de los etíopes, que era administrador de todos sus bienes, había venido a Jerusalén a adorar. 28 Regresaba ya sentado en su carruaje y leyendo al profeta Isaías.

29 Entonces el Espíritu dijo a Felipe: Acércate y aproxímate a ese carruaje. 30 Corrió, pues, Felipe a su lado y oyó que leía al profeta Isaías, y le preguntó: ¿Acaso entiendes lo que lees? 31 y él respondió: ¿Cómo podría si alguno no me guía? Y rogó a Felipe que subiese y se sentase con él. 32 El pasaje de la Escritura que leía, era éste:

Como una oveja fue llevado al matadero y como cordero
mudo ante el que lo trasquila, así él no abrió la boca. 33 *En su*
humillación el juicio le fue negado. ¿Quién contará su genera-
ción? Porque su vida fue arrebatada de la tierra. (Is. 53, 7-8).

34 Entonces respondiendo el eunuco, dijo a Felipe: Por favor
¿de quién dice esto el profeta? ¿De sí mismo o de otro? 35 Felipe
abriendo su boca, comenzó desde esta Escritura y le anunció el
Evangelio de Jesús, 36 y mientras seguían su camino llegaron a
donde había agua, y dijo el eunuco: He aquí agua, ¿qué me impide
ser bautizado? (37 Felipe respondió: Si crees de todo corazón, se
puede. El dijo: Creo que Jesucristo es el Hijo de Dios).

38 Luego mandó parar el carruaje y bajaron los dos al agua,
Felipe y el eunuco, y lo bautizó. 39 Cuando subieron del agua, el
Espíritu del Señor arrebató a Felipe y el eunuco no lo vio más, y él
prosiguió su camino lleno de gozo, 40 y Felipe se encontró en Azo-
to, y de camino iba anunciando el Evangelio en todas las ciudades
hasta que llegó a Cesárea.

La conversión de Saulo

9 1 Saulo respirando aún amenazas y muerte contra los discípulos
del Señor, se presentó al príncipe de los sacerdotes, 2 y le pidió
cartas para las sinagogas de Damasco a fin de que si hallaba algu-
nos hombres o mujeres de esta secta, los pudiera conducir presos a
Jerusalén. 3 Y yendo por el camino, sucedió que al aproximarse a
Damasco, de repente una luz del cielo resplandeció a su alrededor,
4 y cayendo en tierra oyó una voz que decía: Saulo, Saulo, ¿por qué
me persigues? 5 El respondió: ¿Quién eres, Señor? Y El dijo: Yo
soy Jesús, a quien tú persigues. (Dura cosa es dar coces contra el
aguijón.6 Y temblando y lleno de temor dijo: Señor, ¿qué quieres
que haga? Y el Señor le dijo: "Vulg."):

7 Levántate, entra en la ciudad y se te dirá lo que debes hacer.

Los hombres que con él viajaban quedaron asombrados oyen-
do ciertamente la voz, pero no viendo a nadie. 8 Y Saulo se levantó
de la tierra, mas, al abrir los ojos nada veía. Y agarrándole de la
mano lo introdujeron en Damasco, 9 y se pasó tres días sin ver y sin
comer ni beber.

Conversión y bautismo de Saulo

10 Había en Damasco cierto discípulo llamado Ananías y el
Señor le dijo en una visión: ¡Ananías! Y él respondió: Heme aquí,
Señor. 11 Y el Señor a él: "Levántate y marcha a la calle llamada
Recta y busca en casa de Judas a uno llamado Saulo de Tarso,
porque él está en oración".

12 Y (Saulo) vió a un hombre llamado Ananías, como entra-
ba y le imponía las manos para que recobrase la vista. 13 Contestó
Ananías: Señor, he oído de muchos respecto de este hombre, cuantos
males ha hecho a tus santos en Jerusalén, 14 y aquí está con poderes
de los sumos sacerdotes para prender a cuantos invocan tu nombre.

15 Mas el Señor le replicó: Ve, porque es éste para mi un
instrumento escogido, para que lleve mi nombre ante las naciones
y los reyes y los hijos de Israel; 16 porque yo le mostraré cuanto
tendrá que sufrir por mi nombre.

17 Marchó, pues, Ananías y entró en la casa y le impuso las
manos diciendo: Hermano Saulo, el Señor Jesús que se te apareció
en el camino por el que venías, me ha enviado para que recobres la
vista y quedes lleno del Espíritu Santo. 18 Y al instante cayeron de
sus ojos como escamas y recobró la vista y levantándose fue
bautizado. 19 Después tomó alimento y quedó confortado y estuvo
algunos días con los discípulos que había en Damasco.

Primera predicación de Saulo en Damasco

20 Luego, sin cesar, predicaba en las sinagogas que Jesús es el
Hijo de Dios. 21 Y todos los que le oían se asombraban y decían:
¿No es éste el que perseguía en Jerusalén a los que invocaban este
nombre, y aquí vino a esto para conducirlos a todos ante los prínci-
pes de los sacerdotes? 22 Saulo, sin embargo, se fortalecía cada día
más y confundía a los judíos de Damasco, afirmando que Este es el
Cristo.

Saulo evita las acechanzas de los judíos

23 Pasados bastantes días los judíos tomaron la resolución de
matarlo; 24 pero esta deliberación fue conocida por Saulo, ya que
día y noche guardaban las puertas para matarlo. 25 Entonces los
discípulos lo tomaron de noche y lo descolgaron por el muro en
una espuerta.

Bernabé recomienda a Saulo

26 (Pablo) llegado a Jerusalén, intentaba unirse a los discípulos,
mas todos le temían, no creyendo que fuese discípulo. 27 Bernabé,
sin embargo, lo tomó consigo y lo condujo a los apóstoles y les
contó como en el camino vio al Señor y que le había hablado y
cómo en Damasco había predicado con valentía en el nombre del
Señor. 28 Luego estuvo entrando y saliendo con ellos en Jerusalén y
predicando valientemente en el nombre del Señor. 29 También ha-
blaba y disputaba con los helenistas, que intentaron matarlo;
30 pero, al saberlo los hermanos, lo condujeron a Cesárea, enviándolo de allí a Tarso.

Pedro cura a Eneas

31 Entonces la Iglesia gozaba de paz en toda Judea, Galilea y
Samaria, y se edificaba y caminaba en el temor del Señor, y se iba
multiplicando con el consuelo del Espíritu Santo. 32 Y sucedió que
andando Pedro por todas partes, llegó también a los santos que
habitaban en Lida, 33 y allí habló a un hombre llamado Eneas, que
era paralítico y hacía ocho años que estaba en cama. 34 Entonces
Pedro le dijo: Eneas, Jesús el Cristo, te sana: levántate y arréglate,
y al punto se levantó, 35 y le vieron todos los habitantes de Lida y
del Sarón, los cuales se convirtieron al Señor.

Pedro resucita a Tabita

36 Había entonces en Joppe una discípula llamada Tabita, que
traducido significa Dorcas (Gacela). Esta era rica en buenas obras
y limosnas que hacía, 37 y sucedió que en aquellos días enfermó y
murió, y lavando (su cadáver) lo pusieron en una sala alta, 38 y
como Lida estaba cerca de Joppe, al oír los discípulos que Pedro
estaba allí, le enviaron dos hombres rogándole. No tardes en venir a nosotros.

39 Entonces Pedro se levantó y fue con ellos, y al llegar lo condujeron al piso alto, y rodeándole todas las viudas, llorando le mostraban las túnicas y vestidos que Dorcas hacía cuando estaba con ellas.

40 Pedro hizo salir a todos fuera, y puesto de rodillas, oró, y
vuelto al cuerpo dijo: Tabita, levántate y ella abrió sus ojos y
viendo a Pedro, se incorporó, 41 y dándole la mano, la levantó, y,

llamando a los santos y a las viudas, se la presentó viva. [42] Esto se hizo notorio por todo Joppe, y muchos creyeron en el Señor. [43] El permaneció después de muchos días en Joppe en casa de Simón el curtidor.

[1] *Respirando amenazas.* La saña de Saulo era sin duda tan apasionada como lo fue luego la caridad que lo convirtió en "todo para todos".

[4] *¿Por qué me persigues?* Jesús se identifica con los cristianos, pues perseguir a éstos es perseguirle a El.

Conversión del centurión

10 [1] Había en Cesárea un varón de nombre Cornelio, centurión de la compañía llamada "Itálica". [2] Era piadoso y temeroso de Dios con toda su casa, el cual hacía muchas limosnas y oraba a Dios continuamente. [3] Este vio claramente en una visión, como a la hora de nona, a un ángel de Dios que viniendo a él, le decía: ¡Cornelio! [4] y él fijando su vista en el ángel y lleno de temor, dijo: ¿Qué es esto, Señor? El le respondió: Tus oraciones y tus limosnas han sido recordadas en presencia de Dios. [5] Ahora mismo envía hombres a Joppe, y haz venir a un cierto Simón, por sobrenombre Pedro. [6] Este está hospedado en casa de un tal Simón, el curtidor, cuya casa está junto al mar.

[7] Después que se retiró el ángel que le hablaba, llamó a dos de sus criados y a un soldado piadoso de los que le asistían, [8] y explicándoles todo lo sucedido, los envió a Joppe.

Visión de Pedro en Joppe

[9] Al día siguiente, cuando ellos iban de camino y aproximándose a la ciudad, Pedro subió a la terraza sobre la hora de nona a orar. [10] Sucedió entonces que sintió mucha hambre y deseaba comer, y mientras les preparaban de comer, le sobrevino un éxtasis.

[11] Vio el cielo abierto y que descendía un vaso como un mantel grande que atado por las cuatro puntas bajaba sobre la tierra. [12] En él había toda clase de cuadrúpedos y reptiles de la tierra y aves del cielo. [13] Y oyó una voz: Levántate, Pedro, mata y come. [14] Entonces Pedro respondió: de ninguna manera, Señor, porque jamás he comido cosa profana e impura.

[15] De nuevo la voz se dirigió a él: Lo que Dios ha declarado limpio, tú no lo llames impuro. [16] Esto se repitió por tres veces, e inmediatamente el vaso subió al cielo.

Llegan los mensajeros de Cornelio

17 Mientras Pedro estaba pensando qué sería la visión que ha-
bía tenido, llegaron a la puerta los hombres que habían sido envia-
dos por Cornelio, preguntando por la casa de Simón, 18 y llamando,
preguntaron si Simón, el que tenía por sobrenombre Pedro, se
hospedaba allí. 19 Estando Pedro reflexionando sobre la visión, le
dijo el Espíritu: Mira, tres hombres te buscan, 20 levántate, pues,
desciende y vete con ellos sin dudar nada, porque los he mandado
yo.

21 Entonces Pedro bajó y dijo a los hombres: Yo soy el que
buscáis. ¿Cuál es la causa de vuestra venida? 22 Ellos respondieron:
El centurión Cornelio, hombre justo y temeroso de Dios, del que
da buen testimonio todo el pueblo judío, recibió un aviso divino
por un santo ángel para llevarte a su casa y escuchar tus palabras.
23 Entonces hizo que entraran y los hospedó, y al día siguiente
levantándose, partió con ellos y le acompañaron algunos de los
hermanos de Joppe.

Pedro en Cesárea

24 Al día siguiente entraron en Cesárea y Cornelio los estaba
esperando, habiendo convocado a sus familiares y amigos más
íntimos. 25 Al entrar Pedro, Cornelio le salió al encuentro y pos-
trándose a sus pies, lo adoró. 26 Pero Pedro lo levantó diciendo:
Levántate, también yo mismo soy hombre, 27 y conversando con él
entró y halló a muchos que se habían reunido, 28 y les dijo: Voso-
tros sabéis cuán ilícito es a un hombre judío juntarse o acercarse a
un extranjero, mas Dios me ha mostrado que a ningún hombre se
debe llamar impuro. 29 Por lo cual al ser llamado, he venido sin
dudar. Pregunto, pues, ¿por qué razón me habéis llamado?

30 Cornelio respondió: Hace cuatro días, a esta hora de nona,
cuando oraba yo en mi casa, se presentó ante mí un varón con
vestidura resplandeciente, 31 el cual dijo: Cornelio, ha sido oída tu
oración y recordadas tus limosnas en presencia de Dios, 32 envía
pues a Joppe y haz venir a Simón, que tiene por sobrenombre
Pedro. Este se hospeda en casa de Simón el curtidor junto al mar.

33 Al instante envié por ti, y tú has hecho bien en venir.
Ahora, pues, todos nosotros estamos en presencia de Dios para oír
todo lo que Dios te ha mandado. 34 Entonces Pedro abriendo la

boca, dijo: Reconozco en verdad que en Dios no hay acepción de
personas, 35 sino que en toda nación aquél que le teme y practica la
justicia le es agradable.
36 Dios ha enviado su palabra a los hijos de Israel anunciándo-
les la paz por Jesucristo. Este es el Señor de todos. 37 Vosotros
sabéis lo divulgado por toda Judea, comenzando por Galilea, des-
pués del bautismo que Juan predicó, 38 como Dios ungió con el
poder del Espíritu Santo a Jesús de Nazaret, el cual pasó por todas
partes haciendo el bien y salvando a todos los oprimidos por el
diablo, porque Dios estaba con El. 39 Nosotros, somos testigos de
todas las cosas que hizo en la región de los judíos y en Jerusalén,
al cual mataron colgándole en un madero.
40 A Este Dios lo resucitó al tercer día y le ha concedido
manifestarse, 41 no a todo el pueblo, sino a los testigos que Dios
antes había ordenado, a nosotros que comimos y bebimos con El,
después que resucitó de entre los muertos, 42 y nos ordenó predicar
al pueblo, y dar testimonio de que El es el constituido por Dios
juez de vivos y muertos. 43 Todos los profetas dan testimonio de
que cuantos creen en El, recibirán el perdón de los pecados por su
nombre.

Pedro manda a Cornelio que se bautice

44 Cuando Pedro estaba hablando estas palabras, descendió el
Espíritu Santo sobre todos los que escuchaban la Palabra, 45 y los
fieles de la circuncisión que habían venido con Pedro, se maravi-
llaron de que también el don del Espíritu Santo se derramara sobre
los gentiles, 46 porque les oían hablar en lenguas y glorificar a Dios.
Entonces dijo Pedro: 47 ¿Acaso puede alguno impedir el agua, para
que no sean bautizados estos, que han recibido el Espíritu Santo al
igual que nosotros? 48 Y mandó que fuesen bautizados en el nom-
bre de Jesucristo. Entonces le rogaron que se quedase por algunos
días.

Los gentiles y el Evangelio

11 1 Los apóstoles y los hermanos que estaban en Judea oyeron
que también los gentiles habían recibido la palabra de Dios.
2 Y, cuando subió Pedro a Jerusalén, disputaban con él los de la
circuncisión, 3 diciendo: ¿por qué has entrado en casas de hombres

incircuncisos y comiste con ellos? 4 Entonces Pedro comenzó a
darles cuenta de todo ordenadamente:

5 Estaba yo en la ciudad de Joppe orando y vi en éxtasis una
visión: un vaso como un gran mantel que descendía del cielo pen-
diente de las cuatro puntas y llegó hasta mí. 6 Puestos mis ojos en
él lo contemplaba y vi cuadrúpedos de la tierra, fieras, reptiles y
aves del cielo, 7 y oí una voz que me decía: Levántate, Pedro, mata
y come. 8 Yo dije: De ninguna manera, Señor, porque jamás entró
en mi boca cosa profana o impura, 9 y por segunda vez una voz del
cielo respondió: Lo que Dios ha purificado, tú no lo llames
impuro. 10 Esto se repitió por tres veces, y de nuevo todo fue alzado
al cielo, 11 y sucedió que en aquel instante se presentaron tres hom-
bres en la casa que estaba, enviados a mí desde Cesárea.

12 Entonces el Espíritu me dijo que fuera con ellos sin vacilar,
y también vinieron conmigo estos seis hermanos y entramos en la
casa de aquel hombre, 13 el cual nos contó cómo había visto en su
casa al ángel que se le presentó y dijo: Envía a Joppe y haz venir a
Simón, por sobrenombre Pedro, 14 el cual te hablará palabras por
las cuales serás salvado tú y toda tu casa, 15 y al comenzar yo a
hablar descendió el Espíritu Santo sobre ellos como también al
principio sobre nosotros. 16 Entonces me acordé de la palabra del
Señor cuando decía: Juan ciertamente bautizó con agua pero voso-
tros seréis bautizados en Espíritu Santo.

17 Si Dios, pues, dio a ellos igual don que a nosotros, que
hemos creído en el Señor Jesucristo, ¿quién era yo para poder
impedírselo a Dios? 18 Al oír estas cosas se tranquilizaron y glorifi-
caron a Dios diciendo: Luego Dios ha concedido también a los
gentiles el arrepentimiento para la vida.

La Iglesia en Antioquía

19 Los que habían sido dispersados por la persecución suscita-
da contra Esteban, anduvieron hasta Fenicia, Chipre y Antioquía,
sin predicar la Palabra a nadie más que a los judíos. 20 Pero entre
ellos había algunos hombres de Chipre y de Cirene, los cuales
llegando a Antioquía hablaron a los griegos, anunciándoles el
Evangelio del Señor Jesús, 21 y la mano del Señor estaba con ellos
y un gran número de creyentes se convirtió al Señor.

22 La noticia de estos acontecimientos llegó a oídos de la

Iglesia que estaba en Jerusalén, y enviaron a Bernabé hasta Antio-
quía, 23 el cual, al llegar y ver la gracia de Dios, se alegró y exhor-
taba a todos a perseverar en su propósito fieles al Señor, 24 porque
era hombre bueno y lleno del Espíritu Santo y de fe, y una gran
multitud se agregó al Señor.

Pablo en Antioquía

25 Después Bernabé marchó a Tarso a buscar a Saulo y habién-
dolo hallado, lo llevó a Antioquía, 26 y durante todo un año convi-
vieron juntos en la Iglesia y enseñaron a mucha gente, y en Antio-
quía fue donde los discípulos de Cristo fueron llamados por prime-
ra vez "cristianos".

Colecta para la Iglesia de Jerusalén

27 En aquellos días bajaron unos profetas de Jerusalén a
Antioquía, 28 y levantándose uno de ellos por nombre Agabo profe-
tizaba por el Espíritu que una gran hambre había de venir sobre
toda la tierra; la que tuvo lugar en tiempo de Claudio. 29 Entonces
cada uno de los discípulos, conforme a lo que tenía, determinaron
enviar socorro a los hermanos que habitaban en Judea, 30 lo cual
hicieron enviándolo a los presbíteros por mano de Bernabé y Sau-
lo.

Martirio de Santiago y prisión de Pedro

12 1 Por aquel tiempo el rey Herodes echó mano a algunos de la
Iglesia con el fin de maltratarlos, 2 y mató a espada a Santia-
go, hermano de Juan 3 y viendo que esto era grato a los judíos, hizo
prender también a Pedro. Entonces eran los días de los ázimos.
4 Luego que lo prendió, lo metió en la cárcel y lo entregó a cuatro
piquetes de cuatro soldados cada uno, para que lo custodiaran, con
el propósito de presentarlo al pueblo después de Pascua.
5 Pedro, pues, estaba custodiado en la cárcel, mas la Iglesia no
cesaba de hacer oración a Dios por él.

Pedro es librado por un ángel

6 Cuando Herodes estaba dispuesto a hacerlo comparecer, en
aquella misma noche Pedro estaba durmiendo entre dos soldados
atado con cadenas y los guardas ante la puerta haciendo de

centinelas. 7 En esto un ángel del Señor se presentó y una luz res-
plandeció en la celda, y golpeando a Pedro en el costado le desper-
tó diciendo: Levántate rápidamente. Y las cadenas se le cayeron de
las manos.

8 Entonces el ángel le dijo: Cíñete y cálzate tus sandalias. Y así
lo hizo. Después le dijo: Cíñete el vestido y sígueme. 9 Y saliendo,
le seguía, y no creía que fuera realidad lo que el ángel hacía con él;
mas bien le parecía estar viendo una visión. 10 Atravesando después
la primera y la segunda guardia, llegaron a la puerta de hierro que
va a la ciudad, la que se les abrió por sí misma, y saliendo, atrave-
saron una calle, y al instante el ángel se apartó de él.

Pedro se retiró a otro lugar

11 Pedro, vuelto en sí, dijo: Ahora conozco verdaderamente
que el Señor ha enviado un ángel, y me ha librado de la mano de
Herodes y de toda la expectación del pueblo judío. 12 Pensando en
esto, llegó a casa de María, la madre de Juan, por sobrenombre
Marcos, donde estaban reunidos y en oración. 13 Y golpeando él la
puerta del vestíbulo, salió una muchacha, que se llamaba Rode,
para escuchar, 14 y conociendo que era la voz de Pedro, por la
alegría no abrió la puerta y fue corriendo a anunciar que Pedro
estaba ante ella; 15 mas ellos le dijeron: ¡Estás loca! Pero ella insis-
tía que así era. Entonces ellos decían: Es su ángel. 16 Pedro entre
tanto continuaba golpeando. Cuando abrieron al verle, se asusta-
ron.

17 El, haciéndoles señal con la mano para que se callaran, les
refirió cómo el Señor lo había librado de la cárcel y dijo: Anunciad
a Santiago y a los hermanos estas cosas, y saliendo fue a otro
lugar.

18 Al hacerse de día hubo un alboroto no pequeño entre los
soldados sobre cuál sería la suerte de Pedro. 19 Herodes hizo que se
buscase y no hallándolo, pidió cuenta a los guardias, y mandó
llevarlos al suplicio. Después descendiendo de Judea a Cesárea, se
quedó allí.

Herodes herido por un ángel

20 Herodes estaba irritado contra los de Tiro y de Sidón, pero
ellos se presentaron concordes ante él, después de haber ganado a

Blasto, camarero del rey. [21] En un día señalado, Herodes vestido de
traje real y sentado en el trono les arengaba, [22] y el pueblo clamaba:
"Voz de Dios y no de hombre", [23] y al momento un ángel del Señor
lo hirió, por no haber dado gloria a Dios, y comido de gusanos,
expiró. [24] Mas la palabra de Dios crecía y se multiplicaba.

[25] Bernabé y Saulo, cumplida su misión, se volvieron a Jerusalén, llevándose consigo a Juan, por sobrenombre Marcos.

PRIMER VIAJE DE SAN PABLO (13, 1-15, 53)

Pablo y Bernabé elegidos para predicar

13 [1] Había entonces en la Iglesia de Antioquía profetas y doctores, Bernabé y Simeón, llamado el Negro y Lucio de Cirene,
Manahén, que había sido criado con Herodes el tetrarca y Saulo.
[2] Mientras estos ejercían su ministerio ante el Señor y ayunaban,
dijo el Espíritu Santo: Apartarme a Bernabé y Saulo para la obra a
la que los he elegido. [3] Entonces, después de ayunar y orar les
impusieron las manos y los despidieron.

Pablo y Elimas en Chipre

[4] Estos, pues, mandados por el Espíritu Santo, bajaron a Seleucia y de allí navegaron a Chipre. [5] Llegados a Salamina anunciaban
la palabra de Dios en las sinagogas de los judíos, y tenían también
a Juan por ayudante.

[6] Después atravesando toda la isla hasta Pafos, encontraron a
un hombre mago, falso profeta judío, por nombre Barjesús; [7] que
estaba con el procónsul Sergio Paulo, hombre prudente. Este llamando a Bernabé y a Saulo deseaba oír la palabra de Dios. [8] Pero
Elimas, el mago (pues así se interpreta su nombre) se les oponía,
procurando apartar al procónsul de la fe.

[9] Entonces Saulo –que también se llama Pablo– lleno del Espíritu Santo, fijando los ojos en él, [10] dijo: ¡Oh lleno de todo engaño
y de toda maldad, hijo del diablo, enemigo de toda justicia! ¿no
cesarás de trastornar los rectos caminos del Señor? [11] Ahora mismo
sobre ti está la mano del Señor, quedarás ciego sin ver el sol hasta
cierto tiempo y al instante cayeron sobre él tinieblas y oscuridad, y
dando vueltas buscaba quien le condujese de la mano.

[12] Entonces el procónsul viendo lo sucedido, abrazó la fe, maravillado de la doctrina del Señor.

Pablo y Bernabé en Antioquía de Pisidia

13 Habiendo navegado Pablo y sus compañeros desde Pafos,
llegaron a Perge de Panfilia, pero Juan apartándose de ellos, se
volvió a Jerusalén. 14 Ellos, después de ir a través de Perge llegaron
a Antioquía de Pisidia y entrando en la sinagoga en día de sábado,
tomaron asiento. 15 Después de la lectura de la Ley y de los Profe-
tas, los jefes de la sinagoga les dieron aviso diciendo: Hermanos, si
tenéis alguna palabra de exhortación para el pueblo, decidla.

Discurso de Pablo

16 Entonces Pablo se levantó y hecha señal de silencio con la
mano, dijo: Varones israelitas y los que teméis a Dios, escuchad:
17 El Dios de este pueblo de Israel eligió a nuestros padres y acre-
centó al pueblo durante su permanencia en tierra de Egipto, y con
brazo excelso los sacó de allí, 18 y por espacio de unos cuarenta
años los soportó en el desierto, 19 destruyó siete naciones en la
tierra de Canam y les distribuyó en herencia sus tierras 20 como
unos cuatrocientos cincuenta años después. Luego les dio jueces
hasta el profeta Samuel.

21 A continuación pidieron un rey y Dios le dio a Saúl, hijo de
Cis, varón de la tribu de Benjamín, por espacio de cuarenta años,
22 y rechazado éste, les suscitó por rey a David, de quien también
dio testimonio diciendo: *He hallado a David, hijo de Isai, varón
conforme a mi corazón, el cual hará todo lo que yo quiero* (1 Sam.
13, 14; Sal. 89,21).

23 Del linaje de éste Dios, según su promesa, suscitó para Is-
rael, un Salvador: Jesús. Juan le precedió predicando antes de su
llegada un bautismo de penitencia a todo el pueblo de Israel, 24 y
estando Juan para terminar su carrera, dijo: Yo no soy el que
vosotros pensáis, sino que después de mí viene uno a quien no soy
digno de desatar el calzado de sus pies.

25 Varones hermanos, hijos del linaje de Abraham y los que
entre vosotros teméis a Dios, 26 a vosotros ha sido enviado este
mensaje de salvación. 27 Porque los habitantes de Jerusalén y sus
príncipes, al condenarlo, dieron cumplimiento, sin saberlo a los
dichos de los profetas que se leen cada sábado, 28 y sin hallar en El
causa de muerte pidieron a Pilato que le matasen.

29 Cumplidas todas las cosas que de El estaban escritas, lo bajaron del madero y lo pusieron en un sepulcro. 30 Mas Dios le resucitó de entre los muertos, 31 y se apareció durante muchos días a los que con El habían subido de Galilea a Jerusalén, los cuales son ahora sus testigos ante el pueblo.

32 Nosotros os anunciamos la promesa hecha a los padres, 33 la que Dios cumplió en nosotros sus hijos resucitando a Jesús, según está escrito también en el salmo segundo: *Tú eres mi Hijo, yo te engendré hoy* (2,8). 34 Y que lo resucitó de entre los muertos, para no volver nunca a la corrupción, así lo había anunciado *"os daré las santas y fieles promesas hechas a David"* (Is. 55,3). 35 Por lo que también en otro lugar dice: *No permitirás que tu Santo vea la corrupción"* (Sal. 16, 10).

36 Ahora bien, cumplida en su vida la voluntad de Dios, David murió y fue a reunirse con sus padres y vio la corrupción. 37 Pero Aquél que Dios resucitó no vio la corrupción. 38 Sea, pues, notorio a vosotros, hermanos, que por medio de Este se os anuncia la remisión de los pecados y de todo lo que por la Ley de Moisés no pudísteis ser justificados. 38 Todo el que cree en Este es justificado. 40 Mirad que no venga sobre vosotros lo dicho por los profetas:

> 41 *Mirad, menospreciadores, admiraos y anonadaos, porque yo hago una obra en vuestros días, obra que no creeréis, si alguno os la contase* (Hab. 1, 5).

Efectos del discurso

42 Al salir ellos, les rogaban que al sábado siguiente les hablasen de estas cosas. 43 Disuelta la asamblea, muchos de los judíos y de los prosélitos temerosos de Dios, siguieron a Pablo y a Bernabé, los cuales conversando con ellos, les exhortaban a permanecer en la gracia de Dios.

Pablo y Bernabé se dirigen a los gentiles

44 En el sábado siguiente casi toda la ciudad se reunió para oír la palabra de Dios. 45 Los judíos, al ver la muchedumbre, se llenaron de envidia, y blasfemando se oponían a lo que Pablo decía. 46 Entonces Pablo y Bernabé con valentía dijeron: A vosotros teníamos que predicar primeramente la palabra de Dios, pero ya que

la rechazáis y os juzgáis indignos de la vida eterna, tenedlo enten-
dido, nos dirijimos a los gentiles, [47] porque así nos lo ha mandado
el Señor:

*Yo te he puesto por luz de las naciones, a fin de que seas su
salvación hasta los confines de la tierra* (Is. 49, 6).

[48] Al oír esto los gentiles, se alegraban y glorificaban la pala-
bra del Señor, y creyeron cuantos estaban ordenados para la vida
eterna, [49] y la palabra del Señor se divulgaba por toda la región;
[50] pero los judíos instigaron a las mujeres devotas y distinguidas y
a los principales de la ciudad, y levantando persecución contra
Pablo y Bernabé los arrojaron de sus términos; [51] mas ellos enton-
ces sacudiendo el polvo de sus pies contra aquellos, fueron a
Iconio. [52] Los discípulos quedaron llenos de alegría y del Espíritu
Santo.

[10] *Hijo del diablo*. Con esta tremenda palabra llama también Jesús a los fariseos. (Jn. 8, 14). Cuidemos, pues, de no confundir con la falta de caridad esta santa indignación de San Pablo (23, 3).

[20] Los 450 años que esperó Israel hasta entrar en la tierra prometida (7, 7): 400 en Egipto, 40 en el desierto y unos 10 en tomar posesión de la tierra de Canaán...

Predicación en Iconio, Listra y Derbe

14 [1] Después entraron igualmente en Iconio, en la sinagoga de
los judíos, y hablaron de tal manera que creyeron una gran
multitud de judíos y griegos; [2] pero los judíos incrédulos incitaron
y enconaron los ánimos de los gentiles contra los hermanos. [3] Aun
así, permanecieron allí bastante tiempo hablando con intrepidez
sobre el Señor, el cual confirmaba la palabra de su gracia, conce-
diendo que por sus manos fuesen hechos milagros y portentos.

[4] Mas la muchedumbre de la ciudad se dividió, y unos estaban
por los judíos y otros por los apóstoles, [5] y como se produjese un
tumulto de los gentiles y de los judíos con sus jefes para maltratar-
los y apedrearlos, [6] al darse cuenta de ello, huyeron a las ciudades
de Listra, de Licaonia y Derbe y sus alrededores, [7] y allí predicaron
el Evangelio.

Curación de un hombre cojo

[8] En Listra se hallaba sentado un hombre, imposibilitado de los
pies, el cual era cojo desde el seno materno y nunca había podido
andar. [9] Este escuchaba la palabra de Pablo, quien fijándose en él y

viendo que tenía fe para ser salvo, [10] le dijo con fuerte voz: Levántate derecho sobre tus pies, y él dando un salto echó a andar. [11] Entonces las multitudes al ver lo que había hecho Pablo, levantaron la voz diciendo en su lengua de Licaonia: "Los dioses en forma humana han bajado a nosotros [12] y a Bernabé lo llamaban Zeus, y a Pablo, Hermes, porque era el que llevaba la palabra. [13] Y el sacerdote del templo de Júpiter que estaba a la entrada de la ciudad, trajo toros y coronas junto a las puertas, y con las multitudes quería ofrecerles un sacrificio.

[14] Los apóstoles Bernabé y Pablo al oír esto, rasgando sus vestiduras se lanzaron entre la multitud, gritando [15] y diciendo: Hombres ¿qué es lo que hacéis? También nosotros somos hombres semejantes a vosotros y os anunciamos que os apartéis de estos vanos ídolos y os convirtáis al Dios vivo que *"ha creado el cielo y la tierra, el mar y todas las cosas que hay en ellos"* (Hech. 14,15); [16] el cual en las pasadas generaciones permitió que todas las naciones siguieran sus caminos, [17] aunque no dejó de dar testimonio de Sí mismo, haciendo beneficios, dándonos lluvia del cielo y tiempos fructíferos, llenando de alimentos y alegría vuestros corazones.

[18] Aunque dijeron tales cosas, apenas lograron impedir que las multitudes les ofrecieran sacrificios.

Pablo es apedreado

[19] Después vinieron unos judíos de Antioquía a Iconio, que sedujeron a las multitudes y apedrearon a Pablo y arrastrándolo fuera de la ciudad, le dieron por muerto. [20] Mas los discípulos rodeándole, se levantó y entró en la ciudad, y al día siguiente partió con Bernabé para Derbe.

Regreso a Antioquía

[21] Después de predicar el Evangelio en aquella ciudad y hacer muchos discípulos, se volvieron a Listra, Iconio y Antioquía, [22] fortaleciendo los ánimos de los discípulos y exhortándoles a perseverar en la fe, y diciéndoles que es necesario pasar por muchas tribulaciones para entrar en el reino de Dios.

[23] En cada Iglesia les nombraron presbíteros por la imposición de las manos, y haciendo oración con ayunos los encomendaron al

Señor en quien habían creído. 24 Después atravesando Pisidia llega-
ron a Panfilia, 25 predicaron en Perge y bajaron a Atalia. 26 Desde
allí navegaron a Antioquía, de donde habían partido, encomenda-
dos a la gracia de Dios, para la obra que acababan de cumplir.
27 A su llegada, reuniendo a la Iglesia, refirieron cuanto había
hecho Dios con ellos y cómo había abierto a los gentiles la puerta
de la fe. 28 Después permanecieron con los discípulos bastante
tiempo.

Ocasión del Concilio de Jerusalén

15 1 Entonces algunos que habían bajado de Judea enseñaban a
los hermanos: "Si no os circuncidáis según el rito de Moisés,
no podéis salvaros". 2 Suscitada una disensión y disputa no peque-
ña por Pablo y Bernabé contra ellos, determinaron que Pedro y
Pablo y algunos otros de ellos subieran a Jerusalén para tratar esta
cuestión con los apóstoles y presbíteros.
3 Ellos, pues, despedidos por la Iglesia, pasaron por Fenicia y
Samaría, refiriendo la conversión de los gentiles y llenando de
gozo a todos los hermanos. 4 Llegados a Jerusalén, fueron recibidos
por la Iglesia y los apóstoles y presbíteros, y contaron cuanto había
hecho Dios con ellos. 5 Pero algunos de la secta de los fariseos, que
habían creído, se levantaron diciendo que era necesario circunci-
darles y guardar la ley de Moisés. 6 Los apóstoles y los presbíteros
se reunieron para examinar este asunto.

Discurso de Pedro

7 Después de una larga discusión, Pedro se levantó y les dijo:
"Hermanos, vosotros sabéis que ya hace algún tiempo Dios me
eligió entre vosotros para que los gentiles oyesen por mi boca la
palabra del Evangelio y creyesen, 8 y Dios que conoce los corazo-
nes, les dio testimonio dándoles el Espíritu Santo igual que a
vosotros, 9 y entre ellos y nosotros no ha hecho diferencia, purifi-
cando sus corazones, por la fe. 10 Ahora, pues, ¿por qué tentáis a
Dios poniendo sobre el cuello de los discípulos un yugo que ni
nuestros padres ni nosotros hemos podido soportar? 11 Pero por la
gracia del Señor Jesús creemos ser salvos de la misma manera que
ellos".
12 Entonces toda la multitud calló y escuchaban a Bernabé y

Pablo que referían cuantos milagros y prodigios había hecho Dios por medio de ellos entre los gentiles.

Discurso de Santiago

13 Después que ellos callaron, respondió Santiago, diciendo:
14 "Hermanos, oídme". Simeón ha referido cómo Dios primero ha
visitado a los gentiles para escoger de entre ellos un pueblo consa-
grado a su nombre, 15 y con esto concuerdan las palabras de los
profetas, según está escrito:

16 *Después de esto volveré y reedificaré el tabernáculo de David, que está caído; reconstruiré sus ruinas y lo levantaré de*
nuevo, 17 para que el resto de los hombres busque al Señor, y todos
los gentiles sobre los cuales ha sido invocado su nombre, dice el
Señor, que hace estas cosas 18 conocidas desde la eternidad
(Amós. 9, 11-12).

19 Por lo cual yo juzgo que los que se convierten de los gentiles
no se deben inquietar, 20 sino que se les escriba para que se absten-
gan de las contaminaciones de los ídolos, de la fornicación, de lo
ahogado y de la sangre, 21 porque Moisés tiene desde antiguo en
cada ciudad quienes lo prediquen, leyéndolo cada sábado en las
sinagogas.

Decretos del Concilio

22 Entonces pareció bien a los apóstoles y a los presbíteros con
toda la Iglesia, elegir algunos varones de entre ellos y enviarlos a
Antioquía con Pablo y Bernabé, a Judas, el llamado Barsabás y a
Silas, hombres principales entre los hermanos, 23 y escribirles por
mediación de ellos:

"Los apóstoles y los presbíteros hermanos a los hermanos de
los gentiles que están en Antioquía, en Siria y Cilicia, salud: 24 Por
cuanto hemos sido enterados que algunos salidos de los nuestros,
sin tener mandato nuestro, fueron y os han turbado con sus pala-
bras inquietando vuestras almas, 25 nos ha parecido, de común
acuerdo, elegir unos hombres y enviarlos a vosotros con nuestros
amados Bernabé y Pablo, 26 hombres que han expuesto sus vidas
por el nombre de nuestro Señor Jesucristo. 27 Así que os enviamos
a Judas y a Silas, quienes os anunciarán lo mismo de palabra.

[28] Porque ha parecido bien al Espíritu Santo y a nosotros no
poneros ninguna carga más fuera de estas necesarias: [29] que os
abstengáis de lo sacrificado a los ídolos, de la sangre, de lo ahoga-
do y de la fornicación. De estas cosas haréis bien el absteneros.
Adiós".

[30] Luego que fueron despedidos, bajaron a Antioquía y reu-
niendo a la multitud le entregaron la carta, [31] y leyéndola, se rego-
cijaron por el consuelo recibido. [32] Judas y Silas, que eran también
profetas exhortaron a los hermanos y los fortalecieron con abun-
dancia de palabra. [33] Y pasados allí algún tiempo, fueron despedi-
dos en paz por los hermanos para volver a aquellos que los habían
enviado. ([34] Pero Silas creyó deber quedarse allí; y Judas sólo par-
tió para Jerusalén. "Vulg".) [35] Pablo y Bernabé permanecieron en
Antioquía enseñando y envangelizando la palabra del Señor con
otros muchos.

[19] *El Concilio de Jerusalén* se celebró el año 50. En él Pedro, como Cabeza de la Iglesia, tomó la iniciativa, y se acordó que los gentiles convertidos quedasen exentos de la ley mosaica.

SEGUNDO VIAJE DE PABLO (15, 36-18, 22)

Bernabé se separa de Pablo

[36] Pasados algunos días, Pablo dijo a Bernabé: Volvamos y
visitemos a los hermanos por todas las ciudades en las cuales
hemos anunciado la palabra de Dios para ver cómo están; [37] y Ber-
nabé quería llevar también consigo a Juan, llamado Marcos. [38] Pa-
blo, en cambio, opinaba que no debían llevarlo por haberse separa-
do de ellos desde Panfilia y no haberlos acompañado en el trabajo.

[39] Hubo un desacuerdo tal que se separaron unos de otros, y
Bernabé tomando consigo a Marcos navegó hacia Chipre, [40] Pablo,
por su parte, eligiendo a Silas, partió después de haber sido enco-
mendados por los hermanos a la gracia del Señor, [41] y recorrieron
la Siria y la Cilicia, confirmando en la fe a las iglesias.

Vocación de Timoteo

16 [1] Después llegó a Derbe y a Listra, donde se hallaba un dis
cípulo por nombre Timoteo, hijo de una mujer judía creyente
y de padre griego, [2] del cual daban buen testimonio los hermanos
que estaban en Listra e Iconio.

3 Pablo quiso llevarlo a éste con él; y tomándole le circuncidó
por causa de los judíos que estaban en aquellos lugares, porque
todos sabían que su padre era griego, 4 y según iban pasando por
las ciudades, les encargaban que observasen los decretos dados por
los apóstoles, y presbíteros que estaban en Jerusalén. 5 Las iglesias,
pues, se fortalecían en la fe y crecía cada día su número.

Pablo pasa a Macedonia

6 Después de atravesar Frigia y la región de Galacia, les fue
prohibido por el Espíritu Santo predicar la palabra en Asia, 7 y,
habiendo llegado a Misia, intentaron ir a Bitinia, mas tampoco se
lo permitió el Espíritu de Jesús, 8 y pasando junto a Misia descen-
dieron a Troade.

9 Durante la noche le fue mostrada a Pablo una visión: Un
hombre de Macedonia, puesto delante, le rogaba diciendo: "Pasa a
Macedonia y ayúdanos", 10 y después de la visión inmediatamente
procuramos partir para Macedonia, convencidos de que Dios nos
llamaba a predicarles el Evangelio.

La iglesia de Filipo

11 Embarcados en Troade, navegamos en dirección a Samotra-
cia y al día siguiente a Neápolis; 12 y de allí a la colonia de Filipos,
que es la primera ciudad de esta parte de Macedonia, y en aquella
ciudad estuvieron algunos días, 13 y el sábado salimos fuera de la
puerta junto al río, donde suponíamos que estaría el lugar de ora-
ción, y sentándonos, hablamos a las mujeres que se habían reuni-
do.

14 Entonces una mujer, llamada Lidia, que era traficante en
púrpura, de la ciudad de Tiatira, temerosa de Dios, estaba escu-
chando. El Señor abrió su corazón para que estuviese atenta a lo
que decía Pablo. 15 Luego que se bautizó con toda su familia, supli-
caba diciendo: Si me habéis juzgado fiel al Señor, entrad en mi
casa y permaneced en ella, y nos obligó.

Curación de una joven

16 Entonces, al ir nosotros a la oración, una muchacha que
tenía espíritu pitónico, nos salió al encuentro, la cual, haciendo de

adivina, proporcionaba a sus amos, grandes ganancias. 17 Esta si-
guiendo de cerca a Pablo y a nosotros, gritaba diciendo: Estos
hombres son siervos del Dios Altísimo, los cuales os anuncian el
camino de salvación. 18 Esto hizo durante muchos días; mas moles-
tado Pablo, volviéndose al espíritu, dijo: "En nombre de Jesucristo
te mando que salgas de ésta", y en aquella hora salió.

Pablo y Silas en la cárcel

19 Al ver sus amos que la esperanza de sus ganancias había
desaparecido, prendieron a Pablo y a Silas y los arrastraron al foro
ante los magistrados; 20 y presentándolos a los pretores, dijeron:
Estos hombres, siendo judíos, perturban nuestra ciudad, 21 y ense-
ñan costumbres que no nos es lícito aceptar ni practicar, siendo
como somos romanos.

22 La multitud levantándose entonces contra ellos, y los preto-
res, desgarrándoles sus vestidos, los mandaron azotar con varas,
23 y, después de herirles con muchos golpes, los metieron en la
cárcel, ordenando al carcelero que los guardase con seguridad, 24 el
cual, recibido este mandato, los metió en el interior de la cárcel y
sujetó bien los pies en el cepo.

25 Alrededor de la media noche, Pablo y Silas, oraban, cantan-
do himnos a Dios, y los presos los oían. 26 Entonces de repente se
produjo un terremoto tan grande que se conmovieron los cimientos
de la cárcel, y se abrieron al instante todas las puertas, y a todos se
les soltaron las cadenas.

27 Despertado el carcelero, al ver las puertas abiertas, sacando
la espada se quería matar pensando que los presos se habían
fugado. 28 mas Pablo clamó en alta voz, diciendo: No te hagas
ningún mal porque todos estamos aquí.

Conversión del carcelero

29 El entonces pidiendo una luz, se precipitó dentro y temblan-
do cayó a los pies de Pablo y de Silas. 30 Luego sacándolo fuera, les
dijo: Señores, ¿qué es necesario que yo haga para ser salvo?.
31 Ellos le dijeron: Cree en el Señor Jesús, y serás salvo tú y tu
familia, 32 y le expusieron la palabra del Señor a él y a todos los de
su casa.

33 En aquella hora de la noche los llevó consigo, les lavó las

heridas, e inmediatamente fue bautizado él y todos los suyos.
34 Luego los llevó a su casa, les puso la mesa y se alegró con toda
su familia de haber creído en Dios.

Dan orden de soltar a Pablo y a Silas

35 Al hacerse de día, los pretores enviaron a los alguaciles a
decir: “Suelta a aquellos hombres”. 36 El carcelero comunicó a Pa-
blo estas palabras. Los pretores han enviado para soltaros. Ahora,
pues, salid e id en paz.

37 Entonces Pablo les dijo: Después que nos han azotado públi-
camente, sin juzgarnos, a nosotros ciudadanos romanos, nos metie-
ron en la cárcel, y ahora ocultamente nos echan. En verdad, no será
así, sino que vengan ellos a sacarnos. 38 Los alguaciles refirieron
estas palabras a los pretores, y al oír que eran romanos, tuvieron
miedo.

39 Vinieron después, haciéndoles presentes sus excusas y sa-
cándolos, les rogaron que se fuesen de la ciudad. 40 Entonces ellos
salieron y entraron en casa de Lidia, y habiendo visto a los herma-
nos los consolaron y se fueron.

Pablo evangeliza en Tesalónica

17 1 Después de pasar por Anfípolis y Apolonia, llegaron a Te
salónica donde había una sinagoga de los judíos. 2 Pablo, se-
gún su costumbre, entró en ella, y por tres sábados disputó con
ellos sobre las Escrituras, declarándoles y probando que era nece-
sario que el Cristo padeciese y resucitase de entre los muertos, y
que éste, 3 Jesús, a quien yo os anuncio –les decía– es el Mesías.
4 Algunos de ellos creyeron y se incorporaron a Pablo y a Silas,
además una gran multitud de piadosos griegos y no pocas mujeres
de las principales.

5 Pero los judíos, llenos de envidia, tomaron consigo a algunos
hombres malos y ruines que, formando tropel, alborotaron la ciu-
dad y se presentaron ante Jasón para buscarlos y llevarlos ante el
pueblo: 6 mas al no hallarlos, arrastraron a Jasón y a algunos her-
manos ante las autoridades de la ciudad, gritando: Estos que son
los que perturban al mundo entero, han llegado hasta aquí, 7 y
Jasón los ha hospedado, y todos estos obran contra los decretos del
César, diciendo que hay otro rey: Jesús; 8 y alborotaron a la plebe y

a las autoridades que tales cosas oían. 9 Mas recibida fianza de
Jasón y de los demás, los soltaron.

En Berea

10 Entonces los hermanos, inmediatamente de noche, enviaron
a Silas para Berea, los cuales, apenas llegaron, se fueron a la
sinagoga de los judíos. 11 Estos eran de mejor índole que los de
Tesalónica, pues recibieron la palabra con todo interés, escudriñan-
do las Escrituras para ver si era así, 12 y creyeron muchos de ellos,
como también mujeres griegas de distinción y no pocos hombres.

13 Cuando supieron los judíos de Tesalónica que también en
Berea Pablo estaba anunciando la palabra de Dios, fueron y tam-
bién allí agitaron y alborotaron a la plebe. 14 Entonces, inmediata-
mente, los hermanos despidieron a Pablo para que se encaminase
hasta el mar, quedando allí Silas y Timoteo.

15 Los que conducían a Pablo lo llevaron hasta Atenas, y regre-
saron habiendo recibido la orden para que Silas y Timoteo viniesen
a él lo más pronto posible.

Pablo en Atenas

16 Mientras Pablo los esperaba en Atenas se consumía interior-
mente su espíritu al contemplar la ciudad entregada a la idolatría.
17 El disputaba en la sinagoga con los judíos y con los que honra-
ban a los dioses, y cada día en el ágora con los que encontraba.

18 También algunos filósofos de los epicúreos y de los estóicos
disputaban con él. Unos decían: ¿Qué quiere decir este charlatán?
Y otros: Parece ser un anunciador de divinidades extranjeras, por-
que les predicaba a Jesús y la resurrección. 19 Y tomándoles, lo
condujeron al Areópago, diciendo: ¿Podemos saber cuál es esta
nueva doctrina de que tú nos hablas? 20 Porque tu traes a nuestros
oídos cosas extrañas, quisiéramos saber qué significan, 21 pues to-
dos los atenienses y extranjeros allí residentes, no se ocupaban más
que de decir u oír novedades.

Discurso de Pablo

22 Entonces Pablo, puesto en medio del Areópago, dijo: "Ate-
nienses: Os veo en todo religiosos por demás, 23 porque al pasar y

contemplar vuestros monumentos sagrados, hallé también un altar
en el cual está escrito: "Al Dios desconocido". Pues a éste que
veneráis sin conocerlo, es el que yo os anuncio.
24 El Dios que hizo el mundo y todas las cosas que hay en él,
ese siendo Señor del cielo y de la tierra, no habita en templos
hechos a mano, 25 ni es servido por manos humanas, como si nece-
sitase de algo, ya que El da a todos la vida, el aliento y todas las
cosas. 26 El hizo de uno sólo todo el linaje de los hombres para que
habitasen sobre toda la faz de la tierra y fijó los tiempos determina-
dos y los límites por ellos habitables, 27 para que busquen a Dios, y
lo hallen, si es posible, como a tientas, pues no está lejos de cada
uno de vosotros, 28 porque en El vivimos, nos movemos y existi-
mos, como también algunos de vuestros poetas dijeron:

Porque somos linaje suyo.

29 Siendo, pues, linaje de Dios, no hemos de creer que la divi-
nidad es semejante al oro o plata o piedra, obra de arte y del
ingenio de los hombres. 30 Dios, pasando por alto los tiempos de la
ignorancia, invita ahora a los hombres, en todos los lugares, que se
arrepientan, 31 por cuanto El ha fijado un día en el cual ha de juzgar
a toda la tierra habitada con justicia por medio de un hombre que
El ha determinado y acreditado ante todos, resucitándole de entre
los muertos"
32 Entonces, al oír "resurrección de los muertos", unos se
reían; otros dijeron: "Te oiremos otra vez sobre esto". 33 Así salió
Pablo de en medio de ellos; 34 pero algunos hombres se adhirieron
a él y creyeron; entre los cuales estaba también Dionisio el Areo-
pagita y una mujer llamada Dámaris y con ellos otros más.

Pablo en Corinto

18 1 Después de esto, saliendo de Atenas, llegó a Corinto, 2 don
de encontró a un judío llamado Aquila, natural del Ponto,
recién llegado de Italia con Priscila, su mujer, con motivo de haber
ordenado Claudio que todos los judíos saliesen de Roma. Se juntó
con ellos 3 y, como era del mismo oficio, fabricante de tiendas, se
quedó trabajando en su casa.
4 Todos los sábados disputaba en la sinagoga tratando de per-
suadir a los judíos y griegos; 5 pero cuando Silas y Timoteo llega-
ron de Macedonia, Pablo se entregó por entero a la predicación,

testificando a los judíos que Jesús era el Mesías. 6 Mas como éstos
se oponían y blasfemaban, sacudiendo sus vestidos, les dijo: "¡Caiga vuestra sangre sobre vuestra cabeza! Yo soy inocente. Desde
ahora me dirigiré a los gentiles". 7 Y partiendo de allí entró en casa
de uno que se llamaba Tito Justo, adorador de Dios, que tenía la
casa junto a la sinagoga.

8 Crispo, el jefe de la sinagoga, creyó en el Señor con toda su
familia; también muchos de los corintios, oyendo la predicación,
creían y se bautizaban.

9 Entonces el Señor, de noche en una visión, dijo a Pablo: No
temas, sino habla y no calles, 10 porque Yo estoy contigo, y nadie te
podrá hacer mal, pues yo tengo un pueblo numeroso en esta
ciudad, 11 y permaneció allí un año y tres meses enseñándoles la
palabra de Dios.

Los judíos se levantan contra Pablo

12 Siendo Galión procónsul de Acaya, los judíos de común
acuerdo se levantaron contra Pablo y le llevaron ante el tribunal,
13 diciendo: Este anda persuadiendo a los hombres para que den
culto a Dios contrario a la Ley. 14 Cuando Pablo se disponía a
hablar, Galión dijo a los judíos: Si se tratara de alguna injusticia o
de algún crimen, oh judíos, tendríais razón para que os admitiese;
15 pero tratándose de cuestiones de doctrina, de nombres, de vuestra propia ley, vedlo vosotros mismos. Yo no quiero ser juez de
estos asuntos, 16 y los echó del tribunal.

17 Entonces todos lanzándose sobre Sóstenes, el jefe de la sinagoga, lo golpearon delante del tribunal, sin que a Galión le importase nada de esto.

Regreso a Antioquía

18 Pablo, después de haberse detenido allí bastantes días, se
despidió de los hermanos y se embarcó para Siria y con él Priscila
y Aquila; luego que se rapó la cabeza en Cencreas porque había
hecho voto. 19 llegados a Efeso, los dejó allí, y él entrando en la
sinagoga disputaba con los judíos. 20 Ellos le rogaron que permaneciese por más tiempo, pero no consintió, 21 sino que se despidió,
diciéndoles: "De nuevo volveré a vosotros, si Dios quiere" y partió
de Efeso. 22 Después de llegar a Cesarea, subió y saludó a la Iglesia
(de Jerusalén), bajando luego a Antioquía

Tercer viaje de Pablo 18, 23-12. 16

23 Después de haber pasado allí algún tiempo, marchó y recorrió sucesivamente la región de Galacia y de Frigia, fortaleciendo a todos los discípulos.
24 Había venido a Efeso cierto judío llamado Apolo, de origen alejandrino, hombre elocuente, que era versado en las Escrituras.
25 este estaba instruido en el camino del Señor, además ferviente de espíritu hablaba y enseñaba con exactitud lo referente a Jesús, aunque sólo conocía el bautismo de Juan.
26 El comenzó a hablar con valentía en la sinagoga; mas oyéndole Priscila y Aquila, lo tomaron consigo y le expusieron con mayor exactitud el camino de Dios.

27 Queriendo él ir a Acaya, lo animaron los hermanos y escribieron a los discípulos para que lo recibieran, y una vez que llegó fue de mucho provecho a los que por la gracia habían creído;
28 porque con gran valor refutaba públicamente a los judíos demostrándoles por las Escrituras que Jesús era el Mesías.

[21] *Si Dios quiere*: Expresión frecuente en San Pablo (Rom. 1, 10; 1 Cor. 4, 19y 16, 7). Santiago recomienda expresamente su uso, burlándose de los que creen tener segura esta vida que es "como humo que se disipa" (4, 13 ss).

Pablo en Efeso

19 1 En el tiempo en que Apolo se hallaba en Corinto, Pablo recorrió las regiones altas y vino a Efeso, donde encontró algunos discípulos,
2 a los que preguntó: "¿Recibísteis el Espíritu Santo al abrazar la fe?". y ellos le respondieron: Ni siquiera hemos oído si hay Espíritu Santo.
3 Entonces él les dijo: ¿Pues con que bautismo habéis sido bautizados? Ellos dijeron: Con el bautismo de Juan.

4 Luego Pablo añadió: Juan bautizó con un bautismo de penitencia, diciendo al pueblo que creyese en Aquel que venía detrás de él, esto es, en Jesús.
5 Cuando oyeron esto fueron bautizados en el nombre del Señor Jesús,
6 e imponiéndoles Pablo las manos vino sobre ellos el Espíritu Santo y hablaban en lenguas y profetizaban.
7 Eran entre todos como unos doce hombres.

Pablo se separa de los judíos...

8 Pablo entró en la sinagoga y habló con libertad por espacio de tres meses, disputando y persuadiendo acerca del reino de Dios.

9 Mas como algunos se enfureciesen y no quisieran creer, maldi-
ciendo el Camino (del Señor) delante de la multitud, se apartó de
ellos, separando a los discípulos, y todos los días enseñaba en la
escuela de Tirano. 10 Esto tuvo lugar durante dos años de manera
que todos los habitantes de Asia, judíos y griegos, oyeron la pala-
bra del Señor.

Milagros por mano de Pablo

11 También Dios obraba por mano de Pablo milagros
extraordinarios; 12 de tal suerte que aplicados a los enfermos pañue-
los o delantales que habían tocado su cuerpo, hacían desaparecer
de ellos las enfermedades y salir los malos espíritus.

Los judíos exorcistas

13 Algunos de los judíos exorcistas ambulantes también inten-
taron pronunciar el nombre del Señor Jesús sobre los que tenían
malos espíritus, diciendo: "Os conjuro por aquel Jesús a quien
Pablo predica". 14 Los que esto hacían eran siete hijos de un tal
Esceva, judío, príncipe sacerdotal. 15 Pero el espíritu malo, respon-
diéndoles, dijo: Conozco a Jesús y se quien es Pablo; pero ¿quién
sois vosotros?

16 Entonces el hombre en quien estaba el mal espíritu arroján-
dose sobre ellos, se apoderó de ambos y los sujetó, de suerte que
desnudos y heridos tuvieron que huir de aquella casa.

17 Este caso fue conocido de todos los judíos y griegos que
habitaban en Efeso, y un temor se apoderó de ellos y engrandecían
el nombre del Señor Jesús, 18 y muchos de los que habían creído
venían a confesar y denunciar sus obras. 19 También muchos de los
que habían practicado artes mágicas, trajeron sus libros y los que-
maron delante de todos, y se calculó su valor, resultando ser de
cincuenta mil monedas de plata. 20 Así crecía poderosamente la
palabra del Señor y se fortalecía.

21 Cumplidas estas cosas, Pablo se propuso en espíritu ir a
Jerusalén pasando por Macedonia y Acaya, y decía: "Después que
haya estado allí, me es necesario ver también a Roma". 22 Y envió a
dos de sus colaboradores, Timoteo y Erasto, y él se quedó por
algún tiempo en Asia.

El tumulto en Efeso

23 Por entonces hubo un tumulto no pequeño a propósito del
Camino (el Evangelio). 24 Porque un tal platero de nombre Deme-
trio, que fabricaba templos de Artemis en plata, proporcionando a
los artífices no pequeñas ganancias, 25 convocó a éstos y a todos los
que eran del mismo oficio y les dijo: Compañeros: bien sabéis que
de esta industria depende nuestro bienestar, 26 y estáis viendo y
oyendo como este Pablo no sólo en Efeso, sino en toda Asia ha
persuadido y apartado a una gran muchedumbre diciendo no son
dioses los hechos por manos de los hombres, 27 y no sólo corre
peligro de ser desacreditado este nuestro negocio, sino que sea
tenido en nada el templo de la gran diosa Artemis, a la cual toda el
Asia y el mundo veneran, viniendo así a quedar despojada de su
grandeza.

28 Al oír esto, llenos de ira, gritaban diciendo ¡Grande es la
Artemis de los efesios! 29 Y la ciudad se llenó de confusión, y
lanzándose en masa en el teatro, arrastraron consigo a Gayo y
Aritarco, macedonios, compañeros de viaje de Pablo.

30 Pablo entonces quería presentarse al pueblo, pero los discí-
pulos no lo dejaron, 31 y también algunos de los principales que
eran amigos suyos, le enviaron recado, rogándole que no se pre-
sentase en el teatro. 32 Unos gritaban una cosa y otros otra, la con-
currencia estaba llena de confusión y los más no sabían porque se
habían reunido.

33 De entre la multitud destacaron a un tal Alejandro, al que
empujaban hacia adelante los judíos, y Alejandro pidiendo silencio
con la mano, quería hablar al pueblo; 34 pero al conocer que era
judío, todos a una voz, como por espacio de dos horas estuvieron
gritando ¡Grande es la Artemis de los efesios!

35 Entonces el secretario apaciguando a la multitud dijo: Hom-
bres de Efeso ¿Quién hay de los hombres que ignore que la ciudad
de Efeso es la guardiana de la gran Artemis y de la estatua venida
de Júpiter? 36 Siendo esto indiscutible, conviene que os tranquili-
céis y no hagáis nada precipitadamente. 37 Pues habéis traído estos
hombres que no son sacrílegos ni blasfemos de nuestra diosa. 38 Si,
pues, Demetrio y los artífices que están con él tiene queja contra
alguien, audiencias públicas se celebran y procónsules hay, que
presenten sus acusaciones mutuamente, 39 y si tenéis algo más que

reclamar, eso se resolverá en una asamblea legal, [40] porque hay peligro de que seamos culpados de sedición por lo de hoy, no habiendo razón alguna por la que podamos justificar este motín. Dicho esto, se disolvió la reunión.

Pablo regresa a Jerusalén por Macedonia

20 [1] Una vez que se apaciguó el tumulto Pablo llamó a los discípulos, los exhortó y despidiéndose partió para ir a Macedonia. [2] Después de recorrer aquellas regiones exhortándolas con abundancia de palabra, llegó a Grecia.

[3] Tres meses permaneció allí y cuando ya estaba para embarcar para Siria, como los judíos le prepararon acechanzas, tomó la determinación de volverse por Macedonia. [4] Le acompañaron hasta Asia; Sópatro, hijo de Pirro, natural de Berea; Aristarco y Segundo de Tesalónica; Gayo de Derbe y Timoteo; y Tíquico y Trófimo de Asia. [5] Estos adelantándose, nos esperaban en Troade, [6] mas nosotros después de los días de los ázimos, navegamos desde Filipos, y a los cinco días llegamos a ellos en Troade, donde pasamos siete días.

Pablo resucita a Eutico en Troade

[7] El día primero de la semana, cuando nos congregamos para partir el pan, Pablo, que había de marchar al día siguiente, conversaba con ellos y alargó el discurso hasta media noche. [8] En el aposento alto donde estábamos reunidos había muchas lámparas, [9] y un joven llamado Eutico, que estaba sentado sobre la ventana, se durmió profundamente porque Pablo alargaba su plática y llevado por el sueño, cayó del tercer piso abajo, y fue levantado muerto.

[10] Entonces Pablo bajó, se echó sobre él y tomándole en brazos, dijo: "No os asustéis, porque su alma está en él". [11] Luego subió y habiendo partido el pan y comido, después de hablar bastante tiempo hasta el amanecer, se fue. [12] al joven lo llevaron vivo con gran consuelo de todos.

Pablo llega a Mileto

[13] Nosotros subiendo en la nave, navegamos hasta Asón para recoger de allí a Pablo, porque él así lo había dispuesto, queriendo

irse a pie. [14] Reunido con nosotros en Asón, le recogimos y fuimos
a Mitilene. [15] Desde allí navegando, nos encontramos al día si-
guiente frente a Quío, y al otro nos acercamos a Samos, y habiendo
descansado en Troquilio, al día siguiente llegamos a Mileto.
[16] Pablo había decidido pasar de largo por Efeso, para no tener
que demorarse en Asia, pues se apresuraba para estar en Jerusalén
el día de Pentecostés, si era posible.

Discurso de Pablo en Mileto

[17] Desde Mileto envió a Efeso a llamar a los presbíteros de la
Iglesia, [18] y cuando llegaron a él, les dijo: Vosotros sabéis cómo
desde que llegué a Asia, me he portado todo el tiempo con
vosotros, [19] sirviendo al Señor con toda humildad y lágrimas y
pruebas que me vinieron de las acechanzas de los judíos, [20] y como
nada omití de cuanto os fuera útil, anunciándoslo y enseñándoslo
públicamente y por las casas, [21] dando testimonio a judíos y griegos
sobre la conversión a Dios y la fe en nuestro Señor Jesús.
[22] Ahora sabed que encadenado por el Espíritu voy a Jerusalén,
sin saber lo que allí me ha de suceder, [23] sino que en cada ciudad el
Espíritu Santo me da a entender que me aguardan cadenas y
tribulaciones, [24] pero yo no temo cosa alguna de éstas, ni estimo en
nada mi vida con tal de cumplir mi carrera y el ministerio que
recibí del Señor Jesús de dar testimonio del Evangelio de la gracia
de Dios. [25] Y ahora se que ninguno de vosotros, entre quienes he
andado predicando el reino de Dios volverá a ver mi rostro, [26] por
lo cual en este día quiero daros testimonio de que soy inocente de
la sangre de todos, [27] pues no rehusé anunciaros todo el designio de
Dios.

Consejos de Pablo a los presbíteros

[28] Velad por vosotros mismos y por todo el rebaño sobre el que
el Espíritu Santo os ha constituido obispos para apacentar la Iglesia
de Dios, que El adquirió por su propia sangre. [29] Yo se que después
de mi partida se introducirán entre vosotros lobos voraces que no
perdonarán el rebaño, [30] y de entre vosotros mismos se levantarán
hombres que enseñen doctrinas perversas para llevar discípulos
tras sí.

31 Por tanto, velad, acordándoos de que por tres años noche y
día, no cesé de amonestar a cada uno de vosotros con lágrimas, 32 y
ahora os encomiendo al Señor y a la palabra de su gracia poderosa
para edificar y dar la herencia a todos los santos. 33 No he codicia-
do de nadie plata ni oro ni vestido. 34 Vosotros mismos sabéis que
estas manos proveyeron a mis necesidades y a las de mis compañe-
ros.

35 En todo os he enseñado de como es necesario, trabajando
así, socorrer a los débiles, recordando las palabras del Señor Jesús
que El mismo dijo: "Mayor dicha hay en dar que en recibir".

36 Dicho esto, se puso de rodillas y con todos ellos hizo
oración. 37 Hubo un gran llanto de todos, y echándose al cuello de
Pablo, lo besaban, 38 afligidos sobre todo por lo que había dicho de
que no volverían a ver más su rostro. Y le acompañaron hasta la
nave.

[7] *El primer día de la semana.* Este es un valioso testimonio de que en tiempo de los apóstoles se celebraba ya la eucaristía en domingo y no ya el sábado de los judíos.

Viaje de Pablo a Jerusalén. De Mileto a Tiro

21 1 Cuando nos separamos de ellos, navegamos yendo directa
mente a Cos, y al día siguiente a Rodas y de allí a Pátara. 2 Y
hallando una nave que hacía la travesía a Fenicia, subimos a ella y
partimos. 3 Luego dimos vista a Chipre, que dejamos a la izquierda,
continuamos navegando hacia Siria y llegamos a Tiro, porque la
nave tenía que dejar allí la carga, 4 y habiendo encontrado a los
discípulos, permanecimos siete días. Estos movidos por el Espíritu
decían que no subiese a Jerusalén; 5 mas pasados aquellos días
salimos hasta fuera de la ciudad acompañados de todos con muje-
res y niños, y puestos de rodillas en la playa hicimos oración.
6 Luego nos despedimos mutuamente y subimos a la nave, y ellos
se volvieron a sus casas.

De Tiro a Jerusalén. Profecía de Agabo

7 Nosotros, teminada la navegación, fuimos de Tiro a Tolemai-
da, y saludados los hermanos quedamos un día con ellos. 8 Al día
siguiente partimos y llegamos a Cesarea, y entramos en casa de
Felipe, el evangelista, que era uno de los siete, y nos quedamos

con él. 9 Este tenía cuatro hijas vírgenes que profetizaban. 10 Y como permaneciésemos allí varios días, bajó de Judea un profeta llamado Agabo, 11 el cual allegándose a nosotros, tomó el cinto de Pablo, se ató los pies y las manos, y dijo: Esto dice el Espíritu Santo: Así atarán los judíos en Jerusalén al hombre de quien es este cinto, y lo entregarán en manos de los gentiles.

12 Al oír esto, tanto nosotros como los de aquel lugar, le suplicábamos que no subiera a Jerusalén. 13 Entonces Pablo respondió y dijo: ¿Qué hacéis llorando y afligiéndome el corazón? Pues dispuesto estoy no sólo a dejarme atar, sino también a morir en Jerusalén por el nombre del Señor Jesús. 14 Y no pudiendo persuadirle nos tranquilizamos diciendo: Hágase la voluntad del Señor.

Llegada a Jerusalén

15 Después de estos días nos dispusimos para subir a Jerusalén. 16 Y vinieron también con nosotros de Cesarea, algunos discípulos que nos condujeron a un tal Mnasón de Chipre, antiguo discípulo, en cuya casa nos hospedaríamos, 17 y llegados a Jerusalén, los hermanos nos recibieron con alegría.

18 Al día siguiente Pablo con nosotros entramos a ver a Santiago, y allí se reunieron todos los presbíteros. 19 Después de saludarles, les contó una por una las cosas que había hecho Dios entre los gentiles por su ministerio. 20 Ellos, al oírle, glorificaban a Dios y le dijeron: Ya ves, hermano, cuantos millares de judíos han creído y todos son celosos de la ley. 21 Pero han oído acerca de ti que enseñas a apartarse de Moisés a todos los judíos que viven entre los gentiles, y les dices que no circunciden a sus hijos ni sigan las costumbres. 22 ¿Qué hay, pues? De todos modos oirán que tú has venido. 23 Por tanto, haz esto que te decimos: Hay entre nosotros cuatro varones que han hecho voto. 24 Tómalos contigo y purifícate con ellos y págales los gastos para que rasuren sus cabezas, y todos conocerán que nada hay de lo que se les ha dicho acerca de ti, sino que tú también sigues guardando la ley.

25 Mas en cuanto a los gentiles que han creído, nosotros ya le hemos escrito determinando que se abstengan de lo sacrificado a los ídolos, de la sangre, de lo ahogado y de la fornicación.

26 Entonces Pablo, tomó consigo a aquellos varones y purificado con ellos, al día siguiente entró en el templo, a anunciar el

cumplimiento de los días de la purificación hasta que se ofreciese por cada uno de ellos la ofrenda.

VIAJE DE PABLO A ROMA (21, 27-28. 31)

Prisión de Pablo

27 Cuando iban ya a cumplirse los siete días, unos judíos de
Asia, al verlo en el templo, alborotaron a toda la multitud y le
echaron mano, 28 gritando: ¡Hombres de Israel, ayudadnos! Este es
el hombre que por todas partes enseña a todos contra el pueblo,
contra la Ley y contra este lugar, y además ha introducido griegos
en el templo profanando este lugar sagrado. 29 Y era porque habían
visto antes a Trófimo de Efeso en la ciudad con él y pensaron que
Pablo lo había introducido en el templo.

30 Así que toda la ciudad se conmovió y se alborotó el pueblo,
y apoderándose de Pablo, le arrastraron fuera del templo y al mo-
mento cerraron las puertas. 31 Cuando ya trataban de matarle, die-
ron aviso al tribuno de la cohorte que toda la ciudad de Jerusalén
estaba alborotada. 32 Este tomando al instante soldados y centurio-
nes, corrió hacia ellos, los cuales al ver al tribuno y a los soldados
cesaron de golpear a Pablo.

33 Entonces se acercó el tribuno, le prendió y mandó que lo
atasen con dos cadenas, y le preguntó quien era y qué había hecho.
34 Y de entre la multitud unos gritaban una cosa y otros otra, y no
pudiendo averiguar nada de cierto a causa del alboroto, mandó
llevarlo a la fortaleza. 35 Al llegar a las gradas fue preciso que los
soldados lo llevaran en peso por la violencia de la multitud del
pueblo, 36 porque éste le seguía diciendo: ¡Quítalo!

37 Estando ya Pablo para entrar en la fortaleza, le dijo al tribu-
no: ¿Me es lícito decir algo en mi defensa? El le contestó: ¿Sabes
griego? 38 Pues, ¿no eres tú el egipcio que hace pocos días levantó
un motín y condujo al desierto cuatro mil hombres de los sicarios?
39 Pablo le dijo: Yo soy judío de Tarso de Cilicia, de una ciudad no
desconocida; te ruego me permitas hablar al pueblo. 40 Permitién-
doselo él, Pablo puesto de pie en las gradas hizo señal con la
mano, y hecho un gran silencio, habló en dialecto hebreo, dicien-
do:

Discurso de Pablo en su defensa

22 1 Hermanos y padres, escuchad la defensa que ahora hago ante vosotros. 2 Al oír que les hablaba en lengua hebrea, guardaron silencio, y él prosiguió. 3 Yo soy judío, nacido en Tarso de Cilicia, pero criado en esta ciudad, educado a los pies de Gamaliel, conforme a la verdad de la ley patria, lleno de celo de Dios como hoy lo estáis todos vosotros. 4 Yo estaba dispuesto a seguir este camino hasta la muerte, encadenando y encarcelando (por él) lo mismo hombres que mujeres, 5 como me son testigos el mismo príncipe de los sacerdotes y todos los ancianos, de los cuales también recibí cartas para los hermanos de Damasco a donde iba para traer presos a Jerusalén a los que allí hubiera para que fuesen castigados.

6 Entonces al seguir mi camino, ya cerca de Damasco, hacia el mediodía, de repente una gran luz del cielo me envolvió, 7 y caí en tierra, oyendo una voz que me decía: Saulo, Saulo, ¿por qué me persigues? 8 Entonces yo respondí: ¿Quién eres, Señor? Y me dijo: Yo soy Jesús de Nazaret, a quien tu persigues. 9 Los que me acompañaban vieron la luz, pero no oyeron la voz del que me hablaba.

10 Yo dije: ¿Qué haré Señor? Y el Señor me respondió: 11 Levántate, y marcha a Damasco y allí se te dirá lo que está dispuesto que hagas. Pero como no veía a causa del resplandor de aquella luz, los que estaban conmigo me condujeron de la mano y así llegué a Damasco.

12 Un tal Ananías, hombre piadoso, según la ley, del que todos los judíos que allí habitaban daban buen testimonio, 13 viniendo a mí se me acercó y dijo: Hermano Saulo, recobra la vista, y yo en aquella hora le miré. 14 El Dios de nuestros padres te ha predestinado para que conocieses su voluntad y vieras al Justo y oyeras la voz de su boca, 15 porque le serás testigo ante todos los hombres de las cosas que has visto y oído, 16 y ahora ¿qué esperas? Levántate, bautízate y lava tus pecados, invocando su nombre

17 Al volver a Jerusalén, me sucedió que estando orando en el templo, tuve un éxtasis: 18 Vi al Señor, que me decía: “Date prisa y sal pronto de Jerusalén, porque no aceptarán tu testimonio sobre mí” 19 Y yo dije: Señor, ellos saben que yo era el que encarcelaba y azotaba en las sinagogas a los que en ti creían; 20 y cuando era derramada la sangre de tu mártir Esteban, yo también estaba pre-

sente y consentía su muerte, y guardaba las ropas de los que le
mataban. 21 Pero El me dijo: Vete, porque yo te enviaré lejos a los
gentiles.

Se levanta un nuevo tumulto

22 Hasta estas palabras lo estuvieron escuchando; pero luego
levantando la voz gritaron: Quita de la tierra éste, porque no mere-
ce vivir. 23 Y como empezaran a gritar y agitar sus vestidos, arro-
jando polvo al aire, 24 el tribuno mandó que le metieran en la forta-
leza y que le aplicasen el tormento de los azotes, para saber cuál
era la causa de gritar así contra él.

Soy ciudadano romano

25 Mas cuando ya lo tenían extendido para azotarle, dijo Pablo
al centurión allí presente: ¿Es lícito azotar a un hombre romano sin
antes juzgarle? 26 Al oír esto el centurión mandó a comunicárselo al
tribuno: ¿Qué vas a hacer? Este hombre es romano.

27 Entonces vino el tribuno y le dijo: ¿Eres tú romano? y él
contestó: Sí. 28 El tribuno añadió: Yo logré esta ciudadanía por una
fuerte suma. Y yo, dijo Pablo, la tengo por nacimiento. 29 Al instan-
te se retiraron de él los que le iban a dar tormento, y el mismo
tribuno temió al conocer que era romano y que él lo había encarce-
lado.

30 Al día siguiente, queriendo saber con exactitud de qué le
acusaban los judíos, lo desató y mandó reunir a los príncipes de los
sacerdotes y todo el Sanedrín, y trayendo a Pablo lo presentó ante
ellos.

Discurso de Pablo ante el Sanedrín

23 1 Pablo fijando sus ojos en el Sanedrín, dijo: Hermanos, yo
me he conducido hasta el día de hoy con toda rectitud de
conciencia delante de Dios. 2 Pero Ananías, príncipe de los sacer-
dotes, ordenó a los que estaban junto a él que le pegasen en la
boca. 3 Entonces Pablo le respondió: Dios te herirá a ti pared blan-
queada. Tú estás sentado para juzgarme según la ley, y contra la
ley ¿mandas que se me pegue?

4 Los que estaban presentes dijeron: ¿Al pontífice de Dios
insultas? 5 Y dijo Pablo: No sabía, hermanos, que es el pontífice,
pues escrito está: *"No maldecirás a un príncipe de tu pueblo"* (Ex.

22, 27). 6 Entonces Pablo, sabiendo que unos eran saduceos y otros
fariseos, gritó ante el Sanedrín: "Hermanos, yo soy fariseo, hijo de
fariseos. Yo soy juzgado por causa de la esperanza y la resurrec-
ción de los muertos". 7 Al decir esto, se produjo una disensión
entre los fariseos y saduceos, y la multitud se dividió, 8 porque los
saduceos dicen que no hay resurrección, ni ángel, ni espíritu; mien-
tras que los fariseos profesan ambas cosas.

9 Se originó un gran griterío, y levantándose algunos escribas
del partido de los fariseos arremetían diciendo: Nada de malo ha-
llamos en este hombre, y ¿quién sabe si un espíritu o un ángel le ha
hablado? 10 Al ver que el tumulto crecía, temiendo el tribuno que
despedazasen a Pablo, mandó venir soldados para que le arranca-
sen de en medio de ellos, y le llevasen a la fortaleza.

El Señor se aparece a Pablo

11 En la noche siguiente se le apareció el Señor, y le dijo: ten
ánimo, porque así como has dado testimonio de mi en Jerusalén,
así también lo has de dar en Roma.

Conjuración de los judíos

12 Cuando fue de día los judíos convocaron una reunión com-
prometiéndose bajo juramento de no comer ni beber hasta no haber
matado a Pablo. 13 Los que hicieron esta conjuración eran más de
cuarenta, 14 y se dirijieron a los príncipes de los sacerdotes y a los
ancianos diciendo: Nos hemos juramentado solemnemente a no to-
mar nada hasta no matar a Pablo. 15 Ahora, pues, vosotros de acuer-
do con el Sanedrín comunicad al tribuno que le conduzcan ante
vosotros como para conocer más exactamente lo referente a él, y
nosotros antes de que se acerque, estaremos preparados para ma-
tarle.

16 Pero habiendo oído esta acechanza el hijo de la hermana de
Pablo, fue y entrando en la fortaleza se lo comunicó a Pablo.
17 Pablo entonces llamó a uno de los centuriones y le dijo: "Lleva
este joven al tribuno porque tiene algo que comunicarle". 18 El,
pues llevándolo consigo, lo condujo hasta el tribuno, y dijo: El
preso Pablo me ha llamado y rogado que le trajese a este joven,
que tiene algo que decirte.

19 Entonces el tribuno lo tomó de la mano y retirado aparte, le

preguntó: ¿Qué tienes que comunicarme? [20] El le respondió: Los
judíos han convenido en rogarte que mañana conduzcas a Pablo al
Sanedrín como si quisieran averiguar algo con exactitud acerca de
él, [21] pero tú no los creas, porque preparan una emboscada más de
cuarenta hombres, los cuales se han comprometido bajo juramento
no comer ni beber hasta que no le hayan matado, y ahora están
preparados, esperando tu promesa. [22] Entonces el tribuno despidió
al joven mandándole: "No digas a nadie que me has manifestado
estas cosas".

Pablo es llevado a Cesarea

[23] Luego llamó a dos de los centuriones y les dijo: Preparad
para la tercera hora de la noche doscientos soldados, setenta de a
caballo y doscientos lanceros. [24] Preparad también cabalgaduras a
Pablo para que sea conducido salvo al gobernador Félix. [25] Y escri-
bió una carta en estos términos:

[26] "Claudio Lisias al excelentísimo procurador Félix, salud.
[27] A este hombre cuando los judíos lo tenían apresado y lo iban a
matar, sabiendo que era romano, acudí a librarlo con la tropa.
[28] Queriendo conocer el crimen de que lo acusaban lo conduje ante
su Sanedrín, [29] y hallé que lo acusaban de cuestiones de su Ley y
que no tenía crimen alguno digno de muerte o de prisión. [30] Pero
como se diera aviso de que se tramaba una conjura contra él, al
instante te lo he enviado, anunciando también a los acusadores que
expongan ante ti lo que tengan contra él. Pásalo bien".

[31] Los soldados, según la orden dada, tomaron a Pablo, lleván-
dolo de noche hasta Antípatris; [32] y al día siguiente regresaron a la
fortaleza dejando a los de a caballo que le acompañaran, [33] los
cuales, llegados a Cesarea, entregaron la carta al procurador y le
presentaron también a Pablo. [34] Leída la carta, le preguntó de qué
provincia era, y al saber que era de Cilicia, [35] "te oiré, dijo, cuando
hayan llegado también tus acusadores", y mandó que le guardasen
en el pretorio de Herodes.

Ante el gobernador Félix

24 [1] Cinco días después descendió Ananías, el príncipe de los
sacerdotes con algunos ancianos y un cierto Tértulo, orador,
los cuales comparecieron ante el gobernador contra Pablo. [2] Y cita-
do éste, comenzó Tértulo su acusación diciendo:

"Gracias a ti gozamos de una gran paz, y por tu providencia se
han llevado a cabo reformas en bien de este pueblo, 3 y siempre y
en todo lugar lo reconocemos, oh excelentísimo Félix, con suma
gratitud. 4 Mas para no molestarte demasiado, te ruego que nos
escuches brevemente según tu clemencia. 5 Porque hemos hallado
que este hombre es pestilencial, promovedor de sediciones entre
todos los judíos del mundo entero y jefe de la secta de los
Nazarenos, 6 el cual también intentó profanar el templo y por eso le
prendimos (y quisimos, según nuestra ley; 7 pero el tribuno Lisias
con mucha fuerza lo arrebató de nuestras manos, mandando a sus
acusadores que viniesen delante de ti: *"Vulg"*). 8 Tu mismo juz-
gándolo podrás conocer todas estas cosas de que le acusamos".

9 Los judíos por su parte apoyaron lo dicho, declarando que así
era.

Defensa de Pablo

10 Entonces Pablo, haciéndole señal el gobernador para que
hablase, respondió: "Sabiendo que desde hace muchos años eres
juez de esta nación, con plena confianza haré mi propia defensa.
11 Porque tú mismo puedes averiguar que no hace más de doce días
que subí a adorar a Jerusalén, 12 y ni en el templo me hallaron dis-
putando con nadie o amotinando a la multitud, ni en las sinagogas,
ni en la ciudad, 13 ni te pueden dar pruebas de las cosas de que
ahora me acusan. 14 Pero te confieso esto, que conforme al Camino,
que llaman secta, así sirvo al Dios de mis padres, creyendo todas
las cosas que están escritas en la ley y en los profetas, 15 teniendo
en Dios una esperanza, la que también ellos mismos tienen, que ha
de haber resurrección de justos y de pecadores. 16 Por esto yo pro-
curo tener en todo tiempo una conciencia irreprochable ante Dios y
ante los hombres.

17 Después de muchos años vine a traer limosnas a mi nación y
presentar ofrendas, 18 durante las cuales me encontraron purificado
en el templo, no con turbas ni con bullicio. 19 Fueron algunos ju-
díos de Asia, los que debían comparecer aquí para acusarme si
algo tienen contra mí, 20 o que estos mismos digan qué delito halla-
ron en mí cuando comparecí ante el Sanedrín, 21 como no fuera esta
sola frase que pronuncié en alta voz en medio de ellos: "Por la
resurrección de los muertos soy hoy juzgado de vosotros".

Dilación de la causa

22 Entonces Félix que conocía con exactitud lo referente al Camino, los aplazó diciendo: Cuando venga el tribuno Lisias, fallaré vuestra causa. 23 Y mandó al centurión que le custodiase, pero disfrutando de cierta libertad y que no se le impidiera a los suyos que prestaran servicios.

Conversación de Félix con Pablo

24 Algunos días después, vino Félix con su mujer Drusilas, que era judía, y mandó llamar a Pablo y le escuchó acerca de la fe en Jesucristo. 25 Pero cuando le habló de la justicia, de la continencia y del juicio futuro, Félix lleno de temor dijo: Por ahora retírate, cuando tenga oportunidad, te llamaré. 26 Y al mismo tiempo esperando que Pablo le daría dinero, le hacía llamar frecuentemente y conversaba con él. 27 Mas cumplidos dos años Félix tuvo por sucesor a Porcio Festo; pero queriendo congraciarse con los judíos, Félix dejó a Pablo en la prisión.

Pablo ante Festo

25 1 Tres días después de haber llegado Festo a la provincia, subió de Cesarea a Jerusalén, 2 y vinieron a él los príncipes de los sacerdotes y los principales de los judíos contra Pablo y le rogaron, 3 pidiendo favor contra él de que le hiciese venir a Jerusalén, poniéndole acechanzas para matarlo en el camino. 4 Mas Festo les respondió que Pablo, estaba preso en Cesarea, y que él mismo debía partir cuanto antes. 5 Así, pues, dijo que los principales de vosotros pueden bajar conmigo, y si hay alguna falta en aquel hombre, acúsenle.

6 Después de haberse detenido entre ellos no más de ocho o diez días, bajó a Cesárea y al día siguiente se sentó en el tribunal y mandó que Pablo fuese presentado. 7 Cuando compareció éste, le rodearon los judíos que habían bajado de Jerusalén, alegando muchas y graves acusaciones que no podían probar. 8 Pablo se defendía diciendo: "Yo no he cometido delito alguno ni contra la ley de los judíos ni contra el templo ni contra el César".

Apela al César

9 Festo queriendo congraciarse con los judíos, dijo en respues-

ta a Pablo: ¿quieres subir a Jerusalén y allí ser juzgado de estas
cosas delante de mí? 10 mas Pablo le dijo: Estoy ante el Tribunal
del César, donde debo ser juzgado. En nada he hecho injusticia a
los judíos, como tú bien sabes. 11 Si he cometido injusticia o algo
digno de muerte, no rehuso morir; pero si nada hay de lo que estos
me acusan, nadie puede entregarme a ellos. Al César apelo. 12 En-
tonces Festo, después de hablar con el consejo, respondió: Al Cé-
sar apelaste, al César irás.

Festo consulta al rey Agripa

13 Transcurrido algunos días el rey Agripa y Berenice se pre-
sentaron en Cesarea para saludar a Festo, 14 y como se detuvieran
allí varios días, Festo expuso al rey la causa de Pablo, diciendo:
Tengo aquí un hombre que Félix dejó preso, 15 respecto del cual,
cuando estuve en Jerusalén se presentaron los príncipes de los
sacerdotes y los ancianos de lo judíos pidiendo que lo condenase.
16 Yo les respondí que no es costumbre entre los romanos entregar
a ningún hombre antes que el acusado esté delante de los acusado-
res y se le de lugar para defenderse de la acusación.

17 Habiéndose ellos reunido aquí, yo sin dilación alguna, me
senté en el tribunal y mandé traer al preso. 18 Los acusadores que se
presentaron contra él, no adujeron ninguna cosa mala de las que yo
sospechaba. 19 Sólo tenían contra él ciertas cuestiones de su propia
superstición y de cierto Jesús muerto, de quien Pablo afirma que
estaba vivo. 20 Dudando yo sobre la investigación de estas cosas, le
pregunté si quería ir a Jerusalén para ser allí juzgado. 21 Pero como
Pablo apelase para que su causa fuese reservada al conocimiento
de Augusto, ordené que lo custodiaran hasta remitirlo al César.

22 Entonces Agripa dijo a Festo: Yo también quisiera oír a ese
hombre. Y el dijo: Mañana le oirás.

Festo expone la causa de Pablo

23 Al día siguiente se presentaron Agripa y Berenice con gran
pompa, y luego que entraron en la audiencia con los tribunos y
principales hombres de la ciudad, Festo ordenó que fuese traído.
24 Entonces Festo dijo: Rey Agripa y todos los que estáis presentes
con nosotros: Aquí véis a este hombre contra quien toda la muche-

dumbre de los judíos, tanto en Jerusalén como aquí, me han pedido
dando voces que él no debe seguir viviendo; [25] pero yo no he halla-
do en él cosa alguna digna de muerte, y habiendo él mismo apela-
do a Augusto, he decidido enviarlo.
[26] Por no tener nada cierto que escribir al señor de él, por eso
lo he mandado conducir ante vosotros, y especialmente ante ti, oh
rey Agripa, para que después de hecha esta investigación tenga
algo que escribir, [27] porque no me parece razonable enviar un preso
sin indicar antes las acusaciones que se hacen contra él.

Discurso de Pablo ante Agripa

26 [1] Luego Agripa dijo a Pablo: Se te permite hablar en tu de-
fensa. Entonces Pablo extendiendo la mano comenzó a
defenderse: [2] Me tengo por dichoso, oh rey Agripa, de poderme
defender hoy ante ti de todas las acusaciones de los judíos, [3] sobre
todo porque tú eres conocedor de todas sus cuestiones y costum-
bres; por lo cual te ruego que me escuches con paciencia.
[4] Pues bien, todos los judíos conocen la vida que yo he llevado
desde el principio de mi juventud en medio de mi pueblo y en
Jerusalén. [5] Ellos desde mucho tiempo atrás, si quieren dar testimo-
nio, saben que viví como fariseo según la secta más rigurosa de
nuestra religión. [6] ¡Y ahora estoy sometido a juicio con la esperan-
za de la promesa hecha por Dios a nuestros padres! [7] cuyo cumpli-
miento nuestras doce tribus esperan alcanzar sirviéndole noche y
día. Por esta esperanza, oh rey, soy yo acusado de los judíos.
[8] ¿Tenéis acaso por increíble que Dios resucite a los muertos? [9] Yo,
por mi parte, me creí en el deber de combatir por todos los medios
el nombre de Jesús de Nazaret, [10] y lo hice en efecto en Jerusalén
donde encarcelé a muchos santos con poder que para ello tenía de
los príncipes de los sacerdotes, y cuando se les quitaba la vida, yo
daba mi voto, [11] y por todas las sinagogas los obligaba muchas
veces a blasfemar a fuerza de castigos, y sobremanera enfurecido
contra ellos, los perseguía hasta en las ciudades extranjeras.
[12] Para esto mismo, yendo yo a Damasco con poderes y comi-
sión de los príncipes de los sacerdotes, [13] a mediodía vi en el cami-
no, oh rey, una luz del cielo, más resplandeciente que la del sol, la
cual me envolvió a mí y a los que me acompañaban. [14] Y habiendo
caído todos nosotros en tierra, oí una voz que me decía en lengua

hebrea: Saulo, Saulo, ¿por qué me persigues? Duro es para ti dar
coces contra el aguijón.
[15] Yo dije entonces: ¿quién eres, Señor? Y el Señor me respon-
dió: Yo soy Jesús a quien tu persigues. [16] Pero levántate y ponte en
pie; pues, para esto me he aparecido a ti para hacerte ministro y
testigo de las cosas que has visto y de las que te haré ver, [17] librán-
dote del pueblo y de los gentiles a los cuales yo te envio, [18] a fin de
abrirles los ojos para que se conviertan de las tinieblas a la luz, y
del camino de Satanás a Dios y alcancen la remisión de los peca-
dos y la herencia entre la que han sido santificados por la fe en Mí.
[19] Por lo cual, oh rey Agripa, no fui desobediente a la visión
celeste, [20] sino que primero a los de Damasco y luego a los de
Jerusalén y por toda la tierra de Judea y a los gentiles, anuncié que
se arrepintiesen y convirtiesen a Dios y practicasen obras dignas de
penitencia.
[21] Por causa de esto, los judíos me prendieron en el templo e
intentaron matarme. [22] Pero, gracias al auxilio de Dios, persevero
hasta hoy dando testimonio a pequeños y grandes, no diciendo
nada fuera de lo que los profetas y Moisés dijeron que había de
suceder, [23] que el Cristo había de padecer, y siendo el primero en
resucitar de entre los muertos, había de anunciar la luz al pueblo y
a los gentiles.

Coloquio con Festo y Agripa

[24] Después de decir estas cosas en su defensa, Festo dijo en
alta voz: Estas loco, Pablo: las muchas letras te trastornan el juicio.
[25] mas Pablo respondió: No estoy loco, excelentísimo Festo, sino
que hablo palabras de verdad y sensatez. [26] El rey bien conoce estas
cosas delante del cual confiadamente, pues bien creo que nada de
esto ignora, pues no se trata de cosas que se hayan hecho en un
rincón. [27] ¿Crees, rey Agripa, en los profetas? Yo se que crees.
[28] Respondió Agripa a Pablo: Por poco me persuades a que me
haga cristiano. [29] A lo que Pablo contestó: Pluguiera a Dios que por
poco o por mucho, no solamente tú, sino todos los que me oyen, se
hicieran hoy como soy, yo, salvo estas cadenas.
[30] Entonces el rey se levantó y también el gobernador, Bereni-
ce y cuantos con ellos estaban sentados. [31] Y al retirarse decían

entre sí: Este hombre no ha hecho nada digno de muerte o de
prisión. 32 Y Agripa dijo a Festo: Se podría poner a este hombre en
libertad, si no hubiera apelado al César.

Viaje a Roma

27 1 Cuando se decidió que embarcásemos para Italia, entrega-
ron a Pablo y algunos otros presos a un centurión llamado
Julio, de la cohorte Augusta, 2 y subiendo a una nave de Adramitio,
que se disponía a navegar hacia las costas del Asia, partimos en
compañía de Aristarco, macedonio de Tesalónica. 3 Al día siguien-
te llegamos a Sidón; y Julio trató a Pablo con humanidad, permi-
tiéndole visitar a sus amigos y recibir sus atenciones.

4 Desde allí levantando anclas navegamos a lo largo de Chipre,
por ser contrarios los vientos, 5 y atravesando el mar de Cilicia y
Panfilia, llegamos a Mira de Licia, 6 donde el centurión encontró
una nave alejandrina que se dirigía a Italia y nos hizo subir a ella.

7 Durante varios días navegando lentamente nos acercamos
con dificultad a Gnido porque nos impedía el viento, bajando a
Creta junto a Salmona, 8 y costeándola con dificultad llegamos a un
lugar llamado "Buenos Puertos", cerca del cual está la ciudad de
Lasea.

9 Después de transcurrido mucho tiempo y siendo ya peligrosa
la navegación, por haber pasado ya el Ayuno, Pablo les advirtió,
10 diciendo: Compañeros, veo que la navegación va a ser con peli-
gro y mucho daño, no sólo para el cargamento y la nave, sino
también para nuestras personas. 11 Mas el centurión dio más crédito
al piloto y al patrón de la nave que a lo que decía Pablo, 12 y como
el puerto no fuese cómodo para invernar, la mayoría aconsejó par-
tir de allí por si podían alcanzar e invernar en Fenica, puerto de
Creta que mira el sureste y al nordeste, 13 y habiéndose levantado
viento del sur y creyendo que se lograría su propósito, levantando
anclas, navegamos a lo largo de Creta.

Tempestad en el mar

14 Poco después se arrojó sobre la nave un viento repentino que
se llama Euroaquilón. 15 La nave era arrastrada y no pudiendo re-
sistir el viento nos dejamos ir a la deriva. 16 Pasando por debajo de
un islote llamado Klauda, logramos a duras penas hacernos con el

esquife. [17] Una vez levantado éste, se valieron de maromas para ceñir por debajo la nave. Luego temiendo que dieran con la sirte, plegaron las velas y se dejaron ir a la deriva.

[18] Al día siguiente, al ser combatidos por una gran tempestad, alijeraron la nave, [19] y al tercer día con sus propias manos arrojaron los aparejos de la nave. [20] Al no aparecer el sol ni las estrellas durante muchos días y continuar con fuerza la tempestad, fuimos perdiendo toda esperanza de salvación.

Pablo conforta a los compañeros

[21] Entonces Pablo, cuando habíamos pasado mucho tiempo sin comer, puesto en medio de ellos, dijo: Mejor hubiera sido, compañeros, haberme hecho caso y no haber partido de Creta, y habríamos evitado este daño y perjuicio; [22] mas ahora os aconsejo que cobréis ánimo, porque ninguna de vuestras personas perecerá, sino sólo la nave. [23] Pues esta noche se me ha aparecido un ángel de Dios, de quien soy y a quien sirvo, [24] que me ha dicho: No temas, Pablo. Es necesario que comparezcas ante el César, y Dios te ha dado gracia de todos los que navegan contigo. [25] Por lo cual, compañeros, cobrad ánimo, porque yo confío en Dios que sucederá así como se me ha dicho. [26] Pero hemos de encallar en una isla.

Naufragio

[27] Llegada la noche décima cuarta, cuando eramos llevados a merced del viento por el Adriático, los marineros presintieron hacia la media noche que se acercaban a alguna tierra. [28] Echando la sonda, hallaron veinte brazas, y luego algo más adelante la volvieron a echar y hallaron quince brazas, y [29] y temiendo diésemos en algunos escollos, echaron cuatro anclas desde popa, esperando a que se hiciese de día.

[30] Los marineros, queriendo escapar de la nave, echaron el bote al mar con el pretexto de echar las anclas de proa; [31] pero Pablo dijo al centurión y a los soldados: Si estos no quedan en la nave, vosotros no podéis salvaros. [32] Entonces los soldados cortaron los cabos del bote y lo dejaron ir.

[33] Mientras llegaba el día, Pablo exhortó a todos a que comiesen, diciendo: Hace catorce días que estáis en ayunas, esperando y

sin comer nada; [34] por lo tanto os ruego que comáis por vuestra
salud; porque no se perderá ni un solo cabello de vuestra cabeza.
[35] Dicho esto, tomando el pan dio gracias a Dios en presencia de
todos, lo partió y comenzó a comer. [36] Entonces animados todos,
ellos también comieron. [37] Entre todos eramos en la nave doscien-
tas setenta y seis personas. [38] Luego que quedaron satisfechos, ali-
geraron la nave, arrojando el trigo al mar.

Rota la nave llegan a la isla de Malta

[39] Cuando se hizo de día no conocían aquella tierra, mas perci-
bían una bahía que tenía playa, a la cual acordaron llevar la nave,
si les era posible. [40] Y soltando las anclas, las dejaron caer al mar al
tiempo que aflojaron las ataduras de los timones; y alzando el
artimón al viento, se dirigieron hacia la playa; [41] mas dieron con un
banco de arena, encallaron la nave, y la proa incada quedó inmóvil,
mientras la popa se abría por la violencia de las aguas.

[42] Entonces los soldados acordaron matar a los presos, para
que ninguno se les escapase nadando; [43] pero el centurión querien-
do salvar a Pablo, se opuso a su intento y ordenó que quienes
supieran nadar se arrojasen los primeros y saliesen a tierra; [44] y los
demás, parte sobre tablas, parte sobre los despojos de la nave. Así
llegaron todos salvos a tierra.

En la isla de Malta acogidos con bondad

28 [1] Entonces, puestos a salvo, supimos que la isla se llamaba
Malta. [2] Los bárbaros nos trataron con gran bondad, porque
encendieron una hoguera y nos recibieron a todos a causa de la
lluvia que amenazaba y del frío.

Pablo mordido por una víbora

[3] Habiendo recogido Pablo un poco de ramaje, al echarlo en el
fuego salió una víbora huyendo del calor y se le prendió de la
mano. [4] Al ver los bárbaros al reptil colgado de su mano, se decían
unos a otros: ciertamente este hombre es un homicida, pues esca-
pado salvo del mar, la Dije *(diosa de la justicia)* no le deja vivir;
[5] pero él sacudiendo la víbora en el fuego, no sufrió daño alguno.
[6] Ellos creían que se hincharía y caería muerto de repente; mas
después de esperar mucho tiempo y ver que ningún mal le sucedía,
mudaron de parecer y dijeron que era un dios.

7 En las cercanías de aquel lugar había un campo del principal
de la isla llamado Publio, el cual nos recibió y hospedó tres días
amistosamente, 8 y sucedió que el padre de Publio estaba en cama
atacado de fiebres y disentería, al cual se le acercó Pablo, y hacien-
do oración, le impuso las manos y sanó. 9 Ante este suceso, los
demás de la isla que padecían enfermedades, venían y eran
curados, 10 los cuales también nos honraron con muchos obsequios,
y al partir nos proveyeron de lo necesario.

De Malta a Roma

11 Después de tres meses embarcamos en una nave alejandrina,
que habría invernado en la isla; y llevaba la insignia de los
Dióscuros. 12 Llegados a Siracusa, permanecimos allí tres días.
13 Desde allí costeando llegamos a Regio, y un día después, soplan-
do el viento sur, llegamos al segundo día a Pozzuoli, 14 donde en-
contramos unos hermanos que nos rogaron que permaneciésemos
con ellos siete días, y así vinimos a Roma. 15 Al tener noticia de
nosotros los hermanos de allí, salieron al encuentro hasta el Foro
de Apio y Tres Tabernas, Pablo, al verlos, dio gracias a Dios y
cobró ánimos.

Primera prisión en Roma

16 Cuando entramos en Roma, le fue permitido a Pablo vivir
solo con el soldado que lo custodiaba. 17 Tres días después convocó
a los principales de los judíos, y una vez reunidos les dijo:

"Yo, hermanos, no habiendo hecho nada contra el pueblo ni
contra las costumbres patrias, desde Jerusalén he sido entregado
preso en manos de los romanos: 18 los cuales después de interrogar-
me, me querían soltar por no haber hallado en mi causa alguna de
muerte. 19 Pero ante la oposición de los judíos me vi obligado a
apelar al César, no porque tuviera en nada que acusar a mi pueblo.
20 Así que por este motivo, he llamado para veros y hablaros, ya
que por la esperanza de Israel, estoy con estas cadenas.

21 Ellos le dijeron: Nosotros ni hemos recibido de Judea cartas
referentes a ti ni ninguno de los hermanos llegados aquí nos ha
comunicado o dicho mal de ti. 22 Sin embargo deseamos oír de ti lo
que piensas, porque de esa secta sabemos que en todas partes halla
contradicción.

Pablo anuncia el Evangelio a los judíos

23 Después de señalarles un día, vinieron en mayor número adonde se hospedaba, a los cuales expuso la doctrina del reino de Dios, dando testimonio y persuadiéndoles acerca de Jesús, desde la mañana hasta la noche, por la Ley de Moisés y de los profetas.
24 Unos creían las cosas que decía, y otros no creían.

25 No hubo acuerdo entre ellos y se fueron retirando cuando Pablo les dijo estas palabras: "Bien habló el Espíritu Santo a nuestros padres por el profeta Isaías, 26 diciendo:

Vete a ese pueblo y dile: Oiréis con vuestros oídos, pero no entenderéis; mirando miraréis, pero no veréis, 27 *porque el corazón de este pueblo se ha embotado; con sus oídos oyen pesadamente; han cerrado los ojos para no ver con ellos, ni oír con los oídos, ni entender con el corazón, no sea que se conviertan y yo los sane"* (Is. 6, 9-10).

28 Tened, pues, por sabido que a los gentiles ha sido transmitida esta salvación de Dios, y ellos oirán.

29 Después de decir esto, los judíos salieron, teniendo entre si gran discusión.
30 Pablo permaneció durante dos años enteros en su propio alojamiento que había alquilado, y recibía a todos los que venían a él,
31 predicando el reino de Dios y enseñando las cosas referentes al Señor Jesucristo con toda valentía y sin ser estorbado.

CARTAS DE SAN PABLO

¿Quién fue San Pablo?

En el libro de los Hechos de los Apóstoles se nos narra, según hemos visto, cómo fue su conversión y cuáles fueron sus viajes apostólicos.

San Pablo era judío, nacido en Tarso de Cilicia, instruido por Gamaliel, famoso rabino (Hech. 22, 3).

Fariseo e hijo de fariseos (Hech. 23, 6).

De la tribu de Benjamín, perseguidor de la Iglesia y blasfemo (Fil. 3, 5; Tim. 1, 13).

Consentidor de la muerte de San Esteban (Hech. 7, 58-60) ciudadano romano (Hech. 22, 27-28).

Saulo, llamado también Pablo, después de su conversión, estaba lleno del Espíritu Santo (Hech. 13, 9)

Fue vaso de elección para llevar el nombre de Dios a los gentiles, a los reyes y a los hijos de Israel... Y luego, convertido de perseguidor en apóstol, predicaba en todas partes con valentía, que Jesús era el Hijo de Dios (Hech. 9).

Sus cualidades morales, intelectuales y carismáticas son admirables. Era hombre vehemente, enérgico e impetuoso, agudo de ingenio, orador fogoso y polemista formidable (Hech. 17, 22-23; 23, 6).

Es conocedor de las Escrituras Santas, escribe Cartas maravillosas. Las que se conservan de él son catorce, y son las que la Iglesia tiene como auténticas y canónicas. Estas son: una a los romanos, dos a los Corintios, una a los Gálatas, una a los Efesios, una a los Filipenses, una a los Colosenses, dos a los Tesalonicenses, dos a Timoteo, una a Tito, una a Filemón y una a los Hebreos.

San Juan Crisóstomo hablando de estas cartas, dijo: "Son minas y fuentes espirituales, que nos proporcionan riquezas más preciosas que el oro".

Veamos ahora el contenido de todas ellas.

CARTA A LOS ROMANOS

San Pablo escribió esta carta desde Corinto a los cristianos de Roma sobre el año 58, y ofreciéndosele una oportunidad de poderles visitar con motivo del viaje misional que tenía proyectado a España (Rom. 15, 24), la presente carta le sirve para ponerse en contacto con ellos y así les avisa de su llegada. El fin de la misma no es otro que predicarles el Evangelio de Cristo para el cual ha sido elegido.

En Roma existía una cristiandad bastante floreciente. He aquí su origen:

Palestina cayó en poder de los romanos el año 63 antes de Cristo, y Pompeyo después de la toma de Jerusalén deportó a Roma muchos judíos, como prisioneros de guerra, y recobrada más tarde la libertad se establecieron allí y ganaron prosélitos a la fe judía y culto de un solo Dios.

Por otra parte, de los Hechos de los Apóstoles (2, 10), deducimos que muchos acudieron a Jerusalén "procedentes de Roma" y entre los tres mil convertidos por San Pedro (Hech. 2, 41) se contaban sin duda algunos de esos "visitantes de Roma", los cuales a su regreso formarían el primer núcleo cristiano.

A San Pedro se le consideraba como el fundador y organizador de la Iglesia romana, el cual, según una antigua tradición y recogida por el historiador Eusebio, San Jerónimo y otros, llegó a Roma en el segundo año del emperador Claudio (42 a. de C.). Mas con San Pedro vemos asociado a Pablo como confundador, dada su estancia en Roma y el influjo ejercido en ella según podemos apreciar por los Hechos y sus mismas Cartas.

San Pablo al enfrentarse con el pueblo pagano, cuya corrupción era grandísima, por estar envuelto en toda clase de pecados, dice que es elegido por Dios para predicarles el Evangelio, del cual no se avergüenza, siendo deudor a griegos y a romanos, a sabios y a ignorantes... y que tanto judíos como gentiles son reos ante Dios por sus pecados, y ninguno podrá justificarse sino por la fe en Jesucristo, y éste es el tema o tesis tan interesante que plantea San Pablo en esta carta y nos revela el misterio de la conversión final de Israel, terminando con otras cuestiones de vida espiritual.

Saludo de San Pablo

1 1 Pablo, siervo de Jesucristo, llamado apóstol, elegido para pre
dicar el Evangelio de Dios, 2 que por sus profetas había anun-
ciado en las Escrituras Santas, 3 acerca de su Hijo (el nacido de la
estirpe de David según la carne, 4 el constituído Hijo de Dios en
poder según el Espíritu de santidad desde la resurrección de los
muertos), Jesucristo nuestro Señor, 5 por quien hemos recibido la
gracia y el apostolado, para conseguir, para gloria de su nombre, la
obediencia de la fe en todos los pueblos, 6 entre los cuales estáis
también vosotros, los llamados de Jesucristo. 7 A todos los que
estáis en Roma, amados de Dios, llamados santos, la gracia y la
paz a vosotros de parte de Dios nuestro Padre y del Señor Jesu-
cristo.

Acción de gracias. Manifiesta su deseo de ir a Roma

8 En primer lugar doy gracias a mi Dios por Jesucristo por
todos vosotros, porque vuestra fe es celebrada en todo el mundo.
9 Testigo me es Dios, a quien sirvo en mi espíritu en el Evangelio
de su Hijo, de que incesantemente os recuerdo, 10 rogando siempre
en mis oraciones, que pueda al fin conseguir algún día por la
voluntad de Dios, ir a vosotros. 11 Pues anhelo veros, para comuni-
caros algún don espiritual, para fortaleceros, 12 esto es, para conso-
larme entre vosotros por la mutua fe, la vuestra y la mía. 13 No
quiero que vosotros ignoréis, hermanos, que muchas veces me he
propuesto ir a vosotros –y he sido impedido hasta ahora– para
lograr algún fruto también entre vosotros. 14 A los griegos y a los
bárbaros, a los sabios y a los ignorantes me debo, 15 por esto en lo
que a mi respecta deseo evangelizaros también a vosotros los que
estáis en Roma.

La salvación por la fe (argumento de la carta)

16 Pues no me avergüenzo del Evangelio, ya que es el poder de
Dios para la salvación de todo el que cree, del judío primero y
también del griego. 17 Porque la justicia de Dios se manifiesta en él
por el paso de la fe a la fe, según está escrito: *"El justo por la fe
vivirá"* (Hab. 2, 4).

Los paganos bajo la cólera divina

18 Se manifiesta en efecto la ira de Dios desde el cielo contra
toda impiedad e injusticia de los hombres que retienen la verdad
con la injusticia, 19 ya que lo cognoscible de Dios es manifiesto
entre ellos, pues Dios se lo manifestó. 20 Porque desde la creación
del mundo, lo invisible de Dios, su eterno poder y su divinidad,
son conocidos por sus obras, de manera que son inexcusables,
21 porque habiendo conocido a Dios no lo glorificaron como a Dios
ni le dieron gracias, sino que se envanecieron en sus razonamien-
tos, y se oscureció su insensato corazón. 22 Jactándose de sabios se
volvieron necios, 23 y cambiaron la gloria del Dios incorruptible en
imágenes que representan al hombre corruptible, aves, cuadrúpe-
dos y reptiles.

Corrupción y castigo del paganismo

24 Por lo cual Dios los entregó a las concupiscencias de sus
corazones, a la impureza, hasta deshonrar sus cuerpos en sí
mismos, 25 los cuales trocaron la verdad de Dios por la mentira, y
adoraron y dieron culto a la criatura en lugar del Creador, el cual
es bendito por los siglos. Amén.

26 Por esto los entregó Dios a pasiones vergonzosas; pues, por
una parte, sus mujeres cambiaron el uso natural por el que es
contra naturaleza. 27 Igualmente, por otra, también los varones,
abandonando el uso natural de la mujer, se abrasaron en la concu-
piscencia de los unos para con los otros, hombres con hombres
cometiendo cosas vergonzosas y recibiendo en sí mismo la debida
recompensa de su extravío.

28 Y como no procuraron tener conocimiento cabal de Dios,
Dios los entregó a una mente depravada para hacer cosas
indebidas, 29 llenos de toda injusticia, malicia, perversidad, codicia,
maldad; rebosantes de odio, de homicidio, de disputas, de engaño,
de malignidad; chismosos, 30 calumniadores, aborrecedores de
Dios, insolentes, altaneros, soberbios, inventores de maldades, des-
obedientes a los padres, 31 insensatos, desleales, sin amor y sin
piedad: 32 los cuales conociendo el justo decreto de Dios, que los
que tales cosas hacen, son dignos de muerte, no solamente las
hacen ellos, sino que también se complacen en quienes las practi-
can.

[1-2] Aquí se nos dice que el Evangelio ya fue anunciado y prometido en el A.T. por los profetas. De nadie se ha escrito la vida antes de nacer, sólo de Jesucristo, pues los profetas hablan de su nacimiento en Belén (Mt. 2, 4-6), y de una Virgen (Mt. 1, 22) y que sufriría mucho (Is. 53) y haría muchos milagros (Lc. 4, 17-18), etc.

[3] *Acerca de su Hijo.* Aquí se afirma el origen divino de Jesucristo, nacido en el tiempo de la estirpe o familia de David *según la carne*. Jesucristo, pues, es Hijo de Dios e hijo de David, o sea, Dios y hombre verdadero.

Dios juzga a los judíos y a los gentiles

2 [1] Por lo cual eres inexcusable, oh hombre,cualquiera que seas
al juzgar; porque en lo que juzgas a otro, a ti mismo te conde-
nas, ya que haces tú las mismas cosas que juzgas. [2] Pues sabemos
que el juicio de Dios contra los que tales cosas hacen es conforme
a la verdad. [3] ¿Y piensas, oh hombre, que escaparás al juicio de
Dios ya que juzgas a los que tales cosas hacen? [4] ¿O desprecias las
riquezas de su bondad, paciencia y longanimidad, ignorando que la
bondad de Dios te induce a penitencia?

[5] Pues conforme a tu dureza e impenitente corazón vas ateso-
rando en ti mismo ira para el día de la ira y de la revelación del
justo juicio de Dios, [6] el cual *"dará a cada uno el pago según sus
obras"* (Sal. 62, 13; Prov. 24, 12): [7] la vida eterna a los que me-
diante la perseverancia en las buenas obras, buscan la gloria, el
honor y la incorrupción; [8] mas a los contumaces y a los que no
obedecen a la verdad y no son dóciles a la justicia, la ira y la
indignación. [9] Tribulación y angustia para toda alma humana que
obra el mal, así judío primeramente, como gentil; [10] gloria, en cam-
bio, y honor y paz a todo el que obra el bien, ya judío en primer
lugar, ya griego, [11] pues ante Dios no hay acepción de personas.

La ley de los gentiles

[12] Todos los que, en realidad, pecaron sin Ley, sin Ley también
pereceran; y cuantos pecaron bajo Ley, según la Ley serán
juzgados. [13] Porque no los que oyen la Ley son justos ante Dios,
sino los cumplidores de la Ley serán justificados. [14] pues cuando
los gentiles que no tienen Ley, practican por naturaleza las cosas
de la Ley estos no teniendo Ley, son Ley para sí mismos, [15] los
cuales muestran la obra de la Ley escrita en sus corazones, siendo
testigo su conciencia y los razonamientos que entre sí los acusan o

defienden mutuamente, [16] como se verá en el día que juzgue Dios los secretos de los hombres, según mi evangelio, por Jesucristo.

Los judíos que violan la Ley, tienen mayor culpa

[25] Mas si tú te llamas judío y confías en la Ley y te glorías en Dios, [18] y conoces Su voluntad y sabes discernir lo mejor, instruído por la Ley [19] y presumes ser tú mismo guía de ciegos, luz de los que están en tinieblas, [20] educador de ignorantes, maestro de niños, teniendo en la Ley la norma de la ciencia y la verdad; [21] tú, pues, que enseñas a otros, ¿cómo no te enseñas a ti mismo? Tú, que predicas que no se ha de robar, robas? [22] Tú, que dices que no se ha de adulterar, cometes adulterio? Tú que abominas de los ídolos, te apropias de cosas sagradas [23] tú que te glorías en la Ley, por la transgresión de la Ley deshonras a Dios! [24] Porque *"el nombre de Dios por causa vuestra es blasfemado entre las gentes"*, según está escrito (Is. 52, 5; Ez. 36, 20).

La verdadera circuncisión es la del corazón (2, 25-29)

[25] La circuncisión ciertamente aprovecha si cumples la Ley; pero si eres transgresor de la Ley, tu circuncisión se convierte en incircuncisión. [26] Si, pues, la incircuncisión *(los incircuncisos)* guardan los preceptos de la Ley, no será reputada su incircuncisión por circuncisión? [27] Y el incircunciso, por naturaleza, que cumple la Ley, te juzgará a ti transgresor de la Ley por la letra y la circuncisión; [28] porque no es judío el que lo es exteriormente, ni es circuncisión lo que aparece exteriormente en la carne; [29] sino que es judío el que lo es en el interior y la verdadera circuncisión es la del corazón según el espíritu, no según la letra, cuya alabanza no es de los hombres sino de Dios.

[12] Los que *sin ley* pecaron (como son los gentiles que no tenían *ley escrita*) sin ley perecerán, y cuantos *con ley* pecaron (como eran los judíos que tenían ley escrita, en la Biblia) por ella serán juzgados.

[14-15] San Pablo reconoce la ley escrita en la conciencia de cada hombre.

Privilegios y prevaricaciones de los judíos

3 [1] ¿Cuál es, pues, la ventaja del judío o cuál es la utilidad de la circuncisión? [2] Grande, de todas las maneras. En primer lugar porque le fueron confiados los oráculos de Dios. [3] Pues, ¿qué ven-

taja si algunos de ellos fueron incrédulos? ¿Acaso la incredulidad
de ellos anulará la fidelidad de Dios? 4 ¡Nunca jamás! Pues, es ne-
cesario reconocer que Dios es veraz y todo hombre mentiroso,
según está escrito: *Para que seas justificado en tus palabras y*
triunfes cuando fueres juzgado (Sal. 51, 6).
5 ¿Y si nuestra injusticia hace resaltar la justicia de Dios, qué
diremos? ¿Acaso es injusto Dios al descargar su ira? Hablo según
criterio humano. 6 ¡De ninguna manera! Porque de otro modo,
¿cómo juzgará Dios al mundo? 7 Pues, si la verdad de Dios redun-
da con mi mentira en mayor gloria suya, por qué ahora voy a ser
condenado como pecador? 8 Y entonces, por qué –se nos calumnia
y como afirman algunos que decimos nosotros– ¿no hemos de
hacer el mal para que venga el bien? La condenación de estos es
justa.

Todos, judíos y gentiles, son reos de pecado

9 ¿Qué decir, pues? ¿Los aventajamos? No en todo. Pues he-
mos probado antes que todos los judíos como los gentiles están
bajo pecado, 10 como está escrito, que:
"No hay justo, ni siquiera uno, 11 no hay quién entienda, no
hay quién busque a Dios, 12 todos se extraviaron, todos se co-
rrompieron. No hay quién haga el bien, no hay ni uno siquie-
ra" (Sal. 14, 1-3).
13 *"Sepulcro abierto es su garganta, con sus lenguas urdie-*
ron engaños, hay veneno de áspides bajo sus labios" (Sal. 5,
10; 140,4).
14 *"Su boca está llena de maldición y amargura"* (Sal. 10,7)
15 *"Veloces son sus pies para derramar sangre, 16 ruina e*
infelicidad en sus caminos 17 y no conocieron el camino de la
paz" (Is. 59, 7-8).
18 *"No hay temor de Dios ante sus ojos"* (Sal. 36, 2).
19 Ahora bien, sabemos que cuantas cosas dice la Ley, las dice
para los que están bajo la Ley, para que toda boca enmudezca y el
mundo entero esté sometido al juicio de Dios. 20 Porque por las
obras de la Ley "no será justificado mortal alguno delante de El"
(Sal. 143, 2); pues por la Ley tenemos el conocimiento del pecado.

La justificación por la fe

[21] Mas ahora sin la Ley se ha manifestado la justicia de Dios,
atestiguada por la Ley y los Profetas, [22] pero la justicia de Dios por
la fe en Jesucristo para todos y sobre todos los que creen. No hay,
en efecto, distinción, [23] porque todos pecaron y están privados de la
gloria de Dios, [24] siendo ahora justificados gratuitamente por su
gracia, mediante la redención, la de Cristo Jesús, [25] a quien Dios
propuso como propiciación, mediante la fe en su sangre, para ma-
nifestación de su justicia a causa de la tolerancia de los pecados
pasados, [26] en la paciencia de Dios; para la manifestación de su
justicia en el tiempo presente a fin de mostrar que El es justo y es
quien justifica al que tiene fe en Jesús.

La Ley de las obras sustituida por la Ley de la fe

[27] ¿Dónde, pues, está la jactancia? Ha sido excluída. ¿Por qué
Ley? ¿La de las obras? No, sino por la Ley de la fe. [28] Decimos,
pues, con razón que el hombre es justificado por la fe sin las obras
de la Ley. [29] ¿O es que Dios es solamente Dios de los judíos? ¿No
lo es también de los gentiles? Sí, también de los gentiles: [30] porque
ciertamente uno es el Dios que justificará la circuncisión por la fe
y la incircuncisión también por la fe. [31] ¿Acaso, pues, anulamos la
Ley por medio de la fe? ¡De ninguna manera! Antes bien, confir-
mamos la Ley.

[12] *No hay ni una solo...* Este y los demás textos similares son aplicables a judíos y gentiles en tiempo de Jesucristo, pero no se pueden aplicar en sentido bíblico al cristiano que vive (o procura vivir) la gracia de Dios...

La justificación de Abraham

4 [1] ¿Qué diremos, pues, que obtuvo Abraham nuestro padre se-
gún la carne? [2] Porque si Abraham fue justificado en virtud de
las obras de la Ley, tiene qué gloriarse, pero no ante Dios. [3] ¿Qué
dice, pues, la Escritura?: *"Creyó Abraham a Dios y le fue compu-
tado a justicia"* (Gén. 15, 6). [4] Ahora bien, al que trabaja no se le
abona el jornal como gracia, sino como deuda; [5] en cambio, al que
no trabaja, pero cree en el que justifica al impío, su fe le es compu-
tada a justicia. [6] Como también David llama bienaventurado al
hombre a quien Dios imputa la justicia sin las obras:

[7] *"Bienaventurados aquellos a quienes fueron perdonadas las iniquidades y cuyos pecados fueron cubiertos.* [8] *Bienaventurado el hombre a quien el Señor no tomará a cuenta el pecado"* (Sal. 32, 1-2)

La circuncisión, señal de la justicia por la fe

[9] Esta bienaventuranza, por consiguiente, ¿es para los circuncisos o también para los incircuncisos? [10] Porque decimos que *"a Abraham le fue computada la fe por justicia"*. ¿Cómo pues, le fue computada? ¿En el estado de la circuncisión, o antes en el de la incircuncisión? No en el de la circuncisión, sino en el de la incircuncisión. [11] Y recibió la señal de la circuncisión como sello de la justicia de la fe, obtenida antes en la incircuncisión, a fin de ser él padre de todos los que creyesen no circuncidados, para que también a ellos se les imputase la justicia, [12] y padre de los circuncidados, pero no solo de los que están circuncidados, sino de los que siguen también las huellas de la fe de nuestro padre Abraham, cuando era incircunciso.

La promesa de Abraham

[13] En efecto, a Abraham y a su descendencia no por la Ley le fue hecha la promesa de ser él el heredero del mundo, sino por la justicia que viene de la fe. [14] Porque si los hijos de la Ley son los herederos, es vana la fe y anulada queda la promesa. [15] En realidad, la Ley produce ira, porque donde no hay Ley no hay transgresión. [16] Por esto la justicia viene de la fe, para que sea por gracia, a fin de que sea firme la promesa a toda la descendencia, no solo a la que es por la Ley, sino también a la que es por la fe de Abraham, el cual es padre de todos nosotros, [17] : –según está escrito, que *"padre de muchas gentes te he constituido"* (Gén. 17, 5)–, en presencia de Aquel a quien creyó: Dios que da la vida a los muertos y llama a las cosas no existentes como si existieran.

Fe de Abraham que espera contra toda esperanza

[18] El cual, apoyado en la esperanza, creyó contra toda esperanza, que él llegaría a ser padre de muchas gentes, según el dicho: *"Así será tu descendencia"* (Gén. 15, 5); [19] y no se debilitó su fe considerando que su cuerpo estaba ya sin vigor al tener casi cien

años, y que el seno de Sara estaba ya como muerto. [20] Y ante la promesa de Dios no vaciló con incredulidad, sino que fue fortalecido en la fe, dando gloria a Dios, [21] estando bien convencido de que El es poderoso para cumplir lo que ha prometido, [22] por lo cual le fue también computado a justicia.

Conclusión: nuestra justificación por la fe

[23] Y no fue escrito por él solamente que "le fue computado", [24] sino también por nosotros, a quienes se ha de imputar; a los que creemos en el que resucitó a Jesús nuestro Señor de entre los muertos, [25] el cual *fue entregado por nuestros pecados* (Is. 53, 5) y fue resucitado por nuestra justificación.

Abraham se justificó por *la fe en la palabra o promesa de Dios*, no por la ley. La promesa hecha a Abraham tuvo lugar 430 años antes que Dios diese la ley por medio de Moisés, y por tanto no pudo justificarse por la ley.

Frutos de la justificación por la fe

5 [1] Justificados, pues, por la fe, tengamos nosotros paz con Dios por nuestro Señor Jesucristo, [2] por medio del cual hemos obtenido también, en virtud de la fe, el acceso a esta gracia en que nos mantenemos y nos gloriamos en la esperanza de la gloria de Dios. [3] Y no solo esto, sino que nos gloriamos también en las tribulaciones, sabiendo que la tribulación produce la paciencia: [4] y la paciencia, la prueba; y la prueba, la esperanza, [5] y la esperanza no nos deja confundidos, porque el amor de Dios se ha derramado en nuestros corazones por el Espíritu Santo que nos ha sido dado. [6] Pues, Cristo, cuando aun éramos nosostros débiles, en el tiempo ya establecido, murió por los impíos. [7] En realidad, apenas habrá quien muera por un justo, por otra parte, por uno bueno pudiera haber quien se atreviera a morir; [8] mas Dios mostró su amor para con nosotros, en que siendo aún pecadores, Cristo murió por nosotros.

[9] Con mucha más razón, pues, justificados, ahora por su sangre, seremos salvados de la ira por El. [10] Porque si, siendo enemigos, fuimos reconciliados con Dios, por medio de la muerte de su Hijo; mucho más una vez reconciliados, seremos salvos por su vida, [11] y no solo reconciliados, sino que también nos gloriamos en

Dios por nuestro Señor Jesucristo, por medio del cual ahora recibi-
mos la reconciliación.

La obra de Adán y la de Jesucristo

12 Por tanto, así como por un hombre entró el pecado en el
mundo y por el pecado la muerte, y así la muerte pasó a todos los
hombres, porque todos pecaron *(en Adán)*. 13 Pues ya anteriormente
a la Ley estaba el pecado en el mundo; mas el pecado no se imputa
no existiendo la Ley; 14 sin embargo la muerte reinó desde Adán
hasta Moisés, aun sobre aquellos que no habían pecado a la seme-
janza de la transgresión de Adán, que es figura del que había de
venir.

15 Pero no como fue el delito, así fue también el don; porque si
debido al delito de uno solo todos murieron, mucho más la gracia
de Dios y el don por la gracia de un solo hombre, Jesucristo,
sobreabundó en todos.

16 Y no ya como fue el delito por uno que pecó, así fue el don,
porque el juicio ciertamente trae origen de uno solo para condena-
ción y el don lo trae de los delitos de muchos para justificación.

17 Si, pues, por el delito de uno solo, la muerte reinó por culpa
de este solo, mucho más los que reciben la sobreabundancia de la
gracia y del don de la justicia, reinarán en la vida por uno solo,
Jesucristo. 18 así pues, como por el delito de uno solo el juicio vino
sobre todos los hombres para condenación, así también por la justi-
cia de uno solo viene la gracia de la vida. 19 Porque como por la
desobediencia de un solo hombre fueron constituidos pecadores
todos, así también por la obediencia de uno solo fueron todos
constituidos justos.

12 Aquí se nos demuestra la existencia del pecado original. "Por un hombre (por Adán) entró el pecado en el mundo y por el pecado la muerte, y así ésta pasó a *todos* los hombres, porque *todos* pecaron en Adán, y como *Adán* es principio y causa de nuestro pecado y de nuestra muerte, así *Cristo* es principio y causa de nuestra redención y de nuestra vida eterna.

El bautismo como nueva vida

6 1 ¿Qué diremos, pues? ¿Permaneceremos en el pecado para que
abunde la gracia? 2 ¡Nunca jamás! Los que hemos muerto al pe-
cado, ¿cómo viviremos todavía en él? 3 ¿O ignoráis que cuantos

fuimos bautizados en Cristo Jesús, fuimos bautizados en su
muerte? 4 Fuimos, pues, sepultados juntamente con El por medio
del bautismo en orden a la muerte, para que como Cristo fue resu-
citado de entre los muertos por la gloria del Padre, así también
nosotros caminaremos en nueva vida.

5 Pues, si hemos llegado a ser un mismo crecimiento de vida
con El por una muerte semejante a la suya, también lo seremos por
una resurrección parecida. 6 Nosotros conocedores de esto, que
nuestro hombre viejo fue crucificado con El para que el cuerpo del
pecado sea destruido, a fin de que no seamos esclavos del pecado,
7 pues, el que muere queda absuelto del pecado, 8 y si morimos con
Cristo, creemos que también viviremos con El; 9 sabiendo que
Cristo resucitado de entre los muertos no muere; la muerte ya no
tiene dominio sobre El. 10 En realidad, lo que murió en El, murió al
pecado de una vez para siempre, mas lo que vive, vive para Dios,
11 Así también vosotros consideraos muertos al pecado, pero vivos
para Dios en Cristo Jesús.

El servicio del pecado y el de Dios

12 No reine, pues, el pecado en vuestro cuerpo mortal, de modo
que obedezcáis a vuestras concupiscencias. 13 Ni entreguéis vues-
tros miembros como armas de justicia a Dios, 14 pues, el pecado no
tendrá dominio sobre vosotros, porque no estáis bajo la Ley sino
bajo la gracia.

15 ¿Pues, qué? ¿Pecaremos porque no estamos bajo la Ley sino
bajo la gracia? ¡Eso jamás! 16 ¿No sabéis que a quien os entregáis
como esclavos para obedecerle sois esclavos de aquel a quien obe-
decéis, sea del pecado para la muerte, sea de la obediencia para la
justicia? 17 Pero gracias sean dadas a Dios que después de haber
sido esclavos del pecado, obedecísteis de corazón la norma de
doctrina en la cual habéis sido instruidos, 18 y hechos libres del
pecado, vinistéis a ser siervos de la justicia.

19 Hablo según los términos corrientes de los hombres a causa
de la debilidad de vuestra carne, porque lo mismo que entregásteis
vuestros miembros como esclavos a la impureza y a la iniquidad
para la iniquidad, así ahora entregad vuestros miembros como sier-
vos a la justicia para la santificación. 20 Pues cuando erais esclavos
del pecado estábais libres respecto de la justicia. 21 ¿Qué frutos, por

tanto, lograbáis entonces? Aquellos de que ahora os avergonzáis,
porque su fin es la muerte. 22 Mas ahora, libres del pecado, y sier-
vos de Dios, tenéis vuestro fruto en la santificación y como fin la
vida eterna; 23 porque la paga del pecado es la muerte, mas el don
de Dios es la vida eterna en Cristo Jesús, Señor nuestro.

1-11 Un cristiano debe morir (renunciar) al pecado para siempre, y él empieza a morir al pecado o separarse de él por el bautismo. "Bautizar" es igual a "sumergir", de aquí que el bautizado solía sumergir su cabeza en el agua y cubierta con ella se le sacaba inmediatamente. Con esto entendemos el significado del apóstol. El que se bautiza entra en el agua como en un sepulcro y en ella se sepulta "el hombre viejo", el hombre de pecado, saliendo luego "el hombre nuevo", provisto de una nueva vida imitando en esto la resurrección de Cristo, que sale vivo de la tumba "para nunca más morir".

Los cristianos libres de la Ley de Moisés

7 1 ¿O ignoráis, hermanos —pues hablo a los que conocen la
Ley– que la Ley tiene dominio sobre el hombre mientras que
vive? 2 Porque la mujer casada, viviendo el marido, está atada por
la Ley al marido mientras este vive; pero si muere el marido,
queda desligada de la Ley del marido. 3 Por consiguiente, viviendo
el marido, será llamada adúltera, si se uniera a otro hombre; mas si
muriese el marido, libre es de esa ley, de suerte que no es adúltera
si llega a ser de otro hombre. 4 Así que, hermanos míos, también
vosotros habéis muerto a la Ley por el cuerpo de Cristo a fin de
pertenecer a otro, al resucitado de entre los muertos, para que lle-
vemos frutos para Dios. 5 Pues, cuando estábamos en la carne, las
pasiones de los pecados, por medio de la Ley, obraban en nuestros
miembros, para producir frutos de muerte. 6 Mas ahora estamos
desligados de la Ley de muerte a la cual estábamos sujetos, a fin de
que sirvamos en la novedad del espíritu y no en la letra vieja.

La Ley, ocasión de pecado

7 ¿Qué diremos, pues? ¿La Ley es pecado? ¡De ninguna mane-
ra! Pero yo no conocí el pecado sino por la Ley, y, en efecto, ni
conocería la concupiscencia si la Ley no dijera: *No codiciarás* (Ex.
20, 17). 8 Mas el pecado tomando ocasión del mandamiento obró
en mí toda concupiscencia, pues el pecado sin la Ley está muerto.
9 Y Yo vivía en un tiempo sin Ley; pero al venir el mandamiento el

pecado revivió, 10 y yo quedé muerto y me resultó que el mismo mandamiento dado para la vida, fue para muerte; 11 porque el pecado, tomando ocasión del mandamiento, me sedujo y por él me mató. 12 Así que la Ley es santa y el mandamiento es santo, justo y bueno. 13 ¿Luego lo que es bueno ha sido muerte para mí? Nada de eso. Pero el pecado, para mostrar toda su malicia, por lo bueno me causó la muerte, a fin de que el pecado viniese a ser pecaminoso hasta el exceso por el mandamiento.

Oposición entre la carne y el espíritu

14 Sabemos, en realidad, que la Ley es espiritual, mas yo soy carnal, vendido por esclavo al pecado. 15 Porque no entiendo lo que hago; pues, no practico lo que quiero, sino que lo que odio es lo que hago; 16 y si lo que no quiero, eso es lo que hago, reconozco que la ley es buena. 17 Pero ahora no soy yo el que obra, sino el pecado que habita en mí. 18 Porque sé que no habita en mí –esto es, en mi carne– cosa buena; pues, el querer está en mí, pero reconozco que no el obrar lo bueno; 19 pues, no hago el bien que quiero, sino el mal que no quiero, eso es lo que hago. 20 Y si lo que no quiero yo, eso es lo que hago, ya no soy yo el que lo hace, sino el pecado que habita en mí.

21 Hallo, pues, esta ley al querer yo hacer el bien: que el mal se me pone delante, 22 porque me complazco en la Ley de Dios según el hombre interior; 23 pero veo otra ley en mis miembros que guerrea contra la ley de mi razón y me esclaviza a la ley del pecado que está en mis miembros. 24 ¡Desdichado de mí! ¿Quién me librará de este cuerpo de muerte? 25 Gracias sean dadas a Dios por Jesucristo nuestro Señor. Así que yo mismo con la razón sirvo a la Ley de Dios, pero con la carne a la ley del pecado.

La vida espiritual

8 1 ¡Nada hay, pues, ahora de condenación para aquellos que están en Cristo Jesús (los cuales no andan según la carne, sino según el espíritu). 2 Porque la ley del espíritu de vida en Cristo Jesús, me libró de la ley del pecado y de la muerte. 3 En efecto, lo que era imposible a la Ley, por cuanto estaba debilitada a causa de la carne, Dios lo realizó enviando a su propio Hijo en carne semejante a la del pecado en la carne, 4 para que lo establecido por la

Ley se cumpliese en nosotros los que andamos no según la carne,
sino según el espíritu. 5 Pues los que son según la carne, piensan en
las cosas carnales; mas los que viven según el espíritu, en las
espirituales; 6 el apetito de la carne es muerte, pero el apetito del
espíritu es vida y paz. 7 Por lo cual, el sentir de la carne es enemigo
para con Dios, porque no se somete a la Ley de Dios, ni puede en
realidad someterse. 8 Los que viven, pues, según la carne, no pue-
den agradar a Dios; 9 pero vosotros no vivís según la carne, sino
según el espíritu, si es que el Espíritu de Dios habita en vosotros;
pues si alguno no tiene el Espíritu, este no es de El. 10 Y si Cristo
está en vosotros, el cuerpo ciertamente está muerto por el pecado,
mas el espíritu vive por la justicia. 11 Y si el Espíritu, del que
resucitó a Jesús de entre los muertos, habita en vosotros, el que
resucitó a Cristo Jesús de entre los muertos vivificará también
vuestros cuerpos mortales por obra de su Espíritu que habita en
vosotros. 12 Así pues, hermanos, somos deudores, no a la carne
para vivir según la carne, sino al Espíritu, 13 porque si vivís según
la carne, moriréis; mas si conforme al espíritu dais muerte a las
obras del cuerpo viviréis.

El cristiano es hijo de Dios

14 En efecto, cuantos son guíados por el Espíritu de Dios, estos
son hijos de Dios, 15 porque no recibisteis el espíritu de esclavitud
para recaer de nuevo en el temor, sino que recibísteis el espíritu de
adopción de hijos con el cual clamamos ¡Abba! ¡Padre! 16 El mis-
mo Espíritu da testimonio juntamente con nuestro espíritu que so-
mos hijos de Dios. 17 Y, si hijos, también herederos: herederos de
Dios, coherederos de Cristo, si es que padecemos juntamente con
El, para ser también juntamente glorificados.

Esperanza de los hijos de Dios y de toda la creación

18 Estimo, en efecto, que los padecimientos del tiempo presen-
te no son dignos de ser comparados con la gloria que ha de mani-
festarse en nosotros; 19 porque el anhelo vehemente de la creación
está aguardando la revelación de los hijos de Dios, 20 ya que la
creación fue sometida a la vanidad, no por su voluntad, sino por el
que la sometió, con la esperanza 21 de que la creación será librada
de la esclavitud de la corrupción para ser admitida a la libertad de
la gloria de los hijos de Dios.

22 Sabemos, efectivamente, que toda la creación gime y está en
dolores de parto hasta el momento presente, 23 y no solo ella, sino
también nosotros que tenemos las primicias del Espíritu, gemimos
dentro de nosotros mismos esperando la adopción filial, la reden-
ción de nuestro cuerpo, 24 porque en la esperanza fuimos salvados;
mas la esperanza que se ve no es esperanza, porque lo que uno ve,
¿cómo puede esperarlo? 25 Pero si esperamos lo que no vemos, en
paciencia lo aguardamos.

La ayuda del Espíritu Santo y la predestinación

26 Igualmente también el Espíritu viene en ayuda de nuestra
flaqueza, porque no sabemos qué orar, según conviene; pero el
mismo Espíritu intercede por nosotros con gemidos inefables. 27 Y
El que escudriña los corazones sabe cuál es el pensamiento del
Espíritu, porque intercede según Dios en favor de los santos.
28 Y sabemos que todas las cosas concurren al bien de los que
aman a Dios, de los que han sido llamados según su designio.
29 Porque aquellos que de antemano conoció, también los predesti-
nó a ser conformes con la imagen de su Hijo, para que El sea el
primogénito entre muchos hermanos; 30 y a los que predestinó, a
esos también llamó; y a los que llamó, a esos también justificó; y a
los que justificó, a esos también los glorificó.

Seguridad de la salvación

31 ¿Qué diremos, pues, a esto? Si Dios está por nosotros,
¿quién contra nosotros? 32 El que aun a su propio Hijo no perdonó.
sino que lo entregó por todos nosotros, ¿cómo no nos dará gratuita-
mente con El todas las cosas? 33 ¿Quien levantará acusación contra
los hijos de Dios? siendo Dios quien justifica, 34 ¿quién será el que
condena? ¿Cristo Jesús, el que murió, el resucitado, el que está a la
diestra de Dios, y el que intercede por nosotros?
35 ¿Quién nos separará del amor de Cristo? ¿La tribulación o
angustia, la persecución o el hambre o la desnudez o el peligro o la
espada? 36 Según está escrito que: *"Por tu causa somos entregados
a la muerte todo el día, somos considerados como ovejas destina-
das al matadero"* (sal. 44, 23).
37 Pero en todas estas cosas salimos triunfadores por medio de
Aquel que nos amó. 38 Porque estoy persuadido que ni la muerte, ni

la vida, ni los ángeles, ni los principados ni las cosas presentes ni las futuras ni las potestades, [39] ni la altura ni la profundidad ni otra criatura alguna podrá separarnos del amor de Dios que está en Cristo Jesús nuestro Señor.

[1] *Nada de condenación.* El hombre renovado en Cristo, esto es, hecho cristiano por el bautismo, queda libre de todo motivo de condenación.

[18] No nos inquietemos por un poco de dolor, porque los sufrimientos presentes no son nada en comparación de la gran gloria que nos espera

EL DESTINO DE ISRAEL

Sentimientos de San Pablo por los judíos

9 [1] Digo la verdad en Cristo, no miento, y conmigo da testimonio mi conducta en el Espíritu Santo, [2] de que es grande mi tristeza y continuo el dolor de mi corazón, [3] pues, desearía yo mismo ser anatema con Cristo en favor de mis hermanos, connaturales míos según la carne, [4] que son los israelitas, de quienes es la adopción filial y la gloria y las alianzas y la entrega de la Ley y el culto y las promesas, [5] de quienes son también los patriarcas y de los que procede en cuanto a la carne Cristo, el que está por encima de todas las cosas, Dios bendito por los siglos. Amén.

La libertad de la conducta divina. Fidelidad de Dios

[6] Y no es que haya caído ya en el vacío la palabra de Dios, porque no todos los descendientes de Israel, esos son Israel; [7] ni porque son descendencia de Abraham, todos son hijos, sino que "*por Isaac será llamada tu descendencia*" (Gén. 21, 12).

[8] Esto es, no los hijos de la carne son los hijos de Dios, sino los hijos de la promesa son tenidos como descendencia, [9] porque esta fue la palabra de la promesa: "*Por este tiempo vendrá y Sara tendrá un hijo*" (Gén. 18, 10 y 14). [10] Y no solo este caso sino también el de Rebeca, que concibió de uno solo, Isaac nuestro padre, [11] pues cuando todavía no habían nacido sus dos hijos gemelos, ni hecho cosa buena o mala (para que el designio de Dios permaneciese conforme a su elección, [12] no en virtud de obras, sino de aquel que llama) fue dicho a ella que "*el mayor servirá al menor*" (Gén. 25, 23), [13] según está escrito: "*Amé a Jacob y odié a Esaú*" (Mal. 1, 2-3).

En Dios no hay injusticia

[14] ¿Qué diremos pues? ¿Acaso hay injusticia en Dios? De ninguna manera, [15] Pues a Moisés le dice: *"Tendré misericordia de quien tenga misericordia, y me apiadaré de quien se apiade"* (Ex. 33, 19). [16] Por consiguiente, no es obra del que quiere ni del que corre, sino de Dios que tiene misericordia. [17] Pues, dice la Escritura a Faraón, porque *"Para esto te ensalcé, a fin de mostrar en ti mi poder y para que mi nombre sea anunciado en toda la tierra"* (Ex. 9, 16). [18] así pues, tiene misericordia de quien quiere y a quien quiere endurece.

Objeción absurda

[19] Me dirás, por tanto: Entonces, ¿por qué reprende? Porque a su voluntad, ¿quién puede resistir? [20] ¡Oh hombre! En todo caso, ¿quién eres tú para pedir cuenta a Dios? ¿Acaso dice el vaso al que lo modeló: ¿Por qué me hiciste así? [21] ¿O es que el alfarero no tiene poder sobre el barro, para hacer de una misma masa un vaso para honor y otro para uso vil?

[22] ¿Que tienes tú que decir en contra, si Dios, queriendo manifestar su ira y dar a conocer su poder, soportó con gran paciencia los vasos de ira preparados para la perdición, [23] y obró así para dar a conocer la riqueza de su gloria sobre los vasos de misericordia que El predispuso para gloria, [24] a saber, nosotros, a los cuales El llamó, no solo de entre los judíos sino también de entre los gentiles?

Reprobación de los justos

[25] Dios dice también según se lee en Oseas:

> *"Llamaré al que no es mi pueblo, pueblo mío, y a la no amada, amada.* [26] *Y acontecerá en el lugar donde les fue dicho: 'Vosotros no sois mi pueblo', allí serán llamados hijos del Dios vivo"* (Os. 2, 25; 1, 10).

> [27] E Isaías clama sobre Israel: *"Aunque fuera el número de los hijos de Israel como la arena del mar, sólo un resto será salvo;* [28] *porque el Señor, completamente y sin tardanza, ejecutará su palabra sobre la tierra"* (Is. 10, 22-23).

> [29] Y ya el mismo Isaías había predicho:

"Si el Señor de los ejércitos no nos hubiera dejado una descendencia, hubiéramos venido a ser como Sodoma, y a Gomorra nos hubiéramos asemejado" (Is. 1, 9).

La culpa de Israel y su extravío

30 ¿Qué diremos, pues? Que los gentiles, los que no perseguían
la justicia, alcanzaron la justicia, y la justicia que es por la fe;
31 mas Israel persiguiendo la Ley de la justicia, no llegó por el
camino de la fe, sino por el de las obras como si por ellas pudiera
alcanzarla. De este modo tropezaron en la piedra del tropiezo,
32 como está escrito:

"He aquí que pongo en Sión una piedra de tropiezo y una piedra de escándalo; y el que creyere en El no será confundido" (Is. 8, 14; 28, 16).

Los cap. 9, 10 y 11 plantean el problema teológico referente al pueblo de Israel, y vienen a responder a la pregunta "por qué fue desechado este pueblo" a pesar de las bendiciones y promesas que le fueron dadas..., más la reprobación de Israel no es total ni absoluta ni será perpetua.

Explicación de la culpabilidad de Israel

10 1 Hermanos, el buen deseo de mi corazón y la súplica que
dirijo a Dios es en favor de ellos, para su salvación. 2 Yo, en
efecto, doy testimonio de que ellos tienen celo por Dios, pero no
según el debido conocimiento, 3 pues no reconociendo la justicia
de Dios no se sometieron, 4 que el fin de la Ley es Cristo para
justificación de todo el que cree.

La justicia de la Ley y la que viene de la fe

5 Moisés, en verdad, escribe de la justicia que viene de la Ley
que *"el hombre que la practica vivirá en ella"* (Lev. 18, 5). 6 Mas
la justicia, que viene de la fe, habla así: *No digas a tu corazón,
¿quién subirá al cielo?* esto es, para hacer bajar a Cristo; 7 o,
¿quién descenderá al abismo? Esto es, para hacer subir a Cristo de
entre los muertos. 8 Pero, ¿qué dice la Escritura: *"La palabra está
cerca de ti, en tu boca en tu corazón"*, eso es, la palabra de la fe
que predicamos (Deut. 30, 12-14).
9 Porque si confesares con tu boca al Señor Jesús y creyeres en

tu corazón que Dios lo resucitó de entre los muertos, serás salvo.
10 Con el corazón, en efecto se cree para la justicia y con la boca se
confiesa la fe para la salvación, 11 pues dice la Escritura: *"Todo el
que cree en El no será confundido"* (Is. 28, 16), 12 puesto que no
hay distinción entre el judío y el griego, porque Jesús es el mismo
Señor de todos, rico para todos los que lo invocan. 13 Por tanto,
"todo el que invocare el nombre del Señor, será salvo" (Joel, 2,
32).

Los judíos no tienen disculpa, porque oyendo la predicación del Evangelio, no creen

14 Ahora bien, ¿cómo invocarán a Aquel en quien no creyeron?
Y, ¿cómo creerán si nada oyeron de El? Y, ¿cómo oirán si nadie
les predica? 15 Y, ¿cómo predicarán si no fueron enviados? Según
está escrito: *"¡Cuán hermosos son los pies de los que anuncian el
bien!"* (Is. 52, 7). 16 Pero no todos prestaron oído al Evangelio,
porque Isaías dice: *Señor, ¿quién creyó a nuestra predicación?* (Is.
53, 1). 17 Por consiguiente, la fe proviene de la predicación, y la
predicación por la palabra de Cristo.

18 Pero digo: ¿Acaso no oyeron? Sí, ciertamente: *Por toda la
tierra se extendió su voz y hasta los confines del mundo habitado
llegaron sus palabras.* (Sal. 19, 5).

19 Pero digo además: ¿Acaso Israel no conoció? Moisés, el
primero dice:

> *"Yo os provocaré a celos de uno que no es mi pueblo y contra un pueblo insensato os enfureceré"* (Deut. 32, 21).

20 E Isaías se atreve a decir:

> *"Fui hallado por los que no me buscaban; llegué a ser manifiesto de los que no preguntaban por mí"* (Is. 65,1). 21 Pero a
> Israel dice:
>
> *"Todo el día extendí mis manos a un pueblo incrédulo y rebelde"* (Is. 65, 2).

La reprobación de Israel no es total

11 1 Digo, por tanto: ¿Ha rechazado Dios a su pueblo? (Sal. 94,
14). De ninguna manera. Porque también yo soy israelita, de
la descendencia de Abraham, de la tribu de Benjamín. 2 No rechazó
Dios a su pueblo a quien de antemano conoció. ¿O, no sabéis lo

que dice la Escritura "en Elías", cómo éste interviene contra
Israel? 3 *"Señor, han dado muerte a tus profetas, derribaron sus*
altares y quedé yo solo y acechan a mi vida" (1 Rey. 19, 10).

4 Pero, ¿qué le dice la revelación divina?: *"Me reservé siete*
mil hombres, los cuales no doblaron su rodilla ante Baal" (1 Rey.
19, 18). 5 Pues, así también en el tiempo presente ha sido reservado
un resto en virtud de una elección gratuita. 6 Y si es por gracia, no
es por obras, de otro modo la gracia no sería gracia. 7 Luego, ¿qué?
Que lo que busca Israel, eso no lo alcanzó, mientras que los elegi-
dos lo consiguieron y los demás fueron endurecidos. 8 Como está
escrito:

"Dióles Dios un espíritu de adormecimiento, ojos para no ver y oídos para no oír, hasta el día de hoy" (Is. 29, 10).

9 Y David dice:
"Conviértase su mesa en lazo y en trampa y en escándalo y en
retribución para ellos; 10 *Oscurézcanseles sus ojos para no ver, y*
tú doblega siempre su espada" (Sal. 69, 23-24).

11 Por tanto, yo pregunto: ¿Acaso tropezaron únicamente para
que cayesen? Eso no; sino que de su caída proviene la salvación de
los gentiles para excitarlos a emulación. 12 Y si su caída es la rique-
za del mundo y su menoscabo la riqueza de los gentiles, ¡cuánto
más lo será su plenitud!

La reprobación de Israel no es absoluta

13 Y a vosotros los gentiles os digo: que en tanto, pues, yo soy
apóstol de los gentiles, haré honor a mi ministerio 14 por si induzco
a emulación a los que son de mi linaje y salvo algunos de ellos,
15 porque si su pérdida es reconciliación del mundo, ¿qué cosa será
su readmisión sino vida de entre los muertos? 16 pues, si la primicia
es santa también la masa, y si la raíz es santa, también las ramas.
17 Ahora bien, si alguna de las ramas fueron desgajadas y tú, siendo
olivo silvestre, fuiste injertado en ellas e incorporado a la raíz y a
la pingüe savia del olivo, 18 no te engrías contra las ramas; y si te
engríes piensa que tú no sustentas a la raíz, sino la raíz a ti.

19 Pero dirás: las ramas fueron quebradas para que yo fuera
injertado. 20 Bien, fueron quebradas por su incredulidad, y tú por la
fe estás en pie. No tengas pensamientos de orgullo, sino teme.
21 Porque si Dios no perdonó a las ramas naturales, a ti tampoco te

perdonará. 22 Considera, pues, la bondad y la severidad de Dios; la severidad ciertamente para con los caídos; mas la bondad de Dios para tí, si permanecieses en esa bondad, de otro modo, tu también serás cortado; 23 pero también ellos, si no permanecieren en la incredulidad, serán injertados, porque poderoso es Dios para injertarlos de nuevo. 24 Porque si tú fuiste cortado del que por naturaleza era olivo silvestre, y contra naturaleza injertado en el olivo bueno, ¡cuánto más ellos, las ramas naturales, serán injertadas en el propio olivo!

La reprobación de Israel tampoco será perpetua

25 Pues no quiero, hermanos, que vosotros ignoréis este misterio –para que no seáis presuntuosos de vosotros mismos– porque el endurecimiento ha venido parcialmente a Israel, hasta que la plenitud de los gentiles haya entrado; 26 entonces todo Israel será salvo, como está escrito:

> "*Vendrá dc Sión el Libertador, apartará las impiedades de Jacob*" (Is. 59, 20)
>
> 27 "*Y esta es la alianza de mi parte con ellos, cuando yo borre sus pecados*" (Jer. 31, 33-34; Is. 27, 9).

28 En cuanto al Evangelio, son enemigos por vuestro bien,y en cuanto a la elección son amados en atención a sus padres, 29 porque los dones y la vocación de Dios son sin arrepentimiento *(irrevocables)*.

30 Pues, así como vosotros en un tiempo fuisteis desobedientes a Dios y ahora habéis conseguido misericordia por la desobediencia de ellos, 31 así también ahora ellos permanecieron desobedientes para que con ocasión de su misericordia concedida a vosotros, también ellos alcancen misericordia. 32 Pues a todos encerró Dios en la desobediencia, para usar de misericordia con todos.

Profundidad de los juicios de Dios

33 ¡Oh profundidad de la riqueza y de la sabiduría y de la ciencia de Dios! ¡Cuán incomprensibles son sus juicios e inescrutables sus caminos! 34 Porque, *¿quién conoció el pensamiento del Señor? O ¿quién fue su consejero?* (Is. 40, 13). 35 O, ¿quién le dio primero, y se le pagará en compensación? (Job. 41, 3).

[36] Porque de El y por El y en El son todas las cosas. A El sea la
gloria por los siglos de los siglos. Amén.

25 El misterio de la conversión de los judíos es un secreto en los planes de Dios, y su expectación durará "hasta que la plenitud de los gentiles haya entrado". Esta expresión equivale a "cuando la fe haya llegado a su plenitud". Cuando no entren más gentiles en la Iglesia. Como dice San Jerónimo, "por el pecado de los judíos la salvación pasó a los gentiles, y por la incredulidad de los gentiles volverá a los judios", es decir, la ceguera temporal que padece Israel durará el mismo tiempo de perseverancia de los gentiles en la fe. (Ved mi "N. T. explicado").

Compendio de la vida cristiana

12 [1] Os ruego, hermanos, por la misericordia de Dios, que
ofrezcáis vuestros cuerpos como sacrificio vivo, santo, agra-
dable a Dios; sea este vuestro culto espiritual. [2] Y no os adaptéis al
ambiente de este mundo; al contrario, reformaos por la renovación
de vuestro entendimiento para que sepáis distinguir cuál es la vo-
luntad de Dios: buena, agradable y perfecta.

Formamos en Cristo un solo cuerpo

[3] Por la gracia de Dios que me ha sido dada, os digo a cada
uno de vosotros, que no tenga más alto concepto de sí que el que
debe tener, sino que procure pensar siempre de sí con sencillez,
conforme a la fe que repartió Dios a cada uno. [4] Porque así como
en un cuerpo tenemos muchos miembros, pero no todos tienen la
misma función, [5] así muchos somos un solo cuerpo en Cristo, y
miembros todos los unos de los otros.

[6] Pero teniendo carismas diferentes según la gracia que nos ha
sido dada, si uno tiene el carisma de profecía, úselo conforme a la
medida de la fe; [7] si de ministerio, lo emplee en servir, el que
enseña, empleelo en la doctrina; [8] el que exhorta, en exhortar; el
que reparte hágalo con generosidad; el que preside, con seriedad;
el que hace obras de misericordia, que las haga con alegría.

Caridad con todos

[9] El amor sea sin hipocresía; odiando el mal, aplicándoos al
bien: [10] amándoos los unos a los otros con amor fraterno; adelan-
tándoos para estimaros mutuamente; [11] en el cumplimiento del de-
ber no seáis perezosos; ser fervorosos de espíritu, sirviendo al

Señor, [12] alegres en la esperanza, sufridos en las pruebas, constan-
tes en la oración; [13] socorriendo las necesidades de los santos, pro-
curando practicar la hospitalidad.
[14] Bendecid a los que os persiguen: bendecid y no maldigáis.
[15] Alegraos con los que se alegran, llorad con los que lloran. [16] Te-
ned unanimidad de sentimientos entre vosotros: no soberbios, sino
acomodándoos a los humildes. *"No seáis sabios en vuestra opi-
nión"* (Prov. 3, 7). [17] A nadie paguéis mal por mal: *"Procurando lo
bueno delante de todos los hombres"* (Mt. 5,39).
[18] Si es posible, en cuanto de vosotros dependa, tened paz con
todos los hombres. [19] Queridos, no os venguéis vosotros mismos,
más bien dad lugar al castigo de Dios, pues, está escrito: *"Mía es
la venganza: Yo pagaré, dice el Señor"* (Deut. 32, 35). [20] De tal
manera que *si tu enemigo tiene hambre, dale de comer; si tiene
sed, dale de beber; que si haces esto, amontonarás tizones encen-
didos sobre su cabeza* (Prov. 25,21-22). [21] No te dejes vencer por el
mal; al contrario, vence el mal con el bien.

Obediencia a las autoridades

13 [1] Que cada uno se someta a las autoridades que están en el
poder, porque no hay autoridad que no esté puesta por Dios,
y las que existen, por Dios han sido puestas.
[2] Así que el que se opone a la autoridad, se opone al orden
puesto por Dios: y los que se oponen recibirán su propia
condenación. [3] Porque los que mandan no son causa de temor
cuando se obra bien, sino cuando se obra mal. ¿Quieres no temer la
autoridad? Obra bien, y recibirás de ella alabanza; [4] pues, para ti es
la autoridad un ministro de Dios por lo que se refiere al bien. Pero
si obrases mal, teme; porque no en vano lleva espada; porque es
ministro de Dios, vengador para castigar al que obra mal. [5] Por lo
cual es necesario que os sometáis no solamente por temor al casti-
go más bien por seguir la conciencia. [6] También por esto pagáis los
tributos, porque son ministros de Dios encargados de cumplir este
oficio. [7] Pagad a todos lo que debáis: al que debáis tributo, tributo;
al que impuesto, impuesto; al que temor, temor, al que honor,
honor.

El amor, plenitud de los mandamientos

8 A nadie debáis nada, sino el amaros mutuamente: pues, el
que ama al prójimo, cumplió la ley. 9 Porque : *"No cometerás
adulterio, no matarás; no hurtarás; no dirás falso testimonio; no
codiciarás"* (Ex. 20, 13-17), y si hay algún otro precepto, se redu-
ce a este pensamiento: *"Amarás a tu prójimo como a ti mismo"*
(Lev. 19, 18). 10 El amor no hace mal al prójimo: así que la pleni-
tud de la ley es el amor.

Las obras de la luz: vigilancia y pureza de vida

11 Y haced esto, dándoos cuenta del momento presente: que ya
es hora de levantaros del sueño; porque ahora está más cerca de
nosotros la salvación que cuando abrazamos la fe. 12 Está avanzada
la noche y el día está cerca: por lo tanto, dejemos a un lado las
obras de las tinieblas y nos vistamos las armas de la luz.

13 Andemos honestamente, como de día: no en orgías ni borra-
cheras; no en casas de prostitución ni desenfreno; no en disputas ni
envidias; 14 al contrario, vestíos del Señor Jesucristo, y ni os preo-
cupéis de las pasiones de la carne.

Deberes con los débiles en la fe

14 1 Al débil en la fe acogedlo, pero no para discusiones de
pareceres. 2 Porque uno cree que puede comer de todo; en
cambio otro, que es débil, come verduras. 3 El que come no despre-
cie al que no come; y el que no come, no critique al que come,
pues Dios lo ha acogido. 4 Tú, ¿quién eres para juzgar al criado
ajeno? Para su propio amo está en pie o cae, pero se mantendrá en
pie, que es poderoso el Señor para sostenerlo.

5 Uno distingue un día de otro día, mientras otro juzga todos
los días iguales. Cada uno proceda según su propia opinión. 6 El
que celebra religiosamente el día, en honor del Señor lo celebra; y
el que come, en honor del Señor come, porque da gracias a Dios; y
el que no come, no come en honor del Señor, y da también gracias
a Dios.

7 Porque ninguno de vosotros vive para sí, y ninguno muere
para sí. 8 Pues si vivimos, para el Señor vivimos; y si morimos,
para el Señor morimos. Así que, vivamos o muramos, somos del

Señor. 9 Porque por esto murió Cristo y resucitó, para reinar sobre
muertos y vivos.
10 Pero tú ¿por qué juzgas a tu hermano? o, ¿por qué también
desprecias a tu hermano? Pues, todos tenemos que presentarnos
ante el tribunal de Dios. 11 Porque está escrito: *"Vivo yo, dice el
Señor, que ante mí se doblará toda rodilla, y toda lengua alabará
a Dios"* (Is. 45, 23). 12 Por lo tanto, cada uno de nosotros dará a
Dios razón de sí.
13 Así que, no nos juzguemos ya más unos a otros; al contrario,
procurad sobre todo esto: no poner tropiezo o escándalo al
hermano. 14 Yo se, y confío en el Señor Jesús, que de suyo nada
hay impuro; pero si alguno piensa que alguna cosa es impura, para
él es impura. 15 Porque si a causa de la comida tu hermano se
entristece, ya no te guías por la caridad. No pierdas por tu comida
a aquel por quien murió Cristo.
16 Que vuestras buenas obras no sean motivo de blasfemia,
17 porque el reino de Dios no es comida ni bebida, sino justicia y
paz y gozo en el Espíritu Santo. 18 Pues el que en esto sirve a
Cristo, agrada a Dios y es estimado de los hombres. 19 Por tanto,
busquemos la paz y la ayuda mutua. 20 No destruyas la obra de
Dios, a causa de la comida. Todas las cosas son puras, pero es
malo para el hombre el comer con escándalo. 21 Es bueno no comer
carne, ni beber vino, ni hacer nada en lo que tu hermano tropiece
(o se ofenda o se sienta débil).
22 Tú, la creencia que tienes, guárdala para ti y para Dios. Feliz
el que no se condena a sí mismo en sus decisiones. 23 En cambio, el
que duda, si come, se siente condenado, porque no comió según la
conciencia, y todo lo que no es según la conciencia es pecado.

17 El reino de Dios no es comida ni bebida, es decir, no consiste en cosas accidentales de ritos o cuestiones de comida y bebida u otras cosas que dividen, sino en la caridad...

Mutua tolerancia o comprensión a ejemplo de Cristo

15 1 Nosotros, los fuertes, debemos sufrir las deficiencias de los
débiles y no complacernos en nosotros mismos. 2 Cada uno
de nosotros procure complacer a su prójimo, para su bien y
edificación. 3 Porque Cristo no se agradó a sí mismo, sino que
como está escrito: *"Las ofensas de los que te insultaban cayeron
sobre mí"* (Sal. 69, 10).

4 Pues, cuantas cosas fueron antes escritas, para nuestra ense-
ñanza fueron escritas; para que por la paciencia y por el consuelo
de las Escrituras, conservemos la esperanza. 5 Y que el Dios de la
paciencia y el consuelo os conceda un mismo sentir en Cristo
Jesús, 6 para que con un solo corazón y una sola voz podáis dar
gloria al Dios Padre de nuestro Señor Jesucristo.

Cristo acoge a todos

7 Por tanto, ayudaos unos a otros, como también Cristo nos
ayudó para gloria de Dios. 8 Os digo que Cristo fue ministro de la
circuncisión, para mostrar la verdad de Dios, para confirmar las
promesas hechas a los patriarcas, 9 y para que los gentiles, por su
parte, glorifiquen a Dios por su misericordia, como está escrito:
"Por eso te confesaré entre las naciones y cantaré a tu nombre"
(Sal. 18,50) 10 Y otra vez dice: *"Alegraos, naciones, junto con su
pueblo"* (Deut, 32, 43).
11 Y de nuevo: *"Alabad al Señor todas las naciones; alabadlo
todos los pueblos"* (Sal. 117, 1). 12 Y otra vez dice Isaías: *"Apare-
cerá la raíz de Jesé y el que se levanta para regir a las naciones; y
las naciones esperarán en El"* (Is. 11, 10). 13 Que el Dios de la
esperanza os llene de alegría y paz en la fe, para que abundéis en la
esperanza por el poder del Espíritu Santo.

Epílogo

Noticias personales del apóstol

14 Yo, por mi parte, estoy convencido, hermanos, de que voso-
tros estáis llenos de buenos propósitos y de toda clase de conoci-
mientos para que podáis avisaros unos a otros. 15 A pesar de todo,
me atreví a escribiros tan resueltamente, para reavivar nuestros
recuerdos, por la gracia que me ha sido dada por Dios, 16 de ser
ministro de Jesucristo para los gentiles, ejerciendo la tarea sagrada
del Evangelio de Dios, para que la ofrenda de los gentiles sea
agradable a Dios, santificada por el Espíritu Santo.
17 Tengo, pues, de qué gloriarme en Cristo Jesús por lo que al
servicio de Dios se refiere. 18 Porque no me atrevería a hablar de
cosas que Cristo no haya hecho por mí para la conversión de los
gentiles, con la palabra y con la acción, 19 con la fuerza de milagros

y prodigios y con la asistencia del Espíritu Santo: de manera que
desde Jerusalén y sus alrededores hasta la Ilírica, todo lo tengo
lleno del Evangelio de Cristo. [20] Teniendo a honra, sobre todo, el
no predicar el Evangelio de Cristo allí donde el nombre de Cristo
ya hubiese sido pronunciado, para no edificar sobre fundamento
ajeno, [21] sino, como está escrito: *"Aquellos a quienes nada se les
anunció, le verán, y los que no oyeron, entenderán"* (Is. 52, 15).

Proyectos de viaje a Jerusalén y a España

[22] Esto me ha impedido muchas veces llegar a vosotros;
[23] pero ahora, no teniendo ya campo para la predicación en estas
regiones, y deseando ir a visitaros desde hace bastantes años,
[24] cuando vaya a España, al pasar, espero veros y que vosotros me
acompañéis hasta allí, después de haber disfrutado un poco de
vuestra compañía.

[25] Ahora, sin embargo, marcho a Jerusalén para ayudar a los
santos, [26] porque Macedonia y Acaya han resuelto hacer una colec-
ta a beneficio de los pobres que hay entre los santos de Jerusalén.
[27] Y así lo han determinado porque se consideran deudores suyos,
pues, si los gentiles han participado de sus bienes espirituales,
deben ellos a su vez servirles con los materiales. [28] Así que termi-
nando esto, cuando les haya entregado la colecta recogida, iré a
España pasando por ahí. [29] Y se que si yo voy a vosotros, iré con la
plenitud de la bendición de Cristo.

Pide oraciones

[30] Os pido, hermanos, por nuestro Señor Jesucristo y por el
amor del Espíritu Santo, que luchéis conmigo orando por mí a
Dios, [31] para que pueda yo defenderme de los incrédulos en Judea,
y que la misión que llevo a Jerusalén resulte grata a los santos,
[32] de tal manera que pueda yo llegar felizmente a veros, y si Dios
quiere, descansar entre vosotros.

[32] Que el Dios de la paz sea con todos vosotros. Amén.

[4] Los frutos de las Escrituras Santas son estos: nuestra enseñanza, nuestra paciencia y nuestra consolación. Toda la Biblia está llena de enseñanzas para nuestro bien... Leámosla con frecuencia...

Recomendaciones y saludos (16, 1-16)

16 1 Os recomiendo a Febe, nuestra hermana, que es diaconisa
de la iglesia de Cencres, 2 para que la recibáis en el Señor de
manera digna, como conviene a los santos, y la ayudéis en todo lo
que necesite, porque también ella ha ayudado a muchos, y en
particular a mí.

3 Saludad a Prisca y a Aquila, mis colaboradores en Cristo
Jesús, 4 los cuales, por mi vida, expusieron sus cabezas; y no solo
yo les estoy agradecido, sino también todas las iglesias de los
gentiles.

5 Saludad también a la comunidad que está en su casa. Saludad
a mi querido Epéneto, que es el primer fruto de Cristo en Asia.
6 Saludad a María, que trabajó mucho entre vosotros.

7 Saludad a Andrónico y a Junia, mis parientes y compañeros
de cárcel, que se han señalado en el apostolado, y que aún antes
que yo fueron de Cristo.

8 Saludad a Ampliato, querido en el Señor.

9 Saludad a Urbano, que ha trabajado conmigo para Cristo, y a
Estaquis mi amigo. 10 Saludad a Apeles, probado en Cristo. Salu-
dad a los de la casa de Aristóbulo.

11 Saludad a Herodión, mi pariente. Saludad a los de la casa de
Narciso, que son del Señor.

12 Saludad a Trifena y a Trifosa, que han trabajado por el Se-
ñor. Saludad a Pérsida, querida que también trabajó mucho por el
Señor. 13 Saludad a Rufo, escogido por el Señor, y a su madre, que
lo es también mía. 14 Saludad a Asíncrito, Felgón, Hermes, Patroba,
Hermas y a los hermanos que están con ellos. 15 Saluda Filólogo y
a Julia, a Nereo y a su hermana, y a Olimpia, y a todos los santos
que viven con ellos. 16 Mutuamente saludaos con el beso santo. Os
saludan todos las Iglesias de Cristo.

Prevención contra los falsos doctores

17 Y os ruego, hermanos, que no perdáis de vista a los que
causen divisiones y escándalos contra la doctrina que aprendisteis,
y apartaos de ellos; 18 porque esos no sirven a Cristo Nuestro Se-
ñor, sino a su vientre, y con palabras dulces y agradables engañan
los corazones de los sencillos. 19 Porque vuestra obediencia a la fe
ya es conocida de todos. Por esto estoy gozoso de vosotros, pero

quiero que seáis sabios para el bien, intachables para el mal. 20 Y el
Dios de la paz pronto aplastará a Satanás bajo vuestros pies. La
gracia de Jesús nuestro Señor con vosotros.

21 Os saluda Timoteo, mi colaborador, y Lucio, Jasón y Sosípatro, mis parientes.

22 Yo Tercio, que he escrito esta carta, os saludo en el Señor.
23 Os saluda Cayo, huésped mío y de toda la comunidad. 24 Os
saluda Erasto, tesorero de la ciudad y el hermano Cuarto.

Doxología final

25 Al que puede fortaleceros en mi Evangelio y en la predicación de Jesucristo, para la revelación del misterio mantenido en
secreto desde tiempo eterno, 26 pero manifestado ahora por los escritos proféticos, dado a conocer a todas las naciones por orden del Dios eterno, para que abracen la fe.

27 Al solo Dios sabio, por Jesucristo, la gloria por los siglos de los siglos. Amén.

PRIMERA CARTA A LOS CORINTIOS

Esta carta según creencia común, la escribió San Pablo en Efeso sobre la primavera del año 57 (I Cor. 16, 8 y 19).

La ocasión de la misma fueron las disensiones o partidos que traían divididos a los cristianos de Corinto y la inmoralidad y manera de proceder en los pleitos.

El tema central que se propone en ella el apóstol es "predicar a Cristo y a éste crucificado". Cristo es uno y El fue crucificado por todos, y no Pablo u otro alguno, y con esto quiere decir que se deshagan todas las escisiones y partidos, pues no debe haber otra opinión que la de Cristo y no poner otro fundamento de vida espiritual que El. Sólo así se desterrarán todos los vicios que anatemiza.

San Pablo en la primera parte de esta carta denuncia las escisiones y los vicios de los Corintios, y en la segunda responde a las dudas y cuestiones suscitadas por los mismos corintios.

La importancia doctrinal de esta carta es grandísima, debido a la variedad de temas: Bautismo, matrimonio, virginidad, caridad, carismas, Eucaristía, Resurrección...

Salutación y acción de gracias

1 1 Pablo llamado apóstol de Jesucristo, por voluntad de Dios, y
Sóstenes, el hermano, 2 a la iglesia de Dios que está en Corinto,
a los santificados en Cristo Jesús, llamados santos, con todos los
que, en cualquier lugar, invocan el nombre de nuestro Señor Jesu-
cristo, de ellos y nuestro. 3 La gracia y la paz a vosotros de parte de
Dios, nuestro Padre y del Señor Jesucristo.
4 Doy gracias continuamente por vosotros a mi Dios con moti-
vo de la gracia que os ha sido concedida en Cristo Jesús, 5 porque
en todo fuisteis enriquecidos en El, en toda palabra y en todo
conocimiento, 6 en la medida que el conocimiento de Cristo se ha
consolidado en vosotros, 7 de suerte que vosotros no tenéis necesi-
dad de algún don de gracia, mientras esperáis la revelación de
nuestro Señor Jesucristo, 8 el cual os hará también estables hasta el
fin para que seáis hallados irreprensibles en el día de nuestro Señor
Jesucristo. 9 Fiel es Dios, por quien habéis sido llamados a la co-
munión de su Hijo Jesucristo nuestro Señor.

Partidos en la iglesia de Corinto

[10] Hermanos, yo os exhorto, en nombre de nuestro Señor Jesucristo a que habléis todos una misma cosa y que no haya entre vosotros cismas, sino que estéis perfectamente unidos en un mismo pensar y en un mismo sentir. [11] Pues, me ha sido referido acerca de vosotros, hermanos míos, por los de Cloe, que hay discusiones entre vosotros. [12] Y digo esto porque cada uno de vosotros dice: yo soy de Pablo, yo de Apolo, yo de Cefas, yo de Cristo. [13] ¿Ha sido dividido Cristo? ¿Acaso ha sido crucificado Pablo por vosotros? ¿O en nombre de Pablo habéis sido bautizados? [14] Doy gracias a Dios por no haber bautizado a ninguno de vosotros, excepto a Crispo y a Cayo, [15] para que ninguno pueda decir que habeis sido bautizados en mi nombre. [16] He bautizado tambien la familia de Estéfanas, por lo demás, no se si a algún otro bauticé.

La sabiduría cristiana o verdadera

[17] Cristo, en efecto, no me envió a bautizar, sino a predicar el Evangelio, no con sabiduría de lenguaje, para que no quede sin efecto la cruz de Cristo. [18] Pues, el lenguaje de la cruz es ciertamente locura para aquellos que se pierden, mas para nosotros que somos salvados es poder de Dios. [19] Porque está escrito: *destruiré la sabiduría de los sabios, desaprobaré la inteligencia de los doctos.* [20] *¿Dónde está el sabio? ¿dónde el escriba? ¿dónde el investigador de este siglo?* (Is. 29,14) ¿No ha trocado Dios en necedad la sabiduría de este mundo? [21] Porque, ya que, según el plan sapiencial de Dios, el mundo con la sabiduría propia no ha conocido a Dios, plugo a Dios salvar a los creyentes mediante la locura de la predicación.

[22] Ya que también los judíos piden milagros y los griegos buscan la sabiduría, [23] nosotros, en cambio, predicamos a Cristo crucificado, escándalo para los judíos y locura para los gentiles, [24] mas para los llamados así judíos como griegos, Cristo es poder y sabiduría de Dios; [25] porque la locura de Dios es más sabia que los hombres, y la debilidad de Dios es más fuerte que los hombres. [26] Considerad, hermanos, vuestra vocación: porque entre vosotros no son ni muchos sabios según la carne, ni muchos poderosos, ni muchos nobles, [27] sino que Dios ha escogido lo necio del mundo para confundir a los sabios y lo débil del mundo lo ha elegido para

confundir a los fuertes, [28] y Dios ha escogido lo vil de nacimiento,
lo tenido por nada, lo que no es, para destruir lo que es, [29] para que
ninguno se pueda jactar delante de Dios. [30] Ahora bien, por El
vosotros sois en Cristo Jesús, el cual por Dios fue hecho para
nosotros sabiduría, justicia y también santificación y redención,
[31] para que como está escrito: *"El que se gloríe, gloríese en el
Señor"* (Jer. 9, 23).

[11] San Pablo quiere evitar a todo trance los cismas o divisiones entre los cristianos y por eso al ver que unos se mostraban partidarios de Pablo, otros de Apolo y otros de Pedro, les dice que como ninguno de ellos ha sido crucificado por salvarnos, sino Cristo, todos deben seguir a Cristo.

La predicación de San Pablo

2 [1] Y yo, hermanos, cuando fui a vosotros no me presenté anunciándoos el misterio de Dios con sublimidad de lenguaje o de
sabiduría, [2] porque en medio de vosotros preferí no saber otra cosa
que a Jesucristo, y a este crucificado. [3] Y yo mismo me encontré
entre vosotros en un estado de debilidad y de temor y de mucho
estremecimiento. [4] Y mi lenguaje y mi predicación, no se basaba
sobre palabras persuasivas de humana sabiduría, sino sobre la demostración del Espíritu y de fuerza, [5] para que vuestra fe no se
fundara sobre la sabiduría de los hombres, sino sobre el poder de
Dios.

[6] Sin embargo, entre los perfectos nosotros predicamos la sabiduría, no la sabiduría de este siglo, ni la de los príncipes de este
siglo que serán reducidos a la nada; [7] sino que predicamos una
sabiduría de Dios, la escondida en el misterio, la que Dios predestinó antes de los siglos para gloria nuestra, [8] aquella que ninguno
de los príncipes de este mundo conoció. Porque si la hubieran
conocido no habían nunca crucificado al Señor de la gloria. [9] Pero,
como está escrito: *"Lo que el ojo no vio ni el oído oyó ni al
corazón del hombre ha podido llegar, eso es lo que Dios ha preparado para aquellos que lo aman"* (Is. 64, 4). [10] Mas Dios ha revelado a nosotros por medio del Espíritu, porque el Espíritu lo escudriña todo, y aún las profundidades de Dios. [11] ¿Quién entre los hombres, en efecto, conoce lo íntimo del hombre, sino el espíritu del
hombre que hay en él? Así ninguno ha conocido las cosas de Dios
sino el Espíritu de Dios.

12 Mas nosotros no hemos recibido el espíritu del mundo, sino
el espíritu que es de Dios, para que conozcamos las cosas que Dios
gratuitamente nos ha concedido, 13 las cuales también predicamos,
no con palabras aprendidas de humana sabiduría, sino con las
aprendidas del Espíritu, adaptando a los espirituales las enseñanzas
espirituales, 14 pues, el hombre animal no percibe las cosas del
Espíritu de Dios, porque son una locura para él y no las puede
comprender porque deben ser juzgadas espiritualmente. 15 El hom-
bre espiritual, en cambio, juzga todas las cosas, mas él no es juzga-
do por ninguno. 16 Porque, ¿quién ha conocido el pensamiento del
Señor para instruirlo? Nosotros, en cambio, tenemos el pensamien-
to de Cristo.

Divisiones en la iglesia de Corinto

3 1 Y yo, hermanos, no pude hablaros a vosotros como a espiri-
tuales, sino como a carnales. Como niños en Cristo, 2 os dí a
beber leche y no comida sólida, porque no la podíais recibir; pero,
ni ahora podéis, 3 porque sois todavía carnales, pues mientras haya
entre vosotros envidias y disensiones, ¿no sois carnales y camináis
como hombres? 4 Porque cuando uno dice: "yo soy de Pablo", y
otro: "yo soy de Apolo", ¿no sois por lo tanto humanos?

5 Pues, ¿qué es Apolo y qué es Pablo? Ministros por medio de
los cuales habéis creído, y a cada uno según el Señor ha dado. 6 Yo
planté, Apolo regó, mas Dios ha hecho crecer. 7 Por eso, ni el que
planta es algo, ni el que riega, sino Dios que da el crecimiento.
8 Aquel que planta y aquel que riega son una sola cosa, con todo,
cada uno recibirá su recompensa según su trabajo.

9 En efecto, nosotros somos trabajadores con Dios; vosotros
sois el campo de Dios y el edificio de Dios. 10 Según la gracia de
Dios que me ha sido concedida, yo, cual sabio arquitecto, puse el
fundamento, otro después construirá encima; cada uno, pues, vea
cómo edifica. 11 Porque ninguno puede poner otro fundamento,
fuera del ya puesto, que es Jesucristo. 12 Mas si uno fabrica sobre
este fundamento con oro, plata, piedras preciosas o con leña, heno
y paja, 13 la obra de cada uno se hará manifiesta; ciertamente, el día
del juicio la hará conocer, porque se revelará en el fuego; y el
fuego probará cuál es la obra de cada uno. 14 Si la obra que cada

uno ha construido sobre fundamento subsistiera, recibirá la
recompensa, [15] y si la obra de alguno fuese quemada, sufrirá daño;
mas este se salvará, pero así como a través del fuego. [16] ¿No sabéis
que sois templo de Dios y que el espíritu de Dios habita en
vosotros? [17] Si alguno destruye el templo de Dios, Dios lo destruirá
a él, porque el templo de Dios es santo, y vosotros sois ese templo.
[18] Ninguno se engañe a sí mismo, si alguno entre vosotros se
estima sabio según el mundo, hágase necio para hacerse sabio.
[19] Porque la sabiduría de este mundo es necedad delante de Dios.
Ciertamente, está escrito: *"El es el que caza a los sabios en su*
astucia" (Job. 5, 13). [20] Y otra vez: *"El Señor conoce los pensa-*
mientos de los sabios, que son vanos" (Sal. 94,11). [21] Ninguno, por
lo tanto, se gloríe en los hombres. [22] Porque todo es vuestro, sea
Pablo, sea Apolo, sea Pedro, sea el mundo, sea la vida, sea la
muerte, sean las cosas presentes, sean las futuras, todo es vuestro,
[23] mas vosotros sois de Cristo y Cristo es de Dios.

[6] *Sois templos de Dios.* Viviendo en gracia somos templo de Dios por inhabitación del Espíritu Santo.

Los apóstoles son siervos de Cristo

4 [1] Es preciso, por tanto, nos considere todo hombre como a ser-
vidores de Cristo y administradores de los misterios de Dios.
[2] De esta manera interesa traten de conseguir que cada uno sea
hallado fiel entre los administradores. [3] Por lo que a mí hace, muy
poco me importa ser juzgado por vosotros o por el "día del
hombre" *(un tribunal humano); pero ni a mí mismo me juzgo.*
[4] Ciertamente que de nada me siento culpable; pero no por esto
estoy justificado, pues, quien me juzga es el Señor. [5] Por eso no
juzguéis nada antes de tiempo, hasta que venga el Señor, el cual
iluminará lo que está escondido en las tinieblas, y hará manifiestas
las intenciones de los corazones. Entonces cada uno recibirá la
alabanza de parte de Dios.
[6] Estas cosas, hermanos, por vuestro provecho las he aplicado
figuradamente a mí mismo y a Apolo, para que en nosotros apren-
dáis a "no andar más allá de lo escrito", para que por uno no os
ensoberbezcáis el uno contra el otro. [7] En efecto, ¿quién es el que
te distingue a tí? o ¿qué cosa tienes que no la hayas recibido? Y si
la has recibido, ¿por qué te glorías como si no la hubieras

recibido? [8] Ya estáis saciados, ya sois ricos; sin nosotros habéis llegado a reinar... y ojalá que reinaseis para que también nosotros pudiésemos reinar con vosotros. [9] En realidad, creo que Dios nos ha dado a conocer a nosotros los apóstoles como a los últimos de los hombres, cual condenados a muerte; porque hemos venido a ser espectáculo para el mundo, para los ángeles y para los hombres. [10] Nosotros necios por Cristo, vosotros sabios en Cristo; nosotros débiles, mas vosotros fuertes; vosotros honrados, mas nosotros despreciados. [11] Hasta este momento nosotros sufrimos el hambre y la sed y andamos desnudos; somos abofeteados y no tenemos dónde podernos establecer; [12] y nos afanamos trabajando con nuestras manos; insultados, bendecimos; perseguidos, soportamos; [13] difamados, exhortamos con bondad; como basuras del mundo y como el repudio de todos hemos venido a ser hasta la hora presente.

Paterna exhortación a los fieles

[14] No os escribo estas cosas para avergonzaros, sino para amonestaros como a hijos míos queridos; [15] pues, aun cuando tengáis diez mil maestros en Cristo; pero no tenéis muchos padres; porque yo soy el que os he engendrado en Cristo Jesús mediante el Evangelio. [16] Os suplico, por consiguiente, seáis mis imitadores. [17] Por esto, precisamente, os he mandado a Timoteo, que es mi hijo predilecto y fiel en el Señor, él os recordará mis caminos en Cristo, según lo que enseño por doquier en todas las iglesias. [18] Algunos, como si yo no hubiese de ir ya a vosotros, se han hinchado de orgullo; [19] pero iré pronto a vosotros, si el Señor quisiere, y conoceré no el lenguaje de esos engreídos, sino la virtud; [20] porque el reino de Dios no consiste en las palabras, sino en la virtud. [21] ¿Qué queréis? ¿qué vaya a vosotros con la vara o con amor y espíritu de mansedumbre?

[1] *Administradores de los misterios de Dios*. Notemos que los apóstoles son dispensadores o *administradores* de la doctrina del Evangelio y de los sacramentos, y *no autores*, pues sólo Cristo es autor de los sacramentos.

Excomunión de un incestuoso

5 [1] Se oye públicamente decir que hay entre vosotros fornicación y de tal especie que ni siquiera la hay entre los paganos, hasta el punto de tener uno la mujer de su padre. [2] ¿Y vosotros os habéis

engreído, y no habéis más bien llorado de dolor, para que fuese
quitado de en medio de vosotros aquel que ha cometido una acción
semejante? 3 Porque yo, a la verdad, ausente en cuerpo, mas pre-
sente en espíritu, ya he sentenciado como si estuviese presente a
aquel que ha hecho esta obra: 4 en el nombre de nuestro Señor
Jesucristo, estando vosotros reunidos, presente también mi espíritu,
con la potestad de nuestro Señor Jesucristo, 5 sea el tal entregado a
Satanás para azote del cuerpo, para que el espíritu sea salvo en el
día del Señor Jesús.

6 No es loable vuestra jactancia. ¿No sabéis que una poca
levadura hace fermentar toda la masa? 7 Purificaos de la vieja leva-
dura a fin de que seáis una masa nueva, así como sois ácimos;
porque ya nuestra pascua *(el cordero pascual)*, que es Cristo, ha
sido inmolado. 8 Así pues, celebremos la fiesta no con la vieja
levadura, ni con la levadura de malicia y de maldad, sino con los
ácimos de pureza y de verdad.

9 Os escribí en la carta que no os mezclarais con los
fornicarios, 10 no en sentido absoluto con los fornicarios de este
mundo, o los idólatras, pues de otro modo tendrías que saliros de
este mundo. 11 Ahora bien, lo que os escribí fue que no os mezcléis
con cualquiera que, llamándose hermano, sea fornicario, avaro,
idólatra, maldiciente, borracho o ladrón, con este tal ni comer.
12 Porque, ¿para que voy yo a juzgar a los de fuera? ¿No juzgáis
vosotros a los de dentro? 13 A los de fuera los juzgará Dios. Quitad
el mal de en medio de vosotros.

Los pleitos ante los tribunales paganos

6 1 ¿Se atreve alguno de vosotros, teniendo un litigio con otro, a
juzgarlo ante los injustos, y no ante los santos? 2 ¿O no sabéis
que los santos juzgarán al mundo? Y si por vosotros va a ser
juzgado el mundo ¿sois acaso indignos de juzgar las cosas más
pequeñas? 3 ¿No sabéis que juzgaremos a los ángeles? ¡Cuánto más
las cosas de esta vida! 4 Si tuviérais tribunales para juzgar negocios
terrenos, ¿estableceríais como jueces a los que son más despreciа-
bles en la Iglesia? 5 Os digo esto para vuestro reproche. ¿Es qué no
hay entre vosotros ningún sabio que pueda juzgar entre hermano y
hermano, 6 sino que hermano contra hermano litiga y esto ante los
infieles?

7 Es una gran falta para vosotros el tener litigios los unos
contra los otros. ¿Por qué no soportáis más bien la injusticia? ¿Por
qué no preferís ser despojados? 8 Pero sois vosotros los que hacéis
injusticias y despojáis y esto a los hermanos. 9 ¿O no sabéis que los
injustos no heredarán el reino de Dios? No os engañéis: ni fornica-
rios, ni idólatras, ni adúlteros, ni afeminados, ni sodomitas; 10 ni
ladrones, ni avaros, ni ebrios, ni maldicientes, ni rapaces, serán
herederos del reino de Dios. 11 Y esto erais algunos; pero habéis
sido lavados, habéis sido santificados, habéis sido justificados en
nombre de nuestro Señor Jesucristo y en el del Espíritu de nuestro
Dios.

La pureza cristiana

12 "Todo me es lícito"; pero no todo es conveniente; "todo me
es lícito"; pero yo no me rendiré esclavo de cosa alguna. 13 Los
manjares son para el vientre y el vientre para los manjares... pero
Dios destruirá a este y a aquellos. El cuerpo no es para la fornica-
ción, sino para el Señor y el Señor para el cuerpo. 14 Y Dios como
ha resucitado al Señor, también a nosotros nos resucitará con su
poder. 15 ¿No sabéis que vuestros cuerpos son miembros de Cristo?
¿Tomando, pues,los miembros de Cristo, los haré miembros de una
meretriz? ¡No sea jamás! 16 ¿O no sabéis que el que se une a una
meretriz es un solo cuerpo, con ella? Porque dice la Escritura:
"Serán los dos una sola carne" (Gén. 2, 24). 17 En cambio, quien
se une al Señor es un solo espíritu con El. 18 Huid de la fornicación.
Todo pecado que un hombre pueda cometer, está fuera de su cuer-
po, mas el que fornica, peca contra su propio cuerpo. 19 ¿O no
sabéis que vuestro cuerpo es templo del Espíritu Santo, que está en
vosotros, el cual tenéis de Dios y que ya no os pertenecéis a voso-
tros mismos? 20 Porque fuisteis comprados por Cristo a gran precio.
Glorificad, pues, a Dios en vuestro cuerpo.

Matrimonio

7 1 Acerca de las cosas que me habéis escrito, bueno es al hom-
bre no tocar mujer; 2 pero por evitar la fornicación, cada hom-
bre tenga su mujer, y cada mujer tenga su propio marido. 3 El
marido pague a la mujer lo que le debe, y lo mismo haga la mujer
con el marido. 4 La mujer no es dueña de su propio cuerpo, sino el

marido; y así también, el marido no es dueño de su propio cuerpo,
sino la mujer. 5 No privaros el uno del otro sino de común acuerdo
por un tiempo determinado, para atender a la oración, después
volved de nuevo a juntaros para que Satanás no os tiente a causa
de vuestra incontinencia. 6 Os digo esto por condescendencia, no
como mandato. 7 Pues, quisiera que todos los hombres fueran así
como yo; pero cada uno tiene de Dios su don particular, quien de
una manera, quien de otra. 8 Y a los célibes y a las viudas, yo les
digo: es bien para ellos si permanecen como yo, 9 mas si después
no pueden vivir continentes, cásense, porque mejor es casarse que
abrasarse *(en la impureza).*

10 A los cónyuges, en cambio, ordeno, no yo sino el Señor que
la mujer no se separe del marido, 11 y si llegase a separarse, perma-
nezca sin casarse o se reconcilie con el marido, y que el marido no
repudie a la mujer; 12 pero a los demás digo yo, no el Señor: si un
hermano tiene una mujer infiel *(no cristiana)* y ésta consiente en
habitar con él, no la despida; 13 y si una mujer tiene un marido
infiel, y éste consiente en habitar con ella, no despida al marido;
14 porque el marido infiel es santificado por la mujer fiel, y la
mujer infiel se santifica por el hermano; de otro modo vuestros
hijos serían inmundos; ahora en cambio son santos; 15 pero, si el
infiel se separa, sepárese. En este caso el hermano o la hermana no
está sujeto a servidumbre; pues Dios nos ha llamado a vivir en paz.
16 En efecto, ¿qué sabes, oh mujer, si podrás salvar a tu marido? Y
¿qué sabes tú, oh hombre, si podrás salvar a tu mujer?

Cada cual permanezca en su estado

17 Cada uno ande según la condición que el Señor le asignó y
según Dios le ha llamado. Y así lo ordeno en todas las iglesias.
18 ¿Fue llamado alguno en estado de circuncisión? No disimule su
circuncisión. ¿Ha sido llamado siendo incircunciso? no se haga
circuncidar. 19 La circuncisión nada es y la incircuncisión nada es,
sino lo que vale es la observancia de los mandamientos de Dios.
20 Cada uno permanezca en la condición que era cuando fue llama-
do.

21 ¿Fuiste llamado cuando eras esclavo? No te preocupes, an-
tes bien, aun cuando pudieses hacerte libre, aprovéchate de eso;
22 porque quien de esclavo ha sido llamado en el Señor, liberto es

del Señor; igualmente, el que fue llamado siendo libre, es esclavo
de Cristo. 23 Habéis sido comprados a gran precio; no os hagáis
esclavos de los hombres. 24 Cada uno, hermanos, permanezca de-
lante de Dios en la condición en la cual fue llamado.

Excelencia de la virginidad sobre el matrimonio

25 Acerca de las vírgenes, no tengo precepto del Señor; mas
doy mi consejo, como quien, por la misericordia del Señor es
digno de fe. 26 Juzgo, pues, que a causa de la inminente tribulación,
es bueno al hombre permanecer así. 27 ¿Estás tú unido a una mujer?
No busques el romper esta unión. ¿Estás libre de mujer? No bus-
ques mujer. 28 Con todo, si te casares, no pecas. Y si una virgen se
casa, no peca; mas tales personas sufrirán en su carne tribulacio-
nes, que yo quiero evitaros.

29 Esto, pues, quiero deciros, hermanos: el tiempo es corto;
resta, por tanto, que los que tienen mujer, vivan como si no la
tuvieran, 30 y los que lloran, como si no llorasen; y los que se
alegran, como si no se alegrasen, y los que compran, como si no
poseyesen; 31 y los que disfrutan de este mundo, como si no disfru-
tasen, porque la apariencia de este mundo pasa. 32 Quiero, pues,
que vosotros estéis sin preocupaciones. El que no tiene mujer anda
solícito de las cosas del Señor y de cómo puede complacerlo;
33 quien, en cambio está casado, anda solícito de las cosas del
mundo y cómo puede agradar a su mujer, así que permanece
dividido. 34 También la mujer no casada y la virgen piensan en las
cosas del Señor, para ser santas en cuerpo y en espíritu; más la
casada se preocupa de las cosas del mundo y cómo poder agradar
al marido. 35 Os digo estas cosas por vuestro bien, no por tenderos
un lazo, sino en orden a lo que más conviene y os hace más
constantes y sin distracciones en el servicio del Señor.

36 Si alguno, pues, cree que es deshonor para su hija virgen el
dejar pasar la edad núbil y estima necesario obrar así haga como
quiera: no peca, cásese, 37 mas quien está firme en su resolución,
sin ser forzado y en pleno derecho de obrar según su voluntad y ha
decidido en su corazón el mantener virgen la propia hija, hace
bien. 38 Así pues, el que case a su hija virgen, hace bien, y el que no
la casa, hace mejor.

Las viudas

[39] La mujer está vinculada por todo el tiempo que vive a su
marido; mas si el marido muere es libre de casarse con quien
quiere, pero solo en el Señor. [40] Sin embargo, a mi parecer, ella es
más feliz si permanece como está. Pues, creo tener yo el espíritu
del Señor.

[1-9] San Pablo habla del matrimonio y de la virginidad. Es lícito contraer matrimonio; pero el celibato es un estado más perfecto... El matrimonio cristiano es indisoluble. Jesucristo prohíbe el divorcio y la poligamia (Véanse Mc. 10, 2-12, y Lc. 16, 18). Sobre Mt. 5, 32, véase comentario.

TRATO SOCIAL CON LOS PAGANOS

Sobre las carnes inmoladas a los ídolos

8 [1] Acerca de las carnes sacrificadas a los ídolos sabemos, –por
que todos tenemos ciencia–. La ciencia hincha, mas la caridad
edifica. [2] Si alguno se jacta de saber algo, aún no ha entendido,
cómo se debe saber; [3] en cambio, si alguno ama a Dios, este es
conocido por El. [4] En cuanto a la comida de las carnes sacrificadas
a los ídolos, nosotros sabemos que nada es el ídolo en el mundo, y
que no hay más Dios que uno solo. [5] Y, en realidad, aunque haya
algunos llamados dioses, ya en el cielo, ya en la tierra –del mismo
hay muchos dioses y muchos señores–; [6] mas para nosotros no hay
más que un solo Dios, el Padre del cual todas las cosas provienen y
nosotros somos para El; y un solo Señor Jesucristo, por quien son
todas las cosas y nosotros también por El.

No escandalizar a los débiles

[7] Mas no todos tienen esta ciencia. Pues, algunos en el modo
con que hasta ahora consideran a los ídolos, comen esta carne
como sacrificada a los ídolos, y su conciencia que es débil queda
contaminada. [8] Mas no es el alimento, el que nos hará recomendables a Dios, porque ni seremos menos si no comemos, ni seremos
más si comemos. [9] Pero cuidad que este derecho (la libertad que os
tomáis) no sea seducción para los débiles. [10] En efecto, si alguno
viese que tú que tienes ciencia estabas sentado a la mesa en un
templo de ídolos, la conciencia de este que es débil, ¿no será acaso
inducida a comer las carnes sacrificadas a los ídolos? [11] Y así, a

causa de tu ciencia perecerá el débil, aquel hermano, por el cual
Cristo ha muerto. [12] Pecando de este modo contra el hermano e
hiriendo su débil conciencia, vosotros pecáis contra Cristo. [13] Por
lo cual, si el alimento escandaliza a mi hermano, no comeré yo
jamás carne, para no escandalizar a mi hermano.

Ejemplo de abnegación dado por San Pablo

9 [1] ¿No soy yo libre? ¿No soy yo apóstol? ¿No he visto a Cristo
nuestro Señor? ¿No sois vosotros obra mía en el Señor? [2] Si
para otros no soy apóstol, sin embargo para vosotros ciertamente
lo soy, porque vosotros sois en el Señor el sello de mi apostolado.
[3] Esta es mi defensa para los que me acusan. [4] ¿No tenemos noso-
tros derecho a comer y a beber? [5] ¿No tenemos derecho a llevar
con nosotros una mujer hermana, como los demás apóstoles y los
hermanos del Señor y Cefas? [6] ¿O, solo yo y Bernabé no tenemos
derecho a no trabajar? [7] ¿Quién jamás hace el servicio militar a
propias expensas? ¿Quién planta una viña y no come los frutos?
¿Quién apacienta un rebaño y no se alimenta de la leche del reba-
ño?

[8] ¿Hablo yo acaso según el criterio humano, o no dice esto
también la Ley? [9] En efecto, está escrito en la Ley de Moisés: *"No
pondrás el bozal al buey que trilla"* (Deut. 25, 4). ¿Acaso cuida
Dios de los bueyes? [10] ¿O, no habla principalmente por nosotros?
Ciertamente por nosotros ha sido escrito: quien ara debe arar con
esperanza; quien trilla, con la esperanza de tener su participación.

[11] Si nosotros hemos sembrado entre vosotros bienes espiritua-
les, ¿será gran cosa si nosotros recojemos de vosotros bienes
materiales? [12] Y si otros gozan de este derecho sobre vosotros, ¿no
con mayor razón nosotros? Nosotros, sin embargo, no hemos he-
cho uso de este derecho; antes bien, soportamos todo por no poner
obstáculos al Evangelio de Cristo. [13] ¿No sabéis vosotros que, los
que realizan los servicios sagrados, comen de las provisiones del
templo, y los ministros del altar participan de los bienes del altar?
[14] Así también, el Señor ha ordenado a los que anuncian el Evange-
lio, que vivan del Evangelio.

San Pablo no hace uso de sus derechos

[15] Pero yo no he usado de estos derechos, y no escribí esto
con el fin de que se haga así en mí; pues, mejor para mí morir antes

que nadie me despoje de esta alabanza. [16] Si anuncio el Evangelio
no es para mí una gloria, porque es una obligación que pesa sobre
mí, y ¡ay de mí si no predicare el Evangelio! [17] Si hiciera esto
voluntariamente, recibo recompensa; mas si lo hago forzado, es
desempeñar un cargo que me ha sido confiado. [18] ¿Cuál, pues, es
mi recompensa? *(¿en qué cosa está mi mérito?)* Está en predicar
gratuitamente el Evangelio que anuncio, en renunciar, a mi dere-
cho (de ser mantenido) en la predicación del Evangelio. [19] En efec-
to, siendo yo libre de todos, me hice esclavo de todos para ganar el
mayor número. [20] Con los judíos me hice como judío, para ganar a
los judíos; con los sujetos a la Ley, como si fuera sujeto a la Ley,
no estando yo bajo la Ley, para ganar a los que están sujetos a la
Ley. [21] Con los que no tienen Ley, me hice como si fuera sin Ley,
no estando sin la Ley de Dios, sino bajo la Ley de Cristo, para
ganar a los que eran sin la Ley. [22] Me hago débil con los débiles,
para ganar a los débiles; me he hecho todo a todos, para salvar de
todos modos algunos, [23] y todo lo hago por el Evangelio para
hacerme partícipe de él.

La lucha del cristiano

[24] ¿No sabéis que los corredores en el estadio corren cierta-
mente todos, mas uno solo obtiene el premio? Corred también
vosotros de tal modo que lo alcancéis; [25] mas todo el que lucha por
el premio, se somete a toda suerte de abstinencia; ellos al fin, para
recibir una corona corruptible; nosotros, en cambio, por una
incorruptible. [26] Yo pues, así corro, mas no como a lo incierto; así
lucho en el pugilato, mas no como quien da golpes en el aire;
[27] sino que maltrato mi cuerpo y lo reduzco a la servidumbre, no
sea que habiendo predicado a los demás, sea yo reprobado.

El ejemplo de los castigos del pueblo de Israel

10 [1] No quiero, pues, hermanos, que vosotros ignoréis que
nuestros padres estuvieron todos bajo la nube y todos atrave-
saron el mar [2] y todos siguiendo a Moisés, fueron bautizados en la
nube y en el mar [3] y todos comieron el mismo alimento espiritual,
[4] y todos bebieron la misma bebida espiritual. Bebían, en efecto, de
una piedra espiritual que los iba siguiendo, y la piedra era Cristo,
[5] mas la mayor parte de ellos no fueron agradables a Dios, porque
fueron tendidos *(muertos)* en el desierto.

[6] Estos hechos, en efecto, acontecieron como en figura para nosotros, para que no codiciemos lo malo, como ellos lo codiciaron. [7] Ni os hagáis idólatras, como algunos de ellos según que está escrito: *"El pueblo se sentó a comer y beber, y se levantaron para divertirse"* (Ex. 32, 6). [8] Ni cometamos fornicación, como hicieron algunos de ellos, y cayeron en un solo día veintitrés mil. [9] Ni tentemos al Señor, como lo tentaron algunos de ellos y perecieron por las serpientes; [10] ni murmuréis, como algunos de ellos murmuraron, y perecieron por el exterminador. [11] Mas todas estas cosas acaecieron a ellos en figura, y han sido escritas para corrección nuestra, que hemos llegado al fin de los tiempos. [12] Por esto, aquel que se cree estar en pie, mire no caiga. [13] No os ha sobrevenido tentación que no sea humana; pues Dios es fiel; El no permitirá que seáis tentados sobre vuestras fuerzas, sino que con la tentación procurará también el éxito para poderla superar.

La idolatría y la mesa del Señor

[14] Por lo cual, queridos míos, huid de la idolatría. [15] Hablo como a personas prudentes. Juzgad vosotros mismos de lo que os digo. [16] El cáliz de bendición que bendecimos, ¿no es acaso una comunión de la sangre de Cristo? [17] Porque uno es el pan, un cuerpo somos la muchedumbre, pues, todos participamos de un solo pan. [18] Mirad al Israel según la carne: los que comen de las víctimas, ¿no son acaso en comunión con el altar? [19] ¿Qué digo, pues? ¿Que lo inmolado a los ídolos es algo? [20] Al contrario digo: que las cosas que los gentiles sacrifican, las sacrifican a los demonios y no a Dios; y no quiero que vosotros entréis en comunión con los demonios. [21] No podéis beber el cáliz del Señor y el cáliz de los demonios, ni podéis participar de la mesa del Señor y de la mesa de los demonios. [22] ¿O queremos inducir al Señor a la ira? ¿Somos acaso más fuertes que El?

[23] "Todo es lícito", pero no todo es conveniente; "todo es lícito"; pero no todo edifica. [24] Ninguno busque la propia ventaja, sino la de los otros. [25] Comed de todo aquello que se venda en el mercado, sin averiguar nada por motivos de conciencia; [26] porque *"del Señor es la tierra y cuanto en ella se contiene"* (Sal. 23, 1). [27] Si alguno de los infieles os invita y queréis ir, comed de todo lo que os ponga delante, sin averiguar nada por motivos de conciencia;

28 mas si alguno os dice: "Esto es de lo inmolado a los ídolos", no
comáis por miras a aquel que os lo ha advertido y a la conciencia.
29 Por la conciencia, digo, no la propia, sino la del otro. Mas, en
realidad, ¿por qué mi libertad debe ser juzgada por la conciencia
ajena? 30 Si yo con acción de gracias tomo mi parte a la mesa, ¿por
qué debo ser censurado por aquello de que doy gracias?

31 Así, pues, ya comáis, ya bebáis, ya hagáis cualquier cosa,
haced todo para gloria de Dios. 32 No seáis causa de escándalo, ni a
los judíos, ni a griegos, ni a la Iglesia de Dios, 33 así como yo
también me esfuerzo por complacer a todos en todas las cosas, no
buscando mi interés propio, sino el de muchos, para que sean
salvos.

6 *Como en figura.* Lo que sucedió a los israelitas es figura o ejemplo de lo que puede suceder al pueblo cristiano, si éste se aparta de los sacramentos e imita a Israel en sus pecados.

Reuniones litúrgicas: el velo de las mujeres

11 1 Sed imitadores míos, como también yo lo soy de Cristo.
2 Os alabo porque en todas las cosas os acordáis de mí y re-
tenéis las tradiciones tal cual yo os he transmitido. 3 Quiero todavía
que vosotros sepáis que Cristo es la cabeza *(el jefe)* de todo varón
y el varón es cabeza de la mujer y Dios es cabeza de Cristo. 4 Todo
varón que ora o profetiza con la cabeza cubierta, deshonra a su
cabeza; 5 al contrario, toda mujer que ora o profetiza con la cabeza
descubierta, deshonra su cabeza; porque es lo mismo que si fuese
rapada. 6 Si una mujer, pues, no quiere llevar velo, que se corte
también los cabellos; mas si es vergonzoso para una mujer cortarse
el pelo o estar rapada, se cubra con el velo.

7 El varón, en cambio, no debe cubrirse la cabeza porque es
imagen y gloria de Dios, mientras que la mujer es gloria del
hombre. 8 Pues, el varón no procede de la mujer, sino la mujer del
varón. 9 En efecto, no fue creado el varón por causa de la mujer,
sino más bien la mujer por el varón; 10 por eso la mujer debe llevar
sobre la cabeza la potestad a causa de los ángeles. 11 Sin embargo
ni el hombre sin la mujer, ni la mujer sin el hombre en el Señor.
12 Porque como la mujer procede del varón, así también el varón
por medio de la mujer y todo viene de Dios.

13 Juzgad por vosotros mismos, ¿es cosa decorosa que una

mujer ore a Dios descubierta? [14] La misma naturaleza ¿no os ense-
ña acaso que es una deshonra para el varón tener cabellera larga,
[15] mientras que para la mujer es una honra el tenerla larga? Porque
la cabellera le ha sido dada como velo. [16] Mas si alguno gusta de
suscitar discusiones, sepa que nosotros no tenemos tal costumbre,
ni tampoco las iglesias de Dios.

San Pablo reprueba la manera de celebrar los ágapes

[17] Esto, pues, os recomiendo, no alabándoos, porque os reunís
no para provecho, sino para daño vuestro. [18] En primer lugar he
venido a saber que, cuando os reunís en la iglesia hay entre voso-
tros disensiones; y en parte lo creo. [19] Es necesario, en efecto, que
haya escisiones entre vosotros, para que se ponga de manifiesto
cuál de vosotros sois de probada virtud. [20] Cuando os reunís, pues,
en común, no es para comer la cena del Señor, [21] porque cada uno
al tiempo de comer toma su propia cena, y sucede que mientras
uno padece hambre, el otro se embriaga. [22] Pero, ¿no tenéis casa
para comer y beber? o ¿queréis despreciar la Iglesia de Dios y
avergonzar a los que no tienen nada? ¿qué os diré? ¿os alabaré? En
esto no os alabo.

La Eucaristía o ágape cristiano

[23] Yo, en realidad, he recibido del Señor lo que también he
transmitido a vosotros: que el Señor Jesús, la noche en que fue
entregado, tomó el pan [24] y, habiendo dado gracias, lo partió y dijo:
esto es mi cuerpo, que es entregado por vosotros; haced esto en
memoria mía. [25] Así también, después de haber cenado, tomó el
cáliz diciendo: este cáliz es la nueva alianza en mi sangre, haced
esto cuantas veces lo bebáis en memoria mía. [26] Porque cuantas
veces comáis este pan y bebáis este cáliz, anunciáis la muerte del
Señor hasta que venga. [27] De suerte que quien comiere el pan o
bebiere el cáliz del Señor indignamente, será reo del cuerpo y de la
sangre del Señor. [28] Pruébese a sí mismo el hombre, y así coma del
pan y beba del cáliz, [29] porque quien come o bebe sin discernir el
cuerpo del Señor, come y bebe su propia condenación. [30] Por esto
hay entre vosotros muchos débiles y enfermos y mueren bastantes.
[31] Sí, en cambio, nos examinásemos a nosotros mismos, no seríamos juzgados. [32] Mas siendo juzgados por el Señor, somos corregi-
dos para no ser condenados con el mundo.

[33] Así que, hermanos míos, cuando os reunís para comer la cena del Señor, esperaos los unos a los otros. [34] Si alguno tiene hambre, coma en su casa, para que no os reunáis para condenación. Las otras cosas las dispondré cuando vaya.

[27] San Pablo habla de la institución de la Eucaristía, y claramente de la presencia real de Jesucristo en ellas, al decir: "Quien comiere el pan o bebiere el cáliz del Señor indignamente, será reo del cuerpo y de la sangre del Señor". El que se acerque a comulgar debe hacerlo en gracia. Si lo hace en pecado mortal comete un sacrilegio.

LOS CARISMAS ESPIRITUALES

Diversidad, unidad y origen de los carismas

12 [1] Acerca de los dones espirituales, no quiero, hermanos, que seáis ignorantes. [2] Sabéis bien que cuando erais paganos, os dejábais arrastrar tras los ídolos mudos; [3] por esto os hago saber, que ninguno hablando en el Espíritu de Dios, dice: "Anatema sea Jesús"; como ninguno puede decir: "El Señor es Jesús", sino por el Espíritu Santo.

[4] Hay, ciertamente, diversidad de dones, mas el Espíritu es el mismo; [5] y hay diversidad de ministerios, pero uno mismo es el Señor; [6] y hay diversidad de operaciones, pero uno mismo es Dios quien obra en todos. [7] La manifestación del Espíritu es dada a cada uno para la utilidad común. [8] Por el Espíritu, en efecto, a uno le es dado la palabra de sabiduría; a otro la palabra de ciencia, según el mismo Espíritu; [9] a otro la fe, en el mismo Espíritu; a otro el don de las curaciones, en el único Espíritu; [10] a otro el don de obrar milagros; a otro la profecía; a otro, discernimiento de espíritus; a otro, diversidad de lenguas; a otro, interpretación de lenguas. [11] Mas todas estas cosas las obra un solo y mismo Espíritu distribuyendo a cada uno en particular según quiere.

Unidad del Cuerpo Místico

[12] Como el cuerpo es uno solo y tiene muchos miembros, mas todos sus miembros siendo muchos, no son más que un solo cuerpo, así también Cristo. [13] En efecto, nosotros todos para formar un solo cuerpo, hemos sido bautizados en un solo Espíritu, ya judíos, ya griegos, ya siervos, ya libres, y todos hemos bebido de un solo

Espíritu. 14 El cuerpo, en realidad, no es un solo miembro, sino
muchos. 15 Si el pie dijere: porque no soy una mano, yo no soy del
cuerpo, no por esto deja de ser del cuerpo; 16 y si el oído dijere:
porque no soy un ojo, yo no soy del cuerpo, no por eso deja de ser
del cuerpo. 17 Si todo el cuerpo fuera ojo, ¿dónde estaría el oído? Si
fuera, en cambio, todo oído, ¿dónde estaría el olfato? 18 Pero ahora
Dios ha puesto los miembros, cada uno de ellos en el cuerpo, como
ha querido. 19 Mas si todos los miembros fueran un solo miembro,
¿dónde estaría el cuerpo? 20 Mas ahora muchos son los miembros,
pero uno solo es el cuerpo. 21 El ojo no puede decir a la mano: no
tengo necesidad de vosotros. 22 Al contrario, los miembros del
cuerpo, que parecen los más débiles, son mucho más necesarios;
23 y aquellos que estimamos menos honrosos en el cuerpo, los
rodeamos de mayor honor, y los menos honestos los tratamos con
mayor decencia; 24 mientras nuestros miembros honestos no tienen
necesidad. Mas Dios ha dispuesto nuestro cuerpo dando mayor
honor a los miembros que no lo tenían; 25 a fin de que no haya
división en el cuerpo, sino que los miembros tengan el mismo
cuidado los unos por los otros. 26 Así que, si un miembro sufre,
todos los otros miembros sufren con él; si un miembro es honrado,
todos los miembros se regocijan juntamente.

27 Vosotros, pues, sois el cuerpo de Cristo y miembros cada
uno por su parte, 28 y Dios ha establecido algunos en la Iglesia: en
primer lugar, los Apóstoles; en segundo lugar, los profetas; en el
tercero, los doctores; luego los que tienen el don de los milagros, y
después, dones de curar, de auxiliar, de gobernar y de hablar diver-
sas lenguas. 29 ¿Son acaso todos apóstoles, o todos profetas, o todos
doctores, o todos obradores de milagros? 30 ¿Tienen todos acaso
dones de curaciones o todos hablan en lenguas o todos tienen el
don de interpretarlas? 31 Aspirad a los dones más elevados. Y yo os
voy a mostrar un camino más excelente.

El camino perfecto: la caridad

13 1 Aunque yo hablase las lenguas de los hombres y de los án-
geles, si no tengo caridad, vengo a ser como un bronce que
suena o un címbalo que retiñe. 2 Y si tuviese el don de profecía y
conociese todos los misterios y toda la ciencia y tuviese una fe tan
grande que trasladara las montañas, si no tengo caridad, nada soy.

3 Y si distribuyese todos mis bienes y entregase mi cuerpo para ser
quemado, si no tengo caridad, nada me aprovecha.

4 La caridad es paciente, es benigna; la caridad no es envidio-
sa, no se vanagloría, ni se ensoberbece; 5 no hace nada que pueda
escandalizar, no busca su propio interés, no se irrita, no tiene cuen-
ta del mal que recibe, 6 no se goza de la injusticia, mas se alegra
con la verdad, 7 todo lo excusa, todo lo cree, todo lo espera, todo lo
soporta.

8 La caridad nunca se acaba; las profecías, en cambio, tendrán
fin, las lenguas cesarán y la ciencia tendrá término. 9 Porque, par-
cialmente conocemos y parcialmente profetizamos; 10 mas cuando
viniere lo perfecto, desaparecerá todo lo que es parcial. 11 Cuando
era yo niño, hablaba como niño, pensaba como niño, razonaba
como niño; mas cuando llegué a ser hombre, me desprendí de las
cosas propias de niño. 12 Nosotros ahora vemos, en efecto, como
por medio de un espejo, en enigma; mas entonces veremos *(a
Dios)* cara a cara; ahora conozco en parte, mas entonces conoceré
plenamente en la manera que yo también fui conocido. 13 Ahora
permanecen estas tres: la fe, la esperanza y la caridad, pero la
mayor de ellas es la caridad.

Este capítulo es un himno, a la caridad cristiana, la mayor de las virtudes por su excelencia intrínseca y por su duración eterna, mientras que la fe y la esperanza son virtudes temporales.

El don de profecía

14 1 Aspirad a poseer la caridad; pero anhelad los dones espiri-
tuales, preferentemente el de profecía; 2 porque quien habla
en lenguas, no habla a los hombres, sino a Dios; pues ninguno lo
entiende, porque el Espíritu habla misterios. 3 Mas el que profetiza
habla a los hombres para edificación y exhortación y consuelo.
4 Aquel que habla en lenguas se edifica a sí mismo, mas aquel que
profetiza edifica a la Iglesia. 5 Yo deseo que todos vosotros habléis
en lenguas, pero más todavía que profeticéis; porque mayor es el
que profetiza, que el que habla en lenguas, a no ser que las inter-
prete para que la Iglesia reciba edificación.

6 Ahora bien, hermanos, si yo fuera a vosotros hablando en
lenguas, ¿qué os aprovecharía si no os hablase con revelación, o
con ciencia, o con profecía o doctrina? 7 Igualmente las cosas ina-

nimadas, como la flauta o la cítara, si no diesen sonidos distintos,
¿cómo se puede distinguir aquello que ha sonado con la flauta o
con la cítara? [8] Y si la trompeta da un sonido confuso, ¿quién se
preparará para la batalla? [9] Así vosotros si con la lengua no proferís
palabras claras, ¿cómo se conocerá lo que decís? Seríais gente que
habla al viento. [10] Sucede que hay mucha variedad de lenguas en el
mundo, y ninguna sin su sonido propio. [11] Si yo, pues, no compren-
do el significado de los sonidos seré un bárbaro *(un extranjero)*
para aquel que me habla, y el que me habla será un bárbaro para
mí; [12] así también, vosotros que aspiráis a tener los dones del Espí-
ritu, procurad el abundar en ellos para edificación de la Iglesia.

[13] Por lo cual, quien habla en lenguas, ore para tener el don de
interpretar. [14] En efecto, si yo oro en lenguas, mi espíritu ora, mas
mi mente permanece sin fruto, [15] pues, ¿qué hacer? Oraré con el
espíritu, mas también con la mente; cantaré con el espíritu, mas
también con la mente. [16] De otro modo, si tú pronuncias palabras
de bendición con el Espíritu, aquel que ocupa el lugar del simple
fiel, ¿cómo dirá "Amén" a tu acción de gracias, ya que no com-
prende lo que tú dices? [17] Tú, a la verdad, das gracias de un modo
excelente; pero el otro no queda edificado. [18] Yo doy gracias a Dios
de que hablo en lenguas más que todos vosotros; [19] pero en la
Iglesia prefiero decir cinco palabras inteligibles para instruir tam-
bién a otros, que diez mil palabras en lenguas.

[20] Hermanos, no seáis niños en el juzgar, sino sed párvulos en
la malicia, y hombres maduros en el juzgar. [21] Está escrito en la
Ley: *"En lenguas extrañas y con labios extranjeros hablaré a este
pueblo, y ni así me escucharán dice el Señor"* (Is. 28,11.12) [22] De
suerte que las lenguas son señal no para los creyentes, sino para los
incrédulos; las profecías, en cambio, lo son no para los que no
creen, sino para los creyentes.

[23] Si, pues, la Iglesia toda se encuentra reunida en un lugar, y
todos hablasen en lenguas, si entran simples catecúmenos o infie-
les, ¿no dirán que estáis locos? [24] Si todos, en cambio, profetizan, y
entra un infiel o un hombre sencillo, es convencido por todos, es
juzgado por todos; [25] las cosas ocultas de su corazón quedarán de
manifiesto, y así, cayendo sobre su rostro, adorará a Dios, procla-
mando que Dios está en medio de vosotros.

Uso de los dones espirituales

26 ¿Qué hemos, pues, de decir, hermanos? Cuando os reunís
cada uno tiene su salmo, una instrucción qué dar, una revelación,
una lengua, una interpretación : hágase todo para edificación. 27 Si
hay quien hable en lenguas, sean cada vez dos o a lo más tres, y
por turno, y que uno interprete; 28 mas sino hay quién interprete,
callen en la Iglesia y hablen consigo y con Dios. 29 En cuanto a los
profetas, hablen dos o tres y los otros juzguen. 30 Si a otro que está
sentado en la asamblea, le fuere revelado algo, el primero se calle,
31 porque podéis de uno en uno profetizar todos, para que todos
aprendan y todos sean consolados. 32 Y los espíritus de los profetas
obedecen a los profetas, 33 puesto que Dios no es un Dios de desor-
den, sino de paz. Como en todas las Iglesias de los santos, 34 las
mujeres en las iglesias callen porque no les es permitido hablar,
sino que están sometidas como dice también la Ley. 35 Mas si quie-
ren aprender algo, pregunten a sus maridos en casa, porque no es
decoroso a una mujer hablar en la iglesia. 36 ¿O es que la palabra de
Dios ha salido de vosotros o a vosotros solos ha sido comunicada?
37 Si uno cree ser profeta o tener los dones del Espíritu, reconozca
que lo que os escribo es mandato del Señor. 38 Mas si alguno lo
desconoce, será él desconocido. 39 Por tanto, hermanos míos, aspi-
rad al don de profecía y no impidáis el hablar en lenguas. 40 Hágase
todo honestamente y con orden.

LA RESURRECCION DE LOS MUERTOS

Cristo realmente resucitó

15 1 Os voy a dar a conocer ahora, hermanos, el Evangelio que
os prediqué y que recibísteis y en el cual habéis perseverado,
2 por el cual sois también salvos, si lo retenéis en el lenguaje mis-
mo que yo os lo prediqué, a no ser que hayáis creído en vano. 3 En
efecto, yo os he transmitido, en primer lugar, aquello que yo mis-
mo he recibido: que Cristo murió por nuestros pecados, según las
Escrituras, 4 y que fue sepultado, y que fue resucitado, según las
Escrituras, al tercer día, 5 que fue visto por Pedro y después por los
doce. 6 Luego fue visto por más de quinientos hermanos a la vez,
de los cuales los más viven todavía, y algunos murieron. 7 Después
fue visto por Santiago, posteriormente por todos los Apóstoles, 8 y

en fin, después de todos, se apareció también a mí, como aun
abortivo. 9 Yo soy, en efecto, el último de los Apóstoles, que no
soy digno de ser llamado apóstol, porque perseguí a la Iglesia de
Dios, 10 mas por la gracia de Dios soy el que soy, y la gracia que
derramó en mí no fue vana; antes bien he trabajado más que todos
ellos; pero no yo, sino la gracia de Dios conmigo. 11 Sea pues, yo,
sean ellos, de este modo predicamos, y así habéis creído.

La resurrección de Cristo es causa de la nuestra

12 Ahora bien, si se predica que Cristo ha resucitado de los
muertos, ¿cómo algunos de vosotros dicen que no hay resurrección
de muertos? 13 Pues si no hay resurrección de muertos tampoco
Cristo ha resucitado. 14 Y si Cristo no ha resucitado, vana, por
tanto, es nuestra predicación, y vana también nuestra fe, 15 y tam-
bién somos hallados falsos testigos de Dios, porque atestiguamos
contra Dios que resucitó Cristo, a quien no resucitó, si es verdad
que los muertos no resucitan; 16 porque si los muertos no resucitan,
tampoco Cristo ha resucitado, 17 y si Cristo no ha resucitado, vues-
tra fe es vana; aún estáis en vuestros pecados; 18 entonces también
los muertos en Cristo, perecieron. 19 Y si sólo en esta vida ponemos
nuestra esperanza en Cristo, somos los más miserables de los hom-
bres.

20 Mas ahora Cristo ha resucitado de entre los muertos, como
primicia de los que murieron. 21 Puesto que por un hombre vino la
muerte, también por un hombre la resurrección de los muertos.
22 Porque como todos mueren en Adán, así todos en Cristo, serán
vivificados; 23 pero cada uno en su propio orden, el primero de
todos Cristo, después los que son de Cristo, en su venida. 24 Des-
pués será el fin, cuando El entregue el reino a Dios Padre, después
de haber destruido toda dominación, toda autoridad y todo poder.
25 Porque es necesario que El reine hasta que haya puesto bajo sus
pies a todos sus enemigos. 26 El último enemigo destruido será la
muerte. 27 Porque *"todo lo ha puesto bajo sus pies"* (Sal. 8,6); mas
cuando dice que todo ha sido sujeto, es claro que queda excepuado
Aquel que ha sujetado todas las cosas a El. 28 Y cuando todo haya
sido sometido a El, entonces también el mismo Hijo se sujetará a
Aquel que le sometió todas las cosas para que Dios sea todo en
todas las cosas. 29 De otro modo, ¿qué lograrán los que se bautizan

también por ellos? 30 Y ¿por qué nosotros nos exponemos a peligros a cada momento?

31 Todos los días, hermanos, os lo aseguro, estoy expuesto a la muerte, tan cierto como que vosotros sois mi objeto de gloria en Jesucristo nuestro Señor. 32 Si en Efeso, por meros motivos humanos, yo luché con las fieras, ¿qué ventaja tuve? Pues si los muertos no resucitan, *"comamos y bebamos que mañana moriremos"* (Is. 22, 13). 33 No os dejéis seducir: "las malas conversaciones corrompen las buenas costumbres". 34 Recapacitad con rectitud y no pequéis: algunos, en efecto, no tienen conocimiento de Dios; lo digo por vuestra vergüenza.

Modo de la resurrección

35 Mas alguno preguntará ¿cómo resucitan los muertos? y, ¿con qué cuerpo vienen a la vida? 36 Necio, lo que tú siembras no es vivificado, si primero no muere. 37 Y lo que siembras no es el cuerpo que ha de ser, sino un desnudo grano, como por ejemplo, de trigo o de alguna otra simiente; 38 Mas Dios le da un cuerpo como quiere, y a cada simiente el cuerpo propio. 39 No toda la carne es la misma carne; sino que una es la de los hombres, otra la carne de los ganados, otra de los volátiles y otra la de los peces. 40 Hay también cuerpos celestes y cuerpos terrestres, mas uno es el esplendor de los celestes y otro el de los terrestres. 41 Otro es el esplendor del sol, otro el esplendor de la luna y otro el esplendor de las estrellas; una estrella, en efecto, se diferencia de otra en el esplendor. 42 Así será también la resurrección de los muertos. Se siembra en corrupción y resucita incorruptible; 43 se siembra despreciable y resucita glorioso; se siembra débil y resucita lleno de fuerza; 44 se siembra un cuerpo animal y resucita un cuerpo espiritual. Si hay cuerpo animal, lo hay también espiritual. 45 Así también está escrito: *"El primer hombre, Adán, fue hecho alma viviente"* (Gén. 2, 7), el último Adán "espíritu vivificante"; 46 pero no es primero lo espiritual, sino lo animal: después lo espiritual. 47 El primer hombre hecho de la tierra, es terrestre; el segundo Cristo viene del cielo, 48 y cual es el terreno tales también los terrestres; y cual es el celeste tales también serán los celestiales, 49 y así como hemos llevado la imagen del hombre terrestre, así llevaremos también la imagen del celestial. 50 Esto, pues, es lo que digo, herma-

nos; que la carne y la sangre no pueden heredar el reino de Dios, ni la corrupción puede poseer la incorrupción.

Ultima transformación y triunfo sobre la muerte

51 He aquí que os digo un misterio: No todos moriremos; pero
todos seremos transformados 52 en un momento, en un abrir y cerrar de ojos, al sonido de la última trompeta, pues sonará la trompeta y los muertos resurgirán incorruptibles y nosotros seremos
transformados. 53 Porque es necesario que esto corruptible se revista de incorrupción, y que esto mortal se revista de inmortalidad.
54 Cuando esto corruptible se haya revestido de incorruptibilidad, y esto mortal se haya revestido de inmortalidad, entonces se cumplirá la palabra que está escrita: *"La muerte ha sido absorbida por la victoria"* (Is. 25, 8). ¡Oh muerte!, ¿dónde está tu victoria? 55 ¡Oh
muerte! ¿dónde está tu aguijón? (Os. 13, 14). 56 Pues, el aguijón de
la muerte es el pecado, y la fuerza del pecado es la Ley. 57 Pero
sean dadas gracias a Dios, que nos da la victoria por el Señor
nuestro Jesucristo. 58 Así pues, amados hermanos míos, manteneos firmes, inconmovibles, siempre abundando en la obra del Señor, sabiendo que vuestro trabajo en el Señor no es vano.

51 *Un misterio: No todos moriremos*, es decir, los amigos de Cristo, los que vivan en gracia el día de la 2.ª venida de Cristo, se librarán de la muerte (Ved. 1 Tes. 4, 13 ss).

Varias cuestiones: la colecta

16 1 Acerca de la colecta para los santos, como lo ordené en las iglesias de Galacia, así también hacedlo vosotros. 2 Cada primer día de la semana, cada uno de vosotros ponga aparte para sí, lo que bien le pareciere, reservándolo, para que no se hagan las colectas cuando yo vaya. 3 Y cuando esté yo ahí, a aquellos, que tuviéreis a bien, los enviaré con cartas para llevar a Jerusalén vuestros obsequios. 4 Y si fuera conveniente que vaya también yo, irán conmigo.

5 Iré, pues, a vosotros después de haber atravesado la Macedonia: porque tengo que pasar por Macedonia. 6 Probablemente me detendré entre vosotros y aún pasaré el invierno, para que vosotros me acompañéis donde quiera que fuese. 7 Pues, no quiero ahora

veros de paso, sino que espero permanecer algún tiempo entre
vosotros, si lo permite el Señor. 8 Me quedaré en Efeso hasta
Pentecostés, 9 porque se me ha abierto una puerta grande y eficaz y
los adversarios son muchos.

10 Si llega Timoteo, procurad que se halle sin timidez en me-
dio de vosotros, porque él trabaja conmigo en la obra del Señor.
11 Que ninguno, pues, lo desprecie, y despedidlo en paz para que
venga a mí, pues lo espero con los hermanos.

12 En cuanto al hermano Apolo, mucho le rogué para que fuese
a vosotros con los hermanos, mas no era en modo alguno esta su
voluntad de llegarse ahora; pero irá cuando tenga oportunidad.
13 Sed vigilantes, manteneos constantes en la fe, obrad varonilmen-
te y sed fuertes. 14 Todo entre vosotros se haga con amor. 15 Os
ruego, pues, hermanos, porque conocéis la casa de Estéfanas, que
es primicia de Acaya, y que se ha consagrado también al servicio
de los santos; 16 que también vosotros os mostréis sumisos a ellos y
a todo el que trabaja y se afana. 17 Yo me regocijo de la venida de
Estéfanas y de Fortunato y de la de Acaico, los cuales han suplido
vuestra falta. 18 En efecto, han tranquilizado mi espíritu y el vues-
tro. Sabed, pues, apreciar a tales personas.

19 Os saludan las iglesias de Asia. Os saludan en el Señor muy
especialmente Aquila y Priscas con la iglesia que está en su casa.
20 Os saludan todos los hermanos. Saludaos los unos a los otros
con el ósculo santo. 21 El saludo es de mi mano: Pablo.

22 Si alguno no ama al Señor, sea anatema. ¡Maranatha! La
gracia del Señor Jesús sea con vosotros. 23 Mi caridad es con todos
vosotros en Cristo Jesús.

SEGUNDA CARTA A LOS CORINTIOS

San Pablo escribió esta carta en Macedonia (2 Cor. 7, 5) y probablemente en Filipos después de la primera y al terminar su tercer viaje apostólico, en vísperas de visitar de nuevo la ciudad de Corinto, sobre el año 57 (Hech. 20, 2). El ha preferido enviarles esta carta antes de su llegada para preparar en ellos efectos saludables.

La carta guarda magnifica unidad y el motivo de la misma fue el "hacerles sabedores de la gran tribulación que pasó en Asia" (1, 8), y así se animasen ellos a consolarse ya que pasaban también, por tribulaciones.

El apóstol hace apología del ministerio apostólico, el cual ayuda a los ministros de Dios a no desfallecer, porque aunque se vayan gastando por Cristo y les toque sufrir mucho "eso momentáneo de nuestra tribulación nos produce un eterno caudal de gloria" (4, 7).

San Pablo, como apóstol, es ministro de reconciliación...

Habla después de la colecta en favor de los cristianos pobres de Jerusalén, cuya libertad debe ser para muchos motivos de emulación... y por fin manifiesta su gozo por la potestad apostólica recibida del Señor para edificación y procura confundir a los que hipócritamente se transfiguran en apóstoles de Cristo imitando a Satanás que se suele transformar en ángel de la luz... pero su fin será conforme a sus obras...

En esta carta se hallan puntos de elevada teología y datos interesantes que revelan quien era San Pablo y el estado de las primitivas iglesias. ¡Qué bellos son los pensamientos, entre otros, el de la esperanza de la gloria en las mansiones celestes, la relación de nuestras penas y trabajos con el premio eterno (4, 16-18; 5, 1-8), la manifestación del juicio final (5, 10), la redención universal (5, 14-19), y la afirmación explícita del dogma de la Santísima Trinidad...

Saludos y consuelos de Dios

1 [1] Pablo, apóstol de Jesucristo, por la voluntad de Dios y Timo-
teo, el hermano, a la iglesia de Dios que está en Corinto, con
todos los santos que están en toda la Acaya: [2] A vosotros la gracia
y la paz de parte de Dios, nuestro Padre y del Señor Jesucristo.
[3] Bendito sea el Dios y Padre de nuestro Señor Jesucristo, el
Padre de las misericordias y Dios de toda consolación, [4] que nos
consuela en todas nuestras tribulaciones, para que nosotros poda-
mos consolar a los que se encuentran en cualquier tribulación, por
medio de aquella consolación con que nosotros mismos somos
consolados por Dios. [5] Porque como abundan en nosotros los sufri-
mientos de Cristo, así por Cristo abunda también nuestra
consolación. [6] Si, pues, nosotros somos afligidos, es para vuestra
consolación y salvación; si somos consolados es para vuestra con-
solación, que se manifiesta eficaz en la paciencia de los mismos
padecimientos que sufrimos también nosotros. [7] Y nuestra esperan-
za en vosotros es firme, sabiendo que así como sois partícipes de
los padecimientos, así también de las consolaciones. [8] Pues no que-
remos, hermanos, que vosotros seáis ignorantes acerca de la tribu-
lación que nos sobrevino en Asia, porque fuimos agobiados en
exceso sobre nuestras fuerzas; tanto que nosotros dudábamos en
extremo vivir todavía; [9] pero nosotros sentimos dentro de nosotros
mismos la sentencia de la muerte, para que no estemos confiados
en nosotros mismos sino en aquel Dios que resucita a los muertos,
[10] el cual nos libró de una inminente muerte y nos librará; en quien
confiamos que nos librará también en adelante, [11] cooperando tam-
bién vosotros en favor nuestro con la plegaria; a fin de que la
gracia que redundó en nosotros por la plegaria de muchos, sea
ocasión para que muchos den gracias por nosotros.

Sinceridad del apóstol y cambio de itinerario

[12] Nuestra gloria, en efecto, es esta; el testimonio de nuestra
conciencia, porque nosotros hemos vivido en el mundo, y princi-
palmente entre vosotros con la santidad y la sinceridad de Dios; no
con la sabiduría carnal, sino con la gracia de Dios, [13] pues, no os
escribimos otras cosas que las que leéis o ya entendéis, y espero
que lo comprenderéis hasta el fin, [14] –como en parte nos habéis ya

conocido– que somos vuestra gloria, como vosotros también seréis
la nuestra en el día de nuestro Señor Jesús.
15 Con esta persuación yo quise ir primero a vosotros a fin de
que vosotros tuviéseis una segunda gracia, 16 y pasar a Macedonia a
través de vosotros y desde Macedonia volver de nuevo a vosotros
y por vosotros ser encaminado hacia Judea. 17 Al proponerme,
pues, esto, ¿acaso fue obrado con ligereza? ¿O lo que yo me pro-
pongo, según la carne me propongo, de manera que haya en mí el
sí y el no? 18 Más fiel es Dios, que nuestra palabra, la propuesta a
vosotros no es a un mismo tiempo sí y no. 19 Porque el Hijo de
Dios, Jesucristo, el que por nosotros fue predicado entre vosotros,
por mí y por Silvano y Timoteo, no fue sí y no, sino que el sí en El
se ha verificado. 20 Pues, cuantas promesas hay en Dios, tienen en
El el sí, por lo cual también por El decimos "Amén" a Dios para
darle gloria por medio de nosotros. 21 Y el que nos hace firmes en
Cristo juntamente con vosotros y el que nos ungió, es Dios, 22 el
que también nos ha sellado y nos dio las arras del Espíritu en
nuestros corazones.
23 Yo, pues, invoco a Dios, como testigo sobre mi alma, que si
no he ido antes a Corinto ha sido por miramiento a vosotros. 24 Por-
que no queremos imponer dominio sobre vuestra fe, sino que que-
remos cooperar a vuestro gozo por vuestra firmeza en la fe.

Objeto de esta carta

2 1 Yo he hecho este propósito: el no volver a visitaros con
tristeza; 2 porque si yo os entristezco a vosotros, ¿quién será el
que a mí me alegre, sino aquel que ha sido por mi contristado? 3 Y
os escribí esto mismo, para que al ir no reciba tristeza de parte de
quienes debieran serme motivo de alegría, confiando en todos vos-
otros que mi alegría es la de todos vosotros. 4 Porque os escribí en
medio de una gran aflicción y angustia de corazón con muchas
lágrimas, no para entristeceros sino para haceros conocer el grandí-
simo amor que siento por vosotros.

San Pablo perdona al incestuoso

5 Si alguno ha causado tristeza, no me la ha causado a mí, sino

en parte –para no exagerar– a todos vosotros. [6] Bástele a este tal
esta corrección hecha por los más, [7] de suerte que, por el contrario,
lo debéis más bien perdonar y consolar, no sea que este hombre
sea abatido por la excesiva tristeza. [8] Por lo cual os exhorto a ratifi-
car para con él vuestra caridad, [9] pues, para esto mismo os escribí,
para conocer por experiencia de vosotros, si sois obedientes en
todo. [10] Pues, a quien vosotros algo perdonéis, yo también. Y, en
efecto, lo que yo he perdonado, si algo he perdonado, ha sido por
amor a vosotros en la persona de Cristo, [11] a fin de que Satanás no
nos lleve ventaja a nosotros con engaño, pues no ignoramos sus
perversas intenciones.

Pablo de Tróade a Macedonia

[12] Y habiendo ido a Tróade para predicar el Evangelio de Cris-
to, y habiéndoseme abierto una puerta en el Señor, [13] no tuve repo-
so para mi espíritu, por no haber encontrado a Tito, mi hermano,
sino que despidiéndome de ellos partí para Macedonia. [14] Pero gra-
cias a Dios, que continuamente nos hace triunfar en Cristo y nos
pone de manifiesto en todo lugar la fragancia de su conocimiento;
[15] porque somos para Dios el buen olor de Cristo entre los que se
salvan y entre los que se pierden: [16] para los unos, olor de muerte
para muerte; para los otros olor de vida, para vida. Y para esta gran
misión, ¿quién es idóneo? [17] En efecto, nosotros no somos como
muchos que falsean la palabra de Dios, sino que la predicamos
como es en su pureza, como viene de Dios, delante de Dios, en
unión con Cristo.

Grandeza del ministerio apostólico

3 [1] ¿Comenzamos a recomendarnos de nuevo a nosotros mis-
mos? ¿o es que tenemos necesidad, como algunos, de cartas de
recomendación para vosotros o de parte vuestra? [2] Nuestra carta
sois vosotros, escrita en nuestros corazones, conocida y leída por
todos los hombres, [3] siendo bien manifiesto que sois una carta de
Cristo, redactada por nosotros sus ministros y escrita no con tinta,
sino con el Espíritu de Dios vivo, no en tablas de piedra, sino en
tablas que son vuestros corazones de carne.

[4] Y tal confianza para con Dios la tenemos por Cristo, [5] no
porque de nuestra parte seamos capaces de pensar algo como de

nosotros mismos, sino que nuestra suficiencia nos viene de Dios,
6 el cual nos ha hecho también capaces de ser ministros del Nuevo
Testamento, no de la letra, sino del espíritu; porque la letra mata,
mas el espíritu da vida.
7 Pues, si el ministerio de la muerte, grabado con letras sobre
las piedras, fue con tal gloria, que los hijos de Israel no podían fijar
la mirada en el rostro de Moisés, a causa de la gloria *(esplendor)*
de su rostro, que era perecedera, 8 ¿cómo no ha de ser de mayor
gloria el ministerio del espíritu? 9 Si, en efecto, fue glorioso el
ministerio de la condenación, mucho más abunda en gloria el mi-
nisterio de justicia. 10 En realidad, lo que fue glorioso en aquel
ministerio, no fue glorificado propiamente por lo que respecta a
esta gloria que lo superó. 11 Si, pues, lo que iba a ser abolido *(tran-
sitorio)*, fue con gloria, mucha más gloria tendrá lo que es durade-
ro.

El velo de Moisés y la libertad del apóstol

12 Teniendo, por lo tanto, una tal esperanza, nosotros hablamos
con grande libertad, 13 y no como Moisés, que ponía un velo sobre
su rostro, para que los hijos de Israel no fijasen sus ojos en el
término de lo que era perecedero, 14 pero sus inteligencias fueron
embotadas, porque aquel velo permanece hasta el día de hoy en la
lectura del Antiguo Testamento, no siendo alzado, porque solo en
Cristo es descubierto. 15 Mas hasta el día de hoy, siempre que es
leído Moisés, un velo permanece sobre sus corazones; 16 *"mas
cuando Israel se convierta al Señor, el velo será quitado"* (Ex. 34,
34). 17 Y el Señor es Espíritu, y donde está el Espíritu del Señor,
allí la libertad. 18 Mas nosotros todos con el rostro descubierto,
mirando como en un espejo la gloria del Señor, somos transforma-
dos en la misma imagen de gloria en gloria, como del Señor que es
Espíritu.

[3] *Una carta de Cristo.* Aquellos cristianos eran como carta dictada por Cristo y escrita por San Pablo en virtud de la predicación evangélica. El amor tan grande que les tenía hacía que los llevase escritos en su corazón.

Sinceridad del apóstol en su ministerio

4 1 Por esto no decaemos de ánimo, teniendo este ministerio, que
misericordiosamente nos ha sido confiado; 2 antes bien, repu-
diamos toda conducta vergonzosa y solapada, no procediendo con

astucia, ni falsificando la palabra de Dios, sino que nos recomen-
damos a nosotros mismos, con la manifestación de la verdad a toda
humana conciencia en presencia de Dios. 3 Y si nuestro Evangelio
permanece todavía cubierto con un velo, lo está solo cubierto para
los que se pierden, 4 en los cuales el Dios de este siglo cegó las
inteligencias de los incrédulos para que no brille en ellos el esplen-
dor del Evangelio de la gloria de Cristo, que es la imagen de Dios.
5 Porque no nos predicamos a nosotros mismos, sino a Jesucristo
como Señor, y a nosotros como siervos vuestros por Jesús; 6 por-
que Dios, que dice: *"De las tinieblas brillará la luz"* (véase Gén.
1, 3), es el que brilló en nuestros corazones para iluminación del
conocimiento de la gloria de Dios en la faz de Jesucristo.

Tesoro divino en vasos de barro

7 Mas nosotros tenemos este tesoro en vasos de barro a fin de
que se comprenda que la excelencia de la virtud es de Dios y no
proviene de nosotros. 8 Somos atribulados en todo, mas no abati-
dos; perplejos, mas no desesperados; 9 perseguidos, mas no aban-
donados; derribados, mas no destruidos; 10 llevamos siempre en
nuestro cuerpo los sufrimientos de Jesús muriente, a fin de que
también la vida de Jesús se manifieste en nuestro cuerpo, 11 porque
nosotros, los que vivimos, estamos de continuo entregados (ex-
puestos) a la muerte por causa de Jesús, para que también la vida
de Jesús sea manifestada en nuestra carne mortal; 12 de suerte, que
en nosotros obra la muerte, y en vosotros la vida.

Consuelo en los sufrimientos

13 Mas teniendo nosotros el espíritu de fe, según lo escrito:
Creí, por eso hablé (S. 116, 10), nosotros también creemos y por
eso hablamos, 14 sabiendo que el que ha resucitado al Señor Jesús,
nos resucitará también a nosotros con Jesús y nos pondrá con
vosotros a su lado. 15 Todo esto, en efecto, es para bien de vosotros,
a fin de que la gracia, multiplicándose, acreciente en los más la
acción de gracias para gloria de Dios. 16 Por lo cual no decaemos,
de ánimo, sino que, aun cuando nuestro hombre exterior se va
deshaciendo, el interior, por el contrario, se renueva de día en día.
17 En verdad, lo momentáneo y ligero de nuestra tribulación nos
ganará un superabundante e incalculable peso *(caudal)* eterno de

gloria; 18 no fijando nuestros ojos en las cosas que se ven, sino en
las que no se ven; porque las que se ven son temporales, mas las
que no se ven, son eternas.

7 El tesoro divino en "vasos de barro" es el ministerio y la gracia del apostolado. El apóstol es vaso frágil, hombre débil, portador de las grandes riquezas del Evangelio... El apóstol "cree" en el Evangelio y por eso "habla", *lo anuncia* con tanta lucha y perseverancia.

La esperanza de la mansión eterna

5 1 Sabemos, en efecto, que si nuestra casa terrena, que es una
tienda, se deshace; nosotros tenemos un edificio que es obra de
Dios, una morada eterna que no ha sido construida por la mano del
hombre y que está en el cielo. 2 Y en verdad mientras estamos en
esta tienda *(o actual cuerpo)* gemimos anhelando sobrevestirnos de
nuestra celestial habitación, 3 con tal que seamos hallados vestidos
y no desnudos. 4 Y, realmente, los que estamos en esta tienda,
gemimos agobiados, porque no queremos ser despojados, sino so-
brevestidos, a fin de que lo que es mortal sea absorbido por la vida.
5 Y Dios es el que nos ha formado para esto mismo, dándonos las
arras del Espíritu. 6 Por eso, nosotros estamos siempre llenos de
confianza, sabiendo que mientras vivimos en el cuerpo somos pe-
regrinos lejos del Señor, 7 porque caminamos por la fe y no por
visión. 8 Sin embargo, confiamos y nos complacemos mucho más
en salir de este cuerpo, para poner nuestra morada *(para vivir)*
junto al Señor. 9 Por esto ambicionamos, ya presentes, ya expatria-
dos, serle agradables. 10 Pues, es necesario que todos nosotros com-
parezcamos delante del tribunal de Cristo, para que cada uno ob-
tenga la recompensa de lo que haya hecho mientras era en su
cuerpo, ya sea bueno, ya sea malo.

La conducta de San Pablo

11 Sabiendo, pues, lo que es el temor del Señor, tratamos de
persuadir a los hombres; pues, a Dios le somos bien patentes, y
espero también que lo seamos a vuestras conciencias. 12 No es que
pretendamos recomendarnos de nuevo a vosotros, sino que os esta-
mos dando ocasión para gloriaros en nosotros, a fin de que tengáis
que responder a aquellos que se glorían en el exterior y no en el
corazón; 13 porque si somos locos, es por Dios; si somos sensatos,
es por vosotros.

[14] El amor de Cristo, en verdad, nos apremia cuando pensamos esto: que uno (El solamente) murió por todos; luego todos son muertos en El; [15] y murió por todos, para que los que viven, no vivan ya para sí mismos, sino para aquel que murió y resucitó por ellos. [16] De suerte que nosotros desde ahora a ninguno conocemos según la carne, ahora ya no lo conocemos así. [17] De modo que si uno es en Cristo, él es una nueva criatura: las cosas viejas pasaron; he aquí que se han hecho nuevas.

[18] Y todo esto es obra de Dios, que nos ha reconciliado con El mismo por medio de Cristo y nos ha confiado el ministerio de la reconciliación, [19] como que Dios estaba en Cristo reconciliando al mundo consigo mismo, no tomándoles en cuenta sus pecados, y poniendo en nosotros el mensaje de la reconciliación. [20] Nosotros, pues, somos embajadores en lugar de Cristo, como si Dios exhortase por medio de nosotros. Os suplicamos en nombre de Cristo: ¡reconciliaos con Dios! [21] Al que no conoció pecado, lo hizo pecado en favor nuestro, para que nosotros fuéramos justicia de Dios en El.

[1] Nuestro cuerpo es llamado una "casa" y una "tienda" con relación al alma que lo habita...

La vida apostólica y sus azares

6 [1] Y ya que nosotros somos sus cooperadores, a vosotros os exhortamos a no recibir en vano la gracia de Dios. [2] Porque El dice: *"En el tiempo propicio te he escuchado, y en el día de la salvación, te he socorrido* (Is. 49, 8). He aquí ahora el tiempo propicio, he aquí el día de salvación. [3] No demos en nada motivo alguno de escándalo, para que no sea vituperado nuestro ministerio, [4] sino que en todo aparezcamos como ministros de Dios, en mucha paciencia, en tribulaciones, en necesidades, en angustias, [5] en azotes, en prisiones, en tumultos, en fatigas, en vigilias, en ayunos; [6] en pureza, en ciencia, en longanimidad, en benignidad, en Espíritu Santo, en una caridad no fingida, [7] en palabras de verdad, en poder de Dios, por las armas de la justicia, las de la derecha y las de la izquierda *(ofensivas y defensivas)*; [8] en honra y deshonra; en buena y mala reputación; como seductores, siendo veraces; [9] como desconocidos, siendo bien conocidos; como moribundos, en tanto que estamos vivos; como castigados, aunque no muertos; [10] como tris-

tes, mas siempre alegres; como pobres, pero enriqueciendo a mu-
chos; como no teniendo nada, aunque lo poseemos todo.
11 Nuestra boca se ha abierto para vosotros, oh corintios, nues-
tro corazón se ha ensanchado. 12 vosotros no estáis apretados den-
tro de nosotros, sino que vosotros sois los que estáis apretados en
vuestras entrañas. 13 Mas para tener la misma remuneración –hablo
como a hijos–, ensanchaos también vosotros.

Prevención sobre los paganos

14 No queráis ser conducidos bajo un mismo yugo con los
infieles, porque, ¿qué hay de común entre la justicia y la
iniquidad? 15 O ¿qué concordia entre Cristo y Belial? O, ¿qué parte
del fiel con el infiel? 16 ¿Qué acuerdo entre el templo de Dios y el
de los ídolos? Pues, nosotros somos el templo de Dios vivo, según
aquello que dijo Dios: *"Habitaré en ellos y entre ellos andaré, yo
seré su Dios y ellos serán mi pueblo"* (Lev. 26, 12; Ez. 37, 27).
17 Por esto *"salid de en medio de ellos y separaos, dice el Señor.
No toquéis lo impuro y yo os acogeré,* 18 *y seré para vosotros
Padre, y vosotros seréis para mí hijos e hijas"* , dice el Señor
omnipotente (Is. 52, 11; Jer. 31, 9; 2 Sam. 7, 14; Os 1, 10).

Gran satisfacción y gozo de San Pablo

7 1 Teniendo, pues, tales promesas, purifiquémonos, oh carísi-
mos, de toda mancha de la carne y del espíritu, llevando a cabo
la obra de la santificación en el temor de Dios. 2 Hacednos lugar en
vuestros corazones. A nadie hemos hecho agravio, a nadie hemos
perjudicado, a nadie hemos explotado. 3 No lo digo para condena-
ros, pues, ya antes os he dicho que vosotros estáis en nuestro
corazón, unidos para la vida y para la muerte, 4 y yo tengo con
vosotros gran confianza y mucha razón para gloriarme de vosotros;
estoy lleno de consolación, reboso de alegría en medio de todas
nuestras tribulaciones.
5 Porque llegados nosotros a Macedonia, nuestra carne no ha
tenido ningún reposo, sino que hemos padecido toda suerte de
tribulaciones; por fuera luchas; por dentro temores; 6 mas Dios que
consuela a los humildes, nos consoló también a nosotros con la
llegada de Tito; 7 y no sólo con su llegada, sino también con el
consuelo con que él fue consolado por vosotros; al referirnos vues-

tra ansia, vuestro llanto, vuestro celo por mí, de suerte que mi
contento ha sido todavía mayor.

Alegría de San Pablo por los frutos de su carta precedente

8 Porque, aunque os entristecí con aquella carta, no me pesa, y
aun cuando me pesaba –pues veo que aquella os entristeció, aun-
que por breve tiempo– 9 ahora me alegro, no de que os hayáis
entristecido, sino de que os entristecísteis para arrepentimiento. Os
habéis, pues, en efecto, entristecido según Dios, para no recibir
ningún daño de nuestra parte, 10 porque la tristeza que es según
Dios, causa arrepentimiento, que no pesa porque es para salvación;
en cambio, la tristeza del mundo causa muerte.
11 He aquí, en efecto, que esto mismo que os entristeció según
Dios, ¡cuánta solicitud ha producido en vosotros! y también ¡cuán-
ta defensa, cuánta indignación, cuánto temor, cuánto deseo, cuánto
celo, cuánta venganza! En todo habéis demostrado que sois ino-
centes en aquel hecho. 12 Así pues, aunque os escribí, no fue a
causa del que cometió la injuria, ni a causa de quien la recibió,
sino para que vuestra solicitud por nosotros se haga patente entre
vosotros delante de Dios.

Nueva consolación

13 Por eso nos hemos consolado. Y en nuestra consolación nos
hemos sobrealegrado mayormente por el gozo de Tito, porque su
espíritu fue confortado por todos vosotros. 14 Porque, si algo me
glorié de vosotros con él, no quedé avergonzado; sino que así
como en todas las cosas os hemos dicho la verdad, así también
nuestros encomios hechos de vosotros ante Tito fueron verdaderos.
15 Y su entrañable afecto para con vosotros es grandísimo al recor-
dar la obediencia de todos vosotros y cómo lo recibísteis con temor
y temblor. 16 Me alegro porque en todo tengo confianza con voso-
tros.

Generosidad de las iglesias de Macedonia

8 1 También queremos haceros conocer, hermanos, la gracia que
Dios ha otorgado a las iglesias de Macedonia; 2 porque en me-
dio de la gran prueba de la tribulación, la abundancia de su alegría
y su grandísima pobreza han sobreabundado en las riquezas de su

generosidad. [3] Porque según sus fuerzas, yo doy fe, y aun sobre sus fuerzas fueron espontáneos en dar, [4] suplicándonos con mucha insistencia la gracia de participar en este ministerio a favor de los santos, [5] y no sólo han contribuido como nosotros esperábamos, sino que se han entregado a sí mismos, primero al Señor y después a nosotros por la voluntad de Dios, [6] por lo que nosotros rogamos a Tito que, así como comenzó, de la misma manera lleve a cabo también entre vosotros esta gracia.

[7] Pero así como abundáis en todo, en la fe, en la palabra, en la ciencia, en toda solicitud y en vuestro amor hacia nosotros, así también abundad en esta gracia.

[8] NO digo esto como un mandato, sino para poner a prueba por la solicitud de otros lo auténtico de vuestra caridad. [9] Pues, conocéis bien la gracia de nuestro Señor Jesucristo que, siendo rico, se hizo pobre por vosotros a fin de que vosotros os enriquezcáis con su pobreza. [10] Y que empezasteis antes que otros a poner por obra y a querer la colecta desde el año anterior. [11] Ahora, pues, llevad a término la ejecución de la obra, a fin de que como fue la prontitud en el querer, así también el perfeccionarla, conforme a vuestras facultades. [12] Si existe, en efecto, prontitud de voluntad, es bien acogida conforme a lo que uno tiene, no en razón de lo que no tiene. [13] No se trata, pues, de que haya para otros holgura y para vosotros estrechez, sino por razón de igualdad; [14] que en las presentes circunstancias vuestra abundancia supla su indigencia, para que a su vez, su abundancia supla la indigencia vuestra, de manera que haya igualdad, [15] según está escrito: *Quien recogió mucho, no tuvo más, y quien poco, no tuvo menos* (Ex. 16, 18).

Los delegados de la colecta

[16] Sean dadas gracias a Dios que ha puesto en el corazón de Tito el mismo cuidado para con vosotros; [17] porque no solo acogió nuestra exhortación, sino que teniendo él mayor solicitud, por propia iniciativa partió hacia vosotros, [18] y con él enviamos al hermano, cuyo elogio en la predicación del Evangelio, se oye por todas las iglesias; [19] y no solo esto, sino que también fue elegido por las iglesias como compañero de viaje en esta obra de caridad, administrada por vosotros para gloria del mismo Señor y para satisfacer nuestra prontitud de ánimo.

20 Lo hemos dispuesto así para que ninguno nos vitupere res-
pecto a esta abundante colecta, administrada por nosotros; 21 pues,
procuramos hacer el bien no solo ante Dios, sino también ante los
hombres.
22 Con ellos enviamos también a nuestro hermano, a quien
hemos experimentado solícito muchas veces en muchas ocasiones,
y ahora mucho más solícito por la grande confianza que tiene en
vosotros. 23 En cuanto a Tito, él es mi compañero y colaborador
entre vosotros; en cuanto a nuestros hermanos, ellos son los envia-
dos de las iglesias, gloria de Cristo. 24 Dadles, pues, la prueba de
vuestro amor y de nuestra gloria por vosotros a la faz de las igle-
sias.

Preparativos para las colectas

9 1 No es necesario que yo os escriba respecto a este ministerio
en favor de los santos, 2 conozco, en efecto, vuestra prontitud
de ánimo, de la cual me glorío de vosotros entre los de Macedonia,
porque Acaya está ya preparada desde el año pasado y vuestro celo
ha estimulado a muchos. 3 A pesar de esto, envié a los hermanos
para que nuestro encomio acerca de vosotros no resulte vano en
este punto, y para que, como decía, estéis apercibidos; 4 no sea que
si viniesen conmigo macedonios y os encontrasen desprevenidos,
tengamos nosotros, por no decir vosotros, que avergonzarnos en
este asunto. 5 He creído, pues, rogar a los hermanos, para que con
anticipación fuesen a vosotros y preparasen de antemano vuestra
bendición ya prometida, de suerte que esté a punto como bendición
y no como avaricia. 6 Pues, digo esto: quien siembra con mezquin-
dad, con mezquindad cosechará, y el que siembra copiosamente,
copiosamente recogerá. 7 Cada uno obre según ha determinado en
su corazón, no de mala gana o por fuerza, porque "al dador alegre
ama Dios". 8 y Dios puede hacer que abunden en vosotros toda
clase de gracias para que teniendo siempre y en todo lo suficiente,
sobreabundéis en toda obra buena, 9 como está escrito: *"Repartió
liberalmente, dio a los pobres: su justicia permanece eternamen-
te"* (S. 111, 9).

Frutos temporales y espirituales de la limosna

10 El que suministra simiente al sembrador y el pan para co-
mer, suministrará y multiplicará vuestro sembrado y acrecentará

los frutos de vuestra justicia; 11 enriquecidos en todo para toda ge-
nerosidad, la cual produce por nuestro medio acción de gracias a
Dios.

12 Porque el ministerio de este servicio no sólo remedia las
necesidades de los santos, sino que también redunda en múltiples
acciones de gracias a Dios. 13 Por la prueba que habéis dado de este
ministerio, ellos glorifican a Dios por la obediencia que vosotros
con que hacéis partícipes de vuestros bienes a ellos y a todos; 4 y
ellos con sus oraciones os corresponden manifestando el vivo afec-
to que os tienen por la abundancia de gracias que Dios ha derrama-
do sobre vosotros. 15 Sean dadas gracias a Dios por su don inefable.

San Pablo defiende su apostolado

10 1 Yo mismo Pablo, os ruego por la mansedumbre y la benig-
nidad de Cristo, yo, que presente entre vosotros soy humil-
de; pero ausente me muestro audaz para con vosotros; 2 os ruego
que cuando esté presente no me vea obligado a mostrarme enérgi-
co con la confianza que pienso resueltamente obrar con algunos
que piensan que nosotros caminamos según la carne. 3 Pues, si bien
caminamos en carne; mas no militamos según la carne, 4 porque las
armas de nuestra milicia no son carnales, sino poderosas en Dios,
para ruina de fortalezas, destruyendo razonamientos 5 y toda altivez
que se levanta contra el conocimiento de Dios y sometiendo toda
inteligencia a la obediencia de Cristo, 6 y estando dispuesto a casti-
gar toda desobediencia, cuando vuestra obediencia sea perfecta.

7 Vosotros miráis las cosas según aparecen a la vista. Si alguno
presume de sí que es de Cristo, piense de nuevo esto consigo
mismo: porque como él es de Cristo, así lo somos también
nosotros, 8 y aunque me gloriase todavía un poco más de la autori-
dad que el Señor nos ha dado para vuestra edificación y no para
vuestra ruina, no me avergonzaré. 9 Y para que nadie juzgue como
si quisiera yo intimidaros con las cartas, –10 porque hay quien dice
que "las cartas son graves y fuertes; mas la presencia del cuerpo
débil y la palabra despreciable"–, 11 ese tal sepa esto: que cuales
somos con las palabras por carta, estando ausentes, tales seremos
también con los hechos, estando presentes.

12 Ciertamente, nosotros no osamos igualarnos y ni compararar-
nos con algunos de aquellos que así mismos se recomiendan, sino

que midiéndose en su interior a sí mismos y haciendo la compara-
ción interiormente consigo mismos, muestran no tener inteligencia.
13 Mas nosotros no nos gloriaremos desmedidamente, sino según la
medida que Dios nos señaló, para llegar también hasta vosotros.
14 en realidad, nosotros hemos llegado los primeros hasta vosotros
en la predicación del Evangelio de Cristo, porque no nos extralimi-
tamos como si no llegáramos a vosotros. 15 Pues, no gloriándonos
desmedidamente en trabajos ajenos, tenemos la esperanza que
acreciente vuestra fe, seremos engrandecidos sobremanera entre
vosotros, según nuestra regla, 16 hasta llegar a predicar el Evange-
lio más allá de vosotros, sin gloriarnos en regla ajena por cosas ya
preparadas, 17 pues, *el que se gloría, gloríese en el Señor*" (Jer. 9,
24), 18 porque no es aprobado el que se recomienda a sí mismo,
sino aquel que el Señor recomienda.

Pablo enfrente de sus adversarios

11 1 ¡Ojalá me soportéis un poco mi locura! Pero sí,
¡soportádmela! 2 Porque celoso estoy de vosotros con el celo
de Dios, pues, os desposé a un solo varón, para presentaros a
Cristo como una virgen pura. 3 Pero temo que, como la serpiente
sedujo a Eva con su astucia, así vuestros pensamientos se corrom-
pan y pierdan su simplicidad y pureza respecto a Cristo, 4 porque si
alguno viene a predicar un Jesús diferente que el que predicamos,
o recibís otro espíritu que el que recibísteis, u otro Evangelio, que
el que abrazásteis, bien lo soportaríais; 5 sin embargo, yo estimo
que en nada soy inferior a esos super apóstoles. 6 Y aunque soy
inculto en el lenguaje, mas no en la ciencia, pues, de todas maneras
y en todo lo hemos demostrado entre vosotros.

Desinterés de San Pablo

7 O, ¿acaso cometí un pecado humillándome a mí mismo para
ensalzaros a vosotros cuando gratuitamente os prediqué el Evange-
lio de Dios? 8 A otras iglesias despojé recibiendo estipendio de
ellas para serviros a vosotros, y 9 estando entre vosotros y hallán-
dome en la necesidad a nadie fui gravoso, porque mi necesidad la
remediaron los hermanos que vinieron de Macedonia, y en todo
me guardé y me guardaré de seros gravoso. 10 Por la verdad de

Cristo que está en mí, esta gloria no me será quitada en las regio-
nes de Acaya. [11] ¿Por qué? ¿Porque no os amo? Dios lo sabe;
[12] mas lo que hago, lo seguiré haciendo para estorbar toda ocasión
a los que buscan ocasiones, con el fin de aparecer semejantes a
nosotros en aquello de que se glorían, [13] porque esos tales son fal-
sos apóstoles, obreros engañosos, que se transfiguran en apóstoles
de Cristo, [14] y no es de admirar, pues, el mismo Satanás se transfi-
gura en ángel de luz. [15] No es, pues, gran cosa que también sus
ministros se disfracen de ministros de justicia, cuyo fin será con-
forme a sus obras.

Trabajos y sufrimientos de San Pablo

[16] Lo repito: que nadie me tenga por un loco; y si no, recibid-
me, aunque sea como loco, para que también yo me gloríe un
poco. [17] Lo que yo hablo, no lo hablo según el Señor, sino que en
locura, en la seguridad de tener de qué gloriarme. [18] Ya que mu-
chos se glorían según la carne, también me gloriaré yo. [19] Siendo,
pues, vosotros sabios, ¡soportad de buena gana a los locos! [20] en
efecto, vosotros soportáis si alguno os hace esclavos, si algúno os
devora, si os apresa, si os trata con arrogancia, si os golpea, si os
hiere en el rostro. [21] Lo digo con vergüenza: como si nosotros hu-
biésemos sido débiles. Todavía en lo que alguien se atreva a jactar-
se –hablo como en locura– también yo me atrevo a jactar. [22] ¿Son
ellos hebreos? También yo. ¿Son israelitas? También yo. ¿Son del
linaje de Abraham? También lo soy yo. [23] ¿Ministros de Cristo?
–hablo como un loco– más lo soy yo; en trabajos, más; en cárceles,
más; en azotes, muchísimos más que ellos; en peligros de muerte,
muchas veces. [24] Cinco veces recibí de los judíos cuarenta azotes
menos uno. [25] Tres veces fui azotado con varas; una vez fui lapida-
do, tres veces naufragué; una noche y un día pasé en el mar; [26] en
caminos, muchas veces, en peligros de ríos, peligros de ladrones,
peligros de parte de los de mi nación, peligros de los gentiles,
peligros en la ciudad, peligros en los desiertos, peligros en el mar,
peligros de los falsos hermanos, [27] en trabajo y fatiga, en vigilias
muchas veces, en hambre y sed, en frecuentes ayunos, en frío y
desnudez. [28] Además de esas cosas exteriores, los cuidados de cada
día, la preocupación por todas las iglesias. [29] ¿Quién desfallece,
que yo no desfallezca? ¿Quién padece escándalo, que yo no arda?

30 Si conviene gloriarse, me gloriaré de mi debilidad. 31 El Dios y
Padre del Señor Jesús, el que es bendecido por los siglos, sabe que
no miento. 32 En Damasco el gobernador del rey Aretas había dis-
puesto guardias en torno a la ciudad de los damascenos para
prenderme, 33 y por una ventana fui descendiendo por el muro en
un cesto, y huí de sus manos.

[5] *Super apóstoles.* San Pablo habla con ironía y no se refiere a los apóstoles Pedro, Santiago y Juan, sino a sus adversarios, los falsos apóstoles (v. 13).

Visiones y revelaciones de San Pablo

12 1 Si es necesario gloriarse, aunque no conveniente, sin em-
bargo vendré a las visiones y a las revelaciones del Señor.
2 Conozco a un hombre en Cristo, el cual, catorce años hace –si en
cuerpo o fuera del cuerpo, no lo sé, Dios lo sabe– que fue arrebata-
do hasta el tercer cielo. 3 Y se que el tal hombre –si en cuerpo o
fuera del cuerpo, no lo se, Dios lo sabe–, 4 fue arrebatado al paraíso
y oyó palabras inefables, que no es dado al hombre poder expresar.
5 Respecto a ese tal me gloriaré, mas respecto a mí, no me
gloriaré, sino en mis debilidades, 6 porque si yo quisiera gloriarme
no sería un loco, pues, diré la verdad; mas me abstengo para que
ninguno se forme de mí un concepto superior a lo que ve en mí y
oye de mis labios. 7 Por esto, para que yo no me engría a causa de
la grandeza de las revelaciones, me ha sido dado en la carne un
aguijón, un ángel de Satanás para que me abofetee, a fin de que no
me ensoberbezca. 8 Tres veces respecto a esto, rogué al Señor, para
que lo alejara de mí; 9 mas El me dijo: "Te basta mi gracia, porque
la fuerza se perfecciona en la debilidad". Muy gustosamente, pues,
me gloriaré preferentemente en mis debilidades a fin de que habite
en mí la fuerza de Cristo. 10 Por eso yo me complazco en las enfer-
medades, en las injurias, en las necesidades, en las persecuciones y
en las angustias por la causa de Cristo, porque cuando estoy débil,
entonces soy potente.

Pruebas del apostolado de San Pablo y su abnegación

11 He hecho el loco: vosotros me forzásteis. Yo, en efecto,
debía ser recomendado por vosotros, porque en nada soy inferior a
aquellos superapóstoles, aunque nada soy. 12 Ciertamente, las prue-

bas del apóstol, se verificaron entre vosotros en toda paciencia, con
señales y prodigios y milagros. 13 Pues, ¿en qué cosa fuisteis infe-
riores respecto a las demás iglesias, sino en que yo mismo no os
fui gravoso? Perdonadme esta injuria.
14 He aquí que esta es la tercera vez que me dispongo ir a
vosotros, y no os seré gravoso, porque yo no busco vuestros bie-
nes, sino a vosotros; porque no deben los hijos atesorar para los
padres, sino los padres para los hijos. 15 Yo, con sumo gusto gasta-
ré de lo mio y seré desgastado enteramente por el bien de vuestras
almas; aunque amándoos con mayor amor, sea yo menos amado.
16 Sea, pues; yo no os fui gravoso, sino que, usando de astucia, os
cogí con engaño. 17 ¿Acaso os he explotado por medio de alguno
de aquellos que os he mandado? 18 Rogué a Tito, y con él mandé al
hermano. ¿Acaso Tito os explotó? ¿No hemos procedido con el
mismo espíritu? ¿No, por las mismas huellas?

Temores del apóstol

19 Hace tiempo creéis que nos venimos defendiendo ante voso-
tros. Nosotros hablamos en Cristo delante de Dios; y todo esto,
carísimos, por vuestra edificación. 20 Temo, en efecto, que, al llegar
yo, no halle a vosotros, cuales quiero, y yo sea encontrado por
vosotros cual no queréis. Temo que haya entre vosotros discusio-
nes, envidias, iras, detracciones, murmuraciones, altanerías,
sediciones; 21 y que al llegar a vosotros, mi Dios me humille por
vuestra causa y tenga que llorar a muchos de los que antes pecaron
y no hicieron penitencia de la impureza y fornicación y libertinaje
que cometieron.

Amenazas y exhortaciones

13 1 Esta es la tercera vez que voy a vosotros. *"Por el testimo-
nio de dos o tres testigos, será firme toda sentencia"* (Deut.
19, 15). 2 Cuando yo estuve presente la segunda vez os lo dije y
ahora ausente lo repito a todos los que antes pecaron y a todos los
demás, que si voy otra vez no perdonaré, 3 ya que buscáis una
prueba de que Cristo habla en mí, el cual no es débil en orden a
vosotros, sino poderoso en medio de vosotros; 4 pues, aunque fue
crucificado por debilidad, vive, en cambio, en virtud del poder de
Dios. Así también nosotros somos débiles en El, pero viviremos

también con El en virtud del poder de Dios en orden a vosotros.
[5] Examinaos vosotros mismos, si estáis en la fe; probaos a vosotros
mismos. O, ¿no conocéis en vosotros mismos que Cristo Jesús está
en vosotros? –A no ser que estéis reprobados–. [6] Espero conoceréis
que nosotros no estamos reprobados.

[7] Y nosotros rogamos a Dios, que no hagáis mal alguno, no
para que aparezcamos nosotros aprobados, sino para que vosotros
hagáis el bien, y nosotros seamos como réprobos; [8] pues, no pode-
mos nada contra la verdad, sino en favor de la verdad. [9] Nosotros,
en efecto, nos alegramos cuando somos débiles y vosotros estáis
fuertes; y esto pedimos: vuestra perfección. [10] Por eso os escribo
estas cosas, mientras estoy ausente, para que cuando esté presente
no tenga que usar de severidad, según la autoridad que el Señor me
ha dado para edificación y no para destrucción.

Conclusión

[11] Por lo demás, hermanos, alegraos, sed perfectos, consolaos,
tened un mismo sentir, conservad la paz, y el Dios del amor y de la
paz será con vosotros. [12] Saludaos mutuamente con el ósculo santo.
Os saludan todos los santos. [13] La gracia del Señor Jesucristo y el
amor de Dios y la comunicación del Espíritu Santo sea con todos
vosotros.

CARTA A LOS GALATAS

Esta carta fue dirigida a los habitantes de Galacia, llamados gálatas (1, 2; 3, 1) por ser oriundos de la Galia. En el siglo III a. de C. los galos atravesaron el Mediodía de Europa y los Dardanelos e invadieron el corazón de Asia Menor. En el siglo I fueron aliados de Roma y poco más tarde anexionados a ellos.

La opinión más común es que esta carta la escribió San Pablo el año 54, siendo muy discutido el lugar de su composición. La opinión más probable es que fue en Efeso.

La ocasión de esta carta no fue otra que la de haberse dejado seducir los gálatas ya evangelizados por San Pablo, siguiendo a falsos apóstoles de "un nuevo Evangelio", por lo que les dirá: "no hay más que un Evangelio, el de Cristo" (1, 6-7), el que yo he recibido por revelación (1, 12). "¡Oh insensatos gálatas! ¿Quién os ha fascinado a vosotros, para apartaos tan pronto del Evangelio de Cristo?..." (3, 1).

Los falsos predicadores judaizantes llegaron después que San Pablo exigiendo a los gálatas que se circuncidaran y cumpliesen la Ley mosaica, y esto movió a San Pablo a escribirles esta admirable carta, que comprende tres partes:

En la 1.ª afirma su autoridad y hace la apología del verdadero Evangelio: "El Evangelio de Pablo es el Evangelio de Cristo" (caps. 1 y 2).

En la 2.ª dice que su Evangelio, o sea la justificación por la fe es conforme a las promesas (3 y 4).

3.ª Son consecuencias morales o aplicaciones prácticas de los principios antes asentados (5 y 6).

Como puede verse, el tema central de esta carta, que trata de la justificación por la fe en Cristo y no por la Ley mosaica, está relacionado con lo que se dice en la carta a los Romanos.

Salutación apostólica

1 [1] Pablo, apóstol –no de parte de los hombres ni por mediación
de los hombres, sino por Jesucristo y por Dios Padre, que lo re-
sucitó a El de entre los muertos– [2] y los hermanos todos que están
conmigo, a las iglesias de Galacia, [3] la gracia y la paz a vosotros de

parte de Dios Padre y de nuestro Señor Jesucristo, [4] que se entregó
por nuestros pecados para sacarnos de este siglo malo, según la
voluntad de Dios y Padre nuestro, [5] a quién sea la gloria por los
siglos de los siglos. Amén.

Sólo hay un verdadero Evangelio: el de Cristo

[6] Me admiro de que tan rápidamente abandonando al que os
llamó por la gracia de Cristo, os hayáis pasado a otro Evangelio;
[7] y no es que haya otro, sino que hay quienes os turban y quieren
pervertir el Evangelio de Cristo. [8] Pero aun cuando nosotros o un
ángel del ciclo os anunciase un Evangelio distinto del que os he-
mos anunciado, sea anatema.

[9] Como antes habíamos dicho, así lo digo nuevamente ahora.
Si alguno os anuncia un evangelio distinto del que recibisteis, sea
anatema. [10] ¿Ahora pues, busco yo el favor de los hombres o el de
Dios? ¿O es que busco agradar a los hombres? Si aún hubiera
tratado de agradar a los hombres no hubiera sido siervo de Cristo.

El Evangelio de San Pablo es el de Cristo

[11] Porque os hago saber, hermanos, que el Evangelio predicado
por mí no es según los hombres; [12] pues yo no lo recibí ni lo
aprendí de hombre alguno, sino por revelación de Jesucristo.
[13] Habéis oído, en efecto, mi conducta de otro tiempo en el judaís-
mo: con cuanto exceso perseguía a la Iglesia de Dios y la
devastaba, [14] y aventajaba en el judaísmo a muchos de mi edad y de
mi nación, siendo extremadamente celoso de las tradiciones de mis
padres. [15] Mas cuando plugo al que me eligió desde el vientre de mi
madre y me llamó por su gracia, [16] para revelar en mi a su Hijo, a
fin de que yo lo anunciase entre los gentiles, al momento, sin pedir
consejo a la carne, ni a la sangre, [17] no subí a Jerusalén al lado de
los que eran apóstoles antes que yo; sino que me retiré a la Arabia,
y de nuevo volví a Damasco. [18] Luego, después de tres años, subí a
Jerusalén para visitar a Cefas, y permanecí junto a él quince días
[19] y no vi ningún otro de los apóstoles fuera de Santiago, el herma-
no del Señor, [20] y en cuanto a las cosas que os escribo bien sabe
Dios, que no miento. [21] Después fui a las regiones de Siria y de
Cicilia [22] y era desconocido de vista por las iglesias de Judea que

eran unidas en Cristo; 23 tan solo oían decir que "el que más perseguía en otro tiempo, ahora anuncia la fe que antes ultrajaba", 24 y glorificaban en mí a Dios.

Las obras de la ley no tenían por sí mismas la virtud de salvar al hombre, porque el proceso de la justificación es obra de la gracia y de la fe en Jesucristo, y si los cristianos nos salvamos únicamente por Cristo, resultan inútiles la circuncisión y otras obras de la ley de Moisés.

San Pablo sube a Jerusalén. Mutuo acuerdo con los Apóstoles

2 1 Después, pasados catorce años, subí de nuevo a Jerusalén con Bernabé llevando conmigo también a Tito, 2 y subí conforme a una revelación y les expuse el Evangelio que predico entre los gentiles, y particularmente a los más autorizados para conocer si corría o había corrido en vano. 3 Pero ni Tito, que estaba conmigo siendo griego, fue obligado a circuncidarse, 4 a pesar de los falsos hermanos intrusos –los cuales secretamente se habían introducido para espiar nuestra libertad que tenemos en Cristo Jesús, con el fin de esclavizarnos. 5 A los cuales ni por un momento prestamos sumisión, para que la verdad del Evangelio persevere entre vosotros. 6 Mas de parte de los que parecían ser algo –no me interesa cuáles hayan sido en otro tiempo, Dios no acepta el rostro de los hombres–, eso, en efecto, que figuraban, no me añadieron nada; 7 antes, al contrario, viendo que yo había recibido el Evangelio de la incircuncisión, como Pedro el de la circuncisión, 8 –pues el que dio fuerzas a Pedro para el apostolado de la circuncisión, me las dio también a mí para los gentiles–, 9 y reconociendo Santiago, Cefas y Juan –que eran considerados como columnas– la gracia que me ha sido dada, nos dieron a mí y a Bernabé la mano en señal de mutua unión, para que nosotros fuésemos a los gentiles, 10 y ellos a los de la circuncisión, con tal que nos acordásemos de los pobres, lo cual yo también procuré hacerlo con diligencia.

El incidente de Antioquía

11 Mas cuando Cefas vino a Antioquía, yo me opuse a él en su misma cara, porque era digno de reprensión. 12 Pues antes que viniesen algunos de parte de Santiago, él comía con los gentiles; pero, cuando vinieron, se retrajo y apartó temiendo a los de la circuncisión, 13 y simultáneamente también con él los otros judíos,

de suerte que también Bernabé se dejó arrastrar por la simulación
de ellos, 14 pero cuando yo vi que no caminaban rectamente confor-
me a la verdad del Evangelio, dije a Cefas en presencia de todos:

El discurso de Pablo

Si tú, siendo judío, vives como los gentiles y no como los
judíos, ¿cómo obligas a los gentiles a seguir los ritos judíos?
15 Nosotros somos judíos de nacimiento y no pecadores de origen
gentil: 16 mas sabiendo que no se justifica el hombre por las obras
de la ley sino por la fe en Jesucristo, también nosotros creemos en
Cristo Jesús, para ser justificados por la fe de Cristo y no por las
obras de la ley, porque *"nadie será justificado por las obras de la
ley"* (Sal. 143,2). 17 Mas si buscando ser justificados en Cristo,
somos aún tenidos por pecadores, ¿será acaso Cristo ministro del
pecado? De ninguna manera, 18 porque si edifico de nuevo las mis-
mas cosas que destruí, a mi mismo me presento como transgresor.
19 Pues yo, por la ley, he muerto a la ley a fin de vivir para Dios.
Con Cristo estoy crucificado, 20 y ya no vivo yo, pues, es Cristo el
que vive en mí. Y si al presente vivo en carne, vivo en la fe del
Hijo de Dios, el cual me amó y se entregó a sí mismo por mí. 21 No
rechazo la gracia de Dios, pues si por la ley se obtiene la justicia,
entonces Cristo murió en vano.

La Ley no puede justificarnos

3 1 ¡Oh insensatos gálatas! ¿Quién os fascinó a vosotros, ante cu-
yos ojos fue presentada la figura de Jesucristo crucificado?
2 Solamente quiero saber esto de vosotros: ¿recibísteis el Espíritu
Santo por las obras de la Ley o por la fe que habéis oído? 3 ¿Tan
insensatos sois? ¿Habiendo comenzado en Espíritu, ahora termi-
naís en carne? 4 ¿Tantas cosas experimentásteis en vano? Si que
sería en vano. 5 Pues el que os da el Espíritu y obra milagros en
vosotros, ¿lo hace por las obras de la ley o por la fe que habéis
oído?

Ejemplo de Abraham, justificado por la fe

6 Como está escrito: *"Abraham creyó a Dios y le fue imputado
a justicia"* (Gén. 15, 6). 7 Conoced pues, que los que viven de la fe,
esos son hijos de Abraham, 8 previendo la Escritura que por la fe

justificaría Dios a los gentiles, anunció con anterioridad a
Abraham: *"En tí serán benditas todas las gentes"* (Gén. 12, 3; 18,
18). 9 De suerte que los que viven de la fe son bendecidos con el
fiel Abraham. 10 Mas cuantos desean vivir por las obras de la ley,
están bajo maldición, porque está escrito: *Maldito todo el que no
persevera en todas las cosas escritas en el libro de la ley para
cumplirlas* (Deut. 27, 26), 11 y que ninguno se justifica por la Ley
ante Dios, es manifiesto, porque *"el justo vivirá por la fe"* (Hab. 2,
4); 12 pero la ley no procede de la fe, sino que: *El que hiciera estas
cosas vivirá por ellas* (Lev. 18, 5).

La obra de Cristo

13 Cristo nos redimió de la maldición de la ley, haciéndose
maldición por nosotros, porque está escrito: *Maldito el que está
colgado en un madero* (Deut. 21, 23); 14 para que la bendición de
Abraham hecha en Cristo Jesús se extendiese a todas las gentes, a
fin de que recibiésemos la promesa del Espíritu por la fe.

La Ley y la promesa

15 Hermanos, hablo según el modo de hablar humano: nadie
declara inválido un testamento ratificado o le añade algo a pesar de
ser obra de hombre. 16 Ahora bien, a Abraham y a su descendencia
fueron hechas las promesas. No dice: "A sus descendientes", como
a muchos, sino como a uno solo "a tu descendiente", el cual es
Cristo. 17 Digo, pues esto: un testamento ratificado antes por Dios
no lo invalidó la ley venida cuatrocientos treinta años después, de
suerte que la promesa quedase anulada. 18 Porque si la herencia es
por la ley, ya no es por la promesa, y a Abraham Dios se la tenía
dada gratuitamente por la promesa.

La Ley no es contraria a la promesa

19 ¿A qué viene, pues la Ley? Por causa de las transgresiones
fue añadida hasta que viniese el descendiente a quien fue hecha la
promesa; promulgada por ángeles, por mano de un mediador;
20 mas el mediador no lo es de uno solo, y Dios es uno solo. 21 La
Ley, por tanto, ¿está contra las promesas de Dios? De ninguna
manera. Si, en efecto, hubiera sido dada una ley capaz de vivificar,
entonces la justicia hubiera sido realmente por la ley. 22 Pero la

Escritura encerró todas las cosas bajo el pecado, para que la promesa fuese dada a los creyentes por la fe en Jesucristo. 23 Ahora bien, antes de venir la fe, estábamos encerrados bajo la custodia de la ley, en espera de la fe que debía revelarse. 24 De suerte que la ley ha sido nuestro pedagogo hasta Cristo, para que por la fe fuéramos justificados; 25 pero después de haber venido la fe ya no estamos bajo el pedagogo, 26 porque todos sois hijos de Dios por la fe en Cristo Jesús, 27 pues cuantos en Cristo fuisteis bautizados, de Cristo os habéis vestido. 28 No hay judío, ni griego, no hay esclavo, ni libre, no hay varón ni mujer, pues todos vosotros sois uno en Cristo Jesús, 29 y si vosotros sois de Cristo, luego sois descendencia de Abraham, herederos según la promesa.

La ley no puede vivificar... San Agustín comenta: "Si la ley justifica, Abraham no fue justificado, ya que él existió mucho antes que la ley. Mas como esto no lo pueden decir, se ven obligados a confesar que el hombre se justifica no por las obras de la ley, sino por la fe".

Situación de los hombres hasta Jesucristo

4 1 Digo, pues: por todo el tiempo en que el heredero es niño, en nada difiere del siervo, aun siendo señor de todo; 2 sino que está bajo tutores y administradores hasta el tiempo prefijado por el padre. 3 Así también nosotros, cuando éramos menores de edad, estábamos esclavizados bajo los elementos del mundo; 4 mas cuando vino la plenitud del tiempo, envió Dios a su Hijo nacido de una mujer, nacido bajo la ley, 5 para que redimiese a los que estaban bajo la ley,a fin de que recibiésemos la adopción de hijos, 6 y porque sois hijos envió Dios al Espíritu de su Hijo a nuestros corazones, que clama Abba: Padre, 7 de suerte que ya no eres esclavo, sino hijo; y si hijo, también heredero por Dios.

El que se somete a la Ley vuelve a la servidumbre

8 Pero entonces, ciertamente, no conociendo a Dios servisteis a los que por naturaleza no son dioses; 9 mas ahora habiendo conocido a Dios, o más bien, habiendo sido conocidos por Dios, ¿cómo os volvéis de nuevo a los débiles y pobres elementos a los cuales nuevamente queréis servir otra vez como esclavos? 10 Observáis de cerca los días y los meses y las estaciones y los años. 11 Tengo miedo por vosotros, no sea que inútilmente haya trabajado entre vosotros.

Recuerdos y ansiedades de San Pablo

[12] Os ruego, hermanos, seáis como yo, porque yo también soy como vosotros. Ninguna injuria me hicisteis, [13] pues sabéis que a causa de una enfermedad de la carne os anuncié el Evangelio la primera vez, [14] y lo que fue para vosotros una prueba en mi carne no lo despreciasteis ni lo escupistéis, sino que me recibisteis como a un ángel de Dios, como a Cristo Jesús. [15] ¿Dónde están, pues, vuestros parabienes? Pues os testifico que a ser posible arrancándoos los ojos me los ofrecieráis. [16] De modo que, ¿soy enemigo vuestro diciéndoos la verdad? [17] Os tienen celos no para bien, sino que os quieren alejar de mí para que los queráis con celos a ellos. [18] Buena cosa es, pues, ser queridos con celos siempre en lo bueno, y no sólo mientras me hallo presente entre vosotros, [19] hijitos míos, por los cuales, de nuevo sufro dolores de parto, hasta que se forme Cristo en vosotros. [20] Pues quisiera ahora estar presente entre vosotros y cambiar mi tono de voz, porque estoy en incertidumbre respecto a vosotros.

No debemos ser hijos de servidumbre, porque el Evangelio reemplaza a la Ley

[21] Decidme, los que queréis estar bajo la ley, ¿no habéis oído la ley? [22] Pues escrito está: Abraham tuvo dos hijos: uno de la esclava y otro de la libre. [23] Pero el de la esclava nació según la carne; el de la libre, sin embargo, en virtud de la promesa. [24] Cuyas cosas están dichas en sentido alegórico, pues estas mujeres son dos testamentos: uno del monte Sinaí, que engendra para la esclavitud, que es Agar; [25] pues, el Sinaí es un monte que está en Arabia y corresponde a la Jerusalén de ahora porque ella con sus hijos está en esclavitud; [26] pero la Jerusalén de arriba es libre, la cual es madre nuestra. [27] Pues escrito está: *"Regocíjate, estéril, que no das a luz; prorrumpe y da gritos, tú que no conoces los dolores de parto; porque muchos son los hijos de la abandonada, más que los de aquella que tiene marido"* (Is. 54, 1).

[28] Y vosotros, hermanos, como Isaac, sois hijos de la promesa. [29] Pero a la manera que entonces el nacido según la carne perseguía al nacido según el espíritu, así también ahora. [30] Mas, ¿qué dice la Escritura?: *"Echa fuera a la esclava y a su hijo, pues no será heredero el hijo de la esclava con el hijo de la libre*(Gén. 21,10)

31 Por consiguiente, hermanos, no somos hijos de la esclava,
sino de la libre.

4-7 *Plenitud de los tiempos*. Cuando terminó el plazo del tiempo fijado por la Providencia divina y anunciado por los profetas, Cristo vino a este mundo por medio de la Virgen María. Aquí Jesucristo aparece como Dios y hombre, y Ella como Madre de este Dios hombres desde el momento de su concepción. La Virgen María es verdadera Madre de Dios (Mt. 1, 16; Lc. 1, 27)

La libertad cristiana

5 1 Cristo nos libertó para gozar de libertad: Permaneced, pues,
firmes y no os sujetéis de nuevo al yugo de la esclavitud.
2 Mirad, yo Pablo, os digo que si os circuncidáis, Cristo de nada os
aprovechará. 3 Y declaro de nuevo a todo hombre que se circunci-
da, que queda obligado a cumplir toda ley. 4 Quedáis desligados de
Cristo los que queréis ser justificados, por la ley; caísteis separados
de la gracia. 5 Nosotros, en efecto, por el Espíritu en virtud de la fe
aguardamos la esperanza de la justicia (justicia esperada); 6 porque
en Cristo Jesús ni la circuncisión vale algo ni la incircuncisión,
sino la fe que obra por medio de la caridad. 7 Corríais bien; ¿quién
os impidió para no obedecer a la verdad? 8 Esta persuasión no
viene de aquel que os llama. 9 Poca levadura hace fermentar toda la
masa. 10 Yo confío de vosotros en el Señor que no pensaréis de otro
modo; mas el que os perturba llevará su castigo sea quien fuere.
11 Yo, pues, hermanos, si aún predico la circuncisión, ¿por qué soy
todavía perseguido? Luego ha sido anulado el escándalo de la cruz.
12 ¡Ojalá que se mutilasen del todo los que os perturban!

Libertad, no libertinaje

13 Vosotros, en efecto, hermanos, fuisteis llamados a la liber-
tad, mas procurad que la libertad no sea un motivo para servir a la
carne, antes bien servíos los unos a los otros mediante la caridad.
14 Porque toda la ley se resume en un solo precepto, en aquel:
"Amarás a tu prójimo como a ti mismo" (Lev. 19, 18). 15 Pero si
los unos a los otros os mordéis y devoráis; mirad que no os aniqui-
léis los unos a los otros.

16 Digo, pues, andad en Espíritu y no satisfagáis el deseo de la
carne. 17 Porque la carne guerrea contra el espíritu y el espíritu
contra la carne, pues, estas cosas están una frente a la otra para que

no hagáis lo que queréis. [18] Pues si os dejáis conducir por el Espíri-
tu, no estáis bajo la Ley.

[19] Ahora bien, las obras de la carne son manifiestas, éstas son:
fornicación, impureza, lujuria, [20] idolatría, hechicería, enemistades,
disputas, celos, iras, disensiones, divisiones, herejías, [21] envidias,
homicidios, embriagueces, comilonas y cosas semejantes a estas,
acerca de las cuales os prevengo, como ya antes os dije, porque los
que tales cosas hacen, no heredarán el reino de Dios.

[22] Por el contrario, los frutos del Espíritu son: caridad, alegría,
paz, longanimidad, benignidad, bondad, fe, [23] mansedumbre, conti-
nencia; contra estas cosas no existe ley. [24] Los que son, pues, de
Cristo, crucificaron la carne con las pasiones y concupiscencias.
[25] Si vivimos en espíritu, en espíritu también caminemos. [26] No
seamos codiciosos de gloria vana, provocándonos mutuamente,
envidiándonos unos a otros.

Consejos y aplicaciones varias

6 [1] Hermanos, si un hombre fuere sorprendido en alguna falta,
vosotros los espirituales, corregid a ese tal con espíritu de man-
sedumbre, observándote a ti mismo, no sea que tú también seas
tentado. [2] Sobrellevad las cargas los unos de los otros, y así cum-
pliréis la ley de Cristo, [3] porque si alguno se imagina ser algo,
siendo nada, se engaña a sí mismo. [4] Cada uno, sin embargo, ponga
a prueba su propia obra, y entonces tendrá motivo de gloria sola-
mente por lo que hace a sí mismo y no respecto de otro; [5] porque
cada uno llevará su propia carga. [6] El que es instruido en la palabra
haga causa común en todos sus bienes con el que lo instruye. [7] No
os engañéis, Dios no se deja burlar; pues, lo que el hombre siem-
bra, eso mismo cosechará; [8] porque el que siembra en su propia
carne, de la carne cosechará la corrupción; pero el que siembra en
el Espíritu, del Espíritu cosechará la vida eterna.

[9] No nos cansemos, pues, de hacer el bien, porque a su tiempo
cosecharemos, si no desfallecemos. [10] Por consiguiente, mientras
tenemos tiempo, hagamos el bien a todos, y especialmente con los
hermanos en la fe.

Conclusión

11 Ved con qué grandes letras os escribo de mi propia mano.
12 Cuantos quieren agradar según la carne, esos os fuerzan a cir-
cuncidaros, únicamente para que ellos no sean perseguidos a causa
de la cruz de Cristo, 13 y ni los mismos circuncidados guardan la
ley; pero quieren que vosotros os circuncidéis para gloriarse ellos
en vuestra carne. 14 Pero cuanto a mí, nunca me acontezca gloriar-
me sino en la cruz de nuestro Señor Jesucristo, por quien el mundo
está crucificado para mí y yo para el mundo, 15 pues no es la cir-
cuncisión ni la incircuncisión lo que vale, sino la nueva criatura.
16 Y cuantos vivan conforme a esta regla, la paz y la misericordia
sea sobre ellos y sobre el Israel de Dios.

17 En adelante, nadie me proporciona sufrimientos, porque yo
llevo en mi cuerpo las señales del Señor Jesús. 18 Hermanos, la
gracia de nuestro Señor Jesucristo sea con vuestro espíritu. Amén.

CARTA A LOS EFESIOS

CARTAS DE LA CAUTIVIDAD

Hay cuatro cartas del apóstol San Pablo que se han llamado de la "cautividad" con motivo de haberlas escrito desde la prisión. Estas son: la de los Efesios, la de los Filipenses, la de los Colosenses y la de Filemón.

Ahora se discute bastante sobre el lugar de origen de estas cartas. ¿Se escribieron en Roma, Efeso o Cesárea? La sentencia tradicional sostiene que fueron escritas desde Roma durante su primera prisión (a. 61-63). (Remito a los lectores a mi "Introducción al Nuevo Testamento", 5.ª edición.

Carta a los de Efeso

San Pablo estuvo en la ciudad de Efeso, una de las más florecientes e importantes del Asia Menor, y fundó aquella Iglesia, obró allí muchos milagros y puso al frente de ella como obispo a su discípulo Timoteo; mas no concuerdan hoy todos los comentaristas en que fuera dirigida de hecho esta carta a los de Efeso, si bien ésta es la opinión general. Unos dicen que los destinatarios de esta carta son los de Efeso, otros que los de Laodicea y otros que una carta circular (Véase mi Introducción citada).

Esta carta a los de Efeso comprende dos partes:

La primera dogmática, *en la que enseña que todos judíos y paganos, sin distinción de raza ni de religión, están llamados a unirse en Cristo para formar un solo cuerpo que es la Iglesia...*

La segunda es moral *y tiene como fin promover esta unión con Cristo por los preceptos generales que miran especialmente a la unidad y santidad de los fieles en la Iglesia, y de los preceptos particulares concernientes a la vida doméstica...*

La carta termina con una exhortación a ser revestidos de la armadura de Dios, para poder vencer las asechanzas del demonio.

Salutación del apóstol

1 1 Pablo, apóstol de Jesucristo por la voluntad de Dios, a los
santos y fieles en Cristo Jesús, que están en Efeso. 2 A vosotros
la gracia y la paz de parte de Dios nuestro Padre y del Señor Jesu-
cristo.

Bendición y elección divinas, filiación y predestinación

3 Bendito sea el Dios y Padre de nuestro Señor Jesucristo, que
ya en los cielos nos bendijo en Cristo con toda suerte de bendicio-
nes especiales; 4 por cuanto nos eligió en El antes de la creación
del mundo para que fuésemos santos e inmaculados ante El, 5 pre-
destinándonos por amor a la adopción de hijos suyos por Jesucristo
en El mismo, conforme al beneplácito de su voluntad, 6 para ala-
banza de la gloria de su gracia, la que nos hizo gratos en el Amado.

Redención por Cristo y recapitulación en El

7 En el cual tenemos por su sangre la redención, el perdón de
los pecados, según la riqueza de su gracia, 8 la cual Dios sobrea-
bundantemente derramó sobre nosotros con toda sabiduría y
prudencia, 9 haciéndonos conocer el misterio de su voluntad, según
su beneplácito que se propuso realizar en El, 10 en la economía de
la plenitud de los tiempos al recapitular todas las cosas en Cristo,
las de los cielos y las de la tierra.

Judíos y gentiles, constituidos herederos

11 En El también hemos sido hechos herederos, predestinados
según el designio del que todo lo hace conforme al consejo de su
voluntad, 12 a fin de que nosotros, los que antes habíamos esperado
en Cristo, seamos alabanza de su gloria, 13 en el cual también voso-
tros habiendo oído la palabra de la verdad, el Evangelio de vuestra
salvación, en el que habiendo asimismo creído, habéis sido sella-
dos con el Espíritu Santo de la promesa, 14 el cual es prenda de
nuestra herencia, para el rescate de la posesión que El se adquirió,
para alabanza de su gloria.

El misterio, iniciado en Cristo, es realizado en su Iglesia

15 Por esto, igualmente yo, habiéndome informado de vuestra
fe en el Señor Jesús y el amor de todos los santos, 16 no ceso de dar

gracias por vosotros recordándoos en mis oraciones, [17] para que el
Dios de nuestro Señor Jesucristo, el Padre de la gloria, os conceda
espíritu de sabiduría y de revelación en el pleno conocimiento de
El, [18] para que, iluminados los ojos de vuestro corazón, conozcáis
cuál es la esperanza de mi llamada, cuál la riqueza de la gloria de
su herencia otorgada a los santos, [19] y cuál la excelsa grandeza de
su poder para con nosotros los creyentes, según la fuerza de su
poderosa virtud, [20] la que ejerció en Cristo resucitándolo de entre
los muertos, sentándolo a su derecha en los cielos, [21] por encima de
todo principado y potestad, y virtud y dominación, y de todo nom-
bre nombrado no sólo en este siglo, sino también en el futuro, [22] y
además, *"todo lo sometió a sus pies"* (Sal. 8, 7) y lo constituyó a
El como cabeza sobre todas las cosas de la Iglesia, [23] la cual es el
cuerpo de El, la plenitud del que lo llena todo en todos.

[4-6] La elección, la gracia es gratuita obra de Dios; pero se nos exige de nuestra parte cooperación en las buenas obras y perseverancia en ellas. "Dios nos hizo santos, pero conviene permanecer santos" (Crisóstomo)... *Para alabanza de la gloria de su gracia*, o sea, para alabanza de su gracia, de su bondad, de sus beneficios contenidos "en el Amado", y así glorificarle por el beneficio de esta su gracia que nos santifica y nos salva.

Los cristianos incorporados a Cristo por su misericordia

2 [1] Dios también os vivificó a vosotros que estabais muertos por
vuestros delitos y pecados, [2] en los cuales en otro tiempo andu-
visteis según el espíritu secular de este mundo, conforme al prínci-
pe de la potestad del aire, del espíritu que ahora obra en todos los
hijos de la incredulidad, [3] en medio de los cuales también nosotros
todos vivimos en otro tiempo, envueltos por las concupiscencias de
nuestra carne, siguiendo sus apetitos carnales y depravados pensa-
mientos, siendo por naturaleza hijos de ira lo mismo que los
demás. [4] Pero Dios, siendo rico en misericordia, por causa de su
mucho amor con que nos amó, [5] cuando estábamos nosotros muer-
tos por el pecado nos vivificó juntamente con Cristo (pues, por
gracia habéis sido salvados), [6] y nos resucitó y nos hizo sentar
también juntamente en virtud de Cristo Jesús en los cielos, [7] para
manifestar en los siglos venideros la excelsa riqueza de su gracia
por su bondad para con nosotros en Cristo Jesús.

[8] Habéis sido, en efecto, gratuitamente salvados por la fe; y

esto no viene de vosotros, es don de Dios; 9 ni viene de las obras
para que nadie se glorie vanamente. 10 Porque de El somos hechu-
ra, creados nuevamente en Cristo Jesús por obras buenas, las
cuales Dios preparó de antemano a fin de que caminásemos en
ellas.

Unión e igualdad de judíos y gentiles en Cristo

11 Por lo cual, acordaos de que en un tiempo vosotros (los
gentiles en carne, los llamados "incircuncisos", por los de la llama-
da "circuncisión", hecha en carne por obra de mano), 12 estabais en
aquel tiempo sin Cristo, alejados de la ciudadanía de Israel, y
ajenos a las alianzas, sin esperanza de la promesa y sin Dios en el
mundo; 13 mientras que ahora en Cristo, vosotros, que en un tiempo
estuvísteis lejos, habéis sido acercados por la sangre del mismo
Cristo.

14 El, en efecto, es nuestra paz; el que de ambos pueblos hizo
uno, derribando el muro medianero de separación, la enemistad;
15 anulando en su carne *(esto es, en virtud de su muerte)* la ley de
los mandamientos contenida en decretos, para crear de los dos en
sí mismo un solo hombre nuevo, haciendo la paz, 16 y reconciliar a
ambos en un solo cuerpo con Dios por medio de la cruz, destru-
yendo en sí mismo la enemistad, 17 y con su venida anunció la paz
a vosotros los que estabais lejos y paz a los que estaban cerca,
18 porque por El los unos y los otros tenemos acceso al Padre en un
mismo Espíritu; 19 de tal suerte que ya no sois extranjeros y hués-
pedes, sino que sois ciudadanos de los santos y familiares de Dios,
20 edificados sobre el fundamento de los apóstoles y de los profe-
tas, siendo piedra angular el mismo Cristo Jesús, 21 en el cual el
edificio entero, bien trabado, se alza para formar un templo santo
en el Señor, 22 en el cual también vosotros sois coedificados me-
diante el Espíritu Santo para ser la habitación de Dios.

El misterio anunciado por Pablo

3 1 Por esto es por lo que yo Pablo, estoy prisionero de Cristo
Jesús por amor a vosotros los gentiles, 2 porque habéis, cierta-
mente, venido a conocer cómo Dios me ha dispensado la gracia del
apostolado, la que me ha confiado en favor vuestro, 3 cuando por
medio de una revelación me fue dado a conocer el misterio, como

expuse antes brevemente. [4] Así que leyéndome, podéis comprender
el conocimiento que yo tengo del misterio de Cristo.
[5] Tal misterio en las generaciones pasadas no fue dado conocer
a los hijos de los hombres, como ahora ha sido revelado a sus
apóstoles y a los profetas por medio del Espíritu Santo.
[6] Este misterio consiste en que los gentiles son coherederos y
miembros todos de un mismo cuerpo y participantes juntamente
con la promesa en Cristo Jesús por medio del Evangelio, [7] del cual
yo he sido hecho ministro por un don de la gracia de Dios que me
ha sido concedida según la eficacia de Su poder.
[8] A mí, inferior al último de todos los cristianos, me fue dada
esta gracia de evangelizar a los gentiles la incalculable riqueza de
Cristo [9] e iluminar a todos enseñando cuál es la dispensación del
misterio escondido desde todos los siglos en Dios, el Creador de
todas las cosas, [10] para que sea dada a conocer ahora por medio de
la Iglesia a los principados y a las potestades en lo alto de los
cielos, la incalculable sabiduría de Dios, [11] según el plan eterno que
realizó en Cristo Jesús, Señor nuestro [12] en quien tenemos la franca
seguridad y confiado acceso al Padre.
[13] Por lo cual, pido que no desmayéis en mis tribulaciones
soportadas por vosotros: ellas son vuestra gloria.

Himno de alabanza

[14] Por estas razones doblo mis rodillas ante el Padre, [15] del cual
toma nombre toda paternidad en los cielos y sobre la tierra, [16] para
que os conceda conforme a la riqueza de su gloria el ser fortaleci-
dos poderosamente por su Espíritu en lo que mira al hombre
interior, [17] y que Cristo habite vuestros corazones por la fe para
que, arraigados y fundamentados en la caridad, [18] podáis compren-
der con todos los santos cuál es la anchura, la longitud, la altura y
además la profundidad del mencionado misterio, [19] y conocer el
amor de Cristo que sobrepuja todo conocimiento, a fin de que seáis
llenos de toda la plenitud de Dios.

Doxología solemne

[20] A aquel, pues, que es poderoso para hacer sobreabundante-
mente más de lo que pedimos o pensamos, en virtud del poder que

actúa en nosotros, [21] a El sea la gloria en la Iglesia y en Cristo
Jesús, durante todas las generaciones por los siglos de los siglos.
Amén.

Exhortación a la unidad

4 [1] Yo, pues –que estoy prisionero por la causa del Señor–, os
exhorto a que caminéis de una manera digna de la vocación
con que fuisteis llamados, [2] con toda humildad y mansedumbre,
con longanimidad soportándoos los unos a los otros con caridad,
[3] siendo solícitos para conservar la unidad con el vínculo de la paz,
[4] pues no hay más que un solo cuerpo y un solo Espíritu, como
igualmente una esperanza a la que habéis sido llamados por vues-
tra vocación, [5] un solo Señor, una sola fe, un solo bautismo [6] y un
solo Dios, Padre de todos, que está sobre todos y obra por todos y
en todos.

Diversidad de dones

[7] Mas a cada uno de nosotros ha sido dada la gracia conforme
a la medida del don de Cristo
[8] Por esto, dice:

> *"Subiendo a lo alto, llevó consigo a una multitud de cauti-
> vos y dio dones a los hombres* (S. 68, 19).

[9] ¿Qué otra cosa significa la subida sino que también descen-
dió primeramente a la parte más profunda de la tierra? [10] El mismo
que había descendido es el mismo que había subido a lo más alto
del cielo para que se cumpliesen todas las cosas.
[11] El a unos constituyó apóstoles, a otros profetas; a unos evan-
gelistas y a otros pastores y doctores, [12] a fin de perfeccionar a los
cristianos del cuerpo de Cristo, [13] hasta que todos lleguemos a la
unidad de la fe y al conocimiento completo del Hijo de Dios consi-
guiendo el estado del hombre perfecto a la medida de la edad de la
plenitud de Cristo, [14] para que de ninguna manera seamos niños
vacilantes y nos dejemos arrastrar por ningún viento de doctrina al
capricho de los hombres por la astucia que nos induce a la maqui-
nación del error, [15] antes, al contrario, aleccionados en la verdad,
crezcamos en el amor en todas las cosas hasta el que es la cabeza,
Cristo, [16] del cual todo el cuerpo (coordinado y unido por todos los

ligamentos en virtud del apoyo –proveniente de la cabeza– según
la actividad propia de cada miembro) obra el crecimiento del cuer-
po en orden a su edificación (plena formación) en el amor.

Renovarse en Cristo

[17] Os digo, pues, esto, y os exhorto en el Señor que no andéis
ya como andan los gentiles conforme a la vanidad de sus
pensamientos, [18] que tienen su razón oscurecida, apartados de la
vida de Dios por la ignorancia que hay en ellos a causa del endure-
cimiento de su corazón, [19] los cuales, habiéndose hecho insensibles
espiritualmente, se entregaron a la impureza para obrar con avidez
toda suerte de disoluciones.

[20] Pero vosotros no es así como habéis aprendido de Cristo,
[21] pues, si verdaderamente de El oísteis hablar y fuisteis instruidos
en la verdad de Jesús, [22] debéis despojaros, por lo que mira a vues-
tro pasado, del viejo hombre que se corrompe según los deseos
depravados del error, [23] y renovaros en el espíritu de vuestra mente,
[24] y revestiros del hombre nuevo, el creado según la imagen de
Dios en justicia y santidad verdaderas.

Evitar la mentira, la ira, el hurto, las malas palabras

[25] Por esto, renunciando a la mentira, *"hablad verdad cada
uno con su prójimo"* (Zac. 8, 16), porque somos miembros los
unos de los otros.

[26] *Airaos, sí, pero no pequéis* (Sal. 4, 5); el sol no se ponga
sobre vuestra ira, [27] y no deis lugar al diablo.

[28] El que robaba, ya no robe más, antes bien, trabaje obrando
con sus propias manos lo que es bueno, a fin de tener que dar a los
necesitados.

[29] Que no salga de vuestra boca ninguna palabra mala, sino la
que sea buena y propia para edificación, a fin de hacer bien a los
que os oyen, [30] y no entristezcáis al Espíritu Santo de Dios, en el
cual fuisteis sellados para el día de la redención.

[31] Desterrad de en medio de vosotros toda amargura, ira, indig-
nación, gritería y además la maledicencia con toda clase de
maldad. [32] Sed, por el contrario, bondadosos los unos para con los
otros, compasivos, perdonándoos mutuamente como Dios os ha
perdonado en Cristo.

El ejemplo de Cristo

5 1 Sed, pues, imitadores de Dios, como hijos muy amados. 2 Vi-
vid en el amor siguiendo el ejemplo de Cristo que nos amó y se
entregó por nosotros a Dios en oblación y sacrificio de agradable
olor.

Huida de la impureza

3 En lo que se refiere a la fornicación y a toda clase de impure-
za o avaricia, que ni siquiera se nombren entre vosotros como
conviene a los "cristianos"; 4 ni se oigan palabras torpes, groserías
o bajezas, cosas que no convienen, sino más bien acciones de
gracias.

5 Porque tened bien entendido que ningún fornicario, o impu-
ro, o avaro –que es lo mismo que culto de ídolos– no ha de heredar
el reino de Cristo y de Dios. 6 Nadie os engañe con vanos discur-
sos, pues, por estas cosas vendrá la ira *(castigo)* de Dios sobre los
hijos de la desobediencia. 7 No tengáis, pues, parte alguna con
ellos.

La conducta de los hijos de Dios

8 Erais, en efecto, en otro tiempo tinieblas, pero ahora sois luz
en el Señor; andad, pues, como hijos de la luz 9 (porque el fruto de
la luz consiste en la bondad, en la justicia y en la verdad), 10 juz-
gando por experiencia qué es lo que agrada al Señor, 11 y no toméis
parte con ellos en las obras infructuosas de las tinieblas; por el
contrario, condenadlas abiertamente, 12 porque las cosas que ellos
hacen en secreto da vergüenza el decirlas, 13 y todas estas cosas,
una vez manifestadas por la luz, son reprendidas, y todo lo que es
manifiesto es luz.

14 Por lo que está dicho: *"Despierta tú, que duermes, y leván-*
tate de entre los muertos, y Cristo te iluminará".

Prudencia y sobriedad

15 Mirad, pues, con diligencia cómo andáis, que no sea como
necios, sino como sabios, 16 aprovechando bien el tiempo, porque
los días son malos.

17 Por consiguiente, no seáis insensatos, sino procurad conocer
cuál es la voluntad del Señor.

[18] No os embriaguéis con el vino , pues en él está la lujuria,
sino sed llenos del Espíritu, [19] hablando unos a los otros en salmos,
en himnos y cánticos espirituales, cantando y alabando al Señor en
vuestros corazones, [20] dando siempre gracias por todo al que es
Dios Padre en nombre de nuestro Señor Jesucristo, [21] siendo sumi-
sos igualmente unos a otros en el temor de Cristo.

Deberes recíprocos de los casados

[22] Las mujeres sean sumisas a sus maridos como si fuese al
Señor, [23] porque el marido es cabeza de la mujer, del mismo modo
que Cristo es cabeza de la Iglesia, cuerpo suyo, del cual El es el
Salvador.

[24] Mas así como la Iglesia está sujeta a Cristo, así también las
mujeres lo deben estar a sus maridos en todo.

[25] Maridos, amad a vuestras esposas como Cristo amó a la
Iglesia y se entregó El mismo por ella, [26] con el fin de santificarla y
purificándola en el bautismo del agua con la palabra que la
acompaña, [27] para presentar ante sí mismo esta su Iglesia gloriosa
sin mancha, ni arruga, ni cosa parecida sino santa e inmaculada.

[28] Así los maridos deben también amar a sus mujeres como a
su propio cuerpo. El que ama a su mujer se ama a sí mismo, [29] por-
que nadie odia jamás a su propia carne, sino, por el contrario, la
alimenta y la cuida, como también Cristo a la Iglesia, [30] pues so-
mos miembros de su cuerpo. [31] *"Por lo cual dejará el hombre a su
padre y a su madre y se unirá a su mujer y serán dos en una sola
carne"* (Gén. 2, 24).

[32] Este misterio es grande; mas yo lo digo en orden a Cristo y a
la Iglesia.

[33] Mas por lo que a vosotros toca, que cada uno ame a su mujer
como a sí mismo, y que la mujer reverencie a su vez al marido.

[3-7] *Ni siquiera se nombren...* La santidad de la vida cristiana se caracteriza principalmente por la huida de toda clase de impurezas, pues estos pecados apartan de Dios en esta vida y en la otra...

Deberes de los hijos y de los padres

6 [1] Hijos, obedeced a vuestros padres en el Señor, porque esto es
de justicia.

[2] *Honra a tu padre y a tu madre* (que es el primer mandamien-

to con promesa), [3] *para que seáis felices y tengáis larga vida sobre*
la tierra (Deut. 5, 16).
[4] Y vosotros, padres, no provoquéis a vuestros hijos a la ira,
sino criadlos en la disciplina y en la corrección del Señor.

Deberes de los siervos y de los amos

[5] Siervos, obedeced a vuestros amos temporales con temor y
respeto, con sencillez de corazón como a Cristo. [6] No sirviéndolos
únicamente cuando os ven, como para agradar a los hombres, sino
como siervos de Cristo haciendo de corazón la voluntad del Señor,
[7] y sirviéndoles de buena gana como si fuera al Señor y no a
hombres; [8] considerando que a cada uno retribuirá el Señor todo el
bien que hiciera, sea esclavo, sea libre. [9] Y vosotros haced con ellos
las mismas cosas, dejándoos de amenazas, considerando que el
Señor suyo y vuestro está en los cielos y en El no hay acepción de
personas.

EPILOGO

Las armas del cristiano

[10] En definitiva, confortaos en el Señor y en la fuerza de su
poder. [11] Revestíos de la armadura de Dios para que podáis resistir
las tentaciones del diablo, [12] porque nuestra lucha no es contra la
carne y la sangre sino contra los principados y potestades, contra
los dominadores de este mundo tenebroso, contra los espíritus malos que andan por los aires.
[13] Por esto, recibid la armadura de Dios para que podáis resistir
en el día malo y ser perfectos en todo. [14] Estad, pues, firmes, ceñidos vuestros lomos con la verdad y revestidos con la coraza de la
justicia, [15] y teniendo calzados los pies, prontos para anunciar el
Evangelio de la paz. [16] Empuñad en todas las ocasiones el escudo
de la fe con el cual podáis inutilizar los dardos encendidos del
Maligno.
[17] Tomad también el yelmo de la salud y la espada del Espíritu
que es la palabra de Dios. [18] Orando en todo tiempo en el Espíritu
con toda clase de oraciones y súplicas y velando a este fin con toda
perseverancia y suplica por todos los cristianos [19] y por mí, para

que me sean dadas las palabras aptas cuando abro mi boca para
anunciar con valentía el misterio de Cristo, [20] del cual soy su emba-
jador, prisionero, de modo que me atreva a hablar libremente de él
como conviene.

Misión de Tíquico

[21] Y para que sepáis también vosotros cuanto a mí se refiere y
lo que yo hago, os lo dará a conocer todo Tíquico, el hermano muy
amado y fiel ministro en el Señor, [22] a quien envio a vosotros para
esto mismo, para que tengáis noticias de nosotros y para que con-
suele vuestros corazones.

Salutación final

[23] La paz y la caridad, así como la fe, sea conocida a los
hermanos de parte de Dios Padre y del Señor Jesucristo. [24] La gra-
cia sea con todos los que aman a nuestro Señor Jesucristo de un
modo incorruptible.

CARTA A LOS FILIPENSES

La Iglesia de Filipos

Filipos es una ciudad de Macedonia, y fue la primera que San Pablo evangelizó en Europa en su segundo viaje apostólico (Hech. 16, 9-40). San Pablo tuvo una visión: un macedonio le dirigió esta súplica: "Ven a Macedonia y ayúdanos..." .

Fecha, lugar y ocasión de esta carta

Esta carta es una de las llamadas de la cautividad; fue escrita por San Pablo, unos dicen que en Efeso, pero, según la creencia más general, fue estando prisionero en Roma (1, 7, 13-14), sobre el año 62 ó 63 y con motivo de un tal Epafrodito que había sido mandado por los filipenses a Roma para que visitase a San Pablo prisionero y le llevase algunas limosnas; al volver a Filipos, una vez restablecido de su salud (pues cayó enfermo estando junto al apóstol), le dio esta carta para darles las gracias por su caridad, y así aprovechó esta ocasión para exhortarlos a su vez a la observación de una vida cristiana y a la unión fraternal previniéndoles contra los peligros judaizantes.

Contenido de la carta

Esta carta no es un tratado doctrinal, sino una carta familiar y afectuosa que envuelve consejos paternales como puede verse.

Merece especial mención en esta carta el pasaje del cap. 2, 5-11 por la importancia dogmática que tiene para probar la divinidad de Jesucristo, su encarnación y la unión de las dos naturalezas divina y humana en una sola Persona divina y además la dignidad excelsa del santo nombre de JESUS.

Saludos y amor de Pablo a los filipenses

1 [1] Pablo y Timoteo, siervos de Cristo Jesús, a todos los santos
en Cristo Jesús, que están en Filipos con los obispos y
diáconos, [2] a vosotros la gracia y la paz de parte de Dios nuestro
Padre y del Señor Jesucristo.

3 Yo doy gracias a mi Dios todas las veces que pienso en
vosotros, 4 y siempre en cada una de mis oraciones con alegría
ruego por todos vosotros, 5 por vuestra participación en el Evange-
lio desde el primer día hasta ahora, 6 convencido de que el que
comenzó en vosotros esta magnífica obra la perfeccionará hasta el
día de Cristo Jesús. 7 Y es justo que yo tenga estos sentimientos
para todos vosotros, porque os llevo en el corazón, como a todos
los que sois participantes conmigo de mi alegría, ya en mis cade-
nas, como en la defensa y consolidación del Evangelio. 8 Dios,
pues, me es testigo de cómo os amo a todos en Cristo Jesús.

9 Y esto pido en mis oraciones, que vuestra caridad vaya au-
mentando siempre más en conocimiento y en plena clarividencia,
10 a fin de que sepáis discernir lo más conveniente para que seáis
puros e irreprensibles hasta el día de Cristo, 11 llenos de los frutos
de la justicia que nos viene por Jesucristo, para gloria y alabanza
de Dios.

Prisión de San Pablo y difusión del Evangelio

12 Yo quiero que vosotros sepáis, hermanos, que todo cuanto
me ha sucedido ha contribuido más bien a los progresos del
Evangelio, 13 hasta tal punto que en todo el pretorio y por todas
partes ha venido a ser notorio que estaba prisionero por Cristo, 14 y
la mayor parte de los hermanos en el Señor, reanimados por mis
cadenas, han cobrado ánimos para anunciar sin temor la palabra de
Dios.

15 Algunos, en verdad, predican a Cristo por envidia y por
espíritu de discordia; mas otros lo predican con recta voluntad;
16 otros por caridad, sabiendo que yo estoy constituido para la de-
fensa del Evangelio; 17 otros predican a Cristo por espíritu de parti-
do, no sinceramente, imaginándose añadir tribulación a mis
cadenas. 18 ¿Pues qué? En todo caso, resulta que de todas maneras,
sea con pretexto, sea con verdad, Cristo es predicado y en esto me
alegro y seguiré alegrándome, 19 porque yo se que esto redundará
en mi salvación, gracias a vuestras oraciones y a la asistencia del
Espíritu de Jesucristo, 20 según mi deseo y esperanza de que en
nada seré confundido; mas tengo plena confianza que hoy como
siempre Cristo será glorificado en mi cuerpo, sea con mi vida, sea
con mi muerte.

Sentimientos y esperanza de San Pablo

[21] Porque para mí el vivir es Cristo y el morir una ganancia.
[22] Mas si el vivir en el cuerpo significa para mí fruto de apostolado,
ahora no se qué cosa preferir. [23] Estoy preso, en efecto, entre dos
cosas: teniendo el deseo de morir y estar con Cristo, porque es
mucho mejor; [24] mas el permanecer en el cuerpo es más necesario
por vosotros. [25] Y persuadido de esto, tengo la certidumbre de que
quedaré y permaneceré con todos vosotros, para el progreso y la
alegría de vuestra fe, [26] a fin de que vuestra gloria abunde en Cristo
Jesús por mí, a causa de mi venida otra vez a vosotros.

Constancia en la lucha por la fe

[27] Comportaos ante todo de una manera digna del Evangelio de
Cristo, a fin de que, ya yendo yo y viéndoos, ya estando ausente,
oiga de vosotros que os mantenéis en un mismo espíritu, luchando
unánimes por la fe del Evangelio [28] y no dejándoos amedrentar en
nada por los enemigos: lo cual es para ellos señal de perdición;
para vosotros, en cambio, de salvación; y esto es de Dios, [29] porque
por Cristo os ha sido concedida la gracia, no solo de creer en El,
sino también de padecer por El, [30] sosteniendo la misma lucha que
habéis visto en mí y que ahora oís respecto de mí.

[21] *Para mi el vivir es Cristo*. Para San Pablo, Cristo es el centro de su vida al igual, que nosotros decimos: Mi vida es el trabajo, mi vida es la oración; así él dice que su vida es Cristo. Sin Cristo no tendría para él valor alguno.

Caridad, pero con humildad y abnegación

2 [1] Si hay, pues, algún consuelo en Cristo, si algún alivio de cari-
dad, si alguna comunicación de Espíritu, si alguna misericordia
entrañable, [2] colmad mi alegría, para que penséis lo mismo, tenien-
do el mismo amor, unidos en los mismos pensamientos, sintiendo
lo mismo. [3] No haciendo nada por espíritu de partido o por vana-
gloria, sino juzgando con humildad unos a otros como superiores a
vosotros mismos, [4] no buscando cada uno sus propios intereses,
sino más bien los de los demás.

Ejemplo de la humildad de Cristo

[5] Tened en vosotros los mismos sentimientos que tuvo Cristo
Jesús, [6] el cual, teniendo la misma naturaleza de Dios, no consideró

como un botín el ser igual a Dios, 7 sino que se anonadó a sí mismo, tomando naturaleza de siervo, hecho semejante a los hombres. Y en la misma apariencia hallado como hombre, 8 se humilló a sí mismo, haciéndose obediente hasta la muerte y muerte en Cruz. 9 Por esto Dios lo sobreensalzó y le otorgó el nombre que está sobre todo nombre, 10 para que en el nombre de Jesús se doble toda rodilla en el cielo, en la tierra y en los infiernos, 11 y toda lengua confesará que Jesucristo es el Señor, para gloria de Dios Padre.

Exhortaciones a la santidad

12 Así pues, amados míos, como siempre obedecisteis no solo en mi presencia, sino mucho más ahora en mi ausencia, trabajad con temor y temblor por vuestra salvación, 13 porque es Dios el que realiza en vosotros por su benevolencia no solo el querer sino también el obrar. 14 Haced todas las cosas sin murmuraciones y discusiones, 15 para que seáis irreprensibles y puros, hijos de Dios sin mancha en medio de una generación rebelde y perversa entre la cual vosotros resplandecéis como faros de luz en el mundo, 16 reteniendo la palabra de vida, para mi gloria en el día de Cristo, de no haber corrido en vano, ni en vano trabajado. 17 Mas aunque derrame mi sangre como libación sobre el sacrificio y servicio de vuestra fe, me alegro y me congratulo con todos vosotros, 18 e igualmente vosotros también gozaos y congratulaos conmigo.

San Pablo recomienda a Timoteo y Epafrodito

19 Espero en el Señor Jesús poder enviaros pronto a Timoteo, para que yo también tenga buen ánimo al tener noticias de vosotros, 20 porque no tengo ningún otro de iguales sentimientos, que se interese sinceramente por vuestras cosas; 21 todos, en efecto, buscan sus propios intereses y no los de Jesucristo, 22 mas conocéis la prueba dada por él, que, cual hijo con su padre, ha trabajado conmigo al servicio del Evangelio. 23 A este, pues, espero enviar apenas sepa el resultado de mi causa, 24 y aún confío en el Señor que yo mismo iré pronto. 25 Entre tanto, juzgué necesario mandaros a Epafrodito, el hermano y colaborador y compañero mío de combate, y vuestro apóstol y proveedor en mis necesidades, 26 puesto

que os está añorando a todos y está triste porque habéis oído que
estuvo enfermo. [27] Y realmente estuvo enfermo a punto de morir;
mas Dios tuvo compasión de él y no solamente de él, sino también
de mí, para que no tuviera tristeza sobre tristeza. [28] Con toda dili-
gencia, pues, os lo envié para que al verlo de nuevo os alegréis, y
yo quede con menos tristeza. [29] Recibidlo, pues, en el Señor con
toda alegría y tened en honor a los que son como él, [30] porque por
obra de Cristo se encontró cerca de la muerte, poniendo en riesgo
su vida, para llenar vuestra deficiencia respecto a mi ministerio.

[5] *Cristo Jesús.* He aquí nuestro modelo. Sus sentimientos debieran ser los nuestros. La vida de Cristo es un regalo hecho por Dios a los hombres pues por ellos se humilla, sufre,muere, resucita y triunfa... Siendo él subsistente en la naturaleza de Dios, o sea, *igual a Dios*, no fue esto pretexto para permanecer en su gloria sin cuidarse de los hombres, antes bien su amor lo impulso al último grado de abatimiento, pues por la encarnación se anonadó así mismo asemejándose en todo a nosotros, menos en el pecado (Heb. 4, 15).

Peligro de los judaizantes

3 [1] Por lo demás, hermanos míos, alegraos en el Señor. Escribi-
ros las mismas cosas, para mí, ciertamente, no es molesto; para
vosotros, en cambio, provechoso. [2] ¡Ojo con los perros, ojo con los
malos obreros, ojo con la mutilación! [3] Porque la circuncisión so-
mos nosotros, los que rendimos culto en espíritu a Dios, y nos
gloriamos en Cristo Jesús y no confiamos en la carne, [4] aunque yo
podría confiar en la carne. Si algún otro cree confiar en la carne,
yo más; [5] circuncidado al octavo día, del linaje de Israel, de la tribu
de Benjamín, hebreo, hijo de hebreos, fariseo según la ley, [6] por el
celo perseguidor de la Iglesia; en cuanto a la justicia de la ley,
irreprensible. [7] Pero todas estas cosas que para mí eran ganancias
yo las he juzgado como una pérdida por Cristo. [8] Mas aún, todo lo
considero una pérdida a cambio del conocimiento de Cristo Jesús,
mi Señor, por el cual todo lo sacrifiqué y lo tengo como basura a
fin de ganar a Cristo, [9] y encontrarme con El, no teniendo mi justi-
cia, la que proviene de la ley, sino la que proviene de la fe de
Cristo, justicia que viene de Dios por la fe, [10] de conocerle a El y el
poder de su resurrección y la participación de sus sufrimientos
conformándome a su muerte, [11] por si puedo alcanzar la resurrec-
ción de entre los muertos.

Seguir el ejemplo de San Pablo

[12] No que ya lo haya conseguido, o que ya sea yo perfecto, sino que sigo adelante por conquistarlo, para lo cual yo también he sido conquistado por Cristo Jesús. [13] Hermanos, no creo que yo mismo lo haya alcanzado; una sola cosa digo, olvidando lo que ya queda atrás y lanzándome a lo que tengo delante, [14] corro hacia la meta, hacia el premio de la celestial vocación de Dios en Cristo Jesús. [15] Cuantos, pues, somos perfectos, tengamos estos sentimientos y si en algo pensáis diversamente, Dios os iluminará también sobre esto. [16] Mas en lo que hayamos alcanzado, en eso perseveremos.

Los malos y los buenos cristianos

[17] Sed imitadores míos, hermanos, y observad a los que así andan según el modelo que en nosotros tenéis. [18] Porque, como os he dicho tantas veces y ahora os lo repito llorando, muchos son los que se conducen como enemigos de la cruz de Cristo, [19] cuyo fin es la perdición, cuyo dios es el vientre, y cuya gloria el deshonor. Estos son los que tienen su pensamiento puesto en las cosas de la tierra. [20] Nuestra ciudadanía, en cambio, está en el cielo, de donde esperamos un Salvador, el Señor Jesucristo, [21] que transformará el cuerpo de nuestra humillación, conforme a su cuerpo glorioso, según el poder que El tiene de someter a Sí todas las cosas.

Diversas exhortaciones

4 [1] Por lo tanto, hermanos míos, muy queridos y deseados, mi alegría y mi corona, permaneced así firmes en el Señor, carísimos. [2] Exhorto a Evodia y también a Síntique ruego, que tengáis un mismo sentimiento en el Señor. [3] Y te ruego también a tí, noble compañero, que ayudes a éstas que lucharon juntamente conmigo por el Evangelio, y con Clemente y los otros mis colaboradores, cuyos nombres están en el libro de la vida. [4] Estad siempre alegres en el Señor, lo repito, estad siempre alegres. [5] Vuestra modestia sea conocida a todos los hombres; el Señor está próximo. [6] No inquietaros por nada, sino que en todo haced patente a Dios vuestras necesidades con oraciones y súplicas, con acciones de gracias, [7] y la paz de Dios que sobrepasa toda inteligencia, custodiará vuestros corazones y vuestros pensamientos en Cristo Jesús.

8 Por lo demás, hermanos, todo lo que es verdadero, todo lo
noble, todo lo justo, todo lo santo, todo lo amable, todo lo que
contribuye a la buena fama, si hay alguna virtud, si cosa digna de
alabanza; en estas cosas pensad. 9 Aquello que de mí habéis apren-
dido, recibido, oído y visto, ponedlo en práctica y el Dios de la paz
será con vosotros.

Conclusión: agradecimiento de San Pablo

10 Me he alegrado grandemente en el Señor de que ya al fin
vosotros habéis hecho florecer vuestro interés por mí, el cual cier-
tamente sentíais, pero no teníais ocasión de manifestarlo. 11 No lo
digo por razón de mi inteligencia, porque he aprendido a estar
contento con lo que tengo. 12 Se vivir en la estrechez y se vivir en
la abundancia; en todo y en todas partes estoy adiestrado a estar
saciado y a pasar hambre, a estar en abundancia y a padecer
penuria. 13 Todo lo puedo en Aquel que me conforta. 14 Sin embar-
go, habéis hecho bien tomando parte en mi estrechez. 15 Vosotros
bien sabéis, oh filipenses, que en el comienzo del Evangelio, cuan-
do partí de Macedonia, con ninguna Iglesia tuve cuenta de dado y
recibido, exceptuando la vuestra. 16 Porque también a Tesálonica
una y dos veces me enviasteis con qué atender a mis necesidades.
17 No es que yo busque dádivas, sino que busco el fruto que redun-
da en beneficio vuestro. 18 He recibido todo y me sobra, estoy col-
mado de bienes, habiendo recibido por medio de Epafrodito lo que
habéis mandado como suave perfume, como sacrificio aceptable y
agradable a Dios. 19 Mi Dios, en cambio, proveerá todas vuestras
necesidades, según su riqueza, con la gloria en Cristo Jesús. 20 A
Dios nuestro Padre sea gloria por los siglos de los siglos. Amén.

Saludos y bendiciones

21 Saludos a todos los santos en Cristo Jesús. Os saludan los
hermanos que están conmigo. 22 Os saludan todos los santos, espe-
cialmente los de la casa del César. 23 La gracia del Señor Jesucristo
sea con vuestro espíritu. Así sea.

CARTA A LOS COLOSENSES

Colosas era una ciudad de Frigia, a unos 200 kilómetros de Efeso. Aquella Iglesia de Colosas no fue fundada directamente por San Pablo (1, 4; 2, 1), sino por un discípulo suyo llamado Epafras (1, 7), natural de Colosas y que fue a Efeso a oír a San Pablo, donde se convirtió y luego regresó a su patria iniciando su campaña evangelizadora por las ciudades de la margen derecha del río Lico. La comunidad de Colosas era predominantemente gentil.

Epafras visitó a San Pablo cuando este se hallaba prisionero y le dio noticias de la Iglesia en Colosas, y sabedor de cuanto ocurría allí, el apóstol –según reza la tradición– escribió esta carta donde estaba preso sobre el año 62, con el fin de explayarles, como a los efesios, aspectos siempre nuevos sobre el Misterio de Cristo, y de paso desenmascarar a los herejes que se habían introducido en la floreciente comunidad cristiana, "con apariencia de piedad" (2 Tim. 3, 5), inquietándola con doctrinas falsas tomadas del judaísmo y paganismo.

Contenido de la Carta

Después de una introducción con el saludo y acción de gracias consabido (1, 1-14), podemos dividir la carta en dos partes:

1.ª Dogmática *(1, 15-29) y en ella nos habla de la excelencia de Cristo, o sea, de su preeminencia sobre todo ser creado, como Creador, Conservador y Redentor; pues "El es antes que todas las cosas...". En el cap. 2, les previene contra las falsas doctrinas.*

2.ª Moral *(caps. 3 y 4). La nueva vida del cristiano debe ser una vida unida a Cristo resucitado y esta vida exige que se rompa con los pecados del paganismo y se ejercite la caridad, y termina con normas directivas para los diversos estados de vida y saludos.*

Saludo

1 1 Pablo, apóstol de Jesucristo por la voluntad de Dios, y Timo-
teo, el hermano, 2 a los santos y fieles hermanos en Cristo resi-
dentes en Colosas: 3 la gracia y la paz a vosotros de parte de Dios
nuestro Padre.

Acción de gracias

[4] Damos gracias a Dios, Padre de nuestro Señor Jesucristo,
orando siempre por vosotros, porque estamos informados de vues-
tra fe en Cristo Jesús y de la caridad que tenéis hacia todos los
santos, [5] por la esperanza que tenéis depositada en los cielos de la
que previamente habéis tenido noticias por la verdadera palabra
del Evangelio, [6] que os ha llegado y tenéis presente, y como en
todo el mundo ha producido frutos y se ha propagado, así también
ha sucedido entre vosotros desde el día en que oísteis y llegásteis a
conocer la gracia de Dios en la verdad, [7] conforme la aprendísteis
de Epafras, nuestro amado consiervo, que es por nosotros fiel mi-
nistro de Cristo, [8] quien también nos ha dado a conocer manifiesta-
mente vuestra caridad en el Espíritu.

Oración por el progreso espiritual de los colosenses

[9] Por esto, igualmente, nosotros desde el día en que lo oímos,
no cesamos de rogar y de pedir por vosotros para que seáis llenos
del conocimiento de su voluntad con toda sabiduría e inteligencia
espiritual, [10] y os comportéis de una manera digna del Señor inten-
tando complacerlo en todo, fructificándolo en toda obra buena y
creciendo en el conocimiento de Dios, [11] fortalecidos en todas las
virtudes por el poder de su gloria para así soportar todo con alegría
y magnanimidad de ánimo; [12] dando gracias al mismo tiempo al
Padre que os capacitó para participar de la herencia de los santos
en la gloria, [13] quien nos rescató del poder de las tinieblas y nos
transportó al reino del Hijo de su amor, [14] en quien tenemos la
redención y remisión de los pecados.

Excelencia de la persona de Cristo:
1) en la creación del mundo

[15] El cual *(esto es, Cristo)* es imagen de Dios invisible, primo-
génito de toda la creación, [16] porque por El fueron creadas todas las
cosas, las de los cielos y las de la tierra, lo visible y lo invisible,
tanto los tronos como las dominaciones, los principados como las
mismas potestades; absolutamente todo fue creado por el y para El;
[17] y El existe antes que todas las cosas y todas en El subsisten.

2) en la Iglesia

[18] El es también la cabeza del cuerpo de la Iglesia, siendo el principio, primogénito entre los mortales para así ocupar El mismo el primer puesto entre todas las cosas, [19] ya que en El quiso el Padre que habitase toda la plenitud.

3) en la obra de la reconciliación

[20] Y quiso también por medio de El reconciliar consigo todas las cosas, tanto las de la tierra como las del cielo, pacificándolas por la sangre de su cruz.

[21] Y a vosotros que fuistéis un día extraños y enemigos en vuestra mente a causa de las malas obras, [22] ahora, os ha reconciliado en el cuerpo de su carne por su muerte, para presentaros limpios e inmaculados e irreprensibles ante su presencia, [23] siempre que al menos perseveréis sólidamente asegurados en la esperanza del Evangelio que oísteis, el que ha de ser predicado a toda criatura que está bajo los cielos y del que yo Pablo, he sido elegido ministro.

La obra de Cristo y los sufrimientos del apóstol

[24] Ahora me alegro de mis padecimientos por vosotros y completo en mi carne las deficiencias de las tribulaciones de Cristo por su cuerpo, que es la Iglesia, [25] de la que fui hecho ministro según la misión que Dios me dio para bien vuestro con el fin de dar cumplimiento a su mensaje divino: [26] el misterio oculto desde los siglos a las generaciones pasadas; mas ahora ha sido revelado a sus santos, [27] a quienes quiso Dios descubrir cuál es la riqueza de la gloria de este misterio entre los gentiles, el cual es Cristo entre vosotros, la esperanza de la gloria, [28] a quien nosotros anunciamos amonestando e instruyendo a todos los hombres en toda sabiduría, para presentarlos perfectos en Jesucristo, [29] con miras a lo cual me fatigo luchando mediante su acción que obra poderosamente en mí.

[15] *Primogénito de la creación*, esto es, el que tiene una existencia anterior a la creación, pues es el creador y conservador de todo cuanto existe pues por El fueron hechas todas las cosas del cielo y de la tierra y sin El no se hizo nada (Jn. 1, 3)... También se llama "el primogénito" de entre los muertos, porque es el primer resucitado y el que resucitará a los demás para su gloria (Jn. 6, 44; Rom. 8, 29; Col. 1, 18).

Solicitud de los fieles

2 1 Quiero, pues, que sepáis qué intensa lucha soporto por voso
tros, y por los que residen en Laodicea y por cuantos no han
visto mi rostro en carne, 2 para que sean consolados sus corazones,
siendo formados en la caridad y en toda riqueza de la plenitud de
la inteligencia para llegar al conocimiento del misterio de Dios,
que es Cristo, 3 en el que se encuentran ocultos todos los tesoros de
la sabiduría y de la ciencia.

Advertencia sobre las falsas doctrinas

4 Y digo esto para que nadie os engañe con razonamientos
falsos. 5 Y aunque corporalmente me hallo ausente, no obstante en
espíritu me encuentro en vuestra compañía complaciéndome al ver
la disposición inquebrantable de vuestra fe en Cristo.
6 Por consiguiente, como acogísteis al Señor Jesucristo, convi-
vid con El, 7 arraigados y reedificados en El y confirmados en la fe
conforme fuisteis instruidos, superabundando en ella en acción de
gracias. 8 Mirad que nadie os seduzca mediante la filosofía y vano
artificio, según la tradición de los hombres, conforme a los ele-
mentos del mundo y no según Cristo; 9 porque en El habita corpo-
ralmente toda la plenitud de la divinidad; 10 y en El estáis llenos
vosotros y El, que es la cabeza de todo principado y potestad, 11 en
quien también fuisteis circuncidados con circuncisión hecha no
por la mano del hombre, en el despojamiento del cuerpo de los
pecados de la carne, sino con la circuncisión de Cristo, 12 habiendo
sido sepultados con El por la fe en el poder de Dios que lo resuci-
tó, de entre los muertos, 13 y a vosotros que estábais muertos por
vuestras faltas y por la incircuncisión de vuestra carne, os revivifi-
có juntamente con El, perdonándoos todos los pecados, 14 anulando
el acta presentada contra nosotros, la que por sus decretos nos era
adversa, quitándola de en medio y clavándola en la cruz, 15 y des-
pojando a los principados y a las potestades los expuso a la pública
irrisión triunfando de ellos en la cruz.

El falso ascetismo

16 Por consiguiente, que nadie os juzgue por comida o bebida o
por la participación en las fiestas, novilunios o sábados, 17 lo que
represente una sombra del futuro cuyo fundamento es Cristo.

[18] Que nadie, con simulada humildad o culto de ángeles, os niegue el premio de la victoria metiéndose en cosas que no ha visto presumiendo vanamente a la luz de su inteligencia carnal, [19] y no adhiriéndose a la cabeza por la que todo el cuerpo sustentado y ligado por las articulaciones y coyunturas aumenta en el crecimiento divino. [20] Si morísteis con Cristo a los elementos del mundo, ¿por qué como si vivieseis en el mundo os sometéis a los mismos? [21] No tomes, no gustes, no toques. [22] ¿No son cosas que llegan a destruirse por el uso conforme a las ordenanzas e instrucciones de los hombres? [23] Las cuales implican presunción de sabiduría por lo que mira a la falsa piedad, humildad y abandono del cuerpo, ni son de mérito alguno porque solo tienden al placer de la carne.

Cristo sufrió tribulaciones sobre la tierra y estos sufrimientos de Cristo son incompletos, no en si mismos, sino, como dice San Pablo, " en mi carne", esto es, en mi y en los demás miembros que formamos parte del cuerpo entero de la Iglesia. Sufrir ahora es completar a Cristo, es dejar hacer a El en sus miembros lo que antes ha hecho primeramente en su Cabeza. Si Cristo sufrió, justo es que sufran sus miembros.

Solidarios con Cristo resucitado

3 [1] Por consiguiente, si habéis resucitado con Cristo buscad las cosas de arriba donde Cristo está sentado a la diestra de Dios; [2] pensad en lo de arriba no en las cosas de la tierra. [3] Estáis muertos y vuestra vida permanece oculta con Cristo en Dios. [4] Cuando Cristo que es vida vuestra, se manifieste, entonces vosotros también apareceréis con El en la gloria.

Huida de los vicios antiguos

[5] Así pues, dejad muertos vuestros miembros a las cosas terrestres: a la fornicación, a la impureza, a las pasiones, al apetito desordenado y a la codicia que es culto de los ídolos, [6] acciones por las que sobreviene la ira divina sobre los hijos de la incredulidad, [7] conforme a las que en un tiempo también os conducísteis cuando vivíais sumidos en ellas.

[8] Mas ahora desechad vosotros también totalmente la ira, el rencor, la malicia, la blasfemia, la obscena conversación de vuestra boca, [9] no viváis mutuamente engañados sino despojados del hombre viejo con todas sus malas acciones, [10] y revestidos del nuevo

que sucesivamente se renueva hasta adquirir el pleno conocimiento
conforme a la imagen del que lo ha creado, 11 en el que no cabe
distinción entre griego y judío, circuncisión e incircuncisión, bár-
baro, escita, siervo, libre sino que Cristo es todo y en todos.

Las virtudes cristianas

12 Por tanto, como elegidos de Dios, santos y amados, revestíos
de un corazón compasivo, bondadoso, humilde, manso,
magnánimo, 13 sobrellevándoos, perdonándoos mutuamente cuan-
tas veces alguno tuviese motivo de queja contra otro. Del mismo
modo que el Señor os perdonó así también vosotros debéis
perdonaros, 14 pero ante todo revestíos de caridad que es el lazo de
la perfección. 15 Igualmente, la paz de Cristo reine en vuestros co-
razones a la que fuisteis llamados para constituir un cuerpo único;
y sed agradecidos. 16 La palabra de Cristo habite abundantemente
en vosotros enseñándoos y amonestándoos mutuamente con toda la
sabiduría, con salmos himnos, cánticos divinos, cantando y dando
gracias a Dios en vuestros corazones. 17 Y todo cuanto de palabra u
obra realicéis hacedlo en nombre del Señor Jesús dando gracias
por su intercesión a Dios Padre.

Los deberes familiares

18 Mujeres, estad sumisas a vuestros maridos como conviene
en el Señor. 19 Maridos, amad a vuestras esposas y no os irritéis
contra ellas. 20 Hijos, obedeced a vuestros padres en todo porque
esto place al Señor. 21 Padres, no provoquéis a ira a vuestros hijos
para que no se desalienten. 22 Siervos, sometéos en todo a vuestros
amos según la carne no con sumisión fingida como si tratáseis de
complacer a los hombres sino con sencillez de corazón temiendo al
Señor. 23 Cuanto hagáis hacedlo con gusto como si sirvíeseis al
Señor no a los hombres, 24 reconociendo que recibiréis en cambio
el pago de la herencia. Servid a Cristo el Señor. 25 El ofensor reci-
birá en pago el castigo de su ofensa, pues, en Dios no hay acepción
de personas.

Oración y prudencia

4 [1] Amos, practicad la justicia y equidad con los siervos, puesto
que sabéis que también vosotros tenéis a vuestro Señor en el
cielo.

[2] Perseverad en la oración velando durante ella y con acción de
gracias, [3] orando también a la vez por nosotros, a fin de que Dios
nos abra puerta para la palabra, para anunciar el misterio de Cristo
–por el que también estoy encadenado–, [4] para manifestarlo confor-
me debo anunciarlo. [5] Conversad directamente con los gentiles
buscando la ocasión favorable. [6] Sea siempre vuestra conversación
agradable, sazonada con la sal de la gracia de modo que sepáis
cómo debéis responder a cada uno.

Misión de Tíquico

[7] Tíquico, el hermano amado fiel ministro y consiervo en el
Señor, os pondrá al corriente de todas mis cosas, [8] a quien os envío
con esta misma finalidad, para que os informéis de nuestra misión
y aliente vuestros corazones, [9] en compañía de Onésimo, vuestro
fiel y amado hermano. Os informarán de todo cuanto aquí lleva-
mos a cabo.

Saludos finales

[10] Os saluda Aristarco, mi compañero de prisión, y Marcos, el
primo de Bernabé, de quien recibísteis instrucciones (si recurre a
vosotros acogedlo), [11] y Jesús, el llamado Justo, que son de la cir-
cuncisión y mis únicos colaboradores en el reino de Dios quienes
me sirvieron de consuelo. [12] Os saluda Epafras el vuestro, siervo de
Jesucristo, que continuamente se esfuerza suplicando por vosotros
para que os mantengáis perfectos y colmados de toda voluntad de
Dios. [13] Y certifico de él que tiene un trabajo ímprobo por vosotros,
por los de Laodicea y por los de Hierápolis. [14] Os saluda Lucas, el
médico amado y Demas. [15] saludad a los hermanos de Laodicea y a
Ninfa y a la iglesia de su casa. [16] Y cuando fuere leída esta epístola
entre vosotros procurad que también sea leída en la iglesia de
Laodicea, e igualmente, que también vosotros leáis la escrita a
Laodicea. [17] Y decid a Arquipo: procura cumplir el mismo ministe-
rio que recibiste en el Señor. [18] El saludo es de mi mano, Pablo
acordáos de mis cadenas. La gracia sea con vosotros. Amén.

PRIMERA CARTA A LOS TESALONICENSES

Tesalónica, hoy Salónica, puerto del mar Egeo, era en tiempo de San Pablo capital de la provincia romana de Macedonia. Sus habitantes eran en su mayoría gentiles, griegos y romanos, y había una pequeña colonia judía que tenía allí una sinagoga. Allí estuvo San Pablo unas tres semanas predicándoles por las Escrituras que Jesús era el Mesías (Hech. 17). Esto sucedía en su segunda misión o viaje apostólico, y en colaboración de Silvano (Silas) y Timoteo. Predicó también a los gentiles y hubo varias conversiones y esto excitó el odio de los judíos incrédulos. San Pablo se vio obligado a salir de la ciudad.

Estando él en Corinto mandó a su discípulo Timoteo se informara del espíritu que reinaba en aquella cristiandad, y ésto motivó la ocasión de escribirle esta carta hacia el año 51, desde la misma ciudad de Corinto.

En esta carta describe la fundación de la Iglesia en Tesalónica, su misión y conducta con ellos y después de exhortarles a la castidad, a la caridad y al trabajo, les habla de la parusía o segunda venida del Señor, pues estando ellos preocupados por la suerte de los difuntos por suponer que no tendrían la dicha de presenciar esta segunda venida, San Pablo les responde que la suerte de los difuntos es más ventajosa, porque la resurrección gloriosa de los muertos en el Señor precederá a la glorificación de los supervivientes y luego saldrán todos al encuentro del Señor y estarán con El por toda la eternidad.

Termina la carta exhortando a los tesalonicenses a la vigilancia, por ser incierto el día de la segunda venida que vendrá como ladrón nocturno y les recomienda la obediencia, la paciencia y la caridad.

Dirección y saludo

1 1 Pablo, Silvano y Timoteo a la Iglesia de los Tesalonicenses
en Dios Padre y en el Señor Jesucristo. A vosotros la gracia y
la paz.

Acción de gracias

2 Nosotros damos continuamente gracias a Dios por todos vos-
otros, haciendo sin cesar memoria de vosotros en nuestras
oraciones, 3 recordando ante Dios y Padre nuestro la obra de vues-
tra fe, el trabajo de vuestra caridad y la perseverancia de vuestra
esperanza en nuestro Señor Jesucristo, 4 sabiendo, hermanos ama-
dos por Dios, vuestra elección; 5 porque nuestro Evangelio no llegó
a vosotros solamente en palabras, sino en virtud del Espíritu Santo
y en plena convicción, y así bien sabéis cuáles fuimos entre voso-
tros por vuestro bien.

6 Vosotros también habéis venido a ser imitadores nuestros y
del Señor, habiendo recibido la palabra en medio de muchas tribu-
laciones, con la alegría del Espíritu Santo, 7 de modo que vosotros
habéis venido a ser un modelo para todos los creyentes en Mace-
donia y en Acaya. 8 Más no sólo en Macedonia y en Acaya ha
estado por vosotros divulgada la palabra del Señor, sino en todo
lugar vuestra fe en Dios se ha propagado tanto, que nosotros no
tenemos necesidad de hablar. 9 Porque ellos mismos andan anun-
ciando cómo fue nuestra llegada a vosotros y como vosotros os
habéis convertido de los ídolos a Dios, para servir al Dios vivo y
verdadero, 10 y esperar de los cielos a su Hijo a quien resucitó de
los muertos: Jesús, el que nos ha librado de la ira que se avecinaba.

Ministerio de San Pablo en Tesalónica

2 1 Vosotros mismos, hermanos, sabéis bien que nuestra llegada
a vosotros no fue infructuosa, 2 sino que después de haber sufri-
do y haber estado ultrajados en Filipos –como ya sabéis– tuvimos
confianza en nuestro Dios para anunciaros, en medio de tantas
luchas su Evangelio. 3 Porque nuestra predicación no proviene de
error, ni de impureza, ni de engaño, 4 sino que así como hemos sido
elegidos por Dios para confiársenos el Evangelio, así lo predica-
mos, no por complacer a los hombres, sino a Dios, que prueba
nuestros corazones. 5 Porque nunca hemos usado palabras de adu-
lación, como sabéis, ni pretextos de codicia: Dios es testigo; 6 nun-
ca hemos buscado la gloria de los hombres ni la vuestra, ni la de
otros, 7 aunque habríamos podido presentarnos con gravedad, como
apóstoles de Cristo, nos hicimos en cambio afables en medio de

vosotros; y como una madre toma el cuidado de sus hijos, [8] así,
prendados de vosotros, nos complacíamos en daros, no solo el
Evangelio de Dios, sino también nuestra propia vida, ya que lle-
gásteis a sernos tan queridos. [9] Recordad, pues, hermanos, nuestro
trabajo y nuestra fatiga: noche y día trabajando, para no ser una
carga a ninguno de vosotros, os predicamos el Evangelio de Dios.

[10] Vosotros sois testigos y Dios también de la rectitud, de la
justicia y de la conducta irreprensible que observamos con voso-
tros los creyentes. [11] Igualmente sabéis que hemos sido para cada
uno de vosotros como un padre para sus hijos; [12] exhortándoos y
consolándoos y conjurándoos a vivir en modo digno de Dios, que
os llama a su reino y gloria.

Buena conducta de los fieles de Tesalónica

[13] Por esto también nosotros damos continuas gracias a Dios
porque al recibir su palabra, que nosotros os hemos anunciado, la
acogísteis no como palabra de hombre, sino como verdadera pala-
bra de Dios, la cual ejerce su eficacia en vosotros que creísteis.
[14] Ciertamente, hermanos, vosotros os habéis hecho imitadores de
las Iglesias de Dios, que hay en la Judea en Cristo Jesús, porque
también vosotros habéis sufrido de los judíos, [15] de aquellos que
dieron muerte al Señor Jesús y a los profetas, persiguiéndonos
también a nosotros; y que no agradan a Dios y están en contra de
todos los hombres, [16] impidiéndonos hablar a los gentiles para que
se salven, con lo que llenan siempre más la medida de sus pecados.
Mas la cólera de Dios sobre ellos ha llegado al máximo.

Pablo desea verlos de nuevo

[17] Mas nosotros, hermanos, después de haber estado por algún
tiempo separados de vosotros, en cuerpo, mas no de corazón, he-
mos sentido todavía más vivo el deseo de volver a veros. [18] Porque,
por una o dos veces, al menos yo, Pablo, en particular, intentamos
ir a vosotros, pero Satanás nos lo ha impedido. [19] Porque, ¿cuál es
nuestra esperanza, nuestra alegría, nuestra corona de gloria? ¿No
sois acaso vosotros delante de nuestro Señor Jesucristo en su
venida? [20] Sí, vosotros sois nuestra gloria y nuestra alegría.

9 *El Evangelio de Dios.* Este fue el que predicó San Pablo no pretendiendo los aplausos de los hombres, sino el agradar a Dios, y esto es lo que debe predicar todo apóstol y no doctrinas extrañas, y de su predicación nació aquella comunidad fervorosa.

La misión de Timoteo y la alegría del apóstol

3 1 Por lo cual no pudiendo ya resistir más, hemos preferido quedarnos solos en Atenas 2 y enviamos a Timoteo, nuestro hermano y ministro de Dios en el Evangelio de Cristo, con el encargo de sosteneros y exhortaros en vuestra fe 3 para que ninguno se deje turbar en las presentes tribulaciones, pues, vosotros mismos sabéis que para esto somos destinados. 4 En efecto, cuando estábamos con vosotros ya os predecíamos, que seríamos expuestos a las tribulaciones como así ha sucedido y bien lo sabéis. 5 Por esto también yo, no pudiendo resistir más, mandé para informarme de vuestra fe, no fuera que el tentador os hubiera tentado y nuestro trabajo hubiera sido infructuoso. 6 Mas ahora que Timoteo, de vosotros ha regresado a nosotros, y nos ha traido buenas noticias de vuestra caridad, y que conserváis siempre un buen recuerdo de nosotros, deseándonos ver al igual que nosotros a vosotros; 7 por esto, hermanos, en medio de nuestras necesidades y tribulaciones hemos encontrado en vosotros nuestra consolación con motivo de vuestra fe., 8 Ciertamente, ahora vivimos si vosotros estáis firmes en el Señor. 9 ¿Qué acción de gracias; por tanto, podemos nosotros dar en recompensa a Dios por vosotros, por toda la alegría de que nosotros disfrutamos por vuestra causa delante de nuestro Dios, 10 sino rogándole día y noche con mayor fervor, porque nos conceda el poder de ver de nuevo vuestro rostro y completar aquello que todavía falta a vuestra fe? 11 El mismo Dios, nuestro Padre y nuestro Señor Jesús allane nuestro camino para llegar a vosotros. 12 El Señor haga que vosotros crezcáis y abundéis en caridad de unos para con otros y para con todos, lo mismo que nosotros para con vosotros, 13 para fortalecer vuestros corazones, y haceros irreprensibles en la santidad delante de Dios, nuestro Padre, para cuando el Señor nuestro Jesucristo venga con todos sus santos.

Exhortación a la pureza

4 1 Por lo demás, hermanos, os rogamos y os exhortamos en el
Señor Jesús, a fin de que vosotros, que habéis aprendido de
nosotros cómo os debéis portar y agradar a Dios, que igualmente
os portéis para que progreséis siempre más; 2 pues, vosotros sabéis
bien qué precepto os hemos dado de parte del Señor Jesús. 3 Porque
esta es la voluntad de Dios: vuestra santificación; que os absten-
gáis de toda especie de impureza; 4 cada uno de vosotros sepa guar-
dar su propio cuerpo en santidad y honor, 5 sin abandonarse a los
ardores de la concupiscencia como los gentiles, que no conocen a
Dios, 6 ninguno en tal materia, ni con violencia ni con engaño haga
injuria a su hermano porque el Señor es vengador de todas estas
cosas, como nosotros ya os tenemos dicho y testificado, 7 Dios, en
efecto, no nos ha llamado a la inmundicia, sino a vivir en la santi-
dad.

8 Quien por consiguiente desprecia estos preceptos no despre-
cia a un hombre, sino a Dios, el cual nos ha dado también su
Espíritu Santo.

Exhortación a la caridad y al trabajo

9 En cuanto a la caridad fraterna no tengo nada que escribiros,
vosotros mismos habéis aprendido de Dios a amaros
recíprocamente. 10 Y esto, precisamente, es lo que hacéis para con
todos los hermanos de toda la Macedonia. Mas nosotros os exhor-
tamos, hermanos, a hacer nuevos progresos, 11 y a que os esforcéis
a vivir con amor y paz, ocupándoos de vuestras cosas, trabajando
con vuestras manos, como os hemos recomendado, 12 a fin de por-
taros honradamente delante de los extraños sin tener necesidad de
ninguno.

Segunda venida de Jesucristo. La resurrección

13 No queremos, hermanos, que vosotros permanezcáis en la
ignorancia acerca de los que duermen *(los muertos)* para que no os
aflijáis como los demás que no tienen esperanza. 14 Porque si noso-
tros creemos que Jesucristo ha muerto y ha resucitado, así también
Dios a los muertos por Jesús los llevará con El. 15 Pues, esto os lo
anunciamos como palabra del Señor: que nosotros los vivos, los
supervivientes a la venida del Señor, no precederemos a los que

están muertos. 16 Porque el Señor, a una señal establecida, a la voz
del Arcángel, al sonido de la trompeta de Dios, descenderá del
cielo y los muertos en Cristo resucitarán los primeros. 17 Después,
nosotros los vivos, los supervivientes juntamente con aquellos, se-
remos arrebatados en el aire sobre las nubes, al encuentro del
Señor. 18 Consoláos, por lo tanto, recíprocamente con estas pala-
bras.

La época de la venida de Cristo

5 1 En cuanto al tiempo y el momento no tenéis necesidad, her
manos, que os escriba. 2 Vosotros mismos sabéis bien que el
día del Señor vendrá como el ladrón en la noche. 3 Cuando digan:
"Paz y seguridad", entonces de improviso los sorprenderá la ruina,
como el dolor de la mujer encinta, y no tendrán salvación.
4 Mas vosotros, hermanos, no estáis en tinieblas para que aquel
día os sorprenda como un ladrón, 5 pues todos vosotros sois hijos
de la luz e hijos del día. No somos de la noche y de las tinieblas.
6 No durmamos por lo tanto como los otros, mas vigilemos y sea-
mos sobrios, 7 porque los que duermen, duermen de noche y los
que se embriagan, de noche se embriagan. 8 Mas nosotros que so-
mos hijos del día seamos sobrios, vivamos revestidos de la coraza
de la fe y de la caridad, y tengamos como yelmo la esperanza de la
salvación. 9 Porque Dios no nos destinó a ser objeto de su cólera en
el día del Juicio sino a la adquisición de la salvación, por medio de
Nuestro Señor Jesucristo. 10 El cual ha muerto por nosotros, para
que, ya velemos, ya durmamos, vivamos en unión con El. 11 Por
eso exhortaos recíprocamente y edificaos los unos a los otros,
como ya lo hacéis.

Recomendaciones y saludos

12 Os rogamos, hermanos, que respetéis a aquellos que se fati-
gan entre vosotros y os gobiernan en el Señor y os aconsejan.
13 Tened hacia ellos el más grande afecto con motivo de sus obras.
Estad en paz entre vosotros. 14 Os exhortamos todavía, a que corri-
jáis a los inquietos, consoléis a los pusilánimes, sostengáis a los
débiles y seáis sufridos por todos. 15 Estad atentos que ninguno
devuelva a otro mal por mal: sino seguid siempre tras lo bueno, así
entre vosotros como entre todos. 16 Estad siempre alegres. 17 orad

sin intermisión. [18] En cada cosa dad gracias a Dios, porque esto es lo que Dios quiere de todos vosotros en Cristo Jesús. [19] No apaguéis el espíritu, [20] ni despreciéis las profecías, [21] mas examinad todo y retened aquello que es bueno. [22] Absteneos de toda apariencia de mal.

Conclusión

[23] El mismo Dios de la paz os santifique en modo perfecto, y así, todo vuestro espíritu, alma y cuerpo se conserve irreprensible para la venida de nuestro Señor Jesucristo. [24] Aquel que os ha llamado es fiel y hará todo esto, [25] hermanos, rogad por nosotros. [26] Saludad a todos los hermanos con un santo ósculo. [27] Os conjuro por el Señor, que esta carta sea leída a todos los hermanos. [28] La gracia de nuestro Señor Jesucristo sea con vosotros.

[13] *Acerca de los muertos.* Los de Tesalónica creían que estaba cerca la última venida de Cristo, y lloraban amargamente a sus difuntos por no asistir a su venida gloriosa, y San Pablo les dice que no estén tristes, porque cuando Cristo vuelva, ellos serán los primeros en resucitar, y los justos que entonces vivan saldrán al encuentro de Cristo y no pasarán por la muerte...

SEGUNDA CARTA A LOS TESALONICENSES

Los tesalonicenses quedaron tranquilizados con la primera carta sobre la suerte de sus difuntos; pero no con lo relativo a la parusía o segunda venida del Señor que creían inminente, por lo que algunos llevados de esta persuasión no trabajaban y pasaban el día vagando de casa en casa, creando así un estado de desorden. Y el apóstol temiendo que esto podía ser perjudicial a la fe y a la moral de los neófitos, les escribe pocos meses después de la primera carta esta segunda para calmarlos y corregir abusos.

En ella le dice que la parusía no es inminente sino que la deben preceder: la apostasía universal y la aparición del anticristo.

El Decreto de la Comisión Bíblica (15 de junio de 1915) nos pone de manifiesto que San Pablo al hablarnos de la parusía no enseñó error alguno, sino que se propuso:

1.º Consolar a los tesalonicenses sobre la suerte de los difuntos, los cuales, al igual que los que estaban vivos, participarían del reino esperado de Jesucristo.

2.º Exhortarlos a la vigilancia porque la venida de Jesucristo será imprevista, ya que nadie sabe el día ni la hora, como dijo el mismo Jesucristo, y así estarían dispuestos a comparecer ante la presencia del divino Juez.

San Pablo no dijo que viviría en tiempo de la segunda venida, pues su pensamiento es claro, según dejamos expuesto ya en la primera carta.

Saludo y acción de gracias

1 [1] Pablo, Silvano y Timoteo a la Iglesia de los Tesalonicenses
en Dios, nuestro Padre y en el Señor Jesucristo: [2] la gracia y la
paz a vosotros de parte de Dios Padre y del Señor Jesucristo.
[3] Nosotros debemos dar continuamente gracias a Dios por vos-
otros hermanos, como es justo, porque vuestra fe va haciendo mag-
níficos progresos y la caridad de cada uno de vosotros hacia los
demás va en aumento. [4] Tanto que nosotros mismos nos gloriamos

de vosotros en las iglesias de Dios, por vuestra paciencia y fe en todas vuestras tribulaciones y persecuciones que soportáis.

El justo juicio de Dios

5 Esta es una prueba del justo juicio de Dios para que seáis tenidos por dignos de su reino, por el cual también padecéis. 6 Si realmente, es propio de la justicia de Dios retribuir con la aflicción a aquellos que os afligen, 7 también a vosotros que sois afligidos os retribuirá el descanso con nosotros en la revelación del Señor Jesús –cuando venga– desde el cielo con los ángeles de su fuerza en medio de las llamas de fuego, 8 para tomar venganza de aquellos que no reconocen a Dios y de los que no obedecen al Evangelio de nuestro Señor Jesús, 9 los cuales sufrirán la pena de la perdición eterna, lejos de la faz del Señor y de la gloria de su poder, 10 cuando El, en aquel día, venga para ser glorificado en sus santos y ser admirado en todos aquellos que han creído –porque creído fue nuestro testimonio por vosotros–.

Oración a Dios por los Tesalonicenses (1, 11-12)

11 A tal fin, nosotros también rogamos de continuo por vosotros para que nuestro Dios os haga dignos de vuestra vocación y con su poder haga se realicen todos vuestros buenos deseos de bondad y la obra de vuestra fe, 12 de suerte que el nombre del Señor nuestro Jesucristo sea glorificado en vosotros y vosotros seáis glorificados en El según la gracia de Dios y del Señor nuestro Jesucristo.

9 Estas palabras son una prueba de la eternidad de las penas de "sentido y de daño" de los condenados.

Ultima venida de Cristo: la apostasía y el anticristo

2 1 Por lo que hace a la venida de nuestro Señor y a nuestra reunión con El, os rogamos, hermanos, 2 que no os dejéis fácilmente turbar el espíritu, ni alarmaros por palabras ni por cartas, que partieran de nosotros, que digan que el día del Señor es inminente.

3 Ninguno os engañe en modo alguno, porque antes se necesita que venga la apostasía y se manifieste el hombre de la iniquidad, el hijo de perdición, 4 el adversario, el cual se levanta contra todo lo

que se llama Dios o es adorado, hasta el punto de sentarse en el
templo de Dios, proclamándose dios a sí mismo. 5 ¿No os recordáis
que yo os decía esto estando aún con vosotros? 6 Y vosotros bien
sabéis qué cosa ahora lo detiene, para que no se manifieste hasta
que llegue su tiempo. 7 En efecto, el misterio de la iniquidad está
ya en acción; solo falta que el que lo retiene ahora sea apartado del
medio.

8 Entonces se manifestará el impío que el Señor Jesús matará
con el aliento de su boca y destruirá con el esplendor de su venida.
9 Aquel mismo cuya aparición será por obra del poder de Satanás
irá acompañada de todo género de portentos, de señales y de prodi-
gios engañosos, 10 y de toda seducción de iniquidad para aquellos
que se pierden, porque no recibieron el amor a la verdad que los
habría salvado. 11 Por eso Dios les envía su poder de extravío para
aquellos que creen en la mentira, 12 a fin de que todos los que no
han creído en la verdad, sino que se complacieron en la iniquidad,
sean condenados.

Acción de gracias y exhortación a la perseverancia

13 Pero nosotros, hermanos, muy queridos del Señor, debemos
dar continuamente gracias a Dios por vosotros, porque El os ha
elegido, como primicias de salvación, mediante la acción santifica-
dora del Espíritu y la fe en la verdad. 14 A esto precisamente Dios
os ha llamado por medio de nuestra predicación del Evangelio,
para alcanzar la gloria de nuestro Señor Jesucristo. 15 Así, pues,
hermanos, estad firmes y conservad las enseñanzas que habéis re-
cibido ya de palabra, ya por carta nuestra. 16 El mismo Señor nues-
tro Jesucristo y Dios, nuestro Padre, que nos ha amado y nos ha
dado por su gracia una consolación eterna y una buena esperanza
17 consuele vuestros corazones y los fortifique en toda obra y pala-
bra buena.

[1] San Pablo les dice: no es inminente la venida de Jesucristo y antes vendrán la "apostasía", o sea, una defección religiosa, apartamiento o seducción llevada a cabo por los mesías o falsos profetas que pondrán en peligro la salvación de los hombres, y "el hombre de la iniquidad" es el anticristo...

Consejos varios

3 1 Por lo demás, hermanos, rogad por nosotros para que la pala-
bra de Dios se difunda y sea tenida en honor como lo es entre
vosotros, 2 y para que seamos libres de los hombres malvados y
perversos: porque no todos tienen la fe. 3 Pero fiel es el Señor: El
cual os fortalecerá y os defenderá del Maligno. 4 Nosotros tenemos
la confianza en el Señor que por vuestra parte hacéis y continuaréis
haciendo las cosas que os hemos encomendado. 5 El Señor guíe
vuestros corazones en el amor de Dios y en la paciencia de Cristo.

6 Os recomendamos, hermanos, en el nombre de nuestro Señor
Jesucristo, que os apartéis de todo hermano que viva desordenada-
mente (por ociosidad) y no según las instrucciones que habéis
recibido de nosotros. 7 Pues vosotros bien sabéis cómo debéis imi-
tarnos, porque nosotros no hemos vivido entre vosotros
desordenadamente, 8 ni hemos comido gratis el pan de ninguno,
sino con fatiga y con cansancio hemos trabajado día y noche, para
no ser gravosos a ninguno de vosotros. 9 Y no porque no tuviéra-
mos derecho, sino por daros en nosotros mismos un modelo que
imitar. 10 Por eso, mientras estuvimos entre vosotros, os dimos esta
orden: que si alguno no quiere trabajar que no coma.

11 Porque hemos venido a saber que entre vosotros hay algu-
nos, los cuales viven desordenadamente, sin trabajar, mezclándose
indiscretamente en asuntos ajenos. 12 nosotros amonestamos a esos
tales y los exhortamos en el Señor Jesucristo, para que trabajando
en paz coman su propio pan. 13 Mas vosotros, hermanos, no os
canséis de hacer el bien. 14 Si alguno no obedece a cuanto decimos
en esta carta, tomadlo en cuenta y no os mezcléis con él, para que
se avergüence. 15 Mas no lo consideréis como enemigo, antes co-
rregidlo como a un hermano.

Epílogo: Salutación

16 El Señor mismo de la paz os conceda la paz siempre y donde
quiera. El Señor sea con todos vosotros. 17 el saludo es de mi mano,
Pablo; esta es la señal que distingue mis cartas. Yo escribo así.
18 La gracia de nuestro Señor sea con todos vosotros.

CARTAS A TIMOTEO Y A TITO

Las dos cartas a Timoteo y la de Tito han recibido el nombre de "Cartas Pastorales", porque San Pablo da a ellos, como pastores de la Iglesia, normas para el buen gobierno de sus súbditos y para el desempeño de los deberes de su cargo y de los que corresponden a los ministros del Señor.

Timoteo *nació en Listra de Liconia, hijo de padre griego y de madre judía (Hech. 16, 1), fue convertido por San Pablo en su primer viaje apostólico (Hech. 14, 7-19), educado desde su infancia en la lectura de las Santas Escrituras (2 Tim. 3, 15).*

Tito, *nacido de padres paganos, era "hijo querido según la fe", lo que quiere decir que el apóstol mismo lo había ganado para Cristo.*

La última carta que escribió San Pablo fue la 2.ª a Timoteo, estando cautivo en Roma y próximo a su muerte a principios del año 67. Las otras dos las escribió sobre el año 65. Entonces Timoteo estaba de obispo en Efeso y Tito en Creta.

PRIMERA CARTA A TIMOTEO

Saludo

1 [1] Pablo, Apóstol de Cristo Jesús, por disposición de Dios nues tro Salvador y de Cristo Jesús, nuestra esperanza, [2] a Timoteo, verdadero hijo en la fe: gracia, misericordia y paz de parte de Dios Padre y de Cristo Jesús, Señor nuestro.

Falsas doctrinas en Efeso

[3] Te rogué, al irme para Macedonia, que te quedases en Efeso, para que recomendases a ciertos individuos que no enseñasen raras doctrinas, [4] ni se dedicasen a fábulas y a genealogías interminables, que más bien suscitan discusiones que el avance de la obra de Dios por la fe. [5] Realmente, el fin de la Ley divina es el amor que brota de un corazón limpio, de una buena conciencia y de una fe sincera, [6] de las cuales habiéndose apartado algunos, se han perdido en discursos inútiles, [7] aspirando a ser doctores de la Ley, cuando ni

siquiera entienden ni lo que dicen ni lo que con tanto aplomo
aseguran. 8 Pues, sabemos que la ley es buena si uno usa de ella
justamente; 9 teniendo esto en cuenta: que la ley no ha sido dada
para el justo, sino para los malvados, para los rebeldes, para los
impíos y pecadores; para los sin religión y sin creencias, para los
parricidas y matricidas, para los homicidas, 10 para los lujuriosos,
para los homosexuales, para los mercaderes de esclavos, para los
mentirosos y los perjuros, y si hay alguna otra cosa que se oponga
a la sana doctrina que es, 11 según el Evangelio de la gloria de Dios
Bendito, que a mí se me ha confiado.

Pablo, pecador, pero escogido para Apóstol

12 Yo doy gracias a Cristo Jesús Señor nuestro, que me dio
fuerzas, por haber confiado en mí poniéndome en el ministerio; 13 a
mí, que primero fui un blasfemo, y un perseguidor, y un insolente,
pero conseguí misericordia porque lo hacía por ignorancia, al care-
cer de fe; 14 pero la gracia de nuestro Señor fue más abundante, con
la fe y el amor de Cristo Jesús. 15 Verdad segura y digna de que
todos la crean: que Cristo Jesús vino al mundo para salvar a los
pecadores, de los cuales el primero soy yo. 16 Pero por esto, preci-
samente conseguí misericordia, para que Jesucristo mostrase en mí
el primero, su inmensa paciencia, para ejemplo de los que habían
de creer en El para la vida eterna. 17 Al Rey de los siglos, inmortal,
invisible, único Dios, honor y gloria por los siglos de los siglos.
Amén.

Pablo anima a Timoteo

18 Hijo mío, Timoteo, encarecidamente te doy esta consigna,
en relación con las profecías hechas antes sobre ti: que sostengas el
noble combate, 19 manteniendo la fe y la buena conciencia; la cual,
algunos, habiéndola perdido, naufragaron en la fe; 20 de los cuales
son Himeneo y Alejandro, que los he entregado a Satanás para que
aprendan a no blasfemar.

La oración pública

2 1 Te recomiendo ante todo que se hagan peticiones, oraciones,
rogativas y acciones de gracias a Dios por todos los hombres,
2 por los reyes y por todos los que ocupan cargos importantes, para

que podamos llevar una vida tranquila y pacífica, en toda piedad y
pureza de costumbres. 3 Porque todo esto es bueno y agradable ante
Dios nuestro Salvador, 4 que quiere que todos los hombres se sal-
ven y lleguen al conocimiento de la verdad. 5 Porque uno es Dios,
y uno también el Mediador entre Dios y los hombres, Cristo Jesús
hombre, 6 que se dio a sí mismo como precio de rescate por todos;
testimonio dado en el tiempo oportuno; 7 para anunciar esto, preci-
samente, se me ha puesto a mí de heraldo y apóstol –digo verdad,
no miento–, maestro de los gentiles en la fe y en la verdad. 8 Por
consiguiente, quiero que los hombres oren en todo lugar, levantan-
do puras las manos, libres de odio y disensiones. 9 Lo mismo las
mujeres, en traje decente, que se arreglen con modestia y sobrie-
dad; no con rizados de pelo, y oro o perlas o vestidos costosos,
10 sino con buenas obras, como corresponde a mujeres que se pro-
fesan piadosas. 11 La mujer aprenda en silencio, con sumisión
plena. 12 Porque no permito a la mujer enseñar ni dominar sobre el
marido, sino que se mantenga en silencio. 13 Porque Adán fue for-
mado él primero, después Eva. 14 Y Adán no fue engañado, sino la
mujer, que seducida, llegó a caer en la culpa. 15 Sin embargo, se
salvará por los hijos que engendre, si persevera en la fe y el amor,
y en el deseo de la perfección junto con la modestia.

Cualidades del Obispo

3 1 Esto es ciertísimo: Si alguno aspira al episcopado, desea una
excelente función. 2 Pero es preciso que el obispo sea irrepren-
sible, esposo de una sola mujer, sobrio, prudente, digno en su
porte, amigo de la hospitalidad, capaz de enseñar; 3 no aficionado
al vino, ni violento, sino comprensivo y pacífico, ni amigo del
dinero. 4 Que sepa gobernar bien su casa; que tenga educados sus
hijos en el respeto y en la delicadeza más excelente, 5 (porque si
uno no sabe gobernar su casa, ¿cómo va a cuidar de la Iglesia de
Dios?) 6 No sea un neófito, para que, por haberse hecho un sober-
bio, no venga a caer en el mismo castigo del demonio. 7 También
conviene que tenga buena fama ante los que están fuera, para que
no caiga en el desprecio de los demás y en las trampas tentadoras
del demonio.

Los diáconos

8 A su vez, los diáconos deben ser castos, no hipócritas, ni
amigos del vino con exceso ni de sucios intereses; 9 que conserven
el misterio de la fe con una conciencia pura. 10 Estos también, pri-
mero, deben ser probados, y si no tuviesen ninguna falta, pasen a
ejercer su oficio de diáconos. 11 Por su parte, las mujeres deben ser
dignas, y no murmuradoras, sino modestas; ejemplares en todo.
12 Los diáconos sean esposos de una sola mujer, que sepan gober-
nar bien sus hijos y sus respectivas familias; 13 pues, los que cum-
pliesen bien su ministerio alcanzarán un grado superior y gran
seguridad en la fe que tenemos en Cristo Jesús.

El Misterio hecho visible en la Iglesia

14 Te escribo esto con la esperanza de que pronto iré a verte;
15 pero si me retraso, para que sepas cómo debes portarte en la casa
de Dios, que es la Iglesia del Dios vivo, columna y base de la
verdad. 16 Y no hay duda que el misterio de la piedad es sublime:
"El que se ha hecho visible en carne, ha sido confirmado por el
Espíritu, visto por los ángeles, predicado a los paganos, creído en
el mundo, ensalzado en la gloria".

Falsos doctores

4 1 Sin embargo el Espíritu dice claramente que en el futuro algu
nos apostatarán de la fe, atentos al espíritu seductor y a la doc-
trina diabólica 2 de los hipócritas y mentirosos que tienen su propia
conciencia sellada con una marca infame, 3 que prohíben casarse y
abstenerse de alimentos que Dios creó para que, con intención
agradecida, los tomasen los que creen y han llegado a conocer la
verdad. 4 Porque todo lo que Dios creó es bueno, y nada se debe
rechazar cuando se toma con actitud agradecida; 5 pues, se santifica
por la palabra divina y por la oración.

Constancia en la verdadera doctrina

6 Tú, si enseñas estas cosas a los hermanos, serás excelente
ministro de Cristo Jesús, alimentando con las verdades de la fe, y
de la sana doctrina que tan diligentemente asimilaste y seguiste.
7 Desecha, en cambio, las fábulas impías y las propias de viejas;
ejercítate en la piedad, 8 porque el ejercicio corporal para poco es

útil; la piedad, al contrario, vale para todo, porque tiene promesa de la vida presente y de la futura. 9 Esto es ciertísimo y digno de ser plenamente aceptado. 10 Pues, por esto sufrimos y luchamos, porque esperamos en el Dios vivo, que es el Salvador de todos los hombres, sobre todo de los fieles. 11 Recomienda estas cosas y enséñalas. 12 ¡Que nadie te desprecie porque seas joven!, que llegues a ser, en cambio, modelo de los fieles en la conversación, en el trato, en la caridad, en la fe, en la castidad. 13 Hasta que yo vaya, insiste en la lectura, en la exhortación y en la enseñanza. 14 No tengas inactiva la gracia que hay en ti, que se te dio en virtud de profecías especiales con la imposición de las manos de los presbíteros. 15 Medita estas cosas, dedícate a ellas para que tu progreso a todos sea manifiesto. 16 Ten cuidado de ti mismo y de la enseñanza; insiste en estas cosas, pues, haciendo esto te salvarás a ti mismo y a los que te escuchen.

Consejos prácticos pastorales

5 1 Al anciano no lo reprendas con dureza, sino amonéstalo como a un padre; a los jóvenes como a hermanos; 2 a las ancianas como a madres; a las jóvenes como a hermanas con suma pureza.

3 A las viudas, que realmente son viudas, hónralas. 4 Pero si alguna viuda tiene hijos o nietos, primero aprendan éstos a cumplir el deber de respeto y cariño con su propia familia, y a pagar generosamente a los padres sus sacrificios pasados, pues, esto agrada a Dios. 5 Sin embargo, la que realmente es viuda, y está abandonada, tiene puesta su esperanza en Dios y es constante día y noche en sus súplicas y oraciones. 6 Al contrario, la que lleva una vida lujuriosa, aunque viva está muerta. 7 Recálcales esto para que sean intachables. 8 Porque el que no mira por los suyos, sobre todo por los de su casa, ha renegado de la fe y es peor que un pagano.

Las viudas ancianas y las jóvenes con familia

9 En la lista de viudas sea puesta la que no sea menor de sesenta años, esposa de un solo marido, 10 que ofrezca testimonio de buenas obras: si ha criado a sus hijos, si ha ejercido la hospitalidad, si ha lavado los pies a los santos, si ha socorrido a los afligidos, si ha practicado toda obra buena. 11 En cambio, no admitas a las viudas jóvenes; porque después de haber sido infieles a Cristo,

quieren casarse, [12] incurriendo así en condenación por haber faltado
a la primera fe. [13] Es más se acostumbran a estar ociosas y a andar
de casa en casa; y no sólo ociosas, sino también parladoras y
curiosas, hablando lo que no conviene. [14] Por lo tanto, quiero que
las viudas jóvenes se casen, críen hijos, gobiernen la casa, y que no
den ninguna ocasión al enemigo para hablar mal. [15] Porque ya algu-
nas se pervirtieron y van tras de Satanás. [16] Si alguna creyente tiene
viudas, manténgalas, no se agrave a la Iglesia, para que así haya lo
suficiente para las que lo son de verdad.

Del trato con los presbíteros

[17] Los presbíteros que cumplen bien con su oficio, sean dignos
de una estima doblegada, sobre todo los que se dedican a la predi-
cación y a la enseñanza. [18] Porque la Escritura dice: *"Al buey que
está trillando no le pondrás bozal"* (Deut. 25, 4) y *"Digno es el
obrero de su jornal"* (Luc. 10, 7). [19] Contra el presbítero no admi-
tas ninguna acusación sino con dos o tres testigos. [20] A los que
falten, corrígelos delante de todos, para que los otros teman
también. [21] Delante de Dios y de Cristo Jesús y de los ángeles
santos te ruego encarecidamente, que guardes estas cosas sin per-
juicio de nadie, no haciendo nada por acepción de personas. [22] So-
bre ninguno impongas tus manos temerariamente para no cargarte
así con pecados ajenos. Tú personalmente consérvate puro. [23] En
adelante no bebas agua, sino toma un poco de vino a causa de tu
estómago y de tus continuos dolores. [24] Los pecados de algunos
hombres son manifiestos aún antes de examinarse en juicio, pero
los de otros se prueban después. [25] De la misma manera, también
las buenas obras son conocidas, y las que no lo son pueden quedar
ocultas.

Los esclavos

6 [1] Todos los que están bajo el yugo de la esclavitud, consideren
a sus señores como dignos de sumo respeto, para que no se
blasfeme ni del nombre de Dios ni de su doctrina. [2] Y los que
tengan amos cristianos, no los desprecien porque son hermanos en
la fe, sino les sirvan todavía mejor por ser creyentes, y dignos de
ser amados, ya que reciben sus beneficios. Enseña esto y aconséja-
lo.

Doctrinas y codicias contrarias a la piedad

3 Si alguno enseña otra cosa y no acepta las saludables pala-
bras de Nuestro Señor Jesucristo y la doctrina sobre la piedad, 4 es
un soberbio, que no sabe nada, sino que padece de discusiones
inútiles, de las que se origina la envidia, las riñas, las maldiciones,
las malas sospechas, 5 discusiones de hombres de entendimiento
perverso, y privados de la verdad, que creen que la piedad es un
negocio. 6 Desde luego que es grande ganancia la piedad si se con-
tenta con lo suficiente para vivir.

7 Porque nada trajimos a este mundo, y realmente, tampoco
podremos sacar nada. 8 Así que, teniendo con qué sustentarnos y
con qué cubrirnos, contentémonos con esto. 9 Porque los que quie-
ren hacerse ricos, caen en la tentación y en los engaños del demo-
nio, y en la ambición y deseos perjudiciales que hunden a los
hombres en la perdición y la muerte. 10 Porque la raíz de todos los
males es la avaricia: algunos por dejarse arrastrar por ella, se sepa-
raron de la fe, y se vieron cercados de muchos pesares.

Santidad de vida

11 Pero tú, hombre de Dios, huye de estas cosas, y busca la
justicia, la piedad, la fe, el amor, la paciencia, la mansedumbre.
12 Lucha la dura prueba de la fe; procura conseguir la vida eterna, a
la que fuiste llamado, y que confesaste solemnemente ante muchos
testigos. 13 Delante de Dios que da vida a todas las cosas, y de
Jesucristo, que dio testimonio ante Poncio Pilato, 14 te mando que
guardes todo lo mandado sin tacha ni culpa hasta la aparición de
Nuestro Señor Jesucristo, 15 al cual hará aparecer, a su tiempo, el
Bienaventurado y sólo poderoso Rey de reyes, y Señor de señores,
16 el único que es inmortal, que habita en luz inaccesible; a quien
ninguno de los hombres ha visto, ni puede ver, al cual el honor y el
poder eterno. Amén.

Advertencia a los ricos

17 Manda a los ricos de este mundo que no sean orgullosos, ni
pongan la esperanza en el riesgo de las riquezas; sino en el Dios
vivo, que nos da en abundancia todas las cosas para que disfrute-
mos de ellas. 18 Que practiquen el bien, que sean ricos en buenas

obras, generosos, [19] que se procuren un tesoro y un fundamento firme para el futuro, para alcanzar la vida eterna.

Epílogo: guarda el depósito de la fe

[20] Timoteo, guarda el depósito que se te ha encomendado, evitando las novedades profanas y las contradicciones de una falsa ciencia, [21] de la que, algunos, jactándose, se extraviaron en la fe. La gracia sea con vosotros.

Notas aclaratorias por capítulos

Capítulo 3

[2] *Esposo de una sola mujer*. Esta frase quiere decir que "no haya sido casado más que una vez", pues las segundas nupcias eran consideradas, como notan Tertuliano y Clemente de Alejandría, como contrarias a la perfección cristiana. San Pablo alaba el celibato y la virginidad (1 Cor. 7, 25-40).

El celibato, como ley eclesiástica, fue impuesta desde los primeros siglos. En España consta que lo fue en el Concilio de Elvira (año 306). Pablo VI dijo: "Es una ley capital de nuestra Iglesia. No se puede abandonar ni ponerla en discusión. Es una entrega al apostolado y al bien de la Iglesia de Dios".

SEGUNDA CARTA A TIMOTEO

Saludo y recuerdos personales (1, 1-5)

1 1 Pablo, apóstol de Jesucristo, por la voluntad de Dios, según la
promesa de vida que tenemos en Jesucristo, 2 a Timoteo el hijo
amado: la gracia, la misericordia, y la paz de parte de Dios Padre y
de Jesucristo nuestro Señor.
3 Doy gracias a Dios, a quien sirvo con pura conciencia, si-
guiendo el ejemplo de mis antepasados, por cuanto me acuerdo de
ti continuamente, día y noche, 4 anhelando verte al acordarme de
tus lágrimas para ser colmado de alegría; 5 porque traigo a la me-
moria la fe que en ti no es fingida, la cual existió primero en tu
abuela Loida y en tu madre Eunice, y estoy persuadido que tam-
bién está en ti.

Intrepidez en la predicación del Evangelio

6 Por esta causa te exhorto a que procures hacer revivir la
gracia de Dios, que está en ti por la imposición de mis manos,
7 porque no nos ha dado Dios el espíritu de temor, sino de fortale-
za, de amor y de templanza. 8 Por tanto, jamás te avergüences del
testimonio de nuestro Señor ni de mi, su prisionero; antes bien,
soporta conmigo los trabajos por la causa del Evangelio mediante
el poder de Dios, 9 el cual nos salvó y llamó con una vocación
santa, no en atención a nuestras obras, sino en virtud de su propia
determinación y gracia, la cual nos fue concedida en Jesucristo
antes de los tiempos eternos, 10 y manifestada en los tiempos actua-
les con la aparición de nuestro Salvador Jesucristo, que destruyó la
muerte e irradió luz de vida e inmortalidad por medio del
Evangelio, 11 del cual yo fui constituido pregonero, apóstol y doc-
tor.
12 Y esta es la causa por la que padezco estas cosas, pero no
me avergüenzo, porque se a Quien he creído y estoy cierto que El
es poderoso para guardar mi depósito hasta aquel día. 13 Conserva
las sanas palabras en la misma forma que de mí oíste inspiradas en
la fe y en el amor de Jesucristo.
14 Guarda el precioso depósito por la virtud del Espíritu Santo
que habita en nosotros.

Los cobardes y los leales

[15] Tú sabes que todos los del Asia me abandonaron, entre los
cuales están Figelo y también Hermógenes.
[16] El Señor conceda misericordia a la casa de Onesíforo, por-
que muchas veces me consoló y no se avergonzó de mis cadenas,
[17] sino que llegado a Roma me buscó con diligencia y me halló.
[18] Que el Señor, Dios Padre, le conceda hallar misericordia en
aquel día junto al Señor, Jesucristo –y tú sabes mejor que nadie
cuántos servicios me prestó en Efeso–.

Soporta las fatigas como buen soldado de Cristo

2 [1] Tú, pues, hijo mío, fortifícate bien apoyado en la gracia de
Jesucristo, [2] y las cosas que de mí oíste en presencia de muchos
testigos, confíalas a hombres fieles, que sean capaces de enseñar a
su vez a otros.
[3] Soporta conmigo los trabajos como buen soldado de Cristo.
[4] Ninguno que milita como soldado se deja enredar en los negocios
de la vida, a fin de agradar a aquel que los alistó en el ejército.
[5] Del mismo modo, aquel que combate en el estadio no será
coronado si no peleare conforme a la ley. [6] El labrador que se
fatiga debe ser el primero en participar de los frutos. [7] Piensa lo
que digo: porque el Señor te dará inteligencia en todo.

Ten delante el ejemplo de Cristo

[8] Acuérdate de Jesucristo, de la descendencia de David, resuci-
tado de entre los muertos, según mi Evangelio, [9] por el cual sufro
trabajos hasta ser encadenado como malhechor; pero la palabra de
Dios no está encadenada. [10] Por eso, todo lo soporto por amor a los
elegidos, para que ellos alcancen también la salvación que está en
Cristo Jesús juntamente con la gloria eterna.
[11] Digna de fe es esta palabra: porque si con El morimos, tam-
bién con El viviremos; [12] si sufrimos con El, con El también reina-
remos; si lo negáramos, también El nos negará; [13] si somos infieles,
El permanece fiel, porque no se puede negar o desmentir a Sí
mismo.

Advertencia contra los falsos doctores

[14] Tú recuérdales estas cosas, dando testimonio delante del Se-

ñor que no deben disputar sobre palabras que ninguna utilidad
aportan, sino perdición a los oyentes.
[15] Se diligente en presentarte ante Dios como obrero aprobado
que no tiene qué avergonzarse y que con rectitud distribuye la
palabra de la verdad.
[16] Evita, por el contrario, las conversaciones profanas y vanas
que con facilidad conducen a la impiedad, [17] y su palabra cundirá
como la gangrena. De estos son Himeneo y Fileto, [18] los cuales se
apartaron lejos de la verdad, diciendo que la resurrección ya ha
sucedido, y perturban así la fe de algunos.
[19] El sólido fundamento de Dios, sin embargo, permanece fir-
me, teniendo este sello: *"El Señor conoce a los que son suyos"* y
*"Apártese de la iniquidad todo aquel que invoca el nombre del
Señor"* (Núm. 16, 5); [20] pero en una casa grande no hay solamente
vasos de oro y de plata, sino también de madera y de barro; y de
ellos, unos son para uso honroso y otros para uso vil. [21] Así, pues,
si alguno se mantiene limpio de estas cosas o errores, será como un
vaso para uso honroso, santificado, útil al dueño y preparado para
toda obra buena.

Mansedumbre pastoral

[22] Huye también de las pasiones juveniles, y sigue tras la justi-
cia, la fe, la caridad y la paz con los que invocan al Señor con puro
corazón.
[23] Rechaza, igualmente, las discusiones necias e indoctas, sa-
biendo que engendran contiendas, [24] y el siervo del Señor no con-
viene que ande en altercados, sino que sea manso con todos, apto
para enseñar, sufrido, [25] que instruya con mansedumbre a los que
se oponen, por si Dios les concede arrepentimiento para que co-
nozcan la verdad, [26] y vuelvan a la razón, una vez separados del
lazo del diablo, el cual los tenía prisioneros para someterlos a su
voluntad.

Corrupción en los últimos tiempos

3 [1] Y has de saber esto: que en los últimos días sobrevendrán
momentos difíciles; [2] porque entonces habrá hombres egoístas,
avaros, altivos, orgullosos, maldicientes, desobedientes a sus pa-
dres, ingratos, impíos, [3] inhumanos, desleales, calumniadores, in-

continentes, despiadados, enemigos de todo lo bueno, 4 traidores,
temerarios, hinchados, amadores de los placeres más que de Dios,
5 teniendo apariencia de piedad, pero que han renegado del poder
de ella: apártate también de estos. 6 Porque de estos son los que se
introducen en las casas de las pobres mujeres cargadas de pecados
cautivándoles el ánimo, las cuales se dejan arrastrar por diversas
concupiscencias, 7 y siempre están aprendiendo, sin poder jamás
llegar al conocimiento de la verdad.
8 Y del mismo modo que Janes y Mambres se opusieron a
Moisés, así también éstos resisten a la verdad; hombres de entendi-
micnto corrompido, réprobos en la fe. 9 Pero no adelantarán nada,
porque su insensatez será manifiesta a todos, como también lo fue
la de aquellos.

El ejemplo del apóstol

10 Tú, por el contrario, me has seguido de cerca en la enseñan-
za, en la conducta, en los planes, en la fe, en la longanimidad, en la
caridad, en la paciencia; 11 en las persecuciones y aflicciones, como
las que me sobrevinieron en Antioquía, en Iconio y en Listra; las
cuales persecuciones soporté, y de todas me libró el Señor. 12 Y, en
verdad, todos los que quieren vivir piadosamente en Jesucristo,
serán perseguidos. 13 Mas los hombres malos y los engañadores
irán de mal en peor, engañando y siendo engañados.

La Escritura, sostén de la fe

14 Mas tú permanece en las cosas que aprendiste y te fueron
confiadas, sabiendo de quienes las aprendiste; 15 porque desde la
niñez conoces las Santas Escrituras, las cuales te pueden hacer
sabio en orden a la salvación por la fe en Jesucristo.
16 Toda la Escritura está inspirada por Dios y es útil para ense-
ñar, para reprender, para corregir y para instruir en la justicia.
17 Para que el hombre de Dios sea perfecto y bien preparado para
toda obra buena.

Predicar la palabra, aunque no la escuchen

4 1 Te conjuro delante de Dios y de Jesucristo, el cual ha de
juzgar a los vivos y a los muertos por su manifestación y por su
reino: 2 predica la Palabra, insta a tiempo y a destiempo, arguye,

exhorta, reprende con toda bondad y doctrina, 3 porque vendrá
tiempo en que no soportarán la sana doctrina, antes bien, en con-
formidad con sus propias pasiones acumularán para sí maestros
con deseo de que sean halagados sus oídos. 4 Y, por un lado, apar-
tarán sus oídos de la verdad; y por otro, se volverán a las fábulas;
5 mas tú se sobrio en todo, soporta los trabajos, haz obra de evan-
gelista, cumple bien tu ministerio.

San Pablo espera la muerte

6 Porque yo ya voy a ser derramado en libación *(estoy pronto
para el sacrificio)* y el momento de mi disolución o partida está
próximo.

7 He luchado el buen combate, he terminado la carrera, he
conservado la fe; 8 por lo demás, me está reservada la corona de
justicia, que me dará en aquel día el Señor, el justo Juez, y no sólo
a mi, sino a todos los que hayan amado su manifestación o venida.

Conclusión: encargos y avisos

9 Procura venir pronto a mi lado, 10 porque Demas me ha aban-
donado por amor a este siglo y se marchó a Tesalónica: Crescente
se fue a Galacia y Tito a Dalmacia. 11 Sólo Lucas está conmigo.
Toma a Marcos y traélo contigo, porque me es muy útil para el
ministerio.12 Tíquico lo envié a Efeso. 13 Al venir tráeme la capa
que dejé en Tróade en casa de Carpo; así como los libros, princi-
palmente los pergaminos.

14 Alejandro, el herrero, me ha hecho mucho mal: *"El señor le
dará la paga según sus obras"* (2 Sam. 3, 39). 15 De él guárdate tú
también, porque hace grande oposición a nuestras palabras. 16 En
mi primera defensa nadie estuvo a mi lado, sino que todos me
abandonaron. ¡Que no les sea esto imputado! 17 Mas el Señor estu-
vo a mi lado y me dio fuerzas, para que por mi medio la predica-
ción se lleve a cabo y la oigan todas las gentes; y *"fui librado de la
boca del león (o sea, de la muerte)* (Sl. 22, 22).

18 El Señor me librará de toda obra mala y me salvará introdu-
ciéndome en su reino celestial, a Quien sea la gloria por los siglos
de los siglos.Amén.

19 Saluda a Prisca y a Aquila y a Onésimo y a la casa de
Onesíforo. 20 Erasto se quedó en Corinto, y a Trófimo lo dejé enfer-

mo en Mileto. 21 Procura por todos los medios venir antes del in-
vierno. Te saludan Eubulo y Pudente y Lino y Claudia y todos los
hermanos.
22 El Señor sea con tu espíritu. La gracia sea con vosotros.

CARTA A TITO

Saludo

1 1 Pablo, siervo de Dios y apóstol de Jesucristo para llevar a los
elegidos de Dios la fe y el conocimiento de la verdad, que es
conforme a la piedad, 2 con la esperanza de la vida eterna (prometi-
da desde toda la eternidad por Dios, que no miente, 3 y que a su
debido tiempo manifestó su palabra por el ministerio de la predica-
ción que me fue confiado por orden de Dios nuestro Salvador), 4 a
Tito, verdadero hijo mío según la fe común; la gracia y la paz de
parte de Dios Padre y de Jesucristo nuestro Salvador.

Condiciones de los obispos

5 Por esta causa te dejé en Creta, para que arreglases las cosas
que faltan y establecieses, según mis instrucciones, presbíteros en
cada ciudad.
6 Que cada uno de ellos sea irreprensible, que no haya sido
casado más que una vez, que tenga hijos creyentes, no acusados de
libertinaje o insubordinación; 7 porque conviene que el Obispo,
como administrador de la casa de Dios, sea irreprensible, no arro-
gante, ni colérico, ni dado al vino, ni violento ni avaro, 8 sino que
sea hospitalario, amigo del bien, prudente, justo, piadoso,
continente, 9 que se atenga fielmente a la palabra que ha sido ense-
ñada, a fin de que pueda instruir siguiendo la sana doctrina y
refutar a los que la contradicen.

Vicios de los cretenses

10 En efecto, hay muchos rebeldes, sembradores de vanas pala-
bras y seductores, sobre todo en medio de los circuncisos, 11 a
quienes es necesario taparles la boca, porque ellos trastornan casas
enteras, enseñando lo que no conviene y esto con un torpe espíritu
de lucro.

12 Uno de ellos, su propio profeta, dijo:
"Los cretenses son perpetuos mentirosos, malas bestias, vien-
tres perezosos".
13 Este es un testimonio verdadero. Por cuya causa repréndelos
duramente para que ellos conserven una fe sana, 14 no dando oídos
a fábulas judaicas y a mandamientos de hombres apartados de la
verdad.
15 Para los que son puros todas las cosas son puras; mientras
que para los que están manchados y son incrédulos nada es puro y
hasta su espíritu y su conciencia están manchados. 16 Hacen profe-
sión de conocer a Dios, pero con sus obras lo niegan, siendo abo-
minables, rebeldes, incapaces para toda obra buena.

Enseñanzas concernientes a los fieles

2 1 Mas tú enseña lo que es conveniente a la sana doctrina, 2 que
los ancianos sean sobrios, graves, prudentes, sanos en la fe, en
la caridad, en la paciencia. 3 Que las ancianas igualmente sean de
porte venerable, no calumniadoras, ni esclavas del mucho vino,
buenas maestras; 4 para que enseñen a las jóvenes a ser amantes de
sus maridos y de sus hijos, 5 reservadas, castas, trabajadoras en sus
casas, afables, dóciles a sus maridos para que la palabra de Dios no
sea infamada.
6 Exhorta del mismo modo a los jóvenes para que sean
prudentes, 7 mostrándote a ti mismo en todo como ejemplo de bue-
nas obras; en la enseñanza muestra integridad, gravedad, 8 lenguaje
sano, irreprensible, para confusión de tu adversario, no teniendo
nada qué reprender en nosotros.
9 A los siervos exhórtalos a que sean obedientes a los propios
amos, complaciéndolos en todas las cosas sin contradecirlos, 10 que
no los roben, antes bien, les testimonien una perfecta fidelidad, a
fin de hacer honor en todo a la doctrina de Dios, nuestro Salvador.

Manifestación y efectos de la gracia de Dios

11 La gracia de Dios, en efecto, fuente de salvación para todos
los hombres, se ha manifestado, 12 enseñándonos a renunciar a la
impiedad y a los deseos mundanos para que vivamos sobria, justa
y piadosamente en este siglo, 13 aguardando la bienaventurada es-
peranza y manifestación gloriosa del gran Dios y Salvador nuestro

Jesucristo, [14] el cual se entregó a Sí mismo por nosotros para redi-
mirnos y purificar para Sí un pueblo escogido, celoso de buenas
obras. [15] Esto es lo que debes enseñar, predicar y defender con toda
autoridad. Ninguno te desprecie:

Deberes generales de los fieles

3 [1] Amonéstalos para que vivan sumisos a los príncipes y a las
autoridades, que les obedezcan y estén prontos para toda obra
buena, [2] que no digan mal de nadie, ni sean pendencieros, que sean
afables, que manifiesten hacia todos los hombres una perfecta
mansedumbre, [3] porque también nosotros éramos en otro tiempo
necios, desobedientes, extraviados por el error, esclavos de las
pasiones y de toda clase de placeres, viviendo en la malicia y en la
envidia, dignos de odio y odiándonos los unos a los otros.

[4] Pero cuando la bondad de Dios nuestro Salvador y su amor
hacia los hombres aparecieron, [5] El nos salvó no por las obras
justas que nosotros hubiéramos hecho, sino por su misericordia
mediante el lavatorio de regeneración y renovación del Espíritu
Santo, [6] que El derramó copiosamente sobre nosotros por Jesucris-
to nuestro Salvador, [7] a fin de que justificados por su gracia venga-
mos a ser herederos, según nuestra esperanza de la vida eterna.

Consejos particulares a Tito

[8] Esta doctrina es digna de crédito, y yo quiero que tú la afir-
mes categóricamente, a fin de que los que han creído en Dios se
cuiden de ejercitarse en buenas obras. Estas cosas son buenas y
útiles a los hombres.

[9] Por otra parte, evita las necias discusiones, las genealogías,
las contiendas y disputas concernientes a la Ley, porque son inúti-
les y vanas.

[10] Al hombre sectario, después de una y otra amonestación,
descártalo, [11] porque sabes que el tal hombre está pervertido y per-
severando en el pecado, se condena por sí mismo.

Conclusión

[12] Cuando te mande a Artemas o a Tíquico, date prisa a venir a
verme a Nicópolis porque allí he determinado pasar el invierno.

13 A Zenas, el jurisconsulto, y a Apolo, prepáralos para el viaje solícitamente para que nada les falte.

14 Los nuestros también deben ejercitarse en las buenas obras para atender a las apremiantes necesidades. Así ellos no serán infructuosos.

15 Te saludan todos los que están conmigo. Saluda a los que nos aman en la fe. La gracia sea con todos vosotros.

CARTA A FILEMON

Para entender el contenido tan breve de esta carta, baste saber que San Pablo se hallaba prisionero al parecer en Roma, y por los mismos soldados que lo vigilaban llegó la noticia al pretorio de que el motivo de su cautividad era por su fe en Cristo, y como allí le era permitido recibir "a todos los que a él venían" (Hech. 28, 30), a él también se le acercó cierto día un esclavo, llamado Onésimo, fugitivo de la casa de su amo Filemón, a quien parece hurtó alguna cosa.

La providencia de Dios lo trajo junto a Pablo, quien lo convirtió a la fe de Cristo, y una vez convertido, quiere el apóstol que Onésimo sea portador de esta su conmovedora carta (o más bien esquela, por lo pequeñita que es) y se la lleve a su mismo amo Filemón, a quien le suplica, lleno de ternura, que le otorgue el perdón y lo reciba como a "su propio corazón".

Filemón *era ciudadano de Colosas, y según la tradición fue obispo de esta ciudad.*

En cuanto al lugar y fecha de esta carta parece ser fue escrita sobre el año 63 al fin de la primera cautividad. Esta es una carta tan íntima y delicada que aunque no dice nada expresamente de la abolición de la esclavitud, como algunos han dicho, bien pudiéramos ver una abolición por la caridad, ya que San Pablo ruega a Filemón, que reciba a Onésimo, que fue esclavo, como a un hermano. La verdadera caridad cristiana deja abolida la esclavitud.

Saludo

1 [1] Pablo, preso por causa de Jesucristo, y el hermano Timoteo,
al amado y colaborador nuestro Filemón, [2] a la hermana amada
Apia, a Arquipo, nuestro coadjutor, y a la iglesia de su casa; [3] la
paz y la gracia a vosotros de parte de Dios, nuestro Padre, y del
Señor Jesucristo.

Acción de gracias

[4] Doy gracias a mi Dios recordándote siempre en mis
oraciones, [5] –porque sé la fe y el amor filial que sientes hacia el
Señor Jesús y hacia todos los santos–, [6] para que la comunicación
de tu fe tenga su efecto en el conocimiento de todo bien que tenéis

relativo a Jesucristo. [7] Por cierto que experimenté gran alegría y
consuelo en vista de tu caridad porque las almas de los santos
descansan tranquilas por ti, hermano.

Intercesión de San Pablo por Onésimo

[8] Por lo tanto, aunque tengo sobrada libertad en Jesucristo para
ordenarte lo que es conveniente, [9] más bien en virtud de la caridad
apelo a tu socorro, siendo como soy con tales cualidades: un Pablo
viejo y ahora, además, también preso por causa de Jesucristo; [10] te
ruego, pues, por mi hijo a quien yo entre cadenas engendré, por
Onésimo, [11] el que una vez por casualidad fue inútil para ti, pero
ahora en cambio, lo mismo para ti que para mí, bien útil, a quien te
remito. [12] Mas tú recíbelo a él, es decir, a mi propio corazón; [13] al
que yo hubiera querido retener junto a mí mismo para que en vez
de ti me sirviese a mí en mi prisión por causa del Evangelio; [14] mas
sin tu propuesta nada quise hacer, para que ese tu favor no fuese
como por fuerza, sino de libre arbitrio; [15] tal vez por eso se alejó de
ti por breve tiempo para que lo recibieses con gratitud para
siempre, [16] no ya como siervo, sino por más que siervo por herma-
no amado y si de un modo especial lo es por mí, cuanto más lo será
por ti que lo recibes en persona y además por el Señor.

[17] En resumidas cuentas, si me tienes por compañero acógelo
como si fuera a mí, [18] y si en algo te agravió o algo te debe eso
abónalo a mi cuenta. [19] Yo Pablo, con mi propia mano lo escribo:
"yo lo pagaré", para que no llegue a decirte además que tú mismo,
te me debes. [20] Sí, hermano, ¡ojalá pueda yo lograr de ti esta dicha
por mediación del Señor! Consuela en Cristo mi corazón. [21] Te
escribo confiado en tu obediencia porque se que harás aún más por
él de lo que te vengo diciendo. [22] Y al mismo tiempo, vete prepa-
rándome también el hospedaje porque tengo la esperanza de que
yo en persona seré entregado en don a vosotros por mediación de
vuestras oraciones.

Saludo final

[23] Te saluda y abraza Epafras, el compañero de mi cautiverio
por causa de Jesucristo, [24] Marcos, Aristarco, Demas, Lucas, mis
colaboradores. [25] La gracia del Señor Jesucristo sea con vuestro
espíritu. Amén.

CARTA A LOS HEBREOS

Esta carta, que ha sido atribuida a San Pablo, no va encabezada con su nombre, como van las otras. Clemente de Alejandría dijo que el motivo de no hacer valer su título de apóstol de los hebreos en ella es porque, teniendo de él mala opinión por haber convivido con ellos, obró con cautela omitiendo el saludo acostumbrado en otras cartas.

Según Orígenes la doctrina de esta carta es de San Pablo, mas la redacción es de otro. Hoy muchos siguen esta opinión, es decir, que San Pablo es su autor, y tienen a otro, que no sabemos quien sea, si Bernabé, si Apolo..., por redactor.

Aunque hoy no falten quienes nieguen que esta carta sea de San Pablo, sin embargo, existen más razones a su favor que en contra. (Véase mi "Introducción al Nuevo Testamento", 5.ª edición).

Esta carta la dirigió a los conversos, o sea, a los cristianos venidos del judaísmo. En ella demuestra la superioridad de Cristo sobre los ángeles y sobre Moisés, pues El es el verdadero Sumo Sacerdote y el Mediador Universal.

El tema central de esta carta es demostrar que Jesucristo es Dios, Sacerdote y Víctima. Su sacerdocio es superior al sacerdocio levítico y por lo mismo su expiación fue también superior. Termina exhortando a que todos tengan y participen de la santidad de Dios.

San Pedro, al mencionar las cartas de San Pablo (2 Ped. 3, 15-16) se refiere muy principalmente a esta a los hebreos. Fue escrita probablemente en Italia (13, 24) y todos admiten que fue antes de la destrucción del templo por los romanos en el año 70, atribuyéndosele comunmente la fecha del 63 al 66. (Otros opinan que fue escrita en Cesarea, por la frase "los de Italia" o "lejos de Italia" que estaban al lado de Pablo).

I. JESUCRISTO DIOS

Dios nos ha hablado

1 [1] Dios, después de haber hablado antiguamente muchas veces y de muy diferentes formas a nuestros padres por medio de los profetas, [2] últimamente en estos días nos habló a nosotros por su Hijo a quien designó heredero de todas las cosas y por quién también hizo el mundo; [3] el cual siendo esplendor de su gloria y la misma imagen de su sustancia y sustentando además todo por la acción de su poder, después de haber efectuado por sí mismo la purificación de los pecados, se sentó a la diestra de la Majestad en las alturas.

Cristo superior a los ángeles

[4] Cristo hecho superior a los ángeles en tanto en cuanto heredó un nombre más excelente que ellos. [5] Porque, ¿a cuál de los ángeles dijo Dios alguna vez: *Hijo mío eres tu, yo te he engendrado hoy*? (Sal. 2, 7); y de nuevo: *¿Yo seré Padre para él y él será Hijo para mí?* (Sal. 7, 14). [6] Y en otro pasaje al introducir al Primogénito en el mundo dice: *"Adórenle todos los ángeles de Dios"* (Dt. 32, 43).

[7] Respecto de los ángeles dice: *"El que hace a sus ángeles espíritus, a sus ministros llama de fuego"* (Sal. 104, 4). [8] En cambio, respecto del Hijo: *Tu trono, oh Dios, es por los siglos de los siglos; y cetro de rectitud es tu cetro real.* [9] *Amaste la justicia y aborreciste la iniquidad, por esto te ungió Dios, tu Dios, con óleo de alegría más que tus compañeros* (Sal. 45, 7-8). [10] Y también: *"Tú, Señor, al principio fundaste la tierra y obra de tus manos son los cielos;* [11] *ellos desaparecerán, Tú, en cambio, permaneces para siempre; y todos como un vestido se envejecerán,* [12] *y así como un manto los envolverán, también como vestidos se cambiarán; pero tú eres el mismo y tus años no pasarán"* (Sal. 101,26-28) [13] Y, ¿a cuál de los ángeles tiene dicho jamás: *"Siéntate a mi diestra hasta que ponga a tus enemigos por escabel de tus pies?"* (Sal. 110, 1). [14] ¿Acaso no son todos espíritus ministros enviados para su servicio en bien de los que han de heredar la salvación?

[1] Dios ha hablado a los hombres por medio de los profetas y últimamente por medio de su Hijo Jesucristo. Las palabras que Dios nos ha dicho por medio de los profetas, las tenemos en el Antiguo Testamento, y las dichas por Jesucristo están en el Nuevo, especialmente en los Evangelios.

Constancia en la fe

2 1 Por esto es necesario prestar mayor atención a las cosas que
hemos oído, no sea que nos extraviemos. 2 Si, pues, la palabra
que fue pronunciada por los ángeles resultó firme hasta el punto de
que toda transgresión y desobediencia recibió un justo castigo,
3 ¿cómo nosotros nos libraremos de él si nos hemos despreocupado
de tan importante salvación? Esta habiendo comenzado por la pa-
labra del Señor fue consolidada después entre nosotros por los que
le habían oído, 4 puesto que Dios había atestiguado con señales,
prodigios y diversos milagros y dones del Espíritu Santo, según su
voluntad.

El mundo sujeto a Jesús

5 Por cierto, no sometió Dios a los ángeles el mundo venidero
de que hablamos. 6 Pues ya lo testificó en cierto lugar, al decir:
*"¿Qué es el hombre, para que te acuerdes de él, o el hijo del
hombre para que tú lo visites?; 7 lo hiciste poco menor que los
ángeles, de gloria y honor lo coronaste y lo colocaste sobre las
obras de tus manos, 8 todas las cosas las sometiste debajo de sus
pies"* (Sal. 8, 5-7). En efecto, al someterlo todo en absoluto a él
nada le dejó Dios insubordinado. Por ahora no vemos que le estén
sometidas todas las cosas, 9 pero a aquel Jesús, que fue hecho por
un momento inferior a los ángeles, lo contemplamos coronado de
gloria y honor, por haber padecido la muerte, la que por gracia de
Dios experimentó en beneficio de todos.

Conveniencia de la pasión de Cristo

10 Realmente convenía que Aquel por quien y por causa de
quien son todas las cosas, puesto que había de llevar muchos hijos
a la gloria, perfeccionase, por medio de sufrimientos al Autor de la
salvación de ellos. 11 Pues, tanto el Santificador, como los santifi-
cados, proceden todos de uno solo, *(del Padre)*, por cuya causa no
se avergüenza de llamarlos hermanos, 12 al decir: *"Anunciaré tu
nombre a mis hermanos; en medio de la asamblea de los fieles en
cánticos te celebraré"* (Sal. 21, 23), y de nuevo: "Yo confiaré en
él" (Is. 8,17). 13 Y a su vez: *"Heme aquí y a los hijos que me dio
Dios"*. (Is. 8, 18).

Frutos de esta solidaridad

[14] Y como los hijos participan de la sangre y de la carne,
igualmente El participó de ambas para destruir por su muerte al
que tenía el imperio de la muerte, es decir, al diablo, [15] y librar a
los que por el temor de la muerte, durante toda la vida estaban
sujetos a esclavitud. [16] Porque ciertamente, no vino en ayuda de los
ángeles sino de la descendencia de Abraham. (Is. 41, 8-10). [17] Por
lo cual debía en todo hacerse semejante a los hermanos, para venir
a ser Pontífice misericordioso y fiel en las cosas relativas a Dios,
para expiar los pecados del pueblo. [18] Porque en cuanto El mismo
padeció por haber sido tentado, es capaz de socorrer a los que son
tentados.

Cristo superior a Moisés

3 [1] Por lo cual, santos hermanos, partícipes de la invitación celes-
tial, considerad a Jesús el Apóstol y Pontífice, objeto de nues-
tra profesión de fe, [2] que es fiel al que lo hizo *sacerdote*, como
también lo fue Moisés, en toda su casa. [3] Porque Jesucristo es juz-
gado digno de mayor gloria que Moisés, cuanto mayor es la digni-
dad del constructor que la casa misma. [4] Pues toda casa es construi-
da por alguno, pero el Hacedor de todas las cosas es Dios. [5] Y
Moisés fue fiel sobre toda su casa como para dar testimonio de lo
que se había de decir. [6] Cristo, en cambio, como Hijo está sobre su
casa, cuya casa somos nosotros si retenemos firmes hasta el fin la
confianza y la gloria.

Exhortación a la fidelidad

[7] Por lo cual, como dice el Espíritu Santo: *"Hoy", si oyéreis su*
voz, [8] *no endurezcáis vuestros corazones como en la rebelión, en el*
día de la tentación en el desierto, [9] *donde me tentaron y pusieron a*
prueba vuestros padres, aunque vieron mis obras [10] *por espacio de*
cuarenta años; por lo cual me irrité contra esta generación, y dije:
"Siempre andan extraviados en su corazón, y por tanto, ellos no
conociendo mis caminos, [11] *como juré en mi cólera, no entrarán en*
mi descanso (Sal. 95, 7-11). [12] Mirad, hermanos, que nunca se halle
en alguno de vosotros un corazón perverso e incrédulo, para apar-
tarse del Dios vivo, [13] sino más bien exhortaros mutuamente cada
día, mientras perdura aquel "hoy", para que ninguno de vosotros

sea endurecido por el engaño del pecado. 14 Pues, somos partícipes de Cristo, si es que retenemos firme hasta el fin el principio de su confianza, 15 mientras se dice: *"Hoy", si oyéreis su voz, no endurezcáis vuestros corazones como en la rebelión* (Sal. 95, 8). 16 Porque, ¿quiénes después de haberme oído me irritaron? ¿Acaso no fueron íntegramente todos los que salieron de Egipto por mediación de Moisés? 17 ¿Contra quiénes se irritó por espacio de cuarenta años? ¿No fue acaso contra los que habían pecado cuyos cadáveres cayeron en el desierto? 18 Y, ¿a quiénes juró Dios que no entrarían en su descanso sino a los que habían sido incrédulos? 19 Vemos, pues, que estos no pudieron entrar a causa de su incredulidad.

Descanso celestial prometido a los fieles

4 1 Temamos, por consiguiente, no sea que alguna vez mientras permanece libre la orden de entrar en su descanso, crea alguno de vosotros que ha sido privado de ella. 2 En efecto, también se nos ha dirigido el mensaje lo mismo que a aquellos, pero la palabra oída no les sirvió de provecho a estos, porque la oyeron sin fe los que la escucharon. 3 Tratemos de entrar, pues, en el descanso los que hemos creído según tiene dicho: *"Como juré en mi ira: no entrarán en mi descanso, aunque estaban acabadas las obras desde el principio del mundo"* (Gén. 2, 2). 4 Porque en cierto lugar habla así del séptimo día: *"Y descansó Dios durante el séptimo día de todas sus obras"* (Sal. 95, 7-8); 5 y en este mismo repite: *"No entrarán en mi descanso"*. 6 Aun cuando quedan por entrar algunos en él, pues, los que primeramente recibieron el mensaje no entraron a causa de su incredulidad. 7 Otra vez fija un día "Hoy", al decir por David: después de tanto tiempo –como está predicho–: *"Hoy", si oyéreis su voz, no endurezcáis vuestros corazones"* (Sal. 96, 7-8). 8 Si, pues, Josué hubiera introducido en el descanso a estos no hubiera hablado después de otro día. 9 Luego, queda otro descanso para el pueblo de Dios. 10 En efecto, el que ha entrado en su descanso también él descansa de sus obras como Dios descansó de las suyas.

Apresurémonos a entrar en el descanso eterno

11 Apresurémonos, pues, a entrar en aquel descanso para que

ninguno sucumba en el mismo ejemplo de incredulidad. [12] Porque
la palabra de Dios es viva y eficaz, más cortante que un cuchillo de
dos filos, pues, penetra hasta la división del alma y del espíritu, de
las articulaciones y de las médulas y también es capaz de discernir
los pensamientos e ideas del corazón. [13] Y no hay cosa secreta e in-
visible en su presencia sino todas las cosas son desnudas y descu-
biertas a los ojos de Aquel, a quien tenemos que dar cuenta de
nuestros actos.

Cristo sumo sacerdote celestial

[14] Por consiguiente, puesto que tenemos un tan gran Pontífice
que penetró en el cielo, Jesús, el hijo de Dios, seamos firmes
poseedores de la fe. [15] No tenemos por cierto, un Pontífice que no
pueda compadecerse de nuestras debilidades, sino al contrario, fue
tentado en todo a semejanza nuestra, fuera del pecado. [16] Acerqué-
monos, pues, confiadamente al trono de la gracia, para alcanzar
misericordia y obtener la gracia y socorro en el momento más
oportuno.

II. JESUCRISTO SACERDOTE

¿En qué consiste el sacerdocio?

5 [1] Ciertamente, todo pontífice elegido de entre los hombres es
instituido para bien de ellos en las cosas que miran a Dios, con
el fin de ofrecer dones y sacrificios por los pecados, [2] puesto que
puede ser compasivo con los ignorantes y extraviados, aunque
también él mismo está rodeado de debilidad, [3] y debe por ella,
como por el pueblo, así como por sí mismo ofrecer sacrificios por
los pecados. [4] Y ninguno tomó para sí ese honor si no es llamado
por Dios, lo mismo que Aarón.

Jesucristo sacerdote según el orden de Melquisedec

[5] De la misma manera, también Cristo no se glorificó a sí
mismo haciéndose Pontífice, sino que fue hecho por el que le dijo:
"Hijo mío eres tú, yo te he engendrado hoy" (Sal. 2, 7), [6] como
también en otro lugar dice: *"Tú eres sacerdote para siempre según*

el orden de Melquisedec" (Sal. 110, 4). 7 El que en los días de su
misma vida mortal dirigió al que podía librarlo de la muerte repeti-
das súplicas y oraciones con grandes clamores y lágrimas y fue
escuchado a causa de su reverencia, 8 y aunque era Hijo aprendió la
obediencia por lo que sufrió, 9 y por ser consumado fue también
para todos los que obedecen causa de su eterna salvación, 10 siendo
proclamado por Dios Pontífice según el orden de Melquisedec.

Estado imperfecto de los hebreos

11 Acerca de esto tenemos mucho qué decir y es difícil expo-
nerlo, puesto que os habéis hecho torpes de oídos. 12 Y aun cuando
debíais ser maestros a través del tiempo de la vida, tenéis mucha
necesidad de que alguien os enseñe cuáles son los principios ele-
mentales del comienzo de los oráculos de Dios; y os habéis vuelto
tales que tenéis necesidad de leche y no de alimento sólido. 13 En
efecto, el que se alimenta de leche es desconocedor de la justifica-
ción, porque es aún niño; 14 mas la comida sólida es para los per-
fectos, los que tienen por experiencia las facultades ejercitadas
para discernir lo bueno de lo malo.

¡Cuidado con la apostasia!

6 1 Por lo cual dejada la explicación de la doctrina elemental de
Cristo, vayamos a la "perfección", no tratando otra vez los fun-
damentos de la penitencia por las obras muertas y de la fe en Dios,
2 la enseñanza de las abluciones e imposición de las manos, la
resurrección de los muertos y el juicio eterno. 3 Y vamos a tratar
con la ayuda de Dios de esto. 4 Porque los que una vez iluminados,
gustaron del don celestial y fueron hechos partícipes del Espíritu
Santo, 5 gustando de la divina palabra, maravillas en resumen del
mundo venidero, 6 después de haber apostatado, es imposible reno-
varlos otra vez a penitencia, puesto que crucifican de nuevo por sí
mismos al Hijo de Dios y lo vuelven a infamar. 7 Porque la tierra
que frecuentemente sume la lluvia venida sobre ella y produce
plantas útiles para aquellos por quienes también es cultivada, parti-
cipa de las bendiciones de Dios; 8 por el contrario, la que produce
espinas y cardos es reprobada y próxima a la maldición y el fin de
ella es el fuego.

Palabras de esperanza y aliento

[9] Sin embargo confiamos y esperamos de vosotros, queridos,
algo mejor y más conducente a la salvación –aunque de esta mane-
ra nos expresamos–. [10] Porque Dios no es injusto para olvidar vues-
tra obra y el amor que habéis mostrado por su nombre por haber
servido y seguir sirviendo a los santos. [11] Deseamos, pues, que cada
uno de vosotros demostréis el mismo celo para la plena seguridad
de la esperanza hasta el fin, [12] para que no seáis perezosos sino
imitadores de los que heredan por la fe y la paciencia las promesas.

Confianza en la certeza de la esperanza

[13] Porque Dios, cuando hizo la promesa a Abraham –como no
podía jurar por ninguno mayor que El–, juró por Sí mismo,
[14] diciendo: *"En verdad con abundancia te bendeciré y también
grandemente te multiplicaré"* (Gén. 22,17). [5] Y así, por haber
sido perseverante logró la promesa. [16] Ciertamente, los hombres
suelen jurar por alguno mayor, y el juramento es para ellos término
de toda controversia y les da seguridad, [17] por lo cual, queriendo
Dios hacer ver superabundantemente por pruebas a los herederos
de la promesa la inmutabilidad de su determinación, la garantizó
por juramento, [18] para que (por dos cosas inmutables por las que es
imposible que Dios mienta) tengamos poderosa consolación los
que hemos buscado refugio en ser poseedores de la esperanza que
tenemos delante, [19] la que retenemos como áncora segura y firme
del alma, puesto que penetra en lo más íntimo del velo del templo,
[20] donde Jesús entró como precursor para nuestra defensa instituido
Pontífice, para siempre, según el orden de Melquisedec.

12 Las verdades rudimentarias, las llama el apóstol "leche" o alimento de niños" en oposición a una enseñanza más profunda, alimento sustancial de hombres hechos (Gál. 4, 3; 1 Cor. 3, 2).

El sacerdocio de Melquisedec, superior al de Leví

7 [1] En efecto, este Melquisedec, rey de Salem, sacerdote del altí-
simo Dios, es el que salió al encuentro de Abraham cuando
este volvía de la derrota de los reyes y después de haberlo bendeci-
do Melquisedec, [2] a quien también Abraham distribuyó una décima
parte de todas las cosas, en primer lugar porque se interpreta su
nombre "rey de justicia" y luego también "rey de Salem" ("rey de

paz"), [3] sin padre, sin madre, sin genealogía, sin principio de días
ni fin de vida, se asemejaba en eso al Hijo de Dios que es sacerdo-
te para siempre. [4] Considerad, pues, cuán grande es este a quien
también el patriarca Abraham dio el diezmo de lo mejor del botín.
[5] Y quienes de entre los hijos de Leví reciben el sacerdocio tienen
la orden, según la Ley, de exigir el diezmo al pueblo, es decir a sus
hermanos aunque proceden del seno de Abraham, [6] por el contra-
rio, aquel que no es del linaje de ellos, es el que recibió diezmo de
Abraham y bendijo al que tenía las promesas, [7] y sin discusión
alguna el menor es bendecido por el mayor. [8] Y aquí los hombres
mortales perciben diezmos; allí, en cambio, uno de quien se da
testimonio que vive. [9] Y, por decirlo así, el mismo Leví que recibe
los diezmos de Abraham, en él los tiene pagados. [10] Porque aún
estaba en los lomos de su padre cuando le salió al encuentro Mel-
quisedec.

Imperfección del sacerdocio levítivo

[11] Si en verdad la perfección se obtuviera por el sacerdocio
levítico, –ya que bajo él recibió el pueblo la ley–, ¿qué necesidad
hubiera habido aún, de que surgiera otro sacerdote, según el orden
de Melquisedec, y no fuese llamado según el orden de Aarón?
[12] Porque cambiado el sacerdocio por necesidad, se origina tam-
bién un cambio de ley. [13] Porque aquel de quien se dice esto: "deri-
va de otra tribu de la que nadie se consagró al altar".

[14] Salta, pues, a la vista que Nuestro Señor procede de Judá, de
cuya tribu nada dijo Moisés al hablar de sacerdotes. [15] Y es mucho
más evidente aún, si conforme a la semejanza de Melquisedec se
levanta otro sacerdote, [16] constituido, no según la ley de un manda-
miento carnal, sino según el poder de una vida indestructible.
[17] Está, pues, atestiguado de El: *"Tú eres sacerdote para siempre
según el orden de Melquisedec"* (Sal. 110, 4). [18] Pues en efecto, se
anuncia la abrogación del anterior mandato, a causa de la flaqueza
e inutilidad del mismo. [19] Así, pues, nada perfeccionó la antigua
ley, sino que fue introducción de una mejor esperanza por la cual
nos acercamos a Dios.

El sacerdocio de Cristo confirmado con juramento

[20] Y por cuanto no fue hecho sin juramento (pues aquellos
fueron hechos sacerdotes sin juramento), [21] pero Este con juramen-

to, por el que le dijo: *"Juró el Señor y no se arrepentirá: Tú eres
sacerdote para siempre"* (Sal. 109, 4), 22 de tanto mejor y más
excelente testamento fue fiador Jesús. 23 Y aquellos fueron muchos
sacerdotes porque la muerte les impedía permanecer; 24 pero Este
por permanecer él mismo para siempre, tiene eterno el sacerdocio.
25 Por lo cual también puede salvar –perfectamente– a los que por
medio de él se acercan a Dios que vive siempre para interceder por
ellos.

Cristo sacerdote santo, inocente, inmaculado

26 Porque nos convenía un tal Pontífice: santo, inocente, inma-
culado, separado de los pecadores y que está encumbrado sobre los
cielos; 27 que no tiene necesidad cada día, de la misma manera que
los pontífices, de ofrecer sacrificios, en primer lugar por los peca-
dos propios, después por los del pueblo, porque esto lo hizo de una
vez para siempre ofreciéndose a sí mismo en sacrificio. 28 La Ley,
pues, instituye pontífices a hombres sujetos a la fragilidad, pero la
palabra del juramento –posterior a la ley– instituye al Hijo "perfec-
to" para siempre.

[3] *Sin padre*.... Se dice de Melquisedec "sin padre", no porque no lo tuviera, sino porque no se hace mención de sus padres ni de genealogía alguna en la Biblia, y este silencio lo hace más apto para simbolizar a Cristo, que es *sin principio* de días en cuanto Dios, y *sin fin* en la gloria de su realeza y sacerdocio.

Superioridad del santuario de Cristo

8 1 Pues, lo esencial de lo referido es, que tenemos un tal exce-
lente Pontífice, que se sentó a la diestra del trono de la Majes-
tad en el cielo, 2 ministro del santuario y del verdadero tabernáculo
que construyó el Señor y no el hombre. 3 ciertamente, todo pontífi-
ce es instituido para ofrecer dones y sacrificios, por lo cual es
necesario que Jesucristo también tenga algo qué ofrecer. 4 Si en
verdad estuviera sobre la tierra no sería sacerdote habiendo ya
otros que ofrecen dones según la ley, 5 quienes ejerciesen el culto
en un santuario figura y sombra del celestial, según le fue revelado
a Moisés cuando se disponía a construir el tabernáculo: *"Pues
mira, le dijo Dios, hazlo enteramente conforme al modelo que te
ha sido mostrado en el monte"* (Ex. 25, 40).

Superioridad de la nueva alianza

[6] Ahora sin embargo, nuestro Pontífice Jesucristo ha alcanzado un ministerio tanto más excelente por cuanto es también mediador de otra más ventajosa alianza, la que está establecida sobre mejores promesas. [7] En efecto, si aquella primera alianza hubiera sido perfecta no hubiera habido lugar de una segunda. [8] Porque reprendiéndolos les dice: *"He aquí que vendrán días, anuncia el Señor, en que concertaré una nueva alianza con la casa de Israel y la casa de Judá,* [9] *no como la alianza que hice con sus padres en el día en que después de haberlos tomado yo de su mano, los había sacado de la tierra de Egipto; porque ellos no permanecieron fieles a mi pacto, yo también los desamparé, dice el Señor.* [10] *Esta misma será la alianza que yo haré con la casa de Israel después de aquellos días, dice el Señor: infundiré mis leyes, en su mente y sobre sus corazones también las grabaré y yo seré su Dios y ellos serán mi pueblo.* [11] *Y a buen seguro que nadie enseñará a su vecino, ni a su hermano diciendo: Conoce al Señor, puesto que todos me conocerán, desde el menor hasta el mayor de ellos,* [12] *porque seré indulgente con sus iniquidades, y de sus pecados jamás me acordaré"* (Jer. 31, 31-34). [13] Al decir una alianza "Nueva" declaró anticuada la primera; pues bien, lo que es antiguo y se hace viejo está al desaparecer.

III. JESUCRISTO VICTIMA

El santuario y los ritos de la antigua alianza

9 [1] En realidad, también la primera alianza tenía su justificación de culto, de ahí el santuario terrestre. [2] Efectivamente, fue construido un tabernáculo, su primer pabellón era aquel en que estaba el candelabro, la mesa, la exposición de los panes y el incensario de oro que se llamaba el "Santo". [3] Y en el fondo, detrás del segundo velo, el pabellón llamado el "Sancta sanctorum", [4] que contenía un altar de oro para incienso, el arca de la alianza cubierta de oro totalmente, y dentro de ella había un vaso también de oro que contenía el maná, la vara de Aarón que había brotado, las tablas de la ley de la alianza, [5] y sobre ella Querubines de gloria que som-

breaban el propiciatorio; de los cuales no es posible hablar ahora
detalladamente. [6] Así dispuestas, estas cosas, en el primer pabellón,
cada día entraban los sacerdotes cuando tenían que realizar sus
cultos, [7] en cambio, en el segundo solo entraba, y no sin sangre, el
sumo sacerdote una sola vez al año, al que ofrecía por sí mismo y
también por las ignorancias del pueblo, [8] haciéndonos ver con esto
el Espíritu Santo que aún no estaba abierto el camino del santuario
mientras durase el primer tabernáculo, [9] el que era una figura para
el tiempo presente, pues, según el cual ofrecían oblaciones y sacri-
ficios que no podían en conciencia hacer perfecto al celebrante,
[10] tan solo eran justificaciones de carne en las comidas y bebidas y
en los diferentes bautismos establecidos hasta el tiempo de la me-
jora de costumbres.

La purificación de los pecados por Cristo

[11] Pero Cristo, instituido Pontífice de los bienes futuros a causa
del tabernáculo más excelente y más perfecto, no hecho de manos,
es decir, no de esta creación, [12] y no por la sangre de machos
cabríos y de becerros, sino por su propia sangre, entró de una vez
para siempre en el santuario celeste después de haber conseguido
nuestra eterna redención. [13] Pues, si la sangre de machos cabríos y
de toros y la ceniza de la ternera que rocía a los inmundos los
purifica en la carne, [14] ¡cuánto más la sangre de Cristo, quien me-
diante el Espíritu eterno se ofrece a sí mismo inmaculado a Dios,
purificará nuestra conciencia de obras muertas para servir a Dios
vivo! [15] Y por esto es mediador de una nueva alianza, para que una
vez realizada la muerte con miras a la redención de las transgresio-
nes de la ley en la primera alianza, alcanzasen, los que son llama-
dos, la promesa de la herencia eterna.

Necesidad de la muerte de Cristo

[16] Pues, donde hay testamento es necesario que se compruebe
la muerte del testador. [17] En efecto, el testamento es firme en caso
de muerte ya que nunca es válido mientras vive el testador. [18] Por lo
cual, ni el primer testamento está inaugurado sin sangre, [19] puesto
que después de haber sido leídos por Moisés todos los mandamien-
tos a todo el pueblo, según la ley, habiendo tomado la sangre de
los terneros y de los machos cabríos roció, en fin, con agua y lana

teñida de un rojo escarlata e hisopo al mismo libro y a todo el
pueblo, [20] diciendo: *"Esta es la sangre de la alianza que Dios os
ha prescrito"* (Ex. 24, 8). [21] Y semejántemente roció con la sangre
el tabernáculo y todos los utensilios propios del culto. [22] Y en
suma, todas las cosas son purificadas con sangre según la ley y sin
efusión de sangre no hay remisión (de los pecados).

Necesidad del sacrificio de Cristo

[23] Por consiguiente, era menester que aquellos santuarios, figu-
ras del que está en el cielo, se purificasen con dichos sacrificios,
pero este, el santuario celeste con más excelentes sacrificios en
comparación de aquellos. [24] No entró por cierto Cristo en un san-
tuario artificial, figura del real, sino en el mismo cielo, para hacer-
se ahora visible a favor nuestro en la presencia de Dios; [25] y no
para ofrecerse a sí mismo a la manera que el pontífice entra anual-
mente en el santuario a ofrecer con sangre ajena, [26] (puesto que
sería preciso que el padeciese muchas veces desde el principio del
mundo), mas ahora una sola vez se manifestó en el final de los
siglos, para destruir el pecado por medio de su sacrificio. [27] Y por
cuanto está establecido a los hombres morir una vez y después de
esto el juicio, [28] de la misma manera, también Cristo, habiéndose
ofrecido una sola vez para siempre para soportar los pecados de
muchos, por segunda vez será visto sin pecado, por los que lo
esperan ansiosamente para su salvación.

El único y verdadero sacrificio

10 [1] Pues, la ley que contiene una sombra de los bienes venide-
ros pero no la representación misma de la realidad, con los
mismos sacrificios que cada año ofrece ininterrumpidamente, nun-
ca puede hacer perfectos a los que se acercan a Dios. [2] Porque de
otro modo hubieran dejado de ofrecerse por no tener ya ninguna
conciencia de pecados los oferentes, una vez para siempre
purificados. [3] Antes al contrario, en los mismos sacrificios cada
año se hace mención de los pecados, [4] por ser imposible que la
sangre de toros y de machos cabríos borre los pecados. [5] Por lo
cual al entrar en el mundo dice: *"Sacrificio y ofrenda no quisiste,
en cambio me preparaste un cuerpo;* [6] *holocaustos además por el
pecado no aceptaste.* [7] *Entonces dije yo: He aquí que he venido (en*

el rollo del libro está escrito de mí), para hacer, oh Dios, tu
voluntad" (Sal. 39, 7-9). 8 Dando a entender mas arriba: *"Sacrifi-*
cios, ofrendas y holocaustos además por los pecados no quisiste ni
aceptaste", los que según la ley son ofrecidos, 9 entonces ha dicho:
"He aquí que he venido para hacer tu voluntad". Así abroga lo
primero para establecer lo segundo. 10 Por cuya "voluntad" estamos
santificados de una vez para siempre en virtud de la ofrenda del
cuerpo de Jesucristo.

Eficacia del sacrificio de Cristo

11 Todo sacerdote se presenta cada día ejerciendo el ministerio
y ofreciendo muchas veces los mismos sacrificios que nunca pue-
den quitar los pecados. 12 Por el contrario, Jesucristo, después de
haber ofrecido un único sacrificio para siempre, se sentó a la dies-
tra de Dios, 13 esperando lo que resta "hasta que sus enemigos sean
colocados por escabel de sus pies". 14 En efecto, con una sola
ofrenda, con la oblación de su cuerpo, perfeccionó para siempre a
los santificados. 15 Además nos lo atestigua el Espíritu Santo, por-
que anteriormente lo tiene dicho: 16 *"Esta es la alianza que contra-*
eré con ellos, dice el Señor: después de aquellos días pondré mis
leyes en su corazón y sobre su mente las grabaré, 17 *y de sus*
pecados e iniquidades jamás me acordaré" (Jer. 31.34).
18 Pues, donde hay remisión de estos ya no hay más ofrenda por el
pecado.

Fe y paciencia

19 Teniendo por consiguiente, hermanos, plena confianza de
entrar en el santuario en virtud de la sangre de Jesús, 20 que El nos
inauguró como un camino nuevo y vivo a través del velo, es decir,
de su carne, 21 y un Gran Sacerdote al frente de la casa de Dios,
22 acerquémonos con corazón sincero, con plena seguridad de fe,
purificados los corazones de una mala conciencia y lavado el cuer-
po con agua pura; 23 y conservemos firmes la confesión de nuestra
esperanza (porque el que la ha prometido es fiel), 24 y alentémonos
mutuamente para excitarnos a la caridad y a las buenas obras. 25 No
abandonando nuestra propia asamblea como algunos lo tienen por
hábito, antes al contrario, invitaros y tanto más cuando estáis vien-
do que se acerca el día.

Dios castiga la apostasía

26 Porque si nosotros deliberadamente pecamos después de ha-
ber recibido el conocimiento de la verdad ya no queda, como he
dicho, sacrificio por los pecados (Heb. 10,12): 27 antes, al contra-
rio, una terrible espera del juicio y ardiente fuego que está destina-
do para devorar a los rebeldes. 28 si el que menosprecia la ley de
Moisés es condenado a muerte sin compasión sobre la palabra de
dos o tres testigos, 29 ¿de cuánto mayor castigo, creéis, será juzgado
digno el que ha pisoteado al Hijo de Dios y tenido por impura la
sangre de la nueva alianza, en virtud de la cual fue santificado y
además ultraja al Espíritu de la gracia? 30 Pues sabemos quien dijo:
"Mía es la venganza, yo retribuiré"; y de nuevo: *"El Señor juzga-
rá a su pueblo"* (Dt. 32, 35-36). 31 Por consiguiente, terrible cosa
es caer en manos del Dios vivo.

Hay que "perseverar" en la fe

32 Evocad, pues, el recuerdo de vuestros primeros días en que
después de haber sido iluminados soportásteis una prueba difícil de
padecimientos, 33 ora expuestos a las risotadas del vulgo con inju-
rias y opresiones, ora siendo hechos socios de los que de esta
manera presentan nuevo frente. 34 Y en efecto, experimentásteis las
mismas impresiones que los encadenados y además aceptásteis con
alegría el despojo de vuestros bienes, reconociendo os adueñábais
de mejores e inclusive más estables riquezas. 35 Por consiguiente,
no perdáis vuestra confianza, la que tiene en sí una grande y debi-
da remuneración. 36 En efecto, tenéis necesidad de "perseverancia",
para que después de haber cumplido la voluntad de Dios, obtengáis
la promesa. 37 Esperad, pues, un poquito, que el que está llegando
llegará y no pasará mucho tiempo. 38 *Mas el justo vivirá por la fe, y
si vuelve atrás no se complacerá mi alma en él* (Hab. 2,4). 39 Por
el contrario, nosotros no vivimos como cobardes para la perdición
sino perseverando en la fe para la salvación del alma.

Qué es fe y el poder de la misma

11 1 La fe es fundamento de las cosas que se esperan, argumen-
to de las que no se ven. 2 En efecto, por ésta los antiguos ad-
quirieron celebridad. 3 Por la fe sabemos que los mundos fueron
puestos en orden por la palabra de Dios, por lo que lo visible es

hecho de lo invisible. 4 Por la fe, Abel ofreció a Dios un sacrificio
más excelente que Caín, por la que se declaró en testimonio ser
justo, atestiguándolo Dios además con sus ofrendas; y por la mis-
ma después de haber muerto aún está hablando. 5 Por la fe Enoc
fue trasladado para no ver la muerte y no fue encontrado porque
Dios lo desplazó; pues, antes de su traslado tenía atestiguado que
era agradable a Dios. 6 sin fe, pues, es imposible agradar a Dios,
porque es menester que el que se acerque a Dios crea que existe y
es además remunerador de los que diligentemente lo buscan. 7 Por
la fe Noé informado por Dios de las cosas que aún no se veían,
precaviéndose construyó un arca para salvación de su casa, por la
fe condenó al mundo y por la fe se hizo heredero de la justicia.

Ejemplos de fe de Abraham y de Sara

8 Por la fe, Abraham, al ser llamado, obedeció para ir a la tierra
que debía recibir en herencia y salió sin saber adónde iba. 9 Por la
fe habitó en la tierra de la promesa como si fuera ajena, viviendo
en tiendas juntamente con Isaac y Jacob, los coherederos de la mis-
ma promesa; 10 porque esperaba una ciudad que tenía sólidos fun-
damentos de la que Dios es así mismo arquitecto-constructor.
11 Por la fe también la misma estéril Sara recibió facultad milagro-
sa para concebir y fuera del tiempo favorable de la edad porque
tuvo por fiel al que se lo había prometido; 12 por lo que también
fueron engendrados de uno solo y ese ya sin vitalidad, hijos nume-
rosos como las estrellas del cielo y como la incontable arena que
está junto a la orilla del mar (Gén. 22, 17).

13 En la fe murieron todos estos que no alcanzaron las prome-
sas, mas mientras las vieron desde lejos no solo iban detrás de ellas
sino también convinieron en que eran forasteros y además peregri-
nos sobre la tierra. 14 en efecto, los que hablan de tal modo dan a
conocer que van en busca de la verdadera patria. 15 Y si realmente
se hubiesen acordado de aquella de que salieron, hubieran tenido
tiempo de volverse a ella, 16 pero deseaban alcanzar otra mejor,
esto es, la del cielo. Por lo que Dios no se avergüenza de llamarse
su Dios, porque preparó una ciudad para ellos. 17 Por la fe Abraham
ofreció a Isaac mientras estaba sometido a prueba, y ofreció a su
unigénito el que había recibido para sí las promesas, 18 a quien fue
dicho: *"En Isaac será nombrada tu descendencia"* (Gén. 22, 1-

10), [19] porque pensaba que el poderoso Dios lo resucitaría de entre los muertos; por donde le recuperó también en figura.

Ejemplos de la fe de Isaac, Jacob y José

[20] Por la fe tambien Isaac, con miras a lo venidero, bendijo a Jacob y a Esaú. [21] Por la fe, Jacob, moribundo, bendijo a cada uno de los hijos de José y postrándose los saludó apoyándose en la punta superior de su báculo. [22] Por la fe, José, también al morir, se acordó de la salida de los hijos de Israel y dio instrucciones referentes a sus huesos.

Ejemplos de fe de Moisés

[23] Por la fe, Moisés, tan pronto como nació fue escondido durante tres meses por sus padres, y porque vieron al niño tan hermoso, no fueron atemorizados por el decreto del rey. [24] Por la fe, Moisés, ya mayor, rehusó ser llamado hijo de una hija de Faraón, [25] prefiriendo más bien ser maltratado con el pueblo de Dios que tener el pasajero placer del pecado, [26] reputando por mayor riqueza las injurias de Cristo que los tesoros de Egipto, porque continuamente miraba a la recompensa. [27] Por la fe dejó el Egipto, no habiendo sido atemorizado por la cólera del rey, pues, como viera al Invisible persistió en la fe. [28] Por la fe celebró la Pascua y la aspersión de la sangre para que el exterminador de los primogénitos no tocase a los de Israel. [29] Por la fe atravesaron el Mar Rojo como a través de tierra seca, mientras que los egipcios al intentar lo mismo fueron absorbidos por las aguas.

Más ejemplos del poder de la fe (11, 30-40)

[30] Por la fe se derrumbaron los muros de Jericó después de haber sido dada la vuelta durante siete días en derredor de ellos por los hijos de Israel. [31] Por la fe, la idólatra Rahab no pereció con los que habían sido incrédulos por haber acogido pacíficamente a los espías. [32] Y, ¿por qué decir más?, pues, me faltaría tiempo para hablar con pormenores de Gedeón, de Barac, de Sansón y de Jefté, de David y de Samuel y además de los profetas, [33] quienes por la fe vencieron reyes, ejercieron la justicia, consignieron las promesas, cerraron las bocas de los leones, [34] extinguieron la violencia del fuego, esquivaron los filos de la espada, se fortalecieron de la debi-

lidad, se hicieron fuertes durante la guerra, hicieron retroceder los
ataques de los adversarios; 35 recobraron las esposas, sus maridos
muertos, después de su resurrección, y unos fueron torturados, no
aceptando el rescate con el fin de obtener una resurrección mejor,
36 y otros experimentaron burlas y latigazos y además cadenas y
prisión; 37 fueron apedreados, alquilados como servidores, expues-
tos a prueba, murieron al filo de la espada, anduvieron ceñidos con
pieles de oveja y de cabra, en la miseria, oprimidos, atormentados,
38 aquellos de quienes ni era digno el mundo, errantes por los de-
siertos, por las montañas, por las cuevas y también por las abertu-
ras de la tierra. 39 Y todos estos aunque fueron recomendables, por
la fe no consiguieron la promesa, 40 porque tenía dispuesto Dios
algo más excelente para nosotros, para que no fuesen perfecciona-
dos sin nosotros.

[1] Nuestra fe se apoya en la palabra de Dios.

El ejemplo de Cristo

12 1 Por consiguiente, teniendo también nosotros una nube tan
grande de testigos en torno nuestro, desprendiéndonos de
todo peso de pecado que nos enreda fuertemente, corramos con
perseverancia a la palestra que nos es propuesta, 2 dirigiendo la
mirada a Jesús el autor y "perfeccionador" de la fe, quien en vez
del gozo que tenía delante prefirió soportar la cruz, despreciando la
ignonimia, y ahora está sentado a la diestra del trono de Dios.
3 Examinad, pues, mirando al que tiene soportada tal contradicción
contra sí mismo por causa de los pecadores para que no desfallez-
cáis ni perdáis ánimos.

La corrección divina

4 Porque aún no habéis resistido luchando hasta derramar san-
gre contra el pecado, 5 y os habéis olvidado totalmente de la exhor-
tación que os ha sido dirigida como hijos: *"Hijo mío, no desdeñes
la corrección del Señor, ni te desalientes corregido por El,* 6 *por-
que Dios ama al que corrige, en cambio castiga a todo el que
recibe por hijo"* (Prov. 3, 11-12). 7 Manteneos firmes en la corre-
ción. Dios os trata como hijos; porque, ¿qué hijo hay a quien no
corrija el padre?; 8 al contrario, si vivís sin corrección de la que
todos son partícipes, entonces sois hijos bastardos y no hijos

legítimos. 9 Luego, si teníamos a nuestros padres carnales por co-
rrectores y los respetábamos, ¿no nos someteremos mucho mejor
al Padre de los espíritus que nos dará vida? 10 Sin duda aquellos
nos corregían según su arbitrio, para pocos días, pero Jesucristo
por utilidad, para hacernos partícipes de su santidad. 11 Ciertamen-
te, toda corrección al presente no parece ser motivo de alegría,
antes al contrario, causa de tristeza, pero después da, en cambio,
un fruto de paz a los que están educados por merced de la misma
justicia.

Hay que cobrar alientos

12 Por lo tanto, los brazos caídos y las rodillas relajadas,
enderezarlas, 13 y realizar las marchas rectas en vuestra vida para
que no se desvíe el vacilante en la fe sino más bien, sea alentado.
14 Aspirad a la paz con todos y a la santificación sin la cual nadie
verá al Señor; 15 inspeccionando a ver si alguno carece de la gracia
de Dios, a ver si alguno se perturba por la raíz de la amargura que
crece hacia arriba y por causa de ella se ha infectado la mayor
parte de los hombres, 16 a ver si hay alguno fornicario o profano
como Esaú, quien por una sola comida traicionó su primogenitura;
17 porque sabéis que más tarde queriendo también ser heredero de
la bendición fue rechazado como indigno, por más que después de
haberla reclamado diligentemente con lágrimas, no encontró en
realidad, oportunidad de arrepentimiento.

Excelencia de la nueva alianza

18 En verdad aún no os habéis acercado al monte tangible, al
fuego abrasador, a las tinieblas, a la oscuridad, al huracán, 19 al
ruido de la trompeta y particularmente, a la voz de las palabras de
los que la oyeron se alejaron implorando que no les fuese añadida
ni una sola palabra más. 20 Es que ya ni soportaban lo ordenado:
"Si un animal llegara a tocar el monte será apedreado" (Ex. 19,
12-13). 21 Y tan terrible era la visión, que Moisés dijo: "Estoy ate-
morizado y todo tembloroso". 22 Sin embargo, vosotros os habéis
acercado al Monte Sión, a la ciudad de Dios vivo, a la celestial
Jerusalén, a la solemne asamblea con miríadas de ángeles, 23 a Dios
Juez de todos, a los espíritus de los "justos perfectos", 24 a Jesús
mediador de una nueva alianza y en fin, a la sangre de aspersión

que está hablando en beneficio de todos, mejor que la de Abel.
25 Cuidad de no apartaros del que nos está hablando, porque si
aquellos alejándose con súplicas no evitaron el temor del que hacía
la revelación sobre la tierra, mucho menos nosotros, los que hemos
rechazado al que la hace desde el cielo, 26 cuya voz entonces con-
movió la tierra, pero ahora nos hace la promesa diciendo: *"Una
vez más, y conmoveré no solo la tierra sino también el cielo"* (Ag.
2, 6-7). 27 Y esto "una vez más" nos hace ver el cambio de las
cosas que se están tambaleando como si estuvieran ya cumplidas,
derrumbadas, a fin de que permanezcan las inconmovibles.

28 Por lo cual, ya que recibimos un reino inconmovible, reco-
nozcamos esa gracia por la cual estamos sirviendo agradablemente
a Dios, con temor y reverencia, 29 puesto que también nuestro Dios
es un fuego devorador.

Diversos preceptos morales

13 1 Persevere entre vosotros el amor fraternal. 2 No echéis al
olvido la hospitalidad, pues, por ésta, algunos, inadvertida-
mente, hospedaron a ángeles. 3 Acordaos de los presos como si es-
tuviérais atados de pies y manos con ellos, de los que están ator-
mentados como si también vosotros mismos sufriéseis el tormento
en vuestro cuerpo. 4 Honrado sea por todos el matrimonio e inma-
culado sea también el lecho conyugal; Dios juzgará, pues, a los
fornicarios lo mismo que a los adúlteros. 5 Sea vuestro modo de ser
desinteresado, contentándoos con las cosas que tenéis en las cir-
cunstancias actuales, porque El mismo tiene dicho: "No te abando-
naré ni tampoco te desampararé" (Dt. 31, 6-8); 6 en vista de lo cual
creyendo confiadamente digamos: *"El Señor es mi ayuda y no
temeré ¿qué me podrá hacer el hombre?"* (Sal. 118, 6).

Sumisión a nuestros pastores

7 Evocad el recuerdo de vuestros pastores que os predicaron la
palabra de Dios, y considerando el fin de su vida, imitad su fe.
8 Jesucristo ayer y hoy es el mismo y por los siglos. 9 No os pervir-
táis con las artificiosas y equívocas doctrinas, porque es más noble
que se fortalezca el corazón con la gracia que no con los manjares
que no aprovecharon a los que usaron de ellos. 10 Tenemos un altar
del sacrificio del que no tienen facultad de comer los que están al

servicio del tabernáculo. 11 En efecto, la sangre de aquellos anima-
les es introducida en el santuario por el sumo pontífice y los cuer-
pos de estos son totalmente quemados fuera del campamento.
12 Por lo cual, también Jesús para santificar por su propia sangre al
pueblo, padeció fuera de la puerta. 13 Pues bien, salgamos hacia El
fuera del campamento, soportando su reproche, 14 porque no tene-
mos aquí una ciudad permanente, sino que vamos en busca de la
futura. 15 Así pues, por El elevemos continuamente un sacrificio de
alabanza a Dios, es decir, el fruto de los labios que bendicen su
nombre: 16 de hacer el bien y de la mutua asistencia no os olvidéis
porque con tales sacrificios se complace Dios. 17 Obedecer a vues-
tros pastores y estadles sumisos, pues, ellos viven desvelados por
vuestras almas porque han de dar cuenta de ellas; para que con
alegría hagan esto y no estén gimiendo, porque esto sería para
vosotros sin utilidad.

Epílogo: Pide y ofrece oraciones

18 Orad por nosotros; pues, confiamos en que tenemos buena
conciencia queriendo vivir bien en todas las cosas; 19 singularmente
os pido que hagáis esto para que cuanto antes sea devuelto más
rápidamente a vosotros. 20 El Dios de la paz que sacó de entre los
muertos al Gran Pastor de las ovejas, nuestro Señor Jesús, por la
sangre de la alianza eterna, 21 os haga perfectos en toda obra buena
para hacer su voluntad, obrando El en vosotros lo que es grato a
sus ojos, por medio de Jesucristo a quien sea la gloria por los
siglos de los siglos. Amén.

22 Os ruego, hermanos, que soportéis este discurso de exhorta-
ción; y en efecto, os he escrito en breves palabras. 23 Sabed que
nuestro hermano Timoteo está ya en libertad, en su compañía (si
llegase rápidamente) os visitaré. 24 Saludad a todos vuestros pasto-
res y a todos los santos. Os saludan los de Italia.

Sea la gracia con vosotros. Amén.

[8] *Cristo ayer y hoy es el mismo...*, esto es, El permanece siempre el mismo... y nuestra fe en El debe ser inmutable como lo es El mismo, y si El no cambia, nuestra fe no debe cambiar, pues la fe es una y fuera de ella no hay nada seguro y fijo, sino doctrinas varias y extrañas.

LAS CARTAS CATOLICAS

CARTA DEL APOSTOL SANTIAGO

La carta de Santiago es la primera entre las siete epístolas que se hallan a continuación de las catorce de San Pablo, y que, por no señalar varias de ellas un destinatario especial, han sido llamadas generalmente católicas o universales, aunque en rigor la mayoría de ellas se dirige a la cristiandad de origen judío, y las dos últimas de San Juan tienen un encabezamiento aún más limitado.

El autor, que se da a sí mismo el nombre de "Santiago, siervo de Dios y de Nuestro Señor Jesucristo", *es el apóstol que solemos llamar* Santiago el Menor, *hijo de Alfeo o Cleofás (Mt. 10, 3) y de María (Mt. 27, 56), "hermana" o pariente de la Virgen. Es, pues, de la familia de Jesús y llamado "hermano del Señor" (Gál. 1, 19; Mt. 12, 46).*

San Pablo habla de este apóstol como una de las "columnas" o apóstoles que gozaban de mayor autoridad en la Iglesia (Gál. 2, 9). Fue obispo de Jerusalén y murió mártir el año 62.

Esta carta la escribió poco antes de sufrir el martirio con el fin de fortalecer en la fe a los judíos conversos. Dirígese por tanto "a las doce tribus que están en la dispersión" (1, 1), esto es, a todos los hebreo-cristianos dentro y fuera de Palestina.

Saludo

1 [1] Santiago, siervo de Dios y del Señor Jesucristo a las doce
tribus, que están en la dispersión: salud.

Beneficio que reportan las pruebas

[2] Hermanos míos: Tened por sumo gozo cuando os veáis en-
vueltos en diversas tentaciones: [3] sabiendo que la prueba de vuestra
fe produce la constancia; [4] pero la constancia ha de tener su obra
perfecta para que seáis perfectos e íntegros sin falta en cosa algu-
na.

Pedid la sabiduría

5 Y si alguno de vosotros tiene falta de sabiduría, pídala a
Dios, que da a todos abundantemente y sin reproche y se la dará;
6 pero debe pedirla con fe, sin dudar nada, porque el vacilante es
semejante a la ola del mar agitada por el viento y llevada de una
parte a otra, 7 pues no piense tal hombre que recibirá algo del
Señor. 8 El hombre indeciso es inconstante en todos sus caminos.

Motivos de gloria

9 Gloríese el hermano, el humilde en su exaltación, 10 y el rico
en su humillación, porque pasará *como flor del heno* (Is. 40, 6-7),
11 se levanta el sol con su ardor, secósc el heno y cayó la flor y
desapareció la hermosura de su apariencia. Así también el rico se
marchitará en sus caminos.

La tentación, su origen

12 Bienaventurado el varón que sufre la tentación, porque una
vez probado recibirá la corona de la vida que Dios ha prometido a
los que le aman. 13 Ninguno cuando es tentado, diga: "Soy tentado
por Dios", porque Dios no puede ser tentado por el mal, ni El
tienta a nadie. 14 Pues cada uno es tentado por su propia concupis-
cencia que lo atrae y seduce, 15 y la concupiscencia, cuando se ha
consentido, produce el pecado; y el pecado, una vez consumado,
produce la muerte.

16 No os engañéis, hermanos míos, queridos. 17 Toda buena dá-
diva y todo don perfecto viene de lo alto, del Padre de las luces, en
el cual no hay mudanza ni sombras de variación. 18 El, voluntaria-
mente, nos ha engendrado por la palabra de la verdad, para que
fueramos como primicias de su creación.

Debemos oír y practicar la palabra evangélica

19 Tened presente esto, hermanos míos carísimos: Que todo
hombre sea pronto para escuchar, tardo para hablar, tardo para la
ira, 20 porque la ira del hombre no obra la justicia de Dios. 21 Por
tanto, despojándoos de toda inmundicia y resto de maldad, recibid
con mansedumbre la palabra plantada en vosotros, la cual puede
salvar vuestras almas.

[22] Poned en práctica la palabra y no seáis meros escuchadores
de ella, engañándoos a vosotros mismos, [23] porque si uno oye la
palabra y no la pone en práctica, se parece al hombre que contem-
pla su cara en un espejo; [24] se contempló, se fue y al instante se
olvidó de como era. [25] Mas el que pone su atención en la ley per-
fecta, la de la libertad, y persevera en ella, no siendo oyente olvi-
dadizo, sino eficaz cumplidor, éste será bienaventurado por haberla
practicado.

[26] Si alguno se cree religioso y no refrena su lengua, sino que
engaña a su corazón, su religión es vana. [27] La religión pura y sin
mancha de parte de Dios Padre es ésta: visitar a los huérfanos y a
las viudas en sus tribulaciones, y conservarse sin mancha en este
mundo.

[13] Dios no puede ser tentado ni tentar El al mal porque es fuente de todo bien. Cuanto El hace es infinitamente santo por el solo hecho de ser suyo (Mt. 19, 16). La carne tienta y lucha contra el espíritu.

Se reprueba la acepción de personas

2 [1] Hermanos míos, no mezcléis con la acepción de personas la
fe de nuestro Señor Jesucristo glorioso, [2] porque si en vuestra
asamblea entra un hombre con anillo de oro y con vestido lujoso y
también entra un hombre vestido sucio, [3] y ponéis vuestra mirada
en el que lleva el vestido precioso, y le decís: "Tú sientáte aquí en
lugar honroso", y al pobre decís: "Tú quédate allí en pie o siéntate
bajo mi escabel", [4] ¿no es hacer distinciones entre vosotros y venir
a ser de malos pensamientos?

[5] Hermanos míos carísimos, escuchad: ¿No escogió Dios a los
pobres según el mundo para ser ricos en la fe y hacerlos herederos
del reino que tiene prometido a los que le aman? [6] Y vosotros
despreciáis al pobre. ¿No son los ricos los que os oprimen y los
que os arrastran a los tribunales? [7] ¿No son ellos los que blasfe-
man el hermoso nombre que ha sido invocado sobre vosotros?

[8] Si en verdad cumplís la ley regia, conforme a la Escritura:
"Amarás a tu prójimo como a ti mismo" (Lev. 19, 18; Mt. 22, 39),
bien hacéis. [9] Pero si obráis con acepción de personas, cometéis
pecado y la ley os condena como transgresores. [10] Porque si uno
guarda toda la ley, pero quebranta un solo mandamiento, se hace
reo de todos, [11] pues el que dijo: *"no cometerás adulterio"*, dijo

también *"no matarás"* (Ex. 20, 13-14; Dt. 5, 17-18). Si no come-
tes adulterio, pero matas, ya te has hecho transgresor de la ley.
12 Hablad, pues, y obrad como quienes han de ser juzgados por
una ley de libertad. 13 Porque habrá un juicio sin misericordia para
aquel que no hizo misericordia. La misericordia tiene confianza en
el juicio.

La fe y las obras

14 Hermanos míos, ¿de qué sirve a uno decir que tiene fe, si no
tiene obras? ¿Acaso la fe podrá salvarle? 15 Si un hermano o una
hermana están desnudos y tienen necesidad del alimento de cada
día, 16 y alguno de vosotros les dijera: "Id en paz, calentaos y harta-
ros", pero no le diérais lo necesario para el cuerpo, ¿qué les apro-
vechará eso? 17 Así también la fe, si no tiene obras, está muerta en
sí misma. 18 Pero dirá alguno: Tú tienes fe y yo tengo obras; mués-
trame tu fe sin las obras, y yo te mostraré por las obras mi fe.
19 ¿Tú crees que Dios es uno? Haces bien. También los demonios
creen y tiemblan.

Los ejemplos de Abraham y de Rahab

20 ¿Quieres saber, hombre insensato, que la fe sin obras es
estéril? 21 Abraham, nuestro padre, ¿no fue justificado por las obras
al ofrecer a su hijo sobre el altar? (Gén. 22, 9-12). 22 Ya ves que la
fe cooperaba a sus obras y que la fe fue perfecta por las obras, 23 y
se cumplió la Escritura que dice: *Abraham creyó a Dios y le fue
imputado a justicia, y fue llamado amigo de Dios* (Gén. 15, 6).
24 Véis, pues, que el hombre es justificado por las obras y no sólo
por la fe.
25 Igualmente también Rahab la meretriz, ¿no fue justificada
por las obras al recibir a los mensajeros y despedirlos por otro
camino? 26 Porque así como el cuerpo sin el espíritu está muerto,
así también la fe sin las obras está muerta.

La perversidad de la lengua

3 1 Hermanos míos, no pretendáis muchos en haceros maestros
sabiendo que así recibiremos un juicio más riguroso, 2 porque
todos faltamos en muchas cosas. Si alguno no peca de palabra es
varón perfecto, capaz también de refrenar todo el cuerpo.

3 Nosotros ponemos a los caballos frenos en la boca para que
nos obedezcan, y así gobernamos todo su cuerpo. 4 Ved también
las naves, aunque tan grandes y llevadas por vientos impetuosos,
son gobernadas por un pequeño timón a donde quiere el piloto.
5 Así también la lengua es un miembro pequeño, y se gloría de
grandes cosas. Ved como un pequeño fuego enciende un gran
bosque. 6 También la lengua es fuego, el mundo de la iniquidad. La
lengua colocada entre nuestros miembros es la que contamina todo
el cuerpo y la que inflama el ciclo de nuestra vida, inflamada como
está ella por el infierno.

7 Cualquier clase de fieras, de aves, de reptiles y de animales
marinos se pueden domar, y han sido domados por el hombre. 8 En
cambio, la lengua ningún hombre puede domarla, es un mal que no
puede ser refrenado y está llena de veneno mortífero. 9 Con ella
bendecimos al Señor y Padre y con ella maldecimos a los hombres,
hechos a imagen de Dios.

10 De una misma boca proceden la bendición y la maldición.
Hermanos míos, esto no debe ser así. 11 ¿Acaso una fuente echa por
el mismo caño agua dulce y amarga? 12 Hermanos míos, ¿puede la
higuera producir aceitunas o la vid higos? Así tampoco la fuente
salada puede dar agua dulce.

La sabiduría terrena y celestial

13 ¿Quién es sabio y experimentado entre vosotros? Que muestre sus obras con la buena conducta, con la mansedumbre de la
sabiduría. 14 Pero si tenéis un celo amargo y espíritu de contienda
en vuestro corazón, no os gloriéis ni mintáis contra la verdad.
15 Esta no es la sabiduría que desciende de arriba, sino terrena,
animal, diabólica. 16 Porque donde hay envidia y rivalidad, allí hay
desorden y toda obra mala.

17 Mas la sabiduría de arriba es primeramente pura, después
pacífica, modesta, indulgente, llena de misericordia y de buenos
frutos, imparcial y sincera. 18 Y el fruto de la justicia se siembra en
paz para aquellos que hacen la paz.

1ss El dominio de la lengua es un criterio de fuerza moral y de santidad, puesto que revela el perfecto dominio de si, una fuerza del alma capaz de vencer todos los vicios... "El que no peca con la lengua es persona perfecta".

La concupiscencia, origen de las guerras

4 [1] ¿De dónde nacen entre vosotros las guerras y los pleitos?
¿Acaso no es de vuestras concupiscencias que combaten en
vuestros miembros? [2] Codiciáis y no tenéis; matáis y ardéis de en-
vidia y no podéis alcanzar nada; peleáis y os hacéis guerra, y no
tenéis porque no pedís. [3] Pedís y no recibís porque pedís mal para
gastarlo en vuestros placeres.
[4] Adúlteros, ¿no sabéis que la amistad del mundo es enemistad
de Dios? El que quiere ser amigo del mundo, se constituye enemi-
go de Dios. [5] ¿O pensáis que vanamente dice la Escritura: "¿El
Espíritu que Dios hizo morar en nosotros ama con envidia?" [6] Al
contrario, mayor gracia de predilección nos otorga. Por lo cual
dice: *Dios resiste a los soberbios, pero a los humildes les da la
gracia* (Prov. 3, 34).
[7] Someteos, pues, a Dios y resistid al diablo y huirá de
vosotros. [8] Acercaos vosotros a Dios y El se acercará a vosotros.
Pecadores, limpiad vuestras manos, purificad vuestros corazones
los de doblado ánimo. [9] Reconoced vuestra miseria, lamentaos, llo-
rad. Vuestra risa se convertirá en llanto, y vuestra alegría en
tristeza. [10] Humillaos ante el Señor y El os ensalzará. [11] Hermanos,
no habléis mal unos de otros: El que murmura de su hermano o
juzga a su hermano, ese habla mal de la ley y juzga a la ley. Y si
juzgas a la ley, no eres cumplidor de ella, sino juez . [12] Uno sólo es
el Legislador y Juez: el que puede salvar o perder. Pero tú ¿quién
eres para juzgar a tu prójimo?

A los comerciantes y ricos

[13] Y ahora vosotros los que decís: "Hoy y mañana iremos a tal
ciudad, y estaremos allí un año y negociaremos y ganaremos",
[14] los que ignoráis lo que sucederá mañana, porque ¿qué es la vida?
Es humo que aparece un momento y al punto se disipa. [15] En lugar
de esto, debíais decir: Si el Señor quiere y vivimos, haremos esto o
aquello. [16] Vosotros, en cambio, os complacéis en vuestras jactan-
cias. Y toda jactancia es mala. [17] El que sabe, pues, hacer el bien y
no lo hace, comete pecado.

¡Ay de los ricos!

5 1 Y ahora vosotros los ricos, llorad y lamentaos por las desgracias que os vendrán. 2 Vuestra riqueza está podrida, vuestros vestidos están comidos por la polilla; 3 vuestro oro y vuestra plata están emohecidos y el moho será testimonio contra vosotros y consumirá vuestras carnes como el fuego. Habéis atesorado para los últimos días.

4 He aquí que el jornal de los trabajadores que segaron vuestros campos, defraudado por vosotros, está clamando y los clamores de los segadores ha llegado a los oídos del Señor de los ejércitos. 5 Habéis vivido con regalo en la tierra y os habéis entregado a los placeres cebando vuestros corazones para el día de la matanza. 6 Habéis condenado, habéis matado al justo, sin que se opusiera a vosotros.

Recomendación de la paciencia

7 Hermanos, tened, pues, paciencia hasta la venida del Señor. Ved como el labrador espera el precioso fruto de la tierra, aguardando con paciencia hasta recibir la lluvia temprana y la tardía. 8 Tened también vosotros paciencia, fortaleced vuestros corazones, porque la venida del Señor está cerca. 9 Hermanos, no os quejéis unos contra otros para no ser juzgados. Mirad que el Juez está ya a la puerta.

10 Tomad, hermanos, como ejemplo en la paciencia y en el sufrimiento a los profetas que hablaron en el nombre del Señor. 11 Ved como tenemos por bienaventurados a los que sufren. Habéis oído hablar de la paciencia de Job y el fin que el Señor le concedió, *porque el Señor es compasivo y misericordioso* (Sal. 103, 8).

Prohibición del juramento

12 Y ante todo, hermanos míos, no juréis ni por el cielo ni por la tierra ni con otra clase de juramento, que vuestro sí, sea sí y vuestro no, sea no, para que no os condenéis.

Promulgación de la Unción de los enfermos

13 ¿Hay alguno entre vosotros que sufre? Haga oración. ¿Está contento? Cante salmos. 14 ¿Está alguno enfermo entre vosotros?

Llame a los presbíteros de la Iglesia y oren por él, ungiéndole con
óleo en el nombre del Señor. [15] Y la oración de la fe salvará al
enfermo, y el Señor lo levantará, y si estuviere en pecados, le serán
perdonados.

[16] Confesaos los pecados unos a otros y rogad los unos por los
otros para que seáis curados. La oración asidua del justo puede
mucho. [17] Elías era de la misma condición humana semejante a
nosotros y rogó para que no lloviese y no llovió sobre la tierra por
espacio de tres años y seis meses, [18] y oró de nuevo y el cielo dio
lluvia y la tierra produjo su fruto.

[19] Hermanos míos, si alguno de entre vosotros, se extravía de
la verdad y alguno lo convirtiese, [20] sabed que quien convierte a un
pecador de su errado camino, salvará su alma de la muerte *y cubrirá la muchedumbre de sus pecados* (Prov. 10, 12).

CARTA PRIMERA DE SAN PEDRO

Los libros sagrados nos dan la semblanza de San Pedro. Su primer nombre fue Simón, Bar-Jona (hijo de Jonás), natural de Betsaida, hermano de Andrés. El Señor le puso el nombre de Cefas (en arameo Kefa, o sea, piedra, y en griego "Petros, pedro" (Jn. 1, 42).

Jesús lo distinguió entre los demás discípulos haciéndolo "Príncipe de los apóstoles". A él le prometió el Primado de su Iglesia (Mt. 16, 17-19) y se lo confirió solemnemente después de su resurrección (Jn. 21, 15-17).

San Pedro evangelizó especialmente a los circuncisos o israelitas.

Desde Pentecostés predicó Pedro en Jerusalén y Palestina; pero hacia el año 42 se trasladó "a otro lugar" (Hech. 12, 17), no sin haber antes admitido al bautismo al pagano Cornelio (Hech. 10).

Pocos años más tarde lo encontramos nuevamente en Jerusalén, presidiendo el Concilio de los apóstoles (Hech. 15) y luego en Antioquía. La Escritura no da más datos sobre él pero la tradición nos asegura que murió mártir en Roma el año 67, el mismo día que San Pablo.

Su primera carta se considera escrita poco antes de estallar la persecución de Nerón, es decir, cerca del año 63 (2 Ped. 1, 1) desde Roma, a la que llama Babilonia por la corrupción de su ambiente pagano (5, 13).

Su fin es consolar principalmente a los hebreos cristianos dispersos (1, 1) que, viviendo también en un mundo pagano, corrían el riesgo de perder la fe. Sin embargo, varios pasajes atestiguan que su enseñanza se extiende también a los convertidos de la gentilidad (2, 10).

Saludo

1 1 Pedro, apóstol de Jesucristo a los extranjeros de la dispersión
en el Ponto, Galacia, Capadocia, Asia y Bitinia, elegidos 2 se-
gún la presciencia de Dios Padre en la santificación del Espíritu,
para obedecer a Jesucristo y ser rociados con su sangre. La gracia
y la paz os sean dadas con abundancia.

Alegría del cristiano en las tribulaciones

[3] Bendito el Dios y Padre de nuestro Señor Jesucristo, que
según su gran misericordia nos engendró de nuevo por la resurrec-
ción de Jesucristo de entre los muertos para una viva esperanza,
[4] para una herencia incorruptible, incontaminada e inmarcesible,
reservada en los cielos para vosotros, [5] los que por el poder de Dios
habéis sido guardados mediante la fe para la salvación dispuesta a
manifestarse en el último tiempo.

[6] Por lo cual os llenáis de gozo, aunque tengáis al presente que
entristeceros un poco en diversas tentaciones, [7] para que la prueba
de vuestra fe más preciosa que el oro perecedero, bien que sea
acrisolado por el fuego, aparecerá digna de alabanza, gloria y ho-
nor cuando aparezca Jesucristo, [8] al que amáis sin haberlo visto, y
en el que ahora creyendo sin verle, os alegráis con gozo inefable y
glorioso, [9] logrando el fin de vuestra fe, que es la salvación de las
almas.

La voz de los profetas

[10] Acerca de esta salvación investigaron e inquisieron los pro-
fetas cuando vaticinaron sobre la gracia a vosotros destinada,
[11] averiguando el tiempo y circunstancias a que se refería el Espíri-
tu de Cristo que había en ellos testificando de antemano los pade-
cimientos de Cristo y sus futuras glorias. [12] A ellos fue revelado
que no a sí mismo, sino a vosotros, servían con este mensaje que
ahora anuncian los que os evangelizan movidos del Espíritu Santo
enviado del cielo y que los ángeles desean contemplar.

La santidad del cristiano

[13] Por lo cual, ceñidos los lomos de vuestra mente, sed sobrios,
esperad plenamente en la gracia que se os ofrece con la revelación
de Jesucristo. [14] Como hijos de obediencia, no os conforméis con
las concupiscencias que antes teníais estando en vuestra
ignorancia, [15] sino que, como es santo el que os llamó, sed también
vosotros santos en todo vuestro proceder, [16] porque escrito está:
"Sed santos, porque Yo soy santo" (Lev. 19, 2; 11, 44).

[17] Y si llamáis Padre al que sin acepción de personas juzga a
cada uno según las obras, vivid con temor todo el tiempo de vues-
tra peregrinación, [18] sabiendo que habéis sido redimidos de vuestro

vano vivir, heredado de vuestros padres, no con oro o plata, cosas
corruptibles, [19] sino con la preciosa sangre de Cristo, como cordero
inmaculado, sin mancha, [20] conocido ya antes de la creación del
mundo y manifestado en estos últimos tiempos por vosotros, [21] los
que por El creéis en Dios, que le resucitó de entre los muertos y le
dio gloria, de modo que vuestra fe y esperanza estén puestas en
Dios.

El amor para con los hermanos

[22] Habiendo purificado vuestras almas por la obediencia a la
verdad ordenada a un amor fraterno sin fingimiento, amaos inten-
samente, con puro corazón unos a otros, [23] siendo nacidos de nue-
vo, no de una semilla corruptible, sino incorruptible por la palabra
de Dios viva y permanente, [24] porque

> *"toda carne es como heno y toda su gloria como flor de
> heno. Secóse el heno y se cayó la flor;* [25] *mas la palabra del
> Señor permanece para siempre"* (Is. 40, 6-8)
> Esta es la palabra que os ha sido anunciada por el Evangelio.

La iglesia formada de piedras vivas

2 [1] Dejando, pues, toda malicia y todo engaño, hipocresías, envi-
dias y toda clase de maledicencias, [2] como niños recién naci-
dos, desead la leche espiritual, no falsificada, para crecer con ella
en orden a la salvación, [3] si es que *habéis gustado cuán bueno es el
Señor* (Sal. 34, 9).

[4] A El debéis acercaros, piedra viva, rechazada por los hom-
bres, pero por Dios escogida y preciosa. [5] También vosotros como
piedras vivas, edificaos –sobre El– como casa espiritual ordenada a
un sacerdocio santo, para ofrecer sacrificios espirituales, aceptos a
Dios por Jesucristo.

[6] Esto es lo que se halla en la Escritura"

> *"He aquí que pongo en Sión una piedra angular, escogida,
> preciosa, y el que cree en ella no será confundido"* (Is. 28,
> 16).

[7] Es, pues, honor para vosotros los que creéis, mas para los que
no creen *"la piedra que reprobaron los edificadores, esa misma
ha venido a ser cabeza del ángulo"* (Sal. 118, 22) [8] *y piedra de
tropiezo y roca de escándalo"* (Is. 8, 14-15).

En ella tropiezan los que no creen en la palabra, y a eso fueron
destinados, [9] Mas vosotros sois *"un linaje escondido, sacerdocio
real, nación santa, pueblo adquirido"* (Is. 43, 20-21) *para anun-
ciar las grandezas de Aquel que os ha llamado de las tinieblas a
su luz admirable.*

[10] Los que en un tiempo eráis "no pueblo", ahora sois "pueblo
de Dios"; los llamados "no más misericordia", ahora habéis alcan-
zado misericordia (Os. 1, 6, 9).

Dar buen ejemplo a los extraños

[11] Carísimos, os exhorto como a *forasteros y peregrinos* (sal.
39, 13), que os abstengáis de las concupiscencias carnales que
guerrean contra el alma, [12] observando en medio de los gentiles una
buena conducta, a fin de que por lo mismo que os calumnian como
malhechores, cuando vean vuestras buenas obras glorifiquen a
Dios en el día de la visitación.

Obediencia a las autoridades

[13] Estad sumisos a toda criatura humana por respeto al Señor,
sea el rey como soberano, [14] sea a los gobernadores como enviados
suyos para castigo de los malhechores, y para alabanza de los que
obran el bien, [15] porque ésta es la voluntad de Dios, que, obrando el
bien, hagáis enmudecer la ignorancia de los hombres insensatos.

[16] Vivid como libres, pero no como quien toma la libertad para
ocultar la malicia, sino como siervos de Dios. [17] Respetad a todos,
amad a los hermanos, temed a Dios, honrad al rey.

Los siervos

[18] Los siervos deben estar sujetos con todo temor a los amos,
no sólo a los buenos y compasivos, sino también a los rigurosos,
[19] porque esto es grato a Dios, el que uno, por consideración a El,
soporte las penas padeciendo injustamente. [20] Porque ¿qué mérito
tendréis, si pecando y recibiendo golpes, los sufrís?; pero, si ha-
ciendo el bien, soportáis los padecimientos, esto es lo grato a Dios.

[21] Para esto fuisteis llamados, porque también Cristo padeció
por vosotros, dejándoos ejemplo para que sigáis sus pasos. [22] *El
que no cometió pecado ni fue hallado engaño en su boca* (Is. 53,

9), 23 cuando le ultrajaban no respondió con injurias, cuando pade-
cía no amenazaba, sino que lo remitía al que juzga justamente.
24 *El mismo llevó nuestros pecados* (Is. 53, 12) en su cuerpo
sobre el madero, para que, muertos a los pecados, vivamos para la
justicia. *Por sus heridas habéis sido curados* 25 porque eráis como
ovejas descarriadas (Is. 53, 6); pero ahora os habéis vuelto al Pas-
tor y Obispo de vuestras almas.

Obligaciones de los cónyuges

3 1 Igualmente, las mujeres deben vivir sujetas a los maridos,
para que si algunos no creen a la palabra, sin palabra sean ga-
nados por la conducta de sus mujeres, 2 considerando vuestra vida
casta y respetuosa. 3 Que vuestro adorno no sea exterior, del rizado
de los cabellos y del atavío de las joyas de oro o del modo de
vestir, 4 sino el adorno interior del corazón, que consiste en la inco-
rrupción de un espíritu manso y tranquilo que es de mucho valor
ante Dios.
5 Así también en otro tiempo se adornaban las santas mujeres
que esperaban a Dios, viviendo obedientes a sus maridos, 6 como
Sara obedeció a Abraham, llamándole señor, de la cual vosotras
sois hijas al obrar el bien sin ningún respeto humano.
7 De la misma manera los maridos habitando con ellas según
ciencia, trataréis con honra a la mujer como a vaso más débil y
como a herederas juntamente de la gracia de vida, para que nada
estorbe a vuestras oraciones.

Deberes para con los fieles

8 Finalmente, sed todos de un mismo sentir, compasivos,
amantes de los hermanos, misericordiosos, humildes, 9 no devol-
váis mal por mal, ni maldición por maldición, sino, al contrario,
bendecid, porque para esto habéis sido llamados, para ser herede-
ros de la bendición.

> 10 *Quien quiera amar la vida y ver días dichosos, que guar-*
> *de su lengua del mal y sus labios de hablar engaño.* 11 *Que se*
> *aparte del mal y obre el bien; que busque la paz y corra tras*
> *ella,* 12 *porque los ojos del Señor están sobre los justos, y sus*
> *oídos están atentos a sus súplicas; pero el rostro del Señor*
> *está en contra de los que hacen el mal* (Sal. 34, 13-17).

[13] ¿Y quién podrá haceros mal si fuereis celosos del bien? [14] Y si
con todo padeciereis por la justicia, dichosos vosotros. No tengáis
de ellos ningún temor, ni os conturbéis, [15] sino glorificad a Cristo
como Señor en vuestros corazones, estando siempre dispuestos a
dar razón de vuestra esperanza a todo el que os la pidiera; [16] pero
con mansedumbre y respecto, teniendo buena conciencia, para que
en aquello mismo en que hablan mal de vosotros, queden confun-
didos los que difaman vuestra buena conducta cristiana, [17] porque
mejor es sufrir, si tal es la voluntad de Dios, haciendo el bien que
obrando el mal.

Pasión y glorificación de Cristo

[18] Porque también Cristo murió una vez por los pecados, el
Justo por los injustos, para llevarnos a Dios. Fue muerto en la
carne, pero volvió a la vida por el Espíritu, [19] y en él fue a predicar
a los espíritus encarcelados [20] a los que no creyeron en otro tiempo
cuando en los días de Noé los esperaba la paciencia de Dios mien-
tras se construía el arca, en la cual, pocas, esto es, ocho personas se
salvaron a través del agua. [21] También ahora esta agua os salva a
vosotros como antitipo en el bautismo, no quitando las manchas de
la carne, sino obteniendo de Dios una buena conciencia, en virtud
de la resurrección de Jesucristo, [22] el cual está a la derecha de Dios,
después de subir al cielo y quedar sujetos a El ángeles, autoridades
y poderes.

[18] *Fue muerto en la carne, pero vuelto a la vida por el Espíritu.* Esta es una expresión que nos pone de manifiesto la muerte y la resurrección de Jesucristo... y *fue a predicar*, es decir, a anunciar a todos la redención y la salvación... El descenso de Cristo a los infiernos es un dogma de fe que se encuentra en los *Símbolos* y en el IV Concilio de Letrán...

Exhortación a la santidad

4 [1] Habiendo, pues, padecido Cristo en carne, también vosotros
armaos del mismo pensamiento: que el que ha padecido en la
carne ha roto con el pecado [2] para que en el resto de vuestro vivir
en la carne, no sea según las concupiscencias humanas, sino según
la voluntad de Dios; [3] porque basta ya con el tiempo empleado en
hacer la voluntad de los gentiles, viviendo en lascivias y concupis-
cencias, embriagueces, glotonerías, banquetes y en abominables
idolatrías.

4 En lo cual les extraña que vosotros no corráis con ellos a
tomar parte en su desenfrenada liviandad y por eso os insultan.
5 Ellos darán cuenta a Aquel que está preparado para juzgar a vivos
y muertos, 6 porque por esto fue también anunciado el Evangelio a
los muertos, para que aunque hayan sido condenados en carne
según el juicio de los hombres, vivan en el espíritu según Dios.

Ante la proximidad del juicio

7 El fin de todas las cosas está cercano. Sed, pues, prudentes y
vigilantes en la oración, 8 y sobre todo teneros un amor intenso
unos a otros, *porque el amor cubre la muchedumbre de los peca-
dos* (Prov. 10, 12).
9 Ejercitad la hospitalidad mutuamente, sin murmuración.
10 Cada uno ponga al servicio de los demás el don que ha recibido,
como buenos administradores de la multiforme gracia de Dios.
11 Si alguno habla, sea conforme a las palabras de Dios; si
alguno ejerce un ministerio, sea como quien tiene poder de Dios
para que en todas las cosas sea El glorificado por Jesucristo a
quien pertenece la gloria y el poder por los siglos de los siglos.
Amén.

Alegría en las persecuciones

12 Carísimos, no os sorprendáis cuando sois examinados por el
fuego, como si os hubiera sucedido algo extraño, pues es para
vuestra prueba, 13 antes bien, alegraos en la medida en que partici-
páis de los sufrimientos de Cristo, para que también en la revela-
ción de su gloria saltéis de gozo. 14 Dichosos seréis si sois ultraja-
dos por el nombre de Cristo, porque el Espíritu de la gloria, que es
el Espíritu de Dios, reposa sobre vosotros.
15 Que ninguno de vosotros tenga que padecer por homicida o
ladrón o malhechor o por entrometido en cosas extrañas; 16 mas si
es por cristiano, no se avergüence, antes glorifique a Dios por este
nombre. 17 Porque es tiempo de que el juicio comience por la casa
de Dios, y si primero empieza por vosotros, ¿cuál será el fin de los
que no quieren obedecer al Evangelio de Dios? 18 *y si el justo ape-
nas se salva ¿qué será del impío y pecador?* (Prov. 11, 31).
19 Por tanto los que sufren según la voluntad de Dios confíen
sus almas al Creador fiel y practiquen el bien.

A los presbíteros

5 [1] A los presbíteros que hay entre vosotros los exhorto yo su copresbítero y testigo de los padecimientos de Cristo, como partícipe también de la gloria que ha de revelarse, [2] apacentad el rebaño de Dios que está entre vosotros, teniendo cuidado de él no como forzados, sino de buen grado según Dios, no por sórdido interés, sino gustosamente; [3] no como dominadores sobre la herencia de Dios, sino más bien como modelos del rebaño, [4] y cuando se manifieste el Príncipe de los pastores recibiréis la corona inmarcesible de la gloria.

[5] Igualmente vosotros, jóvenes, sed sumisos a los presbíteros y revestíos de toda humildad en el trato mutuo porque *Dios resiste a los soberbios y da su gracia a los humildes* (Prov. 3, 34.

Exhortación a la humildad y a la vigilancia

[6] Humillaos, pues, bajo la poderosa mano de Dios para que a su tiempo os ensalce. [7] *Arrojad sobre El todas vuestras preocupaciones* (sal. 55, 23) porque el cuida de vosotros. [8] Sed sobrios, vigilad. Vuestro adversario, el diablo, como león rugiente, ronda buscando a quien devorar. [9] Resistidle firmes en la fe, sabiendo que vuestros hermanos en el mundo sufren los mismos padecimientos. [10] Mas el Dios de toda gracia que os ha llamado a su gloria eterna en Cristo, después de un poco tiempo de padecimientos El mismo os perfeccionará, consolidará y fortalecerá. [11] A el la gloria y el poder por los siglos de los siglos. Amén.

Conclusión

[12] Por Silvano, a quien creo hermano vuestro fiel, os escribo brevemente para exhortaros y daros testimonio de que ésta es la verdadera gracia de Dios, en la que os mantenéis firmes.

[13] Os saluda la (Iglesia) de Babilonia, elegida con vosotros, y Marcos, mi hijo. [14] Saludaos unos a otros con ósculo de caridad. Paz a todos vosotros, los que estáis en Cristo.

[13] Por Babilonia se entiende Roma, que constituía el centro del mundo pagano. La parte *elegida* son los cristianos.

CARTA SEGUNDA DE SAN PEDRO

Por el análisis interno de esta carta es atribuida al apóstol San Pedro, la que dirige a los cristianos convertidos de la gentilidad que vivían en el Asia Menor, y así se deduce de 3, 1 donde dice: "esta es la segunda carta que os escrito" y habla de San Pablo como "nuestro amado hermano" (3, 15), y com dice que está próximo a la muerte, escribió sin duda esta carta sobre el año 66.

En esta carta afirma que Jesucristo es Dios (1,1) y nos habla de la gracia por la que nos hacemos partícipes de la naturaleza divina (1, 4) y de la inspiración de la Sagrada Escritura (1, 19-21), de la que forman parte las cartas de San Pablo (3, 15-16) y nos habla del fin del mundo presente y que debemos estar preparados para el juicio de Dios (cap. 3).

Salutación apostólica

1 [1] Simón Pedro, siervo y apóstol de Jesucristo, a los que han
alcanzado una fe tan preciosa como la nuestra por la justicia de
nuestro Dios y Salvador Jesucristo, [2] gracia y paz abunden en voso-
tros mediante el conocimiento de Dios y de Jesús nuestro Señor.

Fidelidad a los bienes recibidos

[3] Como todos los dones referentes a la vida y a la piedad los
hemos recibido de su divino poder mediante el conocimiento del
que nos llamó por su propia gloria y virtud, [4] por los cuales El nos
ha dado preciosos y grandísimos bienes prometidos para que por
ellos os hagáis partícipes de la divina naturaleza, huyendo de la
corrupción que por la concupiscencia existe en el mundo, [5] por esto
mismo habéis de poner toda diligencia por mostrar en vuestra fe
virtud, y en la virtud ciencia [6] y en la ciencia templanza, y en la
templanza paciencia, y en la paciencia, piedad, [7] y en la piedad el
amor fraternal y en el amor fraternal la caridad. [8] Porque si estas
cosas existen en vosotros, no os dejarán estar ociosos y estériles en
el conocimiento de nuestro Señor Jesucristo; [9] mas el que no tiene
estas cosas es ciego y corto de vista, por haber olvidado la purifi-
cación de los antiguos pecados.

10 Por lo cual, hermanos, procurad con gran diligencia hacer
más firme vuestra vocación y elección, porque haciendo esto, no
caeréis jamás, 11 pues de esta manera os proporcionará amplia en-
trada en el reino eterno de nuestro Señor y Salvador Jesucristo.
12 Por eso me cuidaré siempre de recordaros estas cosas, por
más que las sepáis y estéis confirmados en la verdad presente,
13 pues considero justo mientras estoy en esta tienda de campaña,
estimularos con amonestaciones, 14 sabiendo que en breve vendrá
el despojamiento de mi tienda, según me lo ha dado a conocer
nuestro Señor Jesucristo. 15 Procuraré también con diligencia, que
después de mi salida de este mundo, podáis recordar estas cosas.

La venida del Señor

16 Porque no os hemos dado a conocer el poder y la venida de
nuestro Señor Jesucristo, siguiendo fábulas artificiosas sino siendo
testigos oculares de su majestad. 17 Porque El recibió de Dios Padre
honor y gloria, cuando de la majestuosa gloria le fue dirigida aque-
lla voz: “Este es mi Hijo el amado, en quien me he complacido”.
18 Y nosotros hemos oído esta voz enviada desde el cielo, los que
con El estábamos en el monte santo.

El testimonio de los profetas

19 De esta manera tenemos más confirmada la palabra proféti-
ca, a la cual hacéis bien el estar atentos, como a una lámpara que
alumbra en lugar oscuro, hasta que aclare el día y el lucero de la
mañana se levante en vuestros corazones; 20 entendiendo primera-
mente esto: que ninguna profecía de la Escritura es de interpreta-
ción particular, 21 porque jamás profecía alguna trajo origen por
voluntad humana, sino que los hombres, movidos por el Espíritu
Santo, hablaron de parte de Dios.

20 *Las profecías* no vienen “de la voluntad del hombre”, porque nadie puede conocer lo porvenir sino Dios (Is. 41, 23).

Los falsos doctores

2 1 Hubo también falsos profetas en el pueblo, así como habrá
entre vosotros falsos doctores, que introducirán encubiertamen-
te sectas de perdición y negarán al Señor que los rescató atrayendo
sobre sí mismo una pronta perdición. 2 Muchos los seguirán en sus

torpezas, y por su causa el camino de la verdad será blasfemado 3 y por avaricia traficarán con vosotros con palabras engañosas, sobre ellos la condenación ya de antiguo se prepara y su perdición no se duerme.

4 Porque si Dios no perdonó a los ángeles que pecaron, sino que habiéndolos arrojado en el infierno, en regiones tenebrosas, los entregó para ser reservados para el juicio, 5 si no perdonó al mundo antiguo, sino que guardó a ocho personas entre ellas a Noé, pregonero de la justicia haciendo caer el diluvio sobre el mundo de los impíos, 6 y condenó a la destrucción las ciudades de Sodoma y Gomorra, reduciéndolas a cenizas, para ejemplo de los impíos venideros, 7 y si libró al justo Lot, acosado por la conducta licenciosa de los malvados, 8 (pues este justo que vivía entre ellos, día tras día sufría tormento en su alma de justo, al ver y oír las obras de aquellos impíos) 9 el Señor sabe librar de la tentación a los piadosos y reservar a los impíos para castigarlos en el día del juicio 10 y principalmente a los que siguiendo la carne caminan en deseos impuros y desprecian la autoridad del Señor. Son atrevidos, presuntuosos, que no temen blasfemar de las glorias, 11 mientras que los ángeles, que son mayores en fuerza y poder, no pronuncian un juicio de maldición contra ellas.

Corrupción y castigo de los maestros del error

12 Mas estos que blasfeman de lo que no conocen, como animales irracionales, naturalmente nacidos para ser apresados y destruidos, perecerán en su corrupción, 13 recibiendo la paga de su injusticia, ya que poniendo sus delicias en el libertinaje de cada día, son mancha y vergüenza que se gozan en sus errores, mientras banquetean con vosotros. 14 Teniendo los ojos llenos de adulterio no se cansan de pecar, seducen a las almas inconstantes, tienen su corazón ejercitado en la codicia y son hijos de maldición.

15 Abandonando el camino recto se extraviaron siguiendo la senda de Balaam, hijo de Beor, que amó el salario de la iniquidad, 16 mas fue reprendido por su iniquidad. Un mudo jumento de carga, hablando con palabras humanas, reprimió la insensatez del profeta (Núm. 22, 28ss).

Seducción de los falsos doctores

17 Estos son fuentes sin agua y nubes arrastradas por el hura-
cán, para los cuales está reservada la oscuridad de las tinieblas.
18 Pues profiriendo palabras arrogantes de vanidad, seducen con
apetitos de la carne, con desenfrenos, a aquellos que apenas habían
huido de los que viven en el error, 19 prometiéndoles libertad cuan-
do ellos mismos son esclavos de la corrupción, pues cada uno es
esclavo del que lo ha esclavizado.

20 Pues, si una vez apartados de las contaminaciones del mun-
do por el conocimiento de nuestro Señor y Salvador Jesucristo, de
nuevo se enredan en ellas y son vencidos, su último estado viene a
ser peor que el primero. 21 Porque mejor le fuera no haber conocido
el camino de la justicia, que después de conocerlo, volverse atrás
del santo mandamiento que les fue dado.

22 En ellos se cumple lo del verdadero proverbio: "El perro se
volvió a su vómito y la cerda lavada se volvió a revolcar en el
cieno".

22 *Los ángeles que pecaron* por su orgullo fueron arrojados en el infierno.

La venida del Señor

3 1 Carísimos, os escribo ahora esta segunda carta. Con su re
cuerdo deseo avivar en vosotros un claro conocimiento, 2 para
que os acordéis de las palabras que antes han sido dichas por los
santos profetas y del mandamiento del Señor y Salvador, transmiti-
do por vuestros apóstoles.

3 Ante todo debéis saber que en los últimos días vendrán im-
postores con sus burlas que andando según sus propias pasiones,
4 dirán: ¿dónde está la promesa de su venida? porque, desde que
murieron los padres, todas las cosas permanecen igual desde el
principio de la creación.

5 Se les pasa inadvertido, porque así lo quieren, que en otro
tiempo hubo cielos y hubo tierra salida del agua, que en el agua fue
asentada por la palabra de Dios, 6 por lo cual el mundo de entonces
pereció anegado en el agua; 7 pero los cielos y la tierra actuales
están reservados por la misma palabra para el fuego en el día del
juicio y de la perdición de los hombres impíos.

8 Carísimos, una cosa no debe quedaros oculta: *Que un día
ante el Señor es como mil años, y mil años como un día* (Sal. 90,

4). [9] El Señor no retrasa su promesa como algunos piensan, sino que es paciente para con nosotros, no queriendo que nadie perezca, sino que todos vengan a penitencia. [10] Pero el día del Señor vendrá como un ladrón, y en él los cielos pasarán como un estruendo, y los elementos abrasados por el fuego se disolverán. También la tierra y las cosas que hay en ella no serán halladas.

Vivir prevenidos

[11] Si todas las cosas han de disolverse de esta manera, ¿cuál no deberá ser vuestra conducta y piedad de vida, [12] esperando y apresurando la venida del día de Dios, cuando los cielos abrasados se disolverán y los elementos encendidos se derretirán?

[13] Pero nosotros, conforme a su promesa, esperamos nuevos cielos y nueva tierra en los cuales habita la justicia.

[14] Por lo cual, carísimos, esperando estas cosas, procurad estar sin mancha y sin reproche para que El os halle en paz, [15] y creed que es para salvación la paciente espera de nuestro Señor, como también nuestro amado hermano Pablo os escribió según la sabiduría que le fue dada, [16] como lo enseña hablando de esto en todas sus cartas, en las cuales hay cosas difíciles de entender que indoctos e inconstantes pervierten como las demás Escrituras para su propia perdición.

[17] Vosotros, pues, carísimos, enterados de antemano, estad alerta, para no decaer de vuestra propia firmeza y ser extraviados por el error de los impíos. [18] Creced más bien en la gracia y conocimiento de nuestro Señor y Salvador Jesucristo. A El la gloria ahora y hasta el día de la eternidad. Amén.

[16] San Pedro equipara las cartas de San Pablo a las Escrituras del A.T. y por tanto están inspiradas por estarlo las del A.T.

[13] *Esperamos nuevos cielos y nueva tierra*, pues éstos no serán aniquilados, sino purificados y cambiados en mejores, y en ellos habitará la justicia.

CARTA PRIMERA DE SAN JUAN

El apóstol San Juan, hijo de Zebedeo y hermano de Santiago el Mayor, es autor del cuarto Evangelio y también, según una unánime y constante tradición, autor de las tres cartas que llevan su nombre, y del Apocalipsis.

Esto lo confirmó el Concilio de Trento al señalar el canon de las Sagradas Escrituras. Las cartas las escribió a fines del siglo primero. Debido a su brevedad apenas hay alusiones en los primeros siglos, sobre todo a la 2.ª y 3.ª carta, pero lo cierto es que a partir de los Concilios de Hipona (a. 393) y de Cartago (a. 397) figuran entre los libros canónicos y como escritos de San Juan.

La primera carta parece ser que la dirigió a los fieles de Efeso, donde él vivió mucho tiempo, y también a los del Asia Menor, que él visitó y los llama "hijos suyos" (2, 1) "muy queridos" (2, 7; 3, 2). Las otras dos son muy cortas y sólo tienen un capítulo breve cada una; en ellas repite la doctrina de la Verdad y del Amor que expone en la primera.

Jesucristo, el Verbo de vida

1 1 Lo que era desde el principio, lo que hemos oído, lo que hemos visto con nuestros ojos, lo que hemos contemplado y palparon nuestras manos tocante al Verbo de vida,
2 pues la Vida se manifestó, y vimos y testificamos y os anunciamos aquella Vida eterna que estaba con el Padre y se nos ha aparecido.
3 Esto que hemos visto y oído, os lo anunciamos también a vosotros para que también vosotros tengáis comunión con nosotros, y nuestra comunión sea con el Padre y con su Hijo Jesucristo.
4 Esto os escribimos para que vuestro gozo sea completo.

Caminamos en la luz

5 Este es el mensaje que hemos oído de El y os anunciamos: que Dios es luz y en el no hay tiniebla alguna.
6 Si dijéramos que tenemos comunión con El, y andamos en tinieblas, mentimos y no practicamos la verdad.
7 Pero si caminamos en la luz, como El está en la luz, tenemos comunión entre nosotros, y la sangre de Jesús, su Hijo, nos limpia de todo pecado.

8 Si dijéramos que no tenemos pecado, nos engañamos a noso-
tros mismos, y la verdad no está en nosotros. 9 Si confesamos nues-
tros pecados, fiel y justo es para perdonarnos los pecados y lim-
piarnos de toda iniquidad. 10 Si decimos que no hemos pecado, lo
hacemos mentiroso y su palabra no está en nosotros.

[1] *Lo que hemos visto*... San Juan vio con sus mismos ojos a Jesucristo, al Hijo de Dios, "al Verbo de vida" y habló con El (Jn. 1, 39)... y por esto él puede hablar y escribir de El.

Jesucristo, nuestro abogado

2 1 Hijitos míos, os escribo estas cosas para que no pequéis; pero
si alguno hubiera pecado, un abogado tenemos ante el Padre, a
Jesucristo, el Justo. 2 Y El víctima de propiciación por nuestros
pecados, y no sólo por los nuestros, sino también por los de todo el
mundo.

3 Y en esto podemos saber si le conocemos, si guardamos sus
mandamientos, 4 porque quien dice: "yo le conozco" y no guarda
sus mandamientos, es un mentiroso, y la verdad no está en él;
5 mas el que guarda su palabra, en ese se halla la caridad de Dios
verdaderamente perfecta. Por esto conocemos que estamos en El.
6 Quien dice que permanece, en El, debe andar de la misma manera
que El anduvo.

7 Carísimos, no os escribo un mandamiento nuevo, sino un
mandamiento antiguo que habéis tenido desde el principio. El
mandamiento antiguo es la palabra que oísteis. 8 Por otra parte, un
mandamiento nuevo os escribo, que es verdadero en El y en voso-
tros, porque las tinieblas pasan, y la luz verdadera aparece ya. 9 El
que dice que está en la luz y aborrece a su hermano, está todavía
en las tinieblas. 10 El que ama a su hermano permanece en la luz y
en él no hay escándalo; 11 mas el que odia a su hermano está en las
tinieblas y camina en tinieblas y no sabe donde va; porque las
tinieblas le han cegado los ojos.

No queráis amar el mundo

12 Hijitos, os escribo porque os han sido perdonados los peca-
dos por su Nombre. 13 Escribo a vosotros, padres, porque habéis

conocido al que es desde el principio. Escribo a vosotros, jóvenes,
porque habéis vencido al Maligno. 14 A vosotros, niños, os he escri-
to porque habéis conocido al Padre; a vosotros padres, os he escri-
to porque habéis conocido al que es desde el principio. A vosotros
jóvenes, os he escrito porque sois fuertes y la palabra de Dios
permanece en vosotros y habéis vencido al Maligno.

15 No améis al mundo ni las cosas que hay en el mundo. Si
alguno ama al mundo, el amor del padre no está en él. 16 Porque
todo lo que hay en el mundo, la concupiscencia de la carne y la
concupiscencia de los ojos y la soberbia de la vida, no es del
Padre, sino del mundo, 17 y el mundo pasa también con sus concu-
piscencias; mas el que hace la voluntad de Dios permanece para
siempre.

El anticristo

18 Hijitos, es la hora última. Y como habéis oído que viene el
anticristo, así ahora muchos se han hecho anticristos, por donde
conocemos que es la última hora. 19 De nosotros salieron, pero no
eran de nosotros, porque si fueran de nosotros, con nosotros hubie-
ran permanecido; pero es para que se vea claramente que todos no
son de nosotros; 20 mas vosotros tenéis la unción del Espíritu Santo
y conocéis todas las cosas.

22 No os he escrito porque ignoréis la verdad, sino porque la
conocéis y porque de la verdad no procede mentira alguna.
22 ¿Quién es el mentiroso sino el que niega que Jesús es el Cristo?
Este es el anticristo, el que niega al Padre y al Hijo. 23 Todo el que
niega al Hijo, tampoco tiene al Padre. Quien confiesa al Hijo, tiene
también al Padre.

24 Lo que habéis oído desde el principio, permanezca en voso-
tros. Si en vosotros permaneciere lo que oísteis desde el principio,
también vosotros permaneceréis en el Hijo y en el Padre. 25 Y ésta
es la promesa que el nos hizo: la vida eterna.

26 Os escribí estas cosas sobre los que quieren extraviaros;
27 mas la unción que de el habéis recibido, permanece en vosotros,
y no tenéis necesidad de que ninguno os enseñe; pero como su
unción os enseña todas las cosas –y es verdad y no mentira– per-
maneced en El como os he enseñado.

28 Ahora, hijitos, permaneced en El para que cuando aparecie-
re, tengamos confianza y no seamos avergonzados, lejos de el, en

su advenimiento. 29 Si sabéis que El es justo, reconoced también que todo el que obra la justicia es nacido de El.

18 *La última hora*... Son los últimos tiempos mesiánicos, que un día tendrán su plenitud. Al final de ellos aparecerán falsos profetas y doctores que es lo que estamos viendo. El Anticristo ya está en el mundo como *idea* y no es improbable que al final de los tiempos aparezca como *persona*, que encarne todas las fuerzas del mal.

Somos hijos de Dios

3 1 Mirad qué gran amor nos ha mostrado el Padre para ser llamados hijos de Dios y lo seamos. Por eso el mundo no nos conoce, porque no le conoció a El. 2 Carísimos, ahora somos hijos de Dios, y aun no se ha manifestado qué seremos. Sabemos que cuando se manifieste seremos semejantes a El, porque le veremos tal cual es. 3 Y todo el que tiene esta esperanza en El, se hace puro, como puro es El.

4 Todo el que comete pecado traspasa la ley, pues el pecado es la transgresión de la ley 5 y sabéis que El apareció para quitar los pecados y en El no hay pecado. 6 Todo el que permanece en El no peca. Quien peca no le ha visto ni lo ha conocido.

7 Hijitos, que nadie os engañe. El que obra la justicia es justo, como El es justo. 8 El que comete el pecado es del diablo, porque el diablo desde el principio peca. El Hijo de Dios apareció para esto, para destruir las obras del diablo. 9 Todo el que ha nacido de Dios no comete pecado, porque su semilla en él permanece y no puede pecar porque de Dios ha nacido. 10 En esto se ponen de manifiesto los hijos de Dios y los hijos del diablo. Todo el que no obra justicia, no es de Dios y tampoco quien no ama a su hermano.

El amor fraternal

11 Porque éste es el mensaje que oísteis desde el principio: que nos amemos unos a otros. 12 No como Caín que era del Maligno y mató a su hermano. Y ¿por qué lo mató? Porque sus obras eran malas y las de su hermano eran justas. 13 No os extrañéis, hermanos, si os odia el mundo. 14 Nosotros sabemos que hemos sido trasladados de la muerte a la vida, porque amamos a los hermanos. El que no ama permanece en la muerte. 15 Todo el que odia a su hermano es homicida, y sabéis que ningún homicida tiene vida eterna que permanezca en él.

16 En esto hemos conocido el amor: en que El dio su vida por
nosotros. También nosotros debemos dar la vida por los hermanos,
17 pues quien tiene bienes del mundo y viere a su hermano pasar
necesidad y le cierra las entrañas, ¿cómo puede estar el amor de
Dios en él?

18 Hijitos, no amemos de palabra, ni de lengua, sino de obra y
en verdad. 19 En esto conoceremos que somos de la verdad y ante
El tranquilizaremos nuestros corazones. 20 Porque si nuestro cora-
zón nos reprendiere, mayor que nuestro corazón es Dios, que cono-
ce todas las cosas.

21 Carísimos, si el corazón no nos reprende, podemos tener
confianza en Dios, 22 y cualquiera cosa que pidamos, la recibiremos
de El, porque guardamos sus mandamientos y hacemos lo que es
agradable en su presencia.

23 Este es su mandamiento, que creamos en el nombre de su
Hijo Jesucristo, y nos amemos unos a otros conforme al manda-
miento que nos ha dado 24 y el que guarda sus mandamientos per-
manece en Dios y Dios en él; y en esto conocemos que El perma-
nece en nosotros: por el Espíritu Santo que nos ha dado.

9 *El nacido de Dios no puede pecar*, entiéndase moralmente, si se comporta como verdadero hijo de Dios, o sea, en la medida que la simiente de Dios, o sea, su gracia permanece en él.

El espíritu de la verdad y el espíritu del error

4 1 Carísimos, no creáis a todo espíritu, sino examinad si los es-
píritus son de Dios, porque muchos falsos profetas han venido
al mundo. 2 En esto podéis conocer el espíritu que viene de Dios.
3 Todo espíritu que confiesa que Jesucristo ha venido en carne, es
de Dios; mas todo espíritu que no confiesa a Jesús, no es de Dios,
sino que ese es del anticristo, del cual vosotros habéis oído que ha
de venir, y ahora está ya en el mundo.

4 Vosotros, hijitos, sois de Dios y los habéis vencido, porque el
que está en vosotros es mayor que el que está en el mundo. 5 Ellos
son del mundo; por eso del mundo hablan y el mundo los escucha.
6 Nosotros somos de Dios. El que conoce a Dios, nos oye, y el que
no es de Dios, no nos oye. Por eso conocemos el espíritu de verdad
y el espíritu del error.

El amor nos une

7 Carísimos, amémonos unos a otros, porque el amor procede
de Dios, y todo el que ama ha nacido de Dios y conoce a Dios. 8 El
que no ama, no conoce a Dios, porque Dios es amor. 9 En esto se
manifestó el amor de Dios para con nosotros en que Dios envió al
mundo a su Hijo Unigénito para que vivamos por El. 10 En esto
consiste el amor, no en que nosotros hayamos amado a Dios, sino
en que El nos amó y envió a su Hijo como propiciación por nues-
tros pecados.

11 Carísimos, si Dios nos amó de esta manera, también noso-
tros debemos amarnos unos a otros. 12 A Dios nadie le ha visto
jamás. Si nos amamos unos a otros, Dios permanece en nosotros, y
su amor es perfecto en nosotros. 13 En esto conocemos que perma-
necemos en El y El en nosotros que nos ha dado participación en
su Espíritu. 14 Y nosotros hemos visto y testificamos que el Padre
ha enviado a su Hijo como Salvador del mundo. 15 El que confiese
que Jesús es el Hijo de Dios, Dios permanece en él y él en Dios.
16 Y nosotros hemos conocido y creído en el amor que Dios nos
tiene. Dios es amor y el que permanece en el amor, en Dios
permanece y Dios en él.

El amor expulsa el temor

17 La perfección del amor que hay en nosotros se conoce en
que tengamos plena confianza en el día del juicio, pues como El
es, así somos nosotros en este mundo. 18 No hay temor en el amor,
pues el amor perfecto arroja fuera el temor, porque el temor supo-
ne castigo; y el que teme no es perfecto en el amor. 19 Nosotros le
amamos a El, porque El nos amó primero.

20 Si alguno dice: Yo amo a Dios, y aborrece a su hermano, es
un mentiroso. Porque el que no ama a su hermano a quien ve, no
puede amar a Dios a quien no ha visto. 21 Y nosotros tenemos este
mandamiento de El: que el que ama a Dios, ame también a su
hermano.

La fe en Cristo vence al mundo

5 1 Todo el que cree que Jesús es el Cristo, ha nacido de Dios, y
todo el que ama al (Padre) que engendró, ama también al en-
gendrado de El. 2 En esto conocemos que amamos a los hijos de

Dios, cuando amamos a Dios y cumplimos sus mandamientos,
3 porque éste es el amor de Dios: que guardemos sus mandamien-
tos, y sus mandamientos no son pesados 4 porque todo el que ha
nacido de Dios vence al mundo, y esta es la victoria que vence al
mundo, nuestra fe, 5 y ¿quién es el que vence al mundo, sino el que
cree que Jesús es el Hijo de Dios? 6 Este es el que viene por agua y
sangre, y el Espíritu es el que da testimonio, porque el Espíritu es
la verdad, 7 porque tres son los que dan testimonio: 8 el Espíritu, el
agua y la sangre, y los tres concuerdan en uno.

9 Si recibimos el testimonio de los hombres, mayor es el testi-
monio de Dios, que ha testificado de su Hijo. 10 El que cree en el
Hijo de Dios, tiene en sí mismo el testimonio; el que no cree en
Dios, lo ha hecho mentiroso por no haber creído en el testimonio
que Dios ha dado de su Hijo, 11 y éste es el testimonio: que Dios
nos dio vida eterna, y ésta vida está en su Hijo. 12 El que tiene al
Hijo, tiene la vida. El que no tiene al Hijo de Dios no tiene la vida.

Oración y confianza

13 Os he escrito estas cosas a los que creéis en el nombre del
Hijo de Dios para que sepáis que tenéis vida eterna. 14 Y ésta es la
confianza que tenemos en El, que si pidiéramos alguna cosa con-
forme a su voluntad, El nos oye. 15 Y si sabemos que El nos oye en
cualquier cosa que pidamos, sabemos que tenemos todo lo que le
hemos pedido.

16 Si alguno ve que su hermano comete un pecado que no es de
muerte, que pida y se le dará vida, –esto es– a los que cometen
pecado que no es de muerte. 17 Toda injusticia es pecado; pero hay
pecado que no lleva a la muerte. 18 Sabemos que todo el nacido de
Dios no peca, sino que Aquel que fue engendrado de Dios lo
guarda, y sobre él nada puede el Maligno.

19 Sabemos que somos de Dios y el mundo entero está puesto
bajo el Maligno. 20 Y sabemos que el Hijo de Dios ha venido y nos
ha dado inteligencia para que conozcamos al que es Verdadero, y
estamos en el Verdadero, en su Hijo Jesucristo. Este es el verdade-
ro Dios y vida eterna.

21 Hijitos, guardaos de los ídolos.

SEGUNDA Y TERCERA CARTAS DE SAN JUAN

Estas dos cartas tan breves fueron dirigidas, la primera a la señora "Electa o elegida", y es sentencia hoy común que éste es un nombre simbólico para designar una comunidad cristiana desconocida.

La segunda va dirigida a un tal Gayo, al que se elogia "porque anda en la verdad". De él no sabemos otras obras y virtudes que las de su fe y hospitalidad elogiadas en la carta.

Contenido de estas dos cartas

La segunda trata muy brevemente algunas ideas de la primera, o sea, una exhortación a perseverar en la fe y guarda de los mandamientos, a la práctica de la caridad y apartarse de los falsos doctores que niegan que Jesucristo sea verdadero Dios y verdadero hombre.

La tercera es una felicitación, a su querido Gayo por su generosa hospitalidad con los peregrinos y le anima a continuar en esa obra de misericordia contra la actitud de Diotrefes.

– Todos convienen en que una y otra carta han salido de una misma pluma y que su autor es el mismo que escribió la primera, o sea, San Juan, el anciano, pues el vocabulario, el estilo y la doctrina es la misma.

– En cuanto al lugar y fecha es sentencia más común que las escribió San Juan en Efeso y hacia sus últimos años.

SEGUNDA CARTA DE SAN JUAN

Saludo

1 [1] El Presbítero a la señora Electa y a sus hijos a quienes amo
en la verdad, y no sólo yo, sino también todos los que han co-
nocido la verdad; [2] por causa de esa verdad que permanece en
nosotros y con nosotros permanecerá para siempre: [3] gracia, mi-
sericordia y paz, de parte de Dios Padre y de Jesucristo, el Hijo del
Padre, sea con Vosotros en verdad y amor.

Mandamiento del amor

4 Mucho me he alegrado por haber encontrado entre tus hijos a
quienes andan en la verdad, conforme al mandamiento que hemos
recibido del Padre. 5 Y ahora te ruego, señora, no como escribién-
dote un mandamiento nuevo, sino el que desde el principio hemos
tenido: que nos amemos unos a otros. 6 Y en esto está el amor: que
caminemos según sus mandamientos, y éste es el mandamiento,
como lo oísteis desde el principio: que caminéis en el amor.

Advertencia contra los falsos doctores

7 Porque en el mundo han surgido muchos seductores, que no
confiesan que Jesucristo ha venido en carne. Este es el seductor y
el anticristo. 8 Mirad por vosotros mismos para que no perdáis lo
que habéis trabajado sino que recibáis un premio colmado.

9 Todo el que se propasa y no permanece en la doctrina de
Jesucristo no tiene a Dios. El que permanece en la doctrina, ese
tiene también al Padre y al Hijo.

10 Si alguno viene a vosotros y no lleva esa doctrina, no le
recibáis en casa ni le saludéis, 11 porque el que le saluda participa
en sus malas obras.

Conclusión

12 Teniendo muchas cosas que escribiros, no he querido hacer-
lo por medio del papel y tinta, porque espero ir a vosotros y habla-
ros cara a cara para que vuestro gozo sea cumplido.

13 Te saludan los hijos de tu hermana Electa.

TERCERA CARTA DE SAN JUAN

Saludo y elogios de Gayo

1 [1] El presbítero al querido Gayo, a quien yo amo en la verdad.
[2] Carísimo, te deseo que prosperes en todo y goces de salud, así
como prospera tu alma, [3] porque mucho me alegré cuando vinieron
los hermanos, que dieron testimonio de tu verdad, cómo caminas
en ella; [4] pues no hay para mí mayor alegría que oír que mis hijos
andan en la verdad.

[5] Carísimo, obras fielmente por lo que practicas con los herma-
nos y aún con los forasteros [6] que han dado testimonio de tu cari-
dad en presencia de la iglesia. Harás bien en proveerlos para su
viaje de una manera digna de Dios. [7] Pues por el Nombre marcha-
ron sin recibir nada de los gentiles. [8] Por tanto, nosotros debemos
recibir a tales hermanos, para trabajar juntos en la verdad.

Condenación de Diotrefes

[9] Escribí algo a la iglesia: pero Diotrefes, que le gusta sobresa-
lir entre ellos, no nos recibe. [10] Por esto si voy allá, le recordaré las
obras que hace criticándonos con palabras maliciosas y como si no
fuera esto suficiente, ni él recibe a los hermanos y hasta se lo
prohíbe a los que quieren recibirlos y los arroja de la iglesia.

[11] Carísimo, no imites lo malo sino lo bueno. El que hace el
bien es de Dios; el que hace el mal no ha visto a Dios.

Alabanza a Demetrio

[12] En favor de Demetrio todos dan testimonio y hasta la misma
verdad, y nosotros también damos testimonio, y tú sabes que nues-
tro testimonio es verdadero.

Conclusión

[13] Tenía muchas cosas que escribirte, pero no quiero hacerlo
con tinta y pluma; [14] espero verte pronto y hablaremos cara a cara.
[15] La paz sea contigo. Los amigos te saludan. Saluda a los amigos a
cada uno en particular.

CARTA DE SAN JUDAS

Esta carta empieza así: "Judas, siervo de Jesucristo, hermano de Santiago". ¿Quién fue este Santiago? algunos llegan a decir que es un caso de pseudonimia, y que no se trata del apóstol Judas Tadeo, al que la tradición ha señalado como autor de esta carta, ni de un "hermano de Santiago" que fuera "hermano del Señor", y la razón que dan es que el autor habla de los apóstoles de Jesús como de época ya muy pasada y como distintos de él mismo, y además porque escribe en un griego bastante culto.

Yo no veo que estas sean unas razones tan fuertes para negar a Judas Tadeo la paternidad de esta carta, porque de la frase: "Acordaos de las palabras predichas por los apóstoles" y de la palabra "mofadores" o impostores, en latín "ilusores" que no se halla más que en la segunda carta de San Pedro, bien pueden referirse a San Pedro y a otros apóstoles de años anteriores, sin que tenga que afirmarse que se trata de una época tan lejana a San Judas.

Según esto y la opinión de muchos, San Pedro escribió su carta antes que la de San Judas y ésta depende en cierto modo de aquélla, y por eso colocan la fecha de su composición en el año 68, y que fue dirigida a los judíos cristianos de las iglesias de Palestina.

En consecuencia, seguimos la tradición que sostiene que el autor de esta carta es San Judas Tadeo, uno de los doce apóstoles, al que se le llama por sobrenombre "Tadeo" (Mt. 10, 3; Mc. 3, 18) para distinguirlo de Judas Iscariote, el traidor, y otras veces se le llama Judas de Santiago (Lc. 6, 16; Hech. 1, 15). Orígenes y Tertuliano le dan a este Judas, autor de la carta, el apelativo de "Apóstol".

Esta carta tan pequeña de sólo 25 versículos, encierra grandes verdades dogmáticas y morales: la caída de los ángeles infieles; la eternidad de las penas del infierno (vv. 6-7); el juicio de Jesucristo sobre el mundo (vv. 14-15); el celo que el buen pastor debe tener por la salvación de su rebaño (v. 3 y 23); el cuidado por las enseñanzas de los apóstoles y sus sucesores (v. 17) e implícitamente la divinidad de Jesucristo (vv. 1, 4-6 y 25).

Saludo

1 1 Judas, siervo de Jesucristo, hermano de Santiago, a los ama
dos de Dios Padre y que fueron llamados y guardados en
Jesucristo, 2 que la misericordia, la paz y el amor abunden en voso-
tros.

Ocasión de esta carta

3 Carísimos: he puesto toda diligencia en escribiros acerca de
nuestra común salvación, al sentir la necesidad de hacerlo para
exhortaros a que luchéis por la fe, que una vez para siempre ha
sido transmitida a los santos. 4 Porque se han infiltrado algunos
hombres impíos, los de antiguo señalados para este juicio, que
convierten en libertinaje la gracia de nuestro Dios y reniegan del
único Soberano y Señor nuestro Jesucristo.

Los falsos doctores y su castigo

5 Quiero recordaros a vosotros que habéis conocido una vez
todas estas cosas que Jesús después de haber rescatado al pueblo
de la tierra de Egipto hizo perecer luego a los incrédulos, 6 y a los
ángeles que no conservaron su principado, sino que abandonaron
su propia morada, los tiene reservados para el juicio del gran día
con cadenas eternas bajo tinieblas, 7 como a Sodoma y Gomorra y
las ciudades circunvecinas que al igual que ellos se entregaron a la
fornicación y a vicios contra naturaleza, quedan puestos para es-
carmiento, sufriendo el castigo de un fuego eterno.

Sus blasfemias y sus vicios

8 A pesar de todo, también éstos, llevados de sus delirios,
igualmente manchan su carne, desprecian el Señorío y blasfeman
de las dignidades. 9 El arcángel Miguel, cuanto altercaba con el
diablo discutiendo acerca del cuerpo de Moisés, no se atrevió a
pronunciar un juicio injurioso, sino que dijo: "Que el Señor te
reprenda"; 10 pero éstos blasfeman de todo lo que ignoran, y en lo
que conocen por instinto natural, como los animales irracionales,
en eso mismo se corrompen.

11 ¡Ay de ellos porque han seguido el camino de Caín, y por
un salario se dejaron seducir por el error de Balaam y perecieron
en la rebelión de Coré¡ 12 Estos son la mancha en vuestros agápes,

cuando se juntan sin vergüenza a banquetear, apacentándose a sí
mismos; nubes sin agua llevadas por los vientos; árboles de otoño
sin fruto, dos veces muertos, arrancados de raíz; 13 olas furiosas del
mar que arrojan la espuma de sus impurezas; astros errantes, a los
cuales está reservada las oscuridad de las tinieblas para siempre.
14 De éstos profetizó Henoc, el séptimo desde Adán, diciendo:
15 "Ved que viene el Señor con sus santas miriadas para tener un
juicio contra todos y confundir a todos los impíos por las obras de
su impiedad que cometieron y por todas las insolencias que pecadores impíos hablaron contra El
16 Estos son murmuradores que se quejan y viven según sus
pasiones, cuya boca habla con soberbia, admirando a las personas
por sólo interés.

Las enseñanzas de los apóstoles deben tenerse en cuenta

17 Mas vosotros, carísimos, acordaos de las palabras predichas
por los apóstoles de Nuestro Señor Jesucristo, 18 que os decían: "En
los últimos tiempos habrá mofadores que caminarán según sus
impíos deseos". 19 Estos son los que fomentan las divisiones, animales, sin espíritu.
20 Pero vosotros, carísimos, edificándoos sobre el fundamento
de vuestra santísima fe, orando en el Espíritu Santo, 21 conservaos
en el amor de Dios, esperando la misericordia de Nuestro Señor
Jesucristo para la vida eterna. 22 A los que aún vacilan,
convencedlos, 23 a los otros, salvadlos, arrancándolos del fuego, y
compadeceos con temor de los demás, aborreciendo hasta la túnica
manchada por su sangre.

¡Gloria a Dios!

24 A Aquel que puede guardaros seguros y presentaros irreprensibles con júbilo ante su gloria, 25 al único Dios Salvador nues-
tro, por Jesucristo Nuestro Señor, sea la gloria, la magnificencia, el
imperio y el poder desde antes de todos los siglos y ahora y por
todos los siglos. Amén.

Nota

9 Según una tradición judía, Moisés fue enterrado en un valle de Moab por el arcángel Miguel, y de su sepulcro nadie sabe el lugar fijo (Dt. 34,6).

EL APOCALIPSIS

El evangelista San Juan estaba desterrado en Patmos, una de las islas del mar Egeo, hacia el año 95 de nuestra era, en tiempo del emperador Domiciano, y en ella escribió el Apocalipsis.

Apocalipsis es una palabra griega que significa "revelación"; en este libro, el último de la Biblia, se nos revelan los juicios de Dios sobre el mundo y sobre la Iglesia, y se nos habla claramente de la última venida gloriosa de Jesucristo en toda su majestad y triunfo sobre las fuerzas del mal. Además se nos dice cómo se realizará esta su segunda venida, o sea, qué cosas la predecerán, la acompañarán y la seguirán.

Para entender el Apocalipsis lo debemos leer no como un escrito aislado de los demás libros de la Biblia, sino cotejando su doctrina con la de ellos en los puntos que guardan relación. Leyendo así este libro, y ateniéndose ante todo a su sentido literal y obvio, sin recurrir a cada paso a sentidos alegóricos o místicos y sin prescindir de su objetividad, lograremos entenderlo mejor.

El objeto o fin de este libro profético es la revelación de Jesucristo, y con ella llevar consuelo a los cristianos en las continuas persecuciones que les amenazan, despertar en ellos "la bienaventurada esperanza" (Tit. 2, 13) y a la vez preservarlos de las falsas doctrinas. Habrá muchas catástrofes y luchas, pero todo terminará con el triunfo de Cristo en su última venida, quien derrotará definitivamente a sus enemigos. Esto nos mueve a mantenernos alertados, porque al fin de las persecuciones y de las luchas obtendremos la victoria con Cristo. (Véase mi libro "Vida de San Juan Evangelista").

Prólogo

1 [1] Revelación hecha por Jesucristo, la que Dios, para mostrar a
sus siervos las cosas que van a suceder pronto, le dio y manifestó enviándola por medio de su ángel a su siervo Juan, [2] el cual
fue testigo de la palabra de Dios y del testimonio de Jesucristo: de todo cuanto vio.

[3] Bienaventurado el que lee y los que escuchan las palabras de esta profecía y guardan las cosas escritas en ella, porque el tiempo está cerca.

Los destinatarios

4 Juan a las siete iglesias que hay en Asia: Gracia y paz a
vosotros de parte de Aquel que es, que era y que viene, y de parte
de los siete espíritus que están delante de su trono, 5 y de parte de
Jesucristo, el testigo fiel, el primogénito de los muertos y el prínci-
pe de los reyes de la tierra. Al que nos ama y nos ha librado de
nuestros pecados con su sangre, 6 y ha hecho de nosotros un reino y
sacerdotes para el Dios y Padre suyo. A El la gloria y el imperio
por los siglos de los siglos. Amén.
7 *He aquí que viene con las nubes* (Dn. 7, 13) y todo ojo lo
verá y *cuantos le traspasaron, se lamentarán sobre El todas las
tribus de la tierra* (Za. 22, 20). Si. Amén. 8 "Yo soy el alfa y la
omega", dice el Señor Dios; el que es, el que era y que viene, el
Todopoderoso.

Visión inaugural

9 Yo Juan, vuestro hermano y compañero en la tribulación y en
el reino y en la perseverancia en Jesús, estando en la isla llamada
Patmos por causa de la palabra de Dios y del testimonio de Jesús,
10 fui arrebatado en espíritu el día del Señor y oí detrás de mi una
gran voz como de trompeta, 11 que decía: Lo que ves escríbelo en
un libro y envíalo a las siete iglesias: a Efeso, a Esmirna, a Pérga-
mo, a Tiatira, a Sardes, a Filadelfia y a Laodicea.
12 Luego me volví para ver la voz del que hablaba conmigo, y
vuelto vi siete candeleros de oro, 13 y en medio de los candeleros a
uno semejante a un Hijo de hombre, vestido de una túnica que caía
hasta los pies y ceñido el pecho con un cinturón de oro, 14 *su
cabeza y sus cabellos eran blancos como la lana blanca, como la
nieve; sus ojos como la llama de fuego* (Dn. 7, 9); 15 sus pies
semejantes al bronce bruñido en un horno encendido, su voz como
la voz de muchas aguas.
16 En su mano derecha tenía siete estrellas, y de su boca salía
una espada aguda de dos filos, y su rostro era como el sol que
brilla en todo su esplendor. 17 Cuando lo vi, caí a sus pies 18 como
muerto; pero El puso su derecha sobre mí, diciéndome: "No temas,
Yo soy el primero y el último, el viviente que estuve muerto y
ahora vivo por los siglos de los siglos, y tengo las llaves de la

muerte y del infierno. 19 Escribe, pues, las cosas que has visto, las
presentes y las que han de ser después de éstas.
20 Este es el misterio de los siete sellos que has visto a mi
derecha, y los siete candeleros de oro: Las siete estrellas son los
siete ángeles de las siete iglesias, y los siete candeleros son las
siete iglesias.

3 *El tiempo está cerca*, esto es, el tiempo de la segunda venida de Cristo. Si estaba cerca cuando San Juan escribía el Apocalipsis (primer siglo de la Iglesia), ¿cuánto más hoy, transcurridos veinte siglos? Sobre su demora, véase 2 Ped. 3, 9.

8 Alfa y Omega, primera y última letra del alfabeto griego, se aplican a Jesucristo, principio y fin de todas las cosas.

20 Los ángeles de las siete iglesias son los obispos que las gobiernan.

Carta a la iglesia de Efeso

2 1 Al ángel de la iglesia de Efeso escribe: Estas cosas dice el que
tiene las siete estrellas a su derecha, el que camina en medio de
los siete candeleros de oro: 2 Conozco tus obras, tu trabajo y tu pa-
ciencia, que tú no puedes sufrir a los malos y que has puesto a
prueba a los que se dicen apóstoles, pero no lo son, y los has
hallado mentirosos. 3 Y tienes paciencia, y padeciste por mi nom-
bre y no has desfallecido.
4 Pero tengo contra ti que abandonaste tu primera caridad.
5 Recuerda, pues, de dónde has caído y arrepiéntete y haz las pri-
meras obras; sino vendré a ti y moveré tu candelero de tu lugar si
no te arrepientes.
6 Sin embargo, esto tienes a tu favor, que aborreces las obras
de los nicolaitas como los aborrezco yo. 7 El que tenga oídos, escu-
che lo que el Espíritu dice a las iglesias. Al vencedor le daré a
comer del árbol de la vida que está en el paraíso de Dios.

A la iglesia de Esmirna

8 Al ángel de la iglesia de Esmirna escribe: Estas cosas dice el
primero y el último, el que estuvo muerto y volvió a la vida:
9 Conozco tu tribulación y tu pobreza (aunque eres rico) y la blas-
femia de parte de los que dicen ser judíos y no son sino sinagoga
de Satanás. 10 No temas por lo que vas a padecer. Mira que el
diablo ha de arrojar algunos de vosotros en la cárcel, para que seáis
probados y pasaréis por una tribulación de diez días. Se fiel hasta

la muerte y yo te daré la corona de la vida. 11 El que tenga oídos,
escuche lo que el Espíritu dice a las iglesias. El vencedor no recibi-
rá daño de la muerte segunda.

A la iglesia de Pérgamo

12 Al ángel de la iglesia de Pérgamo escribe: Estas cosas dice
el que tiene la espada de dos filos. 13 Conozco dónde habitas, dónde
está el trono de Satanás; mantienes mi nombre y no negaste mi fe
ni aun en los días de Antipas mi testigo fiel, el que fue muerto
entre vosotros donde Satanás habita. 14 Pero tengo algunas cosas
contra ti, quc tienes ahí seguidores de la doctrina de Balaam que
enseñaba a Balac a dar escándalo a los hijos de Israel para que
comiesen de los sacrificios de los ídolos y fornicasen.

15 Así también tú tienes a los que de igual modo siguen la
doctrina de los nicolaitas. 16 Arrepiéntete, pues, de lo contrario ven-
dré a ti pronto y pelearé contra ellos con la espada de mi boca. 17 El
que tenga oídos, escuche lo que el Espíritu dice a las iglesias. Al
vencedor daré el maná escondido y le daré una piedrecita blanca, y
en la piedrecita un nombre nuevo escrito, que nadie conoce sino el
que lo recibe.

A la iglesia de Tiatira

18 A la iglesia de Tiatira escribe: Estas cosas dice el Hijo de
Dios, que tiene sus ojos como llama de fuego y sus pies semejantes
al bronce puro. 19 Conozco tus obras, tu caridad, tu fe, tu ministe-
rio, tu paciencia y que tus últimas obras son más numerosas que
las primeras.

20 Pero tengo contra ti que toleras a Jezabel, mujer que se dice
profetisa y que enseña y engaña a mis siervos para hacerles forni-
car y comer de los sacrificios de los ídolos. 21 Le he dado tiempo
para que se arrepienta, pero no quiere arrepentirse de su
fornicación. 22 He aquí que la voy a arrojar a un lecho (de dolores)
y a los que con ella adulteran a una gran tribulación si no se
arrepienten de las obras de ella. 23 Y a sus hijos los castigaré con la
muerte y todas las iglesias conocerán que *yo soy el que escudriña
entrañas y corazones y el que daré a cada uno de vosotros según
sus obras* (Jer. 17, 10).

24 A vosotros y a los demás que están en Tiatira, cuantos no

seguís esta doctrina, y cuantos no habéis conocido, como ellos
dicen, las profundidades de Satanás, no echaré sobre vosotros otra
carga; 25 pero guardad bien lo que tenéis hasta que yo venga. 26 En-
tonces al vencedor y al que guardare hasta el fin mis obras, yo les
daré *poder sobre las naciones,* 27 *y las regirán con vara de hierro,*
y serán quebrantadas como vasos de barro (Sal. 2, 8-9), 28 como
yo lo recibí de mi Padre y le daré la estrella de la mañana. 29 El que
tenga oídos, escuche lo que el Espíritu dice a las iglesias.

A la iglesia de Sardes

3 1 Al ángel de la iglesia de Sardes escribe: Estas cosas dice el
que tiene los siete espíritus de Dios y las siete estrellas: que
tienes el nombre de viviente, pero estás muerto. 2 Ponte en vela y
consolida lo restante que está para morir, pues no he hallado tus
obras perfectas delante de mi Dios. 3 Acuérdate de lo que has oído
y recibido, guárdalo y arrepiéntete; porque si no velas vendré
como ladrón, y no sabrás a que hora vendré a ti.

4 Sin embargo, tienes en Sardes unas pocas personas, que no
han manchado sus vestidos, y caminarán conmigo vestidas de
blanco, por que son dignas. 5 El vencedor será vestido igualmente
con vestiduras blancas, y no borraré su nombre del libro de la vida,
y confesaré su nombre delante de mi Padre y de sus ángeles. 6 El
que tenga oídos, escuche lo que el Espíritu dice a las iglesias.

A la iglesia de Filadelfia

7 Al ángel de la iglesia de Filadelfia escribe: Estas cosas dice
el Santo, el Veraz, *el que tiene la llave de David, el que abre y*
nadie cerrará, el que cierra y nadie abrirá (Is. 22, 22). 8 Conozco
tus obras. Mira que tengo abierta delante de ti una puerta que nadie
puede cerrar; porque tienes un poco de poder y has guardado mi
palabra y no has negado mi nombre, 9 por eso Yo te entrego algu-
nos de la sinagoga de Satanás, que dicen ser judíos y no lo son,
sino que mienten, Yo los haré venir y postrarse a tus pies, y reco-
nocerán que te amo.

10 Por cuanto has observado mi palabra con paciencia, también
Yo te guardaré de la hora de la tentación que ha de venir sobre
todo el orbe para probar a los que habitan sobre la tierra. 11 Vengo
pronto. Guarda bien lo que tienes para que nadie te arrebate tu

corona. [12] Al vencedor Yo le haré columna en el templo de mi
Dios, del cual no saldrá más, y escribiré sobre él el nombre de mi
Dios y el nombre de la ciudad de mi Dios, la nueva Jerusalén que
desciende del cielo de parte de mi Dios, y mi nombre nuevo., [13] El
que tenga oídos, que escuche lo que el Espíritu dice a las iglesias.

A la iglesia de Laodicea

[14] Al ángel de la iglesia de Laodicea escribe: Estas cosas dice
el Amén, el testigo fiel y Veraz, el principio de la creación de
Dios. [15] Conozco tus obras, que ni eres frío ni caliente. ¡Ojalá fue-
ras frío o caliente! [16] mas porque eres tibio y no caliente ni frío, te
voy a vomitar de mi boca. [17] Puesto que dices: "Yo soy rico, me he
enriquecido y de nada tengo necesidad", y no sabes que tu eres
desdichado y miserable y pobre y ciego y desnudo. [18] Te aconsejo
que compres de Mi oro purificado por el fuego para enriquecerte y
vestidos blancos para que te cubras y no aparezca la vergüenza de
tu desnudez, y colirio para que untes tus ojos y puedas ver.

[19] *Yo, a cuantos amo, reprendo y castigo* (Prov. 3, 12); ten,
pues, celo y conviértete. [20] Mira que estoy a la puerta y llamo. Si
alguno oye mi voz y abre la puerta, entraré a él y cenaré con él, y
él conmigo. [21] Al vencedor lo haré sentar conmigo en mi trono, así
como Yo vencí y me senté con mi Padre en su trono. [22] El que
tenga oídos, escuche lo que el Espíritu dice a las Iglesias.

[1] *Nombre de viviente, pero está muerto...* ¡Cuántos cadáveres ambulantes andan por nuestras ciudades, pues viven en cuanto al cuerpo, pero sus almas están muertas por estar privadas de la vida de la gracia!

Visiones proféticas

4 [1] Después de estas cosas tuve una visión: Vi una puerta abierta
en el cielo, y la voz primera que había oído como de una trom-
peta, hablando conmigo, decía: Sube y te mostraré las cosas que
han de suceder después de éstas.

[2] Al instante fui arrebatado en espíritu. Y he aquí un trono
puesto en el cielo y a Uno sentado en el trono [3] y el que estaba
sentado tenía el aspecto como de piedra de jaspe y el sardónico; y
había un arcoiris que rodeaba el trono de aspecto semejante a la
esmeralda.

4 También alrededor del trono había veinticuatro tronos y so-
bre ellos veinticuatro ancianos sentados, vestidos con vestiduras
blancas y con coronas de oro en sus cabezas, 5 y del trono salían
relámpagos, voces y truenos, y delante del trono ardían siete lám-
paras encendidas, que eran los siete espíritus de Dios, 6 y delante
del trono algo semejante a un mar de vidrio, como cristal, y en
medio del trono y alrededor de él cuatro vivientes llenos de ojos
por delante y por detrás.

7 El primer viviente era semejante a un león, y el segundo
viviente semejante a un novillo, el tercero tenía el rostro como de
hombre, y el cuarto viviente semejante a un águila que vuela. 8 Los
cuatro vivientes tenían cada uno seis alas, y alrededor y por dentro
estaban llenos de ojos, y no cesaban de decir:

Santo, Santo, Santo el Señor Dios Todopoderoso (Is. 6, 3).
el que era, el que es y el que ha de venir

9 Y cada vez que los vivientes daban gloria, honor y acción de
gracias al que estaba sentado en el trono, al que vive por los siglos
de los siglos, 10 los veinticuatro ancianos caían en presencia del que
está sentado en el trono y adoraban al que vive por los siglos de los
siglos, y arrojaban sus coronas delante del trono diciendo: 11 Digno
eres, Señor Dios nuestro, de recibir la gloria, el honor y el poder
porque tú has creado todas las cosas y por tu voluntad existen y
fueron creadas.

El libro de los siete sellos

5 1 Y vi a la derecha del que estaba sentado sobre el trono un
libro escrito por dentro y por fuera, sellado con siete sellos, 2 y
vi a un ángel poderoso que con gran voz pregonaba: ¿Quién es
digno de abrir el libro y desatar sus sellos? 3 Y nadie ni en el cielo
ni en la tierra ni debajo de la tierra podía abrir el libro y mirarlo.
4 Yo lloraba mucho porque ninguno era hallado digno de abrir el
libro y mirarlo.

5 Entonces uno de los ancianos me dijo: No llores, mira, ha
vencido el León de la tribu de Judá, la Raíz de David y abrirá el
libro y sus siete sellos 6 y vi que en medio del trono, de los cuatro
vivientes y de los ancianos, estaba un Cordero como degollado,
que tenía siete cuernos y siete ojos, que son los siete espíritus de

Dios enviados a toda la tierra. [7] Se acercó y tomó el libro del que
estaba sentado en el trono.

Adoración del Cordero

[8] Cuando tomó el libro, los cuatro vivientes y los veinticuatro
ancianos cayeron en presencia del Cordero teniendo cada uno su
cítara y copas de oro llenas de perfume, que son, las oraciones de
los santos, [9] y cantaban un cántico nuevo diciendo:

> "Eres digno de tomar el libro y de abrir sus sellos, porque
> fuiste degollado, y con tu sangre compraste para Dios hombres
> de todas las tribus, lengua, pueblo y nación, [10] y los hiciste para
> nuestro Dios reyes y sacerdotes y reinarán sobre la tierra".

[11] Miré y oí como una voz de muchos ángeles alrededor del
trono, de los vivientes y de los ancianos, y era su número de
miriadas de miriadas y millares de millares, [12] que decían con gran
voz"

> "El Cordero que fue degollado es digno de recibir el poder, la riqueza, la sabiduría, la fortaleza, el honor, la gloria y la alabanza".

[13] Y todas las criaturas que hay en el cielo y sobre la tierra y
debajo de la tierra y en el mar y a cuantas cosas hay entre ellos, oí
que decían:

> "Al que se sienta en el trono y al Cordero la alabanza, el honor, la gloria y el imperio por los siglos de los siglos".

[14] Y los cuatro vivientes decían: Amén. Y los ancianos se postraron y le adoraron.

[1] Un libro sellado con siete sellos (el n.º 7 indica plenitud) es sin duda el plan de Dios" revelado en la Biblia con detalles ocultos a nosotros.

La apertura de los cuatro primeros sellos

6 [1] Cuando el Cordero abrió el primero de los siete sellos, tuve
una visión y oí a uno de los cuatro vivientes, que como una voz
de trueno decía: Ven, [2] y miré y vi un caballo blanco y el que
estaba sentado sobre él tenía un arco, y le fue dada una corona y
salió vencedor para la victoria.

[3] Cuando abrió el segundo sello oí al segundo viviente que
decía: Ven, [4] y salió otro caballo rojo como fuego, y al que estaba

sentado sobre él, le fue dado poder de quitar la paz de la tierra y que se matasen unos a otros, y se le dio una gran espada.

[5] Cuando abrió el tercer sello, oí al tercer viviente que decía: Ven, y he aquí que vi un caballo negro y el que estaba sentado sobre él tenía en su mano una balanza, [6] y oí una voz en medio de los cuatro vivientes que decía: Una medida de trigo por un denario y tres medidas de cebada por un denario; pero no dañes al vino y al aceite.

[7] Cuando abrió el cuarto sello oí la voz del cuarto viviente que decía: Ven, [8] y miré y vi un caballo pálido, y el que estaba sentado sobre él tenía el nombre de Muerte, y el infierno le seguía. Se le dio poder sobre la cuarta parte de la tierra *para matar con espada, con hambre, con peste y por medio de las bestias de la tierra* (Ez. 5, 12, 17).

Apertura del quinto sello. Voz de los mártires

[9] Cuando abrió el quinto sello, vi debajo del altar las almas de los que habían sido degollados por la palabra de Dios y por el testimonio que mantuvieron [10] y con gran voz clamaban diciendo: ¿Hasta cuando, Señor Santo y Veraz, vas a esperar para juzgar y vengar nuestra sangre en los que habitan sobre la tierra? [11] Y les fue dada a cada uno una túnica blanca y se les dijo que esperaran todavía un poco de tiempo hasta que se completara el número de sus consiervos y hermanos porque habían de ser matados como ellos.

Apertura del sexto sello

[12] Cuando abrió el sexto sello, vi que se produjo un gran terremoto, y el sol se puso negro como un saco de crin, y la luna toda como sangre, [13] y las estrellas del cielo cayeron sobre la tierra, como la higuera agitada por un fuerte viento deja caer sus higos. [14] Y el cielo se alejó como un rollo que se envuelve, y todo monte e isla se removieron de sus lugares, [15] y los reyes de la tierra, los magnates, los tribunos, los ricos, los poderosos y todos, siervos y libres se ocultaron en sus cavernas y rocas de los montes, [16] *y decían a las montañas y a las rocas: caed sobre nosotros y ocultadnos* (Os. 10, 8), del rostro de Aquel que está sentado en el trono

y de la ira del Cordero, [17] porque *ha llegado el gran día de su ira, y*
¿quién podrá resistir? (Joel. 2, 11).

Los 144.000 marcados

7 [1] Después de esto vi a cuatro ángeles que estaban sobre los
cuatro ángulos de la tierra que detenían a los cuatro vientos de
la tierra para que no soplase viento sobre ella, ni sobre el mar ni
sobre ningún árbol. [2] Además vi otro ángel que subía desde el
naciente sol, teniendo el sello del Dios vivo, y clamó con gran voz
a los cuatro ángeles a los que se les había concedido hacer daño a
la tierra y al mar [3] diciendo: No hagáis daño a la tierra ni al mar ni
a los árboles hasta que hayan sellado a los siervos de nuestro Dios
en sus frentes, [4] y oí el número de los que fueron sellados: ciento
cuarenta y cuatro mil sellados de todas las tribus de los hijos de
Israel:

> [5] De la tribu de Judá doce mil sellados; de la tribu de Ru-
> bén, doce mil; de la tribu de Gad, doce mil; [6] de la tribu de
> Aser, doce mil; de la tribu de Neftalí, doce mil: de la tribu de
> Manasés, doce mil;
> [7] de la tribu de Simeón, doce mil; de la tribu de Leví, doce
> mil; de la tribu de Isacar, doce mil; [8] de la tribu de Zabulón,
> doce mil; de la tribu de José, doce mil; de la tribu de Benja-
> mín, doce mil.

Los redimidos adoran a Dios y al Cordero

[9] Después de esto miré, y vi una gran multitud, que nadie
podía contar, de todas las gentes, tribus, pueblos y lenguas, que
estaban delante del trono y del Cordero vestidos con vestiduras
blancas y con palmas en las manos, [10] y clamaban con gran voz
diciendo: La salvación se debe a nuestro Dios, al que está sentado
sobre el trono y al Cordero, [11] y todos los ángeles que estaban de
pie alrededor del trono y de los ancianos y de los cuatro vivientes,
cayeron sobre sus rostros ante el trono y adoraron a Dios, [12] dicien-
do:

> "Amén. La alabanza y la gloria, la sabiduría y la acción de
> gracias, el honor, el poder y la fortaleza a nuestro Dios por los
> siglos de los siglos. Amén."

[13] Y uno de los ancianos tomando la palabra, me preguntó:

"Estos que están vestidos con vestiduras blancas, ¿quiénes son y
de dónde han venido? [14] Le respondí: Señor mío, tú lo sabes. Y me
dijo: Estos son los que vienen de la gran tribulación y lavaron sus
vestidos y los blanquearon en la sangre del Cordero. [15] Por eso
están delante del trono de Dios y le sirven día y noche en su
templo y el que está sentado en su trono extenderá su tabernáculo
sobre ellos.

[16] *Ya no tendrán hambre ni sed, ni caerá sobre ellos el sol
ni ardor alguno,* [17] *porque el Cordero que está en medio del
trono será su Pastor y los llevará a las fuentes de las aguas de
la vida* (Is. 49, 10) *y Dios enjugará las lágrimas de sus ojos*
(Is. 25,8).

[4] *144 mil sellados...* Esta cifra es un número simbólico, pero cifra perfecta y acabada en la mente de Dios (12.000 por cada tribu, 12 por 12 = 144), a los que le siguen una multitud tal de todas las gentes y pueblos que nadie podía contar... (lo que quiere decir que aunque son muchísimos los que se condenen por vivir mal y sin arrepentimiento, son también innumerables los que se salvarán).

[6] ***De la tribu de Manasés...*** En lugar de "Manasés" debiera ponerse "Dan", por ser sin duda error del copista (Vd. "N.T. Explicado")

Apertura del séptimo sello

8 [1] Cuando abrió el séptimo sello, tuvo lugar en el cielo un silen
cio como de media hora. [2] Vi a los siete ángeles que estaban
delante de Dios y a los que se le dieron siete trompetas. [3] Y vino
otro ángel que se puso junto al altar con un incensario de oro y le
fueron dados muchos perfumes para ofrecerlos con las oraciones
de todos los santos sobre el altar de oro el que está delante del
trono, [4] y de la mano del ángel subió el humo de los perfumes con
las oraciones de los santos a la presencia del Señor.

[5] Entonces el ángel del Señor tomó el incensario, lo llenó de
fuego del altar y lo arrojó sobre la tierra; y hubo truenos, voces,
relámpagos y un terremoto.

Las cuatro primeras trompetas

[6] Los siete ángeles que tenían las siete trompetas se prepararon
para tocarlas. [7] El primero tocó la trompeta y se produjo granizo y
fuego mezclados con sangre y fueron arrojados sobre la tierra y se
quemaron la tercera parte de la tierra, la tercera parte de los árboles
y toda la hierba verde.

8 El segundo ángel tocó la trompeta y fue arrojado al mar
como una gran montaña ardiendo en fuego, y la tercera parte del
mar se convirtió en sangre, 9 y murió la tercera parte de las criatu-
ras vivientes que hay en el mar y fue destruida la tercera parte de
las naves.

10 Luego tocó el tercer ángel la trompeta y del cielo cayó un
gran astro, ardiendo como una antorcha, y cayó en la tercera parte
de los ríos y en las fuentes de las aguas. 11 El nombre del astro es
Ajenjo, y en ajenjo se convirtieron la tercera parte de las aguas, y
muchos de esos hombres murieron a causa de esas aguas que se
volvieron amargas.

12 El cuarto ángel tocó la trompeta y fue herida la tercera parte
del sol, la tercera parte de la luna y la tercera parte de las estrellas
de manera que se oscureció la tercera parte de las mismas, perdien-
do así el día la tercera parte de su luz y lo mismo la noche.

13 Luego vi y oí un águila que volaba por medio del cielo y
decía con gran voz: ¡Ay, ay, ay de los habitantes de la tierra por los
restantes toques de trompeta de los tres ángeles que están para
tocar!

La quinta trompeta y sus calamidades

9 1 El quinto ángel tocó la trompeta y vi que había caído una
estrella del cielo sobre la tierra, y le fue entregada la llave del
pozo del abismo. 2 Luego abrió el pozo del abismo, y del pozo
subió humo como el de un gran horno y por causa del humo del
pozo se oscureció el sol y el aire. 3 Del humo salieron langostas
sobre la tierra, y les fue dado poder, semejante al poder que tienen
los escorpiones de la tierra, 4 y se les mandó que no dañasen la
hierba de la tierra, ni verdura alguna, ni árbol alguno, sino sola-
mente a los hombres, que no tienen la señal de Dios en sus frentes.

5 Se les mandó que no los matasen, sino que los atormentasen
durante cinco meses, y su tormento era como tormento del escor-
pión cuando hiere al hombre. 6 En aquellos días los hombres busca-
rán la muerte, pero no la hallarán, y desearán morir, pero la muerte
huirá de ellos.

7 La forma de las langostas era semejante a caballos prepara-
dos para la guerra, y sobre sus cabezas tenían como coronas seme-
jantes al oro, y sus rostros como rostros de hombre. 8 También

tenían cabellos como cabellos de mujer y sus dientes como de
leones, 9 y corazas como de hierro y el ruido de sus alas como el
estruendo de carros de muchos caballos, que corren para la guerra.
10 Tenían colas semejantes a los escorpiones, y en ellas aguijo-
nes con poder de hacer daño a los hombres durante cinco meses.
11 el rey que tienen sobre ellas es el ángel del abismo, cuyo nombre
en hebreo es Abaddón, y en griego Apolyon. 12 El primer ¡ay! pasó.
Ved que después de esto quedan dos ayes más.

La sexta trompeta con sus plagas

13 El sexto ángel tocó la trompeta, y oí una voz que salía de los
cuatro cuernos *(ángulos)* del altar de oro que está delante de Dios,
14 que decía al sexto ángel que tenía la trompeta: Desata a los
cuatro ángeles que están encadenados junto al gran río Eufrates,
15 y fueron desatados los cuatro ángeles que estaban preparados
para aquellas horas, día, mes y año, con el fin de matar a la tercera
parte de los hombres. 16 El número de los ejércitos de caballería era
de dos miriadas de miriadas. Yo oí su número.
17 Vi también en aquella visión los caballos y los que sobre
ellos estaban sentados, los cuales tenían corazas de color de fuego,
de jacinto y de azufre. 18 Con estas tres plagas: fuego, humo y
azufre, que salían de sus bocas, perecieron la tercera parte de los
hombres. 19 El poder de los caballos está en su boca y en sus colas,
pues las colas eran semejantes a serpientes, que tenían cabezas y
con ellas dañaban.
20 Los restantes hombres que no murieron de estas plagas no se
arrepintieron de las obras de sus manos, ni cesaron de adorar a los
demonios, ni a los ídolos de oro, plata, bronce, piedras y madera,
que no pueden ver ni oír ni caminar. 21 Tampoco se arrepintieron
de sus homicidios, ni de sus hechicerías, ni de su fornicación y
robos.

El libro profético

10 1 Vi también otro ángel fuerte que bajaba del cielo envuelto
en una nube con el arcoiris sobre su cabeza. Su rostro era
como el sol y sus pies como columna de fuego. 2 En su mano tenía
un librito abierto, y puso su pie derecho sobre el mar y el izquierdo
sobre la tierra, 3 y clamó con gran voz como un león que ruge, y

cuando hubo aclamado los siete truenos dejaron oír su estruendo.
[4] Cuando resonaron los siete truenos, estaba yo para escribir;
pero oí una voz del cielo que decía: "Sella las cosas que los siete
truenos han hablado y no las escribas". [5] Entonces el ángel que
había visto estar sobre el mar y sobre la tierra, *levantó al cielo su
mano derecha,* [6] *y juró por Aquel que vive por los siglos de los
siglos* (Dn. 12, 7), *que creó el cielo y cuanto hay en él, la tierra y
cuanto hay en ella y el mar y cuanto hay en él* (Ex. 20, 11), que no
habrá más tiempo, [7] sino que en los días de la voz del séptimo
ángel, cuando él vaya a tocar la trompeta, quedará consumado el
misterio de Dios, según la buena nueva que El anunció a sus sier-
vos los profetas.

El apóstol come el libro

[8] La voz que había oído desde el cielo, habló de nuevo conmi-
go y me dijo: Ve, toma el libro abierto de la mano del ángel que
está sobre el mar y sobre la tierra. [9] Entonces fui al ángel diciéndo-
le que me diera el librito, y él me respondió: Toma y cómelo, te
amargará el vientre, pero en tu boca será dulce como la miel. [10] En
efecto, tomé el libro de la mano del ángel y lo comí, y era en mi
boca dulce como la miel; pero cuando lo comí resultó amargo en
mi vientre, [11] y se me dijo: Es necesario que de nuevo profetices a
muchos pueblos, gentes, lenguas y reyes.

Los dos testigos

11 [1] Después me fue dada una caña semejante a una vara, y se
me dijo: Levántate y mide el templo de Dios, el altar y (el
número) de los que adoran en él; [2] pero el atrio exterior del templo
déjalo fuera, no lo midas; porque ha sido dado a los gentiles, los
cuales hollarán la ciudad santa cuarenta y dos meses. [3] Y daré a
mis dos testigos que vestidos de saco profeticen durante mil dos-
cientos sesenta días.
[4] *Estos son los dos olivos y los dos candelabros que están en
presencia del Señor de la tierra* (Za. 4, 11), [5] y si alguno les quisie-
ra dañar, de su boca saldría fuego que devorará a sus enemigos, y
el que pretenda hacerles mal morirá de esta manera. [6] Estos tienen
poder para cerrar el cielo, para que no llueva en los días de su
anuncio profético, y tiene poder sobre las aguas para convertirlas

en sangre y para herir la tierra con toda la clase de plagas cuantas veces quisieran.
7 Cuando hayan acabado su testimonio, la bestia que sube del
abismo, les hará guerra, los vencerá y matará,
8 y sus cadáveres estarán sobre la plaza de la gran ciudad, que es llamada simbólicamente Sodoma y Egipto, donde también su Señor fue crucificado,
9 y gentes de los pueblos, tribus, lenguas y naciones contemplarán sus cadáveres durante tres días y medio, y no permitirán que sus cuerpos sean puestos en un sepulcro.
10 Los habitantes de la tierra se alegrarán y se regocijarán a causa de ellos y se mandarán regalos unos a otros, porque estos dos profetas fueron molestos a los moradores de la tierra.
11 Después de tres días y medio, un espíritu de vida que venía de Dios entró en ellos y se pusieron de pie y un gran temor cayó sobre los que los contemplaban.
12 Entonces oí una gran voz del cielo que les decía: ¡Subid aquí! y subieron al cielo en la nube y los vieron sus enemigos.
13 En aquella hora se produjo un gran terremoto y se derrumbó la décima parte de la ciudad, pereciendo en el terremoto siete mil hombres, y los demás sobrecogidos de temor dieron gloria al Dios del cielo.
14 El segundo ¡ay! pasó; y he aquí que el tercer ¡ay! viene pronto.

La séptima trompeta

15 El séptimo ángel tocó la trompeta y se oyeron dos grandes voces del cielo que decían: "El reinado del mundo ha llegado a ser el de nuestro Señor y su Cristo, y reinará por los siglos de los siglos".
16 Entonces los veinticuatro ancianos que en presencia de Dios están sentados en sus tronos, cayeron sobre sus rostros y adoraron a Dios,
17 diciendo: "Te damos gracias, Señor Dios Todopoderoso, el que eres y el que eras, porque has tomado posesión de tu gran poder y has empezado a reinar.
18 Las naciones se irritaron, pero vino tu ira y el tiempo de ser juzgados los muertos y de dar la recompensa a tus siervos, los profetas y los santos, y a los que temen tu nombre, pequeños y grandes, y de exterminar los que exterminaron la tierra.
19 Entonces el templo de Dios que está en el cielo, se abrió y apareció el arca de su testamento en su templo, y hubo relámpagos, voces, truenos y un terremoto y fuerte granizada.

La mujer y el dragón

12 1 Una gran señal apareció en el cielo: una mujer revestida
del sol y la luna bajo sus pies y sobre su cabeza una corona
de doce estrellas. 2 Estando encinta, gritaba por los dolores del
parto y las angustias de dar a luz.
3 Apareció otra señal en el cielo: un dragón grande, de color
de fuego con siete cabezas y diez cuernos y en sus cabezas siete
diademas. 4 Su cola arrastraba la tercera parte de las estrellas del
cielo, y las arrojó a la tierra. El dragón se puso delante de la mujer
que iba a dar a luz para devorar al hijo cuando lo alumbrase, 5 y ella
dio a luz a un hijo varón, que ha de regir con vara de hierro a todas
las naciones, y su hijo fue arrebatado hacia Dios y hacia su trono.
6 La mujer huyó al desierto donde tiene lugar preparado por Dios
para que allí la alimenten por mil doscientos sesenta días.

Batalla en el cielo

7 Entonces tuvo lugar una batalla en el cielo: Miguel y sus
ángeles lucharon contra el dragón; también el dragón y sus ángeles
lucharon; 8 pero no prevalecieron, ni se encontró ya lugar para ellos
en el cielo. 9 Y fue arrojado el gran dragón, la serpiente antigua,
que se llama Diablo y Satanás, el engañador del universo, y fue
arrojado en la tierra y con él lo fueron sus ángeles.
10 Yo oí una gran voz en el cielo que decía: Ahora llegan la
salvación, el poder y el reinado de nuestro Dios y la soberanía de
su Cristo, porque ha sido arrojado el acusador de nuestros herma-
nos, el que los acusaba día y noche ante nuestro Dios. 11 Ellos le
vencieron por la sangre del Cordero y por la palabra de su testimo-
nio, menospreciando sus vidas hasta morir.
12 Por esto alegraos, oh cielos y los que habitáis en ellos. ¡Ay
de los que habitan en la tierra y el mar! porque el diablo ha descen-
dido a vosotros, sabiendo que le queda poco tiempo.

El dragón persigue a la mujer

13 Cuando el dragón vio que había sido arrojado a la tierra,
persiguió a la mujer que había dado a luz el varón; 14 pero a la
mujer le fueron dadas dos alas de águila grande para que volase al
desierto, a su lugar, donde es alimentada un tiempo, dos tiempos y
medio, lejos de la presencia de la serpiente.

15 Entonces la serpiente arrojó de su boca, tras de la mujer,
agua como un río para que ella fuese arrastrada por él. 16 pero la
tierra vino en ayuda de la mujer, abriendo su boca y absorbiendo el
río que el dragón había arrojado de la suya.
17 El dragón se enfureció contra la mujer y marchó a hacer la
guerra contra el resto de su linaje: los observadores de los manda-
mientos de Dios, los que tienen el testimonio de Jesús, 18 y se
estuvo sobre la arena del mar.

[1] *La mujer* de las doce estrellas, en sentido literal es el pueblo del A.T., el pueblo de Israel... En sentido acomodaticio, la Liturgia lo aplica a la Virgen en sus fiestas (Véase mi "N.T. Explicado").

La bestia

13 1 Tuve una visión: Una bestia que subía del mar, con siete
cabezas y diez cuernos, y sobre sus cuernos tenía diez diade-
mas, y en sus cabezas nombre de blasfemia. 2 La bestia que vi era
semejante a una pantera; su pies como de oso, y su boca como la
boca de un león, y el dragón le dio su poder, su trono y una gran
autoridad. 3 Una de sus cabezas estaba como herida de muerte, pero
su llaga mortal fue curada, y se maravilló toda la tierra que fue en
pos de la bestia, 4 y adoraron al dragón, porque había dado la
autoridad a la bestia, y adoraron a la bestia diciendo: ¿Quién hay
semejante a la bestia y quién podrá guerrear contra ella? 5 y le fue
dada una boca para hablar altanerías y blasfemias; también se le
dio autoridad para obrar así cuarenta y dos meses. 6 Y abrió su
boca en blasfemias contra Dios y blasfemó de su nombre, de su
tabernáculo y de los que moran en el cielo.
7 También se le permitió hacer guerra a los santos y vencerlos,
y se le dio un poder sobre toda tribu, pueblo, lengua y nación, 8 y le
adoraron todos los que moran en la tierra, cuyos nombres no están
escritos desde la creación del mundo en el libro de la vida del
Cordero degollado.
9 Si alguno tiene oídos oiga. 10 Si alguno está destinado a la
cautividad, a la cautividad irá; si alguno ha de morir a espada, a
espada morirá. Aquí está la paciencia y la fe de los santos.

El dragón y la bestia de la tierra

11 Después vi otra bestia que subía de la tierra y tenía dos

cuernos semejantes a los de un cordero; pero hablaba como un
dragón, 12 y ejercitó toda la autoridad de la primera bestia en pre-
sencia de ella, e hizo que la tierra y sus habitantes adorasen a la
primera bestia, cuya llaga mortal fue curada 13 e hizo grandes pro-
digios hasta hacer bajar fuego del cielo a la tierra en presencia de
los hombres, 14 y engañó a los habitantes de la tierra con los prodi-
gios que le fue dado hacer en presencia de la bestia, diciendo a los
moradores sobre la tierra que hicieran una imagen en honor de la
bestia, que recibió la herida de espada y revivió.

15 Además se le concedió infundir espíritu a la imagen de la
bestia, para que también la imagen de la bestia hablase e hiciese
que fuesen muertos cuantos no la adorasen. 16 Hizo también que
todos, pequeños y grandes, ricos y pobres, libres y siervos, se les
pusiera una marca sobre la mano derecha y en la frente, 17 con el
fin de que no pudieran comprar ni vender, sino el que tuviera
marcado el nombre de la bestia o el número de su nombre. 18 Aquí
está la sabiduría. El que tenga entendimiento calcule el número de
la bestia, porque es el número de un hombre. Su número es seis-
cientos sesenta y seis.

[1] *Del mar vi subir una bestia*. En este cap. se nos habla de dos bestias: una que sube del mar y otra de la tierra. Son metáforas que simbolizan reinos (véase Dn. 7) o poderes infernales, encarnación del Anticristo... que lucharán contra el reino de Dios...

El Cordero y las vírgenes

14 1 Tuve una visión. Vi al Cordero que estaba sobre el monte
Sión y con El ciento cuarenta y cuatro mil, que tenían escri-
tos en sus frentes el nombre de El y el nombre de su Padre, 2 y oí
una voz del cielo semejante al ruido de muchas aguas y como
sonido de un trueno; y la voz que oí se parecía a las de citaristas
que tocan cítaras, 3 y cantaban un cántico nuevo delante del trono y
de los cuatro vivientes y de los ancianos, y nadie podía aprender
aquel cántico, sino los ciento cuarenta y cuatro mil, los rescatados
de la tierra.

4 Estos son los que no se mancharon con mujeres, pues son
vírgenes; estos son los que siguen al Cordero, donde quiera que va.
Estos fueron rescatados de entre los hombres como primicias para
Dios y para el Cordero, 5 y en su boca no se encontró mentira. Son
inmaculados.

El juicio anunciado por tres ángeles

6 Vi a otro ángel que volaba por medio del cielo y tenía un
Evangelio eterno para anunciarlo a los moradores de la tierra, a
toda nación, tribu, lengua y pueblo, 7 y decía con gran voz: Temed
a Dios dadle honor porque ha llegado la hora de su juicio: adorad
al que hizo el cielo y la tierra y las fuentes de las aguas.
8 Le siguió un segundo ángel que decía: Cayó, cayó Babilonia,
la grande, que dio de beber del vino ardoroso de su fornicación a
todas las naciones. 9 Después le siguió otro tercer ángel que decía
con gran voz: Si alguno adora a la bestia y a su imagen y recibe su
marca en la frente o sobre su mano, 10 beberá del vino del furor de
Dios, que ha sido echado sin mezcla en el cáliz de su ira y será
atormentado con fuego y azufre delante de los ángeles y delante
del Cordero, 11 y el humo de su tormento sube por los siglos, y no
tienen reposo ni de día ni de noche los adoradores de la bestia y de
su imagen y los señalados con la marca de su nombre.
12 Aquí está la paciencia de los santos, los guardadores de los
mandamientos de Dios y de la fe que enseñó Jesús. 13 Y oí una voz
del cielo que decía: Escribe: Bienaventurados los muertos que des-
de ahora mueren en el Señor. Sí, dice el Espíritu, para que descan-
sen de sus trabajos, pues sus obras les acompañan.

Comienzo del juicio

14 Luego vi aparecer una nube blanca y sobre la nube Uno
sentado semejante a un Hijo de hombre que tenía sobre su cabeza
una corona de oro y en su mano una hoz afilada. 15 Y salió del
templo otro ángel, gritando con gran voz al que estaba sentado
sobre la nube: "Echa tu hoz y siega, porque ha llegado la hora de la
siega, porque está seca la mies de la tierra". 16 Y el que estaba
sentado sobre la nube echó su hoz sobre la tierra y la tierra fue
segada.
17 Después salió otro ángel del templo que estaba en el cielo,
teniendo también una hoz afilada, 18 y otro ángel, que tenía poder
sobre el fuego, salió del altar y gritó con gran voz al que tenía la
hoz afilada, diciendo: "Echa tu hoz afilada y vendimia los racimos
de la viña de la tierra, porque sus uvas están maduras". 19 Y el
ángel echó su hoz sobre la tierra y vendimió la viña de la tierra y
arrojó las uvas en el gran lagar de la ira de Dios, 20 y el lagar fue

pisado fuera de la ciudad y de él salió sangre hasta los frenos de
los caballos por espacio de mil seiscientos estadios.

Cántico de los vencedores de la bestia

15 1 Vi otra señal en el cielo grande y admirable: siete ángeles
que tenían las siete plagas últimas, porque con ellas se con-
suma la ira de Dios. 2 También vi como un mar de cristal mezclado
con fuego, y a los vencedores de la bestia, de su imagen y del
número de su nombre, que estaban sobre el mar de cristal teniendo
las cítaras de Dios, 3 y cantaban el cántico de Moisés, siervo de
Dios, y el cántico del Cordero, diciendo:
"Grandes y admirables son tus obras, Señor Dios Todopo-
deroso; justos y verdaderos tus caminos, oh Rey de las naciones.
4 ¿Quién no te temerá, Señor, y dará gloria a tu nombre? Porque
sólo Tú eres Santo, y todas las naciones vendrán y se postrarán
delante de ti, porque tus obras justas se han hecho manifiestas".
5 Y después de estas cosas vi que se abrió el templo del testi-
monio en el cielo, 6 y salieron del templo los siete ángeles que
tenían las siete plagas, vestidos de espléndido lino puro y ceñidos
alrededor del pecho con ceñidores de oro, 7 y uno de los cuales
vivientes dio a los siete ángeles siete copas de oro llenas de la ira
de Dios, el que vive por los siglos de los siglos. 8 *Y el templo se
llenó de humo de la gloria de Dios* (1 Rey. 8, 10) y de su poder, y
nadie podía entrar en el templo hasta cumplirse las siete plagas de
los siete ángeles.

Las copas

16 1 Oí una gran voz procedente del templo que decía a los siete
ángeles: Id a derramar sobre la tierra las siete copas de la ira
de Dios. 2 Salió el primero y derramó su copa sobre la tierra, y se
produjo una úlcera mala y perniciosa sobre los hombres que tenían
la marca de la bestia y que adoraban su imagen.
3 El segundo derramó su copa sobre el mar y se convirtió en
sangre como de muerto, y murió todo ser viviente en el mar.
4 El tercero derramó su copa sobre los ríos y sobre las fuentes
de las aguas y se convirtieron en sangre, 5 y oí decir al ángel de las
aguas: "Justo eres tú, el que es, el que era, el Santo, por haber
hecho así justicia, 6 porque derramaron sangre de los santos y de

los profetas; tambien a ellos les has dado a beber sangre: lo
merecen". 7 Y oí al altar que decía: Sí, Señor Dios Todopoderoso,
tus juicios son justos y verdaderos.

8 El cuarto derramó su copa sobre el sol, y le fue dado abrasar
a los hombres con el fuego, 9 y los hombres se abrasaron con gran-
des quemaduras y blasfemaron el nombre de Dios, que tiene poder
sobre estas plagas; mas no se arrepintieron para darle gloria.

10 El quinto derramó su copa sobre el trono de la bestia y su
reino se cubrió de tinieblas, y se mordían de dolor las lenguas, 11 y
blasfemaron del Dios del cielo por causa de sus dolores y de sus
úlceras, y no se arrepintieron de sus obras.

12 El sexto derramó su copa sobre el gran río Eufrates, y se
secó su agua para que estuviese libre el camino a los reyes de
Oriente.

Las ranas

13 Luego vi que de la boca del dragón y de la boca de la bestia
y de la boca del falso profeta, salían tres espíritus inmundos en
figura de ranas, 14 pues son espíritus de demonios que obran prodi-
gios y van a reunir a los reyes de la tierra para la guerra del gran
día del Dios Todopoderoso. 15 Mirad que vengo como un ladrón.
Bienaventurado el que vela y guarda sus vestidos para no andar
desnudo y vean su vergüenza, 16 y los congregó en el lugar llamado
en hebreo Harmagedón.

La séptima copa

17 El séptimo derramó su copa en el aire y salió una gran voz
del templo, desde el trono, que decía: "Se ha cumplido". 18 Y apa-
recieron relámpagos, voces y truenos, y hubo un terremoto grande,
como no lo hubo nunca, desde que existen los hombres en la tierra.
Así de grande fue el terremoto.

19 La gran ciudad se dividió en tres partes, y las ciudades de las
naciones cayeron, y Babilonia la grande fue recordada delante de
Dios para darle el cáliz del vino del furor de su ira, 20 y huyeron
todas las islas, y los montes no fueron hallados. 21 Y un gran grani-
zo como el peso de un talento cayó del cielo sobre los hombres, y
los hombres blasfemaron de Dios por la plaga del granizo, porque
esta plaga fue grandísima.

La caída de Babilonia

17 1 Después vino uno de los siete ángeles que tienen las siete
copas, y habló conmigo, diciendo: Ven, te mostraré el juicio
de la gran ramera que está sentada sobre muchas aguas, 2 con la
cual fornicaron los reyes de la tierra, 3 y me llevó en espíritu a un
desierto, y vi a una mujer sentada sobre una bestia roja, llena de
nombres blasfemos que tenía siete cabezas y diez cuernos.
4 La mujer estaba vestida de púrpura y escarlata y adornada de
oro, piedras preciosas y perlas, y tenía en su mano un cáliz de oro
lleno de abominaciones, y de las impurezas de su fornicación.
5 sobre su frente tenía un nombre escrito: Misterio, Babilonia la
grande, la madre de las prostitutas y de las abominaciones de la
tierra. 6 Y vi a la mujer embriagada con la sangre de los santos y la
sangre de los mártires de Jesús, y viéndola quedé admirado sobre-
manera.

Explicación del misterio de la ramera

7 El ángel me dijo: ¿por qué te admiras? Yo te explicaré el
misterio de la mujer y de la bestia que la lleva, que tiene siete
cabezas y diez cuernos. 8 La bestia que has visto era, pero ya no es,
y está para subir del abismo y ha de ir a la perdición. Los habitan-
tes de la tierra, cuyos nombres no están escritos en el libro de la
vida desde la creación del mundo se maravillarán al ver la bestia
porque era y no es y aparecerá.
9 En esto está la inteligencia del que tiene sabiduría. Las siete
cabezas son siete montes sobre los cuales está sentada la mujer.
10 También son siete reyes, de los cuales cinco ya cayeron: el uno
existe y el otro aún no ha venido, y cuando venga durará poco. 11 Y
la bestia que era y no es, es ella el octavo, y es de los siete y
camina a la perdición. 12 Y los diez cuernos que viste son diez
reyes que aún no han recibido reino, pero recibirán autoridad como
reyes por espacio de una hora con la bestia. 13 Estos tendrán un
mismo sentir: entregar su poder y autoridad a la bestia. 14 Estos
guerrearán con el Cordero, pero el Cordero los vencerá, porque es
Señor de los señores y Rey de los reyes, y también con El los
llamados, los elegidos y fieles.
15 Después me dijo: Las aguas que viste, donde está sentada la
ramera, son pueblos, multitudes, naciones y lenguas, 16 y los diez

cuernos que viste y la bestia aborrecerán a la ramera y la dejarán
desolada y desnuda y comerán sus carnes y la quemarán con fuego.
17 Porque Dios ha puesto en sus corazones cumplir su plan, su
único plan: entregar su reino a la bestia hasta que se cumplan las
palabras de Dios, 18 y la mujer que has visto es la gran ciudad que
reina sobre los reyes de la tierra.

Anuncio del castigo de Babilonia

18 1 Después de esto vi otro ángel que bajaba del cielo y tenía
gran poder y con su gloria se iluminó la tierra, 2 y clamó con
voz poderosa diciendo: Cayó, cayó Babilonia la grande y ha veni-
do a ser habitación de demonios, guarida de todo espíritu inmundo
y refugio de toda ave impura y abominable, 3 porque del vino del
furor de su fornicación bebieron todas las naciones, y los reyes de
la tierra fornicaron con ella, y los mercaderes de la tierra se enri-
quecieron con el poder de su lujo.

La caída de Babilonia

4 Luego oí otra voz del cielo que decía: Salid pueblo mío de
ella para que no seáis partícipes de sus pecados y no tengáis parte
en sus plagas, 5 porque sus pecados se han amontonado hasta el
cielo, y Dios se ha acordado de sus iniquidades. 6 Castigadla como
ella castigó: retribuidle el doble según sus obras; en el cáliz que
ella os dio a beber, dadle a beber doblado.

7 Cuanto se glorificó y se dio al lujo, otro tanto dadle de tor-
mento y llanto, porque ella dice en su corazón: como reina estoy
sentada, no soy viuda, ni jamás conoceré el llanto. 8 Por eso en un
solo día vendrán sus plagas: muerte, llanto y hambre y será quema-
da por el fuego, pues poderoso es el Señor Dios que la ha juzgado.

Lamentaciones por la ruina de Babilonia

9 Los reyes de la tierra, los que con ella fornicaron y se entre-
garon al lujo, llorarán por ella y se lamentarán cuando vean el
humo de su incendio. 10 Manteniéndose lejos por miedo al tormen-
to, dirán: ¡Ay, ay! la ciudad, la grande Babilonia, la ciudad fuerte,
porque en una hora llegó su juicio. 11 Los mercaderes de la tierra
llorarán y se lamentarán por ella, porque no hay quien compre más
su mercancía, 12 mercancía de oro y plata, de piedras preciosas y

margaritas, de lino fino y de púrpura, de se...
objeto de madera costosa, de cobre, hierro y mármol, ... de todo
mo y aromas e inciensos, vino y aceite, flor de harina y trig...
bestias de carga, ovejas, caballos y carros, siervos y vidas huma-
nas.
[14] Los frutos que tanto apetecías se apartarán de ti y todas las
cosas delicadas y espléndidas se acabarán para ti y no serán halla-
das jamás. [15] Los mercaderes de estas cosas, los que se enriquecie-
ron a costa de ella, se detienen de lejos por el temor de su tormen-
to, llorando y lamentándose [16] y diciendo: ¡Ay, ay de la ciudad que
se vestía de lino, púrpura y escarlata, la que se adornaba con oro,
piedras preciosas y perlas, [17] porque en una sola hora ha sido de-
vastada tanta riqueza! Y todos los pilotos, los navegantes, los mari-
neros y comerciantes de mar, se detuvieron lejos, [18] y al ver el
humo de su incendio, clamaron diciendo: ¿Qué ciudad era seme-
jante a esta gran ciudad? [19] Y arrojaron polvo sobre sus cabezas y
gritaron, llorando y lamentándose, y diciendo: ¡Ay, ay, la ciudad,
la gran ciudad en la que se enriquecieron todos cuantos tenían
naves en el mar a causa de su opulencia, porque en una hora quedó
devastada!

Regocijo de los santos ante el juicio de Babilonia

[20] Alégrate sobre ella ¡oh cielo! y también los santos, los após-
toles, y los profetas, porque en ella Dios ha hecho justicia a vuestra
causa. [21] Entonces un ángel poderoso alzó una piedra, como una
gran piedra de molino y la arrojó al mar diciendo: Así de un golpe,
será arrojada Babilonia, la gran ciudad, que no volverá a ser
hallada, [22] y la voz de citaristas y de músicos, de flautistas y trom-
petas ya no se oirán más en ti, ni artífice de arte alguna será
hallado jamás en ti, ni se oirá ya en ti el ruido del molino. [23] Tam-
poco luz de lámpara brillará más en ti ni voz de esposo y de esposa
se oirán, porque tus mercaderes eran los grandes de la tierra, por-
que con tu hechicería se extraviarán todas las naciones, [24] y en ella
fue hallada sangre de profetas y de santos y todos los degollados
sobre la tierra.

… el cielo

19 Al… Después de esto oí en el cielo, como un gran clamor de
muchedumbre numerosa que decía: ¡Aleluya! La salvación,
la gloria y el poder son de nuestro Dios, 2 porque sus juicios son
verdaderos y justos porque El ha juzgado a la gran ramera que co-
rrompía la tierra con su fornicación y ha vengado sobre ella la
sangre de sus siervos, 3 y por segunda vez dijeron: ¡Aleluya! el
humo de la ciudad sube por los siglos.
4 Los veinticuatro ancianos y los cuatro vivientes se postraron
y adoraron a Dios que está sentado en el trono diciendo: Amén
¡Aleluya! 5 Y salió una voz del trono que decía: Alabad a nuestro
Dios todos sus siervos y los que le temen los pequeños y grandes,
6 y oí como una voz de una gran muchedumbre y como un estruen-
do de muchas aguas, como voz de fuertes truenos que decía: ¡Ale-
luya! porque reina el Señor nuestro Dios, el Todopoderoso, 7 ale-
grémonos y regocijémonos y le demos gloria, porque han llegado
las bodas del Cordero, y su esposa se ha preparado 8 y le fue dado
vestirse de lino fino brillante y limpio, porque el lino puro son las
justificaciones de los santos.
9 Y me dijo: Bienaventurados los que han sido invitados al
banquete de la cena del Cordero. Y añadió: Estas son las palabras
verdaderas de Dios. 10 Entonces caí a sus pies para adorarlo. Mas él
me dijo: No hagas eso. Yo soy consiervo tuyo y de tus hermanos,
los que tienen el testimonio de Jesús. Adora a Dios. Porque el
testimonio de Jesús es el espíritu de profecía.

Cristo Rey.– Su triunfo

11 Vi el cielo abierto, y apareció un caballo blanco y el que
estaba sentado sobre él, se llama Fiel y Veraz y con justicia juzga y
hace la guerra. 12 sus ojos son como llama de fuego, y sobre su
cabeza lleva muchas diademas, teniendo un nombre escrito que
nadie conoce sino El mismo. 13 Está vestido con un manto empapa-
do en sangre, y su Nombre es el Verbo de Dios.
14 Le acompañan los ejércitos del cielo en caballos blancos,
vestidos de lino blanco puro. 15 De su boca sale una espada aguda
para herir con ella a las naciones, y El las regirá con cetro de
hierro, y El pisará el lagar de vino del furor de la ira de Dios
todopoderoso 16 y tiene sobre su manto y sobre su muslo escrito

este nombre: Rey de reyes y Señor de los señores. [17] Y v... ángel
que estaba en el sol y clamó con gran voz diciendo a todas las ...es
que vuelan por medio del cielo: Venid y reuníos para el gra...
banquete de Dios [18] a fin de comer las carnes de los caballos y las
de los que se sientan sobre ellos, y las de todos los libres y de los
esclavos, de los pequeños y grandes.
[19] También vi a la bestia y a los reyes de la tierra y a sus
ejércitos reunidos para hacer la guerra a Aquel que montaba el
caballo contra su ejército. [20] Pero la bestia fue apresada y con ella
el falso profeta, que hacía prodigios delante de ella, con los cuales
había engañado a los que recibieron la marca de la bestia y a los
que adoraron su imagen. Los dos fueron arrojados vivos al estan-
que de fuego, que arde con azufre. [21] Los restantes fueron muertos
con la espada que salía de la boca del que estaba sentado sobre el
caballo y todas las aves se hartaron con sus carnes.

[1] *Aleluya* en el cielo... (palabra hebrea *Hallelú Yah*, que significa *¡Alabad a Yahvé!*). El triunfo definitivo sobre las fuerzas del mal será el de Cristo...

Satanás atado por espacio de mil años

20 [1] Vi a un ángel que descendía del cielo y tenía en su mano la
llave del abismo y una gran cadena, [2] y prendió al dragón, la
serpiente antigua, que es el Diablo, Satanás, y lo ató por mil años,
[3] arrojándolo al abismo, que cerró y selló por encima para que no
extraviase más a las naciones hasta terminados los mil años. Des-
pués de esto es necesario que sea desatado por poco tiempo.
[4] Vi también unos tronos; se sentaron en ellos y se les dio
poder de juzgar; además vi las almas de los que habían sido dego-
llados por el testimonio de Jesús y por la palabra de Dios, los que
no habían adorado a la bestia ni su imagen, y no habían recibido la
marca en su frente y sobre su mano, y vivieron y reinaron con
Cristo mil años.
[5] Los restantes muertos no revivieron hasta que se cumplieron
los mil años. Esta es la primera resurrección. [6] ¡Bienaventurado y
santo el que tiene parte en la primera resurrección! Sobre estos no
tiene poder la segunda muerte, sino que serán sacerdotes de Dios y
de Cristo, con el cual reinarán durante mil años.

Satanás soltado y derrotado definitivamente

7 Cuando se cumplan los mil años, Satanás será soltado de su
prisión, 8 y saldrá para seducir a las naciones que hay en los cuatro
ángulos de la tierra a Gog y a Magog, a fin de reunirlos para la guerra,
de los cuales su número es como las arenas del mar, 9 y subieron sobre
la anchura de la tierra y cercaron el campamento de los santos y la
ciudad amada. Pero descendió fuego del cielo y los devoró. 10 El
diablo que los seducía fue arrojado en el estanque de fuego y azufre,
donde están también la bestia y el falso profeta, y serán atormentados día y noche por los siglos de los siglos.

El juicio final

11 Vi un gran trono blanco y al que estaba sentado sobre él, de
cuya presencia huyó la tierra y también el cielo, y no fue hallado
lugar para ellos. 12 Y vi a los muertos, grandes y pequeños, que
estaban delante del trono y se abrieron los libros. También fue abierto otro libro que es el de la vida, y fueron juzgados los muertos conforme a lo escrito en los libros, según sus obras.

13 El mar entregó los muertos que estaban en él, y también la
muerte y el Hades entregaron los muertos que estaban en ellos, y
cada uno fue juzgado según sus obras. 14 Y la muerte y el Hades
fueron arrojados al estanque de fuego. Esta es la segunda muerte:
el estanque de fuego. 15 El que no se halló escrito en el libro de la
vida, fue arrojado en el estanque de fuego.

[2] *Por mil años.* Esto significa un tiempo largo e indefinido, época en que tendrá lugar un tiempo maravilloso de paz y triunfo de la Iglesia y a ello contribuirá el estar encadenado o reprimida la acción de Satanás...

Cielo nuevo y nueva tierra

21 1 Vi un cielo nuevo y una tierra nueva, porque el primer
cielo y la primera tierra desaparecieron y el mar ya no existe.
2 También vi la ciudad santa, la Jerusalén nueva, que descendía del
cielo, de junto a Dios, preparada y adornada como una esposa para
su marido, 3 y oí una gran voz que desde el trono decía: He aquí el
tabernáculo de Dios entre los hombres. El habitará con ellos, y
ellos serán pueblo suyo y Dios mismo estará con ellos, 4 *y enjugará
toda lágrima de sus ojos* (Is. 25, 8) y la muerte no existirá más: no

habrá más duelo, ni llantos ni trabajo: las cosas primeras
desaparecieron, 5 y el que estaba sentado sobre el trono dijo: "He
aquí que hago nuevas todas las cosas". También me dijo: Escribe,
porque estas son las palabras fieles y verdaderas.

6 Luego me dijo: "Se ha realizado". Yo soy el alfa y el omega,
el principio y el fin. Al que tenga sed yo le daré gratis de la fuente
del agua viva. 7 El vencedor heredará estas cosas. Yo seré "Dios"
para él, y él será "hijo" para mí. 8 Pero los cobardes, los infieles,
los abominables, los homicidas, los fornicarios, los hechiceros, los
idólatras y todos los mentirosos tendrán su parte en el estanque que
arde con fuego y azufre, que es la segunda muerte.

La nueva Jerusalén

9 Vino uno de los siete ángeles que tiene las siete copas llenas
de las siete plagas últimas, y me dijo: Ven y te mostraré la novia,
la esposa del Cordero, 10 y me llevó en espíritu a un monte grande
y alto y me mostró la ciudad, la Jerusalén santa, que bajaba del
cielo de junto a Dios, 11 y tenía la gloria de Dios; su resplandor era
semejante a una piedra preciosísima, como piedra de jaspe cristali-
na.

12 Tenía un muro alto con doce puertas, y en las puertas doce
ángeles, y nombres escritos que son los de las doce tribus de los
hijos de Israel; 13 tres puertas al Oriente; tres puertas al Norte; tres
puertas al Sur; tres puertas al Poniente. 14 El muro de la ciudad
tenía doce fundamentos y sobre ellos los nombres de los doce
apóstoles del Cordero.

15 El que hablaba conmigo tenía una medida de una caña de
oro para medir la ciudad, sus puertas y su muro. 16 La ciudad se
asienta sobre una base cuadrangular; su longitud es igual a su
anchura. Y midió la ciudad con la caña, y tenía doce mil estadios:
la longitud, la anchura y la altura de ella son iguales. 17 También
midió su muro: ciento cuarenta y cuatro codos, medida de hombre,
que es la del ángel.

18 El material de su muro es jaspe; mas la ciudad era de oro
puro, semejante al cristal puro. 19 Los fundamentos del muro de la
ciudad están adornados con toda clase de piedras preciosas: la
primera, jaspe; la segunda, zafiro; la tercera, calcedonia; la cuarta,
esmeralda; 20 la quinta, sardonica; la sexta, sardio; la séptima, cri-

sólito; la octava, berilo; la novena, topacio; la décima, crisopraso;
la undécima, jacinto; la duodécima, amatista.
21 Las doce puertas son doce perlas. Cada una de las puertas
era de una sola perla. La plaza de la ciudad era de oro puro como
cristal transparente. 22 No vi en la calle templo, porque su templo es
el Señor Dios Todopoderoso y el Cordero. 23 la ciudad no tiene
necesidad de sol ni de luna que la alumbre, porque la gloria de
Dios la iluminaba, y su lámpara era el Cordero.
24 Las naciones caminarán a su luz, los reyes de la tierra trae-
rán a ella su gloria. 25 Sus puertas no se cerrarán durante el día,
porque allí no habrá noche. 26 A ella llevarán la gloria y el honor de
las naciones. 27 Nada manchado entrará en ella, ni quien obre abo-
minación y mentira, sino solamente los inscritos en el libro de la
vida del Cordero.

El río y el árbol de la vida

22 1 Después me mostró *(el ángel)* un río de agua de vida, claro
como el cristal que sale del trono de Dios y del Cordero. 2 En
medio de su calle ancha y a uno y a otro lado del río había un árbol
de vida que daba doce frutos, cada mes el suyo, y las hojas del
árbol servían de medicina a las naciones.
3 No habrá ya maldición alguna. En ella estará el trono de Dios
y del Cordero, y sus siervos le adorarán, 4 y verán su rostro, y el
Nombre de El estará en sus frentes, 5 y no habrá ya noche, no
tendrán necesidad de la luz de antorcha, ni de la luz del sol, porque
el Señor Dios los alumbrará y reinarán por los siglos de los siglos.

Confirmación de las profecías de este libro

6 Después me dijo: Estas palabras son fieles y verdaderas, y el
Señor, Dios de los espíritus de los profetas envió a su ángel para
mostrar a sus siervos lo que va a suceder en breve. 7 Mirad que
vengo pronto. Bienaventurado el que guarda las palabras de la
profecía de este libro. 8 Yo Juan soy el que he oído y visto estas
cosas, y cuando las oí y vi caí a los pies del ángel que me las
mostraba, para adorarlo. 9 Mas él me dijo: No hagas eso; soy con-
siervo tuyo y de tus hermanos los profetas y de los que guardan la
palabra de este libro. Adora a Dios.

El tiempo está cerca

[10] Luego añadió: No selles las palabras de la profecía de este
libro, porque el tiempo está cerca. [11] El que es injusto, siga en la
injusticia; y el impuro siga en la impureza; mas el que es justo,
justifíquese aún más, y el santo santifíquese más. [12] He aquí que
vengo pronto, y conmigo mi galardón para dar a cada uno según
sus obras.

[13] Yo soy el Alfa y el Omega, el primero y el último, el princi-
pio y el fin. [14] Bienaventurados los que lavan sus vestidos para
tener derecho al árbol de la vida y a entrar por las puertas en la
ciudad. [15] ¡Fuera los perros, los hechiceros, los fornicarios, los ho-
micidas, los idólatras y todos los que aman y practican la mentira!

[16] Yo Jesús, he enviado mi ángel para dar testimonio de estas
cosas sobre las Iglesias. Yo soy la raíz, el linaje de David, la
estrella radiante de la mañana. [17] Y el Espíritu y la Esposa dicen:
Ven. También el que escucha diga: Ven. Y el que tenga sed, venga
y el que quiera, tome gratis del agua de la vida.

Epílogo

[18] Yo testifico a todo el que escucha las palabras de la profecía
de este libro: Si alguno añadiere algo a estas cosas, Dios hará que
sobrevengan sobre él las plagas escritas en este libro, [19] y si alguno
quita algo de las palabras de la profecía de este libro, Dios quitará
su parte del libro de la vida y de la ciudad santa y de las cosas
descritas en este libro.

[20] El que da testimonio de estas cosas dice: Sí, vengo pronto.
Amén. VEN, SEÑOR JESUS. [21] La gracia del Señor Jesús sea con
todos.

[20] *¡Ven, Señor Jesús!* Con esta expresión que se refiere a la segunda venida de Jesucristo, termina el Apocalipsis. Vivamos vigilantes, anhelando esta venida para gozar de la gran felicidad reservada a los santos.

INDICE